DU MÊME AUTEUR

Aux Éditions Gallimard

BAHIA DE TOUS LES SAINTS
CAPITAINES DES SABLES
LE PAYS DU CARNAVAL
SUOR *(Folio, n° 2314)*
LES TERRES DU BOUT DU MONDE *(Folio, n° 2313)*
LA TERRE AUX FRUITS D'OR *(Folio, n° 2726)*
LES CHEMINS DE LA FAIM *(Folio, n° 2232)*
CONVERSATIONS avec Alice Raillard

Aux Éditions Flammarion

MAR MORTO

Aux Éditions Stock

LES DEUX MORTS DE QUINQUIN LA FLOTTE
LE VIEUX MARIN
TEREZA BATISTA
LA BOUTIQUE AUX MIRACLES
TIETA D'AGRESTE
GABRIELA, GIROFLE ET CANNELLE
DONA FLOR ET SES DEUX MARIS
LES PÂTRES DE LA NUIT
LA BATAILLE DU PETIT TRIANON
LE CHAT ET L'HIRONDELLE
CACAO
TOCAIA GRANDE
YANSAN DES ORAGES
LA DÉCOUVERTE DE L'AMÉRIQUE PAR LES TURCS

Aux Éditions Messidor

L'ENFANT DU CACAO
LES SOUTERRAINS DE LA LIBERTÉ
LE BATEAU NÉGRIER
L'INVITATION À BAHIA

Aux Éditions ILM

LA BALLE ET LE FOOTBALLEUR

Du monde entier

JORGE AMADO

NAVIGATION DE CABOTAGE

NOTES POUR DES MÉMOIRES QUE JE N'ÉCRIRAI JAMAIS

Traduit du portugais
par Alice Raillard

nrf

GALLIMARD

Ouvrage publié avec le concours de la Fondation Lampadia-Société Vitae

Titre original :

NAVEGAÇÃO DE CABOTAGEM

Apontamentos para um livro de memórias que jamais escreverei

Pour Zélia,
amoureuse et complice

Pour mes enfants João Jorge,
Paloma, Pedro et Rízia

Pour Nicole Zand,
José Carlos de Vasconcelos
et Otto Lara Resende

« Je dis non quand tous disent oui en chœur
à l'unisson. C'est là mon engagement. »

(J. A. – *Tocaía Grande,*
la face obscure, 1984)

« ... une histoire se raconte, elle ne s'explique pas »

(J. A. – *Yansan des Orages*, 1988)

« Je suis un Bahianais romantique et sensuel. »

(J. A. – entretien avec Moacyr Félix,
Paratodos, 1958)

Les notes qui composent cette navigation de cabotage (ah ! qu'elle est brève la navigation des courtes années d'une vie !) commencèrent à être jetées sur le papier au fur et à mesure qu'elles me revenaient à la mémoire, à partir de janvier 1986. Zélia et moi nous nous trouvions dans une chambre d'hôtel à New York, l'un et l'autre avec une pneumonie – tous les deux, ça paraît incroyable –, une forte fièvre, menacés de l'hôpital. Nous nous étions rendus à New York pour participer au Congrès international du Pen Club, nous n'avons paru à aucune des séances non plus qu'aux festivités, n'avons pas entendu un seul discours, un seul rapport, une seule communication, nous n'avons rien su des débats. Ce qui, de l'avis de notre compère João Ubaldo Ribeiro, invité lui aussi et présent au Congrès, fut le bénéfice que nous valut la double pneumonie. Un bénéfice et non des moindres – affirma le romancier en venant nous voir.

D'entrée de jeu, je dois avertir que je n'assume aucune responsabilité quant à la précision des dates, j'ai toujours été mauvais pour les dates, elles me persécutent depuis le temps du pensionnat. Aux cours d'histoire, attiré par les personnages et les faits, j'oubliais les dates et c'est les dates que les professeurs exigeaient. Les références aux années et aux lieux sont là seulement pour situer dans le temps et l'espace les événements, les souvenirs. Quant aux notes non datées, elles traduisent l'expérience acquise au cours des années : les sentiments, les émotions, les conjectures. Si quelqu'un désire les souvenirs d'enfance de l'auteur, il doit se reporter à un texte de 1980, publié sous le titre L'enfant du cacao *– les illustrations de Floriano Teixeira dédommagent du prix de l'ouvrage. Dans cette navigation de cabotage les noms de femmes ont été remplacés, pour une raison ou une autre, par le seul nom de Maria, le plus beau qui soit : Maria chacune, toutes, passagères* *embarquées aux escales, ombres fugaces sur les quais du port, de port en port, ronde du vieux marin.*

J'avais six ans à la fin de la première Grande Guerre, celle de 14-18, quand éclata la révolution d'Octobre, que fut institué le Congrès des soviets au nom des travailleurs, j'arrive à quatre-vingts ans quand se pulvérise le monde né de deux guerres mondiales et de la révolution socialiste et que, dans les rues, se discute et se planifie une nouvelle carte géographique et politique, quand l'impossible arrive, que des murs s'écroulent, des nations, des empires. Des fragments du mur de Berlin sont vendus à l'encan par d'habiles négociants nord-américains.

Des théories, des idéologies – des théories dites scientifiques, des idéologies d'une pureté tenue pour incontestable – qui avaient séduit les intellectuels, avaient mobilisé les foules, les masses populaires, avaient entraîné des luttes, des révoltes, des guerres au nom du bonheur de l'homme, qui avaient divisé le monde en deux, l'un bon, l'autre mauvais, se révèlent fausses, trompeuses, contraignantes : elles ont conduit à l'oppression et non à la liberté et à la prospérité. Prolétaires de tous les pays, pardonnez-nous ! *lisait-on sur la banderole brandie par les Moscovites sur la place Rouge durant le défilé d'un récent 7 novembre.*

Ce qui paraissait définitif se désintègre, cesse tout simplement d'exister. L'Histoire se produit devant nous, sur les écrans de télévision, des transformations stupéfiantes, des changements inimaginables, à un rythme si rapide, si absurdement rapide qu'un jour vaut des années, une semaine a la dimension d'un siècle. Dommage qu'il ne me reste pas le temps nécessaire pour voir ce que tout cela va donner. J'aurais bien aimé.

Quatre-vingts ans vécus intensément, ardemment, face à la vie, dans sa plénitude. Mon œuvre de romancier vient de mon intimité, de ma complicité avec le peuple. J'ai appris avec le peuple et avec la vie, je suis un écrivain, pas un littérateur, en vérité je suis un obá[1] *– en langue yorouba de Bahia, obá signifie ministre, vieux, sage : sage de la sagesse du peuple.*

Conscient et content qu'il en soit ainsi, je réunis dans cette Navigation de cabotage *les souvenirs de quelqu'un qui a eu le privilège d'assister, et parfois de participer à des événements d'une*

1. En fin de volume sont regroupés dans un glossaire quelques termes des religions afro-brésiliennes et leur signification.

certaine façon considérables, d'avoir connu et parfois approché des personnages déterminants ; je publie ces esquisses en pensant qu'elles pourront peut-être, qui sait, donner une idée du pourquoi et du comment. Il s'agit, en vérité, de la liquidation à prix réduit du solde des broutilles d'une vie bien vécue. Je laisse de côté le grandiose, le décisif, l'étonnant, la douleur la plus profonde, la joie infinie, matière dont ferait ses Mémoires un écrivain important, illustre, fat et présomptueux : ça ne vaut pas la peine de les écrire, je ne leur trouve pas de charme.

Je ne suis pas né pour être célèbre ni illustre, je ne me mesure pas à cette aune, je ne me suis jamais senti un écrivain important, un grand homme : juste un écrivain et un homme. Enfant grapiuna – des terres du cacao –, citoyen de la ville pauvre de Bahia, où que je me trouve je ne suis qu'un simple Brésilien marchant dans la rue, vivant. Je suis né coiffé, la vie a été prodigue avec moi, elle m'a donné plus que je n'ai demandé et mérité. Je ne veux pas dresser un monument ni poser pour l'Histoire en chevauchant la gloire. Quelle gloire ? Pff ! Je veux seulement conter quelques histoires, certaines drôles, d'autres mélancoliques, comme la vie. La vie, ah ! cette brève navigation de cabotage !

Moscou, 1952 –
les amnésiques

Ilya Ehrenbourg[1] et moi revenons en silence d'un entretien avec de puissants personnages des hautes sphères à propos de notre ami Jan Drda[2], conformément à la demande qu'il m'a faite à Prague d'où j'arrive pour recevoir le prix international Staline de la Paix : le prix me donne du crédit. Nous sommes en janvier 1952, il fait moins vingt, un vent glacé balaie les rues de Moscou ; nous avalons de petits verres de vodka dans l'appartement de la rue Gorki, Ilya me dit : *Jorge, nous sommes des écrivains qui jamais ne pourront écrire leurs Mémoires, nous en savons trop.* Sous le coup de l'entretien que nous venons d'avoir, je hoche la tête, d'accord avec lui.

Cette affirmation catégorique n'empêcha pas que, quelques années plus tard, durant la période de Khrouchtchev, lorsque s'ouvrit une brèche dans l'obscurantisme soviétique, que pointa une petite lueur au milieu des ténèbres, l'auteur de *Dégel* publie sept tomes de Mémoires, sept, pas moins : nous figurons dans le septième, Zélia et moi, sympathiques personnages. Et ce n'est pas tout, car Irina[3] m'a raconté, en 1988, qu'elle mettait en ordre les papiers de son père afin de faire paraître divers volumes de Mémoires inédits qu'il n'avait pu publier, même durant l'ouverture de Khrouchtchev : Ilya en savait trop.

Dans mon itinéraire d'écrivain et de citoyen j'ai eu connaissance de faits, de leurs causes et de leurs conséquences, sur les-

1. Ilya Ehrenbourg (1891/1967), écrivain soviétique. (Toutes les notes sans indication N.d.T. proviennent de l'édition originale.)
2. Jan Drda (1915/1970), écrivain tchèque.
3. Irina Ehrenbourg, fille d'Ilya.

quels j'ai promis de garder le secret, de les garder pour moi. Je les ai appris parce que je militais dans un parti politique qui se proposait de changer la face de la société, qui agissait dans la clandestinité et même fomentait des actions subversives. Tant d'années après avoir cessé d'être un militant du Parti communiste, encore aujourd'hui où l'idéologie marxiste-léniniste qui orientait son action décline et disparaît, où l'univers du socialisme réel arrive à sa triste fin, encore aujourd'hui je ne me sens pas délié de l'engagement pris alors de ne rien révéler des informations auxquelles j'ai eu accès comme militant communiste. Même si l'indiscrétion n'a plus aucune importance et ne tire pas à conséquence, je ne me sens néanmoins pas le droit d'étaler au grand jour ce qui m'a été révélé en confiance. Parfois j'y repense mais je n'écrirai rien sur ces souvenirs, ils mourront avec moi.

New York, 1986 – pressés

Après une semaine au lit avec la pneumonie – ce qui me consolait, c'était de voir Zélia à côté de moi, brûlante de fièvre, baignée de sueur, ça, c'est de la solidarité ! –, je descends pour la première fois dans le hall de l'hôtel où m'attend un journaliste de *El País*, de Madrid.

Hiver rigoureux, Central Park est gelé, le thermomètre marque moins quatorze, le Congrès international du Pen Club vient de se terminer sans que nous y ayons apparu une seule fois, l'hôtel est plein de congressistes venus de près de quarante pays. Enfoncé dans un pardessus au col relevé, je cherche à passer inaperçu afin d'éviter explications et compassion.

En sortant de l'ascenseur, j'aperçois Mario Soldati qui se précipite vers la cabine : lui aussi m'a vu, j'en suis sûr. Je fais mine de ne pas le voir, il fait mine de ne pas me voir, nous passons l'un près de l'autre, à nous frôler, comme si nous ne nous connaissions pas.

Le lendemain, sans hâte aucune, tranquillement assis dans les fauteuils de l'entrée, nous bavardons *à bâtons rompus**[1], dans

1. Les phrases ou expressions en italique suivies d'un astérisque sont en français dans le texte.

la rue le froid, le vent, la neige. Nous sommes de vieux amis, nous nous lisons l'un l'autre, ses romans (*Le festin du commandeur, L'ami jésuite*) sont d'une haute tenue, de plus Soldati a présidé le jury du prix international Nonino qui m'a été décerné en 1984. Plus qu'un prix, une fête italienne de confraternisation et d'allégresse : polenta, chevreau, pâtes – les meilleurs fettucini que j'ai jamais mangés –, vins et grappa, la grappa Nonino, bien entendu. À ce que m'a dit Soldati, en connaissance de cause de toute évidence, et je l'ai répété dans le petit discours que j'ai prononcé et que personne n'a entendu tant le bruit était assourdissant, la grappa Nonino ne se contente pas d'être la meilleure du monde, elle est aphrodisiaque.

J'ai horreur des hôpitaux, des froids corridors, des salles d'attente, antichambres de la mort, plus encore des cimetières où les fleurs perdent leur éclat, il n'y a pas de belles fleurs dans un campo-santo. Je possède cependant un cimetière à moi, personnel, je l'ai bâti et inauguré il y a quelques années, quand la vie eut mûri mon caractère. J'y enterre ceux que j'ai tués, c'est-à-dire ceux qui pour moi ont cessé d'exister, qui sont morts : ceux qui ont eu un jour mon estime et qui l'ont perdue.

Quand un individu va au-delà de ce qui est acceptable et m'offense pour de bon, je ne me fâche pas avec lui, je ne suis pas écœuré ou furieux, je ne me pique pas, ne me brouille pas, je ne lui bats pas froid. Je l'enterre dans la fosse commune de mon cimetière – là il n'existe pas de caveaux de famille, de tombes individuelles, les morts gisent à même la terre, dans la promiscuité de la crapulerie, de la vilenie. Pour moi le type est mort, il est enterré, quoi qu'il fasse il ne peut plus me blesser.

Rares enterrements – heureusement ! – d'un perfide, d'un parjure, d'un fourbe, de quelqu'un qui a manqué à l'amitié, qui a trahi l'amour, qui a été par trop intéressé, faux, hypocrite, arrogant – l'imposture et la présomption m'offensent facilement. Dans le petit et vilain cimetière, sans fleurs, sans larmes, sans une goutte de regret, pourrissent un certain nombre d'individus, quelques rares femmes que j'ai, les uns et les autres, balayés de ma mémoire, retirés de la vie.

Je rencontre dans la rue un de ces fantômes, je m'arrête pour parler, j'écoute, je réponds aux phrases, aux démonstrations, aux compliments, j'accepte l'accolade, le fraternel baiser de Judas. Je poursuis mon chemin, l'individu pense qu'une fois de plus il m'a berné, il ne sait pas qu'il est mort et enterré.

Paris, 1949 –
éducation sentimentale

João Jorge est arrivé à Paris à quatre mois, il a appris à balbutier ses premiers mots en français, pendant des années il en a conservé l'accent, le *r* grasseyé.

Vasco Prado[1] venait le chercher à l'hôtel, il l'installait devant lui, derrière son guidon, et João d'aller, sur la bicyclette du sculpteur, dans les rues de Paris au printemps : il adorait Vasco et sa bicyclette.

Il adorait aussi un *zazou**, amoureux de la bonne alsacienne qui s'occupait de lui tandis que Zélia était aux cours de la Sorbonne ou occupée par les tâches du Parti. Au jardin du Luxembourg bonne et zazou se retrouvaient, ils repartaient, poussant la voiture d'enfant polonaise, en bois : João, assis là, apprenait de tous ses yeux la géographie de la *Rive gauche**.

Pas seulement la géographie, car la promenade s'interrompait dans le sixième, devant l'immeuble où le zazou habitait une petite chambre. La voiturette rangée à côté du lit, sous les yeux écarquillés de l'enfant, le couple parcourait les larges chemins, les voies étroites de la fornication en grand style, le style des existentialistes contestataires de la société bourgeoise. Le zazou jurait par Sartre, l'Alsacienne soupirait en allemand, João Jorge apprenait.

1. Vasco Prado, sculpteur.

Paris, 1991 – fuite

J'ai fui du Brésil au mois d'août pour ne pas voir Mirabeau Sampaio[1] marcher vers la mort, souriant en revivant, dans la torpeur à laquelle il était réduit, les histoires qu'il aimait raconter, les répétant sous tout prétexte ou sans prétexte, se rappelant, s'attendrissant, s'emportant : disparais de ma vue ou je te tue, fils de pute ! Nous pouvons presque suivre dans ses sourires, dans ses mimiques, dans ses frémissements, les épisodes du récit qui nous est familier, à Carybé[2] et à moi. Nous sortons des visites que nous lui faisons les yeux humides, Zélia en larmes. Je pars, je ne supporte plus, je mets de la distance, je laisse la mort de l'autre côté de l'océan.

Mirabeau, le plus ancien de mes compagnons d'aventure, nous sommes amis depuis 1923, depuis les cours du sage Padre Torrend, de l'obtus Padre Faria au collège Antônio-Vieira. Mirabeau gagnait toutes les médailles, celles qui restaient allaient à Antônio Balbino[3] ou à Antônio Vieira de Melo[4], en deuxième année j'en ai gagné une, de catéchisme, inexplicable erreur. Nous avons cheminé ensemble à travers la vie pendant presque soixante-dix ans, ce que nous avons fait Dieu seul le sait, s'il le sait.

Une fois, c'était vers 1935, devant le cabaret Tabaris d'où nous sortions à la petite aube passablement éméchés, Mirabeau, tirant un revolver, proposa que nous assassinions cette même nuit le chef bahianais de l'Action intégraliste[5], je n'ai aucune idée de qui c'était. Nous eûmes toutes les peines du monde, Edgard et moi, à le désarmer et à le faire renoncer à son projet politique.

Edgard Rogaciano Ferreira fut son chauffeur dès les temps de sa riche et folle jeunesse : le jeu, le tango, la boisson, les Argentines, les voitures de sport, les coupés, les cabriolets, les premiers de Bahia. Il resta son chauffeur même durant les dix ans où Mirabeau n'eut pas d'automobile, il s'occupait de lui

1. José Mirabeau Sampaio, sculpteur et peintre.
2. Carybé (Hector Júlio Paríde Bernabó), peintre.
3. Antônio Balbino (1912/1992), homme politique, gouverneur de l'État de Bahia de 1955 à 1959.
4. Antônio Vieira de Mello, journaliste.
5. Mouvement politique d'extrême droite *(N.d.T.)*.

comme on s'occupe d'un fils ou d'un père, ange gardien qui le protégeait dans ses nuits de bohème.

Du lit où il est couché Mirabeau nous fixe, Carybé et moi, plantés devant lui à dire des sottises, à évoquer Raquel Puccio et autres Portègnes, fantômes du passé, à répéter qui nous sommes pour savoir s'il nous reconnaît et si à nouveau nous sommes réunis pour bavarder et rire, est-ce qu'il nous voit ? Brusquement il sourit comme s'il nous reconnaissait, mais il reste muet et rentre en lui-même.

Carybé m'écrit de Bahia : *Mirabeau vivant et ailleurs.* Poursuivi par la mort, je cherche à échapper, à la perdre dans la distance – si difficile.

Milan, 1949 – il piu noto

Devant la vitrine d'une librairie, dans la grande galerie du centre de Milan, Zélia, très excitée, me montre un livre : *regarde !* Je vois un exemplaire des *Terres du bout du monde*[1], mon premier livre traduit en italien, sur la couverture est reproduite une céramique de Picasso.

– Tu as vu la pancarte ? Zélia trépigne.

La pancarte n'est pas à proprement parler une pancarte, mais un simple carton rectangulaire posé au pied du volume, renseignant sur l'auteur : *Il piú noto scrittore brasiliano.* Zélia lit à haute voix, répète : *il piú noto.* Nous continuons, ravis.

Un peu plus loin, une autre librairie, nous nous arrêtons devant la vitrine, cherchant *Les Terres*. Au lieu de quoi nous tombons sur un livre d'Érico Veríssimo[2], *Olhai os Lírios do Campo,* si je me souviens bien. Au pied de l'ouvrage une pancarte, c'est-à-dire un rectangle de carton, les informations sur l'auteur : *Il piú noto scrittore brasiliano.*

Nous rions, Zélia et moi, nous désenflons. Au kiosque du coin j'achète une carte postale et les timbres correspondants et je l'adresse à Érico, à Porto Alegre, je lui raconte l'histoire :

1. *Terre del Finemondo*, Bompiani, Milan.
2. Érico Veríssimo (1905/1975), écrivain brésilien.

« Pendant cinq minutes et vingt mètres j'ai été "il piú noto", je t'ai passé le flambeau. »

Rio de Janeiro, 1977 – amour

L'infirmier pousse le véhicule (comment appelle-t-on ça, je ne sais pas) qui transporte Glória Machado de la chambre de la clinique Docteur-Eiras à la salle de chirurgie où Paulo Niemeyer va l'opérer du cerveau. Glória fait ses adieux à son mari, Alfredo, à ses enfants, à Zélia et à moi qui sommes venus la voir, cardiaque elle craint de ne pas revenir.

Alfredo Machado[1], ce diable d'homme si sûr de lui, inébranlable, inflexible, implacable, brusquement s'abandonne, pleure comme un enfant.

São Paulo, 1945 – le défi

Quand, durant le premier Congrès des écrivains brésiliens réuni à São Paulo au début de 1945, je suis tombé amoureux de Zélia, je l'ai annoncé au poète Paulo Mendes de Almeida, mon ami et son ami, en la lui désignant parmi toutes les femmes et les jeunes filles qui se pressaient aux séances, certaines pour suivre les débats, la majorité pour coqueter :

– Celle-ci va être ma femme.

Paulo me rit au nez :

– Qui ? Zélia ? Jamais. Ce n'est pas une femme pour toi. C'est une femme honnête, mon vieux, elle n'est pas de celles qui vont avec n'importe qui, de celles que tu...

En ce temps, célibataire après m'être séparé de Matilde[2], je butinais de couche en couche : des femmes à profusion, tant,

1. Alfredo da Cruz Machado (1922/1991), éditeur.
2. Matilde Garcia Rosa (1916/1986), première femme de J. A.

je n'y suffisais pas, elles excédaient mon emploi du temps en grande partie occupé par l'action politique. S'étant disputé avec moi, Oswald de Andrade, subitement pudibond, m'avait surnommé, en première page d'un quotidien pauliste, *le Raspoutine de la Ligne Juste. Ligne Juste*, allusion au projet discuté au sein du Parti d'une restauration démocratique du Parti communiste, qui passerait par l'appui à Getúlio Vargas. Raspoutine, pas tant que ça, exagération d'Oswald : je me reposais seulement des joutes politiques dans le giron de dames et de demoiselles (Maria Quadricentenaire était pucelle) mais, lorsque je connus Zélia, je baissai pavillon et demandai la paix.

– Ce n'est pas ce que tu penses, Paulo. Je parle de vivre ensemble. Qu'elle soit ma compagne, mon épouse si tu tiens au mot.

– Zélia ? Tu es fou ! Je connais Zélia, tu ne la connais pas. C'est une femme droite comme il n'y en a pas deux. Ne perds pas ton temps, renonce.

Le peintre Clóvis Graciano, également mon ami et le sien, me parla à peu près dans les mêmes termes :

– Zélia ? Elle est mariée et sérieuse, tu ne savais pas ? N'y pense plus, ôte-toi ça de la tête.

Je n'ai pas renoncé, ne me le suis pas ôté de la tête, je me rongeais de passion, j'ai fait ce que ni dieu ni diable n'auraient cru faisable, ça n'a pas fait un pli, en juillet Zélia est venue vivre avec moi. Ça ne va pas durer six mois, augurait-on, ça dure jusqu'à aujourd'hui.

São Paulo, 1945 – ragots

On a été dire à dona Angelina, la mère de Zélia, que sa fille avait lâché son mari pour aller vivre avec l'écrivain Monteiro Lobato[1]. Dona Angelina, la pauvre, a failli en devenir folle.

1. Monteiro Lobato (1882/1948), écrivain.

Bahia, octobre 1989 –
campagne électorale

Installé dans le vieillissime (et croulant) fauteuil-du-papy, aussi laid que confortable, je suis à la télévision le déroulement de la campagne électorale, j'écoute les divers candidats à la présidence de la République et leurs supporters. Je regarde d'un seul œil, le droit, je suis borgne : ma paupière gauche s'est affaissée il y a quinze jours à Moscou, tant m'a bouleversé la situation de l'empire et des peuples soviétiques – il n'y avait pas de pain dans les boulangeries et mes amis, hauts dignitaires ou gens simples, avançaient des hypothèses sinistres, guerre civile ou coup d'État et retour de la répression – c'était arrivé en Chine –, le retour à l'obscurantisme. Des propos impensables il y a seulement un an, lorsque, participant au voyage officiel de Sarney, j'avais trouvé encore quelques restes d'espoir et d'enthousiasme malgré les difficultés économiques.

Je vois d'un seul œil mais j'écoute des deux oreilles et je ne peux pas croire ce que j'entends, tant est agressive et bassement venimeuse la bataille pour gagner des voix, tant sont pauvres et indigents les discours des candidats, tous. Le moins mauvais, parce qu'il évite la démagogie et les insultes, est encore – qui l'eût dit ! – le candidat du Parti communiste brésilien, le jeune député Roberto Freire, au moins il propose une réflexion sur le Brésil. Il n'arrivera nulle part, bien qu'il obtienne un certain succès d'estime – il fera un petit score, pas tant parce qu'il est communiste, surtout parce qu'il s'est déclaré athée.

Je suis attentivement sur les écrans l'itinéraire de Lula, candidat du puissant Parti des travailleurs dont la création, durant le régime militaire, m'a transporté d'espoir. Je ne connais pas personnellement Lula, on me dit du bien de lui et j'y crois. Ce me semble un homme droit, chose rare aujourd'hui, et son action de dirigeant syndical dans les grèves des ouvriers métallurgistes, durant la dictature, a été exemplaire. L'alarmant sectarisme de son discours électoral, à ce que tout indique, n'est pas inhérent à sa personnalité, il découle de la campagne même, influence peut-être des idéologues du PC do B qui la dirigent et l'orientent – un discours d'un passéisme renversant. Comment peut-on l'imaginer face aux événements de l'Est européen, à la fin d'une époque, alors que s'écroulent théories et États, que s'effondre le socialisme réel, qu'on assiste aux funérailles de la dictature du prolétariat ? Discours de classe, il pointe précisément la dictature du prolétariat : si vieux et dépassé, ça fait pitié.

J'attire l'attention de Zélia sur le fait que jamais, au cours des deux programmes quotidiens de propagande électorale, à aucun moment le candidat du PT n'a prononcé le mot peuple, ni ne s'est adressé au peuple. Il parle au nom de la classe ouvrière et s'adresse à elle, demain au pouvoir ce sera la dictature au nom des travailleurs, au nom du socialisme. Zélia ne se trouble pas, elle garde entier son enthousiasme civique, en réponse elle fredonne le beau jingle de Chico Buarque : *Lula-lá*. Je lui dis pour la taquiner :

– Le discours de Lula paraît écrit à Tirana par la veuve d'Enver Hodja[1].

Je me rends compte que je dis la pure vérité.

Du point de vue de l'auteur, les meilleures traductions de ses livres sont celles qu'il ne peut pas lire, dans mon cas l'immense majorité. Nullité que je suis pour les langues à commencer par le portugais – j'écris en bahianais, une langue honnête, afro-latine –, je peux lire seulement en français et en espagnol, en italien avec difficulté, le dictionnaire à la main, et c'en est fini de ce qui est doux.

Lorsqu'on peut lire la traduction, si bon que soit le traducteur – j'en ai eu d'excellents, compétents, dévoués –, il existe toujours un détail, parfois minime, qui choque, agresse, fait mal : où est passé le trait subtil du personnage, l'angle de vision de tel fait, les nuances de l'émotion, le poids exact d'un mot ? Imaginez la douleur qui vous perce le cœur en voyant conin ou pacholette, douces désignations de l'origine du monde, traduits par sexe de femme ou vulve, croupe devenant fesses. Fesses, une croupe de mulâtresse qui se respecte ? Jamais !

Les traductions en chinois, quelle merveille ! Ce n'est pas par hasard que l'art majeur de la Chine est l'écriture des idéogrammes. En arabe elles me comblent, mis à part le fait de n'avoir jamais

1. Enver Hodja (1898/1985), dictateur albanais de 1945 à 1985.

reçu un drachme, un dinar de droits d'auteur – il n'y a pas deux mois, j'ai acheté dans les librairies de Tanger cinq de mes livres traduits en arabe, des éditions libanaises et pirates, les cinq. Je peux en dire autant des traductions en caractères hébreux, en lettres géorgiennes, grecques ou arméniennes, en signes japonais, l'alphabet cyrillique fait aussi l'affaire. Même composées en alphabet latin les traductions sont excellentes, rien à critiquer quand c'est en vietnamien, en norvégien, en turc, en islandais elles ne me donnent que de la joie, même lorsqu'elles ne me donnent pas de droits d'auteur. J'ai des livres dans des langues étranges, du coréen au turcoman, du thaïlandais au macédonien, de l'albanais au persan et au mongol. L'autre jour j'ai reçu du Paraguay un exemplaire du conte du Chat et de l'Hirondelle, le titre m'enchante : Karai Mbarakaja, *ça veut dire quoi ? Je ris tout seul, ravi, mais les plumes de la vanité ne tardent pas à tomber lorsque je me rends compte que, certainement, je suis meilleur écrivain en guarani qu'en portugais.*

Rio de Janeiro, 1957 –
le connaisseur

À la veille de se séparer, le couple se réconcilie pour recevoir, à ma demande, Pablo Neruda, un honneur insigne. Je désire offrir au poète tout ce à quoi il peut prétendre durant sa visite à Rio en compagnie de Matilde, sa nouvelle épouse. Je mobilise amis et admirateurs : les admirateurs, nombreux, fanatiques accourent à la rédaction du *Paratodos.* En tête, Neném Lampréia qui à cette occasion connut Moacyr Werneck de Castro[1] : une passion réciproque, instantanée, impérieuse.

L'appartement, à Ipanema, joignait le confort au bon goût, Matilde fut éblouie par la plage, le couple la sympathie même. L'épouse, blonde et évanescente, faisait parler d'elle : la plupart du temps en état de semi-ébriété, sinon totale, elle a été la riche héritière de nobles latifundiaires, des champs de café à perte

1. Moacyr Werneck de Castro, journaliste et écrivain, Neném Lampréia, sa femme.

de vue, aujourd'hui elle est pauvre *de marré marré*, comme dans la chanson. Le mari, bon garçon, cocu complaisant, avait en l'épousant visé le coffre, il l'avait vidé avec prestesse, et des cornes. Pablo, hôte impénitent – voyageur sans repos, barde sans frais d'hôtel –, avait été accueilli dans ses pérégrinations autour du monde par des hommes d'État et des millionnaires, avait connu des demeures princières, aucune pourtant plus chaleureuse et cordiale que celle du jeune couple de Rio de Janeiro.

La tête folle et son mari étaient dans les basses eaux, l'argent manquait, ils dépensèrent ce qu'ils avaient et ce qu'ils n'avaient pas, ils empruntèrent pour remplir la cave des vins chiliens préférés de Pablo, pour garnir le garde-manger des mets les plus fins, caviar, pâtés, truffes, saumon fumé destinés au palais délicat du poète. Pablo enchanté de ses hôtes et de leur hospitalité : *preciosos, compadre !*

En parlant de choses et d'autres, Pablo apprit que la maîtresse de maison possédait en commun avec ses frères ce qui restait du domaine hérité de ses parents : quelques arpents de terres improductives, à l'abandon, était encore debout la maison de maître classée par les Monuments historiques, un bijou de l'architecture coloniale, ça méritait d'être vu, Neruda se déclara prêt à se déplacer, le couple décida d'organiser un week-end dans les ruines de la fazenda. Nous ne tenions pas tous dans notre automobile, on fit appel à un ménage ami qui possédait une Mercedes. Nous voilà donc de la partie, Zélia et moi, nous étions huit en comptant les maîtres de maison : les économies forcées interdirent d'inviter plus de monde, Pablo avait bien suggéré Vinícius de Moraes mais il n'y eut pas moyen. La blonde et son mari réunirent ce qui restait de vin chilien, de pâté, de saumon fumé – le caviar et les truffes étaient déjà terminés –, et nous avons pris la direction de la montagne, la propriété était située à quelques kilomètres de Miguel Pereira.

Maison patriarcale de maîtres d'esclaves, verger en décadence, poules et canards picorant dans les décombres de la senzala, le calme, la tranquillité, la paix, nous voilà arrêtés dans le temps, dans les jours d'hier, douce fin de semaine arrosée aux vins andins des meilleurs crus.

Le vin chilien et les mets fins furent finis très exactement au dîner du dimanche, le soir même nous devions repartir pour Rio. Nous devions mais nous ne partîmes pas, car Pablo, aux anges, décida de rester au moins deux jours de plus : *nos quedaremos hasta el miércoles*, décréta-t-il. La maîtresse de maison, un peu grise comme à son habitude, applaudit à la décision avec enthousiasme, pour célébrer ça elle vida la dernière bouteille de vin rouge chilien, un velours selon la poétique définition de l'hôte d'honneur.

Le mari se mit les mains sur la tête. *Que faire ?* Dans l'embrasure d'une fenêtre ouverte sur la nuit, il se confia à moi, il se sentait humilié. Nourrir les invités n'était pas un problème insurmontable, on sacrifierait quelques volailles, au diable le frère de la maîtresse de maison qui les élevait, mais le vin chilien, où s'en procurer ? et en eût-on trouvé, comment le payer ? Pareil désespoir m'émut, j'entrai en scène : ne t'inquiète pas pour le vin.

Le lundi, tôt, les invités dormaient encore, nous ramassâmes, lui et moi, les bouteilles vides des précieux vins, en avons rempli un sac, l'avons mis dans la voiture, et nous nous en fûmes à Miguel Pereira. Dans une épicerie-graineterie j'achetai des vins brésiliens plus ou moins approchants – je tins à payer, ce n'était pas ruineux –, avec l'aide du commis nous transvasâmes sur-le-champ les vins nationaux dans les bouteilles chiliennes, nous les bouchâmes soigneusement et, de retour à la fazenda, nous avons mis le vin blanc à rafraîchir, le rouge en évidence sur la desserte.

Peu porté sur les vins du Rio Grande, à cette époque ils laissaient beaucoup à désirer, je me déclarai indisposé et m'abstins. Une bouteille après l'autre, tout le vin fut bu parmi les exclamations patriotiques du poète – *aucun vin qui vaille le vin chilien, le vin français est plus réputé mais il n'est pas meilleur* –, déclamait Pablo, connaisseur. La maîtresse de maison n'était pas en reste pour vider son verre et louer les vendanges andines : en dehors du whisky, elle n'était pas *connaisseuse.*

Pékin, 1987 – particularité

À Pékin, Fan Weixin, traducteur chinois de livres de langue portugaise – parmi les Brésiliens il a traduit José de Alencar et Herberto Salles –, m'apporte un exemplaire de sa traduction de

Dona Flor et ses deux maris, une édition modeste mais correcte, Fan est content du succès du roman de la jeune Bahianaise.

Je feuillette le volume, me rappelle des scènes d'amour, Dona Flor et Vadinho au lit, la rose-thé et le piment de feu, méfiant je demande à Fan Weixin :

– Comment as-tu traduit les polissonneries de Vadinho ?

Les lèvres du traducteur esquissent un sourire coquin, presque brésilien :

– Au pied de la lettre.

À la fin de l'année nous recevons dans notre maison du Rio Vermelho un jeune couple d'amis chinois. Lui, c'est Ho-Ping, fils d'Eva et d'Emi Siao (Siao Sam), Eva photographe allemande, Emi, l'un des plus célèbres poètes chinois, il fut l'ami intime de Maïakovski, député, biographe de Mao, pendant plusieurs années représentant de la Chine au Conseil mondial de la Paix, en Tchécoslovaquie. Ho-Ping, dit Pupsik, est né à Prague quelques mois avant Paloma : parents gâteux nous avons inventé au château des Écrivains[1] de futures fiançailles entre les deux infants. Eva et Emi sont rentrés en Chine, ils ont fait seize ans de prison durant la mal nommée Révolution culturelle, Emi est sorti de prison très malade, il est mort peu après.

Elle, c'est Ting Li, épouse de Ho-Ping, fille de Liu Chao Shi qui fut président de la République populaire de Chine, secrétaire général du Parti communiste, déchu politiquement et assassiné durant les malheureuses années où sévit la bande des quatre – les assassins prétendirent que Liu Chao Shi était mort dans un accident d'avion.

Un jeune couple enchanteur, ils arpentent les rues de Bahia, ils adorent la ville, l'architecture, la cuisine, les marchés, le peuple gai et cordial. Dans les intervalles entre leurs promenades, Ting Li, dans le jardin du Rio Vermelho, lit *Dona Flor et ses deux maris* en chinois et en anglais. Je lui demande ce qu'elle pense des deux traductions. Elle réfléchit un instant, répond :

– Les deux sont bonnes, je les aime toutes les deux. Pour vous donner une idée des particularités de chacune, en chinois Dona Flor réclame Vadinho avec son cœur, en anglais elle le réclame avec ce qu'elle a sous sa petite culotte.

1. Château de Dobris, près de Prague, où J. A. vécut avec sa famille de 1950 à 1952.

– Et comment dit-on en chinois ce qu'elle a sous sa petite culotte ?

Ting Li sourit, confuse, prononce un mot que j'ai trouvé beau, un gazouillis d'oiseau, je l'ai oublié, quel dommage.

Bahia, 1988 –
les crapauds

L'énorme crapaud de céramique abandonné dans le jardin de la maison de Carybé, exposé à la pluie, couvert de mousse. Les maîtres des lieux ne sont pas là, je ne veux pas avoir fait le voyage pour rien, j'appelle Aurélio[1], nous transportons le crapaud dans la voiture. Aurélio attire mon attention sur un joli détail : le grand crapaud porte sur son dos son petit.

Placé sur le rebord de la baie de la salle à manger, sur les azulejos de Carybé – les emblèmes d'Oshóssi et ceux d'Oshoum –, le gros crapaud préside la confrérie des crapauds dispersés dans les jardins, en contrebas de la piscine, à côté de la galerie, sur les meubles, les rayonnages, partout dans la maison, car le crapaud est ma bête. Des crapauds de toutes sortes, sculptés dans les matériaux les plus divers – céramique, pierre-savon, papier mâché, fer, acrylique, venant des quatre coins du monde : du Mexique, de Thaïlande, d'Angleterre, du Pérou, d'Ouro Preto, du Cambodge, du Portugal, de Chine et ainsi de suite. Jusqu'à ce jour Carybé ne s'est pas rendu compte du vol, j'espère qu'il ne le découvrira jamais.

Lorsque nous sommes venus vivre à Bahia, pendant des mois et des mois un crapaud-buffle a habité dans le jardin, dans une espèce de réservoir qu'il y avait là. Énorme lui aussi, presque de la taille de celui que j'ai volé à Carybé, qui est gigantesque, sauf que celui de Carybé est en terre cuite. Le nôtre était vivant et les jours de forte pluie il s'abritait sous la galerie où il chantait sa joie de vivre.

Carybé mourait de jalousie de notre crapaud-buffle, l'envie transparaissait sur son visage lorsqu'il voyait Zélia gratter le dos

1. Aurélio Sodré, chauffeur de J. A.

de l'animal qui enflait de contentement. Zélia enregistra son coassement puissant sur un petit appareil portatif qu'elle emporta en cachette chez Carybé un jour de pluie. Nous bavardions dans l'atelier, Nancy servait des friandises, nous buvions un verre, Zélia réussit à mettre le magnétophone en marche dans son sac entrouvert, le chant du crapaud-courourou retentit, les yeux de Carybé s'illuminèrent :

– Tu entends ? Il y a un courourou qui vit dans le jardin…

Il dévala l'escalier, sous la pluie, jusqu'à aujourd'hui il cherche son crapaud-buffle.

Rio, Paris, 1991 –
la statue

J'utilise pour la première fois le droit qui me revient, en ma qualité de primé, de proposer un nom pour le prix international Lénine, je propose celui du compositeur (et écrivain) Chico Buarque de Hollanda.

De Rio, d'où je m'adresse au jury, j'écris à Chico qui se trouve à Paris, en l'informant que j'ai suggéré son nom aux membres du jury du prix Lénine. Quels seront ces juges, qui sera le président ? Je n'en ai pas la moindre idée. Dans le temps, présidait le jury le président de l'Académie des sciences de l'URSS, les vice-présidents étaient le savant chinois Kuo-Mo-Jo et le poète français Louis Aragon, en faisaient également partie, entre autres, Anna Seghers, Ilya Ehrenbourg, Pablo Neruda, Alexandre Fadeiev, aujourd'hui tous morts. Membre du Comité central du PCUS[1], Fadeiev faisait la pluie et le beau temps.

En arrivant à Paris, je trouve sur le répondeur téléphonique un message de Chico, il me demande comment s'appellera le prix Lénine en décembre, date où il doit être décerné : prix Petrograd, prix Saint-Pétersbourg ?

Je viens de voir à la télévision la statue de Lénine jetée à bas de son piédestal à Vilnius, en Lituanie. À Moscou on lui a passé la corde au cou, on ne l'a pas abattue car le bulldozer n'est pas

1. PCUS : Parti communiste de l'Union soviétique.

arrivé à temps, la statue est énorme, trop lourde pour des mains nues, même haineuses. Leningrad est redevenue Saint-Pétersbourg, je crois qu'il n'y aura plus le moindre prix : l'immense consécration de naguère que fut d'abord le prix Staline qu'Oscar Niemeyer et moi avons reçu … quand ? Au siècle passé ? Pas de prix Lénine, pas plus que de prix Saint-Pétersbourg, je suis arrivé en retard car le train de l'Histoire se perd dans la distance à une vitesse plus grande que celle de la lumière. La corde au cou, je vacille sous le poids de la statue sur ma nuque, je dis à Zélia :

– Le Prix de Chico est à l'eau.

São Paulo, 1945 –
Congrès des écrivains

Le premier Congrès des écrivains brésiliens, réuni au théâtre municipal de São Paulo à l'appel de la récente Association brésilienne des écrivains (ABDE), fut beaucoup plus que la fête d'une rencontre littéraire, il eut la dimension d'un événement historique : il marqua une date dans la lutte contre la dictature de l'Estado Novo, encore au pouvoir mais déjà ébranlée dans ses fondements par les défaites militaires d'Hitler.

Je fus dépêché de Bahia à São Paulo par le PC, avec mission de collaborer à l'organisation du conclave, de tenter d'imposer la ligne politique des communistes. La fameuse *ligne juste* de ceux qui étaient d'accord avec la direction du parti issue de la Conférence de Mantiqueira[1], car beaucoup faisaient des réserves et ne rentrèrent au bercail que lorsqu'ils reçurent des ordres exprès de Prestes[2], encore en prison mais d'une autorité indiscutée.

Je présidai la délégation de la section bahianaise de l'ABDE (Homero Pires, Odorico Tavares, Dias da Costa, Alberto Passos Guimarães, James Amado, Édison Carneiro, Jacinta Passos,

1. Conférence de réorganisation du PCB, réalisée en 1943, dans les Minas Gerais.

2. Luiz Carlos Prestes (1888/1990), leader historique du PCB *(N.d.T.)*.

Vasconcelos Maia entre autres) et fus l'un des vice-présidents du Congrès. Le président était le conteur Aníbal Machado, écrivain considéré et apprécié, qui se situait à mi-chemin entre les deux courants qui s'affrontèrent au cours des séances et dans les coulisses : le courant démocratique et le courant communiste.

Du premier, formé par les libéraux, les démocrates-chrétiens et les sociaux-démocrates, on peut dire qu'il portait en germe l'UDN[1], parti politique dont le rôle par la suite fut passablement douteux, et la Gauche démocratique (ensuite Parti socialiste). Appuyé par les communistes non alignés (Caio Prado Júnior, Mário Schemberg qui, d'ailleurs, ne tarderaient pas à s'aligner), il était sous la houlette de Carlos Lacerda. Carlos avait rompu avec le PC en 1942, il commençait une carrière politique qui l'amènerait, en un temps relativement court, à être gouverneur de l'État de Guanabara puis leader civil du coup d'État militaire de 1964. Le second courant réunissait les communistes orthodoxes, moins nombreux mais actifs, très présents. Parmi eux Dyonélio Machado, Dalcídio Jurandir, Moacyr Werneck de Castro, le baron de Itararé (Aparício Torelly), Raul Riff, Alina Paim. Membre du bureau politique du Parti, Pedro Pomar s'était transporté à São Paulo afin de nous orienter, d'empêcher les hésitations et les déviations. Je maintenais le contact par des rencontres clandestines quotidiennes où il me transmettait des informations et me donnait des directives.

Grâce à l'habileté et à la courtoisie d'Aníbal Machado, les deux courants parvinrent à un accord pour la rédaction du document final, la déclaration solennelle des écrivains brésiliens. Pour la première fois, dans le manifeste émanant du Congrès, on condamna la dictature de l'Estado Novo sans toutefois mentionner la personne du dictateur, Getúlio Vargas, en l'occurrence notre allié à nous communistes. Dans la séance de clôture Oswald de Andrade, transgressant l'accord sur le nombre et les noms des orateurs, prit la parole et proposa la candidature du brigadier Eduardo Gomes[2] à la présidence de la République, ce fut le délire.

Hors des séances plénières et des commissions c'était la fête, et quelle fête ! Ininterrompue, délirante, effrénée. Cocktails

1. UDN : Union démocratique nationale.
2. Brigadier Eduardo Gomes (1896/1981), officier et homme politique.

– je me souviens d'un cocktail très animé chez Nelson Palma Travassos, chroniqueur plein d'esprit, propriétaire des Imprimeries de la Revue des tribunaux, riche et aimable amphitryon, c'est là que je remarquai pour la première fois Zélia –, fêtes, bals improvisés, sauteries endiablées, banquets, beuveries, et par-dessus tout de mémorables coucheries : Dieu, que l'on a couché durant ce congrès, c'est inimaginable ! Vinícius de Moraes, jeune premier de cinéma, allait de main en main, ou plutôt de minet en minet. Je n'eus pas non plus à me plaindre.

Rio de Janeiro, 1947 –
doute

Les dates, qui se les rappelle ? Je suis mauvais pour les dates, je ne me lasse pas de le répéter. Chacune de ces notes que je vais rédigeant s'accompagne de questions à ma famille : se souviennent-ils de tel fait ? Ils se souviennent de tout bien que chacun l'évoque à sa manière. À quelle date cela s'est-il passé ? Personne ne sait le dire avec précision et si quelqu'un risque une affirmation péremptoire, elle est presque certainement erronée.

Dans le cas du livre de Mémoires de Nicolás Guillén, le poète a confondu dates et lieux, a oublié des faits et des détails car il écrit que nous nous sommes connus à Paris en 1949, alors que nous nous sommes rencontrés pour la première fois à Rio de Janeiro en 1947. Il ne s'est pas souvenu du récital de poésie à l'ABI[1], je l'ai présenté au public très exactement le jour et à l'heure où João Jorge naissait. La première visite que Zélia, après l'accouchement, reçut à l'hôpital de Copacabana fut celle de Nicolás. Le dernier poème dit : *mi patria es dulce por fuera y muy amarga por dentro*[2], quand les applaudissements se turent, je me jetai dans un taxi, impatient de voir ma femme et mon fils, Nicolás m'accompagna.

Le poète cubain est venu plusieurs fois au Brésil avant et après la révolution fideliste, présence toujours remarquée, il

1. ABI : Association brésilienne de presse.
2. « ma patrie est douce au-dehors et très amère au-dedans » *(N.d.T.)*.

irradiait la sympathie. Sa poésie à l'accent noir et contestataire, *Canción de cuña para despertar un negrito* (Berceuse pour réveiller un petit Noir), avait conquis un vaste public au Brésil et le mulâtre rieur, le cheveu bien lissé, beau parleur, conquérait les cœurs féminins. Maria Nymphomaniaque le recommandait à ses amies tel que : *ne rate pas ça, un foudre de guerre !* La publicité étant la base des affaires, la clientèle augmentait, Nicolás toujours bien accompagné. Glorieux de nature, il considérait chaque aventure, même brève, comme une histoire d'amour.

– Maria des Anges est amoureuse de moi, *compadre.* Éperdument ! – Habitué, il considérait la chose comme normale, mais un doute le poursuivait. – Est-ce qu'elle m'aime moi, l'homme, Nicolás, ou est-ce qu'elle se donne à cause des poèmes de Guillén ? Qu'en penses-tu, *compadre* ? – Un doute atroce, il exigeait la vérité : – la vérité, *compadre,* dis-moi !

Ma réponse a toujours été identique, à Rio, à Paris, à Prague, à Moscou, à La Havane, places où je l'ai vu aux prises avec des blondes blondissimes, son faible sans exclusion aucune : Rosa[1] est métisse, des Antilles, *Rosa, tu melancólica ...,* son amour de la vie entière :

– Amoureuse de toi et de tes poèmes, *compadre,* elle aime l'homme et le poète, les deux en un seul, Nicolás Guillén.

Nicolás souriait, approuvant, il lissait ses longues mèches, heureux de la vie, c'était bien ce qu'il pensait. Mais aussitôt un nouveau doute le tourmentait :

– Et si les poèmes n'existaient pas, tu crois, *compadre,* qu'elle m'aimerait ? Sans les poèmes, elle m'aimerait quand même ?

Nice, 1990 – la triste fin

Du carnaval de Nice, j'envoie une carte postale à Paulo Loureiro[2], à Recife. Amphitryon parfait sur l'admirable plage, sybarite et solidaire, ami de toute la vie, pendant des années nous

1. Rosa, femme de Nicolás Guillén.
2. Paulo Loureiro, chimiste, professeur à l'université de Recife.

avons été camarades au Parti communiste, partenaires à la table de poker en compagnie de Carlos Pena Filho[1] et de Ruy Antunes[2], Paulo et moi nous nous traitons de vieux bolcheviques, incurables – ensemble nous rions de la sottise et des fanfaronnades : « Je préside le jury du Carnaval des Carnavals, mon Paulo, triste fin d'un vieux bolchevique. »

Bahia, 1964 – coup d'État

Je me réveille avec la nouvelle, aussi malheureuse qu'attendue : les militaires ont pris les armes, ils ont déposé le gouvernement de João Goulart. La veille, au cours d'une conversation avec Luiza et Jenner Augusto[3], j'avais prévu un coup d'État d'ici quinze ou vingt jours.

Les coups de téléphone se succèdent, nous apprenons les arrestations, les perquisitions, nous somme prêts, Zélia et moi, à ce qui peut advenir. Qui survient, c'est Wilson Lins[4], idéologue des militaires. En entendant annoncer le nom du visiteur, Zélia se met sur le pied de guerre, je commente pour apaiser son ardeur : Wilson vient parce qu'il est notre ami. Je pourrais ajouter : l'ami qui ne m'a jamais fait défaut, dans les moments les plus difficiles toujours présent et solidaire.

Nous parlons littérature et autres sornettes, comme si les événements ne s'étaient pas produits. En nous quittant, Wilson recommande : à la moindre chose, téléphonez-moi immédiatement, si je ne suis pas là Anita saura où me trouver. Wilson Lins : il ne m'a jamais fait défaut.

À la fin de l'après-midi je vais avec Antônio Celestino[5] à une exposition de peinture à la galerie Renot, les huiles d'Henrique Oswald recréent les églises de Bahia dans un halo de mystère, Celestino achète une toile, j'en achète une autre. Dépenser de l'argent à une heure pareille, aussi incertaine, n'est-ce pas de la

1. Carlos Pena Filho (1930/1960), poète.
2. Ruy Antunes, avocat et professeur.
3. Jenner Augusto, peintre ; Luiza, sa femme.
4. Wilson Lins, écrivain et homme politique ; Anita, sa femme.
5. Antônio Celestino, critique d'art et banquier, portugais.

folie ? Je ne vais pas accepter que les militaires restreignent ma vie, je ne modifierai pas mes habitudes. Je suspends l'église d'Henrique Oswald dans la chambre à coucher.

Maceio, 1933 – visite

Au milieu de 1933 je pris un vapeur de la Lloyd brésilienne, de la taille d'une boîte d'allumettes, le *Comte de Baependi*, et remontai la côte depuis Rio de Janeiro jusqu'au port fluvial de la ville de Penedo, dans l'alors lointain État d'Alagoas. L'unique objectif de ce voyage était de connaître Graciliano Ramos, un nom qui à cette date-là n'évoquait rien pour les lecteurs et les critiques, car le romancier n'avait encore publié aucun livre. J'avais cependant eu l'occasion de lire le manuscrit de *Caetés* et j'avais été pris d'un tel enthousiasme que je décidai de partir pour l'Alagoas, dire de vive voix mon admiration à son auteur. J'allais avoir vingt et un ans et je venais de publier *Cacao*.

Inconnu du public et de la critique, le nom de Graciliano Ramos faisait déjà quelque bruit dans les milieux littéraires de Rio de Janeiro ; avec le temps il serait unanimement reconnu comme celui du principal romancier de ladite génération de Trente. Le poète et dessinateur Santa Rosa, joyeux mulâtre du Paraíba qui venait d'arriver à Rio – via Maceió où il avait travaillé à la Banque du Brésil –, avait révélé l'existence d'un écrivain d'Alagoas, ex-commerçant, ex-maire d'une ville de l'intérieur, et finalement, si je ne me trompe, directeur de la Presse officielle. Le texte d'un extraordinaire rapport qu'il avait rédigé en quittant la mairie de Palmeira dos Índios, alla de main en main dans l'étroit territoire littéraire de la capitale de la République et des Lettres nationales.

Les limites géographiques de ce territoire étaient réellement restreintes, elles allaient de la Travessa do Ouvidor, adresse de la Librairie Schmidt, jusqu'à Cinelândia où étaient sis l'actif cabinet du poète (et médecin) Jorge de Lima et la non moins active rédaction du *Bulletin d'Ariel*, aux éditions du même nom. Dans ces lieux – les Éditions José Olympio ne se transportèrent de São Paulo à Rio qu'en 1934 –, les écrivains se réunissaient pour parler de culture et de la vie d'autrui, discuter des livres, faire des projets, confirmer ou massacrer les gloires établies ou naissantes. Une population littéraire peu nombreuse, une production éditoriale réduite, tous les écrivains se connaissaient, on lisait tous les livres. Je pense qu'en ce temps-là nous n'étions pas plus de trois cents personnes à nous consacrer à la littérature dans tout le pays. Aujourd'hui, rien que dans le quartier du Rio Vermelho il en existe plus de cent, dans la ville de Bahia plus de mille, loué soit Notre Seigneur de Bonfim !

En 1933, les échos de la Semaine d'Art moderne diminuaient d'intensité tandis que s'affirmait le Roman de Trente, expression littéraire des mouvements politiques et populaires qui aboutirent à la révolution de l'Alliance libérale. En vérité le cycle romanesque postmoderniste avait commencé en 1928, dans le sillage de la Colonne Prestes[1], avec la parution de *A Bagaceira* de José Américo de Almeida. Il revint d'ailleurs à José Américo, ministre des Travaux publics du premier gouvernement Vargas, de révéler à ses confrères de Rio l'existence d'un roman encore inédit de ce fameux maire de Palmeira dos Índios, celui du rapport.

À la suite de quoi le poète et éditeur Augusto Frederico Schmidt télégraphia au romancier inconnu, lui demandant d'envoyer son manuscrit, il l'éditerait. Le manuscrit arriva et alla en rejoindre d'autres, rangés dans un tiroir, dans le bureau du poète au fond de la librairie où il bavardait, flirtait au téléphone, écrivait ses poèmes et cherchait où trouver de l'argent pour poursuivre le programme de sa maison d'édition : à cette époque, la plus importante maison d'édition de littérature brésilienne.

Les habitués de la Librairie feuilletaient les manuscrits qui dormaient dans le tiroir, parfois en emportaient un pour le lire chez eux. Je dois la publication du *Pays du Carnaval*, mon premier roman, au fait que Tristão da Cunha[2], personnage influent dans la vie littéraire de ce temps, ait emporté le manuscrit qu'il avait trouvé dans le fatal tiroir, afin de terminer la lecture commencée dans le cabinet du poète tandis qu'il l'attendait. L'opi-

1. Marche de jeunes officiers en rébellion contre le pouvoir central. De 1924 à 1927 ils parcoururent plus de 20 000 km, puis durent se réfugier en Bolivie (*N. d. T.*).
2. Tristão da Cunha, diplomate, écrivain, traducteur de Shakespeare.

nion de Tristão da Cunha fut décisive, Schmidt non seulement publia mon livre mais le préfaça.

Je lus le manuscrit de *Caetés*, je fus saisi – il n'y a pas longtemps, j'ai relu le premier roman de Graciliano, mon opinion n'a pas changé : l'atmosphère de la petite ville, l'écriture admirable. D'autres livres de Graça sont plus grands, le romancier s'est élevé mais *Caetés* demeure. Le choc que me causa ce livre fut tel que je décidai de faire la connaissance de l'auteur, je pris une place sur le *Comte de Baependi*, en arrivant à Aracajou j'étais fiancé, ça m'arrivait à chaque voyage. Un an après, en 1934, Schmidt publia le premier roman de maître Graça, bientôt parut *São Bernardo* aux Éditions Ariel.

Le *Comte de Baependi* me laissa à Penedo, depuis lors une de mes villes préférées, de temps en temps nous prenons la voiture, Zélia et moi, nous allons dormir à Penedo pour voir naître le matin sur le rio São Francisco, parmi les barcasses et les barques, pour parcourir les vieilles rues, nous arrêter à l'ombre des églises et des couvents. Une fois nous avons emmené avec nous notre amie Antoinette Hallery[1], elle s'est extasiée en tchèque et en français : *piekne krasnie ! oh la la !*

Allant en tramway-à-âne, il en circulait encore dans le Penedo de 1933, j'ai attendu l'automobile que Valdemar Cavalcanti[2], chroniqueur littéraire dans une gazette de Maceió, neveu du maire, avait envoyée pour me prendre. Le voyage par des chemins de terre défoncés dura la journée entière, j'arrivai à Maceió à la fin de l'après-midi couvert de poussière, à l'hôtel je pris une douche et m'en fus à la recherche du romancier, je le trouvai dans un bar, il buvait du café noir dans une grande tasse, entouré des intellectuels du lieu – tous ils reconnaissaient l'ascendant de l'auteur encore inédit, il était le centre du cercle. Nous sommes devenus amis sur l'heure.

Depuis ce soir-là jusqu'à sa mort j'ai accompagné jour après jour, avec admiration et amitié, la vie de Graciliano Ramos et sa création littéraire, elles sont d'une grandeur peu commune. Je suis arrivé de Santiago du Chili la veille de sa mort, pressé de parler sur sa tombe, je ne pus dépasser les premiers mots. Ensuite sa fille Luísa est devenue ma sœur en épousant James ;

1. Antoinette Hallery, éditrice tchèque.
2. Valdemar Cavalcanti (1912/1982), journaliste.

Fernanda, petite-fille de Graciliano, fleur des Ramos et des Amado, est ma nièce, nos sangs se sont mélangés

Je le revois tel que je l'ai vu pour la première fois, à la table du bar : le chapeau de paille, la canne, la cigarette, la face maigre, sobre de gestes. Il semblait sec et difficile, on le disait pessimiste, il était tendre et solidaire, il croyait en l'homme et en l'avenir.

Wroclaw, Pologne, 1948 –
la mémorialiste

De quels artifices usa Maria de Bahia, naturelle d'Alagoas, pour parvenir à se mêler aux correspondants étrangers venus couvrir le Congrès mondial des intellectuels pour la Paix ? Quand je la connus à Bahia elle était étudiante et activiste, un feu follet, longue et pétulante, métisse cabo-verde[1], populaire dans les rangs du Parti communiste et à la Faculté de droit. L'exemple de ce que ne doit pas être une militante digne de ce nom au dire de Maria la Rosière, dirigeante racornie et puritaine. Dirigeant mais pas puritain, Mário Schemberg, membre de la délégation brésilienne, répond à ma question avec bonhomie :

– Maria de Bahia a de l'entregent, et la jambe bien faite...

À part Mário et moi – je suis l'un des vice-présidents du Congrès –, un groupe varié et sympathique d'intellectuels communistes compose notre délégation, je me souviens de quelques noms : Arnaldo Estrela et sa femme, la violoniste Mariuccia Yacovino, le sculpteur Vasco Prado, le peintre Carlos Scliar, l'écrivain Zora Seljan, la pianiste Anna Stella Schic, le compositeur Cláudio Santoro. Pour aucun d'eux, pas plus que pour Mário ou pour moi, Maria de Bahia ne montre d'intérêt professionnel – nous sommes du menu fretin au milieu de tant d'or international –, elle exige que je la présente aux grands des lettres et des arts, à commencer par Picasso et Ilya Ehrenbourg. *Tout de même,* argumente-t-elle, *je représente en Europe le jour-*

1. Métisse cabo-verde : métisse ayant du sang noir et indien *(N.d.T.)*.

nal O Momento, *organe bahianais du PC.* Depuis quand ? je me le demande, mais je m'exécute.

Sur-le-champ, dans la salle du Congrès, Picasso lui accorde une rapide interview : il est surtout venu à Wroclaw pour exiger publiquement que cessent les persécutions du dictateur chilien, Videla, envers Pablo Neruda, expulsé du Sénat, traqué par la police. Où, comment et quand Maria a-t-elle circonvenu le photographe hindou qui immortalise la rencontre pour le journal bahianais ? Bras dessus bras dessous avec Picasso, la reporter, intime du génie.

Très occupé, ayant mille choses à faire, Ehrenbourg accepte de la recevoir pour une longue interview : il analysera en profondeur la signification du Congrès, les problèmes de la paix et la responsabilité des intellectuels :

– Demain matin à sept heures, à mon hôtel. – Il lui donne le nom de l'hôtel et le numéro de la chambre.

Le lendemain, Maria de Bahia me raconte l'affaire :

– J'ai frappé à la porte, il m'a dit d'entrer, je suis entrée, il était couché, tout nu, il m'a dit : Déshabille-toi, vite, je n'ai qu'une demi-heure, à sept heures et demie je dois prendre le petit déjeuner avec Fedosiev. – Fedosiev, je précise, directeur de la *Pravda,* membre du Comité central du PCUS, est l'un des responsables politiques du Congrès. Maria poursuit : – Il a souri, m'a fait une place dans le lit, m'a dit de me dépêcher.

– Et toi ?

Sourire angélique, Maria de Bahia, née à Palmeira dos Indios, fait une moue, regarde par terre :

– J'ai obéi, que pouvais-je faire ? – Elle relève les yeux, arrange ses cheveux noirs et lisses : – Ordres d'un Soviétique, je devais obéir. Ensuite, il m'a dit : Demande à Jorge de te parler du Congrès, tu peux mettre dans ma bouche ce qu'il te dira. – Maria de Bahia prend papier et stylo, prête pour l'interview.

Échappé à l'enfer de la guerre, marqué par la vie, Ilya avait dans les cinquante ans, il en paraissait plus, nous l'appelions *le vieux.* Je comprends que Maria de Bahia couche avec Enrique Amorim, jeune premier latin, mais avec Ilya, pourquoi ? Pourquoi, Maria de Bahia ?

Un sourire candide, les yeux purs, rêveurs :

– Pour quand j'écrirai mes Mémoires.

Elle n'eut pas le temps de les écrire, elle mourut dans un

accident d'auto à son retour au Brésil, deux ans après. Mais l'interview – Ilya Ehrenbourg, à Wroclaw, parle à notre envoyée spéciale – fut un succès, elle déclencha des polémiques.

Budapest, 1951 –
honneur et orgueil

Je me trouve à Budapest qui est en effervescence, en plein procès Rajk[1]*, les procès de l'ère stalinienne vont se répéter maintenant de pays en pays, dans toutes les démocraties populaires. La rupture entre Tito et Staline a donné le signal des grandes purges, le Saint-Office communiste commence son inquisition. Crédule, inconditionnel, je crois aux histoires de complots et de trahisons, je vois en chacun des accusés un ennemi juré de la Révolution, de la classe ouvrière, de la splendeur des lendemains.

À la terrasse du bar quelques amis se retrouvent pour boire avec moi, parler, saluer le camarade brésilien, écrivain bien vu des lecteurs, les traductions de *Bahia de Tous les Saints* et des *Terres du bout du monde* ont du succès. Le traducteur, communiste magyar, est présent (il a vécu des années à São Paulo, il est rentré dans son pays après la défaite du nazisme), il facilite la conversation : presque tout le monde parle français mais, lorsque la langue hongroise domine, il me permet de suivre et de comprendre la discussion.

Dans les réunions où un étranger est le centre des attentions, il arrive invariablement un moment où les thèmes de conversation communs s'épuisent et où prennent le dessus des sujets d'intérêt local, l'hôte se contente alors d'écouter. C'est ce qui se passa ce soir-là à Budapest : la discussion du procès Rajk supplanta les banalités littéraires, la misère du tiers monde, l'érotisme des femmes tropicales, le ton monta.

Le jeune poète s'échauffe, content de l'afficher il ne se départ pas de son français sans accent, est-ce que je comprends

1. Procès politique au cours duquel fut condamné à mort le dirigeant communiste hongrois Lázlo Rajk (1909), exécuté en 1949, réhabilité en 1955.

ce qu'il affirme, formel ? Il dit que *la confession d'un des accusés* – de tous, m'apprend-on ensuite – *a été arrachée sous la torture par la police politique.* Torture ? Je dois avoir mal entendu, il n'a certainement pas parlé de torture, qu'a-t-il dit ? – j'interroge, anxieux, à l'agonie. Mon honneur et mon orgueil consistent à savoir, avec une certitude absolue, que dans un régime communiste, dans une société socialiste, jamais, au grand jamais, un prisonnier ne pourra être soumis à la torture : intellectuelle, morale, encore moins physique. Ma stupéfaction, mon effroi provoquent les sarcasmes, on raille ma sainte ingénuité, je dois être le dernier des crétins, qui ne sait que la torture fait rage ?

Anéanti, j'écoute de la bouche des présents dans le bruit confus de la langue hongroise, dans la traduction implacable, des histoires à faire frémir, des détails qui me vont au cœur, me brisent, je me sens déshonoré, souillé dans mon orgueil communiste : *on torture, oui, et comment !* Les policiers qui servent et défendent le régime sont les mêmes que du temps de l'occupation nazie, la profession de gardien de l'ordre est au-dessus des idéologies.

Fiévreux et glacé je passe ma première nuit de doute, le cœur transpercé, l'estomac retourné, l'envie de vomir : la police communiste me frappe et me piétine, m'oblige à confesser ce que je n'ai pas fait. Ainsi a commencé ma traversée du désert.

São Paulo, 1981 –
vain espoir

La fondation du Parti des travailleurs, en plein régime militaire, m'enthousiasme, le PT naît dans les syndicats, produit des grèves des métallurgistes, une nouvelle de bon augure. Je pensais : nous allons enfin avoir un véritable parti ouvrier, intégré, orienté, dirigé par des travailleurs. Fini le temps des faux partis ouvriers – les partis communistes et trotskistes, les travaillistes – où des intellectuels, le plus souvent médiocres et présomptueux, petits-bourgeois creux et arrogants, donnent des ordres avec l'accent portugnol, se targuent de représenter le prolétariat, rêvent d'assumer en son nom le pouvoir et de faire la loi. Ils endossent l'uniforme de dirigeants révolutionnaires, lisent sans y comprendre grand-chose des brochures traduites en espagnol du russe ou du chinois, se prennent pour savants, débitent des théories, jurent par Marx et Lénine, par Staline (ou Trotsky) et Mao, ils seraient grotesques s'ils n'étaient dangereux : une fois au pouvoir personne ne les retiendra, ils seront capables de n'importe quelle stupidité, de n'importe quelle monstruosité comme il n'est que trop prouvé – Staline continue à être l'idole à imiter.

J'ai connu et approché beaucoup de ces individus à des échelons divers du pouvoir – parfois le petit pouvoir d'une cellule du Parti –, certains n'étaient pas de mauvaises personnes mais ils étaient tous déformés. Brusquement ils perdaient la physionomie humaine, pantins bourrés d'idéologie de deuxième main, de marxisme, de léninisme, de maoïsme, appris par ouï-dire car lire n'était pas leur fort – sur ce point je ne nie pas leur prudence, car Marx réinventé en soviétique est une dose pour éléphant, c'est aussi abscons qu'insipide.

Ah ! le bouc perd son poil mais il ne perd pas son odeur, en apprenant la fondation du PT j'ai applaudi avec conviction, pris d'enthousiasme, je me suis répandu en éloges dans les journaux, j'ai congratulé Eduardo Suplicy. L'illusion a peu duré, le PT est bientôt devenu un front de groupuscules et de sigles radicaux, les mêmes infra-intellectuels des PC (plus les prêtres courageux et sectaires de la théologie de la libération), sous le commandement d'ex-dirigeants staliniens et maoïstes qui avaient perdu toute perspective politique, ne croient déjà plus en rien : ils sont seulement profiteurs. Le PT est devenu semblable à n'importe lequel des anciens partis ouvriers, à n'importe lequel des partis brésiliens, un panier de chats.

En vérité, il n'existe pas au Brésil de partis politiques avec des principes et des engagements, il existe des fronts où entrent tous les segments idéologiques, où coexistent droite et gauche au gré des intérêts personnels. Ce ne sont pas des partis, ce sont des sigles qui s'intitulent démocrates, travaillistes, sociaux-démocrates, libéraux, socialistes, sans que ces dénominations aient à voir avec une prise de position, une raison de lutte ou de gouvernement – une imposture. Et par-dessus le marché on prétend instaurer le parlementarisme. Parlementariste que je suis, je tremble. Un parlementarisme sans partis, ah ! ce parlementarisme à la brésilienne va être joli, une vraie farce !

Lisbonne, 1989 – la tante

À chaque rencontre au restaurant de Mimi, au parc Mayer – sans le restaurant Amadora, le parc n'est plus le même –, António Alçada Baptista[1] me présente la plus belle d'un métier ou d'un autre : la plus belle avocate du Portugal, la plus belle journaliste, la plus belle danseuse et ainsi de suite, elles sont légion. La plus belle ? Une manière de compliment du séducteur : jolies toutes, les unes plus, d'autres moins, charmantes, élégantes, amoureuses surtout. António les chaperonne, air de Frère en goguette, peccamineux.

Essayiste consacré, polémique, António a débuté dans le roman avec un récit qui a fait époque, enthousiasme de la critique, prix, best-seller, *O Nó e os Laços* (Le nœud et les liens) : le début du livre est une trouvaille. J'aime ce roman mais je sens encore dans certaines pages la présence de l'essayiste débatteur d'idées. Je découvre le fictionniste pur, d'une souveraine liberté, dans un petit roman, *Catarina ou o sabor da maçã* (Catarina ou le goût de la pomme) – actuellement, on utilise le terme de « novela » pour désigner un court roman ou un long conte, cette distinction ne me séduit pas, le nombre de pages ne décide pas du genre littéraire. L'histoire me prend et me ravit, la prose succulente, les personnages de chair et de sang, non de papier et d'encre, la vie lisboète, António Alçada s'abandonnant tout entier au plaisir de l'écriture : un succès retentissant et justifié.

Un autre court roman, *Tia Suzana, meu amor* (Tante Suzana, mon amour), un délice égal à celui de la pomme, décrit l'intimité de la pensée, de la religion et du lit du narrateur, un adolescent – l'auteur se faisant personnage ? seul António pourrait répondre –, et d'une sienne tante, « balzacienne[2] ». Au lit,

1. António Alçada Baptista, écrivain portugais.
2. *La femme de trente ans* d'Honoré de Balzac est à l'origine de cette expression brésilienne *(N.d.T.)*.

ils se gratouillent mutuellement le dos, se mignotent, échangent de menus baisers, se mordillent le lobe de l'oreille, les mains glissent par monts et par vaux, de la tête aux pieds et rien de plus n'arrive, le croie qui voudra. Tendresse innocente d'un neveu et de sa tante, elle, bien que jeune, plus âgée que lui, la chemise de nuit couvre mal l'anatomie parfaite, les jours froids la chaleur, les jours chauds la fraîcheur du corps. D'elle certainement, de cette tante mi-nonne mi-diablesse, António a hérité cet air de moine en goguette, libertin.

– Tu veux me convaincre, António, que jamais toi et ta tante n'en êtes venus aux voies de fait ?

– D'abord ce n'est pas moi et ma tante, c'est le personnage et Suzana, sa tante à lui. Et si même c'était moi et ma tante, je peux te garantir que rien n'a dépassé la tendresse, rien de plus que des cajoleries.

– Les baisers, les cajoleries, les câlineries et autres forniqueries, tout platonique ?

– Tout. Plus pure et innocente que Tia Suzana, ça n'existe pas.

António Alçada Baptista parle sérieusement, l'air d'un moine sans tache. Le croie qui voudra, moi, hein ! je ne suis pas d'ici, je ne connais pas les coutumes locales, les manières de lit, à Bahia Tia Suzana n'y échappait pas.

Rio de Janeiro, 1953 –
antisémitisme

Quand tout est en ordre – billets d'avion, passeports, visas de sortie – pour le départ le lendemain, dimanche, de la délégation d'intellectuels brésiliens qui ira visiter l'Union soviétique, l'un des privilégiés tombe malade, une place se trouve vacante. Il s'agit de la seconde délégation, la première date de l'année précédente, y ont participé Graciliano Ramos, Dalcídio Jurandir, Arnaldo Estrela, Mariuccia Yacovino, Sinval Palmeira.

Nous avions passé du temps, Maurício Grabóis et moi-même – Grabóis, membre du Bureau politique du Parti, on disait alors Commission exécutive, moi, responsable de la Commission de Culture – à étudier longuement chaque nom, pesant et comparant pour envoyer dans la patrie du socialisme les meilleurs, les plus dignes de cette faveur. Je me souviens de quelques-uns des élus : Djanira, José Geraldo Vieira, Miécio Tati, James Amado, Dias Gomes, Lila Ripoll, Cláudio Santoro, Danúbio Gonçalves, tous de ce niveau, alliant au talent la loyauté envers le Parti, la solidarité inconditionnelle envers l'URSS.

Il convient de préciser que nous vivions l'époque du stalinisme sans frein : les procès, les condamnations, les camps de concentration, l'antisémitisme, camouflé certes, mais monstrueux. Il n'était pas facile d'être, comme je l'étais, militant communiste, moins encore haut dirigeant comme l'était Maurício Grabóis auquel me liait une vieille amitié datant de notre jeunesse à Bahia. Intelligent et sympathique, d'un rapport agréable, bien élevé, Maurício ne montrait pas l'acrimonie et l'autoritarisme habituels aux mandataires du Parti qui vivaient dans le soupçon et la défiance, doutant de tout et de tous. Il mourut communiste, commandant de la guérilla dans le Pará, luttant contre la dictature militaire.

Il me fallut décider seul au sujet de la place à pourvoir car nous étions samedi, et je n'avais pas la possibilité de consulter Grabóis avant le départ de la délégation le dimanche, il vivait et travaillait dans la clandestinité, nos « contacts » étaient décidés à l'avance. Un nom me vint, pour bien des raisons le plus indiqué, celui du peintre Carlos Scliar, jeune artiste de grand talent, brigadier d'artillerie de la FEB, habitué aux voyages à l'étranger, détenteur d'un passeport. J'obtins une communication téléphonique pour Porto Alegre où il habitait, je l'informai de mon offre : écoute, Carlitos, si tu as un passeport en règle et si tu te trouves demain à Rio avant la fin de l'après-midi, avec un visa de sortie, tu embarqueras le soir pour Moscou. *Je serai là demain à temps pour embarquer*, assura Scliar. Ainsi fut fait.

Lorsque je retrouvai Grabóis à la réunion hebdomadaire, dans quelque coin de Rio, tard le soir, il était bouleversé, hors de lui, il ne cachait pas sa mauvaise humeur, son irritation, son indignation, sa peur pour tout dire :

– Que t'est-il passé par la tête de choisir Scliar ? Je n'ai rien à voir avec ça, j'ai dit à Arruda[1] que c'est entièrement ta faute. Pourquoi, diable ?

1. Diógenes de Arruda Câmara, dirigeant communiste.

– Scliar est un des artistes les plus importants du Parti, un militant solide, personne ne mérite autant que lui d'être désigné. Qu'as-tu contre lui ?

La voix de Maurício vint de l'ombre, hésitante :

– Il est juif...

– Toi aussi, tu es juif..., répliquai-je sans pitié.

– Justement..., dans la voix tremblante du membre du Bureau politique transparaissait la peur, une misère.

Peur d'être écarté, mis hors du Parti, son poste de lutte, pour lui il n'y en avait pas d'autre. Alors moi aussi, j'ai eu peur, une peur panique – tout, sauf être exclu, retiré du combat, accusé d'être au service de l'ennemi.

Parmi mes biens j'attache un prix spécial à quelques objets que j'ai reçus d'amis qui n'ont pas pour habitude de faire des cadeaux, bien au contraire, ils ont une réputation de rapiats – tous, sans exception, considèrent cette réputation comme injuste.

Je possède un sac rectangulaire, de bonne taille, que j'emporte partout avec moi, j'y garde mes documents, mes carnets de chèque, des papiers importants, les photos de mes enfants et deux de Zélia, l'une récente, l'autre de 1945, année où je l'ai connue. Il m'a été offert par Dorival Caymmi[1]*, mon frère presque jumeau – jusqu'à aujourd'hui Carybé dit qu'il n'y croit pas.*

Un jour – je raconte l'histoire –, Dorival apparut, tenant sous le bras un sac si pratique, il m'a tant plu, je l'ai tant admiré que j'ai fini par lui demander de m'en faire cadeau en preuve d'amitié : ce sera la première, suppliai-je. Il me répondit qu'il ne pouvait pas car il lui avait été offert par Stella[2] *pour son anniversaire, impossible de s'en défaire. Mais à son retour à Rio il m'enverrait le même. Je n'ai pas cru à sa promesse, qui y aurait cru ? Pourtant, comme dit la voix populaire, l'impossible arrive, quelques jours plus tard j'ai reçu de Rio, envoyé par Dorival, un sac identique et neuf : j'ai convoqué Carybé et Mirabeau pour les prendre à témoin de ce miracle.*

1. Dorival Caymmi, compositeur et chanteur.
2. Stella Maris, pseudonyme d'Adelaide Tostes, femme de Caymmi, chanteuse.

Ce senhor Dorival Caymmi, mon copain Caymmi, mon partenaire et mon complice – s'il écrivait il écrirait mes romans, si je composais je composerais ses chansons –, en m'offrant ce fameux sac reconnaissait m'avoir soustrait une quantité de cannes, outre celles que je lui avais offertes motu proprio : une fois j'ai traversé l'Europe et l'océan Atlantique en tenant à la main un énorme bâton de berger du pays de Galles, une longue branche d'arbre, lourde et noueuse. De tous les objets de ma propriété dérobés par le chanteur des grâces de Bahia, la seule chose que je ne lui ai pas pardonnée, c'est la radio russe que j'avais rapportée de Moscou et que j'avais donnée à Paloma avant son mariage. Dorival l'emprunta pour suivre le match de la coupe du monde de 1970, jamais plus Paloma ne revit le petit appareil, plein de parasites mais qui fonctionnait.

Il collectionne les radios, les cannes, les pierres semi-précieuses et d'autres petites choses, *différentes choses. Lorsqu'il rend visite à des amis il porte en bandoulière une respectable besace, presque un sac de voyage, où il enfourne ce qu'il obtient de maison en maison. Il arrive, à peine la conversation commence-t-elle qu'il demande si quelqu'un n'a pas « une bricole pour moi » – comment résister ? Une bricole par-ci, une bricole par-là, quand il rentre chez lui au bras de Stella Maris, il rapporte un bon magot, la récolte de la journée, il l'étale sur la table ou sur le canapé, fait l'inventaire, heureux de la vie. Je parle de Dorival Caymmi, mon jumeau, compositeur, poète, docteur honoris causa, obá de Bahia, l'un des Brésiliens capitaux : sa chanson d'amour, belle mélodie.*

Je possède, exposée dans ma maison du Rio Vermelho, une hétéroclite collection d'art populaire d'une certaine valeur par le nombre et la provenance des pièces et par la qualité de quelques-unes – une lettre d'un pêcheur esquimau gravée dans une défense d'éléphant marin, présent d'Erhenbourg, un vase d'opaline aux armes de Nicolas Ier, tzar de toutes les Russies, cadeau de Sacha Fadeiev et, parmi les plus belles, un bœuf, le plus grand de tous les bœufs de terre cuite, pétri par les mains magiques de maître Vitalino de Caruaru dans les premiers temps de son travail.

Le croie qui voudra, je sais que c'est difficile à croire, le zébu de Vitalino m'a été donné par João Condé[1] *et j'affirme qu'il était*

1. João Condé, homme de lettres.

sobre, qu'il n'avait pas la fièvre, une santé parfaite lorsqu'il m'a fait ce don – un de ces accès de folie qui pousse les individus à jeter l'argent par la fenêtre. Il y a plus de cinquante ans de cet épisode incroyable, c'est-à-dire qu'il y a plus d'un demi-siècle que João Condé me supplie de lui restituer le bœuf, le plus grand bœuf de Vitalino, une céramique sans prix : elle vaut une fortune, me dit l'imprudent ex-propriétaire, les yeux baignés d'authentiques larmes.

Ce senhor João Condé aurait pu me donner non seulement le bœuf en question mais toute son immense collection de pièces d'artisanat du Pernambouc, quelques-unes de ses statues de saints – il en possède beaucoup, aucune ne lui a coûté un centime – et des toiles du peintre Cícero Dias, de celles qu'il lui soutire lorsqu'il passe par Paris, il n'aurait encore pas payé tout ce qu'il me doit. Je ne fais pas allusion aux manuscrits de romans, aux lettres et textes de toutes sortes, certains écrits spécialement pour lui, à tout ce matériel que j'ai fourni à ses Archives implacables. *Je fais allusion aux belles qu'il a levées en se faisant passer pour moi : en ce temps-là, disait-on, nous nous ressemblions. Il flirtait et donnait des autographes comme si c'était moi.*

– Des autographes ?

– Beaucoup, tu n'imagines pas...

– Sur des livres, João ?

– Sur des livres lorsqu'elles me les apportaient, sinon sur des bouts de papier, je n'allais pas gaspiller de l'argent à acheter tes livres. Si encore c'était ceux de Zé Lins[1] *...*

Je me trouvais en Argentine, exilé, je sus qu'à Rio un gaucho me cherchait, armé d'un revolver, pour me tuer de sang-froid, je l'aurais fait cocu complice de son épouse, touriste à Copacabana, alors que ses cornes il les devait à João Condé, joli cœur.

Par bonheur, il s'agissait d'un gaucho de la frontière, mi-brésilien, mi-argentin, il n'était pas à craindre. Si le cornu avait été paraguayen, le conquérant caruaruense serait aujourd'hui mort et enterré : sur la tombe, gravé dans la pierre, mon nom, pseudonyme de João Condé.

1. José Lins do Rego (1901/1957), écrivain.

Paris, 1991 –
Álvaro Salema

La mort d'Álvaro Salema me parvient par téléphone, répétée : d'abord Nuno[1], puis José Carlos[2], enfin Celestino, solidaires, tristes, un coup de téléphone l'un sur l'autre.

Ah, mon Dieu ! je m'exclame lorsque Nuno me dit : *pardonne-moi de t'appeler pour une mauvaise nouvelle, Salema est mort.* C'est qui ? – demande Zélia en entendant mon cri : chaque semaine au moins un ami s'en va, le vide s'agrandit.

Désormais le Portugal sera moins ensoleillé, moins joyeux, moins fraternel. Je perds l'ami portugais de toute ma vie, l'ami parfait, de tous les instants, celui qui savait tout et pouvait tout comprendre. Les événements de ces dernières années, la crise de la société soviétique le rendaient malade, il s'était enfermé dans un silence douloureux, j'ai compris qu'il se retirait de la vie, sans bruit, dans la discrétion avec laquelle il avait vécu. Quand nous nous étions retrouvés en août, sa santé paraissait meilleure, tu es très bien, lui dis-je, je suis au bout, me répondit-il. J'ai senti que je ne le reverrais pas, heureusement je suis allé à Lisbonne à temps pour le rencontrer, manger à la table d'Elisa[3], évoquer avec lui Ferreira de Castro, Fernando Namora, nos morts.

J'avais fait le projet d'aller au Portugal en octobre, assister à la cérémonie de réception à l'Académie des sciences de Marcos Vinicius Vilaça, applaudir mon confrère de deux académies, Calá et Auta Rosa[4] seraient là, ce serait le fête. Je n'irai pas, où trouver le courage de voir le visage d'Elisa, de prononcer le nom d'Álvaro ?

J'écris à Luís Forjaz Trigueiros[5], Luís ne s'est pas senti capable de me téléphoner, il a demandé à Celestino de le faire. Nous sommes en deuil, Luís, du meilleur des amis, nous n'en aurons pas d'autre comme lui. Es-tu parvenu à le faire entrer à

1. Nuno Lima de Carvalho, journaliste portugais.
2. José Carlos de Vasconcelos, journaliste portugais, directeur du *Jornal de Letras*.
3. Elisa, femme d'Álvaro Salema.
4. José Júlio de Calasans Neto, graveur et peintre brésilien ; Auta Rosa, sa femme.
5. Luís Forjaz Trigueiros, écrivain portugais.

l'Académie des sciences comme tu le désirais tant, ou n'es-tu pas arrivé à le convaincre ?

L'homme le plus modeste, le plus timide, le plus courageux, le plus digne, Álvaro Salema. En silence il a quitté la scène peu avant le final de la tragi-comédie, il personnifiait la décence, il n'avait plus sa place sur le plateau.

Bahia, 1929 – Lenita

Dias da Costa[1], Édison Carneiro[2] et moi, en 1929, avons écrit en collaboration un roman que nous intitulâmes *El-Rey*, il parut en feuilleton dans *O Jornal*, organe bahianais de l'Alliance libérale. Un éditeur de Rio, A. Coelho Branco Filho – jamais je ne l'oublierai, il fut le premier à mettre mon nom sur la couverture d'un livre, le premier à me devoir des droits d'auteur –, le publia en volume en 1930, avec une couverture hideuse, sous le titre de *Lenita*. Un petit livre avec tous les tics de l'époque, Medeiros e Albuquerque l'a défini : *une pure abomination*. Un seul sous-littérateur n'aurait pu faire un livre aussi mauvais, il fallut s'y mettre trois.

Rio de Janeiro, 1960 –
soutien électoral

Eduardo Portella, un de mes complices les plus constants et les plus actifs – ce que nous avons monté ensemble pourrait donner une copieuse anthologie politico-littéraire – me téléphone pour me demander un mot de soutien à Jarbas Maranhão, candidat du Pernambouc à un fauteuil de sénateur. Bahianais de naissance, Eduardo est très lié à la vie pernamboucane, il a fait ses études de droit à la faculté de Recife, il est

1. Oswaldo Dias da Costa (1907/1974), écrivain.
2. Édison Carneiro (1912/1972), écrivain et ethnologue.

mêlé à la politique locale, d'ailleurs il est mêlé et plus que mêlé à la politique brésilienne en général, à la littérature n'en parlons pas. Outre que je suis peu lié à la politique du Pernambouc, j'ai déjà écrit un message de soutien à Miguel Arraes qui se présente au poste de gouverneur et qui est non seulement mon ami mais un coreligionnaire de gauche. Candidat du PSD, conservateur, Jarbas Maranhão ne peut être mon candidat, je l'explique à Eduardo, il n'accepte pas mes raisons, *les amis c'est pour les choses difficiles, pour les choses faciles l'amitié n'est pas nécessaire*. Je finis par lui promettre un mot sympathique à Jarbas que j'estime personnellement.

Je me casse la tête pour trouver le moyen de faire plaisir à Eduardo sans nuire à la campagne d'Arraes. Je paufine une solution retorse : j'écris à Jarbas Maranhão une lettre en trois paragraphes, deux courts, celui du début et celui de la fin, un long, celui du milieu. Dans celui du début je dis du bien de Jarbas, politicien honorable et sérieux, dans celui de la fin je lui souhaite bonne chance dans sa campagne. Dans le paragraphe du milieu je m'étends en éloges sur Arraes et ses compagnons de parti, après avoir expliqué que je ne peux pas appuyer la candidature de Jarbas car, homme de gauche, je soutiens d'autres candidats, précisément ceux du groupe « de l'imbattable Miguel Arraes qui conduira le Pernambouc au progrès et à la justice sociale ». Je m'amuse en pensant à la tête d'Eduardo quand il lira ma lettre que je considère comme un chef-d'œuvre de rouerie politique. J'envoie la secrétaire la remettre en main propre à Eduardo afin qu'il la transmette à Jarbas. Il me téléphone en me remerciant sans plus de commentaires, sa discrétion me surprend.

Quelques jours plus tard je reçois, envoyées par Pelópidas da Silveira, des coupures de presse de Recife annonçant mon appui à la candidature de Jarbas Maranhão. Pelópidas stupéfait, déçu, demande : *quelle est la raison de cette lettre absurde ?* Je lis la missive reproduite dans tous les journaux : dans le trajet entre mon appartement et la maison du candidat, le texte s'était passablement réduit. Des trois paragraphes qui la composaient, n'étaient restés que les deux petits, l'éloge de Jarbas Maranhão et mes vœux de succès pour sa campagne. Le paragraphe du milieu, le grand, où je faisais l'apologie de Miguel Arraes et disait mes engagements envers son groupe, avait été coupé. Qui avait pris les ciseaux : Jarbas à Recife, en recevant la lettre, ou était-elle partie de Rio adaptée ? Je ne le sais toujours pas.

Je me suis vengé. Jarbas a été battu, j'étais à Bahia, j'ai télégraphié à Eduardo Portella : « Malgré notre appui, Jarbote a capoté. »

Rio de Janeiro, 1983 –
les briques

Dans le speech qu'elle improvise en recevant le prix Molière, Fernanda Montenegro raconte qu'un de ses grands-pères, ouvrier italien, avait travaillé comme maçon à la construction de ce Théâtre municipal de Rio de Janeiro où j'ai l'honneur de lui remettre le prix : plus mérité, impossible.

Le grand-père avait posé les briques, avait élevé les murs du théâtre sur la scène duquel, face au parterre qui l'applaudit debout, sa glorieuse petite-fille, l'étoile, cherche à contenir ses larmes. Glorieux, elle et son mari, Fernando Torres[1], et sa fille, l'autre Fernanda, la jeune, l'arrière-petite-fille du maçon, qui marche sur les traces de sa mère.

Fernanda Montenegro, artiste de premier plan, citoyenne exemplaire, voix et poigne dans la lutte pour la démocratie, a contribué à la fin de la dictature militaire. Invitée par José Sarney à occuper le poste de ministre de la Culture, elle demanda quarante-huit heures pour réfléchir. Tandis qu'elle pesait le pour et le contre la nouvelle circula, quand elle s'en avisa la file des prétendants aux sinécures et aux privilèges faisait le tour du quartier. N'eût-elle eu d'autres raisons, ce fut suffisant pour qu'elle remercie et refuse, effrayée.

1. Fernando Torres, acteur et metteur en scène.

Rio de Janeiro, 1942 –
politique

Au milieu de la nuit nous sommes extraits de la maison d'arrêt, conduits au commissariat central, fichés une fois de plus et assignés à résidence, chacun dans sa ville natale – en ce qui me concerne la police se trompe, elle me donne la capitale de l'État comme domicile alors que je suis bahianais de la région du cacao, je suis né dans le municipe d'Itabuna. On nous remet en liberté vers trois heures du matin, il pleut à seaux.

Nous sommes les six communistes qui, joints à une quarantaine d'autres exilés, sont revenus dans leur pays, se sont livrés quand le gouvernement brésilien a déclaré la guerre à l'axe nazi-fasciste, les six qui n'avaient pas été condamnés ni n'étaient l'objet d'un procès, les autres ont une peine à purger, ils vont faire trois mois de prison jusqu'au décret d'amnistie. Six en me comptant, les cinq autres sont Fernando de Lacerda, communiste historique, exilé en Union soviétique depuis 1930, l'écrivain Ivan Pedro de Martins, deux ouvriers gauchos, je ne me rappelle pas qui était le cinquième.

Presque au matin j'arrive chez les parents de Matilde, flanqué de Fernando de Lacerda qui n'a nulle part où aller. Le lendemain la maison d'Urca se transforme en foyer d'agitation politique. Le premier à apparaître est Carlos Lacerda, neveu de Fernando, communiste sur le point de rompre avec le Parti. Oncle et neveu s'enferment dans une pièce, discutent seul à seul, je participe à la fin du débat, le désaccord entre Carlos et le Parti est total, lorsqu'il dit adieu à son oncle il dit adieu à sa phase de communiste militant, il va se transformer en adversaire viscéral.

Le soir de ce premier jour de liberté je parais au dîner offert à Graciliano Ramos, le romancier fête ses cinquante ans, Gustavo Capanema, ministre de l'Éducation, préside les agapes – ce mot biscornu, je l'emploie ici en hommage au ministre. Il y a là des éditeurs, des écrivains, des artistes : José Olympio, Carlos Drummond, Augusto Frederico Schmidt, Lúcia Miguel Pereira, Otávio Tarquínio de Souza, Samuel Wainer, Valdemar Cavalcanti, Moacyr Werneck de Castro, la fine fleur de la vie littéraire de Rio.

Capanema, au haut bout de la table, me raconte le lendemain le vieux Graça, lui demande incidemment au cours de la conversation : « *Et Jorge Amado, qu'est-il devenu ? Où se trouve-t-il ?* » – je suis une sorte de revenant. « *Jorge est ici, assis en face de nous, il est sorti hier de prison* », répond le romancier en me montrant du doigt. Ministre de l'Éducation de l'Estado Novo, Gustavo Capanema est un libéral, il tranche au milieu des Dutra et des Góes Monteiro. Il me fait un signe, content de me voir en liberté.

Le dîner terminé, Capanema s'approche de moi, me dit quelques mots aimables, j'en profite pour lui faire part de l'intention des communistes d'appuyer Getúlio et le gouvernement dans la lutte contre l'Axe, dans leur effort de guerre, l'heure est venue de marcher ensemble, je le lui laisse entendre. Le ministre écoute avec attention mais il s'abstient de commentaires.

Lisbonne, 1979 –
le gourmet

Nous sortons pour déjeuner au restaurant de Mimi, au parc Mayer[1], Zélia attire mon attention : *regarde qui est là.* Je regarde, je vois Gilberto Freyre alangui sur l'un des canapés du hall de l'hôtel Tivoli, à côté de lui Madalena. Nous nous dirigeons vers eux.

Gilberto vient d'arriver d'Espagne où on lui a rendu hommage, il a reçu un prix si je ne me trompe. Je le trouve fatigué, abattu par la grippe, il est dans un mauvais jour, la grippe a raison de n'importe qui. La semaine suivante il devra faire face à des engagements au Portugal, de nouveaux hommages, mais il a cinq jours à lui, il est arrivé sans avertir personne, ses admirateurs ne le savent pas, ni les littérateurs ni les importuns, il désire profiter de ces cinq jours de liberté pour se reposer. Il nous demande de ne pas ébruiter sa présence.

M'attachent à Gilberto Freyre l'admiration et l'estime, je n'ai pas été un vassal de sa cour mais j'ai eu pleine conscience

1. Situé au centre de Lisbonne, le parc Mayer était occupé jusqu'à une date récente par des théâtres de variétés et des restaurants populaires. Il a été partiellement détruit par un incendie.

de la portée de *Casa-Grande e Senzala*[1] dès sa publication en 1933, et je l'ai proclamé aux quatre vents : dans ces pages nous apprenons pourquoi et comment nous sommes brésiliens, plus qu'un livre ç'a été une révolution. Sur la scène politique nous coïncidons et nous divergeons, jamais les divergences n'ont dégénéré en mésestime, n'ont mis entre nous de distance. Lorsque l'Estado Novo l'attaqua de façon inepte, couvrit d'insanités les murs d'Apipucos, Anísio Teixeira, Odorico et moi avons fait venir Gilberto à Bahia pour une manifestation de solidarité des intellectuels qui dénoncèrent l'arbitraire de la dictature. Lors de la parution du premier livre de Zélia, *Anarchistes grâce à Dieu*, Gilberto écrivit un très bel article, s'il ne m'avait déjà eu dans sa poche il m'aurait acheté pour toujours.

J'ai été mêlé au dernier hommage qui lui fut rendu de son vivant. Pour organiser les *belles étrangères** consacrées à la littérature brésilienne au Salon du Livre de Paris, vint au Brésil, en 1977, un représentant du ministère de la Culture français, il me rendit visite à Bahia pour m'annoncer que figurait au programme un hommage à Carlos Drummond de Andrade et à moi-même – une séance solennelle, de grands intellectuels français prendraient la parole. Je lui répondis que je n'accepterais que si y était inclus Gilberto Freyre, il le méritait autant que Drummond, beaucoup plus que moi. Et il en fut ainsi, Jean Duvignaud fit avec autorité un brillant éloge de l'œuvre du maître d'Apipucos.

Il voulut savoir où nous allions déjeuner : la grippe l'avait laissé sans goût pour rien, sans appétit, cependant pour la combattre, éviter les séquelles, il devait se nourrir, un organisme débilité est un terrain propice aux bacilles, *où pensions-nous déjeuner ?* Nous allons chez Mimi, je lui expliquai le parc Mayer et le restaurant Amadora, le charme des trois sœurs, Glória, Amadora, Mimi, l'émérite patronne, la clientèle de gens de théâtre et de la presse, il ne figurait pas sur les guides mais quel régal de cuisine ! S'ils voulaient essayer, qu'ils viennent avec nous.

L'inappétence disparut dès que Gilberto savoura la première cuillerée d'*açorda* (une sorte d'aïgue boulida), suivie du

1. *Maîtres et esclaves*, Gallimard, 1952, traduction de Roger Bastide, préface de Lucien Febvre *(N.d.T.)*.

poisson, un loup au four avec des pommes de terre et du chou, pour faire bonne mesure Glória mit sur la table un poulet doré avec du rîz au beurre, Gilberto dévorant entre deux soupirs et les fromages français, et les choux à la chantilly, et le riz au lait pour terminer à la portugaise. *Il n'est pas dans les guides ? Il devrait y être,* protesta le maître de Recife en dégustant le petit verre de *ginginha* offert par la maison.

Durant les cinq jours d'anonymat à Lisbonne, Gilberto et Madalena furent des habitués du restaurant de Mimi au parc Mayer. La grippe fut soignée au *caldo verde*, un solide appétit succéda à la langueur : qui peut résister aux rognons de porc sur la braise, spécialité d'Amadora ? quel appétit ne s'ouvre dès l'entrée aux croquettes de morue servies par Glória ? Sans compter, au dessert, les souvenirs de Mimi, ex-choriste du théâtre de variétés – elle n'a pas perdu sa grâce juvénile.

Durant les cinq jours d'oisiveté et de gourmandise passés à Lisbonne, Gilberto déjeuna et dîna chez Mimi jusqu'à ce qu'il fût en mesure de remplir les obligations de la célébrité.

Rio de Janeiro, 1967 –
les douze

Guimarães Rosa[1] et moi, après avoir annoncé les résultats du prix Walmap dont le jury était composé d'Antônio Olinto[2] et de nous deux, nous passons plus d'un mois à plaisanter par téléphone sous prétexte de mettre sur pied un prix des Maîtres du roman brésilien : un jury indiscutable, il serait formé des *douze plus grands noms du roman brésilien actuel,* avait décidé Rosa. L'auteur de *Sagarana* passait des heures au téléphone, il adorait ça : j'étais déjà son ami intime par d'interminables conversations téléphoniques lorsque je l'ai connu en personne à un déjeuner chez Miriam et Pedro Bloch.

Guimarães Rosa promet une dotation grandiose venant d'une banque des Minas Gerais, qui fera de notre prix le plus

1. João Guimarães Rosa (1908/1967) *(N.d.T.)*.
2. Antônio Olinto, écrivain.

convoité du pays, malgré ça nous finissons par renoncer car nous ne réussissons pas à trouver la douzaine de maîtres nécessaire à la composition du jury. Nous parvenons à nous mettre d'accord sur huit noms en commençant bien sûr par les nôtres, n'étions-nous pas les responsables de l'idée ? Érico Veríssimo, Adonias Filho, Josué Montello, Campos de Carvalho, Dalcídio Jurandir, Dyonélio Machado, mais nous n'arrivons pas, lui et moi, à arrêter à l'unanimité les quatre autres noms.

Je proposai Marques Rebelo, celui de *Marafa* et de *A Estrela Sobe*, Rosa refusa : *bon conteur, romancier médiocre*. Il nous faut une femme, dis-je, en citant une romancière en vogue. Rosa, implacable : *trop mauvaise, essaie de relire un de ses romans, tu n'arriveras pas au bout, si encore c'était un jury de chroniqueurs...* S'écoula ainsi une bonne partie de la matinée, nous passâmes en revue la littérature nationale sans trouver les quatre maîtres qui nous manquaient.

Mieux vaut renoncer, conclut Rosa, résigné. *Tu as pensé à la tempête qui allait se déchaîner sur nos têtes lorsqu'on découvrirait que cette initiative venait de nous, ainsi que le choix du jury ? Tu as pensé à la fureur de ceux qui ne seraient pas parmi les douze ? Nous allions être traînés dans la boue.*

Nous avons abandonné le projet mais pas les coups de téléphone, le plaisir des conversations matinales, conversations malignes lorsque venaient sur le tapis les noms de certains confrères, des notabilités.

Rio de Janeiro, 1931 –
le professeur

Invité par les parents d'Haroldo Aguinaga, je vais au Théâtre municipal, une compagnie italienne monte l'opéra de Carlos Gomes, *Il Guarani*. Le grand médecin me remercie par ce geste de l'exemplaire du *Pays du Carnaval* récemment paru, que je lui ai envoyé avec une dédicace, il pensait jusqu'alors que l'ami de son fils étudiant en droit était un bon à rien de plus qui faisait le pique-assiette. Nous sommes cinq dans la loge, le couple Aguinaga, une dame distinguée, amie de la famille,

Haroldo et le profiteur. Les parents au premier rang, derrière, la dame en question et moi, Haroldo au fond.

« Balzacienne », ayant passé le cap de la quarantaine mais en pleine forme – heureux le vice-amiral de la marine de guerre qui l'a pour épouse –, la belle dame pour moi est l'idéal en matière de femme, un idéal inaccessible hélas ! Il s'exhale d'elle un parfum rare, de ceux pour lesquels a été créée l'épithète d'enivrant, il me pénètre les narines, m'étourdit, m'aide à supporter les glapissements de la prima donna, Cecy obèse au buste provocant, perruque blonde. Haroldo abandonne la loge, il va fumer dans le couloir.

C'est alors que je sens des doigts qui me touchent le genou, ils montent le long de la cuisse, atteignent la bonne hauteur, les doigts légers s'étendent en une main qui caresse, qui couvre, serre, étreint. Je reviens de ma stupeur pour la jouissance incontrôlée, j'explose, la dame me fixe dans les yeux, se mord les lèvres, elle doit se moquer, me dis-je tandis que j'inonde mon caleçon. Debout au fond, revenu dans la pénombre de la loge, Haroldo s'amuse. Dans l'escalier du théâtre, en me désignant l'invitée qui monte dans l'automobile des Aguinaga, il me conseille :

– Va de l'avant, Maria Vice-Amiral est une merveille, elle est folle de toi. Tu vas manger du bon et du meilleur et te faire offrir des pyjamas de soie – pour l'instant, lui et moi nous courons les bonnes du Leme et de Copacabana.

Moins d'une semaine se passe et Maria Vice-Amiral se dévêt à l'hôtel Leblon où, conduit par elle, j'entre pour la première fois. La jeunesse du corps de la balzacienne conservé dans les crèmes et les huiles m'éblouit, j'aspire son parfum de femelle, de femme civilisée, les seins somptueux, un coup de bistouri enjolive son ventre, les poils roux de la chounette, fleur, bijou exotique. Elle s'allonge sur le lit, les mains sous la nuque, s'étire, prend une cigarette, avant qu'elle l'ait allumée je me jette sur elle, faune, satire, mâle en rut, je vais la prendre comme jamais elle ne l'a été. En moins de deux je l'exécute, je l'ai dans la peau depuis le soir du théâtre, je me retire triomphant, tout mon être chante victoire, j'attends une expression de reconnaissance, l'éloge de ma vigueur, j'ai dix-neuf ans, je me pense le plus grand.

Maria Vice-Amiral éclate de rire, elle regarde ma tête, le mât en berne, et plus elle me regarde plus elle rit, elle me montre du doigt, un rire incoercible : *fou-rire**, c'est le mot qui convient, car madame use et abuse du français. Je l'écoute rire, benêt, subitement ridicule, j'ai envie de m'en aller.

Enfin, à dure peine elle se contrôle, prend ma main, me fait coucher à ses côtés, elle glisse des doigts savants dans les poils de ma poitrine, effleure mes mamelons :

– Quel homme ! un vrai mâle, n'est-ce pas ? Sot ! Que penses-tu que je sois ? Je suis venue ici pourquoi ? Je suis un objet, un déversoir, ou une femme amoureuse ? Tu ne sais rien, pauvre ignorant. – Le visage de Maria Vice-Amiral s'illumine :
– Tant mieux, je vais t'apprendre, être ton professeur, quand je retournerai en Europe – son mari est attaché naval dans une capitale du Vieux Monde, même si je me rappelais laquelle je ne le dirais pas –, je te laisserai à point. Pour les autres, peu importe.

Elle a tenu sa promesse, ce que je sais de meilleur en cette matière je l'ai appris avec elle, elle m'a fait docteur avec bonnet, toge et hermine, tous les attributs de pied en cap, je lui en suis reconnaissant : de temps en temps je sens son odeur de femelle, je revois ses seins opulents, je me remémore le bijou menu, les poils roux. Elle a fait mon éducation.

Penser par sa propre tête coûte cher, on doit payer le prix fort. Qui se décide à le faire sera la cible des patrouilles féroces des idéologies, celles de droite et celles de gauche plus les patrouilles volantes : il y a de tout et toutes sont implacables. Il se verra accusé, insulté, calomnié, honni, mis au pilori, crucifié. Néanmoins ça en vaut la peine, quel que soit le prix à payer, il sera bon marché : la liberté de penser par sa propre tête n'a pas de prix.

Buenos Aires, 1942 –
convivence

Je rends visite à Júlio de Mesquita Filho[1] pour l'informer de la décision prise à la réunion de Montevideo par les exilés communistes et ratifiée la veille à Buenos Aires : étant donné que le Brésil s'est rangé aux côtés des Alliés, notre place, notre poste de combat se trouve dans notre patrie, le temps de l'exil est terminé, nous devons aider le gouvernement dans son effort de guerre. Je déclame mon couplet avec conviction et crânerie, Julinho Mesquita m'écoute, bien élevé mais sceptique :

– Vous allez vous livrer à la police ? C'est pousser un peu loin...

Nous discutons, chaque fois que nous nous rencontrons nous discutons, mais à la fin des fins nous arrivons à une certaine entente, même mince elle est précieuse. Ce n'est pas le cas cette fois-là, où je lui fais mes adieux.

– Un beau geste sans doute, mais fou. – Julinho me regarde avec commisération, il prophétise : – Vous allez par-dessus le marché vous faire getúlistes.

Ça n'a pas raté. La « ligne juste » du Parti approuvée à la conférence de Mantiqueira allait nous conduire à l'alliance avec les « queremistes », aux bras de Getúlio. Je dis à bientôt, il me demande s'il peut m'être utile, il est à ma disposition, pour un peu il tirerait son portefeuille, je remercie, je n'ai besoin de rien. Nous réitérons les assurances d'estime, je regagne Montevideo, le départ pour le Brésil est déjà fixé.

Mes relations avec Júlio de Mesquita datent de 1941, lorsque j'arrivai à Buenos Aires pour écrire *Le Chevalier de l'Espérance* et que le Parti me chargea des contacts avec les *libéraloïdes, les gens d'Armando Sales de Oliveira*, l'heure était aux alliances pour lutter contre le fascisme et de « convivence » avec les hommes politiques que nous taxions de libéraux non sans mépris. De cordiales d'abord, avec le temps et la répétition de nos rencontres, nos relations se transformèrent en estime, firent place à de l'amitié.

Julinho était à la tête du groupe d'exilés qui, en Argentine,

1. Júlio de Mesquita Filho (1892/1969), directeur du journal *O Estado de São Paulo.*

combattaient l'Estado Novo sous l'orientation d'Armando Sales, l'ex-candidat à la présidence de la République qui se trouvait, lui, aux États-Unis. L'*Estado de São Paulo* avait été confisqué, le gouvernement s'en était emparé, de bastion de la liberté il s'était mué en porte-parole de la dictature, Julinho était outragé et en colère. L'*Estadão*[1] était plus que le patrimoine de la famille Mesquita, c'était le patrimoine de la démocratie brésilienne.

Entre nous s'établit un climat de confiance mutuelle, la noblesse du Pauliste de vieille souche vainquit ma réserve, pendant près de deux ans de temps en temps nous discutions politique, nous pesions nos accords et nos désaccords, nous étudiions ce que nous pourrions faire ensemble, eux et nous, nous n'étions plus sur nos gardes, nous avons cessé d'être ennemis. Julinho suivit avec intérêt les recherches que j'entamai pour écrire une biographie à la gloire du Chevalier de l'Espérance, il me recommanda des livres, je me souviens de l'un d'eux, d'Aureliano Leite dont je deviendrais par la suite le confrère à l'Assemblée constituante. J'ai porté à Julinho l'un des premiers exemplaires de l'édition Claridad de *La Vida de Luiz Carlos Prestes*[2]. L'homme politique et le journaliste de la Révolution constitutionnaliste avait conservé de l'admiration et du respect pour la figure légendaire de Prestes qu'il appelait Capitaine – le grade du jeune officier lorsqu'il se révolta en 1924. Un lien de plus qui nous unissait, facilitait notre « convivence ». Nous étions des hommes de principe l'un et l'autre, mais nous n'étions ni intransigeants ni sectaires. La différence consistait en ce que lui était bien élevé et moi une tête brûlée, mais Julinho s'amusait de mon insolence communiste.

Bahia, 1968 –
le perroquet malappris

Dans les journaux brésiliens d'aujourd'hui, j'apprécie les progrès de la liberté de langage, les jurons ont cessé d'exister

1. Estadão : augmentatif familier, désigne *O Estado de São Paulo (N.d.T.)*.
2. *La vie de Luiz Carlos Prestes, Le Chevalier de l'Espérance* parut en espagnol, en 1942, à Buenos Aires. Sa publication ne fut autorisée au Brésil qu'en 1945 *(N.d.T.)*.

ou plutôt ont cessé d'être considérés comme tels. Les « gros mots » ne sont plus que des mots normaux, ont disparu les préjugés, la censure qui les prohibait.

Ce n'était pas le cas il y a encore peu de temps, la presse tenait compte de la pruderie des lecteurs, de la tartufferie, de l'hypocrisie, sans parler des diktats de la société, de l'étroitesse religieuse. Je vois devant moi Odorico Tavares lever les bras au ciel en s'emportant véhémentement contre le vocabulaire du chroniqueur Guido Guerra, écrivain novice qu'il avait accueilli dans les dignes colonnes du *Diário de Notícias : cet individu veut faire fermer mon journal !* Guido avait employé le mot *foutre*, mot courant dans la bouche des Bahianais, interdit dans les gazettes.

Malgré les cris et les menaces – *je te flanque à la porte, nous sommes un journal sérieux* –, Guido persistait à user et abuser d'expressions peu catholiques, il avait été surnommé *le perroquet malappris* pour la crudité de son style, il était célèbre auprès des lecteurs. Cet impudent était apparu avec son air dégingandé dans les cercles littéraires, laid, hirsute, mis comme l'as de pique, il se faisait un chemin tambour battant à coups d'audace et de verve. Je m'étais rendu, je ne sais pourquoi, à une séance de signature, le quidam lançait son premier livre, des chroniques. Je pariai sur le néophyte, il m'arrive de le faire, j'ai rarement eu à m'en repentir. Guido m'a fait gagner mon pari, le chroniqueur s'est étoffé, sont nés le conteur et le romancier : lorsqu'il signe un nouvel ouvrage à la libraire de Demê[1], la file s'étend loin dans la rue.

Au *Diário de Notícias*, le monde s'écroulait, c'était le sauve-qui-peut, Odorico annonçait le renvoi du relaps. Il ne le renvoyait pas, ça n'allait pas plus loin que les semonces et les menaces, Guido sortait du bureau directorial en promettant ce qu'il ne tiendrait pas, le poète Tavares murmurait : *le brigand a du talent, ses chroniques ont du mordant, même Gersina[2] aime.*

1. Dmeval Chaves, libraire.
2. Gersina, femme d'Odorico Tavares.

New York, 1979 –
Portinari

Chez Julie et Harry Belafonte nous dînons en famille : les parents de Julie, la sœur de Harry. Alfredo Machado est avec nous. Harry me dit : *après le dîner je veux te montrer quelque chose, une surprise, ça va te plaire.*

Nous rencontrons les Belafonte aux quatre coins du monde. À Paris, avec Georges Moustaki nous allons dîner avec eux avant le concert de Harry à l'Olympia, un triomphe. En compagnie de Gregory Peck nous arpentons les rues de La Havane, les Belafonte et nous. À une fête d'initiation dans une maison de *santeria*, Zélia qui y assiste avec Julie et Harry remarque que les nouveaux initiés sont presque tous des Blancs. À Cuba comme au Brésil le candomblé a cessé d'être une secte de Nègres pour devenir une religion populaire où les races se confondent, parfois les classes sociales. À Bahia, de grands propriétaires, des banquiers, des hommes politiques fréquentent les maisons-de-saint, en période d'élections les offrandes se succèdent, les *carregos* d'Eshou, les *mandingas* de Shangô. Dernièrement il y a eu un sensible assouplissement des positions cubaines à l'égard des croyances d'origine fétichiste. La première fois où nous avons séjourné dans l'île de Fidel, en 1962, la *santeria* était persécutée et interdite, maintenant elle est tolérée.

Harry Belafonte débarque à Rio de Janeiro, les journalistes l'attendent à l'aéroport, micros et caméras l'encerclent, il les affronte, gouailleur :

– Qu'êtes-vous venu faire au Brésil ?

– Je suis venu voir mon ami Jorge Amado.

– Et quoi d'autre ?

– Rien d'autre. Vous trouvez ça peu ?

Le jour de mon anniversaire, il fait irruption dans mon appartement, il m'apporte en cadeau une statuette de plâtre, hideuse, volée dans le hall du voisin.

Harry Belafonte n'est pas seulement le chanteur fameux, la vedette de cinéma, c'est aussi un lutteur pour les droits de l'homme, le combattant contre l'apartheid, l'ami de Martin Luther King. En le voyant diriger le programme commémorant les vingt ans de l'assassinat de Luther King, je pense à un autre grand Noir dont j'ai été également l'ami, Paul Robeson. Ils ont la même stature, la même conscience, ils incarnent la dignité de l'homme.

Le dîner terminé, Harry et Julie nous conduisent à notre chambre : au-dessus du lit, à la place d'honneur, une toile de Cândido Portinari[1], la piste d'un cirque, un de ces pauvres cirques qui vont de bourgade en bourgade – les artistes, le public, un cheval bleu.

– Je l'ai achetée hier dans une galerie où j'étais allé voir une exposition de Léger. Elle faisait partie du fond, j'ai eu le coup de foudre.

Dehors c'est l'hiver, les rues sont couvertes de neige, dans l'appartement des Belafonte je retrouve, outre la chaleur de l'amitié, la couleur, la grâce, la poésie du Brésil.

Tirana, 1950 – sang

Ismaïl Kadaré s'approche de moi à la réception qu'offre le président Mitterrand aux quarante écrivains étrangers invités pour l'ouverture de « La fureur de lire », une invention de Jack Lang – figurent également dans la liste les Brésiliens Nélida Piñon et João Ubaldo Ribeiro, João Ubaldo n'est pas venu, il a dédaigné.

Le romancier albanais a entendu parler de ma visite en Albanie, mais il ne sait pas la date.

– En 1950, il y a de ça plus de quarante ans, vous deviez être un gamin en culottes courtes.

J'avais été à Tirana pour le Congrès albanais pour la Paix, l'Albanie m'a conquis, le paysage d'oliveraies, le port sur la mer Adriatique pas plus grand que le port d'Ilheus, le peuple fier de sa lutte dans la guerre, récente encore, contre Hitler et Mussolini, la pauvreté et l'espérance. J'ai parcouru de bout en bout, à pied, la petite capitale, plus petite que Feira de Santana, en compagnie de Wanda Jacubowska. J'ai écrit à l'époque des pages lyriques rendant compte de mon enthousiasme. J'ai connu Enver Hodja, je me suis entretenu avec lui...

1. Cândido Portinari (1903/1962), peintre brésilien.

– Il vous a reçu ? s'étonne Kadaré se rappelant la morgue du tyran.

– Je représentais le Conseil mondial de la Paix, j'explique.

Hodja a même fait bonne mesure, il m'a retenu plus d'une heure, me racontant ses prouesses, me révélant ses projets, glorifiant Staline puis, s'humanisant, il a évoqué le médecin Fuad Saad, de São Paulo, dont il avait partagé la chambre dans une misérable pension de Lyon (ou de Marseille ?) lorsqu'ils étaient tous deux boursiers en France. À la fin de l'entrevue, redevenu héros, il me charge d'un message pour Prestes :

– Dis au camarade Luiz Carlos de garder à l'esprit que la révolution pour être efficace doit être sanglante. Sans effusion de sang, rien n'est fait.

Où que j'aille j'emporte le Brésil avec moi, mais je n'emporte pas de farine de manioc, j'en ressens le manque tous les jours, au déjeuner et au dîner.

Bahia, 1990 – le pourquoi des choses

Mon petit-fils Jorginho, le fils de Rizia (quelle mère !), le benjamin de João Jorge, à la veille de ses six ans constate la coïncidence de nos prénoms, ça lui paraît bizarre, il m'interpelle, soucieux de comprendre le pourquoi :

– Grand-père, toi aussi tu t'appelles Jorge, comme moi ?

Rio de Janeiro, 1979 –
compte des voix

Pedro Costa[1] nous attend avec Paloma à l'arrivée du bateau, nous rentrons d'Europe, Zélia et moi, il m'apprend que José Sarney est candidat à l'Académie brésilienne. Je le regrette mais je ne pourrai pas lui donner ma voix, je suis déjà engagé.

Je suis un de ceux qui ont incité Origenes Lessa à poser sa candidature au fauteuil de José Américo. Je suis un fidèle lecteur de l'écrivain pauliste, conteur admirable, j'apprécie l'esprit professionnel, trop rare au Brésil, dont est empreinte son œuvre. Je vote avec conviction pour Origenes, peu de gens méritent comme lui de siéger à l'Académie.

Cela étant, j'aurais plaisir à voter pour José Sarney. Je ne le connaissais pas personnellement lorsque parut la première édition de *Norte das Águas,* il m'en envoya un exemplaire, je lui ai écrit pour lui dire combien j'avais aimé le livre. M'a enchanté la connaissance profonde qui s'y révélait de la vie populaire du Maranhão, recréée à travers une écriture riche d'invention. Si Origenes n'eût été son concurrent j'aurais voté pour Sarney les yeux fermés.

L'élection passée, Origenes m'a raconté qu'une tante à lui, d'un âge avancé, informée par la télévision, à Lençóis Paulista, lui avait téléphoné pour le féliciter d'avoir obtenu cette brillante deuxième place, elle l'avait appris au journal de huit heures : second, ce n'était pas n'importe quoi ! Aux élections suivantes, lorsque Origenes fut élu, le succès de son neveu la laissa froide, elle s'y était habituée.

À la veille de l'élection de Sarney, Josué Montello, agent électoral imbattable – avec l'appui de Josué l'affaire est dans le sac –, avait déclaré à un journaliste que son candidat aurait vingt-six voix au moins, il était sûr de vingt-six, comptées sur les doigts. Sarney en eut vingt-deux, il aurait suffi de dix-neuf, le journaliste s'étonna auprès de Josué des quatre qui manquaient :

– À l'Académie, pour avoir vingt-deux voix il faut être assuré de vingt-six, absolument certaines. Si vous comptez sur vingt-deux, la défaite est prévisible, vous ne dépasserez pas dix-sept.

1. Pedro Costa, architecte, gendre de J. A.

Bahia, 1969 – le subversif

L'édition due à James Amado des poésies complètes de Gregório de Matos[1], édition de première importance tant par l'étude de James qui l'accompagne que par l'attention qu'elle suscita envers l'œuvre et la personnalité dudit Bouche de l'Enfer, parut en 1969. Cette première édition, en sept volumes, inaugura les Éditions Janaina, éphémère maison dont les publications se limitèrent à Gregório de Matos et à Fagundes Varela. Elle reçut en outre l'appui de l'écrivain Luiz Viana Filho, alors gouverneur de l'État de Bahia. La coopération ne passa pas inaperçue : aide à la culture ou à la subversion ? s'interrogèrent les autorités militaires de Brasília, les généraux se cassèrent la tête, empoisonnèrent la vie du gouverneur, déjà suspect d'écrire des livres. Les polices paramilitaires reçurent l'ordre d'enquêter sur ce Gregório de l'Enfer, bouche infâme qui insultait les maîtres du pouvoir. L'Inquisition, hier comme aujourd'hui, finira-telle un jour ?

Bahia, 1982 – les fromages

Pour compléter ma matinée de travail, le dur métier d'écrire des livres, avant d'aller déjeuner dans un bistrot de Cascais, excellent quel qu'il soit (je rédige ces notes au soleil de l'Estoril, le printemps a commencé avant l'heure), je raconte une histoire de fromages français. Ça s'est passé il y a quelques années, quand les éditeurs Jean-Claude Lattès et Jean Rosenthal, ainsi que leurs excellentissimes épouses, débarquèrent à Bahia pour la première fois. Ils n'avaient pas annoncé le jour et l'heure de leur arrivée, ils descendirent d'avion à l'aube, au milieu de la matinée ils téléphonèrent, Zélia et moi nous nous précipitâmes à l'hôtel pour les accueillir.

Dans le hall, en tête de la troupe, Jean-Claude brandissait une baguette de pain français et une bouteille de château cha-

1. Gregório de Matos, dit Bouche de l'Enfer, poète baroque (1623/1696) *(N.d.T.)*.

lon, vin jaune de ma prédilection, il prononça un bref discours. *Lorsque des Français rendent visite à des amis, ils apportent du pain, du vin et du fromage, ainsi faisons-nous, Françoise, Jean, Nicole et moi, en arrivant dans votre demeure à Bahia. Voici le pain* – il remit la baguette à Zélia –, *voici le vin* – il me tendit la bouteille –, *quant au fromage, le voici,* il sortit un reçu de la douane, le camembert, le roquefort, le brie et le chèvre avaient été confisqués – il est interdit de faire pénétrer des fromages au Brésil.

Jean-Claude avait expliqué en vain que *le plateau de fromages* m'était destiné. Courtois mais incorruptible, le douanier lui rit au nez : *ça, on le sait, tous les fromages que nous saisissons sont destinés à Jorge Amado, tous, sans exception.*

Moscou, 1953 – les seins de Valentina

Ilya Ehrenbourg profite de la session du bureau du Conseil mondial de la Paix pour réunir autour de Kuo-Mo-Jo des amis soviétiques et étrangers, une douzaine de personnes.

Kuo-Mo-Jo, savant chinois de renommée mondiale, en Asie son nom est légendaire, est l'unique linguiste à connaître cinquante mille idéogrammes, pour lire un journal il suffit d'en savoir trois mille, un professeur d'université en connaît sept mille, un érudit dix mille. Deux fois ministre de Chang-Kai-Chek, représentant les communistes auprès du leader nationaliste, membre du bureau politique du parti communiste qui, quatre ans avant, en 1949, avait pris le pouvoir et proclamé la République populaire de Chine dont il est le vice-président, également vice-président du Conseil mondial de la Paix et du jury du prix international Staline, tels sont quelques-uns des titres qu'arbore Kuo-Mo-Jo, ou plutôt qu'il n'arbore pas car c'est un homme simple, dépourvu d'arrogance, aimable et extrêmement sympathique. C'est l'une des figures les plus en vue du monde socialiste, l'un des leaders les plus respectés du mouvement communiste international, il va sur ses soixante ans mais ne paraît pas son âge, les Chinois n'ont pas d'âge.

Dans le salon de l'appartement, la longue table basse chargée de plats et de bouteilles : poissons fumés, caviar, saumon, les fruits, la vodka, le cognac, les vins de Géorgie et de Moldavie. Des deux côtés de la table et aux deux bouts sont assis Konstantin Fedine, Konstantin Simonov, Poudovkine, les Français Pierre Cot et Vercors, le Roumain Mihail Sadoveanu, l'Italien Pietro Nenni[1] et le couple brésilien. Simonov a amené son épouse, une célèbre actrice de théâtre, élégantissime, d'une beauté chantée en vers et en prose, une beauté slave : les seins prodigues, d'une blancheur de lait, s'échappent du décolleté généreux, une vision fatale. Elle s'appelle Valentina Ferova, Simonov a écrit pour elle des poèmes d'amour, sensuels, presque érotiques, qui suscitèrent la réprobation de Staline : *pourquoi les éditeurs gaspillent de l'argent à publier des livres de cette espèce ?* Fut atteinte du même coup toute la poésie d'amour d'Union soviétique, à commencer par celle de Maïakovski. Une femme célèbre, comme on voit, la sublime Valentina : quand elle mourut, depuis longtemps séparée de Simonov, il parut à la veillée funèbre et déposa près du cercueil mille œillets rouges à sa mémoire, mille, pas moins.

Assis face à la belle, absent de la conversation qui se déroule en français et il ne parle aucune langue occidentale, il en parle dix-huit d'Orient, de plus il avait laissé son interprète, Liu, l'attendre dans l'antichambre, Kuo-Mo-Jo s'absorbe dans la contemplation du décolleté de la robe de soirée de Valentina, les yeux rivés sur les seins abondants, captivantes sources. Aveugle à tout le reste, il vidait par bonne éducation le petit verre de vodka posé devant lui. Pour s'en débarrasser, il le buvait d'un coup, Lluba[2], maîtresse de maison attentive, le remplissait à nouveau, lui de l'ingurgiter.

En Chine, il est bon de le rappeler, les seins des femmes, zone érogène par excellence, sont ce qui existe de plus sacré, toujours cachés, très tôt soumis à la pression des bandages qui les empêchent de grossir, les seins petits des Chinoises, occultés, tabou absolu. Les seins monumentaux de Valentina, pratiquement en montre, les yeux de l'insigne dirigeant, du digne homme d'État, plantés, droit, sur les voluptueuses mamelles.

1. Fedine, Simonov, Poudovkine, écrivains et cinéaste soviétiques ; Sadoveanu, écrivain roumain ; Pietro Nenni, homme politique italien.

2. Lluba, femme d'Ilya Ehrenbourg.

Étrangers au drame, nous discutions littérature, art, cinéma, avec passion, nous ne nous rendîmes compte de la catastrophe – est-ce le mot exact ? – que lorsque l'impensable se produisit : Kuo-Mo-Jo, impeccable en apparence malgré toute la vodka qu'il avait ingurgitée, le visage impassible, sans écarter les yeux des tétons russes, théâtraux, prodigieux, se leva, fit le tour de la table, s'arrêta devant la senhora Simonov, avança les deux mains, et empoigna les seins, s'y agrippa, pour ne plus jamais les lâcher, semblait-il.

Là, devant nous médusés, Kuo-Mo-Jo, vice-président multiple, communiste historique, le plus grand savant d'Asie, une sommité, les deux mains dans le décolleté de la robe de Valentina Ferova Simonov, l'une sur le sein droit, l'autre sur le gauche, les tenant, son visage impassible empreint de la félicité suprême. Une immobilité totale, nous, paralysés, sans voix, un silence comme il ne s'en était pas fait depuis le commencement du monde, comme il n'y en aurait plus jamais. Nous nous sommes regardés, sidérés, muets, changés en statues de pierre.

Liu, qui n'avait pas perdu de vue son chef, vint de la salle attenante et le prit par les coudes, avec une ferme délicatesse il l'éloigna et le conduisit vers l'ascenseur. Ilya et Lluba, rendus à la vie, allèrent le saluer. Dans le salon la discussion, littérature, art, cinéma, reprit là où elle s'était arrêtée, l'intérêt avait fui mais personne ne le laissait voir : c'était comme si rien ne s'était passé. Depuis cette étonnante soirée, je voue encore plus d'estime à Kuo-Mo-Jo.

Bahia, 1978 – brassées de dollars

Luiz Carlos Barreto, père et mère de l'actuel cinéma brésilien, me téléphone de Rio, il viendra à Bahia *pour traiter d'une affaire importante qui nous concerne tous les deux,* il précise le rendez-vous. Je suis un ami de Luiz Carlos de très longue date, depuis le temps où il était photographe reporter – un excellent photographe – dans *O Cruzeiro*, j'aime toute sa famille, Lucy,

Bruno, Fábio, Paula, le crack Cláudio Adão[1] et dona Lucíola, puissante reine-mère. Luiz Carlos a produit le film adapté de *Dona Flor et ses deux maris* dirigé par Bruno, un succès mondial.

Il arrive au début de l'après-midi, s'assied, ôte sa veste et me lance la proposition qu'il considère comme irréfutable, on n'a jamais vu chose pareille au Brésil, je vais en tomber à la renverse, époustouflé je signerai :

– Je viens t'offrir un contrat de cinq cent mille dollars pour les droits de cinéma de *Tieta*... – il répète :... cinq cent mille dollars. – Le livre, *Tieta d'Agreste,* un succès dans les librairies, le film, *Dona Flor,* un succès dans les cinémas.

Il me regarde, allonge les jambes, allume un cigare, un sourire triomphant sur son sympathique visage de Nordestin. Je souris aussi, je lui tapote le genou :

– Un demi-million de dollars, Luiz ?

Il aspire la fumée de son cigare en homme d'affaires désabusé, habitué à manier des sommes fabuleuses, des royalties incroyables, producteur d'Hollywood et des alentours :

– Oui ! Un demi-million...

– Un demi-million ! Et tu as le courage de te dire mon ami...

– Je le suis, ce n'est pas d'aujourd'hui.

– Tu te dis mon ami et tu viens me faire une proposition de cet ordre, une proposition d'ennemi...

– Hein ?

– Tu veux, Luiz, que je passe le restant de ma vie à te réclamer cette fortune, tu me rouleras dans la farine jusqu'à ce que je meure de fatigue et de lassitude sans avoir reçu le plus petit dollar d'avance. Non, Luiz, tu n'es pas mon ami.

Luiz Carlos comprend, son sourire finaud d'homme d'affaires se mue en franc éclat de rire d'homme du Ceará. Je lui sers un whisky, nous bavardons à la bonne franquette, un après-midi d'amis, Luiz Carlos reste jusqu'à l'heure d'aller à l'aéroport, Aurélio va l'y conduire. À la porte, les bras tendus pour les adieux :

– Ça veut dire que tu n'acceptes pas ?

Ce fut la première péripétie de *Tieta* au cinéma, il y en a eu d'autres, aucune aussi généreuse en matière de dollars, de brassées de dollars.

1. Cláudio Adão, footballeur.

Bahia, 1966 –
Mãe Senhora

À l'aube le téléphone me réveille, la voix en larmes de Stela de Oshóssi, ma sœur-de-saint, elle peut à peine parler :

– Mon frère, notre Mère est morte...

C'était dimanche, par hasard je suis l'unique obá qui se trouve dans la ville, je dois assumer seul les obligations dues à la mort de Mãe Senhora, la souveraine. À l'ashé règnent le désespoir et la confusion, la iyakekerê, Ondina, l'exclue, qui n'apparaît qu'une fois par an pour la fête de Shangô, est présente, les rivales se regardent de travers, des mots aigres-doux au milieu des larmes, la guerre des saints pour la succession a déjà commencé, je dois décider que faire, je ne pense pas prendre parti bien que Stela soit ma sœur et ma candidate.

– Cette femme ne peut pas toucher la tête de ma Mère !

Il est quatre heures du matin, je vais au terreiro de Gantois chercher Mãe Menininha, sœur-de-saint de la morte, unique de sa stature – elles sont toutes deux d'Oshoum – pour qu'elle prenne le rasoir et vienne retirer l'oshou de la tête de Senhora, libérer l'esprit. Menininha, Creusa, Carmem, les ebomins et les iaôs – les filles-de-saint – s'arrachent les cheveux, se jettent à terre. Je retourne à l'Opô Afonjá amenant Mãe Menininha, je rencontre Mário Obá Telá[1], je l'étreins soulagé, maintenant nous sommes deux à décider et résoudre. Menininha entre dans la chambre où se trouve le corps, découvre la tête de Senhora, lève le rasoir.

La nouvelle se répand dans la ville et l'ébranle. L'enterrement sort à la fin de l'après-midi de l'église du Rosaire des Noirs, au Pelourinho, il s'étend dans les rues, cortège immense en direction du cimetière de Quintas. Immense et lent, enterrement nagô ; deux pas en avant, un pas en arrière, le chant de l'asheshê couvre le pleur d'adieu à la iyalorishá qui commandait et mandait.

Le babalaô Nezinho[2] reçoit la nouvelle par la radio dans son Ilê de Muritiba, il vient en hâte rejoindre l'enterrement : dépositaire de la confiance de Senhora, il s'asseyait à sa droite

1. Mário Bastos, cordonnier.
2. Manoel Cerqueira Amorim (1902/1973), babalaô (grand prêtre du candomblé).

au terreiro. Sur son visage la stupeur, il ne comprend pas ce qui s'est passé.

– Je savais que la mort avait été décrétée, mais ce n'était pas notre Mère qui devait mourir, ce n'est pas elle que les esprits avaient condamnée. Il n'y a qu'une explication : pour sauver un être cher, elle a troqué les têtes, elle a trompé le saint.

L'après-midi de la veille j'avais amené un médecin, Menandro Novaís, voir Senhora qui souffrait, il l'avait trouvée fatiguée, tourmentée, il avait recommandé le repos. Plus que malade, désespérée. *Elle savait que la mort allait frapper, il ne lui restait pas d'autre solution, elle a troqué les têtes,* conclut Nezinho, deux pas en avant, un pas en arrière.

Ne me demandez pas d'expliquer ce que signifie le troc de têtes, ce sont des choses de Bahia, ceux qui savent savent.

Moscou, 1957 – Paris,
1990 – poésie

À cause peut-être de la maladie de la déclamation – une épidémie dans le Brésil des années 30 –, la poésie pour moi est restée du domaine de la lecture, éventuellement à deux : lire des poèmes d'amour à mi-voix avec son aimée est un plaisir rare. Il est attendrissant de voir à Moscou, au parc Gorki, de jeunes couples savourer Pouchkine ou Essenine, têtes jointes, mains entrelacées sur les pages d'un livre. J'ai fui les déclamateurs comme la peste jaune, je dois cependant avouer que plus d'une fois j'ai été ému en entendant dire de la poésie.

Récemment à Paris, à la Sorbonne, Zélia et moi en compagnie d'Alice Raillard, avons écouté Maria de Jesus Barroso[1] déclamer de grands poètes portugais : Camilo Peçanha, Mário de Sá-Carneiro, José Régio, Fernando Pessoa. Loin de toute grandiloquence, l'actrice vit chaque strophe, fait rayonner la poésie à l'état pur. Prononcée par Maria de Jesus la langue portugaise a un accent d'éternité, la poésie m'envahit, coule dans mon sang, m'habite.

1. Maria de Jesus Barroso, actrice portugaise, femme du président Mário Soares.

Une autre fois, plus ancienne, c'était à Moscou. Nous étions au temps de l'ouverture de Khrouchtchev, on donnait au théâtre de la Satire une pièce sur Maïakovski, la vie du poète contée à travers ses poèmes. Le texte de la pièce était composé des vers de Maïakovski et des attaques contre sa poésie lancées par les critiques et les idéologues – critiques et idéologues déféquaient des insultes et des catilinaires de deux latrines situées au-dessus du plateau, une critique latrinaire, l'horreur. Sur scène quatre acteurs représentaient quatre visages de Maïakovski, le révolutionnaire, l'amant, le surréaliste, quel était le quatrième ? Ou n'étaient-ils que trois ?

Je ne parle ni ne comprends la langue russe, mais la force si intense de la poésie m'a saisi aux tripes, m'a ému presque aux larmes. Je n'oublierai jamais le moment où Maïakovski, sur le point de se suicider, pénétra sur le plateau pour se donner la mort : il entra en déclamant le poème où il rendait responsable Essenine de son suicide. J'ai écouté en frissonnant.

J'ai consacré une bonne partie de ma vie à pourfendre l'impérialisme nord-américain, mal entre tous les maux, horreur des horreurs, bête noire, vilain du film, responsable des disgrâces du monde, peste, guerre et famine, des tyrannies, de la menace atomique – j'ai répété avec conviction et emphase tous les lieux communs des discours de gauche.

Au milieu de la démagogie, des vérités à la pelle : la mise à nu, la dénonciation de la tentative de domination économique et politique, des coups d'État militaires dans nos patries d'Amérique latine, dictatures et dictateurs faits avec la complicité des ambassadeurs yankees, les Pinochet, les Videla, la Rédemptrice de 1964. Je ne me repens pas de l'artillerie dépensée en articles et en discours, en pronunciamientos pour démasquer l'imposture, dénoncer l'agression, la face de l'impérialisme est sordide et sanglante.

Je répète cependant à tout bout de champ que les biens matériels les plus précieux que je possède, je les dois à l'impérialisme, une plaisanterie de mauvais goût aux yeux des puritains. En vérité je les dois à mon travail – au mien et à celui de Zélia, je ne les dis-

tingue ni ne les sépare : la maison du Rio Vermelho, à Bahia, la mansarde sur la Seine, au Marais, à Paris.

En 1962 la Metro Goldwyn Mayer m'acheta les droits d'adaptation cinématographique de Gabriela *– la traduction éditée par Alfred Knopf figurait sur la liste des best-sellers des gazettes de New York et de Los Angeles –, elle les paya un prix modeste, j'étais alors peu diffusé par là-bas. Pour moi c'était une grosse somme et, par-dessus le marché, en dollars, je me suis senti riche. La Metro mit plus de vingt ans à réaliser le film, par deux fois j'ai cherché à récupérer les droits, à ma seconde tentative j'ai offert le double de ce que j'avais reçu, par deux fois la Metro refusa en des termes identiques :* nous n'envisageons pas de nous défaire de cette marchandise *– marchandise, c'est le mot qu'ils employèrent.*

Avec les dollars impérialistes des producteurs d'Hollywood j'ai pu réaliser mon rêve d'avoir une maison à Bahia. Conçue avec amour par Gilberbert Chaves, à l'époque un jeune architecte, aujourd'hui parmi les meilleurs, outre le talent et la compétence de Gilberbert ont contribué à la rendre singulière les artistes de Bahia et de la région : Carybé, Mário Cravo, Lew Smarchevski, Genaro de Carvalho, Jenner Augusto, Hansen Bahia, Calasans Neto, Tati Moreno, Udo Knoff, Chico Brenand, Aldemir Martins, le céramiste José Franco, du Portugal. Portes, grilles, panneaux de céramique, azulejos, sculptures, sans parler des toiles, dessins, gravures, pièces d'artisanat – il aurait fallu vendre aux yankees les droits pour le cinéma d'un autre livre si j'avais dû payer les cadeaux, les dons.

Lew Smarchevski, peintre, architecte, maître batelier, navigateur, industriel, Bahianais d'Odessa, a dessiné et réalisé les meubles ; l'artisan Manu, du candomblé du Gantois, a forgé les armes d'Oshóssi qui dominent le bâtiment et l'Eshou qui garde et protège la maison. Sur l'ordre de Mãe Senhora, maître Didi[1] *a placé l'assise sacrée, il a creusé la terre et a caché l'ashé aux pieds du Compère, l'Eshou au membre puissant. Zélia et moi avons planté les arbres du jardin, un à un, à l'exception des sapotizeiros centenaires et du pied de mangue-carlota : près de ses racines, là où se trouvent les bancs d'azulejos, je veux être enterré quand viendra le jour – je profite de l'occasion et formule ici ce vœu pour que les miens l'accomplissent.*

1. Deoscóredes Maximiliano dos Santos, fils de Mãe Senhora, personnalité des religions afro-brésiliennes.

En 1985 les éditions Bantam, de New York, m'ont donné une avance considérable pour les droits de traduction de Tocaia Grande, *ce prix inhabituel a été relevé dans le* New York Times, *il m'a permis la réalisation d'un autre rêve : un* pied-à-terre *à Paris. Si l'on déduit les taxes et la commission de l'agence, l'argent de Bantam ajouté au bas de laine de Zélia, ses économies, a donné exactement de quoi payer la mansarde du quai des Célestins : de la fenêtre nous voyons la Seine, Notre-Dame, la tour Eiffel et dans l'île Saint-Louis, juste en face, l'appartement de Georges Moustaki.*

Curitiba, 1941 – passion

Maria la Chinoise débarque avec armes et bagages dans le lit de l'hôtel de Curitiba, nous profitons de chaque minute de cette nuit d'épousailles, maintenant et toujours, ah cul coquin !

Buenos Aires, 1942 – séparation

Maria la Chinoise ramasse armes et bagages, demain elle s'en ira, nous profitons de chaque minute de cette nuit d'adieux, maintenant et jamais plus, ah cul coquin !

Rio de Janeiro, 1946 – liberté religieuse

En janvier 1946 j'ai pris possession, à la Chambre des députés, du siège auquel m'avaient porté les voix des électeurs de São Paulo. Je m'étais engagé auprès de Prestes à remplir ce mandat pendant trois mois, ensuite je retournerais à mon travail d'écrivain. J'y suis resté deux ans, jusqu'à ce qu'un jour de janvier

1948 nous soyons expulsés du Parlement, moi et mes camarades de parti.

Jour triste, de défaite politique, la bataille pour les mandats, rude et âpre, avait duré des mois – une bataille perdue, nous le savions depuis le début. Jour joyeux, car je me suis délivré du fardeau de la députation, je ne suis pas né pour être parlementaire, je suis réfractaire aux tribunes et aux discours, je n'aime faire que ce qui me plaît, ce qui me divertit. J'ai dû faire effort pour être à la hauteur de ce mandat, je crois ne pas voir été un trop mauvais député, malgré mes limites et la suspicion qui entourait le groupe communiste, plus le sectarisme qui orientait son action. J'ai fait mon possible, une tâche difficile et pesante.

Si je me flatte de quelque chose quand je pense aux deux ans que j'ai perdus au Parlement, c'est de l'amendement que j'ai présenté au Projet de Constitution – Sénat et Chambre réunis en Assemblée constituante, nous avons discuté et voté la Constitution de 1946 –, amendement qui, ayant été adopté, a garanti jusqu'à aujourd'hui la liberté de croyance au Brésil[1].

À la proclamation de la République, la séparation de l'Église – l'Église catholique romaine – et de l'État avait été décrétée, mais la liberté religieuse qui devait s'ensuivre était restée sur le papier. Une farce. Tout entière au service des maîtres des terres et du pouvoir – la théologie de la libération n'existait pas encore –, au service de la richesse et de l'obscurantisme, l'Église catholique conserva tous ses privilèges, toutes ses prérogatives. Riche argent des coffres de l'État pour les « collèges des Pères », subsides de toutes sortes, considération officielle, absolue : Monseigneur l'Évêque faisait la pluie et le beau temps, les Gouverneurs baisaient avec révérence l'anneau épiscopal. Les autres religions, chrétiennes ou pas, mangeaient le pain que le diable a pétri. Pour les sectes protestantes, les associations spirites, les cultes populaires d'origine africaine restaient la discrimination, les brimades de toute espèce, les persécutions de la police.

En 1946, je suis allé dans l'intérieur de l'État du Ceará pour la campagne électorale accompagné de Zélia, nous avons vu des choses à faire dresser les cheveux sur la tête : des temples pro-

1. Paragraphe 6 de l'article 5 de la Constitution actuelle.

testants mis à sac, incendiés par des foules de fanatiques sous le commandement de prêtres catholiques, croix au poing, aux cris de Vive le Christ Roi. Ces mêmes fanatiques, menés par les mêmes prêtres, détruisirent en quelques minutes l'estrade où nous devions parler, Zélia et moi, dans un meeting qui ne put se tenir. Nous en réchappâmes vivants au milieu des menaces de béates en furie et de couteaux à saigner les porcs brandis par des tueurs, je n'ai jamais vu la mort d'aussi près. Zélia fut prise à partie par de vieilles bigotes, elle voulut riposter, j'ai craint le pire, par chance nous avons réussi à sauter dans un camion et à partir en trombe. La liberté, ni religieuse ni politique.

Si protestants et spirites étaient mal vus, que dire des religions afro-brésiliennes ? Dès mon adolescence, apprenant la vie populaire bahianaise y compris dans les maisons-de-saint, dans les terreiros de candomblé avec Édison Carneiro, Artur Ramos[1], Aydano do Couto Ferraz[2], j'ai été témoin de la violence insensée déployée par les puissances de l'État et de l'Église pour annihiler les valeurs culturelles d'origine africaine. On cherchait à anéantir les traditions, les coutumes, les langues tribales, les dieux, à éliminer totalement les croyances des gens les plus pauvres et les plus vulnérables.

Enfant de quatorze ans, j'ai commencé à travailler dans un journal, à fréquenter les terreiros, les foires, les marchés, les quais du port, je me suis engagé dans la lutte menée par le peuple des candomblés contre la discrimination religieuse, l'acharnement envers les orishás, les violences envers les pères et les mères-de-saint, les iaôs, ekedes, ogans, babalaôs, obás. Je ne m'attarderai pas sur ce qu'il me fut donné de voir, les lieux sacrés envahis et saccagés, iyalorishás et babalorishás arrêtés, battus, humiliés, jamais je n'oublierai Pai Procópio, le dos en sang des coups de fouet reçus à la prison. De telles misères et la grandeur du peuple de Bahia sont la matière première de mes romans, que les lise qui veut savoir comment les choses se sont passées.

L'amendement pour la liberté religieuse me demanda du travail et de l'astuce. L'astuce de ne pas porter l'affaire devant mon groupe parlementaire ou à une réunion du Bureau poli-

1. Artur Ramos (1903/1954), anthropologue.
2. Aydano do Couto Ferraz (1914/1989), journaliste.

tique, de la soumettre directement à Prestes, chef incontesté et, pour cela même, peut-être, moins sectaire, plus ouvert que les autres dirigeants. Je profitai de la venue à Rio de Giocondo Dias[1], un personnage respecté – commandant militaire de la révolte de Natal, en 1935, condamné à dix ans de prison, il avait vécu sous un faux nom jusqu'à l'amnistie –, pour aller avec lui parler à Prestes. Familier du problème, Giocondo l'exposa dans tous ses détails, appelant en outre l'attention du secrétaire général sur les bénéfices que le parti pourrait retirer auprès des masses de la défense des religions populaires ; et le dirigeant maximo donna son aval à l'amendement. Si je n'avais pas procédé ainsi je n'aurais jamais obtenu l'autorisation de le présenter : la religion étant l'opium du peuple, le candomblé était une drogue encore bien pire, une barbarie primitive, incompatible avec le socialisme, notre objectif. Quant à moi, écrivain immoral selon certains de mes camarades, je n'étais à leurs yeux qu'un petit bourgeois suspect de graves déviations idéologiques.

Muni de l'aval du Chevalier de l'Espérance, je commençai par refuser les signatures des communistes, pas même Prestes, sénateur du district fédéral, ne signa. De communiste, que moi. Il serait plus facile de faire circuler le projet s'il était présenté par un intellectuel connu, lié aux sectes afro-brésiliennes, bien vu malgré le parti auquel il appartenait. S'il avait émané de notre groupe, l'amendement était mort-né.

Le mandat du groupe communiste devenait de plus en plus difficile à assumer à mesure que le climat démocratique né de la victoire des Nations unies sur le nazisme cédait la place aux tensions de la guerre froide. Les députés des autres partis nous regardaient avec suspicion, quand ce n'était pas avec hostilité. Tout amendement ou projet que nous présentions se voyait rejeté *in limine. Qu'est-ce que ça cache ?* se demandaient les sénateurs et les députés du PSD, de l'UDN, du PTB ou du PST, ils découvraient dans la proposition la plus innocente le fameux doigt de Moscou. les générations actuelles ne savent pas ce que signifiaient le doigt et l'œil de Moscou : on les voyait partout, menaçant l'ordre établi, la religion, la morale, les bonnes mœurs, la famille brésilienne. Il y avait aussi l'or de Moscou, mais ça c'est une autre histoire.

1. Giocondo Dias (1913/1987) fut secrétaire général du PCB.

L'amendement ayant été tapé à la machine, je le signai et m'en fus trouver Luiz Viana Filho, bahianais et écrivain, auteur d'un livre sur *Le Noir au Brésil*, député de l'UDN, je lui soumis le texte, l'invitai à le signer. Bahianais et écrivain il signa. Je guettai Gilberto Freyre, député du Pernambouc (de la Gauche démoratique, je crois), le maître d'Apipucos n'apparaissait pas à toutes les sessions, il ne faisait pas cet honneur à l'Assemblée, quand il montait à la tribune les travées se remplissaient, les galeries étaient bondées, les journalistes s'agitaient, frénétiques, Otto Lara Resende doit se rappeler. À peine le vis-je que, l'arrachant à ses admirateurs, je l'entraînai dans un coin, lui montrai l'amendement – les shangôs de Recife vont pouvoir danser en paix –, il apposa sa prestigieuse signature, en commentant à voix basse, le sourire enjôleur : *comment n'y ai-je pas pensé ?* J'allai ainsi de groupe en groupe, de député en député, d'Otávio Mangabeira à Milton Campos, d'Hermes Lima à Café Filho, de Nestor Duarte à Vargas Neto, j'obtins plus de quatre-vingts signatures, l'appui de Cirilo Júnior et celui de Prado Kelly, leaders du PSD et de l'UDN. L'amendement adopté, la liberté religieuse fut inscrite dans la Constitution, elle prit force de loi.

Telle est ma contribution à la Constitution démocratique de 1946. Transformé en article de loi, l'amendement entra en vigueur, la persécution des protestants, la violation de leurs temples, des associations spirites, la violence contre les candomblés et l'umbanda appartinrent dès lors au passé. Mon élection servit à quelque chose, cette peine de prison que j'ai purgée au palais Tiradentes, parlementaire effacé, député très ordinaire.

Rio de Janeiro, 1932 –
Cobra Norato

De l'océan Indien où il navigue sur quelque rafiot se dirigeant vers le Japon, Raul Bopp m'envoie les poèmes qu'il écrit à bord en longeant les côtes d'Afrique : nul n'est plus convaincu de la négritude brésilienne que le poète gaucho descendant d'Allemands.

Grand voyageur, Bopp a sillonné les routes du monde, les plus longues ont été celles d'Amazonie, il l'a comprise et aimée, de sa rencontre avec le fleuve et la forêt est né le poème brésilien par excellence, le plus grand que nous ait donné le Modernisme, il s'intitule *Cobra Norato*. Ses poèmes nègres ont été réunis par Ariel sous le titre d'*Urucungo*, avec une couverture de Santa Rosa, la première que l'artiste du Paraíba ait dessinée à Rio.

Ensemble avec Carlos Echenique, nous avions loué une maison à Ipanema – en 1932 le quartier commençait à peine à gagner sur la plage – pour y habiter et recevoir des dames de nos relations, il ne tarda pas à vivre là tant de gens, tant, dans la salle et dans les deux chambres, que Raul dut déménager de l'autre côté de la rue. Nous sommes devenus amis le jour où nous nous sommes connus et le sommes restés jusqu'à la fin de sa vie.

Consul au Japon (lors de ce voyage des poèmes il allait prendre son poste), il se révéla un diplomate efficace, il finit ambassadeur, toujours compétent. L'œuvre qui immortalisa son nom, *Cobra Norato*, date d'avant, des années de l'Anthropophagie[1]. Dans les années 60 on publia une édition hors commerce avec des gravures d'Oswaldo Goeldi, c'est ce qu'on peut appeler or sur azur.

Rio de Janeiro, 1971 –
mariage

Une photographie me montre entrant dans l'église de São Bento, tenant Paloma par la main, on voit sur la photo entre autres amis Eduardo Portella, José Mauro Gonçalvez, Carlos Ribeiro et Antônio Houaiss. Nous franchissons le porche à l'heure dite, dix heures précises, on n'a jamais vu ça dans un mariage d'un certain relief : s'unissent les familles de deux hommes de lettres connus, fortement présents dans la vie culturelle. Pedro se précipite en courant vers l'autel, il se trouvait dans le confessionnal, à la sacristie.

1. Anthropophagie : l'une des phases du Modernisme brésilien. Le *Manifeste anthropophagique* d'Oswald de Andrade (1890/1954) parut en 1928 *(N.d.T.)*.

J'ai appris la ponctualité durant les années où j'ai vécu en Europe, au Brésil une fâcheuse habitude, je suis l'unique Brésilien ponctuel ce qui me cause les pires complications. N'ai-je pas exagéré cette fois ? Paloma donne une dernière retouche à sa coiffure, moi je me trouve déjà à la porte de l'ascenseur. J'agis ainsi, qui sait, pour bien montrer que je ne vais pas me plier aux habitudes de la famille Costa, d'un manque de ponctualité légendaire, des histoires courent à ce sujet, certaines très drôles. Paloma épouse Pedro, fils de Nazareth et d'Odylo Costa, Filho.

La cérémonie est présidée par Dom Timóteo[1], il est venu spécialement de Bahia. Personnage admirable, d'une rare sensibilité, loin de l'habituel dogmatisme catholique, aussi habituel et étroit que le dogmatisme communiste, Dom Timóteo est le subversif capitaine des troupes de la résistance à la dictature militaire, regroupées autour de Dom Hélder Câmara, archevêque de Recife et d'Olinda, lequel, dans les aléas de la vie, a évolué de positions de droite vers des alliances de gauche.

Un mariage œcuménique. Le fiancé catholique pratiquant, d'une famille catholique traditionnelle – à propos d'Odylo, j'ai lu, dans un article d'un critique écouté, qu'il s'agissait d'un poète catholique, cette définition réduit la portée d'une poésie qui s'élève au-dessus des contingences idéologiques ; la fiancée, fille de parents athées, élevée en marge de toute religion, y compris des religions populaires d'origine africaine bien que son père soit obá de Shangô. À ce mariage œcuménique Dom Timóteo prête la grâce magique de la poésie, la douceur de l'amitié, il trouve des mots simples pour parler de la vie et de l'amour, je ne peux m'empêcher d'être ému.

Je ne peux non plus me défendre d'une certaine inquiétude, d'une certaine crainte : Paloma saura-t-elle s'adapter à sa nouvelle famille, à leurs us et coutumes si différents des nôtres ? J'observe le couple face au moine, attentif à ses paroles sages et belles. Pedro, enfant délicat et fragile, image de jeune érudit dévorateur de livres, sera-t-il capable de mordre dans la vie ? Parfois il me surprend, beau-père trop grossier que je suis pour un gendre d'une nature aussi sensible, faite de timidité et d'orgueil. Paloma sera-t-elle capable de résister aux difficultés quo-

1. Dom Timóteo Amoroso Anastácio, moine bénédictin, abbé du monastère de São Bento, à Bahia.

tidiennes, aux aléas et aux cruautés de la vie, de la vie en commun, aux cruautés de l'amour ? Parviendra-t-elle à traverser les grandes tourmentes et les petites misères ? Parviendra-t-elle à entretenir de bonnes relations avec ses beaux-parents, avec ses beaux-frères et ses belles-sœurs ? J'espère que oui, Paloma me ressemble, tant, nous sommes pareils en presque tout. Elle est différente de João, fils de sa mère, Zélia, la bonté en personne, l'acceptation de la vie, la tranquille assurance, la joie tranquille. Paloma et moi sommes plus compliqués, moins bons, moins généreux que Zélia et João, nous sommes plus égoïstes, plus rudes. En revanche nous possédons une certaine finesse, une certaine souplesse, nous parvenons à dominer les impulsions qui peuvent mener à l'incompréhension, conduire au désastre. En pensant à moi et à ma vie en compagnie de Zélia, j'accorde un vote de confiance à Paloma.

Rio de Janeiro, 1971 –
l'agnostique

Après le mariage de Paloma, dans l'automobile – de l'église des bénédictins, nous nous rendons au déjeuner chez Odylo, à Santa Teresa –, Lalu[1], sur son trente-et-un, récrimine contre le sermon de Dom Timóteo Amoroso, malveillant d'après elle à l'égard de sa petite-fille :

– Il lançait sans arrêt à la figure de la petite qu'elle n'est pas catholique, qu'elle n'a pas été baptisée…

– Un mariage œcuménique, ma mère, d'un catholique et d'une non-catholique… Dom Timóteo n'offensait pas Paloma…

– Je n'ai rien à faire de ces modernismes, le frère n'avait pas besoin de répéter que Paloma n'est pas catholique, de le crier sur les toits… Et la pauvrette qui écoutait ça… Aussi, quel besoin aviez-vous, Zélia et toi, de raconter qu'elle n'est pas catholique ?

Et Lalu, par hasard, serait-elle catholique ? Baptisée, sans doute, mais sans guère de religion. Hormis les promesses à

1. Lalu, diminutif d'Eulália Leal Amado, mère de J. A.

Santo Antônio, celui des objets perdus et retrouvés qu'elle appelait familièrement Tonio, elle n'avait pas de croyance à revendre. Sceptique, elle ne croyait pas à la vie éternelle, elle aimait celle que l'on vit sur terre, même limitée et vaine. Je suis bien son fils.

Londres, 1970 – Chaplin

Sur le point de partir pour l'Europe, je vais prendre congé de Walter da Silveira[1], prendre congé est bien le mot : Walter est perdu. Loyal, exigeant, c'est l'ami le plus jaloux que j'aie eu de ma vie, il s'indignait de supposés manquements, il demandait des comptes. Lorsque j'entendais sa voix au téléphone je commençais par lui demander : dis-moi, Walter, nous sommes bien ou mal ? À l'autre bout du fil il éclatait de rire, me pardonnait mon indélicatesse, lui seul savait laquelle et quand.

Je le trouve content malgré la maladie : son essai sur Charlie Chaplin qui vient de paraître recueille les suffrages, Glauber Rocha a aimé, Paulo Soares à Rio, Fernando da Rocha Perez à Bahia sont très élogieux, Walter me montre les coupures de presse. Il me demande de lui rendre un service, porter un exemplaire dédicacé à Chaplin, je devrai le poster en Europe, il veut être certain qu'il le recevra. Il craint que le livre qu'il a expédié du Brésil, recommandé et par avion, ne lui parvienne pas. J'accepte la mission, qu'il soit sans crainte, je le mettrai à la poste à Londres, ma première escale.

Je joins au livre, en l'envoyant, une lettre qu'Antônio Olinto a traduite en anglais et que je signe, je rappelle à Chaplin le prix mondial de la Paix qu'il a accepté et reçu dans sa maison de Suisse, je parle de Walter, je dis qui il est, combien lui doit le cinéma brésilien, l'amour qu'il voue à l'œuvre du génial créateur de Charlot, je lui demande de bien vouloir accuser réception de l'ouvrage à l'adresse de l'auteur, à Bahia, j'ajoute que Walter se meurt.

Avant de disparaître, Walter reçut deux lettres, expédiées toutes deux de la résidence du grand maître de l'humanisme de

1. Walter da Silveira (1913/1970), avocat et critique de cinéma.

ce siècle : l'une, formelle, de la secrétaire, accuse réception de l'ouvrage. L'autre, une lettre personnelle de Charlie Chaplin : il parle avec reconnaissance du livre, un message amical et chaleureux.

Rio de Janeiro, 1930/1940 –
les belles

Lorsque je débarquai à Rio de Janeiro, en 1930, avide littérateur en herbe, j'ai connu *le plus beau couple de la littérature brésilienne* – ainsi le définit Augusto Frederico Schmidt en faisant les présentations : *lui* – sa main grasse sur mon épaule –, *c'est un cousin de Gilberto Amado*.

Le plus beau couple, réellement beau, le poète avait raison, celui que formaient la journaliste Eneida de Moraes, splendide cabocla du Pará, et le critique littéraire Múcio Leão, pernamboucan de belle prestance, un régal d'homme, comme disait ma cousine Maria qui griffonnait des vers et ornait de cornes la riche tête de son mari, marchand d'étoffes.

Dans la décade de trente à quarante le paysage littéraire de Rio était rehaussé par quelques femmes de lettres d'une rare beauté : poétesses, romancières, journalistes dont la présence déclenchait parmi leurs collègues masculins une guerre sans merci.

Cecilia Meireles, ses yeux verts, au dire de beaucoup la plus belle, grande voix de la poésie de langue portugaise. Adalgisa Nery, veuve du peintre Ismael Nery, passion de tant d'hommes – Jorge de Lima, Murilo Mendes, José Lins do Rego –, elle épousa Lourival Fontes, fut la plus éblouissante des ambassadrices et écrivit un bon roman. Dinah Silveira de Queiroz, épouse en ce temps du juriste Narcélio de Queiroz, pour elle le grand éditeur perdit la tête mais, bien mariée, la romancière dédaigna le potentat. Graciliano Ramos, lorsqu'il la connut, loua son premier livre avec une véhémence inhabituelle. Comme il n'avait pas le compliment facile et qu'il m'avait dit ne pas avoir encore lu le roman de Dinah, je démasquai l'imposture. *Je ne l'ai pas encore lu mais je l'aime, celui qui s'avisera de me dire qu'il est mauvais aura affaire à moi.* J'ai déjà parlé de la beauté d'Eneida, elle resta jolie même à la fin de sa vie, quand un mal sournois tenta, sans y parvenir, de la rendre absente et laide.

À mes yeux, de toutes la plus belle, la sans pareille, Yone Stamato, elle écrivait des poèmes et tourna la tête de poètes et de prosateurs, on citait les noms de Cassiano Ricardo et de Menotti del Picchia parmi d'autres en délire, je l'ai connue en 1938, au *Dom Casmurro*[1], quand la sublime Yone eut une histoire avec la rédaction de cet hebdomadaire littéraire.

Bahia, 1988 – le Japonais

Floriano Teixeira est né dans le Maranhão il y a plus de temps qu'il n'y paraît, à Bahia il a grossi mais il n'a pas vieilli, patriarche jovial au milieu de ses enfants et petits-enfants. Au gouvernail du bateau Alice[2] paraît douce mais elle est intrépide, elle tient le cap sur la mer houleuse. Le sang indigène domine dans le mélange brésilien du Maranhense.

Il a habité le Ceará où il a vécu et bien vécu, personne d'aussi convivial, il a régné sur l'université, a fondé le musée, il s'est affirmé comme l'un des principaux dessinateurs brésiliens. En 1963 Lina Bo Bardi[3] organisa une exposition des dessins de Floriano au musée d'Art moderne de Bahia, il vint l'inaugurer, il resta pour toujours. À Bahia, Alice donna naissance à Pedrinho, le benjamin, et la peinture a éclos dans l'atelier du Rio Vermelho, là travaille l'artiste créant chaque jour la beauté.

Il a illustré les livres de quelques-uns de ses amis, dont les miens, il a donné à Dona Flor la beauté *cabo-verde* et les manières sereines d'Alice, la secrète sensualité, il a couché avec Livia, Gabriela, Tieta et Tereza Batista dans le hamac de l'imagination et les a réinventées, je suis son débiteur.

Dans la maison de la rue Ilhéus, il reçoit avec courtoisie admirateurs et clients, il anime la conversation car il est causeur

1. *Dom Casmurro*, revue littéraire, de 1937 à 1946.
2. Alice, femme de Floriano Teixeira.
3. Lina Bo Bardi (1914/1992), architecte italienne.

de nature. La touriste millionnaire à laquelle Lew Smarchewski a recommandé d'acheter un tableau de Floriano examine les toiles et le peintre :

– Vous êtes de São Paulo, seu Floriano ?

– Moi ? Non, senhora. Je suis du Maranhão, répond l'Indien.

– Si vous n'êtes pas de São Paulo, pourquoi donc paraissez-vous japonais ?

Rio de Janeiro, 1968 –
les jumeaux

Le film de Fernando Sabino et de David Neves, *La maison du Rio Vermelho*, l'un des douze documentaires que les duettistes ont consacrés à des écrivains brésiliens, dure vingt minutes sur lesquelles messieurs Carybé et Dorival Caymmi en ont gâché six ou sept à dire du mal de moi, le jeune premier de l'histoire.

Fernando et David étaient venus à Bahia pour le tournage, les deux comparses n'étaient pas là, ils se produisirent ensuite, à Rio. Ils dirent des horreurs, que je faisais ceci et cela, je ne sais quoi, que j'inventais et m'en vantais, que j'avais le diable au corps, que j'en faisais de toutes les couleurs, ils critiquèrent mes cannes, mes casquettes et ma moustache, mes chemises à fleurs, mes bermudas, mes sandales.

J'assiste au film, je vois les deux compères arrangeant mon portrait, pourtant je suis le troisième à former avec eux le trio des docteurs du peuple de Bahia, trois obás de Shangô, des messieurs respectables. Mes deux jumeaux, Caymmi et Carybé, ne méritent pas qu'on leur fasse confiance, ce ne sont pas des gens sérieux, mauvaises langues, cœurs d'or, la voix et le visage de Bahia.

Rio, 1947 – ressemblance

Médecins et malades se bousculent pour voir passer Maria, la della Costa, une splendeur de beauté : elle traverse les couloirs de la maternité, elle vient rendre visite à Zélia qui, la veille, avait donné le jour à un enfant, João Jorge.

Les infirmières vont chercher l'infant dans le berceau et l'amènent pour le bain en présence de l'heureuse mère. Elles défont les langes, plongent le petit dans l'eau tiède. L'actrice examine le corps du nouveau-né, elle s'exclame :

– Regardez sa quiquette… Toute celle de son père.

Petrópolis, 1984 –
le commandeur

Caché à Petrópolis dans la maison de Glória et Alfredo Machado, confortable et accueillante, je travaille comme un forçat à mon roman *Tocaía Grande*. Le téléphone insiste, Zélia répond – elle aussi travaille à son troisième livre de Mémoires, *La reine du bal* –, elle vient m'arracher à ma machine à écrire :

– Tu ne peux pas ne pas répondre, c'est l'ambassadeur de France.

Français que je suis, de cœur, je vais au téléphone. L'ambassadeur m'annonce qu'il vient de recevoir une heureuse nouvelle, il s'empresse de me la transmettre : le gouvernement français, par un décret signé du président François Mitterrand, vient de me faire commandeur de la Légion d'honneur. Cinq autres décorés donnent à cette distinction une signification encore plus grande, car ce sont les cinéastes Federico Fellini et Joris Ivens, un ami de toute la vie, et les écrivains Norman Mailer, Alberto Moravia et Yachar Kemal – l'Italien et le Turc, eux aussi de vieux amis. Je me déclare très honoré et c'est ce que je ressens.

L'ambassadeur fixe la date où je dois être à Paris pour la remise solennelle de la décoration. Soucieux de ne pas interrompre la rédaction de mon roman, en entendant l'ambassadeur dire qu'il ira à Bahia la semaine suivante pour remettre précisément à Pierre Verger la Légion d'honneur qui vient aussi de lui être décernée, je propose que par la même occasion, le diplomate me décore : je vais à Bahia un jour, je reviens le lendemain, pour Paris j'aurai besoin au moins d'une semaine.

L'ambassadeur en bégaie presque, mon ignorance du protocole le scandalise :

– Vous n'y pensez pas ! C'est la commanderie de la Légion d'honneur que vous recevez, seul le président de la République peut vous la remettre, peut suspendre la médaille à votre cou. Verger est fait officier, je peux, moi, le décorer.

Ah, ma sacro-sainte ignorance ! Je m'excuse, décide de faire le voyage, pars pour Paris. Le président Mitterrand ajoute à l'honneur qu'il me confère des paroles généreuses sur mon travail d'écrivain. Je vois dans le salon de l'Élysée mes amis français les plus chers, je sens un froid dans les tripes, les yeux humides. Pour Zélia c'est comme une réparation, nous célébrons à l'Élysée les trente-cinq ans de notre expulsion de France.

Petrópolis, 1984 –
chronique mondaine

De retour de Paris muni de la commanderie, je reçois un coup de téléphone d'Ibrahim Sued, de félicitations. Journaliste bien informé, il me révèle que je suis l'unique commandeur de la Légion d'honneur existant au Brésil. Il ajoute, aimablement cancanier :

– Roberto Marinho[1] et Nascimento Brito vont être morts de jalousie, ils ne sont qu'officiers.

Quelques jours plus tard, je lis dans la chronique d'Ibrahim que Roberto Marinho a été promu commandeur, tant mieux, je ne suis plus tout seul.

J'apprends également qu'existe une association des Brésiliens décorés de la Légion d'honneur, je m'inscris comme membre, mais je ne la fréquente pas.

1. Roberto Marinho, président de la télévision Globo.

Bahia, 1928 – L'Académie des Rebelles

L'Académie des Rebelles fut fondée à Bahia en 1928 avec, comme objectif, de balayer toute la littérature du passé – rarissimes les poètes et les prosateurs qui échappèrent à la purge – et d'inaugurer une ère nouvelle.

Elle était placée sous l'égide de Pinheiro Viegas, poète baudelairien – je me rappelle ce vers d'un de ses sonnets : «*Je trouve le monde, au fond, drolatique et macabre* » –, pamphlétaire redouté, épigrammiste virulent, haïssant tout ce qui semblait conventionnel et conservateur, c'était un spadassin sorti tout droit d'un roman espagnol, il mourut en 1932. L'antiacadémie survécut à son mentor, elle dura encore un an, le dernier à avoir été admis dans ses rangs fut Walter da Silveira.

Seul survivant du groupe qui composa l'Académie, dans un exercice de *saudade* je fais le bilan des livres publiés par les Rebelles, par chacun de nous. L'*Œuvre poétique* et *Iararana*, de Sosígenes Costa : sa poésie, notre gloire et notre orgueil ; l'œuvre monumentale d'Édison Carneiro, pionnier des études sur les Noirs et sur le folklore, éminent ethnologue, critique littéraire, le grand Édison ; les *Sonetos do mal querer* et les *Sonetos do bem querer* d'Alves Ribeiro, jeune gourou qui traça nos chemins ; les deux livres de contes de Dias da Costa, *Canção do Beco, Mirante dos Aflitos* ; les deux romans de Clóvis Amorim, *O Alambique* et *Massapê* ; le roman de João Cordeiro qui devait s'appeler *Boca suja* mais dont l'éditeur, Calvino Filho, changea le titre en *Corja* ; les recueils de poèmes d'Aydano do Couto Ferraz, les sonnets de Da Costa Andrade ; les ouvrages de Walter da Silveira sur le cinéma – si l'on y ajoute mes livres et qu'on fait la preuve par neuf, le solde, je crois, est positif.

Nous n'avons pas balayé de la littérature les mouvements du passé, nous n'avons pas enterré dans l'oubli les auteurs qui étaient les cibles privilégiées de notre virulence : Coelho Neto, Alberto de Oliveira et en général tous ceux qui avaient précédé le Modernisme. Mais sans doute avons-nous concouru de façon décisive – nous, les Rebelles, plus les garçons de l'*Arc & Flèche* et de *Samba*[1] – à détourner les lettres bahianaises de la rhéto-

1. *Arc & Flèche (Arco & Flecha), Samba* : revues littéraires de 1928 à 1929.

rique, du style oratoire bouffi, du bellétrisme pour leur donner un contenu national et social dans une récriture de la langue parlée par les Brésiliens. Nous sommes allés au-delà de l'imprécation et de l'insolence, nous nous sentions brésiliens et bahianais, nous vivions avec le peuple dans une étroite proximité, avec lui nous avons construit, jeunes et libres dans les rues pauvres de Bahia.

Cannes, 1985 – la quasi-ministre

Nommé gouverneur de Brasilia, José Aparecido de Oliveira abandonne le ministère de la Culture. Sarney, qui avait hérité du gouvernement composé par Tancredo Neves en fonction des accords électoraux, décide de profiter de l'occasion pour l'élargir en y faisant entrer une femme, un geste intelligent.

Il pressent Fernanda Montenegro, l'actrice refuse, Sarney finit par découvrir Zélia au festival de Cannes, il lui offre le ministère, Zélia aussi refuse, Sarney insiste. Perplexe, Zélia ne comprend pas les raisons qui poussent le Président à lui faire cette offre. Elles son évidentes, lui dis-je. Auteur à succès, compétente, habile, sympathique, c'est un choix irréprochable, elle est une ministre-née.

Zélia me demande si je parle sérieusement ou si je me moque. Je n'ai jamais parlé aussi sérieusement et je ne me suis jamais moqué de toi. Elle voudrait que je lui réponde franchement :

– En admettant que ce soit comme tu le dis, qu'est-ce que ça signifierait pour toi d'être le mari de la ministre de la Culture ?

J'ai la réponse sur le bout de la langue :

– Sarney souhaite avoir une femme dans le ministère, parfait. Si tu acceptes, il aura une ministre belle, sympathique, capable et...

– ... et...?

– ... et divorcée.

Londres, 1976 –
art brésilien

Dans la maison de campagne de Fleur Cowel, à quelques kilomètres de Londres, Zélia est enchantée d'être présentée à Janet Gaynor, invitée comme nous pour le week-end. Janet l'aurait conquise en lui parlant de *Gabriela, clove and cinnamon* si l'admiration de Zélia n'eût daté des films d'autrefois, du temps jadis.

Outre l'actrice nord-américaine, je rencontre dans le jardin du manoir anglais (une partie de la bâtisse est du XIe siècle) une autre dame célèbre, une vieille connaissance. Il s'agit de Yemanjá, la déesse de la mer du peuple de Bahia. Elle est arrivée là, dans ce jardin britannique, par la main créatrice de Carybé : une sculpture en bois d'une magique beauté.

Personnalité remarquable, peintre, ambassadrice de Franklin Delano Roosevelt, amie du Brésil, Fleur Cowel possède dans sa collection quelques œuvres d'art brésiliennes. Dans le grand salon de son appartement de Piccadilly, dans la maison qui a appartenu à Lord Byron, à la place d'honneur, un bois gravé monumental de Calasans Neto, un paysage de Bahia. Dans la chambre à coucher, derrière le lit ancien, une pièce de musée, une tapisserie de Genaro de Carvalho. Dans la maison de campagne d'Alfred Knopf[1], à Purchase, dans les environs de New York, je tombe aussi sur une tapisserie de Genaro illuminant la salle à manger.

Dans l'appartement triplex d'Elspith et de Hans Juda[2], à Londres, une grande toile de Cândido Portinari, offerte par Assis Chateaubriand que les Juda conseillent pour ses achats de peinture anglaise – la précieuse collection qui se trouve au musée de Feira de Santana, très bien installée à ce qu'on m'a dit, a été choisie par eux.

Avec le tableau de Portinari, une petite église du naïf Cardoso e Silva, mon ami Cardosinho, est accrochée dans le salon des Juda entre une toile de Léger et une de Chagall, je sursaute en la voyant : au milieu de tant de merveilles la petite église de São Lazaro ne fait pas mauvaise figure.

1. Alfred Knopf (1892/1984), éditeur américain.
2. Hans Juda et Elspith, journaliste anglais et sa femme, critique d'art.

Ilhéus 1924 – les colonels du cacao

Dans le cercle des notables, sur les quais du port, au marché de poisson, à la gare du chemin de fer, je les accompagne, je les regarde et je les écoute, je les apprends, les colonels[1] du cacao. Ils ne racontent pas de rodomontades, ils préfèrent les histoires plaisantes.

Dans une saga de sang et de mort ils ont conquis la terre vierge, ont défriché la forêt, commandé les *jagunços*[2], planté les arbres aux fruits d'or, ils ont bâti des villes, ont semé des croix sur les chemins ouverts par les troupes de mulets, sur les sentiers des embuscades. Ma mère Eulália dormait avec la carabine sous son oreiller, son mari, le colonel João Amado de Faria, était absent, en route pour les luttes à la tête de ses hommes. Du courage indompté est née la civilisation *grapiuna* (tant de poètes, de romanciers), bâtie sur le sang répandu. Les colonels du cacao, je les apprends, ils vont être mes personnages dans des histoires à faire frémir.

Enfant curieux, j'accompagne mon père, mon oncle Álvaro Amado, deux colonels, l'un sérieux, travailleur, l'autre fantasque, aventurier. J'écoute, je regarde, je m'instruis avec le compère Braz Damásio, avec Basílio de Oliveira, Sinhô Badaró, Adonias Aguiar, Misael Tavares, Domingos Maron. Les Arabes sont nombreux, ils sont venus d'Orient, les « Turcs » d'Ilhéus et d'Itabuna, les Maron et les Medauar. Les Noirs sont rares mais il s'en trouve : comment oublier le Noir José Nique, héros de mon enfance, encerclé dans la forêt, blessé, rompant le cercle, arrivant à l'aube baigné de sang à la fazenda de mon père ? La majorité d'entre eux, une innombrable confrérie de Sergipans, nation provenant de la pauvreté de l'État voisin. Un petit nombre se flatte d'avoir du sang européen, du sang bleu qui sait, un noble lignage. Le colonel Ramiro Berbert de Castro – père de Demostinho[3], le champion du port, grand-oncle de Zé Berbert, le chroniqueur a hérité de sa verve et de sa repartie – est fier, lui, de son ascendance française, le nom des Berbert sur les parchemins des corsaires.

1. Dans le Nordeste du Brésil, les propriétaires terriens *(N.d.T.)*.
2. Jagunços : hommes de main *(N.d.T.)*.
3. Demosthenes Berbert de Castro (1913/1987), grand propriétaire terrien, homme politique.

Dans la brise de l'après-midi, à l'ombre des amandiers, devant la demeure des Berbert, le colonel Ramiro raconte ses bonnes fortunes dans la capitale d'où il arrive. Grand propriétaire, richissime, un tantinet grigou, l'âge pèse sur son pas, se note dans sa voix, mais son entrain reste entier, le colonel ne se rend pas. Il apporte à ses auditeurs, ses pairs, une nouvelle fraîche, d'intérêt public : *vient d'ouvrir dans la ville de Bahia, sur la place du Théâtre, en haut de la ruelle de la Montagne, une pension de luxe, des filles de premier choix. La patronne – une madame venant tout droit de Paris via Rio de Janeiro – répond au nom de Madame la Chatte.* Érudit en termes licencieux appris avec les putes étrangères, le colonel éclaire l'ignorance *grapiuna*:

– Chatte en français veut dire *boceta*.

Pour Nelson Schaun, intellectuel maximaliste, admis dans le cercle eu égard à sa culture, chatte veut dire *gata*, pour *boceta* il ne savait pas.

– Eh bien sache-le.

Ayant été informé à Bahia de l'inauguration du Nid d'Amour – *ninho de amor*, traduit le journaliste Schaun, se revenchant –, le colonel Ramiro participe à l'événement. Il entra dans la salle bourrée de filles et lança, avec la morgue des colonels du cacao :

– Bonsoir petites. Je suis le colonel Pedro Catalão, d'Ilhéus.

Le colonel Pedro Catalão, d'Ilhéus, une figure légendaire dans les maisons de putes, dans les *chatôs*, célèbre pour sa richesse et pour sa splendeur, pour sa prodigalité, il allumait son cigare avec des billets de cinq cents mil-réis en guise d'allumettes. Quadragénaire, jeune encore comparé au colonel Ramiro Berbert, portant beau, élégant, costumes coupés à Rio de Janeiro, toujours impeccable, les moustaches en pointe, le toupet arrogant, les bottes de cheval et la badine d'argent, Pedro Catalão, le chéri de ces dames. Dépensier, ses largesses se gonflaient dans la bouche des commères, sur les fauteuils des barbiers, dans les cercles de conversation. Le putier au grand complet, à Ilhéus, à Itabuna, à Água Preta, dans la capitale, sans exception aucune, rêve de coucher avec Pedro Catalão sur des billets de cinq cents, sans parler de sa verdeur, il remettait ça trois ou quatre fois, un coup après l'autre, cet étalon – j'apprends ces particularités enfant, dans les rues d'Ilhéus. Eduardo Catalão, fils du colonel, futur ministre de l'Agriculture de João

Goulart, fut mon camarade à l'école de Dona Guilhermina, sa sœur Maria Alice, une ravissante fillette, ma première amoureuse, épousa un général, elle est toujours aussi jolie.

Le colonel Ramiro Berbert s'étant présenté comme Pedro Catalão se vit entouré de femmes, des Françaises, des Polonaises, des Argentines et une négresse qu'au volume de sa croupe il pensa brésilienne, or elle était sénégalaise, elle parlait une langue compliquée. Madame la Chatte faillit se mettre à genoux pour lui lécher ses bottes, les filles défilèrent une à une devant le millionnaire, la tenancière l'informait des spécialités raffinées de bouche, bijou et cul. De prix, il ne fut pas question, donner les tarifs de la maison au colonel Catalão, pire qu'une offense c'eût été une gaffe colossale. Pedro Catalão payait toujours le double sinon le triple du tarif en vigueur sans avoir besoin de le connaître.

– J'ai choisi deux luronnes, l'une française, l'autre polonaise, la Polonaise était blonde à en faire mal aux yeux, la Française était rousse, les rousses ont partie liée avec le diable. J'ai bien pensé à la négresse mais je l'ai laissée pour une autre fois. J'ai passé la nuit avec les deux, elles ont rivalisé de compétence, chacune plus habile l'une que l'autre, elles faisaient de tout, la Française a même proposé un petit fouet, j'ai trouvé ça exagéré Je riais en dedans, me faisant passer pour le compère Pedro, une bonne blague.

Le colonel Ramiro Berbert parcourt l'assistance d'un regard malin, il voit l'enfant à côté de son père, au septième ciel :

– C'est ton fils, João Amado ? J'ai entendu dire qu'il est intelligent, il a de qui tenir, on récolte ce qu'on plante. – Il poursuit son récit : – J'ai passé la nuit dans cette pasquinade. Au matin, en les quittant, j'ai mis la main à ma poche, j'ai tiré mon portefeuille et je l'ai ouvert devant les gamines, un portefeuille bourré de billets de cinq cents. Pour déconsidérer le compère Catalão, j'en ai pris un de cent, je l'ai posé sur le lit pour qu'elles se le partagent, et je suis parti. Elles sont restées sans voix, sans réaction : toute la nuit à s'échiner avec le colonel Pedro Catalão, chacune comptait au moins sur deux coupures de cinq cents si ce n'est plus. Et pour compléter la farce...

Il regarde le cercle suspendu à ses paroles, les colonels qui rient, muet le lettré Nelson, l'enfant en transes, il lisse sa moustache blanche :

– … pour compléter la farce, exprès je n'ai pas bandé.

J'apprenais les colonels dans les rues d'Ilhéus, les jagunços dans les plantations de cacao, je faisais mes classes préparatoires avant de gagner les universités des ruelles et des impasses de Bahia.

Dobris, 1950 –
mandelinka

J'ai participé à bien des choses ridicules dans ma vie, peu cependant qui soient comparables à la chasse que j'entrepris, dans les alentours du château de Dobris, contre le fléau des *mandelinkas* en compagnie de dignes écrivains tchèques et slovaques et de quelques étrangers en vacances.

Le bruit courait que les impérialistes nord-américains, monstres sans âme sous les ordres du FBI et de la CIA, avaient envoyé des avions chargés de tonnes de *mandelinkas* afin de les déverser sur les plantations, les champs de pommes de terre et les champs de blé. Une espèce de scarabée ou de chenille, je ne me rappelle pas, la *mandelinka* réduisait à néant les efforts des paysans dans les coopératives luttant pour la production : ainsi la faim dévasterait les États socialistes et conduirait à la contestation.

Y avait-il une ombre de vérité dans tout ça, ou l'alerte n'était-elle qu'un conte de bonne femme ? Quoi qu'il en soit, enrégimentée par les organismes du Parti, la population allait en rangs serrés à la chasse aux *mandelinkas,* une campagne nationale. Les autorités mettaient en garde les patriotes : journaux, radios, affiches parlaient du danger et donnaient le signalement de l'ennemi, des dessins partout. Maintenant je me rappelle, il s'agissait d'un petit scarabée reproduit entre autres sur les boîtes d'allumettes, moi j'étais un fumeur invétéré : c'était une espèce de coccinelle.

Écrivains résidents ou en vacances au château, nous n'échappâmes pas à la chasse aux *mandelinkas.* Emi Siao, Jean Laffitte, Gabriel d'Arboussier, moi, nous accompagnâmes les gens du cru à leurs champs de pommes de terre et nous mîmes à les éplucher feuille à feuille, à la recherche des maudites bestioles yankees. Maladroit, je n'en ai jamais trouvé aucune, d'autres proclamaient à grands cris leurs victoires sur l'impérialisme, mais de cadavre de *mandelinka* il ne m'a jamais été donné d'en voir.

En revanche j'étais le champion de vitesse, je les battais tous. Jan Drda, dirigeant, responsable, qui ne pouvait, quoi qu'il en eût, se donner le luxe de douter, encore moins de plaisanter de toute cette sottise subie au nom de l'idéologie, me clignait un œil complice lorsqu'il me voyait passer avec aplomb. Il clignait de l'œil, puis aussitôt criait victoire en brandissant entre ses gros doigts d'invisibles *mandelinkas*. C'était quelque chose !

Lisbonne, 1984 –
les larmes

Dário Castro Alves connaît Lisbonne comme sa poche, les rues et le dédale des ruelles, les palais et les églises, les monuments, les restaurants de luxe, les tavernes, il a commencé à apprendre Lisbonne en lisant Eça de Queiroz, il a complété ses cours en poste comme ambassadeur du Brésil au Portugal. Il m'emmène boire des alcools rares, des vins de porto divins dans des lieux que ne fréquentent que les connaisseurs, il est reçu à bras ouverts, client illustre et assidu.

Je n'ai pas connu d'ambassadeur plus compétent, sous tous les aspects je crois, je peux témoigner de ses qualités d'homme. Durant le drame de Glauber mourant dans une chambre d'hôpital, Dário n'a pas seulement rempli les devoirs de sa charge, il a été constamment présent à son chevet. Marié à Dinah Silveira de Queiroz[1], il l'a rendue heureuse tous les jours, toutes les heures depuis le moment où il l'a connue et s'est épris d'elle. Malade, Dinah est allée au-devant de la mort au Brésil, Dário allait et venait entre São Paulo et Lisbonne, j'ai accompagné son calvaire.

Il s'était attardé au Brésil auprès de Dinah, des obligations impérieuses exigeaient son retour au Portugal, les médecins lui

1. Dinah Silveira de Queiroz (1910/1984), écrivain.

dirent qu'il pouvait partir si c'était pour quelques jours, Dinah était condamnée mais le dénouement ne serait pas aussi rapide, Dário prit l'avion pour Lisbonne, à l'arrivée il apprit à l'aéroport que l'état de son épouse s'était aggravé, il tenait à un fil. Sur-le-champ, il retint une place pour l'avion du soir, le premier qui partait pour le Brésil, il alla à la chancellerie expédier les affaires urgentes, nous avons déjeuné avec lui à la résidence, dans les appels de São Paulo la vie de Dinah s'épuisait.

Sur le chemin de l'aéroport il s'arrêta au casino Estoril pour s'acquitter d'une dernière obligation : l'inauguration d'une exposition d'artisanat portugais comprenant une seule participation étrangère, celle du Ceará, terre de Dário.

Dans le hall d'entrée, Dário Castro Alves, ambassadeur du Brésil, à côté de Manuel Telles, directeur de la société concessionnaire du casino, attendait l'arrivée de Manuela Eanes, femme du président de la République, qui devait inaugurer l'exposition. Ravalant sa souffrance, Dário recevait les invités, les saluait, s'excusait, nous rejoignait, Zélia et moi, nous étreignait, retenait à grand-peine ses larmes.

L'ambassadeur ne pourrait partir avant que la première dame du pays ait parcouru l'exposition de bout en bout : pour le distinguer des stands portugais on avait placé à la fin le stand brésilien du Ceará. Lorsque la femme du Président arriva, en la saluant je lui demandai qu'en dépit du protocole, elle commence la visite par la fin pour libérer l'ambassadeur, le beau visage de Manuela Eanes se voila de tristesse. Escortée par l'ambassadeur et par le directeur du casino, elle inaugura l'exposition, abrégea la cérémonie, s'arrêta une minute devant l'artisanat du Ceará, avec des paroles de sympathie elle libéra le diplomate.

Nous avons accompagné Dário jusqu'à l'automobile, il nous regarda Zélia et moi, couvrit son visage de ses mains, laissa couler ses larmes, ses sanglots s'échapper de sa poitrine.

Bahia, 1969 – ossements

J'assiste à l'enterrement des ossements de Corisco, lieutenant de Lampião, tué au combat dans la caatinga par la police militaire. Un sertanèje a expliqué à Ranulfo Prata[1] : *le sertan vit entre deux fléaux, d'un côté la sécheresse et les cangaceiros, de l'autre la police militaire, à elle seule elle pèse plus que les deux autres.*

Des ossements cachés durant des années sous le matelas de Dadá, sa femme. Elles étaient deux femmes dans la bande, Maria Bonita, la femme de Lampião, et elle, Sérgia da Silva Chagas, celle de Corisco. Appuyée sur des béquilles – elle avait perdu une jambe dans la fusillade –, Dadá gagne sa vie, nourrit sa nombreuse famille de la confection artisanale de sacs, copies des gibernes qu'elle cousait pour les cangaceiros. Dans une lutte inégale contre l'horreur, elle est parvenue à arracher la tête de Corisco au macabre musée que les docteurs d'une fausse science avaient installé dans les dépendances de la faculté de médecine de Bahia – là, les puissances du latifundio exposèrent pour l'exemple les têtes de Lampião, de Maria Bonita, de Zé Baiano, de Corisco et de leurs compagnons. Il existait des gens qui considéraient ce musée comme un lieu de culture.

Fausse science, fausse culture : c'est ce qu'on voit le plus. La culture naît du peuple, il la conserve vivante et elle se prolonge dans les réalisations des maîtres. J'ai été proche de quelques-uns de ces maîtres, des véritables, dans l'univers de la science, des lettres et des arts : Picasso, Sartre, Frédéric Joliot-Curie, j'ai le privilège de les avoir connus. Le privilège n'est pas moindre d'avoir mérité l'amitié des créateurs de la culture populaire de Bahia, de dire frère à Camafeu de Oshóssi, d'avoir été le thème des strophes de cordel de Cuíca de Santo Amaro et de Rodolfo Coelho Cavalcanti, de posséder des bourgades peintes par Willys, par Licídio Lopes, des petites églises de Cardoso e Silva, des bois du Louco, d'accompagner Pastinha jusqu'à l'ultime ronde de capoeira angola[2], d'être membre honoraire de l'afoshé[3] des Fils de Gandhi.

1. Ranulfo Prata (1896/1942), écrivain.

2. Capoeira : lutte d'origine africaine, rythmée par des chants et des instruments de musique *(N.d.T.)*.

3. Afoshé : association carnavalesque *(N.d.T.)*.

Egydio Squeff[1] survient à l'hôtel où je me trouve, où sont logés les dirigeants du Parti, les personnalités du Conseil mondial de la Paix. Il arrive de Chine, il y a passé six mois envoyé par le PC pour étudier le journalisme – comme si Squeff ne savait pas assez de journalisme pour l'enseigner à Rio et à Pékin ! Hôte du parti chinois, il a habité une maison réservée aux cadres – ambiance fermée de la haute hiérarchie.

Je l'accompagne à la chambre où il dépose sa valise et un énorme paquet de papier gris, du matériel que le PC chinois envoie au PC brésilien dans le cadre d'échanges idéologiques, Egydio range le paquet dans l'armoire. Nous sommes de vieux amis, dans la joie de nos retrouvailles je souhaite prolonger la conversation, apprendre les dernières réalisations de la grande République populaire, du socialisme dans sa version maoïste, mais Squeff se montre peu disposé aux bavardages politiques. Il doit partir le lendemain pour Paris d'où il poursuivra vers Rio, il changera d'avion à l'aéroport. Il dispose de peu de temps à Vienne.

Il manifeste une extrême urgence d'aller aux putes, immédiatement : puis-je lui prêter quelques schillings pour l'opération ? Les camarades chinois l'ont muni de maigres dollars, juste le nécessaire pour l'hôtel autrichien, les taxis, le déjeuner à l'escale de Paris, s'il les dépense avec des femmes il risque de se trouver à court. Je m'étonne de cette idée incongrue car je sais qu'au Brésil Maria Paulistana l'attend, on ne peut rêver d'amante plus ardente et plus raffinée, ne peut-il patienter les quarante-huit heures qui restent avant de retrouver sa bien-aimée ? Squeff ne cache pas son impatience :

– Jorge, ça fait aujourd'hui six mois et cinq jours que je ne sais pas ce que c'est qu'une femme. Six mois et cinq jours réduit à l'onanisme, mon frère, six mois à me masturber, je n'y tiens plus. Les Chinois ont manqué me châtrer. En Chine, baiser hors du foyer est un crime, on paye cher à s'y risquer. Trop cher.

– Pas possible... Pas la moindre petite Chinoise ?

– Pas question. Strictement interdit. Je ne dis pas que certaines ne s'y prêteraient pas volontiers, mais où trouver le cou-

1. Egydio Squeff (1911/1974), journaliste brésilien.

rage ? En Chine, seu Jorge, pire que la chasteté il n'y a que la peur. Terminée la branlette, aujourd'hui c'est mon jour, Dieu est grand. Passe-moi les schillings, vite.

Je lui passe les schillings, Squeff s'informe à la réception de l'hôtel, il part en flèche.

Le croiriez-vous ? Ester Lavigne Sá Barreto, Bahianaise d'Itabuna, parente d'Artur Lavigne et de Raymundo Sá Barreto, échouée à Blumenau, Gabriela de ces froides Allemagnes, *me refuse dans sa lettre le droit à la modestie car, étant écrivain, je dois être d'un naturel vaniteux, plein de moi au soleil de mes merdolences. Invoquant sa qualité de lectrice, elle exige que je lui révèle l'une au moins des nombreuses raisons que certainement je crois avoir de me vanter, de me gonfler d'orgueil tel un ballon, et pas un ballon quelconque mais le zeppelin lui-même.*

Eh bien je vais vous révéler mon motif de fierté, quand j'y pense je me dis que j'ai fait quelque chose pour la terre de Bahia, notre terre, sol et ciel. Le motif est double, il concerne la science et l'art. Il s'agit de la découverte magique, de la rencontre de la patrie véritable – terre promise pour la recherche et la création –, de l'arrivée parmi nous de deux citoyens éminents, de deux de ceux qui ont le plus œuvré pour faire de Bahia ce qu'elle est, pour reconstruire sa mémoire, restaurer sa vie. Homme de science, le plus âgé, ethnologue, historien, sorcier ; artiste le plus jeune, maître du dessin et de l'aquarelle, peintre et sculpteur, un génie, un diable.

Pierre Verger, aristocrate français, Fatumbi en Afrique noire, au royaume d'Oyó, Ojuobá à Bahia, Verger a étudié et révélé les liens ombilicaux qui lient l'Afrique et le Brésil : le trafic des esclaves, la saga des orishás, les rites afros et les rites brésiliens des candomblés, ressemblances et différences, la science des feuilles et de la divination, le mystère et le mélange. Un jour le gentilhomme gaulois a abandonné sa particule, ses armes et ses blasons, ses lettres de noblesse, et l'appareil de photographie en bandoulière il est parti pour l'Orient : son œuvre de photographe, de la Chine à Cuba, de la Thaïlande à Haïti, le portrait en pied de la Bahia des années 50, est immense. Elle ne le cède qu'à son travail de savant, de docteur de la Recherche scientifique de France, collaborateur de Roger Bastide, babalaô Fatumbi et professeur à l'université d'Ifá au royaume de Shangô, spécialiste des questions africaines à l'université fédérale de Bahia, Ojuobá au terreiro de l'Opô Afonjá, désigné par Mãe Senhora, la vénérable.

Pierre Fatumbi Ojuobá Verger est venu à Bahia parce qu'il avait lu la traduction française de Jubiabá, *c'est-à-dire* Bahia de Tous les Saints.

Né à Buenos Aires d'un père italien et nomade et d'une mère brésilienne, Hector Julio Paríde de Bernabó – un nom trop long pour un artiste, bon pour un chanteur de tango : Julio de Bernabó le Bandonéon Divin, Hector Paríde, el Papito, il l'abandonna pour celui de Carybé –, il erra par monts et par vaux cherchant sa patrie, il barouda sur le plateau andin, traversa les pampas à cheval arborant un poncho rouge et un bonnet phrygien pour éblouir Nancy – et il l'a éblouie –, un jour il lut Jubiabá *dans une traduction argentine, il s'embarqua pour Bahia.*

À peine débarqué il se mit à peindre des panneaux muraux à la demande d'Anisio Teixeira, d'Edgard Santos et de Clemente Marianni, il revêtit la ville d'art et de personnages. Il fut initié à l'Opô Afonjá, Mãe Senhora toucha sa tête avec le rasoir, Mãe Menininha de Gantois lui confia l'adjá – la clochette sacrée –, Oshóssi lui ordonna de dessiner, de peindre et de sculpter, de fixer la ville et le peuple, la mémoire et la vie. Il recréa Bahia entière, de ses mains naissent les mulâtresses, les pêcheurs hissant le filet, les filles-de-saint, les danseurs de capoeira, les putes, par la gravure, l'eau-forte, le dessin, l'huile, et ses orishás taillés dans le bois sont au musée du Noir, nés du ciseau et du maillet. Carybé s'est lié avec Bahia et l'a fécondée.

J'ai donné à Bahia le savant et l'artiste, vous trouvez ça peu ? Ai-je ou pas un motif de fierté ? Ce n'est pas toi, me dit mon bon sens, qui les as conduits aux rivages du mystère, c'est le Pai Jubiabá pour lequel Gilberto Gil a composé une chanson et Nelson Pereira dos Santos a fait un film. Je me retranche dans ma modeste condition d'interprète mineur du peuple de Bahia, elle me suffit et me comble.

Parati, 1979 – télégramme

À l'invitation de Bruno Barreto j'assiste au tournage de quelques scènes du film *Gabriela* qu'il dirige pour la Metro Goldwyn Mayer. Parati est digne de la caméra de Carlo de Palma, mais pourquoi filmer ici ce qui s'est passé sur les terres du cacao ? Rien à Parati ne rappelle Ilhéus, c'est comme l'eau et le vin, je ne comprends pas le pourquoi de ce choix. Après le dîner Marcello Mastroianni me récite le texte du télégramme qu'il a envoyé à Sophia Loren quelques jours plus tôt.

Par trois fois Sophia a failli incarner mes personnages. Dans les années 50 Sergio Amidei[1] tira de *Mar morto* le scénario d'un film, il proposa à la jeune actrice le rôle de Lívia. À l'époque il me montra la lettre par laquelle Sophia acceptait le rôle après avoir lu le livre : *l'idée d'incarner cette petite Noire brésilienne m'enchante*. Puis la Metro l'engagea pour faire trois films aux États-Unis dont l'un serait *Gabriela*, scénario de Dalton Trumbo[2], la vedette ne participa qu'au premier, l'histoire d'une nonne italienne : se trouvant enceinte, elle renonça au contrat, la Metro renonça au tournage. Enfin, invitée par Lina Wertmuller à être Tieta, non seulement elle accepta mais elle se laissa emprisonner pour jouer la fille d'Agreste – le krach de la banque Ambrosiano enterra le projet, la production ne fut même pas ébauchée. Poursuivie en Italie pour des raisons liées à l'impôt sur le revenu, Sophia prit l'avion pour Rome afin de tenir ses engagements envers Lina, elle passa un jour ou deux en prison jusqu'à ce que le juge la laisse partir en paix. Au même moment Mastroianni, Nacib de la nouvelle *Gabriela*, se trouva contraint de se rendre à Asunción pour obtenir un contrat de travail brésilien. Il apprit par les journaux la détention de Sophia, il lui envoya un télégramme : *Qui aurait imaginé que nos carrières se terminent d'aussi lamentable façon : moi au Paraguay, toi en prison – io in Paraguay, tu in galera.*

1. Sergio Amidei, cinéaste italien.
2. Dalton Trumbo (1905/1976), écrivain et scénariste américain.

Bahia, 1991 – Pelé

Quel type bien Pelé, né Edson Arantes do Nascimento, un grand Brésilien, l'égal des plus grands ! Artiste incomparable de l'art du football, il n'y en a jamais eu comme lui et il n'y en aura pas d'autre, ce gamin du Minas Gerais a ébloui les foules, à seize ans il gagnait en Suède la Coupe du monde, pendant des décennies il a réjoui les yeux et les cœurs – chaque but un chef-d'œuvre –, génie du ballon rond, symbole de la dignité du sportif.

Je lis dans les journaux une déclaration de lui à propos de la tragédie que vit un autre grand du football : Diego Maradona. Dans les brumes de la drogue, dans les filets de la mafia, dénoncé, accusé, poursuivi, expulsé, puni, traîné plus bas que terre, exposé à la vindicte et aux insultes, proie des chacals de la presse, de l'hystérie collective : les jaloux qui ne pardonnent pas aux grands réclament sa tête, décrètent la fin du pauvre *pibe,* du gosse enivré par la gloire, abîmé par elle. Il faut être Pelé pour porter la gloire avec simplicité.

Pelé dit le mot juste, celui que je voulais entendre, plein de grandeur humaine. *Ce n'est pas le moment d'accuser Diego, de le montrer du doigt, de le rabaisser, de l'enterrer vivant dans le stade vide, de le fuir comme la peste. Il faut le soutenir dans cette passe terrible, l'aider, lui tendre la main, lui dire : mon frère, demain le stade sera plein, le ballon roulera sous tes pieds qui le projetteront vers le but de la victoire, applaudi par les supporters.* C'est bon de trouver un type bien au milieu de tant de petitesse, de haine déchaînée dans la clique des minables : ils abondent, ils pullulent, ils éructent.

Certains médias brésiliens détestent Pelé et cherchent à ternir sa gloire. Pour que sa grandeur soit proclamée il devrait être imbibé et hargneux, végéter dans la misère et les difficultés.

Paris, 1948 – les idoles

En m'embarquant pour l'Europe en janvier 1948, j'emportais dans mes bagages le désir de connaître quelques écrivains que j'admirais, ceux qui avaient illuminé de leurs poèmes et de leurs romans les années de guerre, j'aurais, qui sait, l'occasion de les voir, de les saluer, peut-être de parler avec eux, mes idoles.

Anna Seghers, celle de *La septième croix* ; Ilya Ehrenbourg, celui de *La chute de Paris* et des articles de feu et de sang, chronique de la bravoure et de l'héroïsme sur le front russo-allemand ; Mikhail Cholokhov, celui de la saga du Don, de prodigieux romans ; les poètes de la Résistance française, Paul Éluard, « *j'écris ton nom, liberté...* », et Louis Aragon. Ce sont les principaux. Je suis devenu l'ami de presque tous, j'ai eu ce privilège.

Anna et Ilya, amis plus qu'amis, ils m'ont enrichi, m'ont rendu meilleur. Paul Éluard, ami fraternel de Neruda, j'ai été très proche de lui, à mon instigation il a participé à des actions politiques brésiliennes, a pris la parole dans une séance de solidarité avec Prestes dont la liberté était menacée. Éluard, une merveille d'homme.

J'ai été proche également de Louis Aragon, j'ai travaillé avec lui dans le cadre du Parti, Aragon a fait traduire et publier deux de mes livres. *Seara Vermelha* avant de sortir en librairie parut dans *Les Lettres françaises* avec des bois gravés de Scliar ; pour l'écrivain brésilien inconnu que j'étais, une gloire. Avec Aragon je n'ai pas été au-delà de l'estime littéraire et des relations de Parti, plus d'une fois nous nous sommes heurtés : Aragon et sa cour – je ne suis pas né courtisan, je suis né ami.

À peine ai-je connu Mikhail Cholokhov qu'aussitôt je l'ai détesté. J'avais accompagné Ilya qui allait recevoir à la gare les délégués soviétiques au congrès de Wroclaw, parmi eux se trouvait Cholokhov. Il est descendu ivre du train, il apparut une seule fois dans la salle du congrès, ivre il est reparti pour Moscou.

Plus j'ai su de choses sur lui, plus je m'en suis éloigné : homme de l'appareil du Parti, de l'intrigue et de la dénonciation, Grand-Russe chauvin, provocateur, on racontait des histoires à faire frémir à propos de ses agissements et de son dogmatisme. Seulement dogmatique, sectaire, ou pire que cela, policier ? Je ne me risque pas à conclure.

Dans la salle du IIe Congrès des écrivains soviétiques, en 1954, en le voyant à la tribune dénoncer ses confrères, les accuser d'être des ennemis du socialisme, Anna Seghers qui était assise à côté de moi murmurait : *c'est un fasciste ! Ce n'est rien d'autre qu'un fasciste !* Elle frémissait d'indignation.

Aussi mesquin, misérable individu que grand, immense romancier ! Après Léon Tolstoï, il y en a peut-être eu d'aussi grand mais pas de plus grand. Seule l'épopée de *Guerre et paix* peut se comparer à *Don silencieux*. Tout en réprouvant son action politique, je n'ai pas cessé d'admirer les romans de Cholokhov. Soljenitsyne, dans sa lutte contre le système soviétique et le gouvernement communiste, tenta de retirer à Cholokhov la paternité de ses romans – les nier, impossible –, prétendant qu'ils auraient été écrits par je ne sais qui. J'ai mis la dénonciation en quarantaine, dans la lutte politique toute arme est valable, il n'y a pas d'honneur de Grand-Russe qui tienne : aussi Grand-Russe chauvin Soljenitsyne que Cholokhov, et j'ajouterai à leurs noms celui d'un autre géant de la prose et de la poésie : Pasternak.

Antipathique, mauvais citoyen, infâme délateur, sans doute, mais de là à forger une histoire d'usurpation de manuscrits, il y a un abîme. Si ignoble qu'il ait été, Cholokhov n'a pas cessé d'être pour moi le romancier qui m'a noué les tripes.

Francfort, 1976 –
l'agent bénévole

Nous nous trouvions à un cocktail donné par un important éditeur allemand durant la foire du livre de Francfort, nous bavardions, Alfredo Machado, Klaus Piper[1] et moi, quand je vis s'approcher l'écrivain Osman Lins.

– Tu connais Osman Lins ? demandai-je à Alfredo.

– Pas personnellement.

Je fis les présentations. La réaction d'Osman Lins, en entendant le nom d'Alfredo Machado, me surprit : le visage du romancier pernamboucain s'illumina.

– Alfredo Machado ? – il lui tendit la main : – Je cherchais précisément à vous être présenté. Pour vous remercier...

Se tournant vers moi, il expliqua :

1. Klaus Piper, éditeur allemand.

– Sais-tu, Jorge, que je dois à Alfredo Machado d'être traduit en allemand ? Sans être mon éditeur ni mon ami, sans m'avoir jamais vu, il a envoyé de lui-même mes livres à l'éditeur allemand qui s'est mis à me publier. Il a été mon agent littéraire, à ceci près qu'il n'a pas pris de commission…

Ainsi était Alfredo Machado : combien d'écrivains brésiliens doivent à son initiative, gratuite et généreuse, d'être traduits dans d'autres langues ? J'en connais un certain nombre, certains n'étaient ni ses auteurs ni ses amis : pour Alfredo seuls importaient la qualité du livre, le talent de l'auteur.

Je suis d'un temps où, en entendant frapper à la porte, on disait : Si c'est en paix vous pouvez entrer. *Celui qui frappe à la porte vient dans la paix et l'amitié, l'acteur Zé Trindade, artiste de cinéma et de la télévision, une célébrité depuis le temps des* chanchadas[1], *parcourt maintenant l'intérieur du pays, fait la joie des populations des petites villes.*

Avec les domestiques de la maison j'apprends l'humilité, l'importance est toujours relative, je m'en rends compte. J'entends Agripina, la cuisinière, dire à Eunice[2], venue l'informer de qui a frappé à la porte et vient d'entrer :

– Zé Trindade ? Pas possible ! Doux Jésus ! Seu Jorge est vraiment important, il est ami avec Zé Trindade !

Elle a raison. Zé Trindade à la télévision, au cinéma, à la radio, en chair et en os, est une idole populaire, le veuillent ou non les élitistes de la culture, des ânes bâtés, son amitié me grandit, me donne de l'importance. Agripina, Eunice, Detinha glissent un œil depuis le couloir, je les convie à entrer dans la salle, elles s'approchent, transportées, les bras tendus vers Zé Trindade, il les embrasse, reprend une blague de la radio, une mimique de la télévision, le rire s'installe.

1. Chanchadas : comédies cinématographiques bouffonnes, en vogue dans les années 40 et 50 *(N.d.T.)*.
2. Eunice Ferreira, femme de chambre chez J. A.

Au milieu de la masse des nouvelles, des articles, des reportages, des documents, dans l'in-memoriam qui suit la mort d'Alberto Moravia, maître romancier, compagnon cordial, je trouve une curieuse référence à mon nom.

Dans les pages de *La Repubblica,* un collaborateur du journal s'indigne de ce que Moravia soit mort sans avoir reçu le prix Nobel, une injustice qui serait due, d'après lui, à l'opposition tenace de l'académicien suédois Arthur Lundqvist[1], *l'un des cinq membres de l'Académie qui choisissent chaque année le Nobel de littérature,* précise le journaliste. Il ajoute : *ce même Lundqvist qui a empêché que le prix Nobel soit attribué à Kazantzakis et qui s'oppose au nom de Jorge Amado.* Hein, mon nom ? cité à propos du Nobel, discuté, je vogue sur une mer de roses, l'allusion me flatte, même si les Suédois me négligent : jamais je ne me suis imaginé aspirant au Nobel.

Lors de l'histoire que je vais raconter, mon compère Pablo Neruda dont Lundqvist était l'ami (il avait traduit en suédois des poèmes du *Canto general*) m'informa : *Arthur est furieux contre toi, il n'a pas avalé le veto à Sibelius*[2], *j'ai tenté de le convaincre que tu n'y étais pour rien mais il n'a pas voulu m'entendre.* Des années plus tard, un autre de mes compères, Miguel Angel Asturias, par ailleurs prix Nobel, de retour d'une conférence à Stockholm, me demanda à Paris devant un civet de sanglier digne d'être primé : *qu'est-ce que c'est que cette histoire de prix à Sibelius que tu as saboté, compère ? Lundqvist ne te l'a pas pardonné, il te déteste.* J'essuie la sauce qui me dégouline sur le menton, je dis à Miguel que l'écrivain suédois n'a pas tort : je vais tout te raconter, *compadrito.*

En même temps que fut fondé, en 1949, le Conseil mondial de la Paix, on créa le prix mondial de la Paix, d'un montant de quinze mille dollars (donnés par les Soviétiques), décerné annuellement à trois personnalités de la littérature, des arts plastiques, des sciences, du cinéma et de la musique. Les lauréats devaient être choisis par un jury international composé de dirigeants du mouvement de la Paix.

1. Nils Arthur Lundqvist, poète suédois.
2. Jean Sibelius (1865/1957), compositeur finlandais.

Membres du jury, nous sommes désignés, Pierre Cot et moi, pour être respectivement président et secrétaire. En ma qualité de secrétaire, je coordonne les candidatures aux lauriers et aux dollars, je transmets les dossiers aux autres membres du jury tandis que j'informe les caciques soviétiques qui tiennent les rênes du Conseil – je ne cacherai pas qu'étant donné mon poste, je jouissais d'un certain pouvoir de manœuvre et de décision dans les limites politiques permises. Parmi les membres du jury se trouvait l'académicien suédois Arthur Lundqvist, représentant des Scandinaves partisans de la paix.

Pour donner une idée de l'importance de ce prix, il est bon de rappeler quelques-unes des personnalités qui le reçurent : Picasso, Charlie Chaplin, le poète turc Nazim Hikmet, le romancier islandais (plus tard prix Nobel) Halldor Laxness, Joris Ivens, Wanda Wachlewska, Rafael Alberti, Chostakovitch, Leopoldo Mendez, Chi-Pai-Shei, la cinéaste polonaise Wanda Jacubowska, un Brésilien : Josué de Castro[1].

Présenté par Lundqvist figurait dans la liste initiale des candidats, en cette année 1951, le nom du compositeur Sibelius. Avant même que la liste soit officielle, je fus convoqué par Alexandre Korneitchouk, dramaturge – j'ai assisté à Moscou à une seule pièce de lui, faiblarde –, vice-président d'Ukraine, membre du Comité central du Parti communiste de l'Union soviétique. En dehors de ses fonctions officielles c'était un commensal aimable, porté sur les femmes et sur la boisson, le côté le plus sympathique du personnage. En 1952, au Congrès mondial de Vienne, je lui ai présenté Maria della Costa, l'actrice faisait partie de la délégation brésilienne, Korneitchouk fut ébloui, il perdit la tête.

Lorsqu'il me convoqua, il n'était pas ébloui, il était catégorique, il posa le doigt sur le nom de Sibelius dans la liste des candidats potentiels et dit : *celui-ci, jamais !* Compositeur célèbre, ardent patriote, Sibelius avait composé des chansons et des hymnes à la gloire de ses compatriotes qui, avec de faibles moyens, s'étaient battus contre les armées soviétiques durant la guerre russo-finlandaise de 1939 : Sibelius était à l'index, l'URSS voulait le voir mort et enterré. Marié à la romancière

1. Josué de Castro (1908/1973) : entre autres titres, *Géographie de la faim*, Rio, 1946 *(N.d.T.)*.

Wanda Wachlewska, d'origine polonaise, citoyenne soviétique, conseillère de Staline, laide et sévère, malgré ça de bonne compagnie, nous étions amis, Korneitchouk avait appris par elle la candidature du compositeur avant même que je lui présente la liste. Les prix n'étaient pas décidés sans l'approbation des Soviétiques.

J'informai Korneitchouk de la position de Pierre Cot, favorable à la candidature de Sibelius, il ne s'en émut pas : *dites à Cot que celui-ci, jamais. Qu'il vienne me parler s'il le veut.* Pierre Cot, grand homme politique français, député, ancien ministre de l'Aviation, l'un des alliés les plus respectés du Parti communiste français, une forte personnalité, monta sur ses grands chevaux en recevant le message de Korneitchouk, il le prit de haut. *Qui décide des prix ? Le jury international ou le PC de l'URSS ? Je vais lui dire son fait,* me déclara-t-il avant sa rencontre avec le vice-président d'Ukraine, j'admirai son intégrité et son courage.

Il revint tout doux en compagnie de Frédéric Joliot-Curie, président du Conseil mondial, grand savant, prix Nobel, communiste convaincu. Sans doute Joliot-Curie avait-il aidé Pierre Cot à avaler la couleuvre, une couleuvre de taille : le nom de Sibelius fut rayé de la liste. Lundqvist, lui, ne l'avala pas, ça lui resta en travers de la gorge, hors de lui il planta là le jury et le mouvement de la paix, il se retira dans son académie suédoise. Je ne sais s'il se fâcha avec Korneitchouk et avec Pierre Cot, j'en doute. J'endossai la faute, j'en eus quelqu'une, je ne fus cependant pas l'auteur du crime, je ne fus que simple complice. La faute entière retomba sur moi, ce qui m'est arrivé plus d'une fois, je dois à des circonstances de ce genre mes plus solides et persistantes inimitiés.

Si Arthur Lundqvist fait obstacle à mon nom dans les discussions du Nobel en raison de l'échec de la candidature de Sibelius, je ne lui donne pas tort. Si par contre il me refuse toute indulgence parce qu'il trouve de basse extraction les romans que j'écris, il a plus que raison. Je n'écris pas pour gagner des prix, d'autres motifs m'inspirent et m'orientent, ne pas recevoir le prix Nobel ne m'afflige pas, je n'ai jamais pensé le mériter, je connais mes limites mieux qu'aucun des critiques qui démolissent mes livres. De plus, je considère comme un malheureux l'écrivain qui travaille et qui crée en fonction des prix et des honneurs, même si le prix est de taille, la somme coquette et le candidat méritant : il s'amoindrit, s'abaisse, dévalorise sa création.

Je connais quelques-uns de ces anxieux au Brésil et au Portugal, ils vivent dans des transes qui seraient dramatiques si elles n'étaient comiques. Ils souffrent l'horreur dans les affres de la compétition, des combinaisons, ils s'enferment dans le délire de l'auto-promotion, ils offrent un triste, un ridicule spectacle. Pour eux le prix Nobel n'est pas un rêve, c'est un cauchemar.

Lisbonne, 1974 –
dictatures

Nous entrons au Portugal par Elvas, Zélia est au volant d'une 504 Peugeot bourrée de bagages – à cette époque nous voyagions en bateau, la traversée de l'Atlantique durait une semaine, une semaine de farniente, j'emportais au Rio Vermelho des caisses et des caisses de livres et d'art populaire. Aujourd'hui le voyage c'est onze heures de terreur, enfermés dans un avion, avec uniquement deux valises de vêtements, on appelle ça le progrès. Je lui recommande :

– Allons bien lentement, mon amour, c'est peut-être notre dernier séjour au Portugal, nous allons tout voir, une chose après l'autre, pour nous en imprégner les yeux.

À la frontière la police militaire nous avait interrogés, ils avaient la prétention d'ouvrir tous les colis, même au temps de Salazar une telle absurdité ne s'était pas produite. Je perds patience, excédé je sors de mes gonds et quand le lieutenant me demande ce que contient la caisse qu'il pense cachée à dessein à l'intérieur de la voiture, je réponds : elle contient des munitions, si vous voulez savoir, des armes, des bombes. Par chance un capitaine entend mes hurlements, lecteur de *Gabriela* il me demande un autographe, il laisse passer la voiture, les passagers et les livres.

J'aime immensément cette partie du Portugal, c'est l'été, les maisons, les fleurs, les gens – dans un de ces villages, à Grândola, est né le chant de la *vila morena*, signal du soulèvement des œillets. Allons lentement, Zezinha, elle fredonne le chant de José Afonso, par monts et par vaux nous allons.

Le PC portugais avance vers le pouvoir avec voracité, il galope. Le Premier ministre, Vasco Gonçalves, s'il n'a pas la carte du Parti n'en est pas loin, je connais toutes les reprises de ce film. Comme si ne suffisait pas l'exemplaire sectarisme de Cunhal[1], d'autres partis dits prolétariens, des groupuscules encore plus étroits, ont importé du Brésil le stalinien Arruda Câmara pour présider aux purges. Au commandement militaire, Otelo de Carvalho, aussi vaillant héros que piètre politicien. Chico Lyon de Castro[2] me raconte que les communistes ont voulu mettre la main sur Europa-América, il a résisté mais il ne sait pas ce qui peut advenir.

À l'hôtel Tivoli – deux ou trois étages sont occupés par les *retornados* angolais –, Fernando Namora me confie ses craintes :

– Ce sera la dictature, la pire de toutes, seu Jorge, celle contre laquelle tu ne peux pas lutter, pas faire la moindre critique. Si tu le fais, tu seras rejeté, stigmatisé comme traître. Quand on luttait contre Salazar on était un patriote, un brave, contre Cunhal on sera le dernier des fascistes. Une dictature de gauche, vade retro !

Vade retro, allons, grâce au ciel ce n'est pas arrivé. De Ramalho Eanes à Mário Soares vogue la démocratie, consolidée. Dieu est brésilien, je n'en ai jamais douté, mais je soupçonne qu'il a émigré, il est venu vivre au Portugal.

Paris, 1974 – les roses

Pour un peu ma passion du football me faisait perdre l'amitié de Françoise Xenakis, si la romancière n'avait excusé avec bonne humeur mon refus abrupt du rendez-vous qu'elle me proposait pour m'interviewer :

– À l'heure du match Brésil-Pologne ? C'est de la folie. Impossible.

C'était durant la coupe du monde de 1974, une coupe malheureuse, la partie allait décider de qui resterait en troisième

1. Alvaro Cunhal, homme politique portugais, secrétaire général du PC.
2. Francisco Lyon de Castro, éditeur portugais ; Europa-América, sa maison d'édition.

place, nous avons perdu. Je n'ai pris conscience de la gaffe que j'avais commise qu'après avoir encaissé la honte de la défaite, dit du mal de l'arbitre – arbitres, nous l'étions tous, nous Brésiliens, à cette époque d'un football trichampion du monde, aujourd'hui nous sommes plus crotteux qu'un perchoir de poulailler.

Dire à un intellectuel français qu'on refuse une heure pour une interview lorsqu'on a un roman qui paraît est plus qu'une gaffe, qu'une indélicatesse, c'est une erreur impardonnable. La traduction française de *Tenda dos milagres – La Boutique aux miracles* – sortait dans les librairies, Françoise, une bonne amie, responsable des pages littéraires du *Matin de Paris*, se proposait de me donner deux pages de son journal, de soutenir le livre, et l'imbécile l'envoyait paître pour assister à un match de football à la télévision. Je crois qu'elle m'a pardonné pour excès de stupidité.

Amie de longue date, Françoise Xenakis m'attribue la responsabilité d'avoir « fait sa tête » en d'autres temps. En 1949 elle lut *Les chemins de la faim*, traduction de *Seara Vermelha*, elle devint communiste pour quelques années, elle se tourna pour toujours vers la littérature. Dans les années 60, se rappelant les lectures de son adolescence, elle écrivit qu'elle enverrait une rose chaque jour, pendant un an, à l'éditeur qui rééditerait la traduction française de *Seara*. Depuis lors ont éclos en des éditions successives les roses de Françoise, les roses de l'amitié.

Fazenda Lovera, São Paulo, 1960 – le poète

En 1960 Zélia et moi avons eu le privilège d'accompagner Simone de Beauvoir et Jean-Paul Sartre à travers le Brésil, une excitante et réjouissante entreprise. L'un des plus grands succès de son voyage, le philosophe l'obtint à Araraquara : une conférence retentissante prononcée devant un public d'étudiants électrisés, Sartre porté en triomphe. De là nous avons repris la direction de la capitale pauliste, nous allions passer la nuit dans la fazenda Lovera, chez le couple Júlio de Mesquita Filho.

Le directeur de *O Estado de São Paulo* réunissait ce soir-là de nombreux invités pour un dîner en l'honneur des deux célébrités internationales dont le séjour au Brésil était couvert de façon spectaculaire par le grand quotidien pauliste. Des pages bien dans le style de l'*Estadão,* c'est-à-dire un reportage complet et indépendant, un journaliste désigné spécialement pour suivre Simone et Sartre dans leur périple brésilien et, en même temps, le commentaire polémique dans les pages d'opinion – la controverse, la critique du discours gauchiste des visiteurs, du prêche révolutionnaire. Sartre vivait la campagne de l'indépendance de l'Algérie, porte-drapeau et porte-parole des patriotes algériens qui se battaient contre l'armée française d'occupation.

Le journal traitait avec respect les insignes personnages, il ne ménageait pas les éloges au philosophe doublé du romancier et de l'auteur dramatique, à la mémorialiste, dont les livres à tous deux exerçaient une si grande influence sur la pensée des intellectuels et des masses. Par contre, dans les éditoriaux l'*Estadão* attaquait vertement les positions politiques des visiteurs, les thèses libertaires qui allaient déboucher sur la conquête de Paris par la jeunesse française en mai 68. Du journalisme tel qu'il doit être et en général n'est pas.

Un dîner grandiose, je ne sais combien d'invités, ce que São Paulo comptait de mieux, l'intellectualité tupiniquim et les magnats. Le repas, délectable, les vins et les liqueurs, les friandises afro-brésiliennes, les fruits incomparables et la simplicité souveraine de l'aristocratie de quatre cents ans. Présidant la table centrale, les maîtres de maison et les hôtes d'honneur. J'étais à l'une des tables latérales, à côté de Carlão, fils de Julinho, l'un des jeunes héritiers des Mesquita, mon camarade, il est mort jeune, c'est malheureux. Nous suivions de loin la conversation animée à l'autre table, Julinho déployant son français de la Sorbonne, parlant sans discontinuer, Sartre l'écoutant, très attentif.

– J'imagine les horreurs que le vieux doit dire à Sartre... – caustique, Carlão se met à rire, je l'imite.

Le dialogue entre le philosophe français et le journaliste brésilien dura tout le dîner, toujours aussi animé. Julinho paraissait passionné par son sujet, selon Carlão il tentait de convaincre le père de l'existentialisme, le révolutionnaire enragé d'adhérer à de Gaulle. Carlão et moi nous mîmes à inventer les termes de la conversation qui se déroulait à quelques mètres, Julinho véhément, Sartre sidéré, nous avons passé la soirée à deviner et à rire.

Le festin terminé, Sartre et Simone de Beauvoir se retirèrent dans la chambre qu'on leur avait préparée, le vase de nuit en porcelaine ancienne arracha des exclamations à Sartre, des applaudissements à Simone, nous les avions accompagnés pour leur souhaiter une bonne nuit et savoir comment ils se sentaient. Bien qu'habitué à la fréquentation des hommes politiques, des personnalités, des grands de ce monde, Jean-Paul Sartre était, de fait, impressionné :

– Je n'ai jamais vu personne comme Monsieur Mesquitá – il accentuait le a –, il est fascinant. Je n'ai jamais vu personne d'aussi conservateur, d'aussi réactionnaire. Ce qu'il m'a dit est inimaginable ! Par moments je croyais entendre quelqu'un du Moyen Âge.

Je pensai lui expliquer le phénomène Júlio Mesquita Filho mais la nuit avançait, je laissai ça pour le voyage vers São Paulo. Je n'eus pas à le faire, tout s'éclaircit le lendemain matin. S'éclaircit ou devint plus obscur, je ne saurais le dire.

Après le splendide petit déjeuner de la fazenda pauliste, avant que nous montions en voiture Julinho Mesquita mena ses hôtes parcourir les caféiers qui s'étendaient à perte de vue derrière la casa-grande. Il marchait devant entre Sartre et Simone, il parlait, expliquait ; un peu en arrière, entourés de membres de la famille, Zélia et moi nous émerveillions de la vigueur de la plantation.

Dans l'auto, roulant vers São Paulo, Sartre me parut troublé, comme si se trouvait ébranlé son savoir sans failles. Il me dit plus ou moins ceci :

– Ce Brésil est un pays absurde, surréaliste dis-tu, mais ça ne dit pas tout, ça n'explique rien, le Brésil n'a pas de logique, on ne peut jamais avoir de certitudes.Quand on pense avoir compris on se rend compte aussitôt qu'on commet une erreur, que la vérité est différente, extravagante.

Il nous regarda, Zélia et moi, attendant une explication :

– Dites-moi comment un homme aussi réactionnaire, aussi étroit que Monsieur Mesquitá peut brusquement, en parlant des caféiers, se transformer en poète, le plus lyrique et sensible qui soit ? Un poète, ce qu'il m'a dit est de la pure poésie, je suis heureux de l'avoir connu.

São Paulo, 1988 – le plaisir de la vie

Zélia est allée passer la journée chez Luiz Carlos[1], mon frère Joelson est venu déjeuner avec moi à l'hôtel, il me raconte qu'il prend des leçons de dessin.

– De dessin ? je demande en souriant, je ne m'étonne plus de rien.

– Je crois que j'ai des dispositions, me répond-il, sérieux.

Le docteur Joelson Amado, Joca dans l'intimité, c'est le frère du milieu, le meilleur de nous trois, des fils de Dona Eulália et du colonel João Amado de Faria. Directeur pendant des années du service de neuropédiatrie de l'hôpital de São Paulo, pédiatre recherché, il a soigné les maux de ventre et les grippes de fils de millionnaires et autres célébrités – de l'actrice Glória Menezes, du peintre José Morais, de l'écrivain Ricardo Ramos, de Regina et de Boni Oliveira, des petits-enfants de Segall, les enfants de Beatriz et de Mauricio – et des rejetons de tous les membres du Parti communiste, du comité de l'État de São Paulo, ces derniers innombrables et gratuitement. Sa clinique occupait un étage entier dans un complexe de cabinets médicaux au centre de la ville.

En ce temps de médecine et de vie sociale intenses, dîners, cocktails, réceptions, Joelson n'avait pas une minute, il arrivait à l'hôpital à sept heures du matin, déjeunait en courant, le bip à côté de son assiette pour répondre aux appels des mères angoissées, il passait sa vie mort de sommeil sans avoir de temps pour rien : voyages, promenades, distractions, interdits. Il ne restait pas non plus de temps à Fanny, sa femme, phoniatre, professeur à l'Université, pour vivre sa vie. Timide, renfermé, fatigué, peu bavard et encore moins rieur, Joelson devenait solennel et assommant, il me préoccupait.

Un jour sa vue commença à faiblir, la menace de cécité s'aggrava l'obligeant à abandonner sa clinique, le docteur Hilton Rocha, une sommité mineira et mondiale, sauva ce qu'il lui restait de vision. Condamné à l'oisiveté, depuis lors Joelson s'est consacré à vivre, accumulant, dans sa hâte de rattraper le temps perdu, les occupations et les passions les plus diverses. C'est

1. Luiz Carlos Veiga, fils de Zélia.

aujourd'hui un homme gai, jovial, extraverti, aimant la conversation et le rire, c'est l'homme le plus heureux que je connaisse.

Il fait du théâtre, joue du piano, danse le tango, s'adonne à la déclamation, il est gymnaste, il pratique la natation et comme si ça ne suffisait pas, il me raconte qu'il va étudier le dessin. Il voyage, se promène, se consacre à ses fils, à ses belles-filles et à ses petits-enfants, à sa belle-mère, à ses beaux-frères, à ses neveux, à toute sa parentèle, sage conseiller et dynamique compagnon – il ne fait pas de distinction entre les descendants de son sang *grapiuna* et ceux du sang juif de Fanny. À propos de Fanny, Joelson me doit de l'avoir connue en 1945, lorsqu'elle était ma secrétaire, la plus compétente que j'aie eue – et de meilleure épouse, il n'y a pas.

James, le benjamin des trois frères, vit Joelson jouer un rôle secondaire dans une troupe d'amateurs. Fortement impressionné, il résuma ses impressions en une phrase tant soit peu énigmatique :

– C'est quelque chose !

Bahia, 1967 –
la passionaria

Le téléphone me tire du lit à cinq heures du matin. Le père de José Luís Pena, un camarade de João Jorge, m'apprend que son fils et le mien ont été arrêtés à l'aube ainsi qu'une centaine d'étudiants durant une veillée universitaire contestataire. Ce n'est pas la première arrestation de João Jorge, ce ne sera pas la dernière.

Je décide de réveiller Wilson Lins, un homme proche du pouvoir et un ami sûr, je prends le téléphone, Wilson lui-même répond :

– J'arrive à l'instant de la police, j'ai réussi à les faire relâcher presque tous, plus de cent. On n'en a gardé que dix-huit, les fortes têtes, ils vont être entendus puis on les renverra chez eux. João se trouve parmi les dix-huit, je l'ai vu, il va bien. Artur, celui de Mirabeau, fait aussi partie des éléments dangereux.

Artur Sampaio, le fils de Mirabeau, pourquoi ? Je ne le

savais pas dangereux. Excellent garçon, sérieux, travailleur, il étudie l'administration d'entreprise pour devenir un futur cadre, ce qu'il sera. En matière de contestation estudiantine de la dictature, je le sais seulement solidaire, son nom ne figure pas parmi les meneurs qui inquiètent tant les militaires. Curieux, je cherche à savoir pourquoi on l'a mis parmi les dix-huit.

Parce qu'il est le frère de Maria, m'explique Artur une fois en liberté : « J'ai payé pour elle, quand ça a chauffé elle s'est volatilisée. » Maria Sampaio, agitatrice, est bien la fille de Norma, elle n'a pas la langue dans sa poche et n'aime pas les demi-mesures, passionaria adolescente, belle et ardente flamme libertaire. Rien ne la retient, j'en sais quelque chose.

Quelques jours auparavant, au théâtre Castro Alves, elle avait dirigé les huées – les pires de toute ma vie – qui accueillirent le verdict du jury de musique populaire dont nous faisions partie, Cyva de Oliveira, Dorival Caymmi et moi, à la demande de Carlos Coqueijo Costa[1]. La jeunesse soutenait les chansons engagées, bonnes ou mauvaises, ils s'en moquaient pourvu qu'elles soient contestataires. Mauvaises en général, elles perdirent au profit de plus méritantes, les résultats proclamés ce fut cette huée, garçons et filles s'époumonaient au parterre sous les ordres de Maria Sampaio. *Traîtres !* nous lançaient-ils.

– Traîtres à quoi ? me demande Caymmi sans comprendre. Les chansons que nous avons primées sont les meilleures.

Meilleures ou pires, il ne s'agissait pas de ça. Je vois encore Maria Sampaio, debout sur une chaise, huant ses bons oncles Dorival et Jorge, tous deux chers à son cœur, néanmoins la cible du sectarisme adolescent de la rebelle.

N'étant pas sportif, je n'ai pas de records à exhiber, aucun. Aucun ? Ce n'est pas si vrai, j'en détiens un et il n'est pas à mépriser, je l'exhibe donc : j'ai parcouru le Brésil de bout en bout en situation de prisonnier politique, peut-être ne suis-je pas le seul mais j'ai participé à ce championnat.

1. Cyva de Oliveira, chanteuse, directrice du Quartet en Cy ; Carlos Coqueijo Costa (1924/1988), juriste et compositeur.

Dans les premiers jours de 1937, à la veille du coup d'État de l'Estado Novo, j'ai été arrêté à Manaus, accusé d'être venu préparer, de connivence avec le folkloriste Nunes Pereira, une insurrection d'Indiens d'Amazonie, ni plus ni moins. Après deux mois de prison hauts en couleurs on m'embarqua sur le bateau Pedro Ier, sous la garde d'un flic fédéral en visite à sa famille amazonienne pour les fêtes de fin d'année. Pendant près de vingt jours j'ai descendu la côte de port en port, de Manaus à Rio de Janeiro. À Belém la police fit un vrai ramdam à bord, elle me boucla dans ma cabine, aux autres escales, à part l'interdiction de descendre à terre, tout se déroula sans histoires. À Rio on me conduisit à la police, le soir on me remettait en liberté.

Après avoir quitté l'Uruguay et l'Argentine je me trouvais à Porto Alegre en août 1942, j'allais tous les soirs à la rédaction du Correio do Povo *m'informer des derniers télégrammes de la guerre et discuter avec Raul Riff*[1]*. Nous prenions un café au lait avec du pain et du beurre dans un bistrot en face où la police, une certaine nuit, vint m'arrêter, le lendemain à l'aube on me mit dans le train en compagnie d'un commissaire. Le voyage de Porto Alegre à Rio dura quatre jours, à São Paulo nous avions changé de train, je suis resté en prison quelques mois, on me relâcha à temps pour aller passer Noël à la fazenda avec le colonel João Amado et dona Eulália.*

Bahia, 1968 – le maudit

Par des voies détournées je reçois le manuscrit d'un recueil de poèmes accompagné d'un mot écrit à la main : lis, garde-le, un jour nous en parlerons, tu me diras ce que tu en penses. Je connais bien cette écriture, il n'y a pas besoin de signature : l'auteur des poèmes dirige la guérilla urbaine, séquestre des ambassadeurs, libère des prisonniers politiques, toutes les polices le recherchent, les civiles et les militaires, les tortionnaires et les gorilles, il s'appelle Carlos Marighela[2].

1. Raul Riff, journaliste.
2. Carlos Marighela (Salvador, 1911/São Paulo, 1969) *(N.d.T.)*.

Des poèmes ardents et naïfs, on y trouve plus de révolution que d'inspiration, quelques-uns ont été mis en musique au Nicaragua : le grand poème de Marighela fut sa vie, elle tient de l'épopée et de la berceuse – dévouement et lutte, la détermination, la pureté, la bravoure, la loyauté. Je l'ai connu gamin, il faisait l'École polytechnique de Bahia, arrêté encore adolescent il fut condamné à dix ans de prison, il passa sa jeunesse derrière les barreaux, il ne perdit pas courage, ne devint pas amer, il conserva son rire d'enfant, il savait rire comme peu en sont capables, un rire franc, sain, confiant. Homme d'action et non théoricien arrogant, la poésie marqua chaque instant de sa vie.

Après qu'on l'eut assassiné, son nom devint tabou : il ne devait être ni prononcé ni entendu, on ne pouvait même pas y faire allusion, on censura une chanson de Jorge Ben, *Charles Anjo 45*, Charles pouvait être Carlos, Carlos Marighela. Amis fraternels depuis l'adolescence, ensemble nous avons poursuivi la difficile traversée de l'espérance et du désespoir – je l'ai vu pleurer en écoutant le récit des crimes de Staline, nous avions perdu notre père –, il militait avec détermination et conscience, je le savais fait de tendresse et de colère. En 1974 j'ai rompu le tabou, j'ai écrit sur lui dans *Bahia de Todos os Santos* : « ... je retire ton nom de la malédiction et du silence et j'inscris ici ton nom de Bahianais, Carlos Marighela. »

Un jour me parvint au Rio Vermelho un télégramme anonyme envoyé de São Paulo. Il me signifiait que, si personne de la famille ne se manifestait pour les réclamer, les restes de Carlos Marighela seraient jetés à la fosse commune. Qui télégraphia ? je ne sais, pourquoi à moi ? je comprends. Je portai le télégramme au frère de Carlos, employé de la Petrobrás, et à Carlinhos, mon neveu. Ils prirent un autocar pour São Paulo, ils allèrent recueillir les ossements.

La mémoire de Carlos, nous l'avons récupérée plus tard en enterrant ses restes au cimetière de Quintas, à Bahia, à l'ombre d'un monument conçu par Oscar Niemeyer, j'ai prononcé quelques mots, des gens pleuraient.

Rio de Janeiro, 1954 –
l'impatiente

Couturière à la journée, pédalant sur sa machine, Quitéria conte et reconte sa vie : pernamboucane, de la caatinga, à Recife elle cousait pour notre amie Otília Barbosa[1], elle est venue à Rio, Zélia l'a adoptée. Femme du sertan, courtaude, le buste ample, le visage large, les yeux étroits, le fil d'un rasoir, les cheveux tirés, un peigne d'écaille planté dans son chignon, un monument : possédée par un esprit de l'ombre – elle est spirite militante –, un jour elle détacha sa chevelure, la crinière envahit la salle de couture, il fallait voir. Celui qui a inventé l'expression *un remède contre la luxure* l'a fait, j'en suis certain, en pensant à Quitéria.

Au milieu de son bavardage la révélation me surprend : Quitéria parle d'une fille, elle habite dans les environs de Recife, elle est mariée et enceinte :

– Une fille, Quitéria ? Tu vas avoir un petit-fils ? Et moi qui pensais que tu étais demoiselle !

Quitéria me regarde, je perçois la protestation dans la fente de ses yeux presque fermés :

– Demoiselle ? Est-ce que j'ai la patience pour ça ?

Prague, 1950 – le secrétaire

Nègre aux vastes espoirs – je connaissais de René Depestre les plaquettes publiées par Pierre Seghers, éditeur de poésie, je le rencontre à Prague, dans un mauvais pas. Expulsé de France, l'exilé haïtien, jeune poète et jeune marié, militant communiste, avait cherché asile en Tchécoslovaquie où le Parti avait pris le pouvoir, une patrie socialiste. Enfin en paix pour se consacrer à la poésie et à la lutte pour la liberté de son pays lointain et pauvre.

Une paix illusoire, Prague vit la terreur du procès Slansky[2],

1. Otília Barbosa, sœur du poète Odorico Tavares.
2. Procès politique de l'ère stalinienne où fut condamné à mort un groupe de communistes tchèques ; Rudolf Slansky (1901), fut exécuté en 1952 et réhabilité en 1955.

la peur, les dénonciations, les prisons pleines. Depestre tremble pour sa femme, la belle Édith, juive roumaine, suspecte d'espionnage. Pourquoi suspecte, personne ne sait, mais le bruit court et les menaces grandissent. Les organismes qui ont accueilli René partagent la lâcheté ambiante, ils désinvitent l'invité, certains conseillent une solution dans l'air du temps : abandonner son épouse, renier sa compagne, c'est elle la suspecte, pas lui, le poète se rebiffe, écœuré. Il ne sait, lorsque je le rencontre, où porter sa valise d'exilé et sa belle juive, parce que juive mise sur la liste noire.

Je lui propose de venir à Dobris, au château des Écrivains où nous habitons, Zélia et moi, René accepte mais l'Union des écrivains acceptera-t-elle ? J'en parle à Jan Drda, secrétaire général, membre du comité central, héros de la résistance contre le nazisme, auteur de la *Barricade muette*, un livre consacré, et mon ami. Drda considère l'affaire, c'est un homme droit mais le climat pèse également sur lui, il ne se sent pas à l'abri. Inviter René à l'Union, il ne le fera pas, mais nous trouvons ensemble une formule qui permette d'héberger au château le couple Depestre : je nomme René mon secrétaire, la responsabilité est mienne.

C'est ainsi que, pour une brève période, l'écrivain René Depestre, l'auteur de *Hadrianna de tous mes rêves*, aujourd'hui une célébrité littéraire, prix Renaudot, fut mon secrétaire simplement nominal, sans obligations et sans salaire : il put travailler à sa poésie, *minerai noir**, tandis que les femmes des écrivains tchèques mouraient de jalousie en voyant Édith allongée au soleil dans le parc du château : à demi nu son corps suspect de belle juive.

Belgrade, 1986 – l'exilée

Que suis-je venue faire ici ? – au cocktail que donne l'ambassadeur Cláudio Garcia de Souza à ses hôtes brésiliens à Belgrade, j'entends la plainte de la dame yougoslave, elle se considère comme exilée, elle se ronge de regrets du Brésil et se demande ce qu'elle est venue faire dans la patrie où elle est née.

Sa patrie, en vérité, c'est le Brésil où elle est arrivée à deux ans avec ses parents immigrants, où elle a grandi, a étudié, adolescente carioque pareille à tant de fillettes de la Tijuca et de Vila Isabel, où elle a aimé, s'est fiancée et s'est mariée avec un garçon yougoslave, employé de l'ambassade. Avec la guerre l'ambassade s'est vidée, le jeune homme cependant n'abandonna pas son poste, protégeant les biens, prenant soin de la légation avec initiative et efficacité, sans salaire, subsistant Dieu sait comment.

À la fin de la guerre les relations diplomatiques redevinrent normales, le patriote toujours à l'ambassade, infatigable, pièce importante des services de la mission. Ainsi passèrent les années jusqu'à ce qu'il atteigne l'âge de la retraite, qu'il retourne en Yougoslavie, emmenant son épouse pour vivre là modestement de sa pension comme il avait vécu modestement de son salaire au Brésil.

La dame ne se résigne pas, tout en Yougoslavie lui est étranger, le climat et les mœurs, la manière de vivre. Elle a laissé au Brésil tout ce qu'elle aime, ses habitudes, les intérêts qui sont les siens. *Que suis-je venue faire ici ? demande-t-elle. Ici ce n'est pas ma terre, seulement le lieu où je suis née, ma terre c'est là où j'ai grandi, où j'ai vécu, lutté, vieilli.* Tout lui manque : la chaleur, la cordialité, l'insouciance, la débrouillardise, et les feuilletons de la télévision :

– Comment passer le restant de ma vie sans mes *novelas*? Pas la moindre, pour tuer les regrets. L'année passée, une fois par semaine, le samedi, on donnait un chapitre de la série sur Lampião et Maria Bonita, c'était mon jour pour rire et pleurer, mon heure de joie. Maintenant même pas ça, comment supporter ?

Rio, Buenos Aires,
Santiago, 1953 –
enterrement

Je prends l'avion pour Santiago avec escale à Buenos Aires, je reçois avec soulagement cette mission, elle me permet de laisser derrière moi l'agonie de Graciliano[1] que guette la mort sur un lit d'hôpital. Je suis d'une lâcheté absolue face à la mort de mes amis. À Rio je suis pris entre la souffrance des visites au vieux Graça et la honte de ne pas être aux côtés d'Heloísa[2] dans la veille atroce. Je vais à Santiago mettre sur pied un congrès continental de Culture, décision du Conseil mondial de la Paix au bureau duquel j'appartiens.

À Buenos Aires je discute de la question avec les camarades du Parti argentin, je trouve Rodolfo Ghioldi et Codovilla au trente-sixième dessous, dans une dépression sans fond après les nouvelles alarmantes sur la santé de Staline : c'est comme si notre père était à la mort. Plus tard, dans la nuit de l'Avenida de Mayo, je lis sur un journal placardé l'annonce tant redoutée de sa mort, je reste paralysé, solitaire, perdu, les yeux secs, le cœur serré.

À l'aéroport de Santiago, Neruda, Volodia, Teitelboim, Rubem Azocar, d'autres amis et camarades, anéantis : ils portent des cravates noires en signe de deuil. À peine débarqué, je reçois un télégrame de Rio, ordre exprès de revenir par le premier avion. Je ne trouve pas de place sur les courriers réguliers, discipliné je me risque le lendemain sur un vol via Asunción et São Paulo, un voyage exécrable sur un vieux bimoteur avec tempête au-dessus du sol paraguayen. Zélia m'attend à l'aéroport, comme je l'imaginais j'avais été convoqué pour prendre place dans la délégation du Parti à l'enterrement de Staline. Sauf qu'entretemps les dirigeants du PC soviétique s'étaient empressés d'enterrer Staline, de peur sans doute qu'il ne ressuscite et reprenne le pouvoir. Si vite que ça n'avait pas laissé le temps d'avertir.

Je ne suis pas les funérailles de Staline, j'accompagne au cimetière le corps de Graciliano Ramos. On m'avait demandé de parler devant la tombe au nom du Parti. Je tente de le faire, les larmes se fondent en sanglots, je laisse l'adieu collectif à Dalcídio Jurandir[3].

1. L'écrivain Graciliano Ramos (1892/1953).
2. Heloísa, femme de Graciliano Ramos.
3. Dalcídio Jurandir (1909/1979), écrivain.

Durant presque vingt ans j'ai été « insoumis », c'est-à-dire quelqu'un qui n'a pas respecté la loi du service militaire obligatoire, qui a omis de se présenter pour être incorporé dans les rangs de l'armée. Antimilitariste, ayant en horreur tout ce qui sent (mauvais) la caserne et l'uniforme, je n'ai pas obéi à l'appel, j'ai déserté.

Lorsque j'avais été convoqué, Anísio Teixeira avait intercédé pour moi auprès d'un général quelconque, on me donna un délai d'un an pour me présenter à nouveau et endosser l'uniforme. Ce délai passé j'étais je ne sais où, je ne me suis pas présenté, je suis devenu insoumis. Une situation inconfortable qui m'obligea à faire différents tours de passe-passe, faute du document attestant que j'étais en règle avec le service militaire.

Candidat à la députation pour l'État de São Paulo en 1945, je ne joignis pas de livret militaire aux documents nécessaires à la validation des candidatures. Je promis de le remettre dans les vingt-quatre heures, je ne le remis pas, comment aurais-je pu alors que je ne le possédais pas ? Me sauva le manque de sérieux – le bon manque de sérieux – avec lequel les choses sont faites au Brésil : jamais personne ne réclama le document absent.

Sentant venir la cassation des mandats et les poursuites probables contre Prestes, le Parti décida de m'envoyer en Europe pour alerter l'opinion : comment voyager alors que je n'avais pas de passeport et comment l'obtenir sans l'indispensable document ? Giocondo Dias me proposa de le faire faire à Bahia où présidait la commission de recrutement le fameux général Lobo, à l'époque je crois colonel, ce même général Lobo qui avait été le geôlier de Graciliano Ramos à Recife et dont l'écrivain a si bien campé la silhouette dans ses Mémoires de prison : Lobo est un brave type, *Giocondo connaissait la vie et les hommes.*

En me voyant le commandant Lobo rit de bon cœur : j'ai eu votre dossier entre les mains, j'aurais dû vous arrêter, je l'ai fait archiver, vous avez plus de trente-cinq ans, vous avez droit à un livret de réserviste de deuxième classe. Il est prêt, il ne manque que la photo, vous l'avez apportée ?

Je remis la photo à l'ordonnance :

– Vous allez devoir prêter serment au drapeau, avec soldats au garde-à-vous, sonnerie de clairon et un discours de moi.

Il en fut ainsi : la troupe au garde-à-vous, les clairons, les tambours, le drapeau déployé, un discours anticommuniste du commandant, je jurai fidélité, reçus le livret de deuxième classe, je cessai d'être insoumis, je restai antimilitariste, je le suis encore.

Bahia, 1970 – révélation

Je me régale à écouter Stella Maris – le nom de la chanteuse de blues de la radio carioque a remplacé celui d'Adelaide Tostes qu'un jour Samuel Wainer[1] et moi avons donnée en mariage à Dorival Caymmi devant un officier d'état civil de Rio de Janeiro. Entourée de parents et d'alliés dans la maison bahianaise de la Pedra da Sereia, Stella révèle qu'un cousin à elle – la famille Tostes est innombrable – avait fait une bonne manière à une cousine de quinze printemps, incomplets et impatients. L'ex-étoile de la Radio Mayrink Veiga emploie pour son récit la langue classique de Gregório de Matos :

– Il n'a pas fait le détail, il lui a bouffé la craquette et le cul, pas moins…

La vieille tante, Tostes des Minas, hôte des Caymmi, soixante-dix ans au moins, veuve depuis plus de vingt d'un lit papa-maman, vouée depuis lors aux neuvaines et aux treizaines, ignore ces habitudes des grandes villes, elle s'étonne :

– Le cul, ça se bouffe, ma fille ?

– Ça se bouffe, ma tante, ça se bouffe…

Le corps de la dévote frémit sous le choc de la révélation :

– Sainte Vierge ! Rien que d'entendre ça, je me recroqueville toute !

Bahia, 1964 – langue portugaise

À Lisbonne on a dit à Luís Forjaz Trigueiros qu'à Bahia la chaleur est à la fois torride et constante, il ne fait jamais froid.

1. Samuel Wainer (1912/1980), journaliste.

Luís part pour le Brésil en mission culturelle, il demande à Maria Helena de ne mettre dans sa valise que des vêtements légers, les plus légers. Ainsi débarqua-t-il dévêtu avec élégance pour l'été féroce.

Or, au lieu de la chaleur sénégalaise, une vague de froid s'est abattue sur la ville, froid que l'humidité rend encore plus difficile à supporter, et l'écrivain de grelotter. Vu que l'hiver persistait, il n'eut d'autre choix que d'aller acheter un tricot. Luís s'informa, prit la direction de la rue Chili, celle des commerces de qualité, masculins et féminins. Il s'arrêta devant une boutique : était en montre le vêtement exact qu'il cherchait pour se protéger la poitrine, éviter le rhume, la grippe, la pneumonie : Luíz Forjaz se prétend fragile des bronches et des poumons, la seule idée de la grippe le terrorise. En laine, chic et discret, de sa couleur préférée, ce vêtement l'attendait. Luís pénétra dans l'établissement, le vendeur s'empressa, se mit à son service.

– Je voudrais acheter un caraco, informa l'écrivain portugais, souriant avec la délicatesse qui le caractérise.

Le commis, non moins délicat :

– Vous vous trompez, monsieur, ici nous ne vendons que des articles pour hommes, mais en face, dans la boutique pour femmes, vous trouverez un grand choix de caracos...

Sans s'expliquer le malentendu, Luís insista :

– J'ai dit un caraco...

– Je vous ai dit que nous n'en avons pas. – L'employé haussa la voix, soupçonnant le sympathique client d'être sourd de naissance.

– Comment, vous n'en avez pas ! Je viens de voir dans la vitrine un caraco châtaigne de la taille voulue.

– Où avez-vous vu un caraco ?

Le commis se sentait perdu, le client sourd parlait de plus une langue inconnue, ce n'était ni de l'espagnol, ni du français, encore moins de l'anglais, dialectes dont il distinguait l'accent. Ne sachant que dire, il rit et se gratta la tête. Un simple d'esprit, conclut Luís Trigueiros, et sans plus attendre, le prenant gentiment par le bras – on doit traiter les simples d'esprit avec fermeté sans cependant abandonner la courtoisie –, il le conduisit jusqu'à la porte d'où, triomphant, il lui montra dans la vitrine le caraco châtaigne :

– Le voilà, combien vaut-il ?

L'éclat de rire du garçon n'était pas mal élevé mais il contenait une pointe de moquerie :

– Si je comprends bien, en bon portugais vous voulez acheter un pull-over marron comme celui qui est dans la vitrine, c'est ça ? Pourquoi ne le disiez-vous pas ? Un chouette sweater et le prix est pour rien...

Je retrouvai Luís à l'hôtel, arborant le caraco châtaigne, c'est-à-dire le pull-over marron. N'étant pas encore le Brésilien compétent qu'il deviendrait avec les années et les revers de la politique, l'écrivain était indigné :

– Le gamin m'a dit deux mots en anglais, un en français et il affirme qu'il parle en portugais, en bon portugais.

– Dans notre bon portugais à nous, Luís, celui du Brésil.

Aujourd'hui Luís Forjaz Trigueiros manie comme un chef notre portugais mélangé, de métis, mais pour écrire sa prose parfaite, forte, tendre et colorée, il reste fidèle au portugais du Portugal, à la langue de Camoëns.

Moscou, 1954 – le crapaud

Nous arrivons à la maison de Lluba et d'Ilya pour le déjeuner. Lida, la cuisinière, est ma lectrice, elle s'affaire en sachant que je serai à table, on mange et on boit bien chez les Ehrenbourg. Le maître de maison est en conférence avec un gros bonnet de la *Pravda*, venu lui donner les directives du Parti pour une série d'articles sur la politique extérieure, matière en laquelle Ilya est une espèce de porte-parole du gouvernement soviétique.Tandis que nous l'attendons, nous buvons du vin de la cave de Goebbels[1].

Le président de l'académie des Sciences, qui avait accès aux secrets, avait téléphoné à Ilya pour lui transmettre une nouvelle sensationnelle, de première main, privilège de quelques-uns, il tergiverse. *Beria[2] a été condamné à mort ?* demande Ilya, le coup de téléphone a lieu durant le procès de l'ex-patron de la police

1. Goebbels (1897/1945), ministre de l'Information de l'Allemagne nazie.
2. Beria (1899/1953), dirigeant communiste exécuté après la mort de Staline.

politique. *Il est bien question de Beria !* – l'académicien perd son calme : *je te parle d'une affaire d'importance et tu me ramènes Beria. Je sais de science certaine que demain seront mis en vente dans les gastronomes du centre de Moscou les vins de la cave de Goebbels, je te conseille de te lever tôt, de réunir tout ton monde de façon à pouvoir acheter un maximum de bouteilles.*

Parmi les biens précieux, machines industrielles, or et argent, réquisitionnés par l'armée Rouge lors de la prise de Berlin et emportés à Moscou, se trouvait le cellier de Goebbels, le plus grand d'Europe et le plus riche en vins fins, confisqués par les troupes hitlériennes dans les réserves les mieux fournies des pays occupés, à commencer par la France. Gardés pendant près de dix ans, transvasés dans des bouteilles anonymes, toutes avec la même étiquette : *vin*, sans autre indication, ils avaient été mis en vente pour un prix inférieur à celui des vins de Moldavie et de Géorgie. Ilya et Lluba se levèrent à l'aube, convoquèrent Lida, la mère de Lida, le chauffeur, les deux secrétaires, les parents des secrétaires, leur fille Irina, le gendre et je ne sais trop qui, un bataillon – à eux tous ils réussirent à acquérir dans les huit cents bouteilles. Ensuite la file s'étendit, les Soviétiques achetaient et payaient sans demander ce qu'ils achetaient, tout produit mis en vente s'épuisait aussitôt, c'était ainsi.

La roulette russe, chaque bouteille qu'on ouvre : quel numéro allions-nous tirer maintenant ? Quelle que soit la provenance, l'année, la cuvée, toujours de qualité supérieure, un nectar des dieux, les vins de la cave de Goebbels, dont la vente fut l'événement le plus important qui se soit produit entre la mort de Staline et l'ouverture du XXe congrès[1] – en comparaison, la condamnation de Beria n'était qu'un fait divers, un incident secondaire. Tandis que nous attendons, nous dégustons : avec les vins, le caviar, le saumon fumé, les sprats – si vous n'avez jamais goûté de sprats, hâtez-vous de le faire pour savoir ce qui est bon.

Ilya sort de son bureau, il me présente le chef de la *Pravda*, lui offre du vin de Goebbels, le gaillard préfère la vodka, il l'avale d'un trait, s'en va. Ilya prend la bouteille de vin rouge, la baptise bordeaux, cherche à deviner le château et l'année, tout ce qu'il sait en matière de vins fait partie de sa légende. Tandis que

1. Congrès du PCUS où Khrouchtchev dénonça les crimes de Staline.

Lida sert le dîner, pose les plats fumants, Ilya raconte des anecdotes sur sa rencontre avec le dirigeant.

Les murs du bureau de l'écrivain étaient couverts de dessins et de gravures de maîtres français, une collection splendide. Face à la table de travail une gravure de Picasso, *Le Crapaud*, une épreuve d'artiste avec une dédicace. En apercevant le tableau, ce crapaud difforme, désintégré, l'homme de la *Pravda*, théoricien du réalisme socialiste, frémit sur ses bases, il détourne les yeux de l'ignominie : c'est ce que les capitalistes appellent de l'art, s'exclame-t-il au bord de l'apoplexie. Camarade Ehrenbourg, comment pouvez-vous accrocher de telles turpitudes aux murs de votre appartement ? Et ce Picasso se dit communiste, c'est le comble !

Ilya interrompt la diatribe :

– Savez-vous, camarade, le titre de cette gravure, ce qu'elle représente ?

– Non, je ne sais pas... Ce que je sais...

– Elle représente l'impérialisme nord-américain.

L'idéologue s'humanise, considère à nouveau le tableau, hoche la tête, sauvé de l'infarctus, il fait son autocritique :

– L'impérialisme nord-américain ? Maintenant je comprends, Picassso est membre du Parti français, n'est-ce pas ? Un vrai camarade, quel talent !

Maceio, 1979 –
la séquestration

Devant l'hôtel, au retour de la séance solennelle à l'académie des Lettres d'Alagoas, Luciana a été séquestrée, l'ont raptée six individus au volant de deux coccinelles : en plus de la peur, l'inconfort.

Luciana Stegagno Picchio, professeur émérite de l'université de Rome, personnalité marquante de la culture et de la vie littéraire italiennes, connaît comme personne les littératures du Brésil et du Portugal. Auteur d'une *Histoire de la littérature brésilienne* sans équivalent chez nous, elle a organisé l'édition de l'œuvre poétique de Murilo Mendes, un travail de géant, chercheur, essayiste, elle a formé des générations – de son enseignement et de son exemple son nés des brésilianistes de la qualité de Giorgi Marotti, de Giovanni Ricciardi, de Maria Luísa Cusati –, son dévouement à la littérature brésilienne n'est comparable qu'à celui d'Alice Raillard en France, de Thomas Colchie aux États-Unis. Ce que nous, Brésiliens, devons à Luciana n'a pas de prix.

Attaché culturel du Brésil en Italie, Mauro Santayana voulut lui exprimer notre reconnaissance, il proposa à l'Itamaraty[1] de décorer Luciana de la Croix du Sud. Au lieu de la Croix du Sud, le ministre, ou un bureaucrate du ministère, réduisit notre gratitude à une décoration de moindre importance, Mauro fut furieux avec raison (un baiser, Vânia, pour toi et Mauro de la part de Zélia et de la mienne). En apprenant cela j'entre en contact avec mon complice Napoleão Sabóia, nous portons l'affaire devant Sarney, le Président décrète la Croix du Sud, il tient à remettre personnellement la médaille lorsqu'il viendra en France pour le Bicentenaire, Luciana finit par recevoir deux hommages, tant mieux.

Elle venait donc de quitter le président de l'Académie et son excellentissime épouse qui l'avaient accompagnée jusqu'à l'hôtel, sur le pas de la porte Luciana entendit un pscht et son nom prononcé à voix basse, elle regarda et vit de l'autre côté de la rue le garçon qui lui faisait signe. Luciana était fatiguée, la séance s'était prolongée en cocktail – le tintement des verres avait réveillé les graves messieurs qui somnolaient pendant qu'à la tribune elle discourait sur la poésie, disait en portugais et en italien des poèmes de Murilo Mendes, les analysait avec acuité. Durant la réception sa fatigue s'accrut : *batida* de cajou, de coco, de citron, coquilles de crabe, deux mots à l'un et à l'autre, elle explique Quasimodo au gouverneur, Montale à son épouse, déployer érudition et talent dans une réunion mondaine est une tâche harassante. Néanmoins, bien élevée, Luciana répondit à l'appel du jeune homme, elle se dirigea vers la coccinelle d'où jaillirent brusquement deux autres garçons. Encerclée, elle fut enfournée dans l'automobile, sans violence mais avec détermination, un garçon lui tenait le poignet, certainement pour empêcher toute tentative de fuite. L'un des types avait averti : *Vous*

1. Itamaraty : le ministère des Affaires étrangères du Brésil *(N.d.T.)*.

êtes séquestrée, ne criez pas, ne réagissez pas, ne tentez pas d'échapper. La voiture partit à vive allure, une seconde coccinelle la couvrait.

Luciana n'avait jamais encore été séquestrée, dans sa jeunesse elle avait été enlevée au moins deux fois, mais il y a une grande différence entre un enlèvement et une séquestration, les violences de l'amour laissent de doux souvenirs. Maintenant elle craignait le pire car les attaques à main armée se succédaient dans tout le Brésil, des marginaux échangeaient des otages contre de l'argent, dans son cas quel argent ? C'était, qui sait, des terroristes internationaux, le terrorisme régnait, mais elle n'était ni leader d'un parti ni n'exerçait de mandat au parlement, de quel intérêt était-elle pour la terreur politique ? Les trois garçons, dans la voiture, n'avaient d'ailleurs pas des têtes de terroristes – « Comment est une tête de terroriste ? », se demanda-t-elle, elle ne savait pas –, plutôt des gamins, peut-être des hippies, des obsédés sexuels ? Ils sortirent de la ville, prirent la direction des lagunes, ils s'arrêtèrent devant une villa isolée. Le bandit le plus âgé – celui qui l'avait prise par le poignet, il devait avoir dans les vingt-cinq ans, il semblait être le chef de la bande – lui tendit la main pour l'aider à descendre.

Une maison confortable, dans la salle à manger une table couverte de spécialités d'Alagoas, moules accommodées à cinq sauces différentes, crabes, crevettes, langoustes, jus de pitanga et de cajá, eau-de-coco, il y avait aussi du whisky si elle préférait. Les six séquestrateurs se présentèrent, ils déclinèrent nom et qualité, une qualité unique pour les six : nous sommes poètes. Se trouvait là au grand complet la direction provisoire du Groupe des Jeunes Poètes d'Alagoas, deux d'entre eux avaient eu des plaquettes éditées, les autres attendaient un éditeur, celui qui l'avait tenue par le poignet – avec délicatesse – était le président.

Marginaux de la littérature officielle, adversaires de l'académie, du conservatisme, du passéisme, des générations poétiques des années cinquante et soixante, ils étaient les modernes, les détenteurs de la nouvelle poésie, de la toute nouvelle. Ils avaient séquestré Luciana pour pouvoir s'entretenir avec elle, discuter, débattre, confraterniser, ils l'admiraient, connaissaient son travail, avaient lu ses articles et ses essais, ils savaient tout d'elle, son humanisme et son humanité. Ils voulaient l'entendre parler de poésie, mais ils ne mettaient pas les pieds à l'Académie, qu'elle leur pardonne leur audace, c'était la seule solution pour l'avoir avec eux en une rencontre de culture et d'amitié, d'amour – ils étaient poètes, ils méritaient l'indulgence.

Ils la proclamèrent Reine des Jeunes Poètes d'Alagoas, la conversation se prolongea tard dans la nuit, six jeunes gens ardents, pleins de talent, Luciana écouta leurs poèmes jusqu'à l'aube. Ils restèrent ensemble jusqu'aux franges du matin où ils allèrent assister au lever du soleil au bord de la lagune. Ni séquestrateurs à la recherche d'une rançon, ni terroristes, ni obsédés sexuels, simplement des poètes, de beaux garçons.

À la Pedra do Sal[1], dans la brise de mer, Luciana me raconte son aventure en Alagoas, la séquestration, en vérité un enlèvement qui lui rappelle ceux de sa jeunesse, doux souvenirs. Elle me donne les noms des séquestrateurs, je vais recevoir des livres et des manuscrits, ils vont m'écrire. Ils m'écrivent jusqu'à aujourd'hui, ils m'envoient des brochures, des poèmes, des coupures de journaux, je suis leur carrière, leurs succès. Le groupe s'est dissous, la direction provisoire a renoncé à son mandat mais, pour les jeunes poètes d'Alagoas, Luciana reste la Reine de la Poésie, conseillère et muse.

New York, 1963 –
l'encre et le sang

Alfredo Knopf décide de publier *Grande Sertão : Veredas*[2] en langue anglaise, il me demande une préface, il est pressé. Je la rédige dans ma chambre d'hôtel, j'ai perdu l'habitude d'écrire à la main, ça me demande un effort. Je m'y mets donc et je soutiens deux thèses qui feront scandale dans les provinces littéraires du Brésil.

Je commence par affirmer que Guimarães Rosa n'est pas un romancier mineiro mais bahianais, Montes Claros n'est pas

1. Pedra do Sal, maison de J. A. sur la plage d'Itapoan, près de Bahia.
2. *Diadorim* dans la traduction française (Albin Michel) ; João Guimarães Rosa (1908/1967) *(N.d.T.)*.

le planalto de Minas, c'est le sertan de Bahia. Ça peut sembler un paradoxe, mais je prête à cette idée une signification littéraire. Je veux rapprocher le roman de Rosa de *Maria Dusá*, de Lindolfo Rocha, écrivain bahianais né mineiro, le dissocier de *O Mameluco Boaventura*, d'Eduardo Frieiro, mineiro de naissance et de plume. Je veux rattacher l'œuvre de Guimarães Rosa au roman nordestin, écrit avec du sang, pas avec de l'encre.

Je parle encore d'encre et de sang en refusant l'optique selon laquelle la critique brésilienne, dans sa grande majorité, juge de la grandeur de l'écrivain. Toutes les louanges, qui frisent parfois l'hystérie, vont à l'écriture de l'auteur de *Sagarana*. De fait, si grands que soient les éloges du langage de Guimarães Rosa – il y a une langue brésilienne avant Guimarães Rosa, une autre après lui –, ils sont tous justes et mérités. Mais je conteste les affirmations des thuriféraires qui se pâment devant les recherches et l'imagination linguisitiques du romancier : l'essentiel de son œuvre ne réside pas dans l'écriture, ce n'est pas elle qui la fait éternelle et universelle.

Si extraordinaire que soit l'importance de l'écriture, elle se réduit à mesure que l'œuvre de Guimarães Rosa se répand et qu'elle est traduite en différentes langues. En espagnol déjà elle s'atténue, en italien, en français elle s'affaiblit un peu plus, en anglais, en allemand, le travail de la langue se dilue, l'invention des mots, la nouveauté de la phrase s'altèrent, la toile d'araignée se défait. Qu'en restera-t-il lorsque les romans de Guimarães Rosa arriveront au chinois, au coréen, au géorgien, à l'arménien, qu'au lieu de l'alphabet latin ils seront composés en hiéroglyphes, en idéogrammmes ? Que restera-t-il du mot fabriqué en laboratoire, de la phrase composée à l'encre et à la plume ? Il ne restera plus rien de l'écriture, du langage, de l'invention formelle.

Resteront, immortels, le sang de l'humanité recréée par ce créateur de personnages, la couleur, l'odeur, les sentiments, les lieux, les coutumes décrits par ce créateur d'atmosphères, resteront le Brésil et le peuple brésilien, le sertan infini, l'infinie bravoure, le tourment et l'amour, restera le sang quand l'encre s'effacera. L'œuvre créée par Guimarães Rosa conquerra le monde et restera, non parce qu'il a élaboré et inventé une écriture nouvelle, différente, elle sera universelle et éternelle parce que Guimarães Rosa a écrit avec du sang et non avec de l'encre les histoires de son peuple.

São Paulo, 1945 – Oswald

J'ouvre un journal, le *Diario de São Paulo* si je ne me trompe, je tombe des nues : une catilinaire d'Oswald de Andrade[1] contre moi. Notre amitié, fraternelle, venait des années 30, lui, Raul Bopp et moi étions toujours ensemble. Raul et moi avons été les seuls à le soutenir contre les attaques et le silence lorsque les gens de lettres se mirent à ne jurer que par Mário[2], à rejeter Oswald, à lui tourner le dos.

J'apprends des bribes de ce qui s'est passé par Pedro Pomar, dirigeant national du PC avec juridiction sur São Paulo : Oswald était venu se plaindre à lui, prêt à abandonner le Parti où il était entré (ou plutôt était à nouveau entré) quelques mois auparavant. Sa décision ne me surprit pas, Oswald n'était pas homme à supporter la discipline du Parti, l'étau du centralisme démocratique, cette sujétion de fer, absolue. Me surprirent, ça oui, les accusations portées contre moi, promu au rang de manie-tout du Parti et d'imbattable étalon, une espèce de tyran sexuel qui profanait la famille pauliste, plantait des cornes à la ronde, dépucelait les donzelles. Pire que ça, il m'attribuait des opinions que je n'avais pas émises, des critiques de toutes sortes envers des figures décisives de la culture, y compris et surtout envers lui, Oswald.

Peu à peu je fus mis au courant de l'intrigue dans ses moindres détails, des racontars, des perfidies. Oswald avait été ulcéré de ne pas avoir été désigné comme candidat à la Chambre sur la liste du Parti, y figuraient des écrivains : Monteiro Lobato, Caio Prado Junior, José Geraldo Vieira et moi – Lobato renonça à sa candidature avant l'élection. Quant à moi, dans la mesure de mon influence, j'avais tout fait pour qu'Os-

1. Oswald de Andrade (1890/1954), écrivain pauliste, chef de file du Modernisme.

2. Mário de Andrade (1893/1945), écrivain pauliste, également chef de file du Modernisme, et sans parenté avec le précédent.

wald figure sur la liste, j'étais même allé à Rio en parler à Prestes, lui dire l'importance culturelle du père de l'Anthropophagie, Prestes ne l'estimait pas fiable, Arruda régla la question : *il n'apportera pas une demi-douzaine de voix.*

La mesquinerie des manigances m'écœura : on avait égaré Oswald dans une toile de mensonges, on l'avait convaincu que c'était moi, par peur de la concurrence, qui l'avait évincé. J'appris quels avaient été les principaux instigateurs de l'intrigue, tel mauvais poète, tel éditeur rancunier – je ne me rappelle pas les noms, je les ai rayés de ma mémoire. Furieux de ne pas avoir été eux aussi désignés, sans courage pour accuser la direction, ils se retournaient contre moi. Je n'avais été ni entendu ni sondé pour la confection de la liste, j'avais fait une unique suggestion, je l'ai déjà dit : j'avais tenté d'obtenir une place vacante précisément pour Oswald, je n'avais pas été pris au sérieux, on m'avait coupé les ailes.

Je n'ai pas cherché à éclaircir le malentendu, le fait qu'il ait cru que j'avais pu agir à son détriment m'a profondément blessé, il n'avait pas le droit de douter de mon amitié. Nous avons cessé de nous voir et de nous parler. Pendant quelque temps il a continué à m'attaquer, à aucun moment je n'ai riposté, je n'ai pas écrit un seul mot contre lui, j'ai conservé intactes mon admiration et mon affection.

Je n'ai revu Oswald qu'une fois, peu avant sa mort, dans un cocktail à São Paulo, il était sur un fauteuil roulant, nos mains se sont étreintes, nous nous sommes attendris tous les deux, je n'ai pas les larmes faciles, je suis sorti de la salle pour ne pas pleurer en public.

Bahia, 1981 – la solution

Je vais au Chame-Chame rendre visite à Mirabeau le jour de son anniversaire, il fête ses soixante-dix ans, une santé de fer, il est entier à ce qu'il me dit, voulant dire par là que l'arme n'est pas enrayée, ses amoureuses en sont la preuve.

Veuf, Mirabeau vit seul dans la maison de la rue Ary Barroso où nous nous réunissions le samedi et le dimanche pour un poker – lui, moi, Odorico Tavares, Wilson Lins, Yves Palermo, de temps à autre David Araújo et Carlinhos Mascarenhas, dit main-de-chat –, résidence, atelier, musée. Les tables hollandaises provenant de la boutique d'antiquités des Moreira, les armoires, les secrétaires, les presse-papiers, les tableaux de Carybé et de Jenner Augusto, les sculptures de Mário Cravo et les siennes à lui, Mirabeau Sampaio, sculpteur primé, dans le hall d'entrée le Christ et la Pietà, deux pièces taillées dans le bois, très belles. Et la collection inégalable de saints anciens, près de cinq cents statues – la Notre Dame de Frei Agostinho da Piedade, l'une des quatre seules pièces signées par le maître imagier, le plus grand après Aleijadinho[1], d'une valeur inestimable elle a coûté trois sous à Mirabeau.

Peintre, il recrée sur ses toiles les saintes de sa collection, il vend bien, sa clientèle est nombreuse et fidèle, il me confie : *pour maintenir ma cote je fais un rabais si on me paie comptant, j'augmente le prix si le règlement est étalé. Une fois j'ai perdu la tête, j'ai donné un tableau pour rien, tu sais à qui ? À Fafá de Belém, je lui avais fait un rabais car j'aime l'entendre chanter, mais quand elle s'est pliée en deux de rire et que j'ai glissé un œil dans le décolleté de sa robe, j'ai perdu la raison, je lui ai fait cadeau du tableau*. Il dessine et peint, mange avec appétit, écoute de la musique, bavarde avec ses amis, son plaisir le plus grand, le préféré. Le préféré ? Je me le demande, car Mirabeau a de nombreuses amours et le goût des amours est au moins égal à celui de la compagnie de ses amis.

Je le vois presque tous les jours et tous les jours il a une histoire à me raconter relative à ses amoureuses, elles sont légion, toutes de vingt-trois ans à peine, moins les *contemporaines* des années d'antan, nostalgiques, qui lui apportent des cadeaux, des cravates, des mouchoirs, des caleçons douillets. Gracieuses et généreuses toutes, de catégorie sociale et d'état civil variés : étudiantes, demoiselles de magasin, secrétaires, bien ou mal mariées, fiancées en fleur, candides, rouées, de captivants personnages. Parfois je tombe sur l'une d'elles, Mirabeau la présente et lui donne rapidement congé. Il me révèle en confidence qu'il ne se fie pas à Carybé : outre qu'il lui vole des sta-

1. Aleijadinho, c'est-à-dire « le petit infirme », surnom donné au grand artiste baroque, architecte et sculpteur, António Francisco Lisboa (Ouro Preto 1730/1814) *(N.d.T.)*.

tues, il tente de peloter ses amoureuses. Caymmi également se conduit mal, il prend des libertés avec les jeunes filles.

Lors de la visite des soixante-dix ans, Mirabeau me raconte une histoire exemplaire qui révèle son noble caractère et la malice de telle postulante obstinée. Elle était l'épouse d'un ami de son fils Artur, l'homme d'affaires. Lui avait connu le mari au temps où les deux jeunes gens fréquentaient l'école d'administration, il avait assisté à la fête de fin d'études et au mariage du garçon : esthète, ce dernier avait choisi sa femme dans le milieu artistique. Danseuse de profession, l'épouse, une brune pétulante, aime les arts et les artistes de la scène et du pinceau, elle se passionne facilement et comble son mari de cornes sculptées, ciselées. Comme on pouvait s'y attendre, elle s'est passionnée pour Mirabeau, et quand cela arrive, elle attaque, bien décidée à réaliser ses rêves.

Mirabeau se vit assiégé, sollicité, l'étoile de ballet avait décidé de coucher avec lui coûte que coûte, lui se dérobait, se refusait par égard pour l'ami de son fils Artur, la diablesse insistait, revenait à l'assaut. Ils en étaient là de cette masturbation morale quand un jour la belle apparaît très excitée :

– C'est pour aujourd'hui, Miraba, c'est pour aujourd'hui ! Trucmuche, le pauvret, part cet après-midi pour Rio, ce soir je viens dormir ici, dans ton lit, ça va être la fête !

Mirabeau écarquilla les yeux, prit un air digne, propre à imposer le respect et à mettre un point final à la discussion :

– Je ne peux pas faire une chose pareille, ma fille, c'est impossible. Ton mari est un ami fraternel d'Artur, c'est comme si c'était mon neveu, quelqu'un de ma famille. Sache d'ailleurs que la femme d'un ami, pour moi c'est un homme... – Il répéta, emphatique : – ... un homme.

– Un homme ? Pour toi je suis un homme, Miraba ?

– Exactement.

– Alors enrabe-moi, Miraba, ça va être super.

Mirabeau termine son récit, il regarde au loin, pensif. Je demande :

– Et c'est ce que tu as fait ?

Lui, sincère :

– Plus ou moins.

Bahia, 1968 –
la malédiction

Avec Pierre Verger, personnage multiple, savant, professeur, essayiste, photographe, aristocrate, reporter, sorcier de la lignée d'Ifá, Fatumbi en Afrique, Ojuobá à Bahia, nous rendons visite à une maison-de-saint dans le faubourg de Portão, je suis sur les traces de la révolte des Malais, survenue en 1832, la personnalité de l'alufá Licuta me fascine.

Je travaille au roman *Tenda dos Milagres (La boutique aux miracles)*, Pedro Archanjo est la somme de bien des gens mêlés : l'écrivain Manuel Quirino, le babalaô Martiniano Eliseu do Bomfim, Miguel Santana Obá Aré, le poète Artur de Sales, le compositeur Dorival Caymmi, et l'alufá Licuta – plus moi-même, bien sûr. Archanjo leur emprunte à tous un trait, une singularité, une préférence, le ton de la voix, le goût de la nourriture, l'attirance pour les femmes, la malice. Je tente d'en savoir plus sur l'alufá et la nation malaise.

Sur le terreiro vide, à part nous deux, seulement la mère-de-saint et l'initiée qu'à la demande de Pierre elle a convoquée pour l'entretien. Iaô d'une beauté délicate, fragile, mulâtresse couleur de cannelle, de longs cheveux, un nez effilé, de grands yeux songeurs. Cordiale, souriante, elle bavarde, à son aise, elle est fille d'Oshoum, le charme et le piquant. Couturière, elle a deux enfants, elle parle de son mari chauffeur de camion, *ogan d'Oshóssi, comme vosmicê, mon père, okê*.

Mais à la question de Verger sur sa possible origine malaise – pour l'ethnologue qu'il est cette origine est évidente –, la iaô se ferme, son sourire et sa cordialité disparaissent, elle rejette l'hypothèse avec dégoût et peur : *Malaise, moi ? Excusez-moi, mon père, je n'ai jamais rien su de ça, si vous l'avez entendu dire, soyez sûr que c'est des bavardages de gens qui n'ont rien à faire et qui cancanent sur la vie des autres*. Nerveuse, elle abrège la conversation, nous demande notre bénédiction, s'en va précipitamment : elle fuit la malédiction qui pousuit le peuple malais. Mère Mirinha do Portão, fille de Yemanjá, gardienne de l'esprit caboclo Pedra Preta, le confirme : personne n'accepte d'avoir dans les veines du sang *mussumirim*, d'où vient la malédiction ? elle-même ne le sait pas, elle sait seulement qu'elle existe et fait peur.

Nous, nous le savons, Pierre et moi, la dérobade ne nous surprend pas, la dénégation entendue de tant de bouches : *je suis de nation yorouba, congo, angola, gêge, nagô, ijeshá, je n'ai pas de grand-père malais, Dieu m'en garde !* Les Malais durant quatre jours, lors de la révolte, occupèrent et gouvernèrent la ville de Bahia, après leur défaite les maîtres d'esclaves, les maîtres du pouvoir destitués durant ces quatre jours absurdes, ordonnèrent la répression la plus brutale, la plus violente, la plus impitoyable : ordre fut donné de tuer tous les Malais, hommes, femmes, enfants, jusqu'au dernier.

Ainsi fut fait. Barbare, implacable, d'une sauvagerie systématique, partout où les bourreaux passèrent la malédiction s'implanta. Elle persiste encore aujourd'hui, cent cinquante ans après, le terme de malais donne des frissons, provoque une peur panique. *Malais, ah non, mon père !*

J'ai obtenu bien peu de chose sur l'alufá. La révolte des Malais a tenté divers écrivains qui cherchèrent des informations inexistantes. Maître Pedro Calmon, bon historien, bon Bahianais, dans ses débuts écrivit un roman sur la conspiration des Nègres musulmans. Musulmans et racistes, ils ne voulurent pas de l'appui des autres Noirs, barbares et fétichistes, la révolte tourna court et la défaite provoqua le feu de l'enfer, le génocide de la nation malaise, la malédiction qui persiste et fait peur.

Pour plaire à Lalu ses fils auraient dû être médecins, tous les trois, elle avait en haute estime l'exercice de la médecine, le titre de docteur : un médecin, avait-elle coutume de dire, relève le nom de la famille.

Seul Joelson, celui du milieu, donna à Lalu le bonheur d'avoir un fils docteur, formé à la Faculté de médecine, porteur du stéthoscope et du thermomètre. Pour comble de joie, médecin d'enfants, pédiatre. Joelson, le préféré même avant son diplôme, car c'est sa naissance qui rendit à Lalu le goût de vivre, perdu avec la mort de Jofre, à trois ans, de la grippe espagnole. Lalu s'abandonna à la douleur, laissa de côté toute velléité d'élégance, tout vestige de joie, elle ne fut que pleurs et abandon. Le colonel João Amado cependant, compétent comme il l'était, réussit à l'engros-

ser, Joelson naquit – 55 centimètres, un beau petit –, Lalu ressuscita de ses cendres.

Non content de ces circonstances, Joelson répondit au vœu de Lalu, lorsqu'elle le vit médecin, avec bague d'émeraude et blouse blanche, elle se sentit réalisée. Quant aux deux autres, objets également d'un profond amour, eux s'étaient égarés dans les chemins incertains de la littérature. Sans compter que les trois, y compris l'esculape, à un moment donné devinrent communistes. Bah ! Lalu aimait à dire avec orgueil que ses trois fils avaient horreur de la politique et qu'ils n'en faisaient pas. Si quelqu'un lui rappelait leur militance, Lalu répondait avec mépris :

– Le Parti communiste ? Un petit parti de merde, ça ne compte pas.

Aujourd'hui, pas même de merde. En URSS il a été interdit, d'ailleurs l'URSS c'est de l'histoire ancienne Je sais que c'est ainsi et je n'y crois pas.

Lisbonne, 1981 –
funérailles

En plus des frères de sang que j'aime profondément, le docteur tranquille et jovial et le diable anguleux qui a arrondi ses angles, j'ai eu et j'ai des frères et sœurs de parents autres que dona Eulália et le colonel João Amado, que j'aime d'un amour non moins profond. En plus de Lila[1] qui est morte à quinze ans, je l'ai à peine connue, je n'ai pas eu le temps et l'occasion, et du fils et de la fille que Zélia a enfantés de notre lit, j'ai eu et j'ai des enfants que je n'ai pas faits, je les ai pris sous ma houlette aux détours de la vie et je les ai aimés et les aime comme si je les avais faits. À Lisbonne j'assiste à l'agonie d'un fils bien-aimé, comment ai-je pu supporter la descente aux enfers de Glauber Rocha[2] ?

J'ai mis un an à surmonter ce mois atroce : Glauber à l'hôpital, mourant, les yeux immenses, tentant de rester lui-même,

1. Eulália Dalila Jorge Amado (1935/1950), fille du premier mariage de J. A.
2. Glauber Rocha (1938/1981), cinéaste, l'une des principales figures du Cinema Novo *(N.d.T.)*.

avide de la vie, vivant en haletant ses derniers jours, Zélia, João Ubaldo et moi anéantis, les seuls à l'aimer vraiment au milieu de la foule qui emplissait la chambre de fumée et de faux semblants.

Après la feijoada, un dimanche, nous commentons, préoccupés, avec João et Berenice[1] : il est vert et il tousse sans arrêt. Trois jours après le téléphone retentit à l'hôtel : Glauber hospitalisé à Sintra, tuberculose, il avait vomi du sang. Nous avons été le chercher, João et moi, et l'avons transporté à Lisbonne, les examens ont commencé, la peur, l'espoir : non, il n'a pas de cancer, les examens sont négatifs, la fête à l'hôpital. Il avait un cancer du poumon, il est mort quelques jours plus tard. Occupant la chambre, la horde des profiteurs jacassant, fumant, reniflant, croassant, le désamour. Dans le lit, les joues creuses, les yeux implorants, Glauber ne voulait pas mourir, c'était un enfant.

Si à onze heures du matin je n'étais pas encore arrivé à l'hôpital le téléphone sonnait : *où es-tu, toi aussi tu m'as abandonné, tu ne viens pas me voir ?* J'y allais, vide, un zombi dans les rues de Lisbonne, crucifié. Je vois encore dans l'entrebâillement de la porte le regard de désespoir, d'adieu pour toujours adieu, quand nous sommes partis de l'hôpital presque en courant, Zélia, João et moi, pour ne pas le voir sur la civière qui le transportait à l'avion. Il s'est envolé à temps pour mourir au Brésil.

Les funérailles appartinrent aux pleureuses, à ceux qui l'avant-veille avaient précipité sa mort, ceux qui l'avaient enterré vivant – *je me sens enterré dans un puits de merde,* me dit-il à Rio avant de partir pour l'Europe –, ceux qui l'avaient traité de traître, vendu, lâche, flic, fils-de-pute. Ceux qui sont aujourd'hui les veuves de Glauber Rocha, ils portent le deuil, pleurent des larmes de crocodile, profitent, s'approprient, exploitent. À eux les funérailles, ce sont les fossoyeurs.

La mémoire, elle, de l'enfant terrible et tendre, le cangaceiro Antônio das Mortes, Dieu et Diable sur la terre du soleil, São Jorge terrassant le dragon du mal, Shangô dans les tambours du Barravento à l'heure de filmer et d'affirmer, la mémoire échappe aux gredins, aux profiteurs, aux festoyeurs

1. Berenice, femme du romancier João Ubaldo Ribeiro.

des médias : visage du peuple, il renaît chaque fois qu'un film de lui est projeté sur l'écran d'un cinéma.

Luanda, 1979 – l'Angolais

Parmi les héros découverts sur les bancs de l'école j'ai une prédilection pour l'Indien Poti et le Nègre Henrique Dias, deux Brésiliens, ils ont pris les armes aux côtés d'une poignée de patriotes portugais, ont mis en fuite les Hollandais[1] – la cour portugaise, quant à elle, considérait déjà la colonie comme perdue.

À Luanda – l'une des faces de Bahia, l'autre est Lisbonne – le directeur du musée historique, Henrique Abrantes, me montre des trophées de guerre, certains d'époques lointaines, d'autres liés à la lutte récente pour l'indépendance. En m'entendant citer le nom d'Henrique Dias, il me demande si je savais que le Noir, personnage de l'histoire du Brésil, était natif d'Angola. Je m'étonne, je l'ignorais, je le pensais fils d'Africains, né dans une maison-d'esclaves du Nordeste. Il est né ici, m'assure le directeur, il s'appuie sur des documents, il peut me les montrer si je veux, je le crois sur parole.

Il me raconte une histoire qui donne une dimension nouvelle au héros des manuels d'Histoire du Brésil. L'expédition militaire, partie de Rio de Janeiro pour expulser les Hollandais d'Angola, aurait dû compter dans ses rangs le valeureux Henrique Dias. Nommé capitaine du bataillon des Noirs, un important corps de troupe, au dernier moment on lui retira son commandement et on l'écarta de l'expédition. Les services secrets du gouvernement de la colonie avaient découvert un plan tramé par l'Angolais – Henrique Dias n'entendait pas se contenter d'expulser les Hollandais, son plan consistait à chasser d'Angola les envahisseurs bataves et, du même coup, les colonisateurs portugais, à proclamer l'Indépendance.

Je donne ici l'information telle que je l'ai reçue, je n'y ai rien

1. Expulsion des Hollandais – Henrique Dias participa à la première et à la seconde bataille de Guarapes, 1648/1649.

ajouté ni soustrait, je la laisse aux bons soins des érudits tels que Thales de Azevedo, José Calasans, Dias Tavares, c'est-à-dire Luiz Henrique.

Nice, 1990 –
la première dame

À l'hôtel sur la fin de l'après-midi, une fin d'après-midi de la Côte d'Azur, le soleil d'hiver déclinant sur la mer, nous commentons, Zélia et moi, le succès de Gilberto Gil[1] durant le show de la veille, il le mérite, plus encore en un moment où il est si éprouvé, si cruellement touché par la perte de son fils. Le téléphone sonne, dans le hall Annie Sidro, docteur en sociologie et en carnaval – son livre sur le carnaval de Nice est un monument –, elle est avec une dame, laquelle arrive de Bucarest via Paris, elle est venue en France dans la suite du Premier ministre Pietro Roman, en visite officielle. Elle a poussé jusqu'à Nice pour rencontrer le professeur de droit qui a orienté sa thèse lorsqu'elle était boursière roumaine. Apprenant que je suis dans la ville, elle désire me saluer. Je grommelle des jurons en voyant compromise notre fin d'après-midi, *noblesse oblige*, nous descendons rejoindre la vaillante Annie.

Noblesse oblige et ça en vaut la peine, car nous tombons sur une dame de moins de trente ans, d'une extrême beauté et d'une extrême élégance, un morceau de perdition. Très tendue, nerveuse, en Roumanie les émeutes se succèdent et la violence s'est emparée des rues de Bucarest, des manifestations hostiles au gouvernement provisoire du comité de salut national présidé par Ion Iliescu. Debout dans le hall de l'hôtel, les derniers rayons du soleil l'illuminent, elle resplendit au crépuscule, elle déclare s'appeler Dana et veut me parler.

À la table du bar, Dana trempe les lèvres dans le verre de whisky, elle commence un discours enflammé, interminable, raconte son pays en convulsions, la capitale libre et occupée. Un récit dur, cruel : la lutte contre le régime féodal de Ceausescu,

1. Gilberto Gil, compositeur et chanteur.

une dictature sanglante, la tragédie des torturés, des assassinés ; la tragédie du dictateur démis et de sa femme, les corps exposés, le peuple en colère, la libération qui remplace la peur et le silence par la haine et le désir de vengeance, la chasse aux sorcières, confuse : qui est qui, qui va être arrêté maintenant et qui le sera demain ? Le récit est sinistre, les jours qu'ils ont vécus sous le joug, elle et son mari, Dana frémit en racontant, allume cigarette sur cigarette, vide son verre de whisky, le renouvelle. Annie, Zélia et moi sommes écrasés par tant d'oppression, la vie intellectuelle réduite à zéro, la misère de la population, la dictature de Ceausescu est comparable à celles d'Hitler et de Staline.

Dana cite à chaque instant son mari, il est son idole et sa passion, un grand homme déclare-t-elle, un professeur, un maître. Opposant à Ceausescu, la Roumanie lui doit pour une bonne part la fin de la tyrannie, la chute du dictateur. Elle parle tant de son mari et de ses hauts faits que, curieux de savoir, je me décide à demander : votre mari, qui est-ce ?

– Je suis Dana Iliescu, me répond-elle.

– La femme du Président ?

– Exactement.

Foutre ! je m'exclame, c'est-à-dire je ne m'exclame pas, je pense : ce camarade président a bon goût et de l'appétit, septuagénaire il a choisi pour épouse une femme moderne, jeunesse, élégance et beauté réunies, la première dame de Roumanie est hors concours. La conversation se prolonge jusqu'à ce qu'Annie Sidro, consciente de ses devoirs carnavalesques, nous mène sur les gradins. Nous prenons congé de Dana, touchés par son anxiété et sa dévotion, elle doit repartir demain matin pour Paris. Sur les gradins, en regardant le défilé de chars allégoriques, nous évoquons l'inquiétude de la jeune femme : à peine sortie de la dictature, la Roumanie cherche le difficile chemin de la démocratie au milieu des manifestations, des protestations, des chocs sanglants, des menaces, de la peur. Aux dernières nouvelles, Bucarest est un véritable champ de bataille.

Le lendemain, après le déjeuner, le téléphone nous rend Dana Iliescu, son voyage a été remis de vingt-quatre heures, elle veut nous voir sur ordre de son mari, le président de la République. Elle l'avait eu au téléphone, lui avait raconté notre rencontre, il lui a donné mission de nous offrir une coupe de champagne en témoignage de son estime.

Dana veut venir immédiatement, elle a besoin d'appui, la pauvrette, compatit Zélia, cœur maternel, je renonce à la sieste, nous descendons au-devant de la première dame de Roumanie. Je refuse le champagne, je propose du whisky, elle aussi préfère, la conversation de la veille reprend. Dana donne des détails sur leur famille, elle est la seconde femme d'Iliescu, veuf lorsqu'elle l'a connu à l'Université et qu'ils sont tombés amoureux l'un de l'autre : je ne parviens pas à savoir si elle était son étudiante, sa collègue ou son assistante, quoi qu'il en soit ça a fini au lit, ils se sont mariés, c'est un couple heureux. Dana a passé la matinée à acheter des cadeaux pour les petits-enfants de son mari, pour le fils de son premier mariage et pour sa belle-fille, de la nourriture, des vêtements et des jouets, à Bucarest il n'y a rien à acheter. Heureusement l'agitation a diminué, le Président peut respirer, Dana en profite pour nous inviter à visiter la Roumanie, nous y sommes allés pour la dernière fois il y a trente ans. Apparaît à l'hôtel le jeune Tawil[1], il est venu combiner un déjeuner pour le lendemain, en voyant Dana il est ébloui, en sachant qui elle est il prend son appareil photo, fait son métier de journaliste. Dana avale le whisky avec courage, elle parle, parle, raconte, raconte sans s'arrêter, Tawil est aux anges, quel reportage il va envoyer à *A Tarde*! Vive la première dame de Roumanie ! Dana nous dit au revoir des heures plus tard, elle partira demain, à Paris elle rejoindra la suite du Premier ministre.

Le troisième jour, au petit matin, Dana au téléphone : son avion partira à la fin de l'après-midi, elle s'invite au déjeuner combiné la veille avec le journaliste, un sympathique garçon, elle nous retrouvera dans le hall de l'hôtel. J'abandonne l'idée de la pizzeria, je réserve une table dans un restaurant digne, on ne peut pas emmener dans une minable pizzeria la femme d'un président, fût-ce d'un pays aussi tourmenté, *noblesse oblige.*

Dana surgit au comble de l'élégance, elle avait acheté quelques chiffons à Nice, je ne sais combien de robes, de blouses, de pull-overs, des chaussures dernier cri, de la lingerie, une chemise de nuit française. À l'aéroport de Paris elle changera d'avion, elle prendra la place d'honneur dans la suite

1. Eduardo Jasmin Tawil, journaliste.

du Premier ministre, le soir elle sera dans les bras du président. Ce soir ça va être quelque chose ! je murmure à l'oreille de Zélia, elle me regarde, sévère, le couple Iliescu l'attendrit, l'amour qui les unit l'enthousiasme, elle m'ordonne *plus de respect, s'il te plaît* – je me fais petit.

Nous déjeunons bien et cher, consciencieux Eduardo Tawil prend des notes, rédige, quitte le restaurant pour le fax qui portera au peuple bahianais des nouvelles toutes chaudes de Bucarest en feu – un article en première page et une note sur le déjeuner dans la rubrique de July. Dana nous dit au revoir pour la troisième fois, serments d'amitié, à bientôt. Elle s'éloigne sur la promenade, talons hauts, écharpe au vent, élégance suprême. Je ne peux m'empêcher de l'imaginer le soir dans les bras de son Président mais je ne me hasarde pas à révéler à Zélia mes pensées peccamineuses : Bonne nuit, cher Président, belle première dame, tendres amants !

D'avoir fait la connaissance de Dana accroît encore notre intérêt pour les événements de Roumanie, nous suivons la campagne électorale, les débats, les difficultés, l'élection du président de la République : Iliescu, candidat, reste à son poste non plus à la faveur d'un accord politique mais par la volonté du peuple, il remporte les élections haut la main.

Le lendemain je lis dans *Le Figaro* un grand reportage sur la journée électorale. Une photo occupe deux colonnes : Iliescu en compagnie de son épouse dépose son bulletin dans l'urne.

– Zélia, viens voir ton amie en train de voter…

Zélia accourt :

– Qui, Dana ? Montre-moi…

Un tant soit peu vieillie, passablement en vérité. La première dame de la photo est une autre, une dame simple et âgée. Zélia saisie, sans voix :

– Mais ce n'est pas Dana…

– Dana doit être la seconde dame et non la première.

En 1991 nous allons en Italie, je suis membre du jury du prix de littérature d'Union latine, il sera remis pour la deuxième fois. La première fois, il a été décerné à Juan Carlos Onetti, maître romancier uruguayen, la seconde, il sera attribué à José Cardoso Pires, maître romancier portugais. Fait partie du jury l'écrivain roumain Dan Haulica, nous avons des amis communs à Bucarest et à Paris, le fait qu'il admire l'œuvre de Luandino

Vieira[1] nous rapproche. Haulica est un ami intime d'Iliescu. Zélia lui raconte l'histoire de Dana : après la photo accusatrice, Zélia lui avait accordé le rang de maîtresse, elle avait imaginé une histoire d'amour adultère, une passion irrépressible et illégale née en luttant pour la liberté, je tentais de coopérer en ajoutant des détails suggérés par la chemise de nuit française, je fus tancé : *tu ne penses qu'à ça.*

Dan Haulica écoute, surpris, indigné, il refuse à Dana tout crédit, ni épouse ni maîtresse, Iliescu est des plus sérieux, jamais il n'a eu d'aventure, il vit pour son foyer, c'est un citoyen discret. De plus il n'a jamais eu d'enfants, encore moins de petits-enfants, ils se suffisent à eux-mêmes, lui et son épouse. Je dis à Zélia :

– Tu viens de perdre jusqu'aux petits-enfants d'Iliescu, quant à moi j'ai perdu la nuit d'amour présidentielle et la chemise de nuit. Il ne nous reste rien.

Est-ce bien vrai ? Étant sceptique de caractère, je dois avouer que je garde de l'ex-première dame, flamboyant au crépuscule sur ses hauts talons dans le hall de l'hôtel, je garde d'elle un vif souvenir – moi et les lecteurs de *A Tarde* à Bahia –, je lui accorde le lit présidentiel si pudique qu'en soit le mandataire. Je ne le sais ni anachorète ni châtré et Dana est un morceau de perdition, tentation d'Eshou, ensorceleuse, le mystère qui l'entoure n'a pas été percé, j'attends encore le fin mot de l'histoire, que mon ami Dan Haulica me pardonne, je suis d'un caractère soupçonneux.

Rio de Janeiro, 1960 –
litige

João Gilberto[2] au téléphone, très ennuyé :

– Jorginho, j'ai reçu une convocation du juge, je devrai être à São Paulo jeudi, je ne peux pas, j'ai une radio, j'ai besoin d'un avocat qui me représente. Toi qui connais tout le monde là-bas trouve-m'en un, qui soit bon.

1. Luandino Vieira, écrivain angolais *(N.d.T.).*
2. João Gilberto, chanteur et compositeur.

Durant un spectacle dans la capitale pauliste Joãozinho a eu un différend avec un camarade, il a cassé sa guitare sur la tête du garçon, l'affaire va passer en justice, le chanteur de la bossa-nova ne sait à quel saint se vouer.

Je promets de m'occuper de la chose, j'appelle Luiz Coelho[1] à São Paulo, outre qu'il est l'auteur de bons livres policiers – il est le seul au Brésil, je n'en connais pas d'autre –, Luiz est un avocat réputé et un bon garçon. Je lui raconte les mésaventures de Joãozinho avec sa guitare et les tracasseries de la justice, à l'autre bout de l'interurbain Luiz écoute, finalement il répond :

– Je suis au courant, mais malheureusement je ne pourrai pas représenter João Gilberto. Je vais te donner le nom de trois confrères, tous les trois de premier ordre, n'importe lequel sera heureux de se charger de l'affaire – il me donne noms, adresses, horaires : un excellent garçon et un ami précieux, Luiz Coelho.

Il me reste une question et je la pose :

– Tu ne peux pas, pourquoi ? Tu dois voyager ?

– Non, pas du tout. C'est que je suis l'avocat de la partie adverse.

Rio de Janeiro, 1961 –
anticolonialisme

Très jeune encore mais déjà d'une extrême compétence, Eduardo Portella se vit nommé président, ou directeur, peu importe : grand chef de l'Institut afro-asiatique que Jânio Quadros[2] venait de créer. L'Institut fut l'un des principaux supports de la politique extérieure que Jânio chercha à implanter, rompant avec la traditionnelle soumission de l'Itamaraty aux ordres du département d'État nord-américain : la politique extérieure du Brésil était tracée à Washington.

Élu président de la République, Jânio Quadros, fou et visionnaire, rompit avec cette humiliante tradition, sur sa table de travail on pouvait voir les portraits de Nasser, de Nehru et

1. Luiz Coelho (1911/1975), écrivain et avocat.

2. Jânio Quadros, homme politique ; élu président de la République en 1960, il se démit de ses fonctions en 1961 *(N.d.T.)*.

de Tito, le Brésil se mit à figurer sur la carte du tiers monde. Il est temps de rendre justice aux aspects positifs de la présidence de Jânio qui marqua une rupture avec les positions rétrogrades, avec la mentalité coloniale des gouvernants. Pour ces raisons et d'autres il fut chassé du pouvoir : sa renonciation ne fut qu'une tentative pour secouer la nation, pour inciter le peuple à empêcher sa destitution déjà décidée dans les casernes par les militaires, d'accord avec l'ambassade des États-Unis.

L'Institut afro-asiatique représenta aussi l'abandon du soutien inconditionnel apporté par le gouvernement brésilien à Salazar et au colonialisme portugais, la reconnaissance des guerres de libération de l'Angola, du Mozambique, de la Guinée-Bissau. Pour la première fois un organe officiel du gouvernement brésilien osa contester le colonialisme lusitanien. Entre autres mesures révolutionnaires à l'actif de l'Institut (j'emploie le terme révolutionnaires dans son sens plein et non dans son acception gauchisante, restrictive), citons l'invitation au Brésil d'une délégation de guérilleros angolais – après le coup d'État militaire de 1964 ils furent arrêtés et torturés, parmi eux se trouvait, je crois, le poète Costa Andrade.

Les noms de quelques-uns des conseillers de l'Institut donnent une idée de son niveau et de son orientation : Josué de Castro, Maria Yeda Linhares, Fernando Henrique Cardoso[1], Cândido Mendes, Clarice Lispector, James Amado, José Mauro Gonçalves – ils dispensent de tout commentaire. Portella créa une collection d'ouvrages de grande qualité, je cite de mémoire quelques titres : *Dois Caminhos da Revolução africana* (Deux chemins de la Révolution africaine), de Moacyr Werneck de Castro, *Nacionalismo e Desenvolvimento* (Nationalisme et développement), de Cândido Mendes, *Contos negros do Brasil* (Contes nègres du Brésil), de Deoscóredes Maximiliano dos Santos – cet auteur au nom interminable n'est autre que maître Didi, des candomblés de Bahia, fils de sang de Mãe Senhora, vénérable iyalorishá.

Grâce à sa culture et à ses capacités, Portella mit au centre des débats les problèmes de l'Afrique et de l'Asie autant qu'il aida à ébaucher une politique africaine au Brésil. Son livre, *África, colônias e cumplices* (Afrique, colonies et complices), en définit les coordonnées. Sous sa direction la revue *Tempo Bra-*

1. Fernando Henrique Cardoso, sociologue et homme politique, a été élu en 1994 président de la Répulique *(N.d.T.)*.

sileiro divulgua des idées, précisa des problèmes, contribua à la prise de position d'innombrables intellectuels.

À peine nommé, Portella, avec le sérieux qui le caractérise, chercha immédiatement à mettre à jour ses connaissances sur la réalité afro-asiatique. Il alla à la librairie des frères Zahar, Jorge et Ernesto, et leur laissa une commande phénoménale : essais, études, romans, volumes de poésie de Senghor à Césaire en passant par d'Arboussier, cartes, mappemondes, livres d'art, une bibliothèque, il engagea son traitement d'une année, une facture immense. Ernesto Zahar promit de faire diligence, malgré ça le précieux chargement tarda à arriver à Rio, consigné à Londres où le correspondant des Zahar avait réuni les ouvrages provenant de Dakar et de Tokyo, de Lisbonne et de Luanda, de Pékin et de Hong Kong, de Colombo et d'Addis-Abeba, etc.

Finalement tout arriva, une douzaine de caisses de dimensions variées. Averti, Portella courut à la librairie muni d'un carnet de chèques, d'une camionnette pour transporter les Afriques, l'arabe et la noire, les Asies prenant feu, il réunit les cartes, les albums d'art, le roman, la poésie, des piles de livres, paya la note, une fortune. Ruiné et content, il rentra chez lui. Avant même de commencer à ouvrir les caisses il me chercha au téléphone pour clamer la bonne nouvelle, il me trouva à la librairie São José :

– Jorge, les livres…

– Eduardo ? Je te cherchais partout. Tu sais ou non ? Le gouvernement est tombé, Jânio a renoncé à la présidence, les militaires menacent de ne pas donner l'investiture à Jango, la confusion est générale…

À l'autre bout de la ligne, la voix défaite de Portella :

– Il s'est démis ? Les militaires vont prendre le pouvoir ? Moi qui viens de payer les livres que j'avais commandés, ils sont arrivés aujourd'hui, je suis sur la paille.

Nous nous sommes retrouvés, avons discuté, avons réuni des gens, avons commencé à agir pour soutenir Goulart, pour assurer la succession, nous avons fait de tout, ce fut divertissant en diable. Quant aux livres, Eduardo les a lus, un à un. Ma nièce Mariana a hérité de la mappemonde.

Nous montons à Paris dans l'omnibus pour Rome, nous allons prendre le pouvoir. Officiellement le but de notre voyage est de couvrir pour la presse communiste du Brésil les élections italiennes, nous sommes trois, Zora Seljan, Carlos Scliar et moi, munis chacun d'une accréditation de correspondant étranger. Zora fera les reportages et quelques interviews, Scliar dessinera des scènes de rue et des portraits de dirigeants, il me reviendra d'interviewer Togliatti et Pietro Nenni et de faire l'analyse politique de la victoire. Oui, de la victoire, car le parti communiste italien va gagner les élections, il va arriver au pouvoir et formera le nouveau cabinet, allié aux socialistes de Nenni. Nous participerons à la grande fête, hourra !

Les communistes perdirent les élections, les démocrates-chrétiens conservèrent le gouvernement, nous nous trouvions tous les trois à la rédaction de *L'Unitá*, nous enchantant de fausses nouvelles, quand Togliatti arrive et déclare : nous avons perdu. Abattus, nous sommes allés manger une pizza avec Dário Puccini[1] dans une cantine bon marché, nous ne pouvons plus être prodigues, nous n'avons pas conquis le pouvoir. Zora déchire et jette à la poubelle un reportage saisissant de vie et de vérité sur les élections, du temps perdu. Par précaution, pour être libre pour la fête, elle avait rédigé à l'avance le bulletin de victoire – elle racontait heure par heure la marche des événements, donnait des détails sur l'ampleur des célébrations, le peuple dans la rue agitant des drapeaux, la musique et les strophes de l'hymne *Avanti popolo*, un magnifique reportage. Plus prudent, Carlitos avait laissé les dessins à plus tard, il n'en fit qu'un, la rédaction de *L'Unitá* bourrée de journalistes étrangers, au premier plan Dominique Desanti, envoyée d'*Action*, et Oleg Ignatiev, de la *Komsolmoska Pravda* de Moscou.

Nous avons perdu les élections, le voyage n'en fut pour autant ni inutile ni triste. La défaite n'empêcha pas les festivités, à la réunion chez Guttuso[2] il y avait tout le monde, de Moravia à Zavittini, de Carlo Levi à Desanti, d'Émilio Sereni à Giancarlo Pajetta, sans parler des comtesses communistes, j'ai

1. Dário Puccini, professeur et écrivain.
2. Renato Guttuso (1912/1987), peintre.

commencé à Rome ma moisson d'amitiés, je l'ai poursuivie à Florence avec Vasco Pratolini, à Milan avec Elio Vittorini. Dário Puccini avait déjà traduit *Capitães da Areia (Capitaines des sables)*[1], il a traduit ensuite d'autres de mes livres, il se bat jusqu'à aujourd'hui pour la littérature brésilienne comme s'il était né à Rio de Janeiro. Il parle le portugais à la perfection, prononciation carioque, il l'a appris avec une jeune Brésilienne avec laquelle il eut une amourette – il n'y a pas de meilleure manière d'apprendre les langues qu'au lit, bouche à bouche, dans des soupirs d'amour.

Zora rentre à Paris où des obligations l'appellent, Carlitos et moi allons à Gênes attendre Zélia qui arrive de Rio avec João Jorge. Du quai je la vois sur le pont du bateau, portant l'enfant, ma madone, mon cœur s'emballe dans ma poitrine, enfin je l'aurai dans mes bras, il n'y a pas de pouvoir qui se compare.

São Paulo, 1945 –
l'admirateur

La prison, ça me connaît, j'ai passé sans problème mes emprisonnements, ni dépressif ni agité, supporterais-je aujourd'hui la taule avec autant de désinvolture ?

Lors d'une de mes arrestations se produisit un incident tragi-comique, ça mérite d'être raconté. Vers la fin de l'Estado Novo, au milieu de 1945, la police politique de São Paulo tendit une souricière au siège du comité d'aide aux Nations unies – lisez l'Union soviétique –, une salle qui peu à peu s'était transformée en siège de tous les organismes, fantômes quelques-uns, liés au Parti communiste. Chaque après-midi j'y faisais un tour pour des rencontres politiques, pour de petites réunions, pour recevoir et transmettre les consignes. Ce jour-là en arrivant je trouvai la police, en tête le commissaire Luiz Apolônio, trop connu de tous. Au siège du comité ou à leur domicile près de cinq cents personnes furent arrêtées, des intellectuels, des syndicalistes, des activistes. Caio Prado Júnior et moi, après un bref

1. *I banditi del porto*, Edizioni Sociales.

passage par la centrale de police, fûmes envoyés à la maison d'arrêt, nous occupâmes la cellule où Monteiro Lobato avait purgé une peine pour avoir affirmé qu'il existait du pétrole au Brésil.

Dans une salle énorme jonchée de matelas nous trouvâmes, unique détenu, le peintre Clóvis Graciano. Que fais-tu ici ? lui demandai-je et il répondit : *je t'attendais*. Nous tentâmes d'obtenir qu'on transporte Clóvis dans la cellule de Lobato, sans résultat. Vers les deux heures du matin on nous remit en liberté, Caio et moi, à la porte de la prison Frota Moreira nous attendait. Oswald de Andrade fut vert de rage de ne pas avoir été arrêté, un affront.

L'histoire liée à cet épisode et qui mérite d'être relatée concerne un lecteur mineiro de passage à São Paulo. Il me téléphona, il avait acheté la collection de mes livres, on les vendait à tempérament, il me demandait de les dédicacer, je lui donnai rendez-vous au siège du comité à quatre heures, à trois heures je fus arrêté, mon lecteur fut embarqué une heure après, au lieu de l'auteur il avait trouvé les policiers.

Le lendemain mon appartement était en révolution, des parents de détenus réclamaient des mesures, il y avait une dame espagnole dont la fille syndicaliste avait été emmenée par la police, elle me rendait responsable de ce qui pouvait arriver à sa fille : *ma fille est vierge !* Caio Prado et moi allâmes parlementer avec le chef de la police, un bachelier bonhomme, les détenus commencèrent à être relâchés, vingt-quatre heures après le coup de filet ils étaient tous dans la rue, y compris la vierge immaculée. Tous sauf un, mon lecteur : lui restait en prison avec sa collection de livres, car personne ne s'était intéressé à lui. Il y passa encore deux jours et y serait resté longtemps si sa famille, étonnée de ne pas le voir revenir au Minas et de ne pas avoir de nouvelles, ne s'était inquiétée de sa disparition. D'hôpital en hôpital en passant par la morgue, ils finirent par le retrouver en prison, accusé de communisme. Il abandonna sans doute sa collection de livres dans la cellule qu'il avait occupée deux ou trois jours, je ne sais pas exactement combien.

Viana de Castelo, 1992 –
gastronomie

Au déjeuner, le menton dégoulinant de sauce, je me répands en éloges sur la poule en civet, Nuno me corrige en connaisseur :

– Regarde la carte – il lit à haute voix : – *Riz au coq pied libre,* c'est-à-dire une volaille élevée en plein air, la saveur est autre que celle de ces poulets de batterie qui n'ont aucun goût.

Nuno Lima de Carvalho, citoyen multiple, journaliste, critique d'art, spécialiste en peinture naïve comme en tourisme, en gastronomie n'en parlons pas, grand dignitaire de la confrérie des gastronomes du Minho, noble confrérie s'il en est ! Il connaît les restaurants du pays dans le détail, les plats il les connaît tous quand il ne les invente pas et les baptise : on doit à Nuno le *riz au lait à la prieur de Vila Franca,* gourmandise à manger et à remanger, dont l'abus est né de la sentence du Padre Sérgio[1] : *plutôt l'indigestion que d'en laisser*. Il m'entraîne dans le nord du Portugal, j'inaugure des plaques dans des hostelleries de renom et de vieille tradition, si mes livres tombent dans l'oubli il restera le souvenir du glouton sur les plaques commémoratives de déjeuners et de dîners mémorables. Dans ce parcours des hauts lieux de la cuisine je vais de chez Vitor, à São João del Rei, jusque chez Natário à Viana do Castelo – la morue de Vitor ! le gâteau mousseline de Natário ! les beignets de Dona Custodinha !

À Viana, dans le salon noble de l'hôtel de ville, on célèbre les talents de Manuel Natário et de Dona Custódia son épouse, pâtissiers. Ils sont décorés, reçoivent diplômes et médailles après les discours des autorités. Heureux le pays qui fête ses cuisiniers, décore ses pâtissiers, accorde à la table, à l'art culinaire une dimension culturelle conforme à ce qu'enseigne Miguel Torga, écrivain portugais à la mesure de son peuple.

Au dîner, je fais un sort au cabri rôti, Nuno me montre la cuisine de l'auberge, il m'explique :

– Le secret, ce sont les fourneaux à bois, il faut les conserver, empêcher qu'on les éteigne, qu'on remplace le feu de bois par le gaz ou l'électricité.

1. Padre Sérgio Augusto Pereira, directeur du séminaire de Viana do Castelo, journaliste, gastronome et bon vivant.

L'aide cuisinier attise les braises, les flammes montent du fourneau à bois : qu'on ne les éteigne pas, pour l'amour de Dieu ! La sauce du cabri noircit les lèvres du bon Nuno Lima de Carvalho, un colosse par la stature, la gastronomie, l'amitié : il se nettoie les lèvres d'une goulée de *vinho verde*, il adore le *vin vert.*

Bahia, 1985 – barbe

Márcio Tavares d'Amaral, philosophe et poète, universitaire reconnu, lettré familier de Joyce et de Kafka, incorrigible leader estudiantin, nostalgique des manifestations et des farces, les mains sur la bouche imite le son du saxophone, les sirènes des voitures de police, chante avec l'accent lisboète des chansons engagées de Sérgio Godinho. Il est notre hôte dans la maison du Rio Vermelho avec Teresa, fleur des Costa, nous bavardons tandis qu'il se fait la barbe.

Une longue conversation, Márcio ne met pas moins d'une demi-heure pour se raser : *un jour ça m'a pris moins* de *vingt-cinq minutes, mais ce n'est arrivé que cette fois-là*, me dit-il. Je ne mets, moi, pas plus de cinq minutes, je m'étonne d'un pareil écart, Márcio m'explique :

– Vous connaissez le verbe se barbifier ? C'est celui que j'emploie. Vous en conjuguez un autre : se raser, pour être sincère, c'est simpliste.

Je lui raconte que Graciliano Ramos se rasait avec un sabre à l'ancienne, il n'a jamais utilisé de lames. Les yeux de Márcio s'illuminent :

– Ça, c'est le summum, je ne vais pas jusque-là.

Barbifié, Marcio s'approche du mur du jardin, fait retentir la sirène de la police dans la rue Alagoinhas : les voisins sortent sur le pas de leur porte pour voir ce qui se passe. Le rire de Teresa tranquillise les oiseaux.

De ministère en ministère, de bureau en bureau j'accompagne Picasso dans les rues de Paris, il se débat pour résoudre la situation de Pablo Neruda en France. Nous galopons de porte en porte, c'est une journée chargée pour le peintre : Françoise, sa femme, est entrée à l'hôpital, prête à accoucher. Il désirait une fille, elle s'appellerait Paloma : la *paloma* de la paix, la colombe dessinée par Picasso couvre les murs de la ville, appelant au Ier Congrès mondial des partisans de la Paix qui va commencer le lendemain, salle Pleyel.

Neruda avait débarqué à Paris une semaine auparavant en se faisant passer pour citoyen guatémaltèque, Don Antonio de je ne sais quoi, moustachu à souhait, attaché culturel, etc. Un passeport lui avait été fourni par Miguel Angel Asturias, ambassadeur du Guatemala en Argentine qui, pour secourir son ami, avait mis en jeu son poste et sa carrière. Il n'avait pas hésité une minute quand Pablo, fuyant le Chili où il avait été expulsé du Sénat, s'était adressé à lui.

Au début nous n'étions que quelques-uns à être au courant de la présence, ultra-secrète, du poète – moi, Alfredo Varela (le romancier de *El Rio oscuro (*Le fleuve obscur), dirigeant du PC argentin), Laurent Casanova, responsable des questions culturelles et du mouvement de la Paix au bureau politique du PC français, Louis Aragon et Françoise Leclerc dans l'appartement de laquelle était hébergé Neruda. Ce devint bientôt un secret de polichinelle. La troupe des admirateurs grossissait au fur et à mesure qu'arrivaient pour le congrès les intellectuels latino-américains : Juan Marinello, Nicolás Guillén, Miguel Otero Silva, Alfredo Gravina, le peintre Venturelli. Son passeport illégal interdisait à Pablo de participer au conclave et il courait le risque d'être arrêté et expulsé de France à tout moment.

D'autorités en autorités, Picasso s'achemine vers une solution, je le suis, non que je sois d'une grande aide, mais je lui tiens compagnie. De demi-heure en demi-heure nous entrons dans un bistrot, Picasso téléphone à l'hôpital, prend des nouvelles de la parturiente, Françoise n'a toujours pas accouché. La réponse qu'il obtient enfin à l'un de ses appels est accueillie avec des hosanna : la petite Paloma est née, la mère se porte bien, Picasso exulte.

Bon, à cette heure le problème des papiers de Neruda était pratiquement résolu, restaient les derniers détails, je pourrais m'en charger seul. Va voir ta fille et ta femme, proposai-je, Picasso refusa : *quand tout sera terminé*. Le ministère de l'Intérieur et le Quai d'Orsay trouvèrent finalement la solution : Pablo quitterait la France en voiture, la police des frontières recevrait la consigne de ne pas créer de problèmes, il reviendrait dès qu'il aurait un passeport en ordre.

En Suisse où La Hormiga[1] l'attendait, un ex-consul du Chili et admirateur inconditionnel avait prolongé le vieux passeport chilien que Delia avait apporté de Santiago. L'ex-consul, à la retraite, avait conservé les timbres et les tampons, ils pourraient être utiles un jour, ils le furent. Ainsi le poète regagna Paris, non plus dans la peau du Guatémaltèque Don Antonio, mais dans celle du Chilien Naftali Ricardo Reyes, son véritable nom. Il n'avait pas encore officialisé son pseudonyme, ce qu'il fit lorsqu'il retourna au Chili : ni Antônio des bacchantes, ni Naftali Reyes, à jamais Pablo Neruda, poète et militant.

Picasso s'occupa de l'affaire jusqu'à ce qu'il la voie complètement résolue, je me chargeai du voyage, désignai des gardes du corps, deux jeunes Brésiliens boursiers à Paris, Paulo Rodrigues et Alberto Castiel, ils emmenèrent en Suisse le moustachu Don Antônio, ramenèrent en France Delia et Pablo, muni d'un passeport en règle et sans moustaches.

De retour à l'hôtel je racontai à Zélia les péripéties de la journée, les téléphones de Picasso à l'hôpital, la naissance de Paloma.

– Si un jour nous avons une fille elle s'appellera Paloma, décide Zélia, impressionnée.

Cela se passait en 1949, notre Paloma naquit en 1951. Comme à dessein, la petite graine avait été semée à Varsovie durant le IIe Congrès mondial des partisans de la paix, la colombe de Picasso sur les murs de la ville, l'inspiration.

1. La Hormiga (la Fourmi), surnom de Delia del Carril, alors la femme de Neruda.

Je reçois la visite du maire de Jandaíra, petite ville située au nord de Bahia, à la frontière du Sergipe, la plage du Mangue Seco, la plus belle du monde – pour une fois je suis péremptoire –, se trouve dans sa circonscription. Le bourg va être rebaptisé, il vient m'inviter à la fête : Jandaíra, selon une décision plébiscitée par la population, s'appellera désormais Sant'Ana do Agreste, nom de la ville imaginaire où se passe une grande partie du roman *Tieta do Agreste, pastora de cabras (Tieta d'Agreste, gardienne de chèvres)*.

L'action du roman et celle du feuilleton *Tieta,* écrit par Aguinaldo Silva à partir de mon livre et produit par la télévision Globo. Le feuilleton a battu tous les records d'audience – à ce que je lis dans un article d'un critique de télévision de São Paulo, les feuilletons tirés de mes romans ont du succès parce que les putains que je décris sont des personnes estimables, malheureuses mais droites, s'il l'a écrit dans l'intention de me fâcher il a perdu son temps et son latin, il s'est trompé, il m'a fait plaisir. Dans les rues et les places de Sant'Ana do Agreste, dans les gens qui y circulent et y vivent, le peuple de Jandaíra a reconnu sa ville.

Il y en eut même pour protester, j'aurais été injuste en changeant le nom de la ville car c'est à Jandaíra que Tieta avait vécu et avait monté tant de bons et beaux coups. Il m'arrive parfois d'être accusé de la sorte : Bruno Barreto, ne sachant comment expliquer l'accent italien de Nacib joué par Mastroianni dans le film *Gabriela*[1], a dit, dans une interview, qu'il avait découvert en faisant une enquête à Ilhéus que Nacib n'était pas arabe mais italien. Voyez à quoi est exposé un romancier : Bruno me vole la nationalité d'un personnage que j'ai créé, les habitants de Jandaíra m'accusent de saboter leur ville : j'ignorais l'existence de Jandaíra lorsque j'ai écrit *Tieta.*

Je promets d'y aller avec Zélia, le maire m'apprend que Roberto Marinho s'est engagé à venir, ça va être une fête fantastique.

1. Produit par la Metro Goldwyn Mayer en 1983.

Casablanca, 1989 –
l'histoire de la femme
de seu Vieira

J'en profite pour raconter l'histoire de la femme du senhor Vieira telle qu'elle s'est passée, sans changer un iota, des versions contradictoires circulent, chacun narre le conte à sa manière, la majorité a entendu le coq chanter mais ne sait pas la moitié de la musique.

Nous nous trouvions à Casablanca, Calasans Neto, Auta Rosa, Zélia et moi, et étions descendus dans l'un des deux meilleurs hôtels de la ville, Auta découvrit un cafard dans la chambre, elle en fit part à Zélia, l'hôtel fut mis sur la liste noire. Comme nous partions ce même jour pour Marrakech, nous décidâmes de visiter l'autre meilleur hôtel de l'autre côté de la place, d'inspecter confort et propreté, de faire des réservations pour notre retour, une semaine après, si ça valait la peine.

À la réception nous cherchions à obtenir des renseignements sur les chambres quand un homme encore jeune, bien mis, l'air sportif, qui me regardait avec curiosité, me demanda si j'étais brésilien, écrivain et si mon nom était… Effusions patriotiques, échange d'amabilités, notre compatriote en apprenant ce qui nous amenait fit l'éloge de l'hôtel, d'une propreté impeccable, pas l'ombre de cafards, il proposa de nous montrer son appartement pour que nous en jugions. Je tentai de refuser, allons donc ! Dona Rosa et Dona Zélia voulaient vérifier de visu, elles acceptèrent, imposèrent, nous accompagnâmes le senhor Vieira – *Vieira, de Santa Catarina* s'était-il présenté – jusqu'au huitième étage. Il prit les devants, frappa à la porte, l'ouvrit une enfant d'environ cinq ans. *Où va la corde va la cruche,* dit l'amphitryon, je ne sais pourquoi sa déclaration me fit l'imaginer veuf courant le monde avec sa fille orpheline. Nous entrâmes à tâtons dans le couloir qui longeait la salle de bains, l'appartement était plongé dans la plus noire obscurité. Vieira pénétra dans la chambre en allant droit vers la baie vitrée, moi derrière lui, les autres derrière moi. D'un coup sec Vieira ouvre les rideaux, la lumière matinale de Casablanca envahit la chambre, on entend un cri de femme : *Vieira, qu'est-ce que c'est ?* – *C'est Jorge Amado, ma fille,* explique ce bon lecteur au comble de la satisfaction, il me désigne du doigt, ensuite il m'informe :

voici mon épouse. Je regarde et je la vois, allongée toute nue dans le lit matrimonial, extase, vision, comment dire ? Je ne dirai rien, je n'ai rien dit, j'ai seulement écarquillé les yeux, elle s'est redressée, la lumière a baigné ses seins, alleluia ! Maîtresse de maison civilisée, elle m'a invité à m'asseoir au bord du lit, invitation qui ne s'est pas étendue aux autres, certainement parce qu'ils ne lui avaient pas été présentés : le mari avait juste prononcé mon nom.

Je m'assis un fugitif instant car déjà Zélia décrétait vu et approuvé l'appartement, remerciait et tournait les talons en nous entraînant autoritairement, je n'ai pas encore compris la raison de tant de précipitation. Vieira nous accompagna à la porte, donnant la main à l'enfant, nous dîmes merci beaucoup, saluâmes. En nous dirigeant vers l'ascenseur je taquinai Calasans, les dames allaient devant :

– Tu t'es rincé l'œil, hein Calá?

– Rincé l'œil, comment ça ?

– Avec la nudité de la femme de seu Vieira.

– La nudité ? Qu'est-ce que c'est que cette histoire ?

De fait, après avoir franchi la porte, surpris par l'obscurité Calasans Neto n'avait pas dépassé le couloir, il n'était pas entré dans la chambre et je ne m'en étais pas rendu compte. En sachant ce qui s'était produit il devint comme fou, il voulait à toute force retourner dans l'appartement sous prétexte d'avoir oublié sa casquette.

– Ta casquette est sur ta tête, Calá. Tu as raté le coche, maintenant c'est trop tard.

Nous sommes partis pour Marrakech, nous y sommes restés une semaine. Je constatai que ni les merveilles de la ville, ni la médina, ni même le top-less des Suédoises au bord de la piscine, rien ne parvenait à ôter de la tête de Calá la femme de seu Vieira que lui, hélas, n'avait pas vue nue, par paresse.

Nous revînmes à Casablanca, descendîmes cette fois à l'hôtel sans cafards où nous avions fait des réservations. À la réception, avant même de donner son passeport Calá s'enquit de seu Vieira ;

– Vieira ? Vous voulez parlez du Brésilien avec cette belle femme ? – les mains du portier modelaient les formes d'un corps : – Quelle femme, cher Monsieur ! – il fit claquer sa langue avec concupiscence : – Il est parti hier pour Rio de Janeiro.

Là s'arrête l'histoire véritable. Tout ce qu'on raconte, l'artiste armé de jumelles perché sur un palmier pour scruter la chambre des Vieira et autres extravagances, n'est qu'inventions enrichissant le folklore de maître Calá, roi d'Itapuan, empereur d'Abaeté.

Rio de Janeiro, 1946 –
antisalazarisme

Je monte à la tribune de l'Assemblée nationale constituante, j'ai été élu député par São Paulo, je lis et je commente une lettre que je viens de recevoir du Portugal. M'écrivent deux jeunes gens, ils se déclarent mes lecteurs, lectures clandestines car mes livres sont interdits dans la métropole et dans les colonies portugaises.

Réquisitoire contre le salazarisme, la lettre dénonce l'oppression régnante, un témoignage émouvant, les signataires sont à peine sortis de l'adolescence, des garçons qui font leurs premières armes dans la résistance culturelle : sous la dictature de l'Estado Novo portugais l'action culturelle se mêle à la lutte politique. Au Brésil, c'est la lune de miel avec la démocratie reconquise par les armées des Nations unies, la présence du corps expéditionnaire brésilien sur les champs de bataille d'Europe a aidé à renverser notre Estado Novo, copié en partie sur le lusitanien, mon discours est écouté avec attention, personne ne se risque à prendre la défense du lugubre dictateur.

Les jeunes signataires de la lettre se nomment José Rabaça et António Alçada Baptista, plus de vingt ans après je ferai leur connaissance. Invité chez Rabaça, industriel et journaliste, au pied de la Serra da Estrela, il me demande : *vous vous rappelez une lettre qui a provoqué un discours de vous à la Chambre ? Vous vous rappelez les signatures ? Vous ne vous rappelez pas ? C'était celle d'Antonio Alçada Baptista et la mienne.*

Nous sommes les hôtes d'António Alçada Baptista dans la maison en pierres qu'il a dans la montagne, la plus belle maison du monde selon Odylo Costa, Filho, je ne le discute pas, mais j'ajouterai que c'est aussi la maison la moins commode de l'univers. C'est lui qui nous a emmenés dîner chez les Rabaça. Essayiste brillant et polémiste, António Alçada Baptista n'est pas encore le romancier que je lirai et aimerai d'ici quelques années. Mais je l'admire et l'estime. Même lorsque ne concordent pas nos positions et nos idées comment ne pas admirer son écriture cristalline, son sérieux et sa culture d'intellectuel européen, comment ne pas estimer sa disponibilité quasi brésilienne, son besoin de comprendre et de communiquer ?

Praia, 1986 – danse

Nous nous dirigeons vers la salle où va se dérouler le banquet qu'offre le président de la République du Cap-Vert au président de la République du Brésil : Sarney est venu à Praia en visite officielle.

Zélia me prend le bras, me fait m'arrêter, sourit. Devant nous, dans le hall, la senhora Aristides Pereira, femme du Président, première dame du pays, la sympathie en personne. Se croyant seule, en entendant la musique qui vient de la salle elle fait avant d'entrer un pas de danse, on dirait un mouvement chaloupé de samba, c'est une ondulation de *morna,* rythme et danse du Cap-Vert, la même séduction, un identique jeu de hanches, la croupe en liberté.

Oulan-Bator, 1952 –
l'interprète

À peine avions-nous débarqué que commencèrent les difficultés linguistiques à l'aéroport d'Oulan-Bator bourré d'autorités : membres du gouvernement, dirigeants du Parti, représentants de l'Union des écrivains, du mouvement de la Paix, de l'Union des femmes venues accueillir Zélia et Rosa, des Jeunesses communistes, des Pionniers et j'en passe. Notre visite en Mongolie est un événement national sans précédent, personne ne s'intéresse au plus ancien et au moins important des pays des démocraties populaires. Enclavée entre l'URSS et la Chine, occupée pour les deux tiers par le désert de Gobi, nation de bergers soumise au régime du socialisme réel, inconnue et méprisée, l'ex-Mongolie extérieure, indépendante depuis 1921, ignorée par les intellectuels communistes, interdite aux touristes, reçoit la visite d'un membre du bureau du Conseil mondial de la Paix. Mieux encore, d'une personnalité titulaire du prix international Staline, moi-même en l'occurrence, et d'un poète célèbre, Nicolás Guillén. Je me souviens des délégations, des drapeaux, des applaudissements à notre descente de l'avion, mais ce que je garde jusqu'aujourd'hui au fond des yeux, c'est le spectacle de l'immense vallée glacée entourée de très hautes montagnes, rarement dans ma vie j'ai vu un cadre d'une telle splendeur. Il fait moins trente.

Le ministre de la Culture, futur Premier ministre, s'approche du micro, il fait un discours en mongol, un interprète traduit en russe, *vous êtes entre mes mains,* se rengorge Zélia, la seule de nous quatre à savoir un peu de russe. Suit une traduction en anglais, l'interprète est un nabot, il avale la moitié des mots, *vous restez entre mes mains, dans de bonnes mains*, susurre Zélia, la seule de nous quatre à comprendre et à massacrer la langue anglaise, son anglais depuis s'est fait opulent, ce n'était pas le cas lorsque nous avons atterri à Oulan-Bator, il était bien maigre. Je demande à la polyglotte de traduire, Zélia me répond imperturbable : « Il nous a souhaité la bienvenue », je lui fais une grimace, nous sommes dans de bonnes mains, n'est-ce pas ? Nous sommes dans le brouillard le plus total.

Ignorant le mongol, le russe et l'anglais, je ne fais pas d'effort pour remercier en français, je le fais en portugais mais je termine en m'écriant en russe : *Za mir !* Vive la paix ! Il n'y a pas eu de traduction, j'imagine la stupéfaction des auditeurs de la radio en m'écoutant en bahianais, j'ai repris à leur intention la formule soviétique apprise dans les congrès.

Les voitures nous conduisent à l'hôtel, dans les rues la population arbore le costume mongol, casaques, bonnets, bottes, peaux de moutons, couleurs vives, les hommes nous paraissent grands, les femmes belles. Le ministre, les autorités, les représentants des organisations qui nous accompagnent sont vêtus à l'européenne, ils font triste figure dans leurs vêtements occidentaux, ils diminuent de stature, perdent leur personnalité. Je crois que les vêtements européens, de confection moscovite, sont la propriété du gouvernement et sont réservés aux occasions exceptionnelles, lorsque c'est indispensable comme c'est la cas.

À l'hôtel nous sommes présentés à un extravagant personnage, il porte une espèce de cache-poussière blanc sur la veste et le pantalon d'un défunt bien plus petit que lui. Nous ne réussissons pas à savoir de qui il s'agit malgré les efforts de Zélia, Rosa Guillén pense qu'il doit être barbier, elle conseille : *profites-en, Nicolás, pour élaguer tes mèches.* L'interprète flotte dans ses vêtements d'emprunt, le grand n'entre pas dans ceux dont il a hérité, l'un et l'autre sont d'âge moyen – tous les Mongols, sauf les enfants, paraissent avoit entre trente et quarante ans.

Nous partons en cortège visiter la ville, l'interprète traduit en anglais les explications du ministre devant les quelques bâtiments de brique ou de ciment, Zélia fait de son mieux, elle nous permet de reconnaître les palais du gouvernement et du parlement, le siège du Comité central, l'université. Bien plus que les rares constructions de l'architecture soviétique, hideuse, nous intéressent les tentes plantées dans la vallée, des centaines et des centaines, en laine de chameau très épaisse, rondes, amples, confortables, avec une cheminée au centre, des bergers moustachus, de grosses femmes : c'est l'autre ville, la ville provisoire, beaucoup plus grande et attrayante que celle de pierre et de chaux.

Pendant l'hiver les pasteurs affluent du désert, ils dressent leurs tentes, la population de la capitale double. En ce début de 1952 on recensait cinquante mille habitants permanents à Oulan-Bator, l'hiver ils dépassaient les cent mille : la population totale de la République n'atteignait pas un million de personnes. Nous nous arrêtons devant le palais du Dieu vivant – avant l'invasion japonaise la Mongolie était une théocratie gouvernée par un Bouddha réincarné –, une construction chinoise en bois, très belle, il existe dans la ville un autre couvent bouddhiste. Le Dieu vivant s'allia à Sukh Bator pour expulser les Russes blancs qui avaient pris la suite des Japonais pour oppresser le peuple mongol, après la victoire il resta au pouvoir jusqu'à sa mort, en 1924, où la Mongolie indépendante proclama le socialisme. Les cent mille moines des temps passés se réduisirent à mille, des mille monastères il ne resta que cent. À la fin de notre séjour nous avons rendu visite au Bouddha vivant, plus que vivant, vivissime, s'il n'est pas inscrit au Parti il est sympathisant, il nous fait l'éloge du gouvernement communiste.

Nous perdons une bonne partie des explications du ministre. Avec l'aide du nabot, Zélia parvient à lui transmettre notre appel angoissé : un interprète parlant français, pour l'amour de Dieu, de Marx et de Lénine, nos dieux, s'il en existe un parlant espagnol encore mieux, car Rosa ne connaît que cette langue. D'une voix navrée le ministre avoue : il n'existe personne dans toute la République qui domine le français, l'espagnol il ne faut pas rêver, gestes expressifs d'impuissance, je le sens humilié, il me fait de la peine. Nous devons nous contenter de l'interprète en anglais retraduit par Zélia, nous continuons à être entre ses mains : reconnaissant, je les lui baise, la sentant déprimée.

Dîner pantagruélique sous le regard attentif de l'homme au cache-poussière, debout devant nous. Qui peut-il être, quelle fonction exerce-t-il ? Il n'est pas barbier comme l'a imaginé Rosa, Zélia le suppose directeur du restaurant. Nicolás et moi, à son invite, goûtons la boisson nationale, un alcool fait à base de lait de jument, nous trouvons ça abominable, mais comme il insiste nous en reprenons, de gorgée en gorgée nous commençons à apprécier.

Le programme prévoit pour le matin suivant une rencontre au palais avec les membres du gouvernement et une visite au siège du Comité central, l'après-midi séance au Parlement, réception à l'université : comment ferons-nous pour comprendre les allocutions et y répondre, pour entretenir une conversation ?

Nous terminons le premier repas de la journée, non moins pantagruélique, lorsque survient le ministre de la Culture accompagné d'un homme d'âge moyen (comme tous les Mongols), il le présente à grands cris : *françuski ! françuski ! Bonjour !*, nous exclamons-nous à l'unisson, *bonjour* répond d'une voix basse, presque inaudible, le traducteur en français tant réclamé, ils l'avaient découvert, il existait.

Déjà en retard, nous partons en courant pour le palais du gouvernement, je tentai d'engager la conversation avec l'interprète mais il ne réagit pas. Nous nous asseyons autour de la table de réunions du ministère aux côtés des plus hautes personnalités de Mongolie, des grands du Parti, le Premier ministre prend la parole. L'interprète traduit lentement, mot à mot, sur son visage mongol insondable, impénétrable, je sens la tension qui l'habite. Voix monocorde, français correct avec l'accent russe des speakers soviétiques. Nicolás et moi remercions, nous parlons de Cuba, le Cuba de Batista, et du Brésil, en mongol l'interprète est rapide et vibrant. Nous partons pour le Comité central. Le ministre exulte.

Nous faisons amitié avec l'interprète, il nous raconte son histoire : les années tranquilles d'instituteur, brusquement la terreur, les sueurs froides, la panique de ce petit matin où la police politique a fait irruption chez lui, l'a réveillé et emmené sans la moindre explication. Notre demande d'un traducteur en langue française avait mis les services de l'information sur les dents, et de chercher par-ci, de chercher par-là, d'interroger aux quatre coins de la ville, de maison en maison. Ils finirent par apprendre, de la bouche d'un employé de la bibliothèque nationale, l'existence d'un instituteur, un modeste citoyen connu comme *le Français* car il se consacrait à l'étude de cette langue : malheureusement j'ai oublié comment on dit *le Français* en mongol, Zélia non plus ne se rappelle pas. En la circonstance, j'avais appris le terme par cœur et l'employais pour m'adresser à lui, je n'ai jamais réussi à prononcer son nom, seule Zélia fut capable de le répéter et de le retenir.

Tout seul, sans professeur et sans école, sans Alliance française, sans cours d'aucune espèce, il avait appris la langue qui l'avait séduit en entendant les émissions en français de la radio soviétique. Il découvrit à la bibliothèque nationale une grammaire française – il l'avait tant étudiée qu'il la savait mot pour mot – et trois livres en français, deux romans d'Alexandre Dumas, *Les trois mousquetaires* et *Le comte de Monte Cristo*, le troisième traitait de vins et de fromages. Il les avait lus et relus des dizaines de fois, il les avait appris par cœur, il connaissait sur le bout du doigt d'Artagnan et Edmond Dantès, le camembert, le roquefort, le chèvre, les meilleures années des bordeaux et des bourgognes. Chaque soir il écoutait les émissions en français de radio Moscou, il n'en manquait aucune.

Il faillit mourir de saisissement lorsque les agents de la police politique envahirent sa chambre et l'emmenèrent. Il se pensa perdu : monnaie courante du stalinisme, les dénonciations et les condamnations, les procès politiques se succédaient dans les démocraties populaires. Quand on l'interrogea sur son intérêt pour la langue française, il comprit qu'en l'étudiant et en l'écoutant il avait commis un crime passible de mort contre la Patrie et le Parti. Il avoua.

À sa surprise, au lieu de le mettre en prison on l'habilla à l'européenne – il entrait à peine dans le pantalon, la veste lui comprimait la poitrine, elle ne boutonnait pas. On le conduisit au siège du Comité central où on lui intima l'ordre de servir d'interprète à un détenteur du prix international Staline, à un poète célèbre et à leurs épouses. Il y avait urgence, l'heure de la rencontre au palais du gouvernement approchait, on le traîna à l'hôtel, à la porte on le remit au ministre de la Culture.

Il commença son métier d'interprète, traduisant les membres du Cabinet, les dirigeants, des ministres, le secrétaire général, le Premier ministre. Jusqu'au moment où il répondit à notre bonjour, il n'avait jamais prononcé un seul mot de français, aucun, jamais, au grand jamais. Une histoire incroyable, elle s'est passée dans la République populaire de Mongolie en février 1952, lorsque j'y étais avec Zélia et les chers Rosa et Nicolás Guillén.

Nous sommes devenus amis de l'interprète qui peu à peu se rassérénait, nous sûmes par lui que l'homme au cache-poussière était médecin, responsable de notre santé. Pour information, je transcris ici le nom du docteur, en toutes lettres : Ludvsanderjiin Zolzhargal, le prononce qui peut ! Le traducteur anglophone continua à traduire pour Zélia, j'estimais qu'elle ne devrait pas avoir droit aux traductions de notre Françuski, Zélia haussa les épaules, elle me tira la langue.

Nous proposâmes aux interprètes et aux jeunes filles de l'organisation des Femmes mises à la disposition de Zélia et de Rosa qu'ils reprennent leur costume mongol, ils furent ravis. La beauté des jeunes filles s'accrut, s'accrut la stature du nabot, notre Français devint un autre homme, élégant, fort, impavide. En le quittant je lui demandais comment je pourrais lui être utile, il souhaitait être abonné à des éditions en français de revues soviétiques, *Temps actuels, Littérature soviétique, Cahiers du communisme,* celles qu'il y aurait. C'est ce que je fis dès que j'arrivai à Moscou, je l'abonnai pour cinq ans, le temps maximum.

En décembre de cette même année je rencontrai à Vienne, au Congrès mondial de la Paix, le ministre de la Culture, chef de la délégation mongole, je lui demandais des nouvelles de l'interprète francophone : comment allait-il, que faisait-il, avait-il retrouvé ses classes à l'école primaire ?

– À l'école primaire ? Vous êtes fou ! – il parlait en russe, une Autrichienne rompue à différentes langues traduisait. – Allions-nous perdre un trésor pareil ? Aujourd'hui il est directeur du département de francais du ministère des Affaires extérieures, créé après votre visite.

Romancier de putes et de vagabonds, me qualifie avec dédain un respectable critique littéraire. La qualification me plaît, je la reprends pour définir ma création romanesque.

J'aime le mot pute, simple et limpide, j'ai horreur des termes prostituée, grue, catin, péjoratifs et discriminatoires. Dans trois palais gouvernementaux j'ai rappelé que je ne suis qu'un romancier de putes et de vagabonds, en mettant l'accent sur le mot pute avec jubilation. Au palais du Planalto, à Brasília, lors de la création par José Sarney, le président de la République, de la Fondation culturelle qui porte mon nom. Au palais du Conseil d'État, à Sofia, en recevant le prix Dimitrov. Au Palais de Belém, à Lisbonne, lorsque le président Ramalho Eanes m'a soustrait à la condition d' « écrivain maudit » et m'a remis l'ordre de Santiago à Espada. En toutes circonstances, à mes côtés, les putes et les vagabonds.

Bahia, 1967 –
la manifestation

Peu encline au mensonge, incapable de tricher, Paloma nous annonce que cet après-midi elle participera à une marche d'étudiants, une manifestation de rue contre la dictature militaire, son frère João Jorge qui est à l'université est un des organisateurs. Paloma va avoir seize ans, collégienne, ce sera sa première manifestation. L'air décidé, elle s'apprête à discuter si elle rencontre une résistance : certains parents, qui se disent résolument de gauche, sont paniqués lorsque leurs enfants prennent des risques, ils opposent un prudent veto. Nous ayant avertis sans que nous ayons réagi, Paloma part, héroïque.

Zélia se prépare en vitesse, prend la clef de la voiture, me dit au revoir :

– Où vas-tu ?

– Si tu penses que je vais laisser ma fille seule à la manifestation, tu ne me connais pas.

Je souris, je la connais, et comment ! Elle s'en va, mi-préoccupée, mi-joyeuse, revenue aux jours paulistes de 1945, à la fin de la guerre. Manifestations, meetings, Zélia était l'enthousiasme en personne, elle montait sur l'estrade, prenait la parole, porte-drapeau dans les défilés. La passion, elle l'a héritée de son père anarcho-communiste, victime de la dictature, il est sorti de prison pour mourir, il s'appelait Ernesto Gattai, mécanicien et pilote d'automobiles.

Au collège, la directrice affolée tente d'empêcher les élèves de prendre part à la manifestation. Pathétique, elle en appelle à la conscience de Paloma, exemple de bonne conduite :

– Pense à ta mère, Paloma !

Zélia saute de sa voiture devant la porte du collège, la directrice respire :

– Ta mère est venue te chercher, grâce à Dieu.

Paloma crie sa déception :

– Maman !

– Je suis venue te rejoindre, allons-y.

Les enfants déboulent comme les fruits mûrs d'un arbre qu'on aurait secoué. À côté de sa fille débutante, la vétérante fait le parcours du combattant, entonnant les hymnes, criant les slogans, réclamant la démocratie. De leur fenêtre, dans la maison du Campo Grande, Nair et Genaro de Carvalho[1], stupéfaits, reconnaissent Zélia au milieu des jeunes gens. João Jorge est en tête, au premier rang, celui des chefs, il montre sa mère et sa sœur à ses camarades : *ma mère !*

Mère et fille arrivent à la maison dans une allégresse de

1. Genaro de Carvalho (1921/1971), artiste lissier ; Nair, sa femme, peintre.

printemps, elles commentent les péripéties de la marche, elles ont les yeux rouges. Les soldats ont débarqué des voitures de police en brandissant des matraques, lançant des gaz lacrymogènes, ils ont dissous la manifestation. Zélia m'avertit :

– Je n'en raterai plus aucune.

Rangoon, 1957 –
les bagages

Je donne deux conseils et ne demande rien pour aucun. J'en ai fait l'expérience à mes dépens, et dans le premier cas aux dépens de Zélia : lorsqu'on voit en vente un objet que l'on désire acheter, on doit l'acheter immédiatement. Si on laisse ça pour plus tard, pour plus loin, on court le risque de ne jamais plus trouver ce qu'on désirait tant posséder.

À Karachi, au Pakistan, Zélia découvrit dans une vitrine la paire de chaussures de sa vie : fines, jolies, exactement celles qu'elle avait vues aux pieds d'une élégante de l'Itamarati dont le mari avait servi en Inde, depuis lors elle rêvait de porter un jour pareille merveille. Nous étions pressés, elle voulut s'arrêter, effectuer l'achat, je la retins. J'argumentai : nous arrivions à peine au Pakistan, nous allions voyager en Inde, à Ceylan, en Birmanie, des chaussures comme celles-là, elle en verrait dans d'autres boutiques, plus belles encore et certainement meilleur marché, Zélia céda, elle renonça. Nous sillonnâmes le Pakistan, Ceylan, l'Inde, la Birmanie du nord au sud, d'est en ouest, nous vîmes des choses extraordinaires, jamais plus nous ne trouvâmes de chaussures pareilles à celles que j'avais empêché Zélia d'acheter. Aujourd'hui encore elle n'a pas oublié, de temps en temps elle me reproche les chaussures de sa vie.

Je conseille également de ne pas laisser des bagages voyager non accompagnés, ils courent le risque de se perdre, ça nous est arrivé en Inde et cette fois la coupable fut Zélia, pas seulement elle, aussi Pablo Neruda. Arrivant de Colombo nous étions descendus d'avion à Madras, la vaccination contre le choléra nous avait mis sur le flanc, la douane était bourrée. Nous étions morts de fatigue, nous étions partis à l'aube, nous ne pensions qu'à une chose, nous reposer à l'hôtel. Nous devions parcourir l'Inde, nous nous arrêterions à Bombay et à New Delhi, à Calcutta nous prendrions l'avion pour Rangoon. Affalé sur un banc je laissai Zélia et Pablo parlementer avec les douaniers : nous laisserions avec eux les bagages que nous retrouverions à Calcutta, à la fin de l'excursion. Je protestai, une protestation débile de moribond, je n'eus pas de succès, je fis appel à Matilde, elle resta neutre, je jetai un regard d'adieu à ma machine à écrire abandonnée à un destin incertain. Pablo, tu vas perdre le colis contenant le manuscrit de ton dernier livre de poèmes. *Homme de peu de foi, tu ne fais pas confiance au tiers monde ?* – il me traite de réactionnaire.

Pour chaque couple un petit sac de voyage, l'espace majeur, plus du double, destiné aux nippes des dames : combinaisons, chemisettes, blouses, foulards, jupons, ceintures, soutiens-gorge. Les messieurs eurent droit à une chemise, un caleçon, une paire de chaussettes, deux mouchoirs, point final.

Nous sommes partis pour l'Inde nous gorger de beauté et de misère, un moment vint où au milieu de tant de misère je ne parvenais plus à distinguer la beauté. À l'hôtel de Bombay, en me voyant arriver seul dans la chambre, la caméristе me proposa une fillette de douze ans pour je ne sais combien de roupies, très peu, devant mon refus elle m'informa qu'au lieu d'une fillette ce pouvait être un garçon du même âge, les Anglais parfois préféraient. Elle me tendit sa main de sorcière, elle faisait payer l'information. À New Delhi les enfants misérables nous suivaient dans les rues en psalmodiant des chants d'aumônes, Zélia garde encore la mélopée dans l'oreille, il y avait un infirme pareil à un crapaud, il marchait sur les mains, plus rapide que les autres – nous rentrions en courant à l'hôtel. À Calcutta les moines bouddhistes et les croyants en général déféquaient aux abords du temple, chaque pierre une œuvre d'art, chaque pas un tas de merde.

Quant aux bagages, comme je l'avais prévu, ils avaient disparu en cours de route, nous avons prolongé notre séjour à Calcutta pour les attendre, ils n'arrivaient pas – les vaches sacrées occupaient la voie publique, les moustiques également sacrés se nourrissaient de notre sang athée, et les singes, ah les singes étaient les rois de l'Inde, ils faisaient la loi, ils montaient sur notre dos, tentaient d'arracher nos cravates, mettaient la main dans nos poches, dans nos cous, nous tiraient les poils de la poitrine, pour un peu ils nous violaient.

Complices, responsables de ce qui était arrivé aux valises – valises, fourre-tout, sacs de voyage, machine à écrire, manuscrit de poèmes –, Zélia et Pablo conclurent que les bagages avaient été envoyés à Rangoon. Pourquoi les aurait-on envoyés à Rangoon, cherchai-je à savoir, je ne voyais pas de raison, en arrivant à Rangoon ils n'y étaient pas, pourquoi y auraient-ils été ? De mauvaise humeur, sans vêtements de rechange, malheureux, j'étais si abattu que je n'avais pas le courage de jeter ses méfaits à la figure de Zélia, figure que la pauvre ne savait où cacher. À celle de Pablo, inutile, les poètes sont des êtres supérieurs, ils sont au-dessus de ces contingences.

À Rangoon il pleuvait sans arrêt, nos imperméables étaient dans les bagages perdus, las de débattre de l'affaire nous instituâmes une amende pour qui ferait allusion à *las valijas,* Pablo échappait à l'amende en se référant aux *inombrables* – aux « innommables » –, j'étais pendu au téléphone pour tenter de joindre le consul brésilien à Calcutta, jamais je ne réussis à avoir la communication. Dans les rues, nous croyant nord-américains, les nationalistes nous insultaient, nous menaçaient, que devions-nous faire ? Encaisser sans riposter, applaudissant la volée anti-impérialiste, ou nous joindre à eux et à leurs manifestations subversives et risquer la prison birmane ?

À Rangoon nous célébrâmes le Deux Juillet, date de l'indépendance de Bahia et de l'anniversaire de Zélia. Pour l'occasion Pablo écrivit un poème, je ne me rappelle que le premier vers : «*En este Rangoon de mierda...*»

Je profite des bagages disparus – perdus à jamais pensai-je alors, nous les avons récupérés en Chine un mois et demi après les avoir abandonnés à Madras, comment se retrouvèrent-ils à Pékin ? je me le demande encore, il y a des miracles même dans les pays communistes, Bouddha est grand et Mao est son prophète –, je profite de la remise en ordre des sacs de voyage dans la pagaille de la douane hindoue pour révéler publiquement, avec véhémence, mon aversion pour deux pièces du vestiaire féminin.

Les pectoraux, quelle horreur ! on peut les désigner du nom que l'on préfère – pompeux : corselets, bustiers ; badins : modestie, soutiens-gorge –, pour moi ces étoffes que les femmes s'attachent sur la poitrine pour dissimuler et déformer les seins sont des pectoraux médiévaux, laids la plupart du temps. Même les tout-petits, légers, coquets, en filet et dentelle qui montrent plus qu'ils ne cachent, même les plus coquins dénaturent et altèrent la vigueur des seins, les défigurent. Les seins doivent vivre libres sous la robe, la blouse, la guimpe – ah, les seins noirs que l'on devine dans l'entrebâillement de la guimpe des Bahianaises vendeuses d'acarajés, le plus grand délice de leur étal –, pourquoi avoir honte des seins, les cacher comme si c'était des difformités, des obscénités ? Libres sous la robe, encore plus désirables que dans l'exhibition du top-less.

Que dire alors des monstrueuses ceintures de caoutchouc que les femmes portent pour comprimer, réduire, écraser la croupe dans l'espoir de ressembler à un squelette ? – les os sont à la mode, une mode idiote, ce sont les chiens qui aiment les os disait déjà seu Ernesto, le père de Zélia, qui aimait la bonne chair. Ces ceintures, qui ont remplacé les ceintures de chasteté du Moyen Âge, déforment, maltraitent, répriment la partie la plus somptueuse et la plus délicate de l'anatomie féminine. Je fais allusion à la croupe dans son ensemble, dans sa complexité, avec les richesses qu'elle contient en tous sens, je n'ai pas besoin de les énumérer. J'ai pour ces ceintures de caoutchouc, ou de quoi que ce soit, plus que de l'aversion, j'ai de la répugnance, elles sont hideuses et, de plus, sentent mauvais – je n'en ai jamais senti aucune, mais je suis sûr qu'elles puent. Une femme accoutrée d'une de ces ceintures devient un robot, un épouvantail, quiconque a eu la curiosité de voir le sait.

On devrait voter une loi dans les parlements du monde interdisant comme antihygiénique et antiesthétique l'usage du soutien-gorge et des ceintures, je lance mon cri de guerre : liberté pour les seins et les croupes, à bas l'oppression ! La beauté est faite pour être montrée, on ne doit pas la cacher ni en avoir honte. Je propose un manifeste contre les pectoraux et les ceintures et autres gaines – il compte déjà trois signatures outre la mienne : celle de

Carybé, de René Depestre et de mon gendre Pedro Costa, tous trois personnes d'un bon goût reconnu.

Taipa, 1970 – le buste

Ferreira de Castro nous enseigne le nord du Portugal dans l'été sans tache, de ville en ville, de village en village, il connaît chaque coin, les paysages et les histoires, d'Oliveira dos Azemeis où il est né, à la frontière espagnole. Même dans la chaleur de juillet il est vêtu pour la rigueur de l'hiver, il n'abandonne pas son costume épais, son gilet et son chapeau, je ne connais personne qui ait une telle phobie des rhumes, aucun Français ne l'emporte sur son horreur des courants d'air. Dans la voiture il demande à Zélia de lui chanter *Luar do sertan,* il est fou de cette mélodie.

Près de Guimarães, dans la localité de Taipa, on lui a élevé un buste, les Portugais sont fiers de ce romancier traduit dans toutes les langues, couvert de prix – il vient de recevoir l'Aigle d'Or de Nice, décerné par un jury international que préside Miguel Angel Asturias. Le buste se trouve dans le jardin public du village, sous les arbres, près d'un banc où bavardent les braves gens dans la paix dominicale. J'approuve le geste de la municipalité et de la population du lieu, l'auteur de *Forêt vierge* ne partage pas mon enthousiasme :

– C'est dommage, on m'a privé de mes vacances. Tous les ans, l'été, je venais ici passer quelques jours. Avant le coucher du soleil, le soir, je m'asseyais sur ce banc – il montre le banc près du buste –, je parlais de la pluie et du beau temps, de la vie et de la mort avec les gens d'ici, ils savent les choses, ils me racontaient les personnes et les coutumes, ces détails dont sont faits les romans. Tu sais comment c'est.

Le vent sur la place, Ferreira de Castro remonte son cache-col :

– Ils me connaissaient comme *l'homme au chapeau* parce que j'ai toujours la tête couverte pour ne pas prendre de refroidissement, ils ne savaient pas qui j'étais, ils bavardaient à ventre déboutonné, j'étais l'un d'eux. Maintenant c'est fini, je ne vais pas venir m'asseoir devant mon buste, un rôle ridicule. J'ai cessé de venir là en vacances, la conversation s'est perdue, on ne me raconte plus rien, je suis devenu Votre Excellence, on me souhaite le bonjour et on salue, une tristesse. Allons-nous-en avant qu'on ne pense que je suis venu vous montrer mon buste, me pavaner.

Rio de Janeiro, 1932 –
l'apprenti romancier

Apprenti romancier, enivré par le succès critique du *Pays du carnaval,* rédigé en 1930, publié en 1931, j'écris dans la foulée *Ruy Barbosa numero 2,* marqué comme le précédent par les influences européennes, les débats intellectuels d'idées (sic), ce genre de sottises. Gastão Cruls, écrivain fortement présent dans la vie littéraire, dirige une nouvelle maison d'édition, Ariel, et une revue mensuelle importantissime, *Le Bulletin d'Ariel.* Collaborateur de la revue, je laisse le manuscrit de mon nouveau roman à l'auteur de *A Amazonia que eu vi* (L'Amazonie que j'ai vue), lequel, une semaine plus tard, est d'accord pour le publier, sans enthousiasme à ce qu'il me semble.

À part un article sévère d'Antônio de Alcântara Machado – je me sentis malheureux étant un admirateur inconditionnel du conteur de *Brás, Bexiga e Barra Funda,* mais je conservai à son égard la même admiration sans restriction –, la critique fut d'une rare bienveillance envers mon premier roman. Les trois grands critiques de l'époque, maître João Ribeiro, Medeiros e Albuquerque et Agripino Griego, furent unanimes en faveur du débutant. João Ribeiro lui prédit le succès, lui pronostiqua une carrière brillante. Medeiros e Albuquerque, qui avait considéré *Lenita* « une pure abomination », salua *Le pays du carnaval* avec enthousiasme. Agripino Griego, pamphlétaire mordant, incisif, impitoyable – un livre qu'il avait passé au crible était un livre consacré – peut-être parce qu'il était ami de Pinheiro Viegas, mentor de l'Académie des Rebelles, Griego fut excessivement élogieux. Je me pavanais dans les librairies, la Librairie catholique, la librairie Schmidt, la librairie Garnier, la crête haute. Jamais plus je n'obtins la même indulgence des critiques, à partir de mon second roman j'ai été durement maltraité.

Quant à la vente, je ne pouvais pas me faire d'illusions : des deux mille exemplaires de l'édition Schmidt, je dois avoir acquis moi-même plus ou moins la moitié pour l'offrir à mes amis et connaissances. Comme je ne reçus pas de droits d'auteur – l'éditeur était bon poète, mauvais payeur –, mes débuts me coûtèrent une bonne partie des mensualités que m'envoyait d'Ilhéus le colonel João Amado.

Non seulement je me pavanais, je flirtais aussi, je devisais dans les cafés et dans les librairies, j'allais à la faculté faire de l'agitation, et je lisais, je lisais beaucoup. Je suis depuis toujours et jusqu'à aujourd'hui un infatigable dévorateur de romans. Terminée la rédaction du volumineux *Ruy Barbosa numero 2*, je me consacrai aux livres qui étaient les succès de l'époque : *A Bagaceira* de Zé Américo, *L'enfant de la plantation* de Zé Lins, *Juif sans argent* de Mike Gold, *La défaite* de Fadeiev, *Cavalerie rouge* de Babel – la phase initiale de la littérature soviétique avait une aura romantique, elle était ardente et vigoureuse, elle était encore libre et créatrice. En lisant *A Bagaceira* je suis devenu un écrivain brésilien, en lisant les Russes, l'Allemand et le Juif nord-américain j'ai désiré être un romancier prolétarien. J'ai écrit *Cacao* qui n'avait rien à voir avec *Le pays du carnaval.* « Est-ce un roman prolétarien ? », je posais la question dans une note préliminaire. Je suis retourné voir Gastão Cruls, je lui ai demandé de me rendre le manuscrit de *Ruy Barbosa numero 2*, chez moi je l'ai détruit. J'avais laissé à l'éditeur le manuscrit de *Cacao* pour qu'il le lise et me donne son opinion. Quelques jours plus tard Gastão – grand, élégant, tenant un long fume-cigarette, un être raffiné – me dit en montrant les pages dactylographiées de *Cacao* :

– Presque tout ce qui est là est bon, mais c'est peu. Tu ne peux pas encore faire mieux. Quoi qu'il en soit *Cacao* va être un grand succès, je vais le publier immédiatement.

Ainsi fut fait. Avec des illustrations de Santa Rosa, les premières de ce dessinateur qui révolutionna les couvertures et les illustrations des livres brésiliens, la première édition de *Cacao,* de deux mille exemplaires, fut épuisée en quarante jours : l'interdiction du livre, considéré comme subversif par la police de

Rio, aida à son succès. L'interdiction fut levée grâce à l'intervention d'Oswaldo Aranha[1] et à la vigoureuse protestation du journal *O Globo*.

Un petit livre manichéiste, mais quel fichu petit livre !

Rio de Janeiro, 1970 -
le Batave

Gilberto Amado[2] arrive d'Europe, il m'invite à dîner, il est porteur d'une lettre que m'envoie son confrère soviétique à la Cour internationale de Justice, nous sommes cousins, nous entretenons de bonnes relations. Métis sergipan de bonne souche, citoyen important, Gilberto a été député, sénateur, ambasssadeur au Chili et en Finlande, c'est un juriste éminent, un éminent homme de lettres, une personnalité en vue, il vit entouré d'une cour d'admirateurs.

Avant l'arrivée d'Odylo et de Magalhães Júnior invités eux aussi, Gilberto me conduit dans son bureau, il déploie sur sa table de travail une relique dont on lui a fait cadeau à Amsterdam : un parchemin ancien, une carte tracée lors de la déroute des Hollandais, à la fin de leur tentative de colonisation des terres du Nordeste. La carte montre des lieux du Pernambouc, d'Alagoas, du Sergipe, du nord de Bahia où des familles venues de Hollande, ou constituées au Brésil par les envahisseurs, se sont fixées plutôt que de retourner dans leur patrie d'origine. Là se trouve dans le Sergipe, très exactement à Estância, terre de notre grand-père José Amado et de nos pères respectifs, le nom des Amado. Gilberto le désigne du doigt :

– Nous sommes hollandais ! il exulte de cette découverte.

– En es-tu sûr ? – j'expose mes doutes : – n'oublie pas qu'avec Nassau sont venus dans la colonie des Juifs d'Espagne et du Portugal, qui avaient fui l'Inquisition et s'étaient réfugiés en Hollande, Nassau les a amenés au Brésil, beaucoup y sont restés. N'oublie pas non plus qu'on trouve des Amado en

1. Oswaldo Aranha (1894/1960), homme politique, à cette époque ministre de la Justice.

2. Gilberto Amado (1887/1969), écrivain, juriste et diplomate.

pagaille au Portugal, en Espagne, au Moyen-Orient, qui sait si ces Amado d'Estância n'étaient pas des Juifs sépharades? Bataves ou Juifs, de braves gens.

Gilberto me regarde avec peu de sympathie, il roule la carte, la range dans le tiroir, que je sache il n'en a jamais plus fait étalage.

Il n'existe pas, il n'a jamais existé et certainement n'existera jamais de guerre aussi stupide, aussi monstrueuse, aussi fratricide que cette guerre où s'affrontent Juifs et Arabes, entraînant le massacre de populations civiles, le terrorisme, l'holocauste d'innocents au nom des préjugés, du racisme. La guerre en famille, ah ! la haine entre frères ! – il n'y a pas de guerre plus insensée, plus injustifiable, elle est là pour servir les intérêts des fabricants et des trafiquants d'armes, des commerçants de la mort : ils devraient être en prison, ils sont dans les palais, ils donnent des ordres aux gouvernements. Au Moyen-Orient, sémites les uns et les autres, cousins germains, Arabes et Juifs tuent et meurent pour des tiers. Fruit de la guerre froide, télécommandée de Washington et de Moscou, cette guerre plus que toute autre est la négation de l'humanisme, le chancre du racisme, la lèpre de l'intolérance, le sida de l'esprit de secte : elle tente de paraître lumière du tabernacle, pierre sacrée de La Mecque et de la Médina alors qu'elle est l'opposé de la foi et de la culture.

Ah ! cette guerre entre frères juifs et arabes, nuit du Moyen Âge à l'aube du XXIe *siècle, il faut en finir avec elle au plus tôt. Pour qu'existent, libres et fraternels, l'État d'Israël, patrie des Juifs, et l'État de Palestine, patrie des Arabes, la poésie du roi Salomon, l'inventivité de Schéherazade, Moïse et Mahomet sont nés du même ventre de femme dans la traversée du désert.*

Lors de la guerre des six jours, dans la ville de São Paulo, dans ce Brésil où les races se sont mélangées, se réunirent Juifs et Arabes, brésiliens les uns et les autres, ils défilèrent dans le même cortège au nom de la paix et de l'humanisme, ensemble ils dirent non au carnage, l'orgueil d'être brésilien a grandi dans ma poitrine, a fait battre mon cœur. Ensuite les missions diplomatiques des pays arabes et d'Israël usèrent de tous les moyens de pression pour empêcher que la manifestation soit donnée mondialement en exemple. Vieux Brésilien métis, j'ai dans mes veines du sang juif et du sang arabe, je poursuis la marche de São Paulo : tant que durera la guerre immonde je n'accepterai ni invitation ni distinction qui me vienne de l'État juif ou du monde arabe, je suis le frère d'Amos Oz[1]*, le jumeau de Naguib Mahfouz*[2]*, je veux traverser la frontière des États de Palestine et d'Israël le jour de la paix, quand la famille des sémites s'assiéra de nouveau à la même table pour partager le pain.*

Wroclaw, Pologne, 1948 –
les chevaux

Compagnons de vieille date dans les réunions, les conclaves et les meetings à Montevideo[3], je rencontre Enrique Amorim, le romancier uruguayen de *El caballo y su sombra (*Le cheval et son ombre), au congrès mondial des intellectuels pour la Paix, à Wroclaw. Il m'invite à assister à la projection d'un documentaire sur l'élevage des chevaux dans l'immensité des pampas, c'est-à-dire dans l'étendue de son domaine dans la Bande orientale : Enrique est un grand propriétaire terrien, ce qui ne l'empêche pas d'être communiste.

Dans nos patries d'Amérique latine propriété latifundiaire et militantisme communiste ont toujours fait bon ménage, on pourrait citer une longue liste de riches maîtres de terres qui assument des positions de gauche d'un extrême radicalisme. Comme me le confiait mon inoubliable Giovanni Guimarães en arrivant à l'âge mûr fazendeiro et maoïste : plus grandit mon domaine, plus je dois être à gauche pour qu'on voie que je ne renie pas mes convictions. Il riait de ce rire heureux qui aujourd'hui encore résonne à mes oreilles, ah Giovanni, que de *saudade*!

Dans la petite cabine de cinéma j'envie Enrique Amorim entouré de femmes, jeunes et impatientes leaders féministes qui

1. Amos Oz, écrivain israélien.
2. Naguib Mahfouz, écrivain égyptien, prix Nobel de littérature.
3. En 1941/1942.

assiègent le mâle latin, grand, carré, rieur, beau, millionnaire, communiste, *bel'uomo* dans la voix cristalline de Maria de Firenze, bella donna. Sur l'écran, chevaux et juments pur-sang courent librement dans la plaine infinie vers la ligne d'horizon, crinière au vent, les narines dilatées, des bêtes magnifiques de force et d'élégance. Habillé en gaucho, superbe dans le costume folklorique, le romancier Amorim à la tête de ses péons galope sur l'herbe verte et dans les cœurs des invitées.

Bientôt la course cesse, chevaux et juments sont emmenés pour être croisés – dans le but d'améliorer la race, explique Enrique, compétent et malicieux. Filmées dans les moindres détails, en gros plans, les scènes d'accouplement agitent l'assistance, on entend de petits cris, des rires nerveux. Maria de Prague, assistante de la délégation tchécoslovaque, laisse échapper une exclamation d'extase lorsque toute la toile est occupée par le membre démesuré d'un cheval bai en train de monter une jument noire frémissant sur ses pattes : *Christa Pana !* crie-t-elle, subjuguée. Enrique en profite pour expliquer que ce calibre rare est un attribut des Uruguayens, des chevaux et des hommes. Maria da Bahia, qui en vérité est d'Alagoas, petite journaliste sans journal, sent se mouiller sa petite culotte de dentelle, elle soupire, applaudit.

Enrique Amorim est porté en triomphe, laquelle des marias l'aura la première ? Le documentaire est bien filmé, mais c'est autre chose de voir de près étalons et juments croisés dans la fazenda, fascinant, explique Enrique : sur l'écran il manque le parfum champêtre, enivrant.

São Paulo, 1944 –
le tableau

Après le dîner Segall[1] me mène dans son atelier, outre Dona Geny sont avec nous Lucy Citti Ferreira et Sérgio Milliet[2], je suis de passage à São Paulo, je suis venu de Bahia pour la parution de *São Jorge dos Ilhéus (La terre aux fruits d'or)*.

1. Lasar Segall (1891/1957), peintre, dessinateur, graveur et sculpteur.
2. Sérgio Milliet (1898/1966), poète et essayiste.

Les liens d'amitié qui m'attachent à Segall sont nés de mon admiration, je suis fou de sa peinture. Avec l'inconscience de l'âge j'écris sur l'art, j'affirme des sottises mais je tombe juste en le plaçant au plus haut, je le proclame le maître : ma conviction fait plaisir au Brésilien venu des steppes via l'Allemagne.

Je ne sais qui s'étonne le plus, de Lucy ou de Sérgio, lorsque Segall étale dans l'atelier quatre ou cinq gouaches, toutes splendides : choisis-en une, me dit-il. Il annonce à haute et intelligible voix : *Je veux t'en offrir une, ami*, il hoche la tête comme s'il en doutait lui-même. Je vacille, je finis par me décider : la fille dans le hamac avec le paysage tropical. La fille, certainement Lucy, élève et modèle.

Je tends la main pour prendre possession du cadeau, Segall est plus rapide, il le renferme : je vais mettre un passe-partout, tu l'auras ensuite. Je rentre à Bahia sans la gouache, au début de 1945 je viens vivre à São Paulo, je loue un appartement avenue São João, j'accroche au mur des toiles de Pancetti, de Graciano, de Flávio de Carvalho, de Quirino da Silva, de Rebolo, de Nonê de Andrade, cadeaux des artistes. Je dîne fréquemment chez Segall, un jour je domine mon embarras, je lui demande le cadeau qu'il m'a fait il y a presque un an, le tableau offert, jamais remis, je désire l'avoir dans mon appartement. *Il n'y a pas de doute, tu as raison, ami*, confirme Segall, *je n'ai pas oublié, on m'a offert de l'acheter mais je ne l'ai pas vendu*. J'espère partir avec la gouache, je pars les mains vides, je n'ose pas protester.

Quelques jours plus tard Segall me téléphone, il passera chez moi après le déjeuner. Il arrive à l'heure dite accompagné d'un ouvrier armé d'un marteau, de clous et d'autres instruments, sous le bras le tableau, encadré : un cadre blanc, jusqu'à aujourd'hui je le conserve tel quel. Segall choisit le centre du mur principal d'où il fait retirer mon portrait peint par Quirino, il demande à l'ouvrier de prendre les mesures, détermine l'emplacement, pose lui-même les crochets, Lasar Segall suspend le paysage avec la fille dans le hamac : la salle de l'appartement s'illumine et grandit. Il s'éloigne, regarde, se rapproche, l'arrange légèrement, prend de la distance pour mieux voir.

– Félicitations, ami, tu as su choisir, une beauté de tableau. Ça me coûte de m'en défaire.

De temps en temps Segall apparaissait, sa visite m'honorait, je remerciais. *Je ne suis pas venu te voir, ami, je suis venu voir mon tableau, il me manquait.* Il s'asseyait en face pour l'admirer.

Paris, 1988 – Neném

Gilberto[1] téléphone de Lyon, il vient d'arriver de Rio, il m'apporte la nouvelle de la mort de Neném, il la serre contre lui comme on berce un enfant, je la reçois pour la seconde fois, quelques jours avant ç'avait été le froid coup de téléphone du journaliste me demandant mon point de vue sur le secrétaire général du Parti communiste brésilien. Je ne parviens pas à retenir mes larmes, nous pleurons ensemble, le fils de Giocondo et moi : une partie de moi s'en est allée, la meilleure, la plus vaillante, la plus honnête. Gilberto sanglote : *Il est mort en prononçant ton nom.*

On me l'avait dit déjà : quand Giocondo sortait de son inconscience, qu'il revenait quelques instants à la vie, il me réclamait, nous étions siamois. Ensemble nous nous sommes battus, nous avons erré et nous avons appris. Nous avons appris dans notre chair la différence entre la grandeur d'un idéal et la misère de l'idéologie, nous avons découvert que les grands hommes peuvent se muer en nains lorsque le virus du pouvoir – fût-ce une infime parcelle de pouvoir absolu – s'infiltre dans leur sang et atteint le cœur. Nous avons appris tout ce qu'il y avait à apprendre et personne ne pouvait plus nous tromper, mais nous ne sommes devenus ni arides ni perfides, nous avons conservé intact le rêve qui illumina notre parcours.

Giocondo Dias est mort, je ne suis plus que la moitié de moi-même. Je pense à Anna Seghers : la romancière et le militant, l'Allemande et le Brésilien avaient, incrustée dans la poitrine, la certitude. Jamais ils ne renieraient même si l'évidence devait les laisser seuls – et elle l'a fait – parmi la foule des camarades. Soldat, avec le grade de caporal, il commanda le soulèvement militaire de Natal en 1935, on le laissa pour mort avec

1. Gilberto Santana Dias, physicien, fils de Giocondo Dias.

je ne sais combien de blessures, on ne le fit pas prisonnier, on n'arrête pas les défunts. Giocondo retint ce fil de vie, pansa ses plaies, reprit sa marche, soutenu par Lurdes enceinte de plusieurs mois.

Il vécut dans la clandestinité une bonne partie de son existence, à Bahia sous un faux nom il était la tête du PC, c'est lui qui le dirigeait de fait, couvert par un ouvrier envoyé de Rio par la direction, il avait du bon sens, écoutait et approuvait, y compris le jargon des *arruda-boys* qui se gargarisaient de marxisme – quelques-uns s'en gargarisent encore. Seuls nous deux, lui et moi, connaissions du dehors et du dedans et aurions pu raconter la saga de ces années de guerre à Bahia, Giocondo mit sur pied et mit en marche le plus grand mouvement de masse pour la démocratie, contre le fascisme, jamais vu au Brésil, le peuple défila dans les rues en brandissant les portraits de Churchill, de Roosevelt et de Staline, il criait vive Staline sans qu'il y eût moyen de l'en empêcher. Giocondo commanda de sa cachette, sa cachette était le milieu de la rue, le peuple autour de lui.

Après une brève vie publique dans la légalité, dirigeant, député écouté et suivi, il descendit de nouveau dans les cales de la clandestinité, responsable pendant plus de dix ans de la sécurité de Prestes. Sous le règne des militaires il commanda plus d'une fois dans l'illégalité, nous nous rencontrions dans tous les coins du monde, aux carrefours du Brésil, nous savions déjà, alors, ce qu'il en était. Modeste et discret, Giocondo souriait, tendresse et désillusion, jamais le désenchantement face à la vie : abandonner, jamais, il me prenait par le bras, affirmait : *au-delà de la merde nous arriverons à une terre en fleurs, au fleuve d'eaux pures, à la dignité de l'homme.*

Au printemps je l'ai vu amoureux, Lurdes était irremplaçable, il le savait, mais Giocondo ne renonçait pas à vivre pleinement. Au meeting de Lisbonne il observait les réactions de Maria, la militante vibrait à chaque parole de Cunhal, l'orateur débitait des vieilleries définitives du commencement du monde léniniste, il n'avait rien appris. Giocondo souriait, il connaissait la chanson de la première à la dernière ligne, mais l'ardeur des camarades portugais, l'enthousiasme de Maria l'émouvaient.

Je suis la moitié de moi-même, je prends des bras de Gilberto, je mets sur mes épaules la mort de Neném. Sa mère, la mamma italiana, sa femme Lurdes et moi, tous trois et personne d'autre, nous l'appelions Neném.

Plage de Maria Farinha,
Recife 1960 – fatigue

Adossé au cocotier, Amaro Amarelo apprécie la nudité de l'Allemande : allongée au soleil à la poupe de la barque, si blonde, elle et son mari partent vers la haute mer. Amaro Amarelo aide l'Allemand à préparer l'embarcation tandis que l'étrangère ôte son maillot et dore son corps au soleil, croupe, seins et ventre, ce qu'elle est blanche ! Si Dieu le veut et l'aide, Amaro Amarelo doit bien un jour goûter d'une blanche comme ça, Notre Seigneur ne va pas l'abandonner indéfiniment à son sort. Amaro aussi est chrétien et baptisé, pourtant il n'y a que le docteur Paulo qui mérite ces bénédictions du ciel, l'une après l'autre, toutes plus blondes : le jour d'Amaro viendra. Il explique le régime des vents, les précautions à observer en mer, il ne prend rien pour sa peine mais il accepte la pièce de nickel que le cocu lui donne, étant esthète il se considère comme payé par la vue du coquillage de Frau Katherina, une monnaie d'or.

Amaro Amarelo, jaune-*amarelo* par le ton terreux de sa peau, la trentaine plus ou moins, est déjà retraité de l'Institut. Comment ? je ne sais – il dit *je suis de l'Institut* et explique ainsi son oisiveté permanente à l'ombre des cocotiers ou dans le hamac suspendu dans sa paillote. Il se consacre à temps complet, sans solution de continuité, à ne rien faire, occupation où il est imbattable. Protégé de Paulo Loureiro parce qu'il est bavard et qu'il connaît sur le bout de la langue la vie et les amours du voisinage sur les deux rives de Maria Farinha, celle de la mer et celle du fleuve, laquelle est la plus lumineuse ?

Devant nous, à l'arrière de la maison des Loureiro, un autre Amaro, Amaro de la Conception, construit une salle d'eau pour offrir à qui arrive de la mer, couvert de sel, le luxe d'une douche avant de franchir le seuil. J'admire et je loue la compétence et la rapidité d'Amaro de la Conception à préparer la glaise, à poser les briques, à manier la truelle, le mur grandit à vue d'œil.

Amaro Amarelo suit également les mouvements de l'ouvrier, son homonyme et son contraire, les va-et-vient, l'affairement à conclure la tâche commandée. Amaro Amarelo s'étire, oublie le coquillage de l'Allemande, les cornes de l'Allemand, il se plaint :

– Rien que de voir seu Amaro da Conceição travailler ça me fatigue que j'en ai mal au dos, je ne supporte plus tout ce travail, je vais dans mon hamac me reposer un peu.

Moscou, 1954 – complot

Anna Seghers me téléphone de l'hôtel National, il se trouve devant la place Rouge – Zélia et moi sommes au Metropol, en face du Bolchoï, en compagnie de Neruda et de Guillén. *Je viens d'arriver,* me dit-elle, *je dois te parler de toute urgence, immédiatement* : sa voix est nerveuse. Anna est venue à Moscou comme moi et tant d'autres écrivains des cinq continents, invitée à assister au IIe Congrès des écrivains soviétiques, un événement d'un grand retentissement dans l'univers de la gauche intellectuelle.

Anna n'est pas venue seulement pour le congrès, elle doit aussi participer à la réunion du jury du prix international Staline, elle est membre du jury : quant à moi je suis primé, c'est la plus grande des distinctions que j'ai reçues jusqu'alors, ça me donne en URSS un rang de diplomate, une importance de dirigeant. C'est du prix Staline qu'Anna désire me parler. Quelques personnes de par le monde croient en moi, m'attribuent des pouvoirs que je n'ai pas, la capacité de résoudre n'importe quel problème, je ne sais pas pourquoi. Anna Seghers est de ces imprudents.

Le problème qui la tourmente et qu'elle me soumet pour que je la conseille me paraît d'une réelle gravité, il s'agit de Bertolt Brecht. J'ai dîné avec Brecht chez Anna – tous deux habitent dans le même immeuble de quatre étages à Berlin Est, Anna au deuxième, lui au quatrième si je ne me trompe –, je suis ami d'Helen Weigel, sa femme, ma consœur au jury du prix international de la Paix, du Conseil mondial. Avec Brecht, j'ai eu, plus tard, davantage de contacts lors du tournage de sa pièce

Maître Puntila et son valet Matti par Alberto Cavalcanti[1], à la Wien Film. Je pense avoir contribué à ce que l'homme de théâtre et le cinéaste puissent s'entendre : au début ils semblaient incompatibles.

Il se trouve que Brecht est, depuis quelque temps, regardé avec méfiance par le PC allemand, parti d'un sectarisme au-delà de l'imaginable. Sans que soit prise en compte sa vie entière dévouée à la cause du socialisme, l'œuvre extraordinaire du dramaturge a été accusée de formalisme, elle ne cadrait pas avec les normes du réalisme socialiste dictées par Jdanov. Pour commencer, le Parti avait décidé, me confie Anna, de lui retirer le théâtre que lui avaient laissé les Soviétiques lorsqu'ils avaient quitté Berlin, théâtre où Brecht et sa compagnie, le Berliner Ensemble, se sont installés et où ils font un travail d'une répercussion mondiale.

Anna part en guerre pour défendre son ami, le complot se trame. Elle est inquiète : *ils vont rendre la vie de Bertolt impossible, tu sais comment sont les choses, je n'ai pas besoin de te le dire. Mais il y a une manière, une seule, de tout stopper et de lui assurer la sécurité, la tranquillité, la paix nécessaire à son travail.* – Quelle est-elle ? – *C'est d'obtenir pour lui le prix Staline : s'il l'a, personne n'osera toucher ni à lui ni à son théâtre. Je veux que tu m'aides, le jury doit se réunir dans quatre jours.*

Ce fut une vraie course. D'abord la conversation avec Ehrenbourg dans l'appartement de la rue Gorki, Anna compte sur ses doigts les voix sur lesquelles Brecht peut compter : celle d'Ilya, celle de Neruda, la sienne, peut-être celle d'Aragon, le *vieux* l'interrompt brusquement :

– Ne perds pas ton temps. Ce qui importe, c'est l'appui de Sacha – Sacha est Alexandre Fadeiev qui, dans le jury, représente le PCUS au Comité central duquel il appartient –, s'il trouve l'idée bonne, personne ne discutera. Il n'y a qu'une chose à faire : lui parler.

Il prend le téléphone pour demander un rendez-vous, il le note, il recommande à Anna : *vas-y avec Jorge, Sacha l'aime bien.* C'était vrai, Sacha m'estimait, il me considérait comme un camarade droit, en qui on pouvait se fier. Et nous allâmes, Anna et moi, parler au secrétaire général de l'Union des écrivains soviétiques.

1. Alberto Cavalcanti (1897/1982), cinéaste brésilien

Ce fut plus facile que je ne pensais. Le problème lui ayant été exposé, l'auteur de *La jeune garde* n'hésita pas un instant, il prêta un appui total à la suggestion d'Anna, lui donna son approbation. Il mettrait le nom de Brecht dans la liste des primés, des primés possibles, rectifia-t-il, car le dernier mot appartenait, d'après lui, au bureau politique du Parti. Était-ce vrai ? Je ne sais, il n'était pas facile de savoir où était la vérité, où étaient les jeux d'intérêts. Quoi qu'il en soit, Bertolt Brecht eut le prix, le PC allemand fit marche arrière, il renonça à l'importuner. L'importuner, le verbe est faible, il est loin de donner une idée des vexations auxquelles on l'aurait soumis, du puits d'infamies dans lequel on l'aurait plongé.

São Paulo, 1984 – l'herbe barbe-de-bouc

Au parterre du théâtre, assise entre maître Calá et le maire de São Paulo, Mário Covas, Auta Rosa s'exclame : *non, je n'y crois pas...*

Elle ne croyait pas à ce que ses yeux voyaient, à ce que ses oreilles entendaient : sur la scène Dorival Caymmi et Carybé chantent la chanson de l'herbe barbe-de-bouc : *Ouh ! ouh ! mon herbe barbe-de-bouc...*

Je célèbre cinquante ans de publications au milieu d'un festival commémoratif mis sur pied par João Agripino Dória – force de la nature, ami dévoué et dangereux : vous avez une minute d'inattention, il organise une série d'hommages –, une compagnie théâtrale de São Paulo reprend l'adaptation argentine de *Dona Flor et ses deux maris*, je l'avais vue deux ans auparavant à La Plata : l'histoire de Dona Flor sur un rythme de tango.

À la fin du spectacle les artistes me réclament sur scène, en remerciant je révèle la présence dans la salle du compositeur Dorival Caymmi, celui qui a enseigné à Vadinho le pas du *crabe-amoureux*, ainsi qu'il est raconté dans le roman. Sous les applaudissements, Caymmi monte sur la scène, le parterre demande une démonstration de la danse bahianaise, personne ne la connaît. Dorival promet de s'exécuter si Carybé, également présent, vient chanter avec lui la mélodie idéale pour le ballet du *crabe-amoureux*, l'air de *l'herbe barbe-de-bouc*, Carybé n'hésite pas, preste, il se joint aux artistes, sur le devant de la scène Caymmi et lui chantent et dansent : *Ouh ! ouh ! / mon herbe barbe-de-bouc / ça fait du temps qu'on n'y va pas / Ça fait du temps qu'on ne fourrage pas !*

Le parterre délire, Dona Flor, Vadinho, le pharmacien Madureira dansent le pas du *crabe-amoureux*, les acteurs au grand complet font écho à Dorival et à Carybé, Auta Rosa n'y croit pas, le maire applaudit : *Ouh ! ouh ! mon herbe barbe-de-bouc !*

Bahia, 1970 – le pouvoir de l'écrivain

Dans les gazettes, on annonce le projet de censure des livres, émanant du professeur Alfredo Buzaid, ministre de la Justice du gouvernement Médici. Nous vivons le moment le plus noir de la dictature militaire : la torture est le pain quotidien du régime, le cercle autour des démocrates se rétrécit : prisons pleines, séquestrations, assassinats. Les lois et les décrets se succèdent, on liquide les droits des citoyens. D'après le projet de loi, on va instaurer une censure préalable à la publication des livres : obligation d'envoyer les manuscrits aux censeurs, la publication sera autorisée intégralement ou avec des coupures, ou purement et simplement interdite.

Je prends le téléphone, j'appelle Érico Veríssimo à Porto Alegre :

– Tu as lu le projet de censure ?

– Quelle horreur ! Nous devons faire quelque chose.

– C'est ce que je viens te proposer. Nous sommes les deux écrivains les plus lus du pays, ceux qui ont le plus grand public, il est temps d'exercer notre pouvoir.

Je propose à Érico, et immédiatement il accepte, que nous rédigions et signions une déclaration disant que jamais, en aucun cas, nous n'enverrons de manuscrits à la censure, dussions-nous renoncer à publier nos livres au Brésil. Sur-le-champ, au téléphone, nous trouvons à nous deux les termes énergiques de la déclaration et mettons au point la stratégie à adopter pour qu'elle paraisse dans les journaux. Lui à Porto Alegre, moi à Bahia, nous en donnerons un exemplaire aux feuilles locales et aux succursales des organes de presse de Rio et de São Paulo, il y aura bien quelqu'un qui la publiera. Ainsi faisons-nous.

Je vais voir Jorge Calmon[1] à la rédaction de *A Tarde,* il lit la déclaration, me promet de la mettre en évidence. Je m'adresse aux autres quotidiens de la ville et aux succursales, Florisvaldo Matos était correspondant des journaux de Rio, il vibra. Le coup porte : le lendemain matin le document signé d'Érico et de moi figure dans la plupart des quotidiens de Rio, de São Paulo, de Porto Alegre, de Bahia. Les écrivains se mettent à exprimer leur solidarité, ils téléphonent, écrivent, télégraphient aux rédactions, apportant leur appui : le premier à le faire, si je me rappelle bien, fut le poète Lêdo Ivo. Les manifestes contre la censure préalable voient affluer les signatures, la protestation se mue en mouvement national.

Une déclaration ambiguë du ministre, il promet de réexaminer le projet, il finit par le classer, la censure préalable ne résiste pas à l'impact obtenu, elle va à la poubelle de l'autoritarisme. Il faut bien que ça serve à quelque chose d'avoir un grand public, des lecteurs en quantité qui vous aiment et qui vous estiment : c'est le pouvoir des écrivains.

Paris, 1991 – l'injustice

Le matin, José Guilherme Merquior au téléphone : l'un des plaisirs durant mes séjours à Paris, le bavardage décontracté avec Zé Guilherme. Même le fait qu'il en sache tant sur des thèmes dans lesquels je suis d'une suprême ignorance n'enlève rien à l'agrément de la conversation, car il rend aisé le sujet le plus aride, il ne cultive pas la présomption, ne joue pas au professeur.

1. Jorge Calmon, journaliste, directeur du quotidien de Bahia, *A Tarde*.

Notre amitié a parcouru des chemins rocailleux, dans des ères anciennes Zé Guilherme avait éreinté je ne sais lequel de mes romans, ou tous, je ne me rappelle pas, j'ai reçu à cette occasion plusieurs coupures de la semonce – il se trouve toujours des âmes charitables pour envoyer, avec des paroles indignées et la joie au cœur, ce qui s'écrit de négatif sur un confrère, un article positif, personne ne perd son temps et le timbre de la poste à l'envoyer et à le commenter. Je ne suis pas de ceux qui considèrent comme des ennemis les confrères sans passion pour mes livres, j'ai persisté à lire et à admirer le jeune érudit. Lorsque nous nous sommes vus pour la première fois, il parut étonné de la cordialité de sa victime. Se sont établies entre nous des relations courtoises qui, peu à peu, ont fait place à une amitié bien plus précieuse pour moi qu'un article flatteur dans un journal.

Zé Guilherme me raconte avec verve et piquant un déjeuner de mariage dans l'aristocratie française, il a assisté à la fête dans le château médiéval de la famille maternelle, la famille paternelle vit dans les yachts et les avions, elle possède des multinationales, une partie de campagne de nobles et de millionnaires, je pleure de rire. Ce n'est pourtant pas pour caricaturer la noce qu'il me téléphone mais pour me dire que, voisin de table de Maurice Druon, il a su par lui…

Avant qu'il ne dise ce qu'il a su, je l'interromps pour parler de Druon : tu sais ce qu'est le coup de foudre en amour, mais connais-tu l'équivalent pour l'amitié ? Un coup de foudre d'amitié, c'est ce qui nous a réunis, le romancier de *La fin des hommes* et moi, nous nous sommes connus à un dîner chez Josué Montello dont il est parent car ce sont tous deux des métis du Maranhão, nous nous sommes immédiatement rendu compte que nous étions amis d'enfance, nous avons beaucoup en commun, lui le potentat des lettres et moi, le pauvre diable. J'estime l'œuvre de Druon, la qualité de l'écriture et la force du récit, au-delà de ses titres académiques il jouit de la popularité auprès des lecteurs.

Avec sa correction de diplomate Zé Guilherme ne m'interrompt pas, il m'écoute jusqu'au bout, lorsque j'ai épuisé tous les adjectifs, il confirme les éloges que je fais de Druon et me dit qu'il lui avait annoncé ce que certainement je savais déjà… Je savais quoi, Zé Guilherme ? *Le prix, voyons !* Quel prix ? Se rendant compte que je ne sais rien, il regrette son indiscrétion, il biaise, parle d'autre chose, les sujets ne lui manquent pas. Nous voilà repartis à rire et à plaisanter, le bavardage avec Zé Guilherme, c'est ce qu'on peut souhaiter de meilleur pour commencer la journée, j'oublie totalement l'indiscrétion ébauchée.

Trois ou quatre jours après, durant un cocktail chez Gallimard, un autre ami, un autre potentat de la littérature française dont je suis dévot et pas d'aujourd'hui, Jean d'Ormesson, me félicite pour le prix Cino del Duca qui vient de m'être attribué, membre du jury que préside Druon, il a voté pour moi. À côté, Zé Guilherme me fait du coude en souriant : c'est le prix dont il me parlait au téléphone.

Lors de la remise du diplôme et du chèque, il était là, assis au premier rang, épuisé, livide, les yeux creux, rongé par la maladie, la tête entre les mains, Hilda le soutenait, c'est la dernière fois que je l'ai vu. Même malade, condamné, il était venu féliciter son confrère et compagnon. De tout ce qui s'est passé ce jour-là, rien ne m'a plus atteint, plus ému que la présence de celui qui allait mourir un mois plus tard. Ah ! l'injustice de cette mort, José Guilherme en pleine maturité créatrice, quelle injustice !

Rio de Janeiro, 1954 –
internationalisme

Sachant que je pars en voyage en Europe et ferai escale en Pologne, Ziembinski vient me trouver, l'inquiétude le tenaille, un problème délicat, il me demande mon aide. Depuis quelque temps le gouvernement polonais fait pression pour qu'il retourne à tout prix dans sa patrie, les autorités du ministère de la Culture le talonnent, donnent une date, exigent une réponse immédiate. Ne savent-ils pas par hasard que le citoyen polonais Zbigniew Ziembinski n'existe plus, il existe un Brésilien qui porte ce nom, un acteur, un metteur en scène aussi brésilien ou plus que ceux qui sont nés ici.

La guerre a amené Ziembinski au Brésil, lui, la Turkov et madame Stipinska. Tout le monde sait ce que la présence de

Ziembinski a représenté pour le théâtre brésilien, il l'a métamorphosé. En Pologne il avait laissé un fils, à deux reprises je lui ai porté quelque argent envoyé par son père. Un grand gaillard, il était au conservatoire d'art dramatique de Varsovie, je l'ai présenté au poète Iwaszkiewicz[1] qui, à ce que j'ai su, l'a protégé.

Turkov, après quelques réalisations extraordinaires, prit le chemin d' Israël, madame Stipinska brilla sur les scènes de Rio, à l'appel de sa patrie elle redevint la première dame du cinéma et du théâtre polonais. Le retour de l'actrice tourna la tête des Polonais, ils voulaient le metteur en scène coûte que coûte, il le leur fallait, maître Ziembinski était aux cent coups. Il ne voyait qu'une manière d'échapper au diktat du ministre de la Culture, de convaincre les autorités : le refus du PC brésilien. S'il s'opposait à son départ les Polonais cesseraient d'insister, l'internationalisme prolétarien devait servir à quelque chose. Il était indispensable que je transmette aux dirigeants polonais le veto du Parti brésilien, c'était le seul moyen pour qu'on le laisse en paix. En le voyant si tourmenté, je lui dis de se rassurer, le Parti exigerait qu'il reste au Brésil.

Je ne risquais pas grand-chose en lui donnant ces garanties, connaissant le Parti de l'intérieur j'avais la certitude qu'on accéderait à sa demande, comme il advint. Durant la réunion avec la direction pour recevoir les dernières instructions, j'exposai le problème de Ziembinski, j'obtins l'accord, je transmis le message dont j'étais porteur. Tout n'était pas qu'erreur dans ces sphères, il y avait des réussites. En posant le problème de Ziembinski, la seule chose que je ne dis pas, c'est que j'avais devancé la réponse, j'étais casse-cou mais pas à ce point.

Ponta Delgada, 1989 –
prix Camoëns

J'écoute Miguel Torga qui prononce son discours, je vois à la tribune un homme dans sa plénitude, on ne sent pas son âge

1. Jaroslav Iwaszkiewicz (1894/1980), poète polonais.

sur son visage marqué de paysan, la force des mots pénètre la salle, prend et retient les auditeurs, par moments une dureté de pierre, brusquement la caresse d'une eau vive. Nous sommes dominés par le sortilège, ce grand monsieur qui lit un discours écrit, seul à la tribune, sans autre instrument que des feuilles de papier et sa prononciation exacte, ce grand monsieur est un magicien dans un numéro de prestidigitation, un magicien qui séduit et transporte son public. Ainsi l'a fait durant ses nombreuses années de vie et de travail l'écrivain Miguel Torga : dans la poésie, dans la fiction, dans le long et dense récit de son *Journal*, ce prestidigidateur du mot écrit a recréé la vie et l'a illuminée.

Il n'est pas suffisant de dire que je parle de l'écrivain Miguel Torga, il est nécessaire de préciser : le magicien lisant son discours à la tribune est l'écrivain portugais Miguel Torga, sa condition de Portugais détermine et éclaire l'œuvre réalisée, la vie vécue.

Tandis que j'écoute l'allocution du maître qui remercie du prix Camoëns, décerné pour la première fois par un jury composé d'écrivains portugais et brésiliens et attribué, comme il se devait, à Miguel Torga, je me demande pourquoi on ne lui a pas encore donné le prix Nobel. Une question stupide peut-être, car Torga et sa littérature sont au-dessus des prix, quels qu'ils soient, petits ou grands, même le chèque qui parfois les accompagne ne manque pas à la pauvreté de l'écrivain. Un écrivain qui se respecte n'écrit pas pour obtenir des prix mais pour communiquer, pour dire et réfléchir, considérer, comprendre, recréer la vie, servir l'homme.

Quoi qu'il en soit, en me posant cette question je ne peux m'empêcher de constater l'indifférence, l'inattention, le désintérêt de l'Académie de Suède envers la langue portugaise. Je pense, en disant cela, à des écrivains portugais de la taille de Ferreira de Castro et de Fernando Namora qui sont morts sans le prix Nobel – pour ne citer que ces deux noms parmi d'autres, mais pour eux deux j'ai signé des pétitions, j'ai fait des déclarations comme je l'ai d'ailleurs fait pour Torga. Quand je pense que les romanciers brésiliens Érico Veríssimo et Guimarães Rosa, que le poète Carlos Drummond de Andrade n'ont pas été non plus honorés du Nobel, j'en conclus que réellement notre langue portugaise (les diverses langues portugaises, celle de

Camoëns et celle d'Alencar, celle de Luandino Vieira et celle de Balthazar Lopes) n'est guère prise en compte par les académiciens suédois. Il nous reste à espérer, car ce grand monsieur qui occupe la tribune à Ponta Delgada, aux Açores, est un solide Portugais qui porte sans effort le poids des ans.

Bahia, 1991 – le libraire

La voix perdue, désemparé, Edivaldo Boaventura[1] évoque Zitelman Oliva à la tribune de l'Académie des lettres de Bahia. L'émotion parcourt la salle, se répand.

À la table d'honneur, sur l'estrade, Lygia comme si elle était de pierre, je sens les larmes naître et s'effacer sur le visage de Clarinha. Derrière moi Ró, mon neveu, le portrait de son père, que de regrets... Wilson Lins qui préside la cérémonie retourne au passé, il rappelle un temps qui s'en fut. Presque à côté de moi, Jorge Calmon fixe le vide qui se peuple de souvenirs, Zitelman traverse la salle.

C'est un jeune étudiant, il vient vers moi et me sourit. Certainement il fait chaud, car la sueur coule sur son visage encore adolescent, il porte des paquets de livres, des titres interdits par la dictature de l'Estado Novo. Militant antifasciste, le garçon baigné de sueur est une espèce de libraire subversif qui exerce son commerce de politique et de culture dans les réduits de l'illégalité.

Nous sommes en 1943, les armées des Nations unies et de l'Axe nazi-fasciste s'affrontent, la guerre est présente et commande la vie de chacun de nous dans la ville de Bahia – la ville de Bahia d'alors, provinciale et fascinante avec ses trois cent mille habitants, étaient-ils autant ? Dans la guerre contre le fascisme et la dictature, Zitelman Oliva, étudiant pauvre, précaire libraire, soldat de la démocratie, occupe son poste de combat dans les rangs de la culture, avec quelques-uns de ceux qui sont réunis aujourd'hui dans cette salle pour écouter Edivaldo. D'autres n'ont pas pu venir, ils sont partis

1. Edivaldo Boaventura, éducateur.

avant Zitelman : Giovanni, Giocondo, le Noir Batista[1], Jacinta Passos[2].

Avec le temps le libraire subversif a fondé un journal, a dirigé une banque, est devenu professeur d'Université, membre de l'Académie, figure de proue de la vie intellectuelle, patriarche. Avec sa même passion juvénile de communiste, il s'est converti au catholicisme, est devenu l'intime de Dieu. Quant à moi, vieil athée, par dévotion envers Zitelman je me suis retrouvé client à Paris d'une boutique d'objets religieux d'un extrême bon goût. À chaque voyage nous cherchions là, Zélia et moi, une pièce d'artisanat pour la collection de notre ami : un santon polonais, une médaille ancienne, un saint médiéval taillé dans le bois. Il y a peu de jours, revenant d'Europe, nous avons rompu avec cette habitude, Zitelman n'est plus là pour recevoir le souvenir de voyage, il a quitté Bahia, sa famille, ses amis. Dans la voix d'Edivaldo Boaventura, nous le retrouvons, il traverse la salle, s'approche de moi, sourit, il pose la main sur l'épaule de Ró.

Paris, 1988 – quai de la Tournelle

Dans la marche dominicale du quai des Célestins au petit restaurant chinois, rue du Sommerard, à proximité de la Sorbonne, nous allons lentement Zélia et moi, savourant la beauté qui nous environne : dans la douce lumière d'automne, nous nous arrêtons devant les bouquinistes le long des quais de la Seine. Sur les ponts, des couples d'amoureux s'attardent pour un baiser, une caresse. Ainsi faisions-nous, Zélia et moi, en ce temps où nous habitions le Paris de la Rive gauche, des étudiants et des exilés[3]. Pourquoi ne pas le faire à nouveau, quarante ans après, alors que la Seine est toujours la Seine, que les ponts sont les mêmes et que la lumière d'automne n'a pas changé sur les tours de Notre-Dame, alors que nous sommes

1. João Batista de Lima e Silva (1921/1979), journaliste.
2. Jacinta Passos (1914/1973), poète.
3. 1948/1949.

toujours amoureux ? Dans cette ville de Paris, les vieux aussi ont droit au baiser.

Soudain je vois chez un bouquiniste, pour vingt francs, un exemplaire de l'édition française d'un livre de Monteiro Lobato, intitulé *La vengeance de l'arbre et autres contes.* Une traduction de *Urupês,* je ne connaissais pas son existence – elle doit cependant figurer dans la recension des livres brésiliens traduits en français, minutieusement établie par Estela dos Santos Abreu –, la traduction est de Georgette Tavares Bastos, veuve du poète, traductrice enthousiaste, et excellente, de divers livres brésiliens y compris de l'un des miens, *Dona Flor.* La publication date de dix ans : *Urupês*, un livre que j'aime tant... Je reste pensif : la traduction française a-t-elle eu du succès ? Le volume à la main, j'ai l'impression que je porte avec moi un morceau du Brésil quai de la Tournelle.

Bahia, 1991 – latinité

Un coup de téléphone de Paris, on me demande un article pour un numéro spécial du *Nouvel Observateur* consacré au cinquième centenaire de la Découverte de l'Amérique. Thème : le Brésil, pays latin. Je dis que oui, je l'écrirai, je commence à réfléchir.

Le Brésil, pays latin ? Sommes-nous latins, nous, Brésiliens ? Une espèce rare de Latins, la vérité c'est que nous sommes métis, mulâtres plus ou moins blancs ou plus ou moins noirs, de la couleur cuivrée des Indiens. Zélia, de père et de mère italiens, née à São Paulo, est-elle latine ? De sang passe encore, culturellement certainement pas.

On emploie à Bahia deux expressions, toutes les deux créées, je pense, par l'anthropologue nord-américain Donald Pierson, pour définir notre latinité affichée et notre condition africaine masquée. On appelle *Blancs bahianais*, ces métis à la peau claire et à la position sociale élevée : *Blancs bahianais* ont été, par exemple, les frères Mangabeira, João, le grand juriste, et Otávio, député, ministres des Affaires étrangères, gouverneur de l'État de Bahia. On appelle *mulâtresses blanches*, ces métisses pâles, parfois blondes, dont la négritude pointe dans le lobe de l'oreille, les lèvres épaisses, la croupe puissante. Un bon exemple de mulâtresse blanche est Marta Rocha, la belle Bahianaise qui ne fut pas élue Miss Monde parce qu'elle avait deux pouces de trop de tour de hanches, les deux pouces immortels du mélange de sang allemand et de sang noir.

L'Escorial, 1990 – cachet

Invités à participer au cours d'été de l'université Complutense, nous sommes logés à l'Escorial, dans une dépendance de l'université construite jadis par Franco pour recevoir les invités étrangers en visite au « Valle de los Caídos ».

Je participerai à la table ronde qui étudiera la littérature de langue portugaise dans le cadre d'un séminaire sur le roman espagnol – le colonialisme culturel espagnol réduit les littératures de langue portugaise à une unique littérature et en fait un appendice du roman espagnol –, tandis que Zélia interviendra dans un autre séminaire intitulé « Politique et immigration ». À part moi, sont présents à la table ronde le romancier portugais Cardoso Pires, le professeur espagnol Perfecto Cuadrado, le poète brésilien Cláudio Murilo, directeur de la Maison du Brésil.

L'auteur d'*Alexandra Alpha* me demande si on m'a déjà versé le cachet qui nous est dû pour notre participation, quarante-cinq mille modestes pesetas, lui, Cardoso, les a déjà empochées. Moi pas encore, je me plains, il me propose de m'accompagner au bureau compétent. Nous y allons, je reçois mes pesetas, timidement Zélia demande si elle n'aura pas elle aussi un cachet pour sa famille d'immigrants et ses anarchistes. Elle en a si bien un qu'on lui verse devant nous, romanciers portugais et bahianais, quatre-vingt-dix mille pesetas, exactement ce que nous recevons à nous deux réunis (et humiliés). Nous accusons le colonialisme espagnol de cette discrimination : littérature de langue portugaise (littératures, je corrige), quarante-cinq mille, immigration politique, le double. Zélia boit du petit lait, elle nous demande si nous ne voulons pas un prêt.

Je suis réellement maladroit, incapable, la liste des choses que tout le monde sait faire et dont je suis incapable est longue. Je ne donne ici que quelques exemples : je ne sais pas danser, chanter, siffler, nager, multiplier et diviser par plus de deux chiffres, employer les verbes, prononcer correctement, conduire une automobile (mais j'ai su aller à bicyclette avec un raisonnable équilibre). Je ne suis pas bon à grand-chose.

Paris, 1948 – le pari

Je rencontre Picasso à l'entrée de l'immeuble, nous prenons l'ascenseur, je le remercie de sa présence, il sourit : me remercier, pourquoi, ne suis-je pas l'ami de Pablo ? Le bureau d'Aragon à *Ce soir* est comme toujours rempli d'écrivains, la bande des *Lettres françaises* se retrouve là quotidiennement pour recevoir la bénédiction, écouter les avis de Sa Sainteté le Pape Louis, je donne un *abraço* à Pierre Daix et à Claude Morgan, je confraternise avec le Grec André Kedros aux prises avec les épreuves de son premier roman, *Un navire en pleine ville*.

Représentants des PC chilien, argentin et brésilien, nous nous réunissons avec Aragon et Picasso pour étudier les mesures à prendre en faveur de Pablo Neruda dont la situation au Chili est critique : expulsé du Sénat, contraint à la clandestinité, menacé de prison, il devient nécessaire de protester. Nous décidons d'envoyer immédiatement un télégramme à Videla[1], responsable à nos yeux de ce qui pourrait arriver au poète, en réclamant des garanties pour sa vie et sa pleine liberté. Un télégramme à faire signer par les grands noms de la culture française afin d'impressionner les politiciens chiliens. Les communistes latino-américains résidant à Paris recueilleront les signatures, nous rédigeons le texte, comminatoire, nous dressons la liste des personnalités qu'il faut toucher.

Je cite le nom de Jean-Paul Sartre, je fais scandale, ceux des *Lettres françaises* me rient au nez, j'ai marché sur les pieds d'Aragon qui s'emporte : Sartre, un ennemi, ne signera jamais. À cette époque les relations du philosophe existentialiste et du

1. Gabriel Gonzalez Videla, président du Chili de 1946 à 1952.

Parti communiste français étaient au plus mal, ils s'attaquaient avec férocité. J'ose contredire Aragon : j'estime possible d'obtenir la signature du philosophe en faveur de Neruda, car ce que je sais de Sartre, ce que j'ai pu constater montre que, même divergeant d'avec les communistes, jamais il ne prend de positions réactionnaires. Aragon grince, m'accuse de ne rien entendre à la politique, je suis un inconséquent, il fulmine contre Sartre, la rigueur de Louis, homme du Parti, s'exerce aux dépens de son urbanité, il me regarde avec rage sinon avec mépris. Je reste ferme, je suis prêt à aller moi-même demander la signature de Sartre et de Simone de Beauvoir, je parie que je les obtiendrai. Aragon, encore sarcastique mais plus calme, accepte le pari : *va si tu veux, tu recevras un non catégorique, en retour j'espère entendre l'autocritique du camarade.* Existentialisme et autocritique, modes de l'époque.

J'avais croisé une seule fois Jean-Paul Sartre au siège des éditions qui publiaient alors son théâtre et qui avaient publié la traduction de *Terras do Sem Fim*[1]. Lorsqu'on nous présenta il fut plus que courtois, il me dit avoir lu mon livre et l'avoir aimé, j'étais sur un lit de roses, la vanité me porta à le croire. Comme tout le monde littéraire j'étais au courant des habitudes de Sartre, de ses déjeuners chez Lipp où il avait sa table, je m'y rendis avec une copie du télégramme, Sartre me reconnut, encore un motif de gloire, je lui exposai les vicissitudes de Neruda, lui montrai le texte du message à Videla, lui demandai sa signature et celle de Simone de Beauvoir. Ils n'eurent pas une minute d'hésitation, Sartre signa, Simone de Beauvoir aussi, je remerciai, pour un peu je leur baisai les mains, je repartis en jubilant : il n'y avait pas dans les rues de Paris d'écrivain plus heureux que moi.

Dans le même bureau de *Ce Soir* nous nous retrouvons, nous les trois communistes latino-américains, pour remettre les signatures obtenues. Zélia remportait la palme, sa feuille était pleine, la moitié de la Chambre des députés, des sénateurs, la négritude au grand complet : Senghor, Aimé Césaire, d'Arboussier, Houphouët-Boigny. Sans montrer la satisfaction dont je débordais, sans cocorico – qui étais-je ? –, je sortis la copie du télégramme avec les signatures de Sartre et de Simone de Beau-

1. *Terre violente,* repris plus tard sous le titre *Les terres du bout du monde (N.d.T.).*

voir. Aragon prit le papier, examina les paraphes, hocha la tête et, faisant sans doute sa propre autocritique, proposa : *son nom doit ouvrir la liste*. Il ne l'ouvrit pas : le nom de Sartre suivit celui du poète des *Yeux d'Elsa* – je sais ces poèmes par cœur –, les cardinaux n'acceptèrent pas : *ça non, Louis, d'abord toi, lui ensuite.*

Je devins ami de Sartre et de Simone de Beauvoir, nous avons voyagé ensemble à travers l'Europe, le jour le plus long de l'année nous avons eu faim à Helsinki, nous avons parcouru le Brésil du nord au sud, en 1950 il a fait publier *Cacao* dans *Les Temps modernes*, en 1961 ce fut le tour de *Quinquin la Flotte*. Un jour, dans les années 70, alors que nous déjeunions avec lui et Simone chez Lipp, Sartre me révéla qu'il était au courant du pari avec Aragon : une indiscrétion d'un membre du collège des cardinaux, les cardinaux ne sont pas fiables.

Rio de Janeiro, 1932 –
la chienne loulou

À l'aube, émergeant des vapeurs de l'alcool après une nuit de bringue, nous constatons en arrivant à Copacabana, Raymundo Magalhães Júnior[1] et moi, qu'une jolie petite chienne loulou, blanche comme le lait, parfumée, nous suit. Nous étions rentrés à pied de la Lapa où nous avions été aux putes chères : ça arrivait les jours de paie. Magalhaes était un habitué dans plus d'une pension, laid en diable, il avait du succès auprès des femmes, une réputation de tombeur. Moi, je me partageais entre les domestiques de Copacabana et du Leme, de temps à autre une patronne pour améliorer l'ordinaire.

Nous nous rappelions la pension où nous avions bu et consommé, elle se trouvait rue Conde de Lage, mais nous n'avions pas la moindre idée des stratagèmes dont nous avions usé pour que la petite chienne nous suive dans notre longue marche vers la zone Sud. La vue de notre gentille compagne de voyage dissipa les restes d'eau-de-vie, nous retournâmes au joyeux *rendez-vous* à la recherche de la propriétaire de l'animal.

1. Raymundo Magalhães Júnior (1907/1981).

Nous trouvâmes la pension en révolution, la maîtresse de la chienne aux cent coups, dans une mer de larmes, blonde comme les blés mûrs selon un vers célèbre, elle se disait française. Elle se jeta sur son loulou, *mon amour, mon petit,* ce fut la fête. Magalhães en profita, il resta pour la fête. Sobre et solitaire, je repris ma marche dans la frange du matin.

Fort-de-France, 1991 –
mulâtrie

À la mairie de Fort-de-France, Zélia et moi sommes reçus par M. le Député Maire qui n'est autre que notre vieil ami Aimé Césaire, grand poète de la langue française, maître des Antilles et de la négritude. Je lui apporte les deux volumes de la nouvelle édition des poèmes de Gregório de Matos, réalisée par James Amado. Nous parlons de poésie, de métissage, de musique, le nom de Dorival Caymmi est évoqué, Caymmi a été ici, amené par Annick Thebia-Melsan[1], il a chanté pour le peuple de la Martinique ses chansons de Bahia.

Au séminaire sur le thème « Littérature et canne à sucre » où je parle de José Americo de Almeida et de José Lins do Rego, je rencontre des gens, le romancier Xavier d'Orville, le professeur Émile Eadie, qui évoquent le passage du « jeune Bahianais » – toujours jeune avec ses cheveux blancs, la cadence de sa musique, la sagesse du peuple. Gregório de Matos, Aimé Césaire, Léopold Senghor, Gabriel d'Arboussier, Jacques Roumain, Lima Barreto, Jacques Stephen Alexis, Nicolás Guillén, René Depestre, Henri Lopes[2], Dorival Caymmi, Gilberto Gil, tant et tant d'autres, innombrables, musiciens, poètes, romanciers – Simone Schwarz-Bart, par exemple, pour citer une femme, quelle romancière ! –, une mulâtrie sans pareille par la force de la création, l'originalité du mélange.

1. Annick Thebia-Melsan fut conseiller culturel près l'ambassade de France au Brésil.

2. Henri Lopes, écrivain congolais.

Luanda, 1979 – feuilleton de télévision

Invité d'Agostinho Neto, je ne le rencontre pas durant mon séjour en Angola, il me fait parvenir un message par Antônio Jacinto[1], il part pour Moscou où il va se faire opérer et d'où il ne reviendra pas, sa mort bouleverse le peuple. Dans la difficile situation où se trouve l'Angola, le Poète-Président était un facteur de confiance, l'aspect du pays est triste, la faim s'installe.

Comme si j'étais à Bahia je parcours Luanda de bout en bout, ni à Luanda ni à Lisbonne je ne me sens hors de Bahia, nous sommes à la fois angolais et portugais, mélangés. Je voyage dans l'intérieur des terres, je ne vais pas loin, la guerre civile ne permet pas de grands déplacements, mais je peux constater çà et là, répétés, les méfaits de l'idéologie. Dans la coopérative socialiste qu'est devenu l'immense latifundio – y a-t-il eu réellement quelque changement ou a-t-on seulement changé l'étiquette, le patron ? –, les coopérateurs bénévoles venus de Bulgarie au nom de l'internationale prolétarienne ne parviennent pas à s'intégrer, à s'entendre avec les gens, tandis que les Angolais s'entendent à merveille avec les techniciens brésiliens des entreprises qui sont là pour gagner de l'argent. À l'hôtel où nous logeons à Luanda, le directeur, un camarade yougoslave envoyé au secours du socialisme afro, est un prince blond, d'une solidarité hautaine, distante et froide.

– Et les Cubains ? me demande à Lisbonne Fernando Namora. Sont-ils populaires ?

– Il ne m'a pas semblé.

– Lesdits libérateurs ne le sont jamais, réaffirme le romancier. Entre libérateur et conquistador, la distance est courte, à peine un pas de soldat.

Les camarades angolais me conduisent au quartier prolétarien par excellence, le «*muceque* ouvrier » – ils en ont plein la bouche –, pour rencontrer des cadres et des militants, beaucoup de gens sont là. Je m'attends à discuter politique, à parler du Brésil, des injustices sociales, de la dictature militaire, des problèmes du socialisme, je m'y prépare. Au contraire de ce que j'attendais, à l'exception de deux ou trois questions de dirigeants

1. Antônio Jacinto, poète angolais.

destinées à orienter le débat et qui n'orientent rien, les autres questions, d'hommes et de femmes, jeunes la plupart, se rapportent au feuilleton de télévision tiré de *Gabriela, girofle et cannelle* qui vient de passer sur la chaîne officielle et unique.

– Dis-moi, camarade, c'est vrai que Gabriela est morte dans un accident de camion ?

Ils ne s'intéressent qu'aux personnages du feuilleton, à leur destin, pour eux il n'y a pas de frontières entre la réalité et la fiction. Notre accompagnatrice, sœur du ministre de la Défense, veut savoir de Zélia si Mundinho Falcão et Gerusa, des personnages, s'étaient mariés après la fin de l'émission. Zélia m'accuse d'avoir empêché le mariage, mauvais sujet que je suis.

On me raconte que pour préserver la pureté idéologique des masses, chaque chapitre était précédé et suivi d'un commentaire confié à un théoricien du Comité central, signalant les déviations et les incorrections que contenait le film. Le commentaire a posteriori fut vite supprimé, on y renonça en constatant qu'à la fin de l'épisode les spectateurs fermaient immédiatement leur poste. La mise en garde prélable, elle, fut maintenue jusqu'au dernier épisode : de crainte de perdre le commencement du chapitre, les téléspectateurs supportaient stoïquement le cours de marxisme-léninisme, c'était le prix à payer.

Rio de Janeiro, 1935 –
fonctionnaire

Secrétaire à l'Éducation du district fédéral qu'administrait Pedro Ernesto, Anísio Teixeira m'invite à entrer à son cabinet, un *conto de réis* par mois, une manne bienvenue, je suis père de famille, j'ai une femme et une fille.

Je commence à travailler, un travail tranquille, je m'occupe du calendrier d'Anísio, je le représente dans des déjeuners, lorsque se produit le coup de force de novembre. Othales Marcondes emmène Anísio en automobile à São Paulo, à temps pour éviter l'emprisonnement du secrétaire démissionnaire, je vide les tiroirs du Secrétariat, je disparais de la circulation avant l'arrivée de la police.

Fonctionnaire pour la première et la dernière fois je ne passe pas un mois à mon poste, ça ne me permet même pas de recevoir mes émoluments.

São João de Meriti, 1946 –
le hamac matrimonial

La maison, simple et agréable, était située au sommet d'une petite colline, la propriété tout entière mesurait vingt et un mille mètres carrés couverts de huit cents orangers. Des pieds de pamplemousse de deux ou trois variétés, des citronniers, des mandariniers, des arbres à pain, des sapotilliers, des goyaviers, des manguiers, des papayers complétaient le verger. Un extravagant élevage de volailles – poules de race, dindons, oies, canards – peuplait le Peji d'Oshóssi, notre refuge, situé entre Caxias et São João de Meriti, dans l'État de Rio. Zélia et moi y avons passé enfin notre lune de miel.

Nous vivions ensemble depuis juillet 1945, mais nous n'avions pas trouvé le temps de profiter l'un de l'autre autant que nous l'aurions voulu : je dirigeais le quotidien pauliste du parti communiste, *Hoje,* qui m'absorbait totalement, Zélia s'était révélée d'une efficacité hors pair à la commision des Finances. Par-dessus le marché, la campagne électorale avait commencé. Candidat à la députation, je partais à la fin de l'après-midi pour des meetings de nuit dans l'intérieur, je rentrais à l'aube. Nous décidâmes de reporter notre lune de miel à plus tard, après les élections.

Les élections eurent lieu en novembre, élu député je remis à la direction du Parti ma lettre de renonciation, nous partîmes en voyage, Zélia et moi. Un voyage de noces, il était temps.

À peine avions-nous commencé à goûter à notre lune de miel – nous avions passé quelques jours dans le Rio Grande du Sud, dans la maison de campagne d'Henrique Scliar, nous nous trouvions en Uruguay, nous devions aller à Buenos Aires – quand arriva un télégramme instant de Prestes réclamant ma présence à Rio dans les trois jours. Communiste discipliné, je pris le premier avion pour le Brésil, Zélia avec moi, anxieux de savoir la raison de cette convocation intempestive.

Il s'agissait tout bonnement d'occuper mon siège de député. Voyons, j'avais accepté de poser ma candidature moyennant l'assurance qu'une fois élu, je renoncerais à mon mandat au profit du suppléant – j'étais déjà un écrivain passablement populaire, mon nom apporterait des voix au Parti. Mais je voulais retourner à mon travail littéraire trop compromis par mes activités de militant. Je rappelai à Prestes l'engagement pris par la direction. Avant de partir j'avais remis à Arruda Câmara l'acte de renonciation, Prestes était au courant, il souligna que c'était lui qui avait fait admettre mes exigences par la direction – un militant pouvait-il en ce temps opposer au Parti la moindre exigence, même juste, quelle qu'elle soit ? C'est bien pourquoi Prestes se sentait le droit de faire appel à ma conscience de communiste : que diraient les électeurs qui avaient voté pour moi, surtout les non-communistes, si je me retirais ? Ils accuseraient le Parti d'avoir utilisé mon nom pour gagner des voix, un sordide stratagème, une escroquerie, les ennemis exploiteraient ça, et ainsi de suite, ce type d'arguments. Il me proposa d'assumer mon mandat pendant trois mois, après quoi je renoncerais effectivement. Trois mois, pas un jour de plus, m'assura Prestes.

Nous décidâmes de ne pas louer d'appartement à Rio où certainement le Parti me surchargerait de tâches, outre celles inhérentes au travail parlementaire, et occuperait le temps de Zélia, la commission nationale des Finances menaçait de la réquisitionner. Dans l'intention d'écrire un roman déjà mûr dans ma tête, *Seara Vermelha*, je préférais rester le plus loin possible du Comité central. Aussi avons-nous acquis le clos des orangers où nous avons vécu un an et demi : un gardien prenait soin des plantations et de la basse-cour – la basse-cour mériterait un chapitre à part –, Nina, sa fille, s'occupait de la maison.

Le couple hongrois qui avait planté le terrain et bâti la maison avait le sens européen du confort et avait construit à côté de l'habitation, sous les arbres, une sorte de patio, un lieu de détente. Des plantes grimpantes s'accrochaient aux piliers de ciment, il y avait partout des fleurs, une table rustique permettait de poser les verres et les assiettes, des bouteilles, sur le sol dallé étaient disposées des chaises longues, suspendus aux branches des manguiers des hamacs du Ceará blancs et amples, aux longues franges, des hamacs matrimoniaux. Tel était le Peji d'Oshóssi, un petit paradis.

Là nous avons passé insatiables, frénétiques, notre lune de miel tant attendue. Zélia avait l'air d'une enfant ; l'Allemand, notre voisin, pensait qu'elle était ma fille, d'ailleurs j'ai passé ma vie à entendre répéter la même question à propos de Zélia : c'est votre fille ?

Je me réveillais très tôt, je travaillais à mon roman une bonne partie de la matinée, parfois j'y revenais le soir – ah, le bon temps où je passais la nuit à taper à la machine des scènes et des chapitres ! Après le déjeuner, à une heure, je prenais une voiture louée au mois, qui me menait du Peji à Caxias et m'en ramenait – les dix pour cent des indemnités de député que me laissait le Parti couvraient juste le prix de la navette : je devais vivre de mes droits d'auteur, selon eux. À Caxias je prenais un autobus qui me déposait place Mauá, de là je marchais jusqu'au palais Tiradentes où siégeait l'Assemblée nationale constituante formée de la Chambre et du Sénat. La séance commençait à deux heures, j'y assistais, y participais – extrêmement actif à la commission de l'Éducation et de la Culture –, quand les travaux se terminaient je faisais le chemin du retour, j'arrivais en général à la maison entre sept et huit heures du soir. Parfois, les jours de séance de nuit, je n'avais pas d'heure pour rentrer.

Le dîner terminé, Zélia et moi avions l'habitude de nous allonger dans le patio où soufflait la brise, je lui racontais les événements de la journée, elle écoutait avidement les détails sur l'activité du groupe communiste – le premier dans un parlement brésilien. Parfois nous nous endormions dans le balancement du hamac. C'est dans un de ces hamacs du Ceará, matrimoniaux, que João Jorge fut conçu, une nuit de pleine lune, à la lumière des étoiles et au bruit des grillons.

Bahia, 1956 – l'âne

Dans les années 50, l'Allemand Karl Hansen vivait dans une cabane sur la plage d'Amaralina, à Bahia, en compagnie de sa femme, Rosa, et de leurs deux enfants, un garçon et une fille, et d'un âne baptisé Sigmund Freud, animal chéri de la famille, monture de l'Allemand. Le baudet étant petit et Karl immense, le cavalier faisait la joie des pêcheurs et des capitaines des sables lorsqu'ils le voyaient à dos d'âne, les pieds touchant le sol, allant rendre visite à Carybé au Rio Vermelho. En ce temps Amaralina était à l'une des extrémités de la ville, au bout ultime des lignes de tramways.

Tout jeune, Karl était venu de Hambourg avec un frère architecte, le frère resta à São Paulo, lui il découvrit Bahia, il y planta sa tente, une maison de terre battue achetée à crédit à un marchand de poisson. Il vivait pauvrement du commerce de son art, il creusait le bois, y traçait la vie des gens de la ville, il était graveur sur bois. De la fenêtre du bar São Miguel, au Pelourinho, il observait le va-et-vient des putes et des marginaux, le résultat fut un album de gravures, aujourd'hui une rareté. Je l'ai connu lorsqu'il le préparait, j'ai préfacé l'édition. Dix ans plus tard j'ai écrit un texte pour un autre album de Hansen, également des gravures du Pelourinho, le chemin de croix d'une nation de pauvres : artisans, filles, pochards, marginaux de toutes sortes, enfants sans père ni mère. Prophète et marin, il avait cessé d'être Karl Hansen, il était Hansen Bahia, dans sa nostalgie, dans l'affliction de la distance il avait joint le nom de la ville à son nom de famille, y avait inscrit le sol de son art, sa patrie d'adoption. Il avait ramené avec lui des brumes de Hambourg sa seconde épouse, Ilse. La jeune Allemande, Walkyrie aux tresses blondes, avait débarqué portant un manteau brodé à Addis Abeba : des lions et des lances, la panthère et le lion de Judée, le couple avait vécu en Abyssinie, avait fondé et dirigé l'École des beaux-arts, caprice du Négus. En un tour de main la Hambourgeoise devint une Bahianaise en jupon à volants et turban sur la tête, les pêcheurs l'appelaient Inaê, reine de la mer.

En revoyant Ilse qu'il avait laissée fillette lorsqu'il était parti de Hambourg pour courir le monde, Hansen était tombé amoureux : apprentie artiste, elle le regardait avec des yeux de disciple en extase, Hansen rêva de se marier. La différence d'âge l'effraya pourtant, il décida de consulter une personne d'expérience, son père (le sien à lui), un solide buveur de bière, il habitait à la campagne dans les environs. Karl lui demanda sa bénédiction, lui expliqua le dilemme : il souffrait d'une passion d'adolescent dans son âge mûr, la fiancée était une Lolita rondelette. Ne serait-il pas plus sage de choisir une fiancée moins verte ? Le père réfléchit, considéra :

– Une femme vieille mange autant qu'une femme jeune, même plus, elle tombe plus souvent malade, elle dépense de l'argent en remèdes. Épouse la jeune, tu feras une meilleure affaire.

– Mon père est un poète, commenta Hansen en me racontant l'histoire.

Il se maria et fut heureux, Ilse se consacra totalement à son maître de l'art et de l'amour, je n'ai pas connu de couple plus uni, plus parfait. Lorsqu'il mourut elle ne résista pas à la solitude, elle alla le retrouver dans la rue des Graveurs, au ciel des putes, des vagabonds et des artistes.

Durant son premier séjour à Bahia, dans les années 50, un jour, tôt le matin, Karl trouva sur le seuil de sa porte, dans le sable, un énorme bloc d'ambre, il pesait des kilos, la mer l'avait déposé là en cadeau pour l'artiste le plus pauvre du Brésil et de l'Allemagne réunis. *C'est de l'ambre, ce n'est pas de l'ambre*, discutèrent Karl et Rosa, le graveur en mit un échantillon dans sa poche, prit le tram et alla le porter aux frères Moreira pour qu'ils l'examinent. *C'est de l'ambre et des meilleurs, si le bloc est gros il vaut une fortune, tu es riche pour le restant de ta vie.*

Fort de ce verdict Hansen compta ses sous, prit un taxi pour arriver plus vite avec l'heureuse nouvelle. Il arriva, Rosa dormait au soleil, en apprenant la pureté et la valeur de l'ambre, elle lui conta ce qui s'était passé : Sigmund Freud, le baudet, affamé d'une faim séculaire, une faim nordestine, avait dévoré avec délices le don de l'océan, le fruit de mer, une gourmandise inespérée, il avait fait honneur à la fortune de l'Allemand. Hansen ne se troubla pas, il n'était pas homme à se troubler pour si peu, qu'aurait-il fait de tout cet argent, un casse-tête, il en était débarrassé : il caressa le museau de l'âne, l'embrassa sur le front et alla travailler le bois, son métier.

Je reçois des cadeaux qui se mangent et se boivent, des gourmandises d'amis dispersés de par le monde, gâteries, attentions : ils excitent le palais et réchauffent le cœur.

Je suis fou de pitus[1]*, rien que de penser à des pitus pochées j'en ai l'eau à la bouche. Fruits de fleuve plus savoureux que n'importe quel fruit de mer, crevette, langouste, langoustine, leur royaume est le rio Cachoeira dans la région du cacao. Elles ont le goût de mon enfance grapiúna*[2]*. Deux de mes amis, planteurs de cacao et lettrés (il n'y a pas de contradiction, il en existe plus qu'on ne pense, il suffit de citer Adonias Filho, Itazil Benício dos Santos, Florisvaldo Matos, Hélio Pólvora), me fournissent en pitus : Moysés Alves, d'Itabuna, et Raymundo Sá Barreto, d'Ilhéus. Moysés aime la peinture, il collectionne les tableaux ; Raymundo aime la littérature, il écrit les mémoires d'Ilhéus, c'est à lire.*

Du Piauí, Liete, princesse de la famille Tajra, m'envoie à peine sorti du four un plat d'une rare saveur, sublime : frito de capote, *savez-vous ce que c'est ? Si vous ne le savez pas prenez l'avion pour Teresina, là vous le découvrirez et vous régalerez : pintade et farine de manioc, ça paraît simple mais ce ne l'est pas.*

Né pour être acteur de cinéma, réduit par le sort à la truelle de maçon, pauvre comme Job, Rufino dépense les économies qu'il n'a pas, emprunte quelques deniers, il m'apporte un teiú *qu'il a trouvé à acheter dans les faubourgs de la ville. J'ai écrit sublime pour le* frito de capote, *je dis divin pour le* teiú *à la braise. Le* teiú *est un lézard, en le voyant dans les mains généreuses de Rufino le banquier Antônio Celestino a tordu le nez, je l'ai invité pour le déjeuner de* teiú, *il en a dévoré trois assiettes et en a redemandé.*

Le sénateur Lourival Batista, vice-président du Comité mondial de lutte contre le tabagisme dont le siège est à Londres, ex-gouverneur de l'État du Sergipe, est né bahianais à Feira de Santana, nous avons été camarades au collège Ypiranga. Il m'envoie des boîtes isothermes remplies de sorbets, incomparables, de La Sorbetière Cinelândia, d'Aracajou : il existe plus de quarante parfums, ça va du fruit-pain à l'umbu, de la genipape au tamarin, du cacao à l'ananas, du cajou à la cajá, de l'anone à la pitanga, une profusion inouïe ! Un détail : les sorbets de la Cinelândia ne font pas grossir.

Et les raffinements de la confiserie portugaise : le páo-de-ló *envoyé de Viana do Castelo, don de dona Custodinha et de siô Manuelzinho, Custódia et Manuel Natário, pâtissiers de Nossa*

1. Pitu (prononcer pitou), sorte de grosse crevette d'eau douce.
2. Grapiúna : nom que l'on donne aux habitants de la région du cacao, située au sud de l'État de Bahia.

Senhora da Agonia. Et les puits d'amour, ceux de Belém, confiés par Clarinda et Nuno Lima de Carvalho aux occasionnels porteurs : parfois le porteur ne résiste pas, il les mange, ils ont tourné pendant le voyage *me dit l'un d'eux lorsque je réclame le colis. Nuno Simões, gentilhomme de gauche, militant anti-salazariste, me fournissait en vins fins, de ceux que les ignares intitulent vins de Porto, des vins vieux de crus prestigieux, j'en possède encore une demi-douzaine de bouteilles. Quelqu'un qui également n'est plus, José Machado Leite, m'envoyait des caisses de cognac Macieira depuis qu'était parue, en 1968, l'édition portugaise de* Tenda dos Milagres (La boutique aux miracles). *Il avait fait irruption à l'hôtel Tivoli, précédant deux caisses, deux douzaines de bouteilles, il me dit :* à la page 278 de *Tenda dos Milagres,* Pedro Archanjo boit du cognac Macieira. *Puisque je parle des Portugais, je tiens à rappeler les kilos de morue qu'Alves Redol nous envoyait à Paris lorsque Zélia et moi y vivions dans la pauvreté de l'exil.*

Alors que je commençais à écrire Dona Flor et ses deux maris, *je demandai à ma commère Norma Sampaio d'aller voir la propriétaire de l'École culinaire Saveur et Art – j'avais copié le nom sur la plaque de la maison de la rue Sodré – pour lui expliquer que j'allais user et abuser du nom de son école dans mon nouveau roman. Norma revint avec l'autorisation et cette nouvelle : dona Edna Leal était cousine germaine de Lalu, ma cousine au deuxième degré. Depuis lors pour les fêtes d'anniversaire, pour les fêtes de fin d'année, à la Saint-Jean, le Deux-Juillet, à la moindre occasion Edna nous envoie un gigantesque gâteau, délice, œuvre d'art, cadeau de Dona Flor : après la publication du livre ses voisins se sont mis à l'appeler du nom de mon personnage.*

Glouton que je suis, gourmet, gourmand, j'adore recevoir ces victuailles, les précieuses bouteilles de vin fin – invention de Dieu inspiré par le paysage du Haut Douro –, mais je ne sais pas faire frire un œuf, faire cuire une saucisse, je suis nul aussi en cuisine. Malgré ça dans mes romans je reproduis des recettes de la cuisine bahianaise – elle vaut les meilleures pour le raffinement. Je peux garantir la qualité et l'exactitude des recettes, elles ont été testées, on peut les utiliser sans crainte, elles m'ont été données par des cordons-bleus : Anália, patronne du Yemanjá, ah ! les moquecas de poisson d'Anália ! Dete, de l'île d'Itaparica, ah ! la purée de manioc, le couscous de tapioca de Dete! Les recettes de Dona Flor, je les ai copiées dans le cahier de Dorothy Alves, l'épouse de Moysés : lorsque Aldemir Martins pense aux pitus qu'il a mangées à la table des Alves, il se lèche les babines et soupire.

Rio de Janeiro, 1987 – baptême

Paloma, ma fille, majeure de trente-cinq ans, mère de deux filles, se convertit au catholicisme, elle va se faire baptiser. Par amour, je crois.

Paris, 1986 – maçonnerie

João Jorge est en vacances à Paris, il inaugure notre mansarde sur la Seine, dans le Marais. Je suis intrigué, un après-midi, de le voir en grande tenue, costume bleu, chaussures noires, chemise blanche, cravate, lui qui porte habituellement des jeans, des tennis, un tee-shirt. Je veux savoir la raison de cette vesture solennelle.

– Je vais dans une loge maçonnique.

– Une loge maçonnique? Pour quoi faire, mon fils?

– Je suis porteur d'un message de ma loge à Bahia.

– Ta loge? Tu es franc-maçon? Depuis quand?

– Il y a des années.

Ce monde est surprenant, le poète Fernando Assis Pacheco a raison.

Bahia, 1966 – aéroport

À l'aéroport Zélia et moi attendons Neruda qui, en voyage au Brésil, vient passer la fin de semaine avec nous à Bahia, tuer les regrets. Essoufflé, apparaît Ariovaldo Matos[1] à qui j'avais donné l'information. Ariovaldo publie un hebdomadaire, il a des difficultés d'argent et de censure, il vit entre la rédaction et la prison.

Pablo était venu au Brésil pour l'inauguration, à São Paulo, du monument à la mémoire de Garcia Lorca. Moins d'une semaine après la cérémonie le monument, une œuvre de Flávio de Carvalho, fut détruit par les sbires de la dictature militaire, les forces armées n'aiment pas les poètes.

Accompagné de Matilde, Pablo descend d'avion, nous nous étreignons, poitrine contre poitrine, joue contre joue, il y a du temps que nous ne nous sommes pas vus. Venant pour la joie des retrouvailles fraternelles dans sa ville de prédilection – l'architecture, la musique, la capoeira, le vatapa, les crevettes et les langoustes – et non pour la masturbation des funérailles, Pablo me murmure à l'oreille, la voix sourde :

– *No me preguntes por nadie, compadre, se murieron todos. Restamos solamente nosotros*[2].

Sous la houlette d'Ariovaldo, les Bahianaises entourent le poète, nouent à son poignet le ruban de Bonfim, le blanc, celui d'Oshalá, lui souhaitent la bienvenue.

Rio de Janeiro, 1953 –
exposition

Pancetti[3] est furieux contre moi, il menace de rompre toutes relations, de faire un scandale, il me considère comme un ingrat, je ne mérite pas le titre d'ami, inutile de lui donner des explications, il ne les accepte pas. Il exige que j'intervienne auprès du PC et des autorités soviétiques pour qu'on fasse à Moscou une exposition de ses œuvres – il considère mon intervention comme décisive, pauvre de moi !

J'aimerais bien voir la peinture de Pancetti exposée à Mos-

1. Ariovaldo Matos (1926/1988), écrivain et journaliste.

2. « Ne me pose de questions sur personne, compère, ils sont tous morts. Il ne reste plus que nous » *(N.d.T.)*.

3. José Pancetti (1904/1959), peintre.

cou et dans toutes les capitales du monde, mais la projection internationale des arts plastiques brésiliens souffre de leur trop grand respect des canons de l'École de Paris. Existe-t-il un peintre, à l'exception de Lasar Segall aussi juif allemand que brésilien, qui puisse intéresser les critiques et les collectionneurs européens ? Je parle de la peinture et de la sculpture, pas du dessin et de la gravure : Aldemir Martins a obtenu le grand prix de dessin de la Biennale de Venise. Pour avoir une répercussion mondiale, il manque à nos peintres de faire une peinture brésilienne, non seulement par sa thématique et par ses couleurs mais par l'invention plastique, de cesser de copier l'École de Paris, de suivre l'exemple des Mexicains : la peinture mexicaine est nationale, elle n'est pas empruntée aux modes d'Europe. Dans la mesure même où elle est originale et personnelle, elle se projette, s'impose au-delà des galeries et des collections du pays. Il manque à nos artistes de créer une expression brésilienne des arts plastiques. Tant qu'ils ne le feront pas, seuls les peintres naïfs existeront sur le marché international. La supercherie du succès et des ventes en Europe, dans des galeries louées par les artistes, est répercutée par les gazettes brésiliennes, dans les rubriques mondaines : l'art de tel ou tel a conquis Paris.

Dans le cas de l'Union soviétique la chose se complique pour des raisons idéologiques : selon les thèses de Jdanov, le théoricien de Staline pour la littérature et les arts, est considéré comme art dégénéré tout ce qui échappe aux limites de l'académisme. Les toiles de Picasso, de Chagall, de Matisse, de toute la grande peinture moderne, sont enfermées dans les salles de l'Ermitage, interdites au public, elles ne sont ni montrées ni exposées. Une exposition de Pancetti, hors de question.

Il suffit que tu parles à Ehrenbourg et tout sera réglé, décrète le peintre, je me rends compte qu'il croit réellement à du sabotage de ma part, je suis indigné, il n'a pas le droit de douter d'une amitié dont j'ai donné tant de preuves. En même temps, je ne peux pas lui dire la vérité sans le blesser : je doute qu'Ilya apprécie sa peinture. Quant aux autorités soviétiques auprès desquelles Pancetti exagère mon influence, pour elles le travail de notre peintre de marines est condamné par le régime, exclu des salles d'exposition : si on ne montre pas Picasso pourquoi montrerait-on Pancetti ?

Un jour, dans les années 50, Neruda, patriote chilien et ami dévoué, prétendit obtenir d'Ehrenbourg une préface, au moins une phrase, pour le catalogue de José Venturelli, son compatriote et protégé. Ilya examina une à une les reproductions que Pablo lui avait apportées, il regardait et s'exclamait : *exécrable ! horrible ! abominable !* Pablo ne se hasarda pas à formuler sa demande.

Le même Ilya Ehrenbourg obtint, durant le consulat de Khrouchtchev, que lui soit permis de monter une exposition de Picasso. Malgré les restrictions de tout ordre, aucune annonce dans les organes de communication, une salle minable, loin du centre de Moscou, une porte unique pour l'entrée et la sortie des visiteurs, malgré ça l'exposition fut un succès hors du commun. La nouvelle courut de bouche en bouche ; le vernissage était prévu à dix-sept heures, à midi on commença à faire la queue, à quatre heures de l'après-midi il était impossible de passer dans la rue obstruée par la foule qui menaçait d'envahir le local, de forcer la porte fermée, laquelle s'ouvrit à demi encadrant Ilya : Vous avez attendu plus de trente ans cette exposition, attendez encore une demi-heure, ne donnez pas de prétexte à ce qu'on retire l'autorisation.

La demande de Pancetti, exigeant que je lui obtienne une invitation à exposer à Moscou, une salle où le faire, se passait bien avant l'ouverture de Khrouchtchev, durant la dictature idéologique de Jdanov : une exposition de Pancetti, hors de question. Mais il ne veut pas entendre raison, s'il n'expose pas à Moscou, à Leningrad, à Kiev, à Tiblissi, le coupable c'est moi et personne d'autre. Je finis par m'irriter et l'envoyer promener : qu'il se fâche s'il veut, qu'il aille au diable. Il est allé au diable, il s'est fâché avec moi.

Paris, 1991 – primée

Jack Lang me fait monter sur l'estrade au moment de la remise du prix national de Traduction à Alice Raillard. Nous sommes à l'Opéra Garnier, nous assistons à la remise des prix nationaux des Arts et des Lettres.

Chaque fois que je pénètre dans le grand foyer de l'Opéra de Paris je suis suffoqué par sa beauté, cet après-midi plus encore car le prix donné à Alice est un peu mien, je suis son auteur, le seul présent parmi les Brésiliens qu'elle a traduits et donnés à lire au public français, les autres ne sont pas à Paris. Alice a traduit João Ubaldo, Campos de Carvalho, Antônio Olinto, Darcy Ribeiro, Raduan Nassar, Dyonélio Machado, le poète João Cabral et votre serviteur. Lectrice des grandes maisons d'édition, militante de notre littérature, bien des livres brésiliens qui figurent dans les catalogues français sont là sur sa recommandation et grâce à ses efforts, d'Antônio Torres à Chico Buarque, nous lui devons la publication de l'*Œuvre poétique* de Drummond, des *Mémoires de prison* de Graciliano.

Je participe aux ovations par lesquelles l'assistance salue Maria Casarès, prix de théâtre, et Juliette Gréco, prix de chanson. J'applaudis lorsque se dirigent vers l'estrade le cinéaste Jacques Doillon, le poète Jacques Roubaud, le peintre Boltanski, quand le grand prix de littérature est décerné à Louis-René des Forêts, Alice est en bonne compagnie. Je me demande quand, au Brésil, nous primerons les grands traducteurs tels qu'Ivo Barroso et Cláudio Veiga, tous deux ont transposé en portugais du Brésil les poètes de France, en matière de prix nous en sommes encore au régime des chapelles et des protections, nous n'avons pas encore atteint le sérieux.

Ce prix national couronne l'œuvre d'une traductrice exceptionnelle, il couronne également un dévouement de tous les instants, nous devons beaucoup à Alice, elle se bat pour nous, brandit haut la bannière de notre fiction et de notre poésie. Je la trouve aux prises avec les poèmes de Ferreira Gullar, tout en terminant la traduction du *Livro de Histórias* du *pajé* de l'île d'Itaparica, mon compère João Ubaldo. Elle ne connaît pas seulement ceux qu'elle a traduits, elle connaît tous les autres qui valent la peine, elle est fervente de Moacyr Scliar et de Márcio Souza, de Fernando Sabino et d'Inácio de Loyola Brandão. Quant à moi, outre la traduction d'au moins une demi-douzaine de romans, je lui dois le livre de *Conversations,* mon portrait en pied dans le cadre de l'amitié.

Auteur heureux d'avoir eu des traducturs de la qualité de Conrad Detrez, Jean Orecchioni, Georges Boisvert, Isabel Meyrelles, à eux et à Alice je dois mon public en langue française.

Jack Lang me donne la parole, je dis simplement que je suis meilleur écrivain dans les traductions d'Alice Raillard que dans l'original en langue portugaise.

Madrid, 1966 – tout est bleu

Je prépare le voyage en Europe de toute la famille, Zélia, João Jorge, Paloma et moi : João est rentré au Brésil en 1952 parlant tchèque avec l'accent français, il avait cinq ans, Paloma était née à Prague. Nous désirons montrer l'Europe à nos enfants adolescents, nous établissons au gré des circonstances politiques l'itinéraire de notre périple qui durera les mois des vacances scolaires.

J'ai obtenu le visa espagnol qui jusqu'alors m'avait été refusé, en revanche l'entrée au Portugal m'a été interdite une fois de plus, j'achète des billets pour un petit bateau dont la destination est Vigo, en Galice, avec escale aux Canaries et à Lisbonne. On appelait « bateaux des Galiciens » ces embarcations modestes, presque familiales, car y embarquaient et en débarquaient les Galiciens de Bahia en visite à Pontevedra. Si le refus portugais m'ennuyait, j'étais anéanti par l'impossibilité d'aller en France, de revoir Paris, de me promener sur le Boul'Mich' avec João comme nous le faisions lorsqu'il était petit – il fêta à l'hôtel Saint-Michel son premier anniversaire –, par l'impossibilité d'initier Paloma aux beautés de la ville tant aimée, de lui montrer Notre-Dame et le Louvre.

Je me rappelai que des amis, Anna Seghers, Pietro Nenni, expulsés de France pour les mêmes raisons que Zélia et moi, demandaient et obtenaient un visa d'entrée lorsqu'ils devaient venir aux réunions du mouvement de la Paix ; un visa spécial, limité dans le temps, quinze jours au maximum, et dans l'espace, déplacements réduits à des lieux déterminés. J'écrivis alors une lettre à Guilherme Figueiredo qui, en ce temps, remplissait les fonctions d'attaché culturel à l'ambassade du Brésil, un attaché hors du commun : il ne tira pas profit de sa charge, travailla à la diffusion de la culture brésilienne, ne chercha pas à faire traduire ses livres mais ceux de ses confrères.

J'étais un ami de Guilherme de toute la vie, au moins de toute la vie littéraire : je crois avoir été dans les premiers à saluer ses débuts de romancier par un article enthousiaste quand parut *Trinta Anos sem Paisagem.* Ensemble nous avons lutté contre l'Estado Novo – une lutte qui avait conduit en prison le père de Guilherme, le général Euclides Figueiredo, pendant de longues années –, nous avons convergé et divergé dans les réunions et congrès de l'ABDE[1], lui de la gauche démocratique, moi communiste, notre amitié s'est renforcée dans les différences. Regardé avec suspicion par les sectaires du PC, Guilherme était un auteur extrêmement populaire en Union soviétique et dans les démocraties populaires, ses pièces – *Les renards et les raisins, Un dieu a dormi à la maison*, pour ne citer que deux titres – étaient un succès dans les théâtres du monde socialiste, de Moscou à Pékin, de Prague à Sofia, de Varsovie à Bucarest et à Budapest : les autres auteurs brésiliens ne lui arrivaient pas à la cheville pour la popularité.

J'écrivis une lettre à Guilherme en lui rappelant ma situation d'interdit de séjour en France, tout comme Zélia, je lui parlai du fameux visa spécial, lui demandai de s'informer de ce que nous devions faire pour l'obtenir. La réponse ne tarda pas, avec les explications la paperasse à remplir en sollicitant les visas exceptionnels. Les autorités considéreraient notre requête, Guilherme pensait que nous obtiendrions quinze jours à Paris. Nous vibrons d'enthousiasme à la perspective de montrer Paris à Paloma, de revoir avec João le jardin du Luxembourg : nous remplissons la paperasse, joignons les photos requises, j'expédiai le tout à Guilherme. Nous devions embarquer pour Vigo dans quatre jours, je lui demandai, s'il réussissait, de nous adresser à Madrid, à l'ambassade du Brésil, l'autorisation d'entrée.

Nous partîmes avec le regret de ne pouvoir descendre à terre au Portugal mais avec la perspective du visa français, même limité, une chose compensait l'autre. À Lisbonne une bonne nouvelle nous attendait : les autorités lusitaniennes nous autorisaient à débarquer pourvu que ma présence ne soit pas annoncée dans la presse, les espoirs parisiens grandirent : le gouvernement du général de Gaulle ne serait pas plus drastique que celui de Salazar.

1. Association brésilienne des écrivains, fondée en 1944.

Nous avons parcouru la Galice, continué en train vers Madrid, à l'ambassade je trouvai un télégramme de Guilherme : *tout est bleu, tu peux venir tranquille*, j'ai manqué m'évanouir d'émotion. Quinze jours plus tard, en automobile, nous arrivions à la frontière entre l'Espagne et la France, les enfants très agités, Zélia et moi inquiets, redoutant le contrôle de la police française. Nous avons présenté nos passeports, le policier les a examinés, a mis un tampon, nous sommes entrés. À Paris, dans un restaurant des Halles, les anciennes Halles, celles du marché, devant un cuissot de sanglier et un généreux vin rouge Guilherme nous raconta comment les choses s'étaient passées.

En possession des papiers que je lui avais adressés, il avait été en personne les porter au bureau compétent du ministère de l'Intérieur, c'est-à-dire de la police, et les avait remis au fonctionnaire de service. Tandis que celui-ci les enregistrait et fixait le délai pour la réponse, Guilherme, impulsif de nature et par hérédité, se montait, bouillant intérieurement, la colère le prenait. Aussi, quand le fonctionnaire lui tendit les reçus avec les numéros des pièces, il refusa de les prendre, il exigea qu'on lui rende les demandes de visa. À ce qu'il me raconta, il eut envie de les déchirer sous le nez du monsieur, tant il était indigné de l'humiliation que nous imposaient, à Zélia et à moi, les autorités françaises, mais se rappelant qu'il était diplomate, il se contint. Le connaissant comme je le connais, je me demande si véritablement il ne l'a pas fait, s'il n'a pas déchiré les papiers sous les yeux stupéfaits de l'employé.

De retour chez lui, rue Tilsitt – un nom de rue, le titre d'un roman de Guilherme –, encore bouillant de rage il écrivit une lettre à André Malraux, ministre de la Culture, il lui exposa les faits, depuis la décision du gouvernement Jules Moch, prise et mise à exécution en décembre 1949, jusqu'à la demande du visa spécial, de quelques jours avec déplacements limités : *voyez, cher Ministre, comment est traité en France un écrivain brésilien*. La lettre envoyée, trois jours après Guilherme est convoqué au ministère des Affaires étrangères : au Quai d'Orsay on l'informe qu'avaient été abrogées toutes les mesures prises contre Zélia et moi il y a seize ans par un gouvernement soumis aux aléas de la guerre froide.

Nous ne fûmes pas les seuls à avoir la permission de revenir en France et de l'aimer de présence réelle – tous les autres qui, dans les mêmes circonstances, s'étaient vu retirer le droit de séjourner en territoire français eurent leurs droits rétablis, parmi eux se trouvaient Pablo Neruda, Mário Schemberg, Carlos Scliar, Anna Stella Schic, Jacques Danon, et vingt autres au moins.

Une certaine fois, ne pouvant plus supporter l'exil loin des rues de Paris, Neruda était entré en automobile par la frontière suisse, on ne lui demanda pas son passeport, heureux de la vie il s'installa chez des amis dans la banlieue, où il fut cueilli deux jours plus tard par la police et raccompagné à la frontière suisse. Carlos Scliar de même, invité au vernissage d'une exposition de notre amie Vieira da Silva, prit l'avion – tant de temps était passé, il imagina les restrictions terminées –, il débarqua à l'aéroport de Paris, donna son passeport, le policier consulta le fameux cahier, vit son nom, on voulait le renvoyer au Brésil par le premier avion, Carlitos eut toutes les peines du monde à obtenir qu'on le laisse aller en Belgique. Comme on le voit, nous ne sommes pas les seuls, Zélia et moi, à devoir le privilège de la France à Guilherme Figueiredo et à André Malraux.

Tout est bleu, tant mieux : *obrigado,* ami et camarade, merci, Guilherme Figueiredo.

Tant de fois je suis passé devant la maison de Jacques Prévert à la Cité Vernon, près du Moulin Rouge, je regrette de ne pas avoir frappé à la porte : Jacques, c'est moi, je viens du Brésil, je sais tes vers, écoute : « jamais d'été jamais d'hiver / jamais d'automne ni de printemps / simplement le beau temps tout le temps », *une strophe de* Barbara : « quelle connerie la guerre », *c'est l'épigraphe d'un de mes romans, nous avons la même horreur de la guerre, le même amour des gens simples. Les prétentieux, les fats, les gens pleins d'eux-mêmes n'aiment pas tes vers, ils sont incapables de poésie. Le courage m'a manqué pour sonner à ta porte, la peur de déranger, d'être un intrus.*

J'ai pensé à aller voir Erskine Caldwell[1] *en le sachant à Paris sur le chemin de la Bulgarie. Je viens de loin, lui aurais-je dit, en*

1. Erskine Caldwell (1903/1987), écrivain nord-américain.

1937 à New York j'ai assisté à La route du tabac, *ensuite j'ai vu le film de John Ford, j'ai dévoré tes romans, je crois que nous nous ressemblons lorsque nous contemplons la campagne et recréons la vie, dans la mesure où le petit peut ressembler au grand. Pareil à toi j'ai désiré que les pays aient un ministère de la Paix au lieu d'un ministère de la Guerre comme il advient pour le malheur des peuples. Outre la crainte d'importuner, je n'ai pas eu le courage de voler du temps au romancier, le temps est court pour créer et pour vivre.*

J'étais à Moscou lorsque les écrivains fêtaient les quatre-vingts ans de Serafimovitch, Torrent de fer *est un des premiers romans soviétiques que j'aie lus, et quel roman ! J'ai eu envie de me joindre au groupe de confrères russes qui allaient le saluer, je n'ai pas voulu passer pour indiscret, j'ai perdu l'occasion de connaître quelqu'un qui avait eu de l'influence sur moi.*

Par peur, par pudeur, par timidité, j'ai manqué d'exprimer mon admiration, de dire mon estime, mon amour fraternel à tant de ceux dont j'ai été fervent, la tristesse m'envahit. Mais dans le cas d'André Malraux ce que j'éprouve, c'est du remords, car j'étais son débiteur, je n'ai jamais pu lui dire ma gratitude. Je l'admirais depuis ma jeunesse, depuis la lecture de La condition humaine, *certaines scènes du roman restent gravées dans ma tête, je les vois comme sur un écran de cinéma, j'ai lu toute son œuvre de fiction, des* Conquérants *à* L'Espoir.

À deux reprises Malraux a eu une influence décisive sur ma traversée française. C'est lui, à ce que je sais, qui a incité les Éditions Gallimard à publier, en 1938, la traduction de mon roman Jubiabá[1] *: les traducteurs, Michel Berveiller et Pierre Hourcade, lui avaient soumis le manuscrit. C'est également lui qui, alerté par une lettre de Guilherme Figueiredo, a agi et a obtenu l'annulation des mesures prises contre Zélia et contre moi, en décembre 1949, quand nous avons été mis hors de France et empêchés d'y revenir. Pourquoi n'ai-je pas été le trouver pour lui dire merci beaucoup, alors que je désirais tant le faire ? J'arrivais à Paris, je pensais : cette fois je vais le voir, mais aussitôt je m'interrogeais : de quel droit irais-tu, petit scribouillard, un rien du tout dans l'échelle des choses, de quel droit irais-tu déranger celui qui dirige un ministère, au sommet de sa gloire ? Jamais je n'ai trouvé le*

1. *Bahia de Tous les Saints*, Paris, 1938.

courage nécessaire pour vaincre la peur d'être fâcheux, l'horreur d'être importun.

Je ne sais même pas comment il était dans les relations avec les gens, mais je sais que l'homme fut à la hauteur du créateur, je pense à André Malraux et je le vois dans la carlingue de son avion dans le ciel de l'Espagne en guerre.

Rio de Janeiro, 1952 –
Le monde de la Paix

Tâche politique, de retour d'Union soviétique et des pays des démocraties populaires de l'Est européen, j'écris un livre de voyage, l'éloge sans restrictions de ce que j'ai vu, tout ou presque me paraît positif, stalinien inconditionnel j'ai tu le négatif comme il convenait. Pour parler de l'Albanie, j'ai plagié un titre d'Hemingway : *L'Albanie est une fête.* En vérité ce n'était pas encore le cauchemar que c'est devenu, ça commençait.

Publié au Brésil par les éditions du PC, *O Mundo da Paz* (Le monde de la Paix) eut cinq éditions successives en peu de mois, il me valut un procès en justice comme auteur subversif. Je demandai à João Mangabeira d'être mon avocat mais il n'eut pas à aller au tribunal, le magistrat chargé du procès le fit classer muni d'un avis plein de sagesse : *le livre est si mauvais qu'il n'est même pas subversif, il est seulement sectaire.* En vérité il n'écrivit pas « si mauvais », c'est moi qui l'ajoute, une autocritique tardive mais sincère.

J'ai donné raison au Méritissime, j'ai retiré *O Mundo da Paz* de la circulation, je l'ai rayé de la liste de mes œuvres, je cherche à l'oublier mais, de temps en temps, on met devant moi un exemplaire en me demandant de le signer. Je le signe, que puis-je faire puisque je l'ai écrit ?

Rio de Janeiro, 1966 – subilatório

Miécio Tati[1] me téléphone, personne n'en sait plus que Miécio sur mes livres, mon travail littéraire, il en sait plus que moi. Il me demande la signification exacte du mot *subilatório* qu'il vient de trouver encore une fois dans *Dona Flor et ses deux maris,* mais il l'avait déjà lu dans d'autres romans de mon cru.

Subilatório, mon compère : un mot pédant s'il en est, recherché, excentrique, singulier, populaire et érudit, magique pour tout dire, long à écrire, difficile à prononcer, un mot plus que bahianais, soteropolitain, il signifie anus, c'est-à-dire cul.

On doit l'employer de préférence, comme l'enseigne maître Édison Carneiro dans son *Vocabulaire du parler bahianais,* pour désigner le *fiofó* d'une femme blonde, noire, métisse, mulâtresse, *cabo-verde,* pourvu qu'elle soit belle et ait le cul en fleur.

Bahia, 1977 – Second Congrès afro-brésilien

Les annales reflètent et soulignent les différences qui marquèrent les deux Congrès afro-brésiliens : éditées[2] par José Olympio, celles du premier, réalisé à Recife en 1934 sous l'égide de Gilberto Freyre ; celles du second, réuni à Bahia en 1937, mis sur pied par Édison Carneiro, parurent dans une collection d'études dirigée par Artur Ramos[3]. Des différences patentes.

Le Premier Congrès fut l'œuvre des intellectuels, la participation directe du peuple noir fut presque inexistante, elle se réduisit à la fête offerte aux congressistes par Pai Adão dans son *shangô.* À Bahia, le Second Congrès compta également parmi les participants des maîtres tels que Donald Pierson, Artur Ramos, Édison Carneiro et le maestro Camargo Guarnieri, il bénéficia en outre de la présence effective, dans l'organisation et dans les débats, de figures hors pair de la culture noire, que

1. Miécio Tati (1913/1980), écrivain brésilien.
2. Dans la collection *Documents brésiliens.*
3. Editora Civilização Brasileira.

ce soit la iyalorishá Aninha ou le babalaô Martiniano Eliseu do Bomfim, à l'époque une sorte de pape des religions d'origine africaine. Les grands candomblés de Bahia, des diverses nations, fêtèrent l'événement, le sanctuaire de Yemanjá, à l'Ashé Opô Afonjá, fut inauguré durant le Congrès. Aninha me mena voir la divinité, elle souleva la lampe sur les nourritures du saint dans les écuelles de terre, écarta le rideau, de l'autre côté se trouvait Yemanjá : une source.

Le Congrès de Bahia représenta un pas en avant dans les études sur le Noir brésilien, ce fut le travail des intellectuels et du peuple. La présence de l'Afrique ne se réduisit pas à un thème pour des études érudites, elle fut pas de danse, chant rituel, témoignage vivant. J'eus l'honneur de saluer, au nom des congressistes, Mãe Aninha et Pai Martiniano, ils étaient l'origine et le futur.

Il reste encore à évaluer l'importance d'Édison Carneiro dans l'implantation et le développement des études sur le Noir au Brésil, non seulement les livres qu'il a écrits et publiés, aujourd'hui des classiques, mais aussi son action quotidienne. Nous avons tous été conduits aux maisons-de-saint par sa main d'initié. Pionnier, il a marqué des couleurs politiques de la gauche le mystère des sanctuaires. Ce n'est pas par hasard que, lorsque les ennemis de la démocratie implantèrent la dictature de l'Estado Novo, les candomblés abritèrent les persécutés, cachèrent les communistes. Édison lui-même trouva refuge au sanctuaire d'Oshoum, à l'Opô Afonjá. Encore jeune initiée, Mãe Senhora, gardienne de la maison de la divinité des eaux douces, était dans le secret, elle veilla sur le fugitif, apprit et enseigna.

Lisbonne, 1991 – éloge

Au cours de la rédaction de ces notes, plus d'une fois, trois au moins, j'ai pensé parler du Tivoli, un hôtel de Lisbonne, témoigner de ce qu'il est. En évoquant Gilberto Freyre sortant du hall de l'hôtel pour aller déjeuner au restaurant de Mimi, j'ai même ouvert une parenthèse pour chanter les louanges du

Tivoli, la parenthèse s'est prolongée, a dépassé les limites de la note, je n'ai pas réussi à la fermer, elle a sauté.

Mais aujourd'hui il se trouve que Vinagre[1], l'un des portiers-chefs, un camarade, m'a rappelé qu'il y a vingt-cinq ans que je suis l'hôte du Tivoli, la date mérite d'être célébrée. De fait nous sommes descendus ici pour la première fois, Zélia, João Jorge, Paloma et moi en janvier 1966. C'était l'hiver, João Jorge venait d'avoir dix-huit ans, barbe à la Che Guevara, étudiant contestataire et bourreau des cœurs il portait des jeans délavés avec de glorieux accrocs et un suspect pardessus russe, mon fameux Cuirassé Potemkine dans lequel j'ai traversé les hivers socialistes, de Prague à Pékin, d'Oulan-Bator à Sofia, de Varsovie à Budapest, de Bucarest à Moscou, j'ai défié le froid et la neige, les cinquante degrés en dessous de zéro au cœur de la Sibérie : tissu épais, col de fourrure, il tombait jusqu'aux pieds, le froid n'existait pas pour lui. Il tombait jusqu'aux pieds mais néanmoins on pouvait voir que João portait des tennis et n'avait pas de chaussettes, le personnel du Tivoli s'émut : ils n'avaient jamais vu d'hôte aussi original.

Comme je l'ai dit, plus d'une fois j'ai pris ma machine à écrire pour rédiger une note sur le Tivoli, pourquoi ne l'ai-je pas fait ? Sans doute par pur et simple préjugé : on va penser qu'on me loge gracieusement ou qu'on me fait un rabais, que je flatte les propriétaires par intérêt, que sais-je encore... Je précise donc que je paie le prix de la chambre, que je ne jouis pas de réduction ni d'autre privilège, cela étant dit je suis à l'aise pour proclamer que le Tivoli est le seul hôtel au monde où l'on trouve à la fois le confort d'un cinq étoiles et la cordialité d'une pension de famille. J'ai dit confort, je devrais dire luxe, car la tapisserie de Lurçat dans le restaurant est un luxe de nabab. Le Tivoli est le contraire de ces hôtels américains, froids et impersonnels, où le client est un objet, un compte en banque, une carte de crédit, pas une personne. Le Tivoli est un hôtel et un foyer, c'est de bon cœur que je fais sa publicité car elle est méritée et le vieux marin désire le mentionner à l'escale de Lisbonne, parmi les bons souvenirs de cette navigation de cabotage.

1. António dos Reis Vinagre.

Ile de Marajó, 1977 –
Il pleut sur les champs
de Cachoeira

Le monomoteur survole l'île de Marajó, le temps est couvert, le ciel nuageux, il pleut sans discontinuer, nous sommes les invités des Steiner, Ruth et Rodolfo, avec nous dans l'avion.

Les Steiner, notre famille du Pará – nous avons des parents par le cœur dans toutes les contrées du Brésil –, possèdent de grands domaines à Marajó, ils élèvent des buffles, s'occupent des tortues. Notre amitié a débuté avec le croisement de chiens pugs, il revint à Mister Pickwick, mâle élevé par nous, un être auquel je suis très affectionné, de voler la fleur d'une ravissante chienne carlin, elle arriva pucelle au Rio Vermelho, elle repartit grosse pour Belém – je dois à Picuco et à Popota de connaître ces Steiner du Pará, des gens épatants.

Don du fleuve Amazone à la mer Atlantique, située entre les eaux qui se rencontrent et se mélangent, l'eau douce et l'eau salée, sol détrempé, ni terre ferme ni étendue liquide, terrritoire de marécages, pâturage de boue où les pieds s'enfoncent, l'île de Marajó est différente de tout ce que je connais. Le bétail paît dans des espaces à perte de vue.

Brusquement, comme si la violence de la pluie le jetait contre terre, l'appareil descend sur un village construit sur pilotis : des cabanes, de petites bicoques, presque un village d'Indiens. Rodolfo me dit le nom du lieu, il s'appelle Cachoeira, c'est là que se déroule l'action d'un roman de Dalcidio Jurandir, Ruth complète : « son premier roman, *Chove nos Campos de Cachoeira* – Il pleut sur les champs de Cachoeira. »

Je connais le livre, non seulement pour l'avoir lu en manuscrit, mais parce que c'est moi qui ai créé le prix de roman Dom Casmurro lorsque j'étais rédacteur en chef de l'hebdomadaire de Brício de Abreu. Nous n'avions pas d'argent à attribuer au vainqueur, mais j'ai obtenu d'Omer Mont'Alegre, directeur littéraire des Éditions Vecchi, qu'il publie le roman primé et j'ai réuni un jury qui valait plus qu'un maigre chèque : Álvaro Moreyra, Jorge de Lima, Oswald de Andrade, Érico Veríssimo, José Lins do Rego, et j'en oublie, c'était un jury prestigieux. Le roman de Dalcídio fut retenu à l'unanimité parmi plus de cent titres, le prix révéla au public brésilien un de nos grands écrivains. Avec

Il pleut sur les champs de Cachoeira, Dalcídio Jurandir commença la saga d'*Extrême Nord,* dix volumes, dix chefs-d'œuvre.

L'avion remonte, la pluie redouble, je tente d'oublier ma peur pour admirer le paysage où paît le bétail. Nous descendons sur la piste du domaine, la seule en ciment de toute l'île. Nous attend un véhicule extraordinaire, un canot fait pour naviguer sur le fleuve, il glisse sur la boue du marécage tiré par trois couples de buffles. J'ai quitté Marajó où se mêlent mer et fleuve avec quelques kilos en plus dus aux délices de la cuisine du Pará, du canard au *tucupi* à la matelote de tortue. En souvenir j'ai emporté avec moi une cargaison complète de tiques, j'avais marché pieds nus dans le marais, dans le pâturage et dans le corral.

La Havane, 1986 –
réflexion

Au siège du Comité central l'entretien avec Fidel se prolonge, outre Zélia est présent Bolanos, vice-ministre des Relations extérieures il quittera cette charge pour l'ambassade de Cuba au Brésil : Sarney vient de rétablir les relations diplomatiques avec l'île des *Barbudos,* rompues par les militaires en 1964.

On parle de toutes les choses communes au Brésil et à Cuba, des liens qui doivent assurer des échanges positifs sur les terrains les plus divers si l'estime s'accompagne d'un respect mutuel. Il y a beaucoup à faire pour rattraper le temps perdu – que ce soit en raison du principe qui a longtemps régi la politique extérieure brésilienne : *ce qui est bon pour les États-Unis est bon pour le Brésil,* que ce soit en raison des velléités cubaines d'exporter la révolution.

Quelques jours avant j'avais écouté un long discours de Fidel – lequel de ses discours n'est pas long ? – lors de l'inauguration de l'Institut de cinéma latino-américain placé sous la présidence de Gabriel Garcia Marquez, Fidel s'était déclaré homme de réflexion. Il ne l'a pas toujours été, mais je crois à la sincérité de son discours : je le crois prêt à méditer avant de passer à l'acte, il suffit de voir l'amélioration des relations avec l'Église catholique et avec les prêtres – ceux de la théologie de la libération de préférence. Poussé par ces considérations, je propose à sa réflexion une question qui me paraît constituer un puissant facteur d'amitié : nous sommes cousins germains, nous autres Brésiliens et Cubains. Nous avons des raisons particulières de nous comprendre, un lien qui nous unit et nous distingue des autres peuples latino-américains – nous sommes des gens du même sang, des produits du même mélange, les seuls de tout le continent. Je réaffirme, j'insiste : les seuls, de fait, car indigènes et latins, nous sommes en plus africains d'origine et de croyance, de culture et de coutumes, n'est-ce pas, Commandant ? Je ne trouve pas, cependant, de référence à cette affinité, je ne vois pas qu'on lui donne l'importance voulue. Ni à Cuba, ni non plus dans le discours, dans les propositions de la gauche brésilienne, comme si n'était pas patent le sang africain qui fait notre identité, tant à Cuba qu'au Brésil, et qui fait en même temps notre différence par rapport aux autres pays d'Amérique latine.

Notre mélange est le même, est identique notre syncrétisme culturel, je le dis à Fidel et lui suggère que l'on fasse un effort pour que soient mieux connues les valeurs de la culture noire, brésiliennes et cubaines, et pour les rapprocher. Je constate avec plaisir l'existence à Cuba d'une ouverture en matière religieuse, des prêtres brésiliens sont attendus à La Havane, et la *santeria* n'est plus poursuivie et condamnée comme étant barbare et contre-révolutionnaire – avec Julie et Harry Belafonte, Zélia a pu assister la veille à une fête d'initiés. Pourquoi ne pas entreprendre des échanges entre le candomblé et la santeria, l'un et l'autre d'origine yorouba ? les dieux de Bahia et ceux de Santiago de Cuba sont identiques. Si des prêtres catholiques vont venir pour dire la messe dans les églises de l'île, pourquoi ne pas amener à La Havane, pour la fête de Shangô, les iyalorishás : Stela de Oshóssi, Olga de Alaketu, Creusa do Gantois ? Pourquoi ne pas envoyer dans les terreiros de Bahia, pour la fête de Yemanjá, le 2 février, les babalorishás cubains ? Les religions populaires, qui ont débarqué des navires négriers, vaudraient-elles moins ici que l'Église du Christ apportée par les caravelles de Colomb ?

Dans la salle du Comité central je laisse les orishás à la

réflexion de Fidel Castro, en ces jours d'ouverture d'un régime chargé de problèmes sur lesquels bute le visiteur à chaque carrefour de La Havane.

Prague, 1951/1952 –
la peur

Je peux toucher la peur avec la main. Dressé devant nous le mur de la honte dans la visite du Saint-Office communiste. Il sépare la vie et la mort, la mort infamante des traîtres, personne n'est à l'abri des menaces, ni le plus illustre ni le plus puissant : bouches fermées, regards fuyants, le doute, la défiance, la peur.

Sur les potences staliniennes se balancent les cadavres des notables des principautés tchèques et slovaques, hier encore maîtres de la corde et du garrot, Slansky, Clementis, Gaminder, le sommet du Parti. Avant, on avait déjà exécuté Rajk en Hongrie, la vague de procès et de purges s'étend dans le monde socialiste, les confessions et les sentences. À Prague, Artur London a échappé à la mort, il a été condamné à la prison à perpétuité : aussi il avait confessé des crimes monstrueux. Certainement les renégats l'avaient trompé, car il nous est impossible, à Zélia et à moi, de croire que Gérard[1], héros de la guerre d'Espagne et de la Résistance, le plus loyal des communistes, soit un traître.

Nous le connaissons, nous connaissons Lise, nous savons que ce sont des gens de bien, incapables de félonie, le mot trahison n'entre pas dans le vocabulaire de ceux qui ont dédié leur vie à la cause. Lise est acculée à la fidélité à la Révolution, on veut qu'elle renie son mari, on l'envoie travailler en usine, dans une fabrique de matériel d'aviation. Elle et Antoinette, la vaillante Antoinette, amoureuse d'un camarade brésilien, seconde de Gaminder.

J'ai eu affaire à Gaminder, secrétaire des relations extérieures du Parti communiste au pouvoir en Tchécoslovaquie. Attentif et courtois, il écoute ma requête au nom du PC brési-

1. Gérard, nom de guerre d'Artur London.

lien dans l'illégalité, potentat il accorde les grâces, les faveurs. Je me rappelle la sollicitude avec laquelle il veilla au voyage de Ligia et d'Anita, sœur et fille de Prestes, qui fuyaient le Brésil pour l'exil à Moscou. Antoinette me reçoit au siège du Comité central, elle m'annonce à son chef, revient : attendez quelques instants, il va vous recevoir, camarade, elle reste à me tenir compagnie.

Un jour je suis arrivé accompagné d'un camarade pauliste, leurs regards se rencontrèrent, l'étincelle jaillit, ils se jurèrent un amour éternel, se promirent de s'épouser. La chose la plus difficile du monde que le mariage d'une citoyenne russe, ou appartenant à l'une des démocraties populaires, avec un étranger, des passions survenaient, la bataille pour le mariage était une épopée. Otávio Araújo peut le dire, il a vécu des années à Moscou avant d'obtenir l'autorisation, Guido Araújo aussi en sait quelque chose, il a traversé les cercles de l'enfer pour emmener Mila devenue son épouse de Prague à Bahia. Et ceux qui essayèrent et ne réussirent pas ? J'en connais au moins deux douzaines à commencer par Fernando Santana[1], jusqu'à aujourd'hui une Tchèque blonde rêve au mulâtre beau parleur. Imaginez alors si la téméraire fiancée s'appelle Antoinette, est suspecte, mise en pénitence, une prétention absurde, plus qu'impossible. J'ai recueilli les larmes et la plainte, les pleurs qu'elle a versés, le cri qu'il n'a pu réprimer.

Je m'efforce de faire mon devoir, ce n'est pas facile d'être digne, correct quand la peur dresse la muraille de la défiance et du doute, que chaque mot, un simple geste, peut mener au tribunal de l'Inquisition. Moi aussi j'ai peur, je ne suis pas Bayard, *le chevalier sans peur et sans reproche. Sans reproche**, oui, car je me sens au-dessus de tout soupçon, je me considère comme un militant dévoué, loyal, fidèle, intransigeant, je considère l'Union soviétique comme la patrie de tous les opprimés et je vois en Staline le père des peuples et de chacun de nous. Que puis-je craindre, alors ? Je ne suis pas *sans peur** pourtant : quand je pense à London que je crois innocent, la terreur m'envahit. Mais je vais de l'avant, je ne suis pas intrépide, oui j'ai de l'appréhension, me soutient le fait d'être prix international Sta-

1. Otávio Araújo, peintre brésilien ; Guido Araújo, cinéaste brésilien ; Fernando Santana, homme politique brésilien, dirigeant communiste.

line, récompense majeure d'une fidélité inconditionnelle. Je prends des risques mais je le fais la peur au ventre, et je le fais parce que sinon je perdrais le goût de vivre et certainement je perdrais Zélia. Je vais de l'avant, je crois posséder une certaine marge d'immunité qui me permet l'honneur, une monnaie rare.

À Budapest je demande à voir Gyorgy Lukács[1] tombé en disgrâce, on lui a retiré postes et honneurs, exigence des idéologues soviétiques du réalisme socialiste, le philosophe magyar est un hérétique formaliste, mais je l'admire et je l'estime depuis notre rencontre à Wroclaw, après quoi j'ai lu ses livres de théorie littéraire. Le secrétaire du PC hongrois, responsable des relations avec les partis étrangers, me regarde avec surprise, il me promet de s'en occuper, il tient parole, je rencontre Lukács, nous parlons de choses et d'autres, aucune allusion à la situation dans laquelle il se trouve. Dans le bâtiment du Comité central, en me tendant la main, le camarade secrétaire murmure à brûle-pourpoint : je veux vous remercier de votre demande – maintenant c'est moi qui regarde avec surprise le dirigeant.

À Bucarest je fais une demande identique d'un cœur plus léger car le cas est moins grave : je parviens à voir et à embrasser le romancier Zaharia Stancu, destitué de son poste de secrétaire général de l'Union des écrivains roumains et du Comité central du Parti. Stancu a passé sa vie à monter et à descendre l'échelle du pouvoir, tantôt au sommet, tantôt dans la merde.

Zélia rencontre Lise dans la rue, à Prague, elle l'invite à venir nous voir à Dobris : la solitude des familles des condamnés est totale, la peur détruit les relations, les affinités, les amitiés. Un geste de folle, oui, nous sommes un peu fous, Zélia et moi, nous ne parvenons pas à contenir nos impulsions. Nous accueillons Lise, la femme du renégat, elle vient déjeuner avec nous un dimanche au château des Écrivains où nous habitons. Elle arrive avec ses enfants et sa mère, une intrépide Espagnole, quand nous franchissons la porte du restaurant le bruit des conversations cesse, les rires s'éteignent, un silence sépulcral. Nous sommes des irresponsables, irresponsable est le terme qu'emploie, moins pour me censurer que pour me justifier, l'écrivain tchèque Marie Puimanova, prix national : *tu es étranger, pourquoi te mêles-tu de nos affaires ? Tu t'exposes.*

1. Gyorgy Lukács (1885/1971), philosophe hongrois.

Jours de peur, maudits, misérables, ils se prolongent en semaines et en mois de malheur. Les doutes grandissent, nous ne devons pas douter, nous ne voulons pas douter, nous voulons conserver notre croyance intacte, notre certitude, notre idéal. Dans les nuits sans sommeil nous nous regardons, Zélia et moi, la gorge nouée, une envie de pleurer.

Évora 1987 – préférence

Une lectrice d'Évora, aimable et exaltée comme savent l'être les Portugaises, me demande dans une lettre mon opinion sur Fernando Pessoa. *Tout le monde parle de Pessoa, le plus grand parmi les plus grands, je n'entends pas votre voix dans ce chœur unanime. Quelle est la raison de ce silence étrange ? Dites-moi, s'il vous plaît, ce que vous pensez de sa poésie.*

Un poète extraordinaire, un immense poète, qui peut nier la grandeur de Fernando Pessoa ? Certainement pas moi. Mais pourquoi, chère Manuela Miranda Mendes, le classer de façon catégorique comme étant *le plus grand parmi les plus grands*? Quelle manie intolérante que celle de désigner le plus grand et le meilleur de tous, que nous autres Brésiliens avons héritée de vous, les Portugais. Où se trouve le borgne Camoëns, celui qui, au dire du peuple de Bahia, voit plus d'un seul œil que nous avec trois ? Celui des *Lusiades* ou celui des *Sonnets*, selon le goût des lecteurs, pour moi celui des *Sonnets*.

Un poète immense, personne n'en doute, mais Pessoa n'est pas mon poète portugais : mis à part les sonnets de Camoëns, *hors concours*, mon poète lusitanien est Cesário Verde[1], il me transporte.

Et parmi les vivants ? Curieuse et provocatrice, vous voulez savoir, vous citez trois noms célèbres d'authentiques poètes. Excusez-moi, Manuela, mon poète portugais vivant n'est aucun des trois que vous retenez, celui à qui va ma prédilection, dont la poésie singulière me fait penser et me touche, s'appelle Fernando Assis Pacheco, il travaille à la rédaction de *O Jornal* pour

1. Cesário Verde (1855/1886) *(N.d.T.)*.

gagner son pain et son vin quotidiens, se repose dans le giron de la Senhora Rosarinho, est le père de belles jeunes filles, en général architectes, et du docteur João Pacheco, un jeune savant. Le jour où Fernando réunira en volume sa poésie impure, vous, Manuela Miranda Mendes, à l'université d'Évora ou sur la place publique, allez le proclamer le champion.

Écoutez et dites-moi si je n'ai pas raison : « *uma parte da vida é o que somos / outra parte o que para nós inventam*[1]. »

Bahia, 1928 – le candidat

Dans les pages d'un livre d'aventures et de souvenirs du romancier Herberto Salles, je tombe sur une évocation du nouvelliste Dias da Costa, mon compère Oswaldo, en tant de circonstances mon frère. Quand je m'y attends le moins, le voilà qui vient à moi.

Des États-Unis, un de ces chercheurs qui consacrent leur vie à étudier un thème déterminé ou un aspect déterminé d'un thème et qui l'étudient en profondeur, jusqu'à épuisement, ils sont d'une conscience incroyable, mister William Rouele en l'occurrence, spécialiste des « littératures de langue portugaise dans la Russie tzariste et en Union soviétique », m'envoie la relation complète jusqu'à ce jour des auteurs brésiliens traduits dans les diverses langues de l'URSS : là se trouve la *Canção do Beco* de Dias da Costa, en version ukrainienne. Je ne peux même pas lui annoncer la nouvelle, Oswaldo est parti en voyage pour toujours, sans savoir qu'il avait des lecteurs à Kiev. Graciliano Ramos et Sérgio Milliet admiraient ses nouvelles et pas plus tard que le mois dernier Claude Couffon, poète et essayiste, prix national de Traduction, qui sait tout sur les littératures de langues espagnole et portugaise, me parlait d'un conte d'Oswaldo, *Hallucination,* qu'il pense inclure dans une anthologie : un chef-d'œuvre d'humour, souligne-t-il.

En pleine organisation de l'Académie des Rebelles, à la

1. « une partie de la vie est ce que nous sommes/une autre partie ce que pour nous on invente. »

veille de la sortie de la revue *Meridiano* qui, bien sûr, allait révolutionner la littérature brésilienne, se présente à nous, au siège de l'Académie en embryon (deuxième table à gauche du bar Brunswick, derrière la place Municipale), un garçon en quête d'un emploi, maigre, petit, élégant, sympathique. Il nous propose de récolter de la publicité pour la future revue dans les villes de l'intérieur bahianais, où il pense partir sur les traces d'un jupon voyageur.

Il s'assit, entra instantanément dans nos discussions et nos boutades, il avait de la repartie, le petit ! En nous séparant, à la fin de l'après-midi – il reviendrait le lendemain pour la réponse –, nous voulûmes connaître l'opinion de Pinheiro Viegas :

– Pour la littérature, parfait, pour récolter des annonces, nul.

Sans les annonces d'Oswaldo mais avec un article de lui, une violente charge contre le parnassianisme, la revue *Meridiano* circula, du moins un premier et unique numéro. Elle ne révolutionna pas la littérature nationale mais fit un bruit d'enfer dans les cercles bahianais de l'infra-littérature, parmi les troupes de l'*Arc & Flèche*, de *Samba* et autres groupuscules, tous en guerre contre l'académisme et s'entre-dévorant dans une guérilla urbaine d'insultes, de jurons, de sarcasmes, l'habituelle artillerie moderniste.

Ami à toute épreuve, dévorateur de romans comme moi, joueur de canasta et de *buraco*, en un temps ancien bohème invétéré dans les rues de Bahia : il nous arrivait, à Oswaldo et à moi, de passer une semaine entière hébergés dans une pension de putes, nos amoureuses, nos béguins comme on disait.

Pour moi mes romans n'existent qu'aussi longtemps que je les écris, lorsque je mets le mot « fin » au bas de la dernière page le roman qui m'a consumé la cervelle et m'a mangé les chairs cesse d'exister – ce n'est pas tout à fait ça : il continue à exister, mais il n'est plus à moi. Il se met à appartenir aux autres : éditeurs, critiques, traducteurs, lecteurs, aux lecteurs surtout. Mien exclusivement mien, il ne l'est que durant le temps où les doigts sont sur le clavier de la machine à la recherche des chemins du récit, quand je conçois et mets en place des scènes et des personnages, que peu à peu je les extrais de ma tête, du cœur, des couilles et les vois vivants sur le papier, pleurant et riant – dur, difficile, passionnant métier, celui d'écrivain. Il y en a qui disent que je le fais bien, il y en a qui disent que je le fais mal, je le fais du mieux que je peux, je ne cherche pas d'autre occupation car je ne sais rien faire d'autre.

Je n'ai pas l'habitude de relire mes livres, de rares fois une page par-ci par-là, par nécessité accidentelle. Je ne les relis ni ne les récris comme le font certains. Le livre, à mes yeux, a une date – dans sa conception, son écriture, son contenu, dans la création artistique et humaine –, une date qui correspond à la personnalité de l'auteur lorsqu'il l'a élaboré et écrit. Elle marque l'expérience acquise jusqu'alors, la position devant le monde et la vie, la manière de voir et de penser, les idéaux, l'idéologie, les limitations, les aspirations, elle désigne un homme en un temps et dans des circonstances qui ne se répéteront plus. Si je récris le livre, autres seront le temps et les circonstances, le livre ne sera plus le même, quelles que soient les améliorations apportées à l'écriture, à la composition de l'histoire, à la condition des personnages, en le récrivant je l'ai perdu, en le fignolant je l'ai renié.

Les rééditions de mes livres sont identiques aux premières, seules les coquilles augmentent constamment, Paloma, qui les a relus pour savoir ce que mangent mes personnages, m'informe que les erreurs graphiques se comptent par milliers. Je n'ai jamais non plus touché aux dédicaces, elles aussi sont datées – même s'agissant de gens que j'ai cessé d'estimer, je n'ai pas barré leur nom de l'envoi même si j'ai barré l'individu de mon bon vouloir. Je parle, évidemment, des éditions brésiliennes, les traductions échappent à mon contrôle. Tous les noms sont là, à leur place – quand j'ai écrit le livre j'estimais ou j'admirais celui à qui je l'ai dédié, si par la suite il s'est montré misérable, le nom reste dans la dédicace, datant l'écrit et la naïveté de l'auteur.

Moscou, 1951 – lettre

Avec un soin extrême, Fedor Keliin ouvre le portefeuille de cuir, retire celui de carton, d'entre les feuilles de vélin qui le protègent il extrait le manuscrit jauni, un bien inestimable, une relique : une lettre de Maxime Gorki, de sa main.

Les littératures de langue portugaise et espagnole doivent beaucoup à Fedor Keliin, hispaniste historique il a traduit et répandu en URSS les auteurs de la péninsule Ibérique et d'Amérique latine. Certains l'ont critiqué pour avoir ajouté mètre et rime aux vers libres de Pablo Neruda – *en russe, je suis un émule de Pouchkine*, plaisante Pablo –, la vérité c'est que le bon Keliin s'est battu pour nos lettres auprès des éditeurs et des revues. Dans les années 30 il se battait pour Eça de Queiroz, sans succès, les éditeurs fermaient leur porte au romancier portugais.

Il me montre la lettre, je vois l'écriture de Gorki en alphabet cyrillique, l'écrivain russe est de ceux à qui je voue un culte, avec lui j'ai appris à aimer les vagabonds, j'ai dévoré ses contes, ses romans, son théâtre, à mon premier voyage en Union soviétique j'ai couru voir *Les bas-fonds* déclamé en langue de gringo communiste, j'ai failli pleurer. Keliin me raconte l'épisode de la lettre qui lui a assuré la victoire dans sa bataille contre le sectarisme des éditeurs.

Eça avait été traduit au début du siècle, un seul livre, après la révolution d'Octobre il n'avait pas réapparu dans les librairies. Le manuscrit de la traduction du *Crime du Padre Amaro* sous le bras, Keliin allait d'éditeur en éditeur. Il se désespérait lorsque Gorki revint d'Italie et prit la tête de la vie littéraire, il décida de lui écrire pour lui exposer son problème et le prier d'intervenir auprès des éditeurs. Il n'attendait pas de réponse, une intervention peut-être, tenter ne coûte rien. Il reçut une réponse, cette lettre que fièrement il me montrait dans la chambre de l'hôtel Metropol.

Il m'indique du doigt une ligne, traduit la phrase de Gorki sur l'auteur des *Maias : Eça de Queiroz est un des sommets du roman mondial.* Est-il besoin de dire que la traduction du *Crime du Padre Amaro* ne tarda pas à être dans les librairies ? Bientôt suivie de celle de *La relique*, Keliin n'avait pas l'habitude de traîner.

Fedor Keliin renferme le manuscrit entre les feuilles de vélin, le place dans le portefeuille de carton qu'il serre dans le vieux portefeuille de cuir ramené d'Espagne, il était là sur le front de Madrid, pendant la guerre.

Rio de Janeiro, 1961 – rumeurs

Eduardo Portella et moi faisons bouger la vie politique et intellectuelle à travers la colonne (très lue) de José Mauro Gonçalves, dans l'*Ultima Hora* de Samuel Wainer. Nous inventons des événements, attribuons des propos, des phrases et des sentences à des gens en vue, nous semons la pagaille. Rien pourtant d'irréfléchi ou de gratuit, chaque note que nous mettons en circulation a sa raison d'être, notre objectif est la démocratie.

Nous propageons la candidature d'Augusto Frederico Schmidt au poste de sénateur du Sergipe, les politiciens sergipans entrent en crise, nous mettons dans la bouche de Barbosa Lima Sobrinho, quelqu'un que nous admirons, une phrase piquante à propos de Jânio Quadros et de Juscelino Kubitschek[1], la phrase a du succès, nous l'entendons répéter à la radio, à la télévision. Interrogé dans une émission de radio, Barbosa Lima nie la paternité de la phrase mais il l'apprécie : *elle n'est pas de moi, mais elle est bonne*. Chaque matin nous alimentons la rubrique de José Mauro d'informations, toutes authentiques : si elles ne l'étaient pas, elles le deviennent.

Dans la lutte contre les militaires, après la renonciation de Jânio, pour défendre la prise de pouvoir de João Goulart en ces jours d'incertitude et de menaces, nous lancions et répandions des rumeurs, tout ce qui pouvait nuire aux conspirateurs, nous les transmettions par téléphone, elles circulaient, il arrivait qu'elles nous reviennent. Un soir, Portella me téléphone, l'excitation dans la voix :

– On vient de me téléphoner de Brasília, tu sais ce qui se passe ? Une mésentente entre les généraux... Écoute...

Il me révèle les détails du désaccord entre les chefs militaires. Une nouvelle sensationnelle et, surtout, de source sûre.

1. Juscelino Kubitschek, président de la République de 1956 à 1961 *(N.d.T.)*.

– Ne t'emballe pas, Eduardo, tu oublies que cette rumeur, c'est nous qui l'avons inventée ce matin. Elle nous revient enrichie, c'est normal. Mais la source sûre, c'est nous, toi et moi.

Paris, 1992 – les droits de l'homme

Je signe la lettre adressée à Madame Weil[1] ; membre du jury, je ne pourrai pas être présent à la réunion où seront choisis les lauréats du prix de la Mémoire que décerne annuellement la fondation France-Liberté. Nous partons pour Zurich, Zélia et moi, nous devons participer à une rencontre avec les lecteurs au cours d'une semaine consacrée à la culture brésilienne. Je regrette de ne pas être là, les fois précédentes j'avais donné ma voix à la Fondation de l'île de Gorée, à l'organisme qui défend les droits du peuple kurde, quotidiennement violés en Irak, en Turquie, et à Amnesty International, le travail que réalise Amnesty me paraît remarquable, en particulier par son impartialité – peut-être est-ce pour cela même qu'il n'est pas toujours reconnu.

À propos de prix, je réfléchis aux contingences qui les entourent, je pense aux injustices et aux erreurs, je me demande, j'ai envie de demander très fort : pourquoi n'a-t-on pas encore décerné à Danielle Mitterrand le prix Nobel de la Paix ? Personne ne le mérite autant, elle est aujourd'hui le symbole des droits de l'homme, de leur défense intransigeante. La présidente de la fondation France-Liberté est un exemple et un stimulant, où que les droits soient bafoués, malmenés, piétinés, on trouve là la combattante, son dévouement sans limites ni frontières. Qu'attendent les parlementaires de Norvège pour lui attribuer la palme du bon combat ?

De Danielle Mitterrand on pourrait dire, pour la désigner, qu'il s'agit de l'épouse de François Mitterrand, l'un des rares hommes d'État contemporains, de nos jours seul Mikhail Gorbachev possède sa stature : première dame de cette France au

1. Eva Weil, présidente du jury du prix de la Mémoire.

destin de laquelle préside son mari, ce n'est pas peu de chose. Je dirai cependant qu'elle n'est pas seulement la femme du président de la République, Madame Mitterrand – elle est cela et beaucoup plus : elle est Danielle Mitterrand, elle ne parcourt pas les capitales en visite officielle, elle voyage pour défendre la liberté, elle ne se repaît pas de futilités, de défilés de mode, de papotages, de tout ce qui est le pain quotidien des premières dames des cours républicaines. Elle ne trône pas sur la scène des vanités mondaines, elle est la championne des droits de l'homme dans les arènes de la lutte, de la protestation, de la solidarité. Plus que l'épouse du Président, elle est la compagne du socialiste, de l'européen Mitterrand, François et Danielle se complètent.

São Paulo, 1968 – soirée de signature

– Je ne crois pas à ce que je vois ! – m'a-t-on dit que s'était exclamé José Olympio, incrédule devant la photo imprimée dans l'*Estado de São Paulo*. D'autres aussi trouvèrent cela incroyable, pourtant c'était arrivé.

La photo montrait la file des lecteurs attendant de faire signer leur livre à la librairie Teixeira, lors de la parution de *Tenda dos Milagres*[1]. En gros plan, debout à côté de l'auteur en train de lui dédicacer un exemplaire, un lecteur attend. Ce lecteur n'est pas moins que Júlio de Mesquita Filho, planté là dans toute sa grandeur et sa majesté. Il fallait le voir pour le croire : le directeur de l'*Estado de São Paulo* dans une séance de signatures, venant demander un autographe à un écrivain.

Quatre ou cinq jours avant je lui avais envoyé mon livre avec une dédicace amicale, par quel mystère était-il venu en personne à la librairie, escorté d'un des photographes du journal ? En arrivant il avait acheté l'ouvrage, il avait tenu à le payer, le libraire avait tenté de le lui offrir, il prit place dans la file qui se prolongeait dans la rue, c'en était trop, l'éditeur et le libraire

1. *La boutique aux miracles*.

allèrent le chercher, le conduisirent jusqu'à la table où je signais, il me salua, me tendit le volume, je le dédicaçai, Julinho demanda au photographe de tirer un dernier cliché, il me donna une accolade et s'en fut.

Le lendemain, en première page avec une photo occupant deux ou trois colonnes, l'*Estado* rendait compte de la séance de signature, signalait la présence de Júlio de Mesquita venu faire dédicacer un exemplaire de *Tenda dos Milagres*, un nouveau succès du romancier etc., etc., des éloges en pagaille, une grandiose publicité pour le livre. Une preuve d'estime plus grandiose encore, incroyable. À Rio, José Olympio regardait la photo, il ne croyait pas à ce que ses yeux voyaient.

La veille, c'est-à-dire le jour de la sortie du livre, l'*Estado* avait publié un article d'Arnaldo Pedroso d'Horta démolissant le roman et l'auteur. Arnaldo était mon ennemi depuis la publication des *Souterrains de la liberté*, des raisons d'ordre politique, il ne perdait pas une occasion de m'éreinter. L'*Estado* accordait – et certainement accorde encore – une totale liberté d'opinion à ses collaborateurs, l'article fut imprimé tel quel. Mais Julinho voulut témoigner publiquement son estime et celle de son journal au livre et à l'auteur. Il prit avec lui un photographe, se rendit à la librairie Teixeira, la photo fixa la scène : moi lui remettant *Tenda dos Milagres*, lui recevant le livre.

– Je ne crois pas à ce que je vois ! s'exclama José Olympio.

Il aurait dû pourtant y croire, car il connaissait Julinho Mesquita de longue date. La présence du directeur de l'*Estado de São Paulo* me flatta mais ne me surprit pas.

Rio, 1961 – le faux col et le projet

Lorsqu'il entre à l'Académie brésilienne, l'immortel (sic) récent, dans son costume flambant neuf, a l'illusion qu'il va réformer l'institution, la dépoussiérer, en finir une bonne fois avec les préjugés et les petitesses, faire de l'Académie ce qu'elle devrait être et ne sera jamais.

Élu en 1961, en revêtant le costume d'académicien pour

aller prendre possession du fauteuil placé sous le patronage de José de Alencar et dont le premier occupant avait été Machado de Assis, un fauteuil réservé à un romancier, me sentant étouffé par l'infâme faux col de celluloïd, je demande des ciseaux à Zélia, de toute urgence, et j'en réduis de moitié la hauteur, je peux respirer. La surprise de Zélia fut telle qu'elle n'eut pas le temps de protester et d'empêcher le sacrilège.

À cette époque le prix Machado de Assis, le plus grand du cénacle, destiné à récompenser chaque année l'œuvre complète d'un écrivain, avait la misérable dotation de 25 000 cruzeiros. En cette même année 1961 les Éditions Nacional, de Othales Marcondes, avaient créé, pour récompenser un livre de poésie inédit, un prix de 400 000 cruzeiros, soit seize fois plus que le Machado de Assis. Je n'eus pas une minute d'hésitation : à la première séance à laquelle je participai après ma réception je rédigeai, signai et remis à la présidence une proposition en bonne et due forme, élevant à 500 000 cruzeiros la dotation de notre prix.

Austrogésilo de Athayde reçut le papier, le lut, hocha la tête, dit : *je le remettrai à l'assemblée plénière en temps utile*. Jusqu'à aujourd'hui, trente ans après, ma première et unique proposition n'est pas arrivée à l'assemblée plénière pour être discutée et votée – temps utile de l'Académie brésilienne...

Lisbonne, aéroport, 1953 –
le dîner

Si l'on me demandait quelle est la plus grande récompense que j'aie reçue dans ma vie d'écrivain, le moment culminant, je répondrais sans hésiter :

– Le dîner dans la salle de transit de l'aéroport de Lisbonne.

La photo du fameux dîner, publiée dans le livre d'Alvaro Salema[1], fut reproduite par José Carlos de Vasconcelos dans le *Jornal de Letras* de Lisbonne : on me voit assis entre Ferreira de Castro et Maria Lamas[2], on distingue au fond le fameux ins-

1. *Jorge Amado, Presença em Portugal,* editora Europa-América.
2. Maria Lamas (1893/1983), écrivain, portugaise.

pecteur de la PIDE, Rosa Casaco, mêlé ensuite à l'assassinat du général Delgado. Mário Dionísio[1], l'un des participants, évoqua dans un article, dans ce même *JL*, les circonstances de cette manifestation d'amitié, de solidarité, une action de lutte contre le salazarisme à son apogée, qui l'aurait crue possible ?

Revenant de Moscou via Stockholm, je télégraphie à Ferreira de Castro en lui demandant de venir me voir à l'aéroport de Lisbonne où je passerai une heure dans la salle de transit durant l'escale de l'avion. Écrivain maudit, sans droit à un visa d'entrée, je me voyais réduit à la salle de transit dans les incessants voyages qu'entre 1952 et 1960 je fis en Europe.

J'avais été chargé de consulter Ferreira de Castro sur la possibilité que lui fût décerné le prix mondial de la Paix. Je comptais sur le prestige du romancier pour faire céder le cordon d'isolement que la police politique tendait autour de moi, mais je n'avais guère d'espoir, la police politique ne plaisantait pas. Cette fois ce fut différent. Ou simplement voulut-elle utiliser le dîner comme piège pour identifier, reconnaître, observer les ennemis du régime capables d'une audace aussi téméraire ?

Qu'on imagine ma surprise et mon émotion en ne trouvant pas seulement dans la salle de transit l'auteur de *À lã e a neve (Les brebis du Seigneur)* : un certain nombre d'écrivains portugais – quelques visages connus, la plupart connus seulement de nom – m'attendaient pour saluer et fêter le camarade interdit de séjour au Portugal. On me fit asseoir au centre de la grande table, Ferreira de Castro d'un côté, de l'autre les écrivains se relayaient pour deux mots d'affection. Rapide heure d'exaltation, personne ne toucha au repas, autre était l'aliment dont se nourrissaient la lutte et le rêve.

Je m'étonne de la quantité de photographes, ils actionnent sans arrêt leurs appareils, aucun visage ne leur échappe, je commente avec Alves Redol[2] :

– Beaucoup de photographes, hein…

– Un est à nous, les autres sont de la PIDE, m'explique-t-il.

Nuit incomparable, celle de la salle de transit de Lisbonne. Je montai dans l'avion le cœur débordant, dans l'aéroport la

1. Mário Dionísio, écrivain et peintre portugais.
2. Alves Redol (1911/1969), romancier portugais.

police salazariste encercle, retient, interroge les organisateurs et les convives du dîner.

Des lecteurs me questionnent, par lettre ou de vive voix, ils veulent savoir ce que je pense des adaptations de mes romans au cinéma, à la radio, au théâtre, à la télévision. Plusieurs de mes livres ont été transformés en scénarios pour des films, des pièces de théâtre, des feuilletons et des séries de TV, on en a tiré des ballets, des bandes dessinées.

Je répète ce que j'ai déjà dit et écrit : l'adaptation d'un roman, quel que soit le support, est toujours une violence faite à l'auteur. Si bonne que soit l'adaptation il y aura toujours quelque chose de fondamental qui se modifie, qui diminue ou grandit, s'altère en passant des pages du livre à la scène ou à l'écran, le grand écran des cinémas, le petit des télévisions.

Il est naturel qu'il en soit ainsi. Lorsque j'écris un roman je fais un travail artisanal, je suis un artisan qui tente d'atteindre à l'art littéraire. Quand je commence un livre il n'y a que moi, ma machine à écrire et le papier blanc. Ce caractère artisanal disparaît avec l'adaptation : le cinéma, la radio, la télévision sont le contraire de l'artisanat, c'est de l'industrie et du commerce, le produit proposé pour être vu ou entendu (et non lu) doit correspondre aux exigences du marché. Pour réaliser un film il ne suffit pas de l'auteur, du papier blanc et de la machine à écrire (une machine, dans mon cas, de vieux retardataire, les jeunes écrivains comme Dona Zélia Gattai, Fernando Sabino, João Ubaldo Ribeiro utilisent des ordinateurs, salve !*). La réalisation d'un film demande une foule de gens : le producteur, le réalisateur, le scénariste et le scénographe, le directeur de la photographie et le directeur du son, le compositeur, les musiciens, les interprètes, les techniciens de toutes sortes, les éclairagistes, les costumiers, des gens à tire-larigot, et ainsi de suite, ça n'en finit plus. À la télévision s'ajoutent l'audience, le public, les téléspectateurs qui, assis devant les écrans, assistent aux épisodes du feuilleton et qui exercent sur lui, sur l'histoire et les personnages, une influence décisive : un simple figurant, s'il rencontre les bonnes grâces du public, peut devenir le personnage principal, l'intrigue se développe en fonction de l'au-*

dience. L'auteur du roman se sent agressé à chaque instant, brusquement il ne reconnaît plus son œuvre.

Pourquoi alors acceptez-vous qu'on adapte vos romans, si vous savez que vous allez être agacé, être furieux, souffrir ? Pour trois raisons, répondrai-je, toutes trois d'égale importance. Je commencerai par constater que même dans les pires adaptations, dans celles qui s'écartent le plus de l'œuvre originale, de son contenu, de sa vérité, il reste quelque chose de ce que l'auteur a voulu dire, de l'émotion qu'il a désiré transmettre, quelque chose subsiste, se réaffirme, presque toujours l'essentiel. C'est la première raison.

En deuxième lieu, parce que l'œuvre écrite atteint un public de quelques milliers de lecteurs, un tirage de dix mille exemplaires est déjà considérable, un best-seller brésilien va dans les vingt mille et voilà, il existe des cas exceptionnels, des folies de cent, deux cent mille exemplaires, très rares à dire vrai. Tandis que les films, les feuilletons et les séries de télévision sont vus par des millions de spectateurs, dont des milliers et des milliers d'analphabètes qui n'ont pas accès au livre. Tieta *– je parle du feuilleton de télévision écrit par Aguinaldo Silva à partir de mon roman – était vu chaque soir par cinquante millions de fanatiques, à ce que j'ai su. Ce quelque chose qui est resté de mon roman a atteint cette masse immense.*

Pour être honnête je dois ajouter la troisième raison, également de poids. Je suis un écrivain qui vit exclusivement des droits d'auteur provenant des éditions, traductions et adaptations de mes livres, je n'ai pas d'autre source de revenu.

J'en profite pour répondre à une autre question : est-ce que je suis le travail de l'adaptateur, discute avec lui – accord, désaccord –, exige des modifications, la fidélité, etc. Pas le moins du monde. Je ne m'occupe pas de l'adaptation, j'en laisse l'entière et complète responsabilité à l'adaptateur, je ne veux rien en savoir, rien, absolument rien. Je pense qu'une adaptation pour être bonne doit être une recréation et non un pastiche de l'œuvre originale. Si l'auteur s'en mêle ça va être un désastre.

Pour terminer, un conseil donné de bon cœur, fruit de l'expérience. Si vous ne voulez pas souffrir de l'adaptation de votre roman, cher confrère, n'assistez pas au film, au feuilleton, à la pièce, à la calamité. Recevez les droits d'auteur d'avance, demandez cher, le plus cher possible, c'est une compensation – et n'y assistez pas, refusez d'aller au cinéma, au théâtre, évitez la télévision si vous ne voulez pas vous ronger les sangs.

Rio de Janeiro, 1947 –
infraction de la loi

On doit de temps en temps enfreindre la loi, accomplir un acte interdit – une manière de protester contre les lois injustes, illégitimes ou idiotes. Ça m'est arrivé et ça m'arrive encore, aujourd'hui je commets de petites infractions, dans le passé j'en ai commis quelques-unes de taille, presque toujours liées à mon activité politique.

Quand João Jorge est né, le code civil considérait comme adultérins les enfants des couples sans certificat de mariage : l'un et l'autre séparés et le divorce n'existant pas, Zélia et moi vivions en douce union libre, ni signature de l'officier de l'état civil, ni bénédiction d'un curé pour camoufler la chose – certains couples cherchaient par le mariage religieux à légitimer leur union.

Adultérin, João ? Pourquoi, alors que nous ne commettions pas d'adultère, que simplement nous nous aimions ? Je n'ai pas hésité, j'ai filé à la mairie, au bureau des naissances et, donnant ma parole de député fédéral, j'ai déclaré la venue au monde de João Jorge, fils légitime de Jorge et Zélia Amado, conjoints. Deux autres députés, mes camarades à la Chambre, Claudino José da Silva et Gervásio de Azevedo, firent un faux témoignage, ainsi João fut un enfant légitime et non adultérin.

Aujourd'hui lorsque j'enfreins la loi, je le fais pour protester, pour affirmer ma position contre les préjugés et les injustices, la violence. Le fait de rompre avec une loi inique me rend toujours heureux et satisfait.

Sur la mer Baltique, 1951 – tempête

Sur le ferry-boat qui nous transporte d'Allemagne en Suède, Halldor Laxness[1] mange du poisson cru, le plat devant lui est somptueux, c'est une nuit de plomb, les vents d'hiver soufflent sur la mer Baltique. Les écrivains se pressent autour de l'Islandais, les Français Vercors et Jean Laffite, l'Argentin Alfredo Varela, le Roumain Sadoveanu, le Chinois Emi Siao, l'Uruguayen Gravina, nous allons tous à la réunion du mouvement de la Paix. Varela et Laffite accompagnent Halldor dans le repas de poisson cru, je m'abstiens.

La tempête fait rage, secoue le bateau, elle en fait son jouet, je comprends pourquoi, par gros temps, on compare la coque d'un navire à une coquille d'œuf, des marins passent précipitamment, amarrent les objets, l'animation retombe, les écrivains se regardent, changent de couleur, la débandade commence. Zélia est la première à partir, pour un peu le vent l'entraînait et la jetait par-dessus bord, un marin arrive à temps pour la retenir, il l'aide à descendre dans le wagon : notre train voyage dans les flancs du ferry-boat. Emi, marin de la poésie, suit son exemple, Vercors et Gravina l'imitent, Varela verdit, Laffite résiste, il aime le poisson cru, brusquement il se lève et part de toute urgence, il vomit dans les coursives. Insensible que je suis au mal de mer, je me suis aguerri dans mes voyages d'enfant, d'adolescent entre Bahia et Ilhéus sur les bateaux de la Bahiana, je tiens compagnie à Halldor à la table mais ne partage pas son repas, l'eau-de-vie suédoise me chauffe la poitrine. Le romancier m'épie du coin de l'œil, jusqu'à quand durera la résistance du confrère brésilien ?

Je suis un lecteur de Laxness depuis mes années d'exil dans le Rio de la Plata, j'avais lu les éditions argentines de *Salka Valka* et du *Peuple indépendant,* je tiens ses romans en grande estime et je l'ai dit publiquement en lui remettant le prix international de la Paix, quelques années plus tard Laxness recevait le prix Nobel. J'ai publié dans la collection « Romans du peuple » la traduction brésilienne de *Station atomique*, les éditions Vitória, du PC, ne lui payèrent pas de droits d'auteur, je n'en reçus pas non

1. Halldor Laxness, écrivain islandais, prix Nobel.

plus de l'éditeur de Reykjavik qui, sur le conseil de Halldor, fit paraître *Mar morto* en islandais, il l'avait lu en allemand.

La tempête joue avec le ferry-boat, le vent hurle, les vagues balaient le pont, nous sommes trempés, Halldor déclare son repas terminé, il m'offre le bras pour aller jusqu'au couloir, j'accepte, je suis ivre, je ris bêtement : je peux ne pas être aussi bon romancier que toi mais je suis un vieux marin, capitaine au long cours. Dans le wagon Zélia me raconte son odyssée, l'histoire me dégrise, je me sens coupable, pourquoi l'ai-je laissée partir seule ?

À Stockholm, Halldor nous mène voir l'adaptation de *Salka Valka*, un film suédois, Zélia applaudit, je préfère le roman. En 1958, nous sommes, Laxness et moi, les premiers écrivains liés par un cordon ombilical à l'Union soviétique à protester contre la (vile) campagne déclenchée à Moscou contre Pasternak à qui avait été décerné le prix Nobel : *Le docteur Jivago* était un best-seller mondial. Un roman d'un intérêt limité, en revanche la poésie de l'écrivain russe est extraordinaire.

J'ai bien connu Halldor Laxness, une bonne amitié des temps de la campagne pour la paix, mais quand je pense à lui je le revois attablé devant le plat de poisson cru, pour le romancier islandais on eût dit que la tempête n'existait pas.

Bahia, 1928 – remords

Inconséquents, pas tant que ça, ignorants sans doute, nous liquidions les célébrités littéraires que nous taxions d'académisme, de parnassianisme, de passéisme. Être passéiste, un crime sans pardon, nous, les Rebelles, nous rendions une justice sommaire, nous enterrions livres et auteurs. Nous n'imaginions pas que nous puissions être la jeune inquisition littéraire débarquée à Bahia.

Pour moi, pas de problème, j'allais en tête de la bataille des modernistes contre les passéistes. J'écrivais des horreurs à propos de tant et de tant d'hommes qu'ensuite je me suis mis à lire et à admirer, dont pour quelques-uns je suis devenu l'ami : Afrânio Peixoto, par exemple, une présence décisive dans la vie culturelle, un être adorable. En ce temps de brocardage je n'ai eu de remords que des insultes contre Coelho Neto, de tous le plus attaqué, réduit à rien : je crachais sur lui, je le mettais au ban des prosateurs et des romanciers. Mais j'avais honte, car j'avais lu son *Rei Negro* et je l'avais aimé, j'avais aimé le style et la puissance d'invention. Nous n'avions pas le droit d'aimer.

Prague, 1991 – chasse aux sorcières

Je préside la séance consacrée aux intellectuels et à la démocratie dans le forum Culture et Démocratie qui se tient à Prague sous les auspices de l'UNESCO et du président Havel. Sont inscrits pour débattre les romanciers André Brink, d'Afrique du Sud, Tahar Ben Jelloun, du Maroc, le Hongrois Jorgen Konrad, président du Pen Club international, le président du Conseil national de culture de Mexico, Victor Flores Olea et Jean Daniel, directeur du *Nouvel Observateur*. Les problèmes s'accumulent avec l'accession à la vie démocratique des pays jusqu'à hier satellites de l'empire soviétique.

Avant de passer la parole aux orateurs inscrits, je la donne à Graça Machel, veuve de Samora Machel, leader de la lutte pour l'indépendance du peuple du Mozambique, victime d'un accident d'avion. Elle m'avait demandé de lui permettre de lire une déclaration signée des femmes présentes au symposium et qui s'en considèrent exclues, elles n'ont pas eu droit à la tribune. J'acquiesce, je lui donne la parole, la protestation féministe s'élève dans la salle. En rompant avec le protocole de la réunion j'exerce, je crois, la démocratie, si commentée et prônée, si limitée et peu soutenue.

En ouvrant la séance je prononce quelques mots qui expriment inquiétude et mise en garde, ils se répercutent bien audelà de la salle des débats, de l'enceinte du forum. Je suis inquiet de voir commencer une nouvelle chasse aux sorcières, menace mortelle à la fragile démocratie qui tente de s'asseoir sur les ruines des dictatures dans l'est européen.

En Union soviétique, le président de la Russie, Boris Eltsine, hier encore membre du bureau politique du PCUS, tente de rendre son ancien parti illégal – un geste aussi antidémocratique que ceux dont il avait pu être responsable en tant que dirigeant marxiste-léniniste. Normale et nécessaire, la décision de retirer le PC de l'appareil de l'État, des organismes civils et militaires, de le priver de ses privilèges de parti unique, de force dirigeante. Mais mettre les communistes dans l'illégalité, leur refuser le droit de penser et de s'exprimer, c'est répéter l'autoritarisme brutal du régime déchu. Où est la démocratie récemment conquise ?

Je suis effrayé de l'explosion d'une nouvelle chasse aux sorcières, des représailles idéologiques au nom de la démocratie envers ceux qui hier pour telle ou telle raison, de conscience, de chapelle ou de vil intérêt, peu importe, ont été ou sont communistes, ont exercé une activité dans le Parti avec des degrés divers de responsabilité. Je vois se développer dans les pays des anciennes démocraties populaires la tendance à dénoncer, à pourchasser, à condamner, je vois s'imposer la même déplorable réalité politique que celle qui a caractérisé l'ère communiste. Y compris en Tchécoslovaquie, en contradiction avec sa révolution pacifique sans effusion de sang et sans désespoir, même à Prague je sens la voix de la vengeance et de la haine demander des lois iniques, antidémocratiques.

Alarmé, j'élève la voix pour protester : nous devons faire la distinction entre ceux qui ont trompé et ceux qui ont été trompés. Si nous ne prenons pas soin d'éviter la chasse aux sorcières, au lieu de soutenir la démocratie nous permettrons que des cendres du stalinisme resurgisse le fascisme et que l'on connaisse à nouveau le massacre et le génocide.

Jean Daniel, le premier des orateurs, reprend mes paroles et en tire la conséquence juste et nécessaire : *Devons-nous condamner Gorki parce qu'il a secondé Staline ? Devons-nous oublier* La mère, Les vagabonds, Les bas-fonds, *l'œuvre immortelle de l'humaniste ?*

Rio de Janeiro, 1939 –
São Paulo, 1944 –
ressemblance

À proximité de l'ancien théâtre Fênix je rencontre Procópio Ferreira[1], pourquoi ce visage renfrogné, cette froideur alors que nous sommes amis intimes ?

– Je t'ai hélé de l'autre côté de l'avenue pour te dire bonjour, tu as fait la sourde oreille, tu ne m'as pas répondu. J'ai pensé que tu te donnais des airs.

Joracy Camargo[2] confirme mon indélicatesse : il m'avait croisé, j'étais passé à côté de lui comme si je ne le voyais pas. Je leur explique que ce n'était pas moi l'indélicat, mais James Amado, mon frère cadet.

Lorsque nous avions dix ans de moins nous nous ressemblions comme deux gouttes d'eau, James c'est Jorge tout craché, disait le colonel João Amado, malgré notre différence d'âge on nous prenait parfois pour des jumeaux. Joelson, le frère du milieu, tenait de la famille de Lalu, des hommes grands et beaux.

En 1944, dans la ville de São Paulo, durant le cocktail à la librairie Brasiliense où l'on fêtait la publication de *São Jorge dos Ilhéus*[3], profitant de la bousculade Maria Main Furtive promena une main baladeuse dans les parties nobles de James, elle fourbit la croquette du jeune homme de lettres, croyant avoir affaire à l'auteur du jour. L'expression *fourbir la croquette* n'est pas de moi, elle est de Dorival Caymmi, une définition poétique pour des manœuvres osées.

La main furtive de la petite permit de démasquer l'inconséquence de James. Il n'avait pas répondu au salut de Procópio, avait fait semblant de ne pas voir Joracy mais il ne repoussa pas l'assaut de l'indiscrète : *je ne suis pas lui, je suis son jeune frère, j'écris un roman, j'ai du répondant, tu vas gagner au change, essaie.*

1. Procópio Ferreira (1898/1979), acteur.
2. Joracy Camargo (1899/1973), dramaturge.
3. *La terre aux fruits d'or.*

Rio de Janeiro, 1957 –
traduction russe

J'arrive de Moscou, je cours à l'hôpital rendre visite à José Lins do Rego, les médecins lui donnent peu de jours de vie, je lui apporte un cadeau : *O moleque Ricardo* en russe, une édition parue en URSS en 1940, très vite épuisée, j'ai enfin réussi à m'en procurer un exemplaire.

Nous avions parlé bien des fois de cette traduction, il ne croyait pas à son existence, les confirmations réitérées n'étaient que des bobards, une invention d'amis communistes désireux de le ridiculiser. Même lorsque je lui affirmai, à mon retour au Brésil en 1952, avoir vu un exemplaire de son roman à la bibliothèque Lénine, l'avoir tenu entre mes mains : *tu l'as vraiment vu ?* –, il douta.

À chaque voyage en Union soviétique je m'acharnais à rechercher ce livre, je parlais avec une foule de gens, avec tous ceux qui s'intéressaient à la littérature brésilienne, éditeurs, critiques, traducteurs. Je sus par Iuri Kalugin[1] que le traducteur (ou la traductrice) possédait un unique exemplaire, il ne pouvait s'en défaire, je finis par renoncer. On imagine ma joie quand, en 1957, ce même Kalugin me remit le volume qui avait appartenu à la traductrice – c'était bien une traductrice. Elle était morte, Kalugin avait confisqué l'ouvrage, il l'avait gardé pour moi, Zé Lins allait être heureux.

Je rapporte avec moi le livre, le gamin Ricardo parlant russe, à peine arrivé j'apprends que le romancier est aux portes de la mort, je me précipite à l'hôpital, là je trouve João Condé au chevet du malade. Je remets le volume à Zé Lins, la joie se répand sur son visage : c'est vrai, il existe, je n'y croyais pas. Il feuillette le livre, contemple les pages comme pour s'en convaincre, il n'y a plus de doute dans ses yeux humides.

À la porte de l'ascenseur João Condé sanglote sur mon épaule.

1. Iuri Kalugin, journaliste soviétique, traducteur en russe de livres brésiliens.

À Bahia je lis A Tarde *tous les jours, à Paris* Le Monde, *c'est un vice, je ne peux pas m'en passer, si je ne les lis pas ils me manquent : ils ont la tête de l'endroit. Ailleurs je lis ce qui me tombe sous la main, indifféremment.*

En Chine, en feuilletant les journaux, j'ai compris ce qu'est la douleur d'être analphabète, je ne pouvais même pas traduire en alphabet latin l'alphabet cyrillique comme j'essayais de le faire à Moscou en m'emparant de la Pravda. *À Shanghai on publiait un digest de quatre pages en anglais, le* Shanghai News, *et moi qui sais moins d'anglais que le premier chauffeur de taxi venu, je l'ai lu de bout en bout comme si je lisais du portugais. À Oulan-Bator, en Mongolie, m'est tombé entre les mains un ouvrage en allemand, il m'a paru d'une lecture facile. J'ai pu me rendre compte qu'il traitait d'espèces animales.*

Luanda, 1979 – le prix de sang

Au déjeuner d'adieu qu'offrent les écrivains angolais à leur confrère brésilien, dans le toast de Luandino Vieira, la confidence :

– J'ai payé de mon sang la lecture de tes livres.

Il raconte un épisode de 1954 : le colonialisme portugais, l'oppression politique, les journaux et les livres censurés, l'âpre lutte. En rentrant chez lui il était passé à la librairie pour jeter un coup d'œil sur les livres, le libraire lui fit signe d'attendre le départ du client qui se trouvait là. Il lui montra alors avec les précautions requises une rareté précieuse, les trois volumes des *Souterrains de la liberté* récemment parus au Brésil, ils viennent d'arriver, il les a eus par des voies détournées, le commerçant prend des risques et il les fait payer.

Fébrile, Luandino demande le prix, sonde ses poches, compte son pécule, pas la moitié du nécessaire, où trouver le reste ? *Ne les vendez pas, je reviens les prendre,* annonce-t-il, il part à la recherche de qui pourrait lui prêter cette somme considérable pour un pauvre subversif, ce ne sera pas facile. Il se désespère, et voilà qu'il trouve sur son chemin une banque de sang, ouverte à l'hôpital. Pas une minute d'hésitation : il entre, retrousse la manche de sa chemise, tend son bras et sa veine, vend son sang, suffisamment de sang pour payer les trois volumes des *Souterrains,* il retourne au galop à la librairie.

Le cristal de la fraternité dans la voix de maître Luandino :

– J'ai payé de mon sang la lecture de tes livres, mon frère.

Rio de Janeiro, 1945 –
hérésie

Sous le choc, la bouche ouverte, Zélia retient à peine la protestation italienne, la timidité l'empêche de clamer contre l'absurdité, elle venait d'être présentée à ses beaux-parents, elle les connaissait depuis trois jours : elle avala la couleuvre, une couleuvre géante. Elle m'avait accompagné à Rio pour que mes parents la voient et donnent leur approbation, le colonel João Amado la reçoit avec effusion, dona Eulália l'étudie d'un œil méfiant.

Dans la bataille pour gagner l'affection du colonel et de Lalu, Zélia, formée à l'art des pâtes par son père Ernesto[1], Italien fine gueule aux rigides principes culinaires, prépare son fameux macaroni, une recette de famille, la sauce est un secret qui passe de père en fils. Après y avoir goûté le docteur Joelson Amado se déclare inconditionnel des mérites de sa belle-sœur, il ne lui ménage pas les compliments, il remplit son assiette, se frotte les mains. Dona Eulália prend un air condescendant, fait la grimace, ce qui ne l'empêche pas de se servir abondamment et d'y revenir. Mais l'assiette la plus pleine, à ras bord, est celle du chef de famille, le colonel aime manger bien et beaucoup.

Zélia suit les mouvements de sa fourchette, attend le verdict sur la qualité de la cuisine de cette belle-fille pauliste, le résultat pèsera sur l'appréciation du choix qu'a fait son fils. Le colonel, lui aussi, est strict sur les principes : il refuse le fromage râpé, coupe une banane en rondelles qu'il dispose sur les macaronis. Puis il prend la semoule de manioc, en saupoudre les

1. Ernesto Gattai (1885/1940), mécanicien et coureur automobile.

pâtes faites dans les règles de l'art – la semoule de manioc, un accompagnement indispensable à tout plat quel qu'il soit. Il mélange macaroni, manioc, banane, plonge sa fourchette, l'enfourne dans sa bouche, le mélange lui plaît.

Le grognement de satisfaction ne suffit pas à calmer l'émotion de Zélia, à la remettre de son choc, elle me regarde bouche bée : *de la semoule de manioc et des bananes avec le macaroni, mamma mia, quelle hérésie !*

Hérésie ou innovation ? Pour ma part, je n'ai jamais osé faire l'expérience, je tiens à préserver la paix dans ma paroisse, mais je suis presque sûr que la semoule de manioc doit donner une saveur spéciale, supérieure, à la cuisine italienne : qu'est-ce que ça coûte d'essayer ?

Monte Estoril, Portugal,
1992 – dignité

Je téléphone à Oscar Niemeyer, au nom de Sergio Machado[1], pour lui proposer d'illustrer un livre posthume de Carlos Drummond de Andrade, *O Amor natural,* des poèmes érotiques que les Éditions Record sont sur le point de publier. Réunir Drummond et Niemeyer, ce serait le summum, proclame le jeune éditeur qui espère une réponse positive.

L'idée intéresse Oscar, tout dépend du temps dont il dispose, il promet d'y réfléchir. Nous parlons du monde qui est sens dessus dessous, que va-t-il encore se produire ? Ce qui paraissait définitif est en miettes, des certitudes irréductibles se défont, sont rayés de la carte des nations, des États, des fédérations, des idéologies se désagrègent, sont enterrées des théories dites scientifiques, le phare qui éclairait le monde s'éteint. Il nous a fallu vivre, Oscar et moi, pour assister à la désagrégation de l'Union soviétique, heureusement Prestes est mort avant. Giocondo Dias non plus n'a pas eu à voir la fin du rêve qui a orienté notre vie. D'une certaine façon, en ce qui concerne l'action des communistes au Brésil, Giocondo a été un précurseur de la perestroïka.

1. Sergio Machado, éditeur.

Je lis dans les journaux qu'Oscar a été le premier à signer le manifeste d'un nouveau Parti communiste, l'ancien change de nom. *Partout où il y a de la misère, il devra y avoir un communiste debout qui tente de construire un monde nouveau*, déclare l'architecte. Je ne connais personne de plus cohérent qu'Oscar, incapable de vaciller. Une fois, nous revenions d'Europe sur un paquebot italien, il y avait eu le XXe Congrès du PC soviétique, nous vivions l'ère de Khrouchtchev, la dénonciation des erreurs et des crimes de Staline, sur le pont nous parlions du monde et de ses changements, rien n'ébranle la conviction d'Oscar :

– Vraiment grand, seu Jorge, fut le Zé[1] moustachu.

Quelles que soient les discordances, impossible de nier la dignité avec laquelle l'un des grands artistes du monde d'aujourd'hui, l'architecte Oscar Niemeyer – *l'architecture est ma vie* –, reste irréductible.

Vilarinho das Furnas,
Serra do Jerez, 1970 –
le cercueil

L'ingénieur João Vasconcelos, cousin d'Antônio Celestino chez lequel nous passons quelques jours dans sa maison du Minho, nous mène, Zélia, Paloma et moi, au pied de la Serra do Jerez, jusqu'à Vilarinho das Furnas, petit village condamné à disparaître lorsque s'ouvriront les écluses du barrage construit dans la vallée pour alimenter la nouvelle centrale hydroélectrique.

Nous prenons des routes impossibles, la distance est longue, d'ailleurs il y a une semaine que je ne fais qu'arpenter la Serra do Jerez en compagnie de Celestino et du cousin João – *monsieur l'ingénieur agronome*, disent les montagnards – qui connaît la région pouce par pouce. Un jour historique, le dernier jour de Vilarinho das Furnas, demain le bourg aura cessé d'exister, recouvert par l'eau. Nous allons assister à l'exode des habitants.

1. Zé, diminutif de José (Joseph) *(N.d.T.)*.

Au pied de la montagne, là au fond le village, fait de pierre et de roses rouges et jaunes, les fleurs jaillissent aux portes des maisons, les chèvres broutent des grappes de raisin vert dans la longue rue plantée de vigne. Elles ont été amenées de la montagne, regroupées, elles accompagneront les bergers dans leur expatriation. Devant les habitations s'accumulent les biens, les maigres biens de la pauvreté, dans des paniers les poules caquettent, les paysans vont et viennent ramassant des objets : arrachés de leur sol, arrachés de leur vie. Des gens d'âge mûr, la majorité, beaucoup de vieux, beaucoup de vieilles, appuyés sur des cannes et des bâtons, s'agglomèrent à l'heure du départ. Les biens du village et de chacun de ses habitants sont entassés dans des chars à bœufs qui transporteront Vilarinho das Furnas vers l'exil. Face aux chèvres je me sens un prophète, je ne suis pas au pied de la Serra do Jerez, je suis dans l'Ancien Testament.

L'ingénieur prend une pierre à la porte d'une maison, il va l'emporter en souvenir, il ne peut retenir ses larmes, mais les hommes et les femmes paraissent de pierre comme les maisons, faces dures, creusées, yeux fixes, barbe de plusieurs jours, longues moustaches, pantalons d'étoffe grossière comme les chemises et les gilets, têtes couvertes de chapeaux. Je n'ai pas entendu de plaintes, de sanglots, de malédictions, de blasphèmes, seules les larmes de l'ingénieur João. La sobriété du peuple dans le malheur, ils partent, condamnés, ils abandonnent la vie qu'ils ont vécue, le sol qu'ils ont habité, les vignes qu'ils ont plantées, les rosiers au seuil des portes, épanouies, roses de sang ; demain tout sera terminé, à la place du village il y aura le lac. On a dit que la mort était nécessaire au progrès.

Le cortège touche à sa fin, la population de Vilarinho das Furnas gravit la montage, les derniers à partir ont la charge du cercueil de défunt qui transportait les morts au cimetière : un seul cercueil, il suffisait pour tous.

Bahia, 1956 – le proxénète

Je combine avec mon amie Maria de São Pedro[1], mains de fée dans le mijotage des moquecas, un splendide déjeuner pour mes invités portugais, les écrivains présents aux journées luso-brésiliennes. Le restaurant de Maria de São Pedro se trouve au vieux Marché Modèle, le premier, le véritable, il reçoit des bateliers, des boutiquiers, le renom de la cuisine de ma commère ne s'était pas encore répandu, nous sommes trois ou quatre intellectuels à le fréquenter : Wilson Lins, Odorico Tavares, Godofredo Filho, moi-même. Ainsi a commencé sa célébrité, aujourd'hui le restaurant qui porte le nom de la grande cuisinière, au nouveau Marché, est un haut lieu touristique. Il ne déshonore pas l'ancien : Luiz Domingos, fils de Maria de São Pedro, obá de Shangô, révère les orishás et veille à la mémoire de celle qui fut la plus grande dans l'art de la cuisine.

Je propose à Maria de fermer le restaurant au public à partir de treize heures, quand la clientèle habituelle aura été servie, pour recevoir mes invités. À part le peintre Cícero Dias qui fait une exposition rétrospective au musée d'Art moderne – dans le hall du théâtre Castro Alves –, les autres commensaux sont des Portugais célèbres : Joaquim Paço d'Arcos et Maria da Graça, son épouse, João Gaspar Simões et Isabel da Nóbrega, alors mari et femme, Jorge de Sena, Adolfo Casais Monteiro, Urbano Tavares Rodrigues, je ne me souviens pas de tous, nous nous entassions dans une Kombi. Un déjeuner de haute qualité, la splendeur de la cuisine bahianaise, du riz à la viande sèche avec efó d'herbes, du vatapá à la fricassée de petits crabes, du caruru à la poule à l'huile de palme, à la purée de haricots, les Portugais se léchèrent les babines, la conversation fut cordiale bien que se trouvent à table des adversaires politiques, des ennemis mortels. J'avais réuni des personnages liés au gouvernement portugais et de farouches opposants au salazarisme, un pari redoutable. Étant moi-même un opposant farouche je n'ai pas fait de discrimination : jamais je n'ai écarté qui que ce soit parce qu'il pensait de telle ou telle façon. Tout s'est bien passé, car les uns et les autres étaient bien élevés et que Bahia est la patrie de la convivialité et de la modération.

1. Maria de São Pedro dos Santos (1901/1958).

En rentrant à l'hôtel je fis arrêter un moment le chauffeur dans la ruelle de la Montagne, devant les bordels qui s'y trouvent, aux portes et aux fenêtres des putains à moitié nues se curaient les dents, faisaient des signes. J'informais les nobles congressistes d'outre-mer :

– Est concentrée ici, comme vous le voyez, une partie de la zone de prostitution de la ville, il existe aussi des « châteaux » (c'est un terme bahianais) place de la Cathédrale, dans la Ladeira de São Francisco et même avenue Barra, des maisons de luxe, les prix sont salés. Ceux d'ici ne sont pas aussi chers, au Pelourinho et à la Carne Seca se trouvent les meilleur marché.

Attentifs, Portugais et Portugaises écoutaient en silence ma dissertation sur les maisons de prostitution de la ville. Sérieux, pénétré, je montrai le fameux putier de Mãezinha où exerçaient des Françaises, des Argentines et des mulâtresses nationales. Baissant la voix, je révélai :

– Celle-ci, l'une des pensions les plus fréquentées, appartient à Odorico Tavares.

– La maison ? demanda une dame.

– Je ne sais pas à qui appartient la maison, je parle du commerce.

– À qui ? s'étonna le romancier Paço d'Arcos.

– À Odorico Tavares.

– Jorge Amado veut parler de notre ami poète, journaliste, directeur des *Diarios Associados*?

– Lui-même, notre cher Odorico.

– Ce n'est pas possible ! protesta je ne sais plus qui.

Cícero Dias mit son grain de sel :

– Il ne possède pas que cette maison, Odorico est commanditaire de trois autres, très actives. Il ramasse de belles sommes.

Devant la stupeur générale, les dames scandalisées, j'explique :

– Vous pensiez réellement qu'Odorico achetait des saints anciens, des tableaux de peintres célèbres, qu'il vivait dans un luxe de nabab avec le misérable salaire qu'Assis Chateaubriand lui verse ? Ce qui lui permet cette magnificence, ce sont ces malheureuses filles… – je fis signe au chauffeur de poursuivre vers l'hôtel.

Dans le hall de l'hôtel persistaient encore la surprise et la réprobation, les dames ne cachaient pas leur désappointement, le docteur Odorico, une personne si distinguée, qui l'aurait dit ? lorsque je vois dans la rue, se dirigeant vers l'entrée, le suspect poète Tavares. J'abandonne le groupe à ses réflexions, j'arrête Odorico, je lui raconte l'histoire, il s'approche du cercle d'écrivains qui se taisent en le voyant, les dames se retirent sans répondre à son salut. Odorico baisse la voix, confie :

– Je profite de ce que les dames sont allées se reposer pour informer nos chers amis que je possède dans certains quartiers de la ville des maisons de tolérance, des pensions de femmes légères – vous trouverez ici le nom des châteaux. J'ai donné ordre aux sous-maîtresses de faire une remise de quinze pour cent aux participants étrangers des Journées.

Le silence devient plus pesant à chaque mot du directeur des *Diarios Associados*, Odorico poursuit, imperturbable :

– Je réponds de la qualité des femmes ; c'est la fine fleur, la crème, les Françaises sont les plus chères mais, si vous voulez un conseil, je vous recommande les Noires.

Écrivain, journaliste, directeur de deux quotidiens, ami intime du gouverneur, membre de l'Académie, l'un des maîtres de la ville, Odorico Tavares. Incomparable compagnon à la table de poker, dans la ronde de la poésie, dans l'amour de l'art, dans les plaisirs de la vie, plaisantin comme personne, ce que nous inventons remplirait un volume d'invraisemblances. Le cercle se défait, une atmosphère de gêne persiste dans le hall de l'hôtel.

Carlos Eduardo da Rocha[1] me raconta que quelques congressistes, le sachant intime d'Odorico, étaient venus lui demander s'il était nécessaire de présenter une accréditation pour obtenir la remise et s'enquirent des adresses.

Berlin, 1972 – héros positif

Jurgen Gruner, directeur de la Verlag Volk und Welt, m'écrit en me relatant le drame qu'il vit depuis la réunification

1. Carlos Eduardo da Rocha, poète et critique d'art.

de l'Allemagne. Ce qui fut la monumentale maison d'édition de littérature étrangère de la défunte République démocratique allemande, l'Allemagne de l'Est, est menacée de ne pas survivre à sa transformation d'entreprise d'État en entreprise privée, de ne pas pouvoir surmonter les difficultés nées de la libre concurrence.

La nouvelle m'afflige, Je ne peux dire que du bien de la Volk und Welt. Détentrice des droits de traduction de mes livres en RDA, elle les a tous publiés dans de bonnes traductions, de belles éditions, une excellente graphie, avec des tirages énormes, elle m'a versé les droits d'auteur, tout dans les règles.

Je mens quand je dis qu'elle a publié tous mes livres, il y a eu une exception, un livre que la Volk und Welt n'a ni traduit ni publié. En 1972 j'ai reçu une lettre du responsable littéraire (sic) des éditions ; il refusait *Tereza Batista Cansada de Guerra* et m'en donnait la raison, idéologique : une pute ne peut être le héros positif d'un roman.

Héros positif, vous savez ce que cela signifiait dans la littérature du monde du socialisme réel, celui qui a fini ? Si vous ne savez pas, ne cherchez pas à savoir, ça ne vaut pas la peine.

Paris, 1948 – le numéro

Paris, chez Picasso, réunis autour de la table pour dîner, nous sommes quelques-uns qui tentons de le convaincre de participer au Congrès des intellectuels pour la Paix qui va se tenir à Wroclaw, en Pologne : Louis Aragon, Alexandre Korneichuk, Pierre Gamara, Emilio Sereni et la cinéaste polonaise Wanda Jacubowska dont le premier film remporte un grand succès. Wanda est assise à côté du peintre.

Picasso reste inébranlable, il n'ira pas, qu'on lui demande autre chose, il peut s'il le faut donner un tableau. Y participer, jamais, une perte de temps, il a autre chose à faire, il doit peindre. Nous avons épuisé en vain tous les arguments, nous finissons par renoncer, le congrès ne comptera pas l'auteur de *Guernica*. Fromages et vins, on parle du film de Wanda Jacubowska.

Le regard de Picasso se pose sur le bras nu de la cinéaste, il voit le numéro tatoué, demande ce que c'est.

– Mon numéro au camp de concentration où j'ai été pendant la guerre.

Picasso passe doucement le bout du doigt sur le bras de la jeune fille de Varsovie, il nous regarde, s'adresse à Aragon :

– J'irai, vous pouvez compter sur moi.

Il y alla et fit un discours, il resta jusqu'à la fin. Ensuite, pour d'autres congrès, il dessina la colombe signe de paix. Il avait touché du doigt l'horreur de la guerre, la terreur.

Ilhéus, 1929 – la source

Le livre de José Paulo Paes[1] sur l'œuvre de Sosígenes Costa met à sa vraie place le poète grapiuna dans la lyrique brésilienne : parmi les poètes majeurs, il est l'un des rares à ne ressembler à aucun autre, étoile solitaire. De première grandeur. Paes lui avait décerné le prix Jabuti à la parution de son *Œuvre poétique*[2], il lui offre maintenant l'attention de la critique et de l'histoire littéraires.

Sosígenes était resté inédit jusqu'à l'année 1959 où quelques amis réunirent ses poèmes, une révélation, bien peu le connaissaient. Je me rappelle ma surprise en entendant la question de Carlos Coqueijo Costa, au début de sa carrière de juriste et de compositeur – Coqueijo était multiple, il faisait de tout et tout bien –, il voulait l'adresse de Sosígenes qui avait quitté Ilhéus pour Rio, il prétendait mettre en musique les vers du barde du cacao. De Sosígenes et de ses poèmes presque personne ne savait rien.

À l'Académie des Rebelles nous vénérions Artur de Sales, mais pour ce qui est des modernes nous jurions par Sosígenes, membre de notre Académie, nous opposions son nom à ceux de la constellation de l'*Arc & Flèche*: Godofredo, Carvalho Filho, Ramayana, Hélio Simoes. Né à Belmonte dont il chanta la mer,

1. José Paulo Paes, écrivain.
2. Éditions Leitura, 1959.

o mar deixou muita cousa / aqui por estes quintais[1], il vivait à Ilhéus, *dentro da noite, Ilhéus rebrilha / qual grande bufalo de fogo*[2], secrétaire de l'Association commerciale, introverti à l'extrême, il entretenait de rares amitiés. Parmi lesquelles dona Eulália et le colonel João Amado qui l'estimaient parce qu'ils le savaient poète et pour le raffinement de son éducation. Sosígenes apparaissait pour déjeuner, s'attardait pour deviser, commenter la vie de la ville, même reclus il était au courant de tout, il glosait avec mordant, le colonel se régalait.

Ma cousine Diná passait les vacances chez nous, nous avions le même âge, mignonne, sans préjugés, moderne, agitée, *escagasseuse,* disait ma mère, elle paria avec moi qu'elle séduirait Sosígenes, modifierait ses inclinations sexo-sentimentales, j'en doutai. Elle lui fit la cour, réussit, ils roucoulaient le soir dans la pénombre de la galerie déserte, le flirt enthousiasma le colonel. *Tu vois ? Ce n'est pas vrai ce qu'on dit de lui, il aime les femmes, il ne lâche pas Diná.* Le colonel aurait voulu que les médisants voient ça de leurs yeux.

Diná veillait, attendant que je rentre du putier pour me tenir au courant de l'amourette, des progrès du poète dans la découverte de son corps de femme, pouce par pouce, baiser par baiser. Un soir je la trouvai heureuse, elle chantait victoire : *tu sais où il m'a embrassée aujourd'hui ? Devine ! – Là ? voulus-je savoir. – Là !* me répondit-elle.

La malice céda la place à la vanité : *tu sais comment il appelle ce « là » ? Devine. Il l'appelle source : j'ai bu à ta source,* m'a-t-il dit, *joli, non ?* Le lendemain soir elle me fit lire le poème que pour fêter l'événement Sosígenes avait écrit et lui avait remis, copié à la main, il s'intitule *Je vais boire l'eau à la source : Je bois alors l'eau de ton visage / dans cette conque d'un argile glissant/ comme on boit l'eau des fleurs sauvages / dans cette vasque.*

Les radicaux de la négritude nationale sont des mulâtres brésiliens, certains plus sombres, d'autres plus clairs, dont le seul

1. « la mer a laissé tant de choses / ici par ces enclos » *(N.d.T.).*
2. « dans la nuit Ilhéus brille / tel un grand buffle de feu » *(N.d.T.).*

idéal dans la vie est d'être des Nègres nord-américains, riches de préférence.

Rio de Janeiro, 1954 –
anarchistes

La conversation des deux vieux anarchistes m'émerveille, l'écrivain et l'ouvrière : le monde libéré des injustices et des préjugés, ni le pouvoir de l'État ni la loi quelle qu'elle soit. Trente ans plus tard j'écrirai un roman, *Tocaia Grande*, il était né ce jour-là quand dona Angelina pleura d'émotion en étreignant Thomas da Fonseca[1].

Thomas da Fonseca, prosateur célèbre, au Portugal plus que célèbre, une légende vivante, symbole de la résistance au fascisme, de l'audace de la pensée libre : le rêve de la société sans frontière aucune. Angelina D'Acol Gattai, immigrante italienne, avait quatre ans lorsqu'elle débarqua au Brésil, la famille de paysans vénitiens de Pieve di Cadore était venue travailler dans les plantations de café de São Paulo après l'abolition de l'esclavage. À neuf ans Angelina entra comme ouvrière dans une usine textile du Brás, dans la « Paulicée affolée[2] ». Elle se fit anarchiste en connaissant Ernesto, les Gattai étaient venus de Florence, ils avaient traversé la mer dans les cales immondes pour réaliser le rêve de l'agronome Giovanni Rossi : fonder dans les forêts du Paraná la Colônia Cecilia, expérience de société anarchiste en Amérique, sous le patronage de Dom Pedro II, Empereur – le Brésil était déjà un pays surréaliste.

La colonie dura quatre ans, la dureté de la vie quotidienne y mit fin mais les idées libertaires s'affirmèrent et s'épanouirent dans la ville de São Paulo, avec les premières industries et les associations des classes laborieuses. Angelina fréquenta le mécanicien Ernesto dans les réunions et les fêtes ouvrières – immigrants italiens, espagnols et portugais se retrouvaient, discutaient, discouraient, déclamaient, mettaient en scène des

1. Thomas da Fonseca (1877/1968), écrivain portugais, leader anarchiste.
2. Titre d'un poème de Mario de Andrade (*Paulicéia Desvairada*, 1922) sur la ville de São Paulo *(N.d.T.)*.

pièces. Les poésies et les chansons anarchistes de la péninsule, les pièces de Pietro Gori : Angelina, prima donna sur la scène prolétarienne. Retentissait le chant de la Catalogne en feu : « Où vas-tu avec des paquets et des listes / que si vite je te vois courir / je vais au Congrès des anarchistes / qui réclament le droit de vivre / Écoute-moi un instant veux-tu, / Anarchiste, qu'est-ce que ça veut dire ? / C'est l'immense légion ouvrière / qui réclame le droit de vivre. » Les poèmes de Guerra Junqueiro, les livres de Thomas da Fonseca, l'Italienne Angelina, anarchiste brésilienne, déclamait le poète portugais, elle savait par cœur des passages incendiaires du prosateur. Même quand son mari Gattai monta dans la vie, que de chauffeur des Prado, Paulistes de quatre cents ans, il devint agent des automobiles Alfa Romeo, de libertaire devint militant communiste, Angelina conserva intacts la chimère, le rêve.

Vieillard dont la barbe blanche lui tombait sur la poitrine, de passage à Rio Thomas da Fonseca vint me voir, moi qui étais écrivain comme lui et également interdit au Portugal, ami de son fils Branquinho[1], je le reçus vibrant d'admiration, grand ouverts les bras de l'amitié : jamais une visite ne m'avait autant honoré. Tandis que nous parlions politique et littérature, Zélia partit en courant à la recherche de dona Angelina, par chance à Rio, chez nous, pour lui dire que son idole était dans la salle, prenant le café.

Dona Angelina ne la crut pas : Thomas da Fonseca, ici en personne ? Impossible. Elle reprocha son impertinence à sa fille qui osait lui manquer de respect, se moquait de ses idées et de ses mythes. Il fallut que j'aille la chercher pour qu'elle vienne dans la salle et, en larmes, baise les mains osseuses du vieillard. Ils se mirent à parler.

Dona Angelina déclama des passages des livres de Thomas da Fonseca, elle savait des pages entières par cœur, c'était maintenant les yeux de l'écrivain qui s'illuminaient. La conversation céda la place à l'utopie, Zélia et moi écoutions émerveillés.

1. Branquinho da Fonseca (1905/1974), écrivain portugais.

Rome, 1985 –
Vasco Pratolini

L'annonce de la mort de Vasco Pratolini tombe sur moi dans l'après-midi enneigé de Paris, les souvenirs m'assaillent, je suis triste. Nous nous étions trouvés ensemble pour la dernière fois en 1985, à Rome, à un dîner chez Giuseppe De Santis[1], une soirée de nostalgie, un peu mélancolique : seulement nous, les trois couples, et un monde passé qui nous unissait. Les années d'après-guerre, le militantisme, la création engagée aux côtés du peuple et de l'être humain, deux romanciers et un cinéaste, trois anciens communistes – ensemble nous avons vécu un rêve de fraternité, une fête d'espérances qui s'est transformée en funérailles d'illusions.

Peu de romans contemporains m'ont aussi profondément touché que *Cronica di poveri amanti* quand je l'ai lu en 1948, une histoire d'amour qui se passe à Florence, un grand et juste succès qui a placé Pratolini au premier rang de la littérature italienne. *Riz amer*, film de De Santis, m'a ébloui à la fin des années quarante par son humanisme populaire, sa grâce picaresque.

Le vin, les fromages, les pâtes faites sur le moment, trois amis, trois survivants quarante ans après. Ne nous unissent pas seulement la littérature et le cinéma, l'art, nous unit la vie qu'un jour nous avons vécue, les événements auxquels nous avons assisté, les mouvements auxquels nous avons participé en témoins et protagonistes.

Un fait, Guttuso à la tribune du Congrès des intellectuels pour la Paix, à Wroclaw, en Pologne ; un détail, un nom, Alberto Cavalcanti filmant à Vienne ; un cri de colère, Lukács condamné à Budapest, un regard de tendresse, un geste d'amitié, la solidarité pleine et entière, tu te rappelles ? Nous passons la nuit à nous rappeler, à l'aube nous concluons que, malgré tout, ça a valu la peine.

1. Giuseppe De Santis, cinéaste italien.

Rio de Janeiro, 1947 –
le signataire

Un après-midi, en mars ou avril 1947, je ne garantis pas la date, Villa-Lobos[1] arriva à la commission d'Éducation et de Culture de la Chambre fédérale, dont je faisais partie en tant que représentant du groupe communiste et où je jouissais d'un certain prestige car je travaillais dur.

Le grand compositeur brésilien, l'un des Brésiliens majeurs, se battait pour répandre le chant choral dans les écoles municipales de Rio de Janeiro, il s'employait avec passion à mettre en place je ne sais combien de chœurs d'enfants et d'adolescents, une admirable croisade pour l'éducation musicale qui n'obtenait pas toujours des autorités l'appui nécessaire – quel projet culturel réellement solide obtient l'appui des autorités au Brésil ? Villa-Lobos venait à la Chambre des députés, à la commission d'Éducation et de Culture, à la recherche de crédits.

L'auteur des *Bachianas Brasileiras*, mondialement célèbre, avait quelques hobbies connus, le cigare, le billard, le mensonge : il avait une réputation de grand menteur. Je me rappelle une histoire très drôle que racontait Érico Veríssimo à propos d'une conférence de Villa-Lobos à Washington, je crois, et en portugais. Grand admirateur du compositeur, Érico se trouvait dans le public quand il sut qu'avait surgi un problème : la personne qui devait assurer la traduction de la conférence n'était pas là, le temps passait, les auditeurs s'impatientaient. Les organisateurs sollicitèrent l'aide d'Érico qui se retrouva à la tribune à côté du conférencier, traduisant ce qu'il racontait, des histoires incroyables, absurdes selon le romancier de *Le temps et le vent*.

– Il disait des choses inouïes avec le plus grand naturel, je n'ai jamais vu quelqu'un mentir autant. Il a commencé par déclarer qu'il était né dans la forêt vierge, dans une tribu d'Indiens guerriers... À partir de là ça n'a plus arrêté.

Ce jour-là, à la commission d'Éducation et de Culture, au palais Tiradentes, après avoir obtenu mon appui total à sa demande de crédits, Villa-Lobos, connaissant mes positions politiques et voulant me faire plaisir, tira une bouffée de son cigare et m'annonça :

1. Heitor Villa-Lobos (1887/1959).

– Je viens d'être invité à diriger mes œuvres à Moscou, je donnerai une série de concerts.

Je le savais, je l'avais lu dans les journaux. Je le félicitai, j'insistai sur sa popularité en URSS, j'avais souvent entendu des retransmissions de ses œuvres à la radio, je lui dis combien leur succès contribuait à faire connaître le Brésil à l'étranger. Villa Lobos tira une autre bouffée :

– Savez-vous qui a signé l'invitation ?

Ça, je l'ignorais. Était-ce le directeur de l'orchestre symphonique de Moscou, ou de l'orchestre symphonique de la République fédérative de Russie, qui était-ce ?

– Oubliez le symphonique, essayez de deviner ...

– Chostakovitch ? risquai-je, m'enflant d'orgueil patriotique.

Une autre bouffée de cigare, un sourire, la révélation :

– C'est Lénine[1] qui a signé, de sa propre main.

Devant mon ébahissement, nous étions en 1947, le grand Villa-Lobos :

– Vous en doutez ? Je vous apporterai l'invitation.

Rio, 1975 – Académie

Dans une élection à l'Académie brésilienne des lettres interviennent toujours des circonstances indépendantes de la qualité littéraire des candidats, et même des liens d'affection. Il ne m'a pas été possible de voter pour Odylo Costa, Filho, beau-père de Paloma, mon ami de toujours – nous sommes tous deux sur la photographie historique qui immortalise le *dîner de la nouvelle génération*, en 1932, Odylo était le plus jeune des *nouveaux* fraternellement salués par les *vieux*, Alvaro Moreyra et Peregrino Júnior. Quand Odylo me téléphona de Lisbonne pour se déclarer candidat, j'étais déjà engagé avec Joracy Camargo : j'avais encouragé le dramaturge à se présenter, je ne pouvais pas l'abandonner.

Lorsque fut candidat mon cousin Genolino Amado, chroniqueur agréable, il laissa un volume de savoureux Mémoires,

1. Vladimir Oulianov, dit Lénine (1870/1924).

je divisai les scrutins – ce que je fis peu de fois en plus de trente ans d'Académie. Deux voix pour Genolino en souvenir du colonel João Amado, son oncle, deux voix pour Bernardo Elis, excellent conteur, compagnon de luttes en notre temps de bardes communistes. Dans l'appartement de Rio de Janeiro où j'étais de passage, je leur remis à tous deux la lettre qui accompagne les voix de l'académicien absent, je repartis pour Bahia. Bernardo, gentil et naïf, laissa à Genolino la lettre, et la responsabilité d'y joindre, dans des enveloppes fermées, les suffrages pour les quatre scrutins. À ce qu'il semble Bernardo n'eut pas ma voix, il paya cher sa bonne éducation – un candidat à l'Académie ne peut faire confiance à personne, il l'a fait et il s'est fait avoir.

À l'élection où il fut élu, je n'ai pas pu voter pour Bernardo malgré mon admiration pour l'écrivain et mon estime pour le camarade. Était intervenue la candidature de Juscelino Kubitschek, il n'était pas écrivain, n'était pas mon ami, nous entretenions des relations de mutuelle sympathie, c'est tout. Les circonstances politiques m'amenèrent à voter pour lui et je fus même accusé par Ney Braga, ministre de l'Éducation du général de service, d'être l'inventeur de la candidature Kubitschek. Ce n'était pas vrai : le mentor, le grand électeur de Juscelino fut Josué Montello, son ami de tous les instants.

En lisant le *Diario do Entardecer* (Le Journal du couchant), je vois que Josué, bavardant avec Juscelino avant l'élection, lui avait appris ce qu'il répéta plus tard à un journaliste : pour obtenir vingt voix à l'Académie il est indispensable de compter au moins sur vingt-six. Juscelino cultivait l'optimisme, il s'attendait à la quasi-unanimité, il fut déçu de sa défaite, il avait compté comme certaines des voix qu'il n'a pas eues.

Un après-midi, j'étais à Rio, Juscelino vint me voir pour parler de l'élection, menu plaisir des candidats et des académiciens. Il arrivait de João Pessoa, il avait rendu visite à José Américo : *il va voter pour moi*, me dit-il, satisfait.

– Vous en êtes sûr ?

– Absolument. Lorsque j'étais président, je lui ai rendu un service d'importance, relatif à son fils militaire. Hier, lorsque j'étais avec lui, il y a fait allusion, il s'est déclaré mon débiteur.

– Il a dit qu'il soutiendrait votre nom ?

– Était-ce nécessaire ? Il ne l'a pas dit, mais c'est évident.

Je savais que José Américo, personne chère à mon cœur d'ami, un si grand Brésilien, allait voter pour Bernardo Elis, un engagement qui venait de l'élection précédente. Je pris le téléphone, appelai le Paraíba, je parlai avec le maître de *A Bagaceira*. Il me confirma qu'il voterait pour Bernardo, il avait promis, il tiendrait parole. Il le faisait non sans remords car il devait une faveur inoubliable à Juscelino mais il ne pouvait manquer à ses engagements. D'autres, plusieurs autres renoncèrent à voter pour Kubitschek sous la pression des militaires pour lesquels la défaite de l'ex-président, civil et démocrate, était devenue une question d'honneur. D'élection plus honteuse, seule celle où fut battu Santiago Dantas[1] aussitôt après le coup d'État de 1964 – avant le coup de force militaire Santiago était plus qu'élu, la peur amène à des choses misérables, à des bassesses : la peur et les pourboires.

Bahia, 1974 – journalisme

Edwaldo Pacote[2] a pris à cœur le feuilleton *Gabriela,* de la Globo, le premier adapté d'un de mes romans : il a commandé à Aldemir Martins et à Carybé une exposition de « gabrielas » pour marquer l'événement. Aldemir a fait les dessins sous les crédits, des images du Nordeste qui soulignèrent d'entrée de jeu la qualité de la réalisation.

Infatigable, Pacote vient à Bahia m'annoncer que la Globo a décidé de confier le rôle principal à une jeune comédienne pratiquement inconnue, son nom est Sônia Braga. Je ne la connais ni physiquement ni de nom, je ne l'ai jamais vue en personne et non plus à la télévision. *Regardez* Vila Sésamo, *une émission pour enfants,* me conseille-t-il, *elle apparaît dans un second rôle, vous verrez que c'est une bonne actrice*. Quant au physique, Pacote me montre un magazine où Sônia pose nue, une splendeur. Il me propose de présenter Gabriela à la presse dans la maison du Rio Vermelho, en présence de journalistes

1. Santiago Dantas (1911/1964), juriste et homme politique.
2. Edwaldo Pacote, journaliste, homme de télévision.

de Rio et de São Paulo, de Recife et de Porto Alegre, ainsi je connaîtrai Sônia personnellement. Il arrête la date, Zélia pourvoira aux rafraîchissements.

Le premier à arriver est Gilberto Mansur, journaliste de São Paulo, pour moi un illustre inconnu. Je le reçois avec courtoisie, lui, avec la curieuse manie des questions choc des reporters brésiliens, me lance, avant même de se servir du whisky écossais authentique, Zélia traite bien les journalistes et les acteurs :

– Pourquoi avez-vous imposé Sônia Braga à la Globo pour le rôle de Gabriela ?

– Comment savez-vous que j'ai imposé Sônia Braga à la Globo ?

– À São Paulo tout le monde le sait, c'est de notoriété publique.

– Parce que Sônia est ma maîtresse.

Mansur me regarde, hésite un instant, éclate de rire, accepte le whisky, depuis lors nous sommes amis. Ensuite arrivent les autres, Sônia conduite par la main fraternelle d'Edwaldo, je m'entretiens avec la vedette du feuilleton :

– Je suis très heureux de vous connaître. Nous sommes amants, le saviez-vous ?

Sônia Braga, ma fille, trois fois ma fille, par Gabriela, par Dona Flor, dans les vidéos de télévision, sur les écrans de cinéma, dans le sanctuaire de Gantois je suis son « père petit », Sônia, cheval de Yemanjá galopant sur la mer.

Rio de Janeiro, 1956 –
le survivant

Valério Konder[1], qui ne m'a pas retiré son estime quand j'ai cessé de militer au Parti communiste, me donne des nouvelles de la campagne déclenchée contre moi à l'étranger par la direction du Parti : on a dit pis que pendre de moi, j'ai été traité de traître et de vendu. Diógenes de Arruda Câmara, à l'époque

1. Valério Konder, médecin épidémiologiste.

une espèce de maître du Parti (et de la vérité), a déclaré à une réunion du Comité central : dans six mois il aura cessé d'exister comme écrivain et comme homme de gauche. Nous allons le liquider.

Dans les rumeurs qui me parviennent à ce sujet, l'une m'attriste : Pedro Motta Lima[1], mon vieil ami et camarade, depuis longtemps compagnon de route, m'avait noirci partout où il était passé, en URSS, en Bulgarie, à Cuba, je ne sais trop où. Je m'attriste mais je comprends : communiste immémorial, bolcheviste à toute épreuve, obéissant aux ordres reçus mon bon Pedro a dû réciter sa leçon le cœur serré, la discipline est la discipline, je ne lui en veux pas. D'autres ont exécuté allégrement les ordres, j'ai toujours été regardé avec défiance par les intellectuels cooptés à la direction du Parti, ce qu'ils ont dit et fait n'est pas parvenu à m'attrister.

Ce qui m'étonne jusqu'à aujourd'hui, c'est que la prévision du sévère dirigeant ne se soit pas réalisée, que sa menace soit restée sans effet. J'ai survécu, qui l'aurait dit ?

Moi qui suis l'antidocteur par excellence, l'antiérudit, trouvère populaire, populacier, écrivaillon de feuilletons de colportage, intrus dans la cité des lettres, un étranger dans les raouts de l'intelligentsia, des universités de France, d'Italie et du Brésil m'ont fait docteur honoris causa, allez savoir pourquoi.

Au Brésil, la joie a surpassé l'honneur, car à l'université de Bahia on m'a élevé au grade de docteur aux côtés de Carybé et de Caymmi et dans celle du Ceará ont revêtu avec moi la toge du savoir en une solennelle cérémonie Eduardo Portella et Aldemir Martins, quatre docteurs véritables, créateurs de culture. Si je ne me prétends pas maître comme eux, je suis leur frère jumeau, coule dans nos veines le même sang métis du peuple brésilien, il circule dans notre art et notre littérature.

1. Pedro Motta Lima (1889/1996), journaliste.

Paris, 1985 – erreur d'estimation

À chaque visite dans le duplex de Pierre Seghers, Zélia et moi admirions la grande toile de Di Cavalcanti[1] accrochée en haut de l'escalier, nous retrouvions le Brésil, le soleil et les mulâtresses, Di lui avait offert ce tableau lorsque Pierre était venu à Rio en 1956.

Un jour, alors que le couple Seghers était en paix à la campagne, à Creteuil, un cambrioleur cultivé, à la tête d'une bande spécialisée dans le vol d'œuvres d'art, pénétra dans l'appartement, laissa les murs nus, il fit main basse sur toute la collection. Toute, excepté le tableau de Di qui resta solitaire dans l'escalier : la culture du chef de gang ne comprenait pas l'art brésilien.

Valdemar Szaniecki, dit Lindinho, lorsqu'il était un pauvre et besogneux arbitre de football à Bahia, alla à São Paulo arbitrer un match, le lieu lui plut, il troqua le sifflet pour les arts plastiques, se spécialisa en Pancetti, Di Cavalcanti et Carybé, devint vite millionnaire, aujourd'hui il possède des immeubles de rapport, des courts de tennis, un terrain de golf, il se donne le luxe de composer de la musique populaire, d'écrire les paroles, partenaire de Tomzé – né dans la tribu de Moïse, il est fils-de-saint d'Olga de Alaketu, Lindinho a réalisé le syncrétisme de Jéhovah et d'Oshalá! Les poches pleines de dollars, il fouille les capitales européennes recherchant les tableaux qui se revendront bien au Brésil, les affaires juteuses. Zélia lui raconta l'histoire du tableau de Di rescapé du vol, Valdemar attaqua et quand Lindinho attaque, qui peut lui résister ? Il rapporta le tableau au Brésil où il le céda – Lindinho ne vend pas, il cède – pour un prix astronomique.

En termes de marché d'art international, Valdemar l'avait acheté à bas prix, il en donna pourtant une belle somme, Pierre Seghers en empochant les dollars fit son autocritique :

– Je n'imaginais pas qu'une toile de Di Cavalcanti vaille tant. Ni moi ni cette canaille de voleur.

1. Emiliano Di Cavalcanti (1897/1976), peintre.

São Paulo, 1945 –
les Gattai

Nous célébrons Caio Prado Júnior dans la librairie remplie d'admirateurs, Paulo Mendes de Almeida me montre Wanda à demi cachée à l'ombre d'un rayonnage :

– Vois comme elle est belle ! Regarde son visage, un visage de médaille, une beauté héréditaire, de plusieurs siècles.

Les poètes le savent, je ne fais que le confirmer : la sœur aînée de Zélia est réellement belle, le visage serein, rêveur, une médaille de Venise. Je n'ai eu que peu d'occasions, moins que je ne l'aurais voulu, d'approcher Wanda, son mari José, ses enfants, mais j'entends chaque jour ses louanges dans la bouche de sa sœur cadette. Zélia conserve intacte son admiration d'enfant, pour elle Wanda représente la perfection.

Je n'ai pas connu non plus intimement ses frères, Remo et Mário, surnommé Tito, ils n'ont pas fait partie de mon entourage proche. Radical, Tito cultivait à pleine bouche l'âpreté et l'intransigeance, il échangeait des lettres avec Zélia, où qu'elle se trouve il contrôlait sa fidélité communiste. Bouche fermée, c'était un prothésiste réputé. Son client James Amado le promut dentiste – âmes sœurs, ils étaient aussi mauvaises langues l'un que l'autre, des langues de vipère –, jusqu'à ce jour James fait l'éloge du professionnel et du citoyen. Il lui amena des clients, Ricardo Ramos entre autres – dans l'atelier du praticien grandit l'animation des palabres, le grincement des dentiers dans les discussions acérées.

Celle que je connais particulièrement bien, c'est Vera, la sœur du milieu, nous avons eu beaucoup de relations, avec elle et avec son mari Paulo, un homme bon, intelligent et cultivé, nous avons été amis. Le fils unique du couple, mon neveu Fábio, est au nombre des êtres que je chéris, c'est une espèce de force de la nature surgie dans la famille. Comme moi il était né pour faire du cinéma, comme moi les rigueurs de la vie l'ont empêché de réaliser sa vocation. Il a été cependant plus loin que moi qui n'ai pas dépassé le rôle d'obscure utilité du cinéma national dans la phase héroïque des *chanchadas,* une phase glorieuse : il n'y avait pas de subventions officielles mais il y avait un public, des spectateurs.

Fábio débuta brillamment dans ce qui aurait dû être une

suite ininterrompue de succès, assistant de direction de Mário Brazini dans deux films dans les années cinquante, dans les deux il tint un rôle, il montra des dons, il débordait de passion, il aurait été loin certainement si n'avait été aussi fragile la structure du cinéma brésilien. Mário Brazini vantait la qualité de l'assistant, je témoigne des mérites de l'acteur.

Dans le premier film une apparition rapide, pas plus, je n'en ai pas gardé de souvenir. Dans le second Fabio eut à jouer le rôle – court mais inoubliable – de photographe reporter : au milieu de la foule des fans, il guettait l'arrivée de la fameuse étoile pour la photographier par surprise. Quand la vedette descendit de voiture, Fabio cria son nom pour l'avoir face à l'objectif : *Gilda !* Sa seule apparition, sa seule parole, mais quelle apparition, quelle voix ! Quiconque a vu *Le fils du cangaceiro* n'oubliera jamais ce cri sorti des entrailles, *Gilda !*, il n'oubliera jamais l'expression du photographe au moment de déclencher son appareil, c'est le moment culminant du film. Qui a vu le film ? Si vous tenez à le savoir, Zélia et moi l'avons vu au moins trois fois, Janaína, João Jorge, Paloma, emmenés par leur tante Vera, mère poule, ont été aux matinées tous les après-midi tant que le film de Brazini fut à l'affiche du cinéma Ricamar, à Copacabana. Mais hélas, quelle vocation résiste à l'inorganisation du Brésil ? Dommage, je ne m'y résigne pas.

Vera fut d'un dévouement exemplaire envers Zélia, elle ne l'abandonna jamais. Lorsque sa cadette vivait en exil suivant les chemins tortueux de la politique, elle la remplaça auprès de Luiz Carlos ; à Rio elle prit soin de João Jorge et de Paloma, permettant à sa sœur la circumnavigation de l'autre côté du monde.

Un jour Zélia décida de raconter ses souvenirs de fille d'immigrants italiens, en prenant sa machine à écrire elle avait dans les yeux l'image de deux héros de son enfance : son père Ernesto, révolutionnaire, prisonnier politique, champion de courses automobiles, l'intrépidité et la flamme, et sa sœur Wanda au visage de médaille, la belle de Florence née à São Paulo. Lorsqu'elle termina la rédaction d'*Anarquistas, graças a Deus*[1], à ces deux héros s'étaient ajoutées les figures encore plus séduisantes peut-être de sa mère Angelina, ouvrière, et de sa

1. « Anarchistes grâce à Dieu », paru en fançais sous le titre *Zélia*, Paris, Éditions Stock, 1982 *(N.d.T.)*.

sœur Vera, celle du milieu ; elles avaient grandi dans les pages du livre jusqu'à occuper le premier plan dans la photo de famille.

Dona Angelina définissait très exactement Vera – lorsque quelqu'un venait lui parler des voyages de sa plus jeune fille, de ses pérégrinations à travers l'Europe, l'Afrique, l'Asie, du Bosphore à la mer Baltique, du fleuve Jaune à la mer Noire, elle répétait : *Zélia est née sous une bonne étoile, mais Vera, elle, est un phénomène. Elle est à la maison, bien tranquille, moi je dis : Vera, allons à São Caetano voir tante Joana et en deux temps trois mouvements elle est prête, le chapeau sur la tête et l'ombrelle à la main. Un jour je lui dis : Vera, il faut que j'aille à Santos, je ne sais pas comment faire, eh bien, le croiriez-vous ? il ne s'était pas passé une demi-heure que nous étions toutes les deux dans l'autobus de Santos, vous vous rendez compte ! Vrai, Vera est un phénomène !* J'approuve et je confirme, Vera c'est la puissance.

Aucun des cinq enfants nés du mariage de la Vénitienne D'Acol et du Toscan Gattai n'est resté confiné dans le ghetto de l'immigration, Européens aux yeux bleus ils ont tous épousé des gens d'autres origines. Et non seulement les cinq enfants Gattai : les Italiens qui arrivèrent ici à la recherche de travail ou de liberté mêlèrent bientôt leur sang et leurs coutumes avec les gens locaux. Pour ne parler que de la famille, l'une des filles de Tito, Marice (*Ma* de son père Mário, *rice* de sa mère Clarice, j'adore ces noms biscornus, affirmation publique de l'amour des couples), Marice épousa un fils d'Arabes, la cousine Odila convola avec un Japonais, le fameux Fabio prit pour femme la cabocla Carmem dans l'intérieur du Minas – la liste des mélanges occuperait des pages et des pages, se mêlent les sangs européens, africains, asiatiques, indigènes, ils forgent la race brésilienne, evviva ! ashé !

Jamais je n'oublierai la stupéfaction de Zélia en se voyant traitée de « macaronie » à Paris, dans un banquet d'hommes politiques et d'intellectuels, je crois que c'est Emilio Sereni qui leva son verre à la beauté de la femme italienne si bien représentée par la camarade Gattai.

– Italienne, moi ? protesta-t-elle, stupéfaite. Depuis quand ?

Brésilienne cent pour cent, la grâce, la démarche, le déhanchement, le samba dans les pieds, inné, elle en donna d'ailleurs aussitôt la preuve : se trouvait présent aux agapes João Saldanha, footballeur et fin danseur, Zélia et lui firent une démonstration de samba digne de professionnels dans une boîte carioque. Le cinéma, la vocation de Fabio, quelle est celle de Zélia ? L'écran des cinémas, la scène des théâtres, les vidéos des chaînes de télévision, les pistes de danse ? Où que ce soit, elle serait une idole, elle est née artiste, les rigueurs de la vie ne lui ont pas donné sa chance : les rigueurs, oui...

Moscou, 1954 – Monsieur le Prix

La *Pravda* publie en première page la liste des lauréats du prix international Staline, je déborde de plaisir, parmi les bénéficiaires de la suprême distinction je lis les noms de Bertolt Brecht et de Nicolás Guillén. Pour Brecht je me suis entremis auprès de Sacha Fadeiev, Zélia et moi avons soutenu Nicolás dans l'anxiété de l'attente.

Rosa étant restée à La Havane, Nicolás souhaite que ce soit Zélia qui lui remette la médaille et le diplôme, il les recevra au cours d'une séance plénière du Congrès des écrivains soviétiques. Nous sommes venus à Moscou pour le congrès, le Cubain est notre voisin de couloir à l'hôtel, sous n'importe quel prétexte il nous envoie des billets, il signe *Monsieur le Prix*. Heureux comme un enfant, nous aussi.

Son nom dans les journaux, ses poèmes à la radio et à la télévision, dans la bouche des déclamatrices, une plaie soviétique, le poète nous convoque et nous fait asseoir devant la télévision pour écouter le récital de l'une d'elles : grosse et criarde, un dinosaure. Nicolás savoure avec délice ses poèmes en russe, il les reconnaît et fait l'éloge de la pythonisse, nous l'applaudissons nous aussi, pourquoi gâcher la joie de notre ami ? Fichtrement beau ! j'exagère en Bahianais.

Je rédige un télégramme adressé à Nicolás, je demande à Marina[1] de le traduire, du bureau de poste installé dans le bâtiment du congrès je l'envoie au Metropol. Un message ardent,

1. Marina Kontrizin, interprète soviétique.

une déclaration d'amour, assortie de propositions concrètes, le signe une admiratrice supposée, juste le prénom, Natacha. Des termes passionnés : *mon poète génial, mon barde tropical, j'ai été transportée en entendant tes poèmes à la télévision, je suis une braise attisée par le feu de ta poésie, je suis à toi, je voudrais que nous nous rencontrions très vite*, et ainsi de suite, d'étincelle en étincelle. Je me rappelle la fin du télégramme : *je t'aime, je t'aime, je t'aime, téléphone-moi, téléphone-moi*, suivait la signature.

Brandissant le télégramme, suivi de l'interprète, Nicolás fait irruption dans notre chambre :

– Compadres, il y a une femme à Moscou qui est amoureuse de moi, elle m'a envoyé un télégramme, seulement elle est idiote, elle demande que je lui téléphone et elle ne donne pas le numéro...

São Paulo, 1972 –
le concurrent

Le jour de la sortie à São Paulo de *Tereza Batista*, je reçois une invitation pour aller à la même heure à une autre séance de signature : le livre s'intitule *Um cão uivando para a lua (*Un chien qui hurle à la lune), le nom de l'auteur est Antônio Torres, ça ne me dit rien. Il s'agit d'un débutant.

Parce qu'il s'agit d'un débutant, et bahianais, je décide de passer à la librairie où signera mon concurrent avant d'aller à la Siciliano signer le roman de Tereza. M'accompagne Calasans Neto qui a creusé dans le bois vingt-cinq gravures pour illustrer l'histoire de la fille sertanège, le livre est autant le sien que le mien. J'ai su par lui que Torres est bahianais, du sertan comme Tereza, et brave type. Nous ne le trouvons pas, bon Brésilien sans heure il est en retard, je suis ponctuel, je suis pressé, on m'attend, j'achète un exemplaire du *Cão* et le laisse pour que l'auteur le signe, avec des vœux de succès dans sa carrière. Je lis le roman lorsque je le reçois, je découvre un romancier, un vrai, je parie sur Antônio Torres.

Je touche juste. Ce premier livre est le commencement

d'une des œuvres les plus abouties du moderne roman brésilien. En l'espace de vingt ans, des hurlements du chien aux aventures d'un taxi en partance pour Vienne en passant par *Cette terre,* un classique qui s'est imposé en je ne sais combien de langues, le garçon sertanège s'est montré un digne concurrent. Nous sommes devenus amis, il l'était déjà de Calá, de Myriam Fraga, de Guido Guerra. Des amis à moi d'autres contrées ont également parié sur le jeune Torres : Alice Raillard, Tom Colchie, l'Allemande Ray-Güde Mertin, des fidèles de la littérature brésilienne à l'affût de nouvelles valeurs. Ce n'est pas par hasard si Severo Sarduy a choisi *Un taxi pour Vienne d'Autriche* comme premier titre brésilien pour sa collection chez Gallimard, *La Nouvelle Croix du Sud.*

Vingt ans de travail, l'autre jour Antônio m'écrivait :

– Ce n'est que maintenant avec le *Taxi* que je me sens un écrivain professionnel.

Ça demande du travail et du temps, ça exige de la patience, de la force de volonté. Ceux qui pensent que c'est facile se fichent dedans.

Rio de Janeiro, 1983 –
le troubadour et
le prestidigitateur

Je revois Yves Montand à la réception donnée en son honneur par Air France à Rio de Janeiro et je suis à nouveau troublé par la question qu'il m'a posée et par la réponse qu'il y a lui-même apportée, une simple réflexion, une remarque apparemment sans importance, pour moi c'était une prémonition.

Je ne sais de quoi avaient parlé tout en mangeant leur dindon et en dégustant les vins le *troubadour* français et l'homme de lettres brésilien – mineiro, il faut le préciser, ce détail a son importance dans la solution de l'énigme. Montrant Otto Lara Resende[1] qui se volatilisait, oui, se volatilisait du côté de la cui-

1. Otto Lara Resende, journaliste et écrivain *(N.d.T.).*

sine, Montand demanda comme si d'avance il connaissait la vérité : *Qui est ce monsieur ? Un écrivain, je sais, mais plus que ça bien sûr.* Sans attendre ma réponse il compléta : *un prestigidateur, c'est ça !* Nous avons regardé, Otto Lara n'était plus là, il s'était évaporé.

Je reçois un coup de poing dans la poitrine en entendant annoncer la mort d'Yves Montand, nous sommes à Paris, il n'y a pas une semaine Zélia m'a appelé, *viens vite le voir à la télévision :* Yves heureux à Saint-Paul-de-Vence, tenant par la main son fils de trois ans. De nouveau Zélia m'appelle, la voix douloureuse, la mauvaise nouvelle : la violence de la mort inattendue m'atteint, nous restons silencieux, environnés de tristesse.

Nous l'avions connu, lui et Simone Signoret, en 1948, en France, dans les années d'exil, d'euphorie communiste, des temps de certitude, les doutes n'avaient pas encore commencé. Jean Cassou nous présenta chez André Wurmser, dans les campagnes de la paix je suis devenu ami de Simone. Des années plus tard elle présida le dîner organisé par Jean-Claude Lattès par lequel les éditions Hachette célébraient mes soixante-dix ans, réunissant des amis français anciens et récents.

À plus de quarante ans de distance je conserve intacte l'émotion qui s'est emparée de moi quand, au théâtre du Châtelet, interrompant son chant – le récital s'intitulait *Chansons populaires de France* –, Yves Montand a dit le poème *Barbara* de Jacques Prévert, la chaleur d'une flamme m'a enveloppé et m'a réchauffé.

En 1983, à la demande de Madeleine Archer, responsable des prix Molière, j'ai écrit à Yves Montand en insistant pour qu'il vienne au Brésil, sa présence nous aiderait à balayer la dictature moribonde. Yves est venu et avec lui vinrent la fille de Simone, Catherine Allégret, et Jorge Semprun, le romancier espagnol frère siamois de Montand. Ovationné au Théâtre municipal – quand on pensait que les applaudissements allaient se terminer ils redoublaient, sans fin –, le troubadour put se rendre compte de ce que signifiait sa présence à la fête des artistes cariocques.

Restait à expliquer la raison de la définition, *un prestidigidateur,* elle m'a paru parfaite, dans la mesure où l'on peut tenter de définir celui qui demeure pour nous, ses compatriotes et ses fervents, un sphinx indéchiffrable. J'ai su qu'il y avait eu une seconde rencontre, ce dont ils ont parlé n'a pas été révélé, mais de retour à Paris le troubadour a fait allusion, m'a-t-on raconté, au caractère charmeur du personnage et à l'aura de mystère qui l'entourait. Quand je l'ai revu, il m'a demandé : *et lui, comment ça va ?* Il n'a pas dit de nom, ce n'était pas nécessaire.

C'est un prestidigidateur ! il avait mis dans le mille. Lorsqu'il m'avait interrogé à la réception, piqué au vif, je lui parlai du savoir et de la finesse, de la subtilité, de l'imprévisibilité, de l'obscure évidence, de la contradictoire rigueur du gourou mineiro. Yves Montand m'écouta en silence comme si pour lui tout cela n'avait pas été une nouveauté, comme s'il avait compris en une seule conversation ce qu'il y avait de fondamental et caché dans Otto Lara Resende et qu'il l'eût connu par cœur – tandis que pour nous, du tiers monde, l'inconnue persiste car Hélio Pelegrino[1] a emporté avec lui la clé de l'énigme quand il est parti en voyage, celui que vous savez.

Bahia, 1962 –
les sculpteurs

Agnaldo[2] est mort tout jeune à trente-six ans, victime de la maladie de Chagas, un charlatan doublé d'un flic lui fit une piqûre miraculeuse, infaillible pour guérir ce mal tenu pour incurable. Avec lui fut enterrée la plus exceptionnelle vocation de sculpteur jamais découverte au Brésil.

Gamin d'Itaparica, il commença enfant à gagner sa vie, il exerça dans l'île le métier de maçon avant de venir à la capitale. À Bahia il alla travailler dans l'atelier de Mário Cravo, il coupait et préparait le bois pour les pièces du sculpteur : la phase de ses sculptures de bois me paraît fondamentale dans l'œuvre de Mário – je ne citerai que l'*Antônio Conselheiro* que Pietro Bardi a acheté et offert au musée d'Art moderne de Bahia, la *Tentation de saint Antoine* qui se trouve au secrétariat du Plan, au Centre administratif, la *Yemanjá* qui surplombe ma salle à

1. Hélio Pelegrino, psychanalyste.
2. Agnaldo dos Santos (1926/1962).

manger dans la maison du Rio Vermelho, le *Cangaceiro* que j'ai été voir au club de Vitória, le *Capoeirista* qui domine le hall d'un hôtel de Brasília. Le temps a détruit des pièces également importantes lorsque Mário s'est tourné vers d'autres matériaux, le fer, l'acier, la pierre-savon, la fibre de verre, et s'est désintéressé de ses pièces taillées dans le bois.

Agnaldo était occupé à dégrossir le bois pour le maître, Mário le vit à l'œuvre, ne dit rien, il observa simplement les mouvements du Noir grand, beau et fort, un ouvrier compétent, et plus encore sans doute. À quelque temps de là, un samedi, en lui payant sa semaine, Mário déclara :

– Agnaldo, tu es renvoyé.

– Renvoyé ? Qu'est-ce que j'ai fait ? – Agnaldo ne comprenait pas la raison de ce renvoi.

Tu n'as rien fait de mal, tu es renvoyé de ton travail mais tu viendras tous les samedis recevoir ton salaire de la semaine. Agnaldo ne comprenait toujours pas, il comprenait de moins en moins. Mário rit de son rire farceur et généreux :

– Si tu restes ici, à jouer avec le bois, tu ne seras jamais qu'un sous-Mário Cravo, tu ne deviendras jamais Agnaldo. Rentre chez toi et vas-y. Quand tu viendras le samedi, apporte ce que tu as fait pour que je voie ça.

J'ai déjà écrit que mon compère Mário est une force de la nature lâchée à Bahia par un caprice des dieux, forgeron d'Eshou, moustaches arrogantes, coquines, l'éclat de rire à la bouche, c'est un des pères de l'art moderne de Bahia. L'art moderne de Bahia a commencé avec lui, avec Genaro de Carvalho et Carlos Bastos, à ces premiers se sont ajoutés Carybé, Rubem Valentim, Mirabeau, Jenner Augusto, Hansen Bahia. Mário fut le principal maître de la génération qui a suivi cette fournée révolutionnaire, il a exercé une influence sur des jeunes gens pleins de talent : Calasans, Lew, Antônio Rebouças, Fernando Coelho, Tati Moreno, Jorge Costa Pinto. Sans compter qu'il a forgé Cravo Neto dans le lit de Lúcia, sainte Lúcia. Fils de son sang, Mariozinho – le petit Mário –, mais les artistes bahianais sont presque tous nés dans son atelier, de ses enseignements. Mário fut fondamental et définitif.

Sculpteur unique dans sa singularié, premier sans second, Agnaldo ne ressembla à aucun autre. Je possède dans la maison du Rio Vermelho la *Vierge à la couronne de clous*, elle a la face noire, un corps de Bahianaise, Madone mulâtresse, brésilienne. L'*Oshóssi* est dans l'appartement de Rio, il est venu d'Afrique dans le navire négrier, dans la forêt du Brésil Agnaldo l'a recréé, *jagunço*, héros du cangaço, bouvier du sertan, orishá mulâtre dans la bande de Lampião. Métis, la madone et l'orishá, Afrique et Europe, au-delà de l'Afrique, au-delà de l'Europe, le Brésil. Représentant de la culture métisse brésilienne, il a gagné le grand prix international de Sculpture au festival d'Art nègre, à Dakar.

Dans les débuts de sa vie artistique, encore sans nom et sans clients, Agnaldo a taillé des figures de proue et les a vendues comme si elles venaient du rio São Francisco, faites par des mains anonymes, ce sont les plus belles *carrancas* qui existent, Carybé en possède une, un animal fantasmagorique, un dragon, l'une des choses parmi tant d'autres qu'il a et que je lui envie.

Je vois Agnaldo dans ses derniers jours, pris par le mal de Chagas, il avait du mal à tailler l'orishá dans le tronc d'arbre. Emmenés par moi à son atelier, deux compères à moi, pernamboucans, Paulo Loureiro et Ruy Antunes, achetèrent les ultimes pièces qu'il réalisa. Les autres avaient été pour le marchand qui avait fait main basse pour presque rien sur toute sa production et qui l'exploita sa vie entière.

Rio de Janeiro, 1942 –
chèque

Remis en liberté après quelques semaines de prison, la police politique me donne huit jours pour quitter Rio et rejoindre Bahia, ville où je suis assigné à résidence, avec l'obligation de me présenter au commissariat de l'Ordre politique et social une fois par semaine – je ne me suis jamais présenté.

Je n'ai pas un centime, je ne sais comment me débrouiller pour partir, pour obéir aux ordres. Anibal Machado[1] vient à mon secours, il obtient de son frère Cristiano, directeur d'une

1. Anibal Machado (1894/1964), écrivain.

compagnie de navigation fluviale du rio São Francisco, futur candidat à la présidence de la République, un billet gratuit sur un bateau de sa compagnie, de Pirapora à Juazeiro, l'idée de naviguer sur le São Francisco m'enchante. De ce voyage va naître *Seara Vermelha,* roman que j'ai écrit en 1946.

Il me manque cependant l'argent pour le train de Rio à Pirapora, pour mes dépenses pendant le voyage, et le billet de Juazeiero à la capitale bahianaise, où le trouver ? Sur ces entrefaites je reçois un message de Bibi Ferreira : elle a appris ma libération, elle veut me parler, elle a une affaire urgente à traiter avec moi. Mariée à l'époque avec Carlos Lage, un opulent homme d'affaires, Bibi avait monté sa propre compagnie, elle me donne rendez-vous au théâtre Fênix où elle joue une pièce adaptée de Macedo, *A Moreninha,* par Miroel Silveira. Elle commence sa splendide et triomphale carrière, auparavant elle avait joué aux côtés de Procópio Ferreira, son père, ensemble ils avaient réalisé un Molière extraordinaire : interprète de Molière hors série, si Procópio était né français il serait dans la galerie des génies de la scène, des immortels.

J'assiste au spectacle : radieuse de jeunesse et de séduction Bibi donne la réplique à Graça Melo, elle déborde de talent, subjugue le parterre qui l'acclame, nous bavardons dans sa loge, Bibi rêve de vivre sur scène le personnage fatal d'Eugênia Câmara, comédienne portugaise du siècle passé, la grande passion, l'amour fou de Castro Alves, elle me commande une pièce sur la vie du poète des esclaves, le thème est passionnant, Bibi pense que je suis la personne indiquée pour l'écrire. Je n'ai jamais écrit pour le théâtre, ce n'est pas mon affaire, ça ne me tente pas, avant que j'aie eu le temps de dire non Bibi prend son stylo, signe un chèque de vingt mille cruzeiros, le met dans ma main. Je hoche la tête, d'accord, j'accepte la prébende, j'ai l'argent pour le voyage. Bibi ne veut pas de contrat, elle se fie à moi, en fait de signature celle du chèque suffit, je sors du théâtre Fênix avec l'argent et la prébende.

Je me casse la tête pendant près de deux ans : je ne suis pas né dramaturge, je souffre de déformation professionnelle, je ne sais concevoir qu'en termes de roman. Finalement avec beaucoup d'effort et peu de technique je mets une pièce sur le papier, d'abord intitulée *L'amour de Castro Alves,* elle est devenue

L'amour du soldat pour éviter toute confusion avec l'*ABC*[1]. En 1944 je vais à Rio, j'emporte le manuscrit que je remets à Bibi mais elle n'a plus sa compagnie, elle est dans l'impossibilité de monter la pièce commandée. Elle garde le texte dactylographié, d'après elle le manuscrit et la dédicace valent les vingt mille cruzeiros d'avance, je ne lui dois rien.

Première et unique incursion dans la dramaturgie, cette mauvaise petite pièce, c'est la faute de Bibi Ferreira. Heureusement elle n'a jamais été mise en scène et je n'ai pas récidivé, je n'ai pas renouvelé l'expérience : plusieurs fois on m'a proposé de gros chèques pour écrire un feuilleton de télévision, une œuvre de théâtre. Quitte à rester pauvre et besogneux, j'ai refusé d'empocher le chèque et d'accepter la prébende. Il m'a suffi d'une fois quand Bibi Ferreira a voulu incarner sur scène Eugênia Câmara. J'imagine quelle imortelle Eugênia, la comédienne portugaise, aurait été Bibi : adorable et légère, luttant pour l'Abolition avec le poète, son héros, au lit avec son petit Ceceu le dévorant et le trahissant, sensuelle comme elle l'est dans les vers d'amour qu'il composa, éperdu, pour Eugênia : « *Eu quero ver teu peito intumescido/ ao sopro da volúpia arfar erguido*[2]... »

Quelque effort que je fasse, je n'ai jamais réussi à situer dans le ciel les étoiles de la constellation de la Croix du Sud – une de mes frustrations : tout le monde les voit, les voient-ils vraiment ?

Monte Estoril, 1992 –
le non-candidat

De Bahia, au téléphone, Rosane me lit en dollars les télégrammes des candidats au siège de Chico de Assis Barbosa[3] à

1. *ABC de Castro Alves*, São Paulo 1941. En français, *Le Bateau négrier, la vie d'un poète*, Paris 1988 *(N.d.T.)*.

2. « Je voudrais voir ta poitrine tumescente / au vent de la volupté battre haletante » *(N.d.T.)*.

3. Francisco de Assis Barbosa (1914/1991), écrivain.

l'Académie brésilienne des lettres, je suis à Monte Estoril, au Portugal, écrivant au soleil d'un hiver doux, le délice.

À peine a-t-elle raccroché que Luís Forjaz Trigueiros m'appelle et me dit qu'il a reçu une lettre d'Ascendino Leite. Je ne sais par quel mystère je pense que le romancier du Paraíba est également candidat. Avant que le malentendu soit dissipé je suis malheureux car, désirant tant voter pour Ascendino, j'ai déjà engagé ma voix. Si quelqu'un mérite l'Académie c'est Ascendino, par ses romans et plus encore par la suite de volumes de son *Journal* qui couvre la littérature et la vie littéraire brésiliennes contemporaines. Une œuvre singulière dans nos Lettres, si pauvres en journaux et en Mémoires.

Polémique, disputeur, batailleur, Ascendino a passé sa vie à semer la zizanie et à récolter l'hostilité, mais aux heures décisives il s'est toujours comporté de façon correcte et généreuse. Ainsi a-t-il agi durant les persécutions de 64, après le coup d'État militaire, défendant ses ennemis, soutenant la liberté de pensée et d'expression, le contraire de ce qu'on avait dit de lui. Écrivain de première, confrère de toute première.

Je respire soulagé quand Luís me détrompe : Ascendino n'est pas candidat à l'Académie, pas encore, j'espère qu'il le sera un jour pour que j'aie le plaisir de lui donner ma voix.

Mon matérialisme ne me limite pas, répondait Pedro Archanjo dans la Boutique aux miracles lorsque l'intellectuel s'étonnait qu'un matérialiste exerce les fonctions de babalaô dans un candomblé – je répète ici l'affirmation du sage du peuple, pauvre, métis et miséreux, en réaffirmant que mon matérialisme est immunisé contre le virus du sida de l'idéologie.

São João de Rei, 1969 –
les nouveaux riches

Dans la maison seigneuriale de São João de Rei, à côté de Póvoa do Lanhoso, dans les environs de Braga, habitent les parents d'Antônio Celestino, grand-père de mes petits-enfants, un vieil ami. Son père, seu Pedrosa, en vérité est son parâtre : dona Virgínia das Dores, devenue veuve, s'est remariée avec le professeur Pedrosa, lettré, directeur de collège, affable personne. Elle, la grande dame, Virgínia das Dores Simões d'Almeida Pedrosa, jadis Celestino, reste belle et altière, la noblesse de la caste et des vertus, elle écrit des vers – l'une de ses petites-filles a hérité de sa vocation.

Père très aimant de trois filles, celle du milieu est la mère de mes petits-enfants, il l'est plus encore de sa fille cadette, celle des poèmes, il ne dissimule pas sa vanité lorsqu'on lui vante les vers de Carminha. Bahianais du Minho, ce senhor Celestino, dans la banque toute sa vie, banquier quelque temps, est l'un des responsables de l'épanouissement de l'art moderne à Bahia. Directeur du Banco Econômico, avec l'aval de Miguel Calmon et l'appui d'Ângelo Calmon de Sá, il a ouvert un bureau pour le financement d'expositions et la vente de tableaux et de sculptures, initiative d'une évidente importance pour les finances toujours incertaines des artistes. Dans *A Tarde* il fait de la critique d'art, docte et moderne, je ne dirais pas impartiale, car Celestino est dévot de l'amitié et l'amitié est partisane. Il a écrit un livre, *Gente da Terra,* sur les artistes plasticiens de Bahia, ceux auxquels va sa préférence : Carybé, Carlos Bastos, Floriano, Calá, Fernando Coelho, Mário Cravo, toute la bande.

Impossible d'oublier le matin sinistre de l'incendie de l'ancien Marché Modèle, le véritable : j'étais là quand Celestino a ouvert un crédit immédiat aux boutiquiers paniqués. Et je l'ai vu pleurer lorsqu'il a découvert la baraque en ruine dans laquelle vivait à Pau de Lima le peintre Cardoso e Silva. Menacé de solitude après son veuvage, il eut la chance d'épouser la senhora Maria da Conceição Esteves de Oliveira, de noblesse rurale, elle cultive des fruits, récolte des olives, produit de l'huile et du vin, et tout le monde la connaît et l'estime sous le nom de Sãozinha, professeur de l'école des petits. Dans plus d'un roman je l'ai mis comme personnage, il s'en est bien sorti, avec honneur et brio, Antônio Celestino, un personnage et comment !

Je me suis égaré en parlant de mon ami, mais je voulais parler de ses parents, le professeur cultivé, courtois, et la dame altière et bonne, il y avait encore un vieil oncle curé, malade. Sur les terres alentour les paysans, des mœurs féodales : je les apercevais dans la cuisine où ils buvaient un coup pour se réchauffer, l'hiver du Minho est rigoureux. Des relations de respect et d'estime avec les maîtres de la Maison du Ribeiro, souveraine, une distance de castes et le paternalisme.

La pauvreté a conduit à l'émigration des dizaines de milliers de Portugais, imitant ceux qui dans le passé s'étaient embarqués pour le Brésil ils s'acheminèrent vers la France, l'Allemagne, l'Angleterre, les pays riches d'Europe, pour chercher du travail. Bon émigrant, le Portugais, nous le savons : nombre d'entre eux ont fait leur bas de laine, ils ont économisé, ils sont revenus et reviennent investir leur argent dans leur « sainte terre » que les bénéfices du premier-monde n'ont pas réussi à leur faire oublier. Ce sont les *francious*, les *avec*, ils construisent des résidences pourvues du confort, hideuses, des *casas estilo maisons avec des janelas tipo fenêtres* comme on dit à Braga, ils polluent le paysage du Minho, du Haut Douro, des Trás-os-Montes.

Je savourais le froid hivernal dans la maison de dona Virginia et de seu Pedrosa quand Amélia, la petite qui s'occupe de la cuisine et des chats, est venue annoncer la présence à la porte d'un couple d'anciens serviteurs en vacances au Portugal, Ils avaient émigré en France il y a dix ans, ils achevaient de bâtir leur maison dans les environs. Ils voulaient saluer leurs ex-patrons.

J'ai été témoin du changement des habitudes imposé par la réalité : l'apparition des nouveaux riches dans la province portugaise. Où les recevoir, se demandaient perplexes la noble dame et le professeur, dans la cuisine comme toujours ils l'avaient fait ou devaient-ils les inviter à entrer au salon ? En définitive ce n'était plus les mêmes pauvres bougres esclaves de la terre. L'embarras ne dura pas, dona Virginia et seu Pedrosa se décidèrent, ils dirent à Amélia de les faire entrer au salon. Je les ai vus, assis sur le canapé, un couple comme il faut, bien mis, lui avec une cravate, elle à la dernière mode des Galeries Lafayette. Ils disaient cependant Votre Excellence à leurs anciens patrons par respect devant la noblesse, il est plus difficile de changer du dedans que du dehors.

Rio de Janeiro, 1960 –
coup de téléphone

Il est presque minuit, dans la salle Antônio Maria[1] joue de la guitare, il nous fait entendre sa dernière composition, un *frevo* qu'il vient de terminer, le téléphone sonne, je réponds avec agacement, une voix de femme demande si c'est bien moi.

– Je suis une de vos lectrices, j'achète tous vos livres. Je viens d'interrompre la lecture des *Vieux marins* pour vous téléphoner.

Sous le titre *Les vieux marins* l'éditeur avait réuni en un même volume l'histoire de Quinquin la Flotte et celle du Capitaine Vasco Moscoso de Aragão, l'édition venait d'être mise en vente. La lectrice poursuit, très agitée :

– Je me suis arrêtée à la page où le Capitaine est ivre et désespéré dans la misérable pension de Belém, je n'ai pas eu le courage de continuer. Je vous téléphone pour vous dire que si vous ne lui avez pas donné sa chance, si vous ne lui avez pas rendu la dignité et la joie, je ne lirai jamais plus un livre de vous.

Je retourne au *frevo*, à la conversation dans la salle, je raconte le coup de téléphone, Antônio Maria écoute, rit de son large rire, avoue :

– Je me suis arrêté moi aussi à la même page, j'ai mis deux jours à reprendre ma lecture, j'avais peur que le Capitaine ne se tue.

Paris, 1991 –
Graham Greene

Quitte la vie l'un des écrivains contemporains que j'admire : Graham Greene habitait Antibes, je l'avais connu jadis à Rio de Janeiro. Nous nous sommes parlé deux ou trois fois, Zélia et moi avons dîné avec lui en compagnie de Zora et d'Olinto.

Je tiens l'œuvre du romancier pour l'une des plus grandes de notre époque : il a abordé tous les problèmes, a pris des positions d'avant-garde, il a enrichi la population avec des person-

1. Antônio Maria, compositeur et journaliste.

nages qui restent plus vivants que nous. Parce que c'est un écrivain agréable à lire et l'un des plus lus, qu'il est populaire dans tous les sens du mot, les esprits chagrins n'aiment pas ses livres, ne supportent pas sa célébrité, ils le relèguent au rang des écrivains faciles.

Je pensais le retrouver à Moscou en 1989, à la réunion du comité directeur de la revue *Littérature Étrangère* – qu'est devenue cette publication qui dès son premier numéro s'est employée avec audace à faire pénétrer les littératures étrangères en Union soviétique ? Graham Greene et moi faisions partie du comité international de la revue. Graham Greene n'a pas pu y aller, sa santé lui interdisait le voyage, ce n'est pas plus mal, il aurait trop souffert, comme j'ai moi-même souffert, en voyant l'URSS se démanteler – les problèmes, les rancunes, les nationalismes, les radicalismes, l'incertitude.

Je le retrouve dans les articles qui se penchent sur son œuvre et sur sa personnalité dans les journaux et les revues d'Europe. Dans le *Jornal de Letras* de Lisbonne, Francisco José Viegas nous informe des idiosyncrasies de Greene : *il n'a jamais pardonné à Burgess certaines imprécisions sur ses livres, ni à Lundqvist, de l'Académie suédoise, d'avoir dit que le Nobel ne pourrait jamais être donné à Greene*. Lundqvist, nom fatal : en matière de rejet je suis en bonne compagnie, après Alberto Moravia, Graham Greene.

Bahia, 1965 –
réincarnations

Cardoso e Silva dit Cardosinho : poète, trois recueils de sonnets édités, des centaines de sonnets inédits, mangés par les rats dans le taudis qu'il habitait à Pau de Lima – *ils se nourrissent de poésie*, commentait-il en tirant sur sa pipe. Philosophe, deux plaquettes d'élucubrations métaphysiques, peintre naïf. Il vivait de la vente de petites toiles qu'il transportait enveloppées dans les pages de *A Tarde*, les églises de Bahia, les célèbres églises et les petites chapelles, l'église de São Francisco, celle de Bonfim, la chapelle de São Lazaro, il les a toutes peintes, j'en possède une quantité. Alfredo Machado, quand il venait à Bahia, en achetait au moins une demi-douzaine et il doublait la somme : les tarifs de Cardosinho étaient ridicules, on n'a jamais vendu la beauté à si bas prix. Franc-maçon, spirite – kardeciste, corrigeait-il –, pauvre de Dieu sans un coin décent pour mourir, il vivait dans la joie, avec un amour de la vie comparable seulement à celui de Norma Sampaio ou de Calasans Neto. Cardosinho, un des êtres les plus doux que j'ai connus et aimés, je lui rapportais de voyage des pipes rares et des bérets basques. Avec son béret, sa pipe, son rire, Cardoso e Silva. Il signait Cardoso & Sa.·., après le « a » le signe maçonnique.

On le disait menteur, une accusation injuste. Les histoires extravagantes qu'il racontait, il les avait toutes vécues dans ses cinquante-sept réincarnations recensées. Quelques-unes désastreuses, abominables. Le mauvais larron, sur la croix à côté de Jésus, c'était lui. Il s'était réincarné dans la peau du cardinal Pierre Cauchon, le gredin vendu aux Anglais qui condamna Jehanne d'Arc au bûcher. La Pucelle d'Orléans même après sa canonisation, devenue sainte d'autel, ne lui pardonna jamais, elle ne lui laissait aucun répit, elle continuait à le poursuivre dans l'intention de se venger. Une fois elle tenta de le tuer et nous tua presque, Camafeu de Oshóssi et moi quand, en compagnie de Cardosinho, nous allions à un déjeuner au Marché, si Aurélio n'avait été le chauffeur qu'il est, nous nous serions désincarnés. La donzelle apparut à cheval, lance au poing, revêtue d'une armure elle était sortie d'un nuage, elle attaqua. Elle bouscula la voiture, voulut transpercer de sa lance le cou de Cardoso Cauchon, le rata de peu, lorsque je repris mes esprits le peintre était allongé sur le plancher de l'automobile, se cachant le visage, demandant pardon.

Il connut également des réincarnations de choix, il fut prophète, secrétaire de Moïse il grava les tables de la Loi, fut ermite dans le désert, le poète Omar Khayyam et le tribun Danton. Sa réincarnation parfaite, la plus heureuse, se fit dans le Ceará au siècle dernier : il naquit baudet lourdaud et pacifique, propriété du chanoine Alencar, le père du romancier d'*Iracema*, il le portait sur son dos de l'église à la maison de sa commère, un travail sans histoire, du foin à volonté, la bonne vie.

Soldat portugais à Itaparica dans la guerre contre les Hollandais, curé catholique libertin, comparse de Gregório de

Matos faisant la bringue avec les putes, maître de terres et d'esclaves, esclave malais, chef de clan. Plusieurs fois je l'ai accompagné visiter son tombeau dans le petit cimetière de l'église du Pilar : Cardosinho était enterré là ou plutôt Pedro Miguel Tibiriçá, héros de l'Indépendance. Capitaine dans le bataillon des Periquitos sous les ordres du général Pierre Labatut, il mourut au combat dans les alentours de la ville de Bahia.

Cardosinho me montre les dessins gravés dans le marbre de la dalle : *regardez la reproduction de la signature, c'est mon écriture, voyez la forme du visage, ce sont mes traits, j'étais vaillant et beau*. Il narre des péripéties, la traversée belliqueuse du Recôncavo, la fièvre nationaliste qui l'amena à changer de nom – il cessa de signer Perdigão pour être Tibiriçá –, ses amours avec de grandes dames et des négrillonnes, il rit de son rire d'hémiplégique, heureux de la vie éternelle.

Paris, 1986 – domaine public

Devant un auditoire choisi, à Paris, sous la présidence de Jack Lang, Georges Raillard analyse en profondeur la poésie de Carlos Drummond de Andrade[1], objet de l'hommage des intellectuels français, Gallimard prépare l'édition de ses poésies complètes, la présence universelle du poète nous grandit, j'espère qu'on lui donnera le prix Nobel. À Rio de Janeiro, dans le défilé des Écoles de samba, thème du Mangueira, Carlos Drummond de Andrade vient d'être proclamé champion du carnaval. Dans le salon de Paris le consacrent les hommes de lettres, les maîtres européens ; sur la passerelle du samba, le peuple brésilien.

Je pense à la *claire énigme* de Carlos Drummond de Andrade. Rarissimes les poètes et les prosateurs dont les créations, cessant de leur appartenir, se transforment en domaine public, en bien de tous. Ainsi en est-il de l'œuvre poétique de Carlos Drummond, poète si éloigné de la facilité – sa poésie par-

1. Carlos Drummond de Andrade (1902/1987).

fois si difficile, toujours de l'ordre du chef-d'œuvre, a cessé d'appartenir au barde timide et discret pour façonner la sensibilité et l'être des Brésiliens, elle les a tous marqués, sans exception, et les a tous émus. Lequel de nous n'a dit qu' « *il y avait une pierre au milieu du chemin* », répétant un vers de lui ? Quel homme du peuple – combien d'entre eux analphabètes – ne s'est demandé dans une heure difficile : « *et maintenant, José ?* », répétant un vers de lui ? Drummond est l'exemple du poète qui a dépassé les pages du livre et a touché la nation entière, jusqu'à ceux qui ne l'ont jamais lu, pas même un vers. Sa poésie s'est faite dicton populaire, langage courant, samba-chanson d'École de samba, rose du peuple. Depuis Castro Alves, seulement lui et nul autre.

São Luís du Maranhão,
1977 – réconciliation

Je me fais la barbe le matin à l'hôtel de São Luís, la radio est branchée, j'entends annoncer la mort de Carlos Lacerda, je sursaute, la lame me coupe le menton, les yeux me brûlent. Je me vois adolescent dans les meetings de l'Aliança Nacional Libertadora (l'Alliance Nationale de Libération), dans les couloirs de la faculté de droit, fougueux auteur de *Cacao*, ensuite à la rédaction de *Diretrizes*, première phase, la phase communiste : toujours ensemble, Carlos et moi.

Nous avons été amis de tous les instants dans les années 30, dans des jours de lutte, de persécution, Carlos caché après le soulèvement de 1935, les années difficiles de l'Estado Novo, nous avons composé à quatre mains des paroles pour une musique de Dorival Caymmi, une chanson romantique : *nos pas sur la route, / ton corps dans mes bras...*

Ensuite nos chemins politiques ont bifurqué, Carlos a pris les routes qui conduisent au pouvoir, j'ai continué à être militant communiste. Les divergences idéologiques n'ont pas creusé d'abîme entre nous, les bonnes relations personnelles ont persisté jusqu'à ce que Carlos dans un éditorial dans la *Tribuna da Imprensa* attaque Zélia avec grossièreté. Elle en a été blessée, elle avait raison, d'autant qu'elle avait tenu sur ses genoux d'abord Sergio, ensuite Sebastião, tout petits l'un et l'autre, dans des moments difficiles où Carlos cherchait du travail à São Paulo et où Ziloca, pour s'occuper de ses fils, recevait l'appui de ses amies : Zélia, Aparecida Mendes, Isabel, dévouées toutes trois. Solidaire avec Zélia, j'ai rompu toute relation avec le pamphlétaire.

Des amis communs, Wilson Lins, Alfredo Machado, João Condé, ont tenté à de nombreuses reprises de nous rapprocher. Alfredo menaça de l'amener à la maison du Rio Vermelho, je lui ai demandé de ne pas le faire, c'était la maison de Zélia et je ne la voyais pas disposée à l'indulgence. Un jour, peu avant sa mort, le courrier m'apporta un exemplaire d'un livre de Carlos, *A casa de meu avô (La maison de mon grand-père)* et un mot de lui : *tout ce que je désire, c'est de ne pas mourir ton ennemi*, j'ai senti un froid dans les bourses. J'ai montré le livre et le message à Zélia, elle n'a rien dit.

De mon côté je ne lui ai pas dit que j'avais pris un exemplaire de *O Gato Malhado e a Andorinha Sinha (Le Chat et l'Hirondelle)*, y avais mis une dédicace affectueuse comme s'il n'y avait jamais eu de fâcherie, je l'avais envoyé à Carlos. Je sus que, par hasard, il le reçut le jour de son anniversaire et qu'il le montra à sa famille et à ses amis ; le meilleur cadeau, avait-il dit.

Dans le matin de São Luís, après le silence, le choc de la nouvelle, Zélia prononce :

– Tu lui as répondu, je le sais.

Je hoche la tête en signe d'assentiment, j'ai toujours pensé qu'elle avait deviné, nous n'avions jamais abordé ce sujet.

– Heureusement.

Les larmes éclatent, incontrôlables, nous pouvons alors rappeler les jours d'amitié.

Bahia, 1958 – le bluff

De passage à Bahia, hôte d'Odorico, son proche parent, Carlos Pena Filho prend place à la table de poker : au Pernambouc c'est un pilier des tournois chez Ruy Antunes ou chez Paulo

Loureiro, aux côtés de Marcos et de Benaia. Il rit aux histoires de Mirabeau, il les entend pour la première fois, nous nous les connaissons par cœur, de l'avis d'Yves Palermo que partage Odorico, outre qu'il est beau parleur Mirabeau est roublard, il raconte des histoires pour détourner l'attention de ses partenaires au moment du bluff.

Carlinhos lui aussi, sans intention maligne, conte une anecdote qui se passe à Recife : des écrivains portés sur la bohème, Mauro Mota, Ariano Suassuna, Otávio Freitas Júnior, Marcos Vinicius Vilaça, Edilberto Coutinho, Marcos Accioly, d'autres du même acabit, boivent et discutent au bar Savoy, immortalisé par Carlinhos dans un poème : *nas mesas do bar Savoy / o refrão tem sido assim : / são trinta copos de chope, / são trinta homens sentados, / trezentos desejos presos, / trinta mil sonhos frustrados*[1].

Parmi les assidus un ami de Mauro, bohème de grande classe et de peu de culture, passe des heures à boire du whisky et à écouter les discussions sur la poésie, l'esthétique, le marxisme, le sonnet et le concrétisme de Sartre à Ferreira Gullar, d'Ascenço Ferreira à João Cabral, sur le néo-réalisme, le formalisme, le réalisme socialiste et autres sornettes. Un jour, dans les vapeurs du whisky, il éclate, perd toute pudeur, ouvre son cœur :

– Je n'ai jamais vu perdre tant de temps à discuter de questions aussi vaines, aussi stériles, aussi assommantes, alors qu'on pourrait parler de chatte, ça ça vaut la peine, j'en connais onze variétés...

Nous rions, Mirabeau ne rit pas, spécialiste, expert, savant en chatterie :

– Onze variétés, sainte ignorance ! De délectables j'en ai sélectionné cinq catégories, au total je suis arrivé à vingt-sept espèces de pacholettes.

Tout oreilles, Odorico ne réplique pas au pari, rapide Mirabeau ramasse les mises sans interrompre son discours, il détaille la diversité des boutons, entre les grands (des hommasses), les moyens et les petits, les pourpres et les roses, il peut citer au moins vingt sortes – il ne résiste pas, il abat son jeu sur les jetons : deux malheureuses paires.

1. « Aux tables du bar Savoy / la chanson disait ceci : / il y a là trente demis, / il y a là trente hommes assis, / trois cents désirs captifs, / trente mille rêves inassouvis » *(N.d.T.)*.

– Voleur ! Animal ! Escroc ! hurle Odorico hors de lui.

Dans la main d'Odorico, inutile, la séquence maximum, avec ses deux paires de neuf Mirabeau a remporté les mises dans le bluff des minettes.

Un lit matrimonal, j'exige à la réception des hôtels, je suis marié en communauté de corps. Je ne me sépare pas du corps bien-aimé dans la traversée de la nuit, chaleur, réconfort, sécurité.

Bahia, 1960/1980 – coups et contrecoups

J'en ai fait de toutes les couleurs à mes amis, ils m'ont rendu la pareille, je leur ai joué des tours, j'ai inventé des blagues, j'ai roulé, j'ai été roulé, farces et attrapes, j'ai frappé et reçu la monnaie, j'ai raillé, j'ai été raillé, que Carybé n'a-t-il pas manigancé à mes dépens ?

Il en a fait de toutes sortes et je suis tombé dans le panneau, il y aurait de quoi remplir un livre si je voulais tout raconter, je me bornerai à deux histoires où j'ai réagi et remporté l'avantage : les autres, qu'il les raconte lui-même pour rire de nouveau, le filou. Pour le moment c'est moi qui ris, avec votre permission.

À peine nous étions-nous installés à Bahia que je renvoyai un jardinier pour incompétence. En l'apprenant, Carybé, de connivence avec Tibúrcio Barreiros, procureur au tribunal du travail, monta un de ses coups qui me plongea d'abord dans les affres de l'agonie. Utilisant du papier timbré du tribunal, les deux larrons fabriquèrent une convocation en bonne et due forme – pour plus d'authenticité ils falsifièrent la signature d'un juge –, m'intimant de me présenter le lendemain à deux heures de l'après-midi. Je devrais expliquer pourquoi je n'avais pas payé ce que je lui devais à l'employé victime d'un renvoi arbitraire, l'homme avait porté plainte, l'affaire allait se régler en justice.

Je me voyais traîné plus bas que terre, accusé d'être un bourgeois exploiteur du prolétariat, passible d'une forte amende et de la réprobation publique.

Furieux – j'avais payé plus que je ne devais –, j'allais trouver Walter da Silveira, avocat des syndicats ouvriers auprès du tribunal du travail, je lui parlai du jardinier, de l'indemnisation et de la gratification, lui montrai la convocation. Walter s'étonna : tout était illégal. Batailleur par nature, en voyant la signature du juge il entra en transe : *cet individu est insupportable, c'est mon ennemi, je profite de l'irrégularité, je vais lui faire son affaire, ne te tourmente pas, compte sur moi*. Nous nous donnâmes rendez-vous au tribunal à l'heure prévue.

Lorsque j'arrivai à la maison, Zélia me révéla la machination et ses auteurs. Novice en la matière, Tibúrcio avait téléphoné en riant aux larmes, il avait vidé son sac. En échange Zélia lui apprit que j'étais parti charger Walter da Silveira de ma défense, Tibúrcio frémit, Walter était coriace. Dis à Jorge qu'il oublie cette histoire, ce n'était qu'une plaisanterie, Walter est fou, je rappellerai.

Ils rappelèrent, Carybé et lui. Je demandai à Zélia de répondre au téléphone et de dire aux deux compères que, pour me venger, j'avais décidé de prendre la provocation à la lettre, j'irais au tribunal voir Walter jeter la convocation à la tête du juge. Ce fut la panique, Tibúrcio affolé, son poste de procureur menacé, Carybé se sentant responsable des ennuis de son ami ; je les laissai mijoter toute la journée, le soir seulement j'acceptai d'abandonner l'affaire et de remercier l'avocat.

Le difficile fut d'obtenir que Walter renonce à la cause, il voulait à toute force démasquer le juge. Je dus faire appel aux devoirs de l'amitié : tu vas nuire à la carrière de Tibúrcio. Il finit alors par se calmer et par trouver ça drôle.

Une autre fois Carybé subtilisa dans l'atelier de Mirabeau – il était allé le voir, ne l'avait pas trouvé – une statue de Vierge, œuvre de Frei Agostinho da Piedade, l'une des quatre seules pièces signées par le célèbre sculpteur du XVIIIe siècle, joyau de la non moins célèbre collection de saints, elle vaut une fortune, Mirabeau y tient comme à la prunelle de ses yeux, quant aux autres ils l'envient. Carybé mit la statue dans sa voiture, prit la direction de la maison du Rio Vermelho, il gravit le petit escalier qui mène à la porte d'entrée, déposa la sainte sur le seuil, sonna et disparut sans être vu. J'allai ouvrir, je tombai sur la Vierge, je reconnus la main preste de Carybé, je pris la statue et la plaçai en lieu sûr, je dis à Zélia : nous allons nous amuser aux dépens de notre compère.

Après quelque temps Mirabeau téléphona : *Carybé est impossible, il a volé la Vierge de Frei Agostinho, je lui ai téléphoné, il a nié, il prétend que c'est toi, il dit qu'il l'a vue au Rio Vermelho.* Moi ?, protestai-je. Tu sais que je ne plaisante pas avec les saints de collection, encore moins avec une pièce de cette importance – c'était vrai –, elle doit être chez lui, certainement. Mirabeau commençait à s'inquiéter : *je vais lui parler à nouveau, les plaisanteries ont des limites : la Pietà passe encore, il l'a volée plus de dix fois, une fois il a mis une semaine à la rendre, mais la pièce signée de Frei Agostinho c'est trop.* Je mis de l'huile sur le feu, je lui rappelai le tableau de Jenner : tu as raison, Carybé exagère, imagine s'il perd la Vierge ou s'il décide de la garder ! Où se trouve la toile de Jenner qu'il a sortie de ton bureau sous les yeux des domestiques, ce que jusqu'à aujourd'hui il nie ? Mirabeau se montait.

Suivit un coup de téléphone de Carybé, il parla de choses et d'autres et finit par demander si nous n'avions pas – Zélia, moi ou dona Eunice – ouvert la porte et trouvé là un objet. Un objet ? À la porte ? Nous n'y étions pas allés, si la sonnette avait tinté nous ne l'avions pas entendue, peut-être est-ce encore là, je vais voir, Carybé attendit au téléphone. J'allai, je revins : il n'y a rien à la porte, compère, qu'est-ce que tu as encore inventé ? Il se troubla et finit par confesser qu'il avait laissé à la porte la Vierge de Frei Agostinho da Piedade, *une simple blague, bien sûr.* Je jouai l'inquiétude : tu as perdu la tête, compère ? Abandonner devant la porte une pièce de cette valeur, qui attire l'attention, aux temps où nous vivons, avec les vols et les hold up ? Carybé ne se fie pas à moi mais il se fie à Zélia, et quand elle lui eut confirmé que nous n'avions rien trouvé, Carybé perdit son aplomb.

Il ne tarda pas à apparaître, il fouilla la maison sans trouver la sainte que j'avais cachée dans l'armoire de Lalu, Lalu elle-même l'ignorait. Entre-temps j'avais téléphoné à Mirabeau pour le calmer – dans son affliction il voulait appeler la police –, lui aussi vint nous voir, ensemble nous fûmes témoins du désespoir de Carybé, il souffrit les peines de l'enfer jusqu'à ce que Zélia, ne supportant plus de voir tant de douleur, finisse par craquer.

Ces deux fois-là je l'ai emporté, les autres, tant et tant, c'est lui, le senhor Hector Julio Paride de Bernabó, qui l'a emporté, un nom si long, et flibustier.

Cascais, 1991 – on va le liquider

Dans le courrier réexpédié de Paris, une lettre d'Otto Lara Resende, je laisse les autres de côté, il mérite la priorité. Le gourou commente la tempête qui s'est abattue sur la tête de Fernando Sabino après la publication de son récent *Zélia, une passion,* une biographie romancée, la vie et les amours de l'ex-ministre de l'Économie, Zélia Cardoso de Melo, encore si jeune et déjà si discutée, son nom est sur toutes les bouches.

Humour et indignation ottoresendiens dans les commentaires sur la *traumatisante expérience de Fernando*. Les attaques, les accusations contre le livre par les patrons de la critique littéraire, brusquement gardiens de la morale petite-bourgeoise, de l'hypocrisie de la société, et par les leaders féministes prises d'hystérie, les uns et les autres déversant une fureur pudibonde dans les magazines et les journaux de Rio et de São Paulo. *Une bonne partie,* constate Otto, *doit avoir été dictée par l'envie et par des sentiments mesquins. Tu sais mieux que personne que chez nous les écrivains ou les artistes n'ont pas le droit d'avoir du succès et surtout pas celui de gagner de l'argent pour survivre. Ils doivent crever de faim et mourir au plus vite, non plus tuberculeux mais sidéens.*

C'est comme ça. La bassesse des littérateurs en faction dans les colonnes de la presse écrite a été à la hauteur des deux cent mille exemplaires vendus en deux mois et des droits d'auteur correspondants. De plus Fernando a une santé de fer et est un écrivain plaisant, l'antiraseur par excellence, comment supporter ça sans hurler de jalousie ?

Fernando Sabino, écrivain professionnel dans un pays d'amateurs, trente ans de succès depuis la parution de son premier roman *O Encontro Marcado,* publié en 1956. Une telle répercussion, l'auteur s'est effrayé, il eut peur qu'un second roman ne soit pas du niveau du premier, il émigra vers la chronique, genre où il est passé maître, des chroniques toujours marquées par le fictionniste en vacances. L'inquiétude dura vingt-cinq ans, après quoi le débutant de *O Encontro Marcado* publia *O Grande Mentecapto,* ce deuxième roman reproduisit le succès du premier. Un troisième suivit, *O Menino no Espelho,* un chef-d'œuvre, le livre de Fernando Sabino que je préfère. Trois romans, une douzaine et demie de volumes de chroniques, de nouvelles, de récits de voyage, d'interviews ont donné à Sabino une position exceptionnelle dans nos lettres, un public énorme et fidèle, toujours croissant. Tant de renom, une masse de droits d'auteur, de traductions, d'adaptations, de voyages aux États-Unis, en Europe et pour couronner le tout l'individu se dit batteur de jazz, c'est insupportable ! L'ordre courut parmi la canaille : *on va le liquider !*

Ce ne sont pas des raisons littéraires, des discordances esthétiques qui dictèrent l'opinion des critiques, mais l'envie et le mot d'ordre des minables : *on va le liquider.* D'ailleurs quelques-uns des échotiers qui écrivirent des horreurs du livre, de l'auteur et de l'objet de la biographie, déclarèrent que par précaution ils n'avaient pas lu *Zélia, une passion.* C'est ça, la bonne critique si vous voulez savoir, le reste c'est des bêtises, l'arriération de quelques pauvres diables d'ici.

Bahia, 1935 – le prix de la gloire

Dirigée par Dias da Costa, la revue *O Momento,* résolument antifasciste et sous l'influence évidente du Parti communiste dans le cadre de la lutte contre l'intégralisme, diffuse dans ses pages centrales une interview de Pedro Rego, illustrée d'un portrait du philosophe.

Flâneur des rues, vagabond professionnel, tapeur impénitent, Pedro Rego est le créateur du mouvement philosophique intitulé *nossismo,* d'inspiration mystique non sans de positives conséquences pour les finances de l'habile Pedro Rego – il vit des contributions (maigres) que versent les sympathisants pour l'expansion de la nouvelle doctrine. Pedro Rego commande le *Nosso* (le Nôtre), navire qui *navigue sur une larme* et se dirige vers la fin du monde où, à une date non déterminée, sera tirée la loterie instituée par le créateur du *nossismo* et où les prix seront attribués. Pedro Rego vend à prix raisonnable – il n'y a pas de prix fixe, ça dépend du client – des billets pour le voyage sur l'océan de larmes et le droit de prétendre aux prix funambulesques quand viendra le jour du tirage au sort, c'est-à-dire le jour du Jugement dernier. Le philosophe ne tente pas de tromper qui que ce soit ni de créer de secte ou d'organisation partisane, il recueille seulement quelques sous pour sa gnole quotidienne et copieuse.

Était à l'ordre du jour en cette année1935 la fameuse tombola lancée par l'écrivain Plínio Salgado, chef national de l'Action intégraliste, mouvement politique de style fasciste : des influences du salazarisme et du corporatisme romain. La tombola était destinée à renforcer les finances du parti des *galinhas-verdes*[1] (ainsi nous, ceux de la gauche, désignions-nous le mouvement de droite). L'interview de Pedro Rego était une mise en boîte en règle de la théorie et de l'action des intégralistes, la tombola était dénoncée comme une attaque à main armée visant la bourse des imprudents. Pedro Rego soulignait les différences entre son honorable loterie et celle, frauduleuse, du chef national, entre la philosophie libérale du *nossismo* dont le maître et le guide était le général Juracy Magalhães, en ce temps gouverneur de l'État de Bahia – et la doctrine réactionnaire de l'intégralisme. Pedro Rego faisait le glorieux, Dias da Costa en remettait.

Place Municipale, à l'étal de journaux d'Ibrahim, un communiste de choc, la revue, ouverte à la page de l'interview et de la photo du philosophe, était exposée et vendue au prix de cinq cents reis l'exemplaire. Se pavanant, Pedro Rego fait les cent pas dans la rue Chili à l'affût de braves gens à attraper. *O Momento* à la main, la satisfaction lui sortant par les yeux et la bouche, il harponne le client pour le voyage du *Nosso*, il lui vend un billet, empoche les subsides, donne par-dessus le marché un exemplaire de la revue, retourne à l'étal d'Ibrahim, tire de sa poche la petite monnaie, la fait tinter sur la caisse, annonce :

1. *Galinhas-verdes* : les « poules-vertes », surnom donné aux intégralistes dits aussi *camisas-verdes*, les « chemises-vertes » *(N.d.T.)*.

– Je vais foutre en l'air cinq cents réis, je vais acheter *O Momento*.

Il prend la revue, retourne dans la rue Chili.

Bahia, 1963 – le jardin

Anna Seghers assise sous le sapotillier, dans le jardin. João Jorge a apporté la table pliante, une table à jeu, Paloma le fauteuil de metteur en scène, Anna écrit des nouvelles dont l'action se situe en Allemagne – elle a vécu en France, au Mexique, elle a parcouru le monde de l'exil, l'extraordinaire saga est contée dans *Transit,* mais ses thèmes, son univers sont allemands.

Elle était née pour être fidèle, elle était rigoureuse si étourdie qu'elle paraisse, habitant le monde de la lune – pourquoi est-ce que je pense à la lune quand je pense à Anna ? Pour sa beauté sans doute, je n'ai pas connu de femme plus belle, je n'ai pas connu d'être plus adorable, ma petite sœur Anna, quand elle est morte je me suis senti seul, diminué, il me manquait une partie du cœur. Dans le jardin Anna écrit, maître majeur de la nouvelle et du roman autant qu'on puisse l'être, son engagement respecté jusqu'à la fin n'a pas limité sa grandeur créatrice. Dans la récente chasse aux sorcières, dans le règlement de comptes, certains cherchent à contester, à ternir la lumière qu'elle a fait jallir dans son parcours d'écrivain, de la *Septième Croix* au conte du juge intègre, testament littéraire et politique lu à Mayence, ville natale d'Anna, lors de la célébration de ses quatre-vingt-dix ans. Les bûchers du préjugé finiront par s'éteindre, la visite de la Sainte Inquisition se terminera, l'œuvre d'Anna Seghers restera au sommet de la littérature allemande, impossible de l'escamoter, les ténèbres de la nuit ne parviennent pas à empêcher l'affirmation du jour.

Elle était née Netty Reiling, son père était antiquaire, en 1928 elle publia son premier livre et adhéra au Parti communiste, elle devint Anna Seghers, écrivain et militante. Dans le matin du jardin elle prend son crayon, écrit, le soleil de Bahia sur ses cheveux blancs. Son mari, le professeur Schmidt –

Rudolph Radvanyi –, était allé faire des conférences à Recife, invité par Paulo Cavalcanti[1] – une petite-fille de Paulo habitera un jour Berlin-Est, étudiant l'œuvre d'Anna. Le professeur Schmidt ne se contente pas d'être grave, il est solennel, le contraire d'Anna, professeur de matérialisme dialectique à l'université Marx-Engels-Lénine, marxiste intégral il veille à la pureté de la doctrine, c'est un idéologue d'acier. Cependant ils s'entendent bien : Anna, l'oiseau chanteur libre dans le ciel, la tendresse, la droiture, la joie de vivre, et l'irréductible théoricien, le gardien de la doctrine – comme on le sait et le dit, l'amour ne connaît pas de barrières, il brave toutes les frontières, triomphe de toutes les distances.

Anna dans la ronde des amis, qui plus qu'elle est dévot de l'amitié, qui est plus fraternel ? Sur la piste de l'action politique, dans la tentative d'entrevoir le futur, Anna, gentille dompteuse, danse avec ses trois ours, ainsi nous appelait-elle, Ilya, Pablo et moi, elle avait confiance en moi, me croyait capable de démêler le nœud, d'indiquer la route et de résoudre le problème. Une ronde d'amis, tant, la vie entière, l'un d'eux s'appelait Gyorgy Lukács, philosophe, il voulut tracer les chemins de la littérature communiste dans l'incertitude des circonstances, dans les enclos du PC il osa penser par sa propre tête, il tenta de faire briller une lanterne dans l'obscurité du stalinisme, il paya cher l'audace de sa pensée et de son action, il subit les pires misères. Ministre de la Culture du gouvernement d'Imre Nagy, il fut condamné à mort comme les autres, on n'osa pas le pendre, il vécut prisonnier le reste de ses jours, dans l'opprobre, la solitude, fichée sur la poitrine l'étoile de la trahison, juif, dissident, honni, homme libre. Dans son isolement il soutenait la liberté, Gyorgy Lukács.

En me voyant apparaître en bordure du jardin, Anna interrompt son travail et propose : *nous allons écrire une lettre à Gyorgy ? Il vit si abandonné, peut-être la lettre parviendra jusqu'à lui ?* Nous rédigeons la missive d'affection et de nostalgie. J'ai su par Anna que le condamné la reçut, il sentit la chaleur de l'amitié, il y avait des gens qui pensaient à lui et le soutenaient. Anna m'explique dans une roulade :

– À chacun son erreur, celle de Gyorgy est le doute, la

1. Paulo Cavalcanti, écrivain.

mienne est la certitude. Lui a cessé de croire, moi je crois et je croirai même contre l'évidence.

Même contre l'évidence, ainsi marcha Anna, simple soldat jusqu'à la mort : *à chacun son erreur*, m'avait-elle dit dans le jardin. Des années plus tard, un jour son fils Pierre[1] chercha dans le jardin de la maison du Rio Vermelho, à l'ombre du sapotillier, les traces de sa mère : la douceur, l'intransigeance, la loyauté, tout en elle fut extrême.

Rio de Janeiro, 1953 –
droits d'auteur

Je reçois une lettre d'Howard Fast, il est question de droits d'auteur, à ce qu'il paraît je lui en dois et ne les lui paie pas.

J'ai connu Howard Fast à Paris en 1949, au Congrès mondial des partisans du mouvement de la Paix, lui et Paul Robeson étaient les vedettes de la délégation nord-américaine. Je suis devenu ami de Robeson et je l'ai été tant qu'il a vécu, avec Howard Fast j'ai eu peu de relations, bien que je sois un admirateur béat de *Spartacus* et de *Mes glorieux frères*. En 1956, à la suite de la dénonciation du stalinisme par Khrouchtchev, on écrivit de nombreux livres, deux surtout me plurent : *O retrato* (Le portrait), d'Oswaldo Peralva – tout ce qu'il rapporte correspond à la vérité –, et *Le Dieu nu*, de Fast, douloureux et émouvant.

En 1953 j'avais créé la collection « Romans du Peuple » aux éditions du PC, dirigées à l'époque par Alberto Passos Guimarães, je choisissais les livres, les traducteurs le cas échéant. J'inaugurai la collection avec la traduction du livre de Jacques Roumain, *Les seigneurs de la rosée*, je publiai Dalcídio Jurandir, Alina Paim, Anna Seghers, Halldor Laxness, Ting Ling, Boris Polevoi, Ferreira de Castro entre autres bons auteurs. Deux livres de Howard Fast : *Spartacus* et *Sacco et Vanzetti*.

Dans sa lettre, Fast me dit que son agent littéraire lui avait appris l'existence d'éditions brésiliennes pirates, pour deux

1. Pierre Radvanyi, physicien.

livres il en a la certitude, il a eu des exemplaires, l'un des ouvrages victimes de l'escroquerie, *Spartacus,* en est à son deuxième tirage. L'agent cite les noms de l'éditeur et du directeur de collection, annonce qu'il va engager des poursuites, en voyant mon nom Fast le prie d'attendre, il va m'écrire, me demander ce qui se passe. Il m'écrit, me demande ce qui se passe, je lui réponds : la collection existe, je la dirige, je choisis les titres, les traducteurs, là se borne ma responsabilité, les termes des contrats, le règlement des droits incombent à la maison d'édition, l'agent doit s'adresser à la direction, je n'ai rien à y voir. Les éditions Vitória, je précise, appartiennent au Parti communiste brésilien, j'aimerais qu'Howard Fast me rende un service : s'il parvient à recevoir un sou, qu'il m'avertisse par télégramme, les éditions Vitória me doivent une fortune, cinq éditions du *Mundo da Paz,* je ne sais combien du *Chevalier de l'Espérance,* et pas un centime de droits d'auteur.

Rien de plus fatigant, de plus harassant, de plus terrible que les réunions dites mondaines – cocktails, réceptions, dîners, fêtes et autres corvées du même genre.

L'obligation d'être intelligent, les invités qui attendent les phrases sprituelles, les reparties brillantes, profondes de l'écrivain : c'est effroyable. Je suis épouvanté si je n'ai pas le moyen d'y échapper, comment être intelligent à la fin de l'après-midi ou à un dîner prié, engoncé dans une veste et une cravate ? Je me sens devenir complètement idiot, inhibé, je reste muet, je perds le don de la parole, encore plus sot que d'habitude.

Rio, 1936 – éditeur

José Olympio[1], en installant sa maison d'édition à Rio de Janeiro, en 1934, révolutionna l'industrie éditoriale brésilienne

1. José Olympio Pereira, éditeur ; la maison d'édition qu'il a créée porte son nom.

et permit aux écrivains d'atteindre le public, jusqu'alors extrêmement réduit. À propos du battage fait autour d'un livre dû à une personnalité en vue – les journaux ne parlaient pas d'autre chose, les critiques encensaient l'auteur et l'œuvre, lui accordaient des prix –, il remarque au cours de notre conversation de chaque matin – je travaille à la maison d'édition :

– Aucune campagne de presse ne fera jamais d'un mauvais livre un bon livre. La publicité, la critique sur commande, les éloges en pagaille peuvent tromper le public pendant un certain temps, court. Passé ce feu de paille, le livre disparaît, définitivement.

José Olympio connaissait les livres et les auteurs. Il révolutionna l'industrie éditoriale, c'est exact, mais en vérité son entreprise, la Maison comme il disait en parlant de ses éditions, ne perdit jamais le caractère patriarcal qui caractérisait l'édition brésilienne avant la Seconde Guerre mondiale. La Maison vécut toujours à l'ombre du pouvoir de l'État, d'abord sous la protection de Getúlio Vargas, ensuite des militaires de la « Rédemptrice[1] ». Une protection qui lui donnait la sécurité et qui permit à José Olympio de miser avec courage et clairvoyance sur les auteurs brésiliens, la Maison fut la patrie et la famille de plus d'une génération d'écrivains – poètes, romanciers, chroniqueurs, essayistes –, du modernisme aux jeunes gens des années 40 : le roman de 30, les études brésiliennes. Il faut noter de plus son impartialité politique, écrivains des idéologies les plus opposées, de gauche et de droite, communistes et intégralistes, José Olympio ne faisait pas de différence : un livre était bon, il l'éditait.

Il avait la générosité des patriarches. Lúcio Cardoso, un grand romancier, n'avait pas un nombreux public, les tirages de ses livres ne dépassaient pas les mille exemplaires tandis que José Lins do Rego tirait dès la première édition à cinq mille. José Olympio faisait à Lúcio un contrat pour une édition de deux mille exemplaires, il payait les droits correspondants et en imprimait mille. Il doublait ainsi le public de l'auteur de *Salgueiro* – le public et les droits d'auteur.

1. La révolution, ou coup d'État, de 1964 *(N.d.T.)*.

Alfredo Machado prend connaissance de la lettre que j'ai écrite à José Sarney pour décliner l'offre du poste d'ambassadeur du Brésil en France. Je me trouvais à Pékin lorsque celui qui était alors président de la République me téléphona du palais du Planalto pour me faire cette proposition : je remerciai l'ami, j'opposai un refus au Président. Je ne me considère pas compétent pour occuper ce poste, nul que je suis en économie pour ne citer qu'un des domaines dont je devrais traiter et décider. Sarney mit du temps à accepter mon refus, il insista durant plus d'un mois, mais comme je tins bon il finit par renoncer à me faire ambassadeur.

– Il n'y a que toi pour refuser l'ambassade en France. Tu es impossible, tu es fou.

– Refuser l'ambassade, ce n'est rien. N'oublie pas qu'en 1950 j'ai rompu avec les éditions Gallimard.

Une décision bien plus grave, un désistement bien plus difficile, qui s'était réellement produit. Jeune écrivain brésilien, je me suis vu en 1938 traduit en français et publié par les éditions Gallimard, j'en étais presque étourdi de gloire, je me considérais comme le plus grand, je m'imaginais célèbre et riche. Après avoir réédité après la guerre, en 1949, la traduction de *Jubiabá, Bahia de Tous les Saints,* Gallimard m'acheta les droits en langue française de *Capitaines des sables.* Alors que le livre était en cours de traduction, Roger Caillois rentra d'Amérique du Sud et fonda la collection « La Croix du Sud », destinée aux écrivains d'Amérique latine.

Sur le point de partir pour la Tchécoslovaquie, je m'adressai à Claude Gallimard et lui demandai que la traduction des *Capitaines* ne figure pas dans la nouvelle collection. Je lui expliquai mes raisons, ça n'avait rien à voir avec Roger Caillois, un bon ami, mais avec mon horreur des ghettos, «La Croix du Sud » était à mes yeux un ghetto d'auteurs latino-américains. Claude Gallimard me dit de ne pas m'inquiéter, il me promit de veiller à la chose. J'étais à Prague quand *Capitaines des sables* fut publié à « La Croix du Sud », sans doute Claude Gallimard avait-il oublié ce qu'il m'avait promis. Tout de suite après, une réédition de *Bahia de Tous les Saints* fut placée dans la même collection. Je m'éloignai de Gallimard, je mis des années à renouer de bonnes relations avec la grande maison d'édition française qui, actuellement, a à son catalogue différents de mes livres.

Éditeur, Alfredo Machado reconnaît que m'éloigner de Gallimard fut une audace plus grande que de refuser l'ambassade, ce fut de la folie.

– N'oublie pas que j'étais un jeune homme de trente et quelques années. Aujourd'hui, à soixante-quinze ans, je suis capable de refuser l'ambassade mais je ne sais pas si j'aurais le toupet de me disputer avec Gallimard.

Paris, 1990 – le Bahianais de Paris

Un homme politique capable mais froid – j'ai entendu de nombreuses bouches cette affirmation péremptoire au sujet de Luiz Viana Filho. J'ai des raisons pour contester cette définition : en refusant toute chaleur humaine à l'auteur de *O Negro na Bahia,* elle diminue sa personnalité généreuse. À deux reprises j'ai pu mesurer la droiture du Bahianais de Paris – il naquit dans la capitale française, mais fut inscrit sur les registres d'un bureau de la rue de la Miséricorde[1] – et aujourd'hui qu'il n'est plus parmi nous je veux témoigner de son humanité.

Gravement malade, communiste opiniâtre, pauvre s'il en est, maître romancier d'Amazonie, Dalcídio Jurandir fut proposé par Marques Rebelo et par moi pour le prix Machado de Assis de l'Académie brésilienne. Son nom suscita de nombreuses résistances, non seulement parce que Dalcídio était toujours inscrit au PC, subversif mal vu par les détenteurs du pouvoir, mais surtout en raison d'incidents politiques survenus dans les sphères littéraires, dans lesquels le romancier avait joué un rôle de premier plan. De fait Dalcídio avait été la figure centrale du conflit – à la limite du pugilat – qui conduisit à la rupture entre les différents courants de l'ABDE[2]. Née durant la pré-

1. À Salvador de Bahia.
2. ABDE, Association brésilienne des écrivains *(N.d.T.)*.

paration de l'historique Premier Congrès des écrivains[1], l'ABDE, après un premier directoire unitaire, fut un terrain de luttes sans merci entre les communistes et les libéraux. Les divergences s'accentuèrent au Deuxième Congrès[2], la dispute dégénéra en bataille rangée en 1949, lors de l'élection du nouveau directoire.

La direction du PC avait décidé d'obtenir le contrôle de l'Association, fût-ce au prix de la division des écrivains brésiliens. À cette époque j'étais déjà en mission en Europe, mais je sais de science certaine que Dalcídio fut en désaccord avec la décision du Parti, votée à la commission de Culture présidée par Astrojildo Pereira. En raison précisément de son désaccord – c'était la règle du Parti –, il lui revint de faire exécuter la décision prise par la majorité de la commission – décision imposée en réalité par le bureau politique, simplement entérinée par les malheureux littérateurs sans aucune possibilité d'indépendance vis-à-vis de la direction.

Ainsi Dalcídio alla au sacrifice. À l'assemblée de l'ABDE où devait être élu le nouveau président il était à la tête des troupes communistes. Ce n'est pas à moi de relater ce qui se passa durant la fameuse réunion, je n'y étais pas : l'histoire de la vie littéraire garde le souvenir de faits lamentables. On échangea des accusations, des insultes, les mères des leaders des deux camps ne furent pas épargnées, il y eut des menaces de gifles. Le comble fut atteint quand Dalcídio – et c'est l'image de lui qui est restée –, exécutant sa mission, arracha de force des mains du poète Carlos Drummond de Andrade le livre des actes de la réunion. Dès lors le romancier du cycle de *Extremo Norte* fut marqué : le misérable numéro un, le vil bandit, l'agresseur, le monstre. Pauvre Dalcídio, douce et tendre créature, Indien subtil : il avait pris position contre la décision sectaire, le sectarisme était étranger à sa nature, mais, communiste convaincu, soumis à la discipline du Parti, il avait accompli sa tâche, à contrecœur. Tant d'années après, quelques messieurs de l'Académie hésitaient à lui donner le prix que son œuvre de romancier méritait amplement.

De Rio, Marques Rebelo m'appelle à Bahia la veille du scru-

1. Réuni à São Paulo en janvier 1945.
2. Réuni à Belo Horizonte en 1947.

tin : il manquait à Dalcídio une voix pour décrocher la timbale, les maigres cruzeiros du grand prix de l'Académie allaient servir à l'achat de médicaments coûteux. Je téléphonai à l'académicien Luiz Viana Filho – l'un des chefs de file des écrivains victimes de la discipline partisane de Dalcídio –, j'allai le voir dans sa maison de Bahia, je lui demandai s'il acceptait d'oublier le passé et de voter pour le misérable de l'histoire. Luiz prit du papier et un stylo, il me remit le vote grâce auquel Dalcídio remporta le prix Machado de Assis.

Une autre fois, je me préparais à partir en Europe, Glauber Rocha me téléphone, désespéré, de Los Angeles. Il menaçait de se suicider s'il ne pouvait revenir immédiatement au Brésil : *je me tue*, criait-il. J'étais très inquiet.

Glauber s'était exilé après avoir pris vigoureusement position contre la dictature militaire, dans les colonnes du *Pasquim*, dans des manifestations de rue, il avait même participé aux huées contre le maréchal Castelo Branco[1] devant l'hôtel Glória. Une manifestation hostile organisée par les intellectuels, la suite du maréchal était passée au milieu des insultes, des attaques, des invectives. Luiz Viana Filho, chef de la maison civile de la présidence, faisait partie de la suite, sa condition d'écrivain en fit la cible privilégiée des manifestants, qui furent arrêtés.

Glauber alla de Charybde en Scylla avec son génie, sa rébellion, son impatience de faire du cinéma. En exil il réalisa deux longs métrages, un film espagnol, un autre africain. Cela mis à part, un peu partout les portes se fermèrent pour lui, aussi bien dans le monde capitaliste que dans le monde socialiste, même son aventure cubaine fut des plus frustrantes. Il se retrouva aux États-Unis, là il brûla ses dernières cartouches de patience et d'espoir, aux States non plus on ne lui donna pas de travail, de scénario à réaliser. Il fut pris de panique, il me téléphonait quotidiennement : *si je ne peux pas revenir je me tue.*

De nouveau j'allai voir Luiz Viana Filho dans sa maison de Bahia si agréable et accueillante, encore une fois je lui demandai s'il acceptait d'oublier le passé, même s'il avait été offensé et blessé. Je lui relatai le drame de Glauber : s'il existe quelqu'un capable de résoudre ce problème, ce quelqu'un c'est toi, tu peux obtenir du gouvernement – on était sous le gouvernement Gei-

1. À l'époque président de la République.

sel, Golbery était l'homme fort du Planalto – des garanties pour le retour de Glauber. Mais des garanties réelles – sous le gouvernement Médici, Zuzu Angel avait obtenu l'autorisation de faire revenir son fils : *il peut venir, rien ne lui arrivera*. Le garçon débarqua, il fut arrêté et ensuite assassiné de la manière la plus cruelle.

Je vais voir ce qu'on peut obtenir, me répondit Luiz. *Sois tranquille, je ferai mon possible*. Et l'impossible ? demandai-je. *Oui, le possible et l'impossible* conclut-il. Nous nous donnâmes rendez-vous à Londres où il devait se trouver d'ici quelques jours. J'informai Glauber de tout : *Luiz Viana ? Tu y crois ?* Je le connais bien, j'y crois.

À la date prévue je reçus à Londres un coup de téléphone de Luiz Viana, il m'appelait du Brésil, il avait retardé son voyage, mais le problème de Glauber était résolu, notre ami pouvait rentrer au Brésil quand bon lui semblerait. Je voulus savoir s'il avait la garantie absolue que rien de mal ne lui arriverait. Rien, répondit Luiz, j'ai la parole de Golbery et celle du président Geisel.

Ainsi Glauber Rocha revint au Brésil grâce à Luiz Viana Filho, il ne fut pas tourmenté, il réalisa son dernier long métrage, *L'âge de la Terre*. Il convient d'ajouter qu'à son retour Glauber fut victime du plus terrible des harcèlements, la lie des radicaux l'insulta et le calomnia, le traita de traître et de vendu, on lui dit les pires choses et on le fit avec férocité, avec la haine des nuls, des minables idéologues. Je sais combien Glauber se sentit blessé : *je suis environné d'infamie, plongé dans la merde*, me dit-il un jour.

Je reçois à Paris l'annonce de la mort de Luiz Viana Filho. Dans cette ville est né l'illustre Bahianais, fils d'un père également illustre, ils eurent tous deux le privilège de gouverner Bahia. En rappelant le Bahianais de Paris, que j'ai appris à estimer dans la lutte contre l'Estado Novo et dont ne m'ont pas éloigné les divergences, je désire dire sa chaleur humaine, le contraire de la froideur politique qu'on lui a attribuée. Je le revois aux côtés de ses égaux : Dalcídio Jurandir, Glauber Rocha, Luiz Viana Filho, trois maîtres de la culture brésilienne.

Bahia, 1980 – Paris, 1990 –
accord

Tony Cartano a toujours bien accueilli mes livres publiés en France, il en a dit du bien plus d'une fois. Pourtant, dans un article du *Magazine littéraire* il a été dur pour *Les souterrains de la liberté* quand parut l'édition de Messidor. Il reprochait à l'auteur de s'être soumis aux canons du réalisme socialiste édictés par Jdanov. Tony me raconte sa surprise lorsqu'il reçut une lettre de moi, de Bahia, en total accord avec ses critiques.

Dix ans plus tard Dominique Fernandez consacre une page du *Nouvel Observateur* à dire du bien de moi et de mes romans en applaudissant le livre *Conversations*, d'Alice Raillard – outre les traductions de *Tereza Batista* et de *La boutique aux miracles*, parmi d'autres également parfaites, je dois à Alice son livre et l'amitié.

En revanche Dominique apprécie modérément *Le pays du carnaval* qui vient de paraître en français soixante ans après avoir été écrit, il relève dans mon premier roman l'influence nocive des lettres européennes, une imitation facile. Je lui écris pour lui dire que je suis d'accord. Me sauve de savoir que deux ans après ce premier livre j'ai publié *Cacao,* qui est autre chose, libéré des effets de mode européens.

J'étais déjà l'ami de Tony Cartano quand je lui ai écrit au sujet des *Souterrains,* je suis devenu l'ami de Dominique Fernandez à partir de la lettre que je lui envoyai à propos de son article sur le livre d'Alice.

Paris, 1948 –
cadeau d'anniversaire

João Jorge va avoir un an, notre pauvreté interdit fêtes et cadeaux, Zélia réunit néanmoins nos amis dans la chambre de l'hôtel Saint-Michel autour d'un punch au champagne et fraises des bois : Alfredo Varela, André Kedros, Renaud de Jouvenel, Adelita et Hector Polleo[1], Misette[2] – qui est de la maison – et la bande des Brésiliens : Vasco, Jacques, Zora, Henda, Santoro, Jamile et Israel Pedrosa, Castiel, Paulo Rodrigues. Madame Salvage, la patronne de l'hôtel, apparaît chargée de bouteilles de cognac, Carlos Scliar apporte une boîte de pâte de goyave brésilienne.

J'écris un petit roman, *Le Chat et l'Hirondelle,* une histoire d'amour, l'amour impossible d'un félin et d'un oiseau, mon cadeau pour João afin de lui apprendre à avoir horreur des préjugés. Le conte se termine mal, par la victoire du préjugé : l'hirondelle se marie avec un rossignol, le chat part pour une solitude pire que la mort. Si je l'écrivais aujourd'hui, l'histoire se terminerait par la victoire de l'amour, la défaite du maléfice : j'étais jeune, je ne croyais pas encore à l'impossible.

São Paulo, 1933, 1938, 1945 –
le révolutionnaire

Le jargon gauchiste a réduit le sens des mots *révolution* et *révolutionnaire,* il leur a donné un contenu idéologique étroit, limité, il leur a enlevé leur ampleur et leur grandeur. La droite aussi a contribué à le falsifier, et comment ! Appeler le coup d'État militaire de 1964 révolution, c'est ignorer, dénaturer la vérité des faits, à chacun ses responsabilités. Révolutionnaire s'est mis à qualifier n'importe quel pauvre type militant dans un parti ou dans un groupuscule dit ouvrier ou marxiste, les théoriciens par ouï-dire des différentes déviations du léninisme, du trotskisme, du stalinisme, du maoïsme, les sympathisants du système soviétique, tandis que des personnes, des faits, des livres réellement révolutionnaires perdaient le droit d'être considérés comme tels. Révolution devint une estampille de dictature, révolutionnaire est devenu un terme frelaté. Qui sait si maintenant que sont démasquées les idéologies nous pourrons retrouver la dimension, l'ampleur réelle de mots au sens si fort, si expressif, j'espère que cela arrive.

1. Hector Polleo, peintre vénézuélien ; Adelita, sa femme.
2. Misette, Marie-Louise Nadreau, marchand d'art.

En raison de ces dérives, l'apparition de livres capitaux, *Maîtres et esclaves* de Gilberto Freyre, *A Bagaceira,* le roman de José Américo de Almeida, n'a pas été considérée comme un fait révolutionnaire pour ce qui est de la pensée et de la création brésiliennes. Des personnalités d'une importance décisive dans l'évolution de la société, porteuses d'un ferment révolutionnaire, n'ont pas été reconnues comme telles, au contraire, elles ont été accusées d'être conservatrices, réactionnaires. C'est ainsi que les étiquettes les plus diverses et les plus absurdes ont été collées à une figure révolutionnaire comme celle de Flávio de Carvalho, architecte, artiste, innovateur, agitateur, aux expériences, au débat qu'il a déclenchés : de la rue à la scène, du projet à sa réalisation, des salles d'exposition aux « performances » provocatrices. On a tout dit de lui sans dire l'essentiel. En certaines circonstances on l'a sifflé, dans d'autres on l'a condamné, jamais on n'a reconnu à son œuvre et à son action l'importance que l'une et l'autre méritaient et continuent à mériter. Si quelqu'un a rénové la culture brésilienne, ce quelqu'un s'appelait Flávio de Carvalho, géant pauliste par la stature et par la vigueur, par l'audace. Par le courage de penser, d'entreprendre, de réaliser.

Je l'ai connu quand je suis allé à São Paulo pour la première fois, en 1933, en compagnie de Santa Rosa. Nous étions hébergés par Tarsila do Amaral[1] et Osório Cesar[2], alors mari et femme, ils venaient d'arriver de Moscou – aller en URSS en ce temps était une aventure semée de difficultés, un voyage extravagant. Ils avaient organisé une exposition d'affiches soviétiques, insolites et romantiques, au Club des artistes modernes qu'avait créé et que dirigeait Flávio de Carvalho. C'était à l'époque le centre d'art le plus sérieux du Brésil, le plus avancé. J'ai fait là une conférence sur les enfants dans les plantations de cacao, j'ai signé mon livre[3] illustré par Santa Rosa, j'ai assisté au *Bailado do Deus Morto* (Le ballet du dieu mort) de Flávio, quel spectacle ! aussitôt interdit par la police politique. La censure ne laissait pas de répit au CAM, elle lui menait la vie dure, surveillait les créations, la mise en scène de la pièce d'Oswald de Andrade, *L'Homme et le Cheval*, venait d'être suspendue, les

1. Tarsila do Amaral (1886/1973), peintre.
2. Osório Taumaturgo Cesar (1895/1965), psychiatre.
3. *Cacao* (Rio de Janeiro 1933) *(N.d.T.)*.

autorités ouvraient l'œil, prêtes à intervenir : Flávio personnifiait la subversion en marche, il menaçait l'ordre et la morale.

Je suis devenu ami de Flávio dans ces circonstances et je l'ai été tant qu'il a vécu. Parmi les artistes brésiliens c'est lui sans doute qui osa le plus, il poussa l'audace à l'extrême limite, je pense par exemple aux dessins de sa mère dans le coma, je me rappelle le scandale. C'est lui qui mena la recherche le plus loin, rien ne l'arrêtait et il ne se laissait pas intimider par la critique, par le mépris, par les attaques des révolutionnaires professionnels, ceux qui avaient la carte. Le révolutionnaire ce fut lui, Flávio de Carvalho, l'artiste, le citoyen.

On méconnut son étude sur la psychologie des masses qui figure dans *Expérience n°2*[1], livre à rééditer d'urgence, on publie tant de bêtises sur la psychanalyse, pourquoi ne pas remettre en circulation la recherche pionnière de Flávio, réalisée dans les dangers de la rue et non dans la masturbation d'un cabinet de travail ? On a ri de lui dans les journaux lorsqu'il présenta dans les avenues de São Paulo[2] le costume idéal sous nos climats : aujourd'hui il paraît inconcevable qu'on ait écrit tant de sottises sur le défilé en jupette. Flávio était en avance sur son temps.

L'action lui était aussi nécessaire que la création ; fondateur du Club des artistes modernes, organisateur du Salon de mai, il n'était qu'élan et générosité. J'ai collaboré avec lui à la préparation du second Salon, en 1938 – je vécus quelque temps à São Paulo pour trouver du travail, l'Estado Novo me rendait la vie difficile. Geraldo Ferraz et moi avons été à Rio chercher des tableaux, Santa Rosa nous aida, Geraldo avait inventé le club des *Mulatos Gordos* – des Mulâtres gras –, il en avait assumé la présidence, avait nommé Santa Rosa premier vice-président, le second était Gobbis[3]. J'ai inventé les titres des tableaux que Flávio avait peints pour le Salon, il me fit cadeau de l'un d'eux, *La grand-mère*, mais immédiatement il l'emprunta, jamais il ne me le rendit.

L'atelier de Flávio se trouvait dans un immeuble situé à l'angle de Baron de Itapetininga et de la place de la République, ce n'était pas seulement un atelier, mais aussi une salle de réunion, un foyer, un champ de bataille sexuelle – les candidates

1. *Experiência n° 2*, publié en 1931.
2. En novembre 1956.
3. Vittório Gobbis (1894/1968), peintre.

se bousculaient, artistes et sympathisantes, tant, inoubliables, Flávio les dévorait, pas une n'y échappait. Je veux citer le nom de l'une d'elles, Noire à la surprenante beauté, elle fut l'épouse d'un peintre surréaliste, un Allemand négrophile. De nature généreuse elle jouait la polygame, quel corps, grand Dieu ! je possède un portrait d'elle peint par Rebolo[1] mais il ne montre que son visage, le reste était à l'avenant. Non, je ne vais pas citer son nom, pour quoi faire ? plus que le nom importe le souvenir, la mémoire. Au même étage habitait Quirino da Silva[2], il a fait mon portrait, c'était un grand portraitiste.

Mon portrait, Flávio l'a peint en 1945, le mien, celui de Guillén, celui de Neruda. Pablo posa dans la fazenda de Valinhos, en matière d'arts plastiques il était assez académique, lorsqu'il vit le tableau terminé il commenta : *ce n'est pas un portrait, c'est une nature morte*. Architecte d'une réputation internationale, Flávio avait construit les premières maisons modernes de São Paulo, au Pacaembu, il avait inventé la maison de la Fazenda Capuava[3], une merveille, l'immense porte d'entrée. Avec le même enthousiasme il s'adonnait à l'art et à ses tâches de gentilhomme fermier, à la cueillette des figues, à la vente du lait dans la capitale, je trouvai un nom pour son entreprise laitière, *José et sa bonne vache*. Il réunissait des amis à Capuava, une hospitalité large et joyeuse, soirées de musique et longs bavardages. Invité, portant sa guitare et sa valise, Dorival Caymmi descendit de voiture, prit l'allée qui menait à la porte du paradis, tomba sur la pianiste Mercês da Silva Telles, grande, bien faite, une beauté grecque, nue au bord de la piscine, dorant au soleil son corps de statue, Dorival lâcha valise et guitare, il s'exclama : *elle est pour moi !* et se mit à exécuter le pas du *crabe-amoureux*.

L'expérience numéro deux, la foule offensée, en délire, la procession du Corpus Christi déchaînée contre l'homme au chapeau sur la tête qui défie la loi de la secte, l'expérience numéro trois fut le défilé du New Look au viaduc du Chá. On n'a jamais su quelle était l'expérience numéro un, J. Toledo, son confident, son exécuteur testamentaire, nous révélera-t-il le secret dans le livre monumental qu'il prépare sur Flávio ? Lui seul connaît le chiffre qui permet d'ouvrir le coffre.

1. Francisco Rebolo Gonzales (1902/1980), peintre, crack de football.
2. Quirino da Silva (1871/1981), peintre.
3. À Valinhos, le projet de la maison, de 1929, fut réalisé en 1938.

Avant que j'apparaisse dans la lice pour livrer le combat décisif et conquérir la place inexpugnable, Flávio dragua Zélia en pleine rue, elle se rendait à la Light pour payer l'électricité, lui derrière elle lui disant des gracieusetés. Honnête d'une part, jeune de l'autre, Zélia le dédaigna, ne répondit pas à ses signes, à ses mots doux, elle le trouvait vieux et laid et, communiste, elle le classait comme *bourgeois libéraloïde, riche et fou*, enfin *un réactionnaire*. Tant mieux, à certaines heures l'idéologie a du bon.

Londres, 1968 –
Macunaíma

Les fervents de la marche à pied sur les trottoirs de Copacabana – Zélia est du nombre et me traîne – ont même un petit journal rédigé par le docteur Cardoso, médecin à inclinations littéraires, frère de mon amie Maria Cardoso. Au rythme de la marche le journaliste veut savoir *qui parmi nos contemporains est ou fut le plus grand des Brésiliens*. Cette notion du plus grand me tape sur les nerfs, j'évoque dix ou quinze plus grands, de José Américo de Almeida à João Guimarães Rosa, pour ne nommer que deux écrivains. Il s'étonne que je ne cite pas Getúlio, Eduardo Gomes, Mascarenhas de Morais, est surpris en entendant quelques-uns des noms cités par moi, *pourquoi Grande Otelo*[1] ? me demande-t-il.

Parmi les contemporains il existe sans doute des Brésiliens aussi éminents que Grande Otelo, je n'en doute pas, mais aucun de plus grand. Petit, maigre, laid, volontiers bohème, sans feu ni lieu, le contraire de l'individu solennel et posé, je ne sais pas de Brésilien plus important, je n'hésiterais pas à dire de plus grand si cette notion ne me paraissait absurde, fausse, restrictive.

En mille circonstances je l'ai vu unique, sans pareil, je me bornerai à rappeler l'une d'elles, impossible à oublier. C'était à

1. Grande Otelo, Sebastião Bernardes de Sousa Prat (1915/1993), acteur *(N.d.T.)*.

Londres, lors de la présentation aux Anglais du film de Joaquim Pedro[1], tiré du roman de Mário de Andrade, *Macunaíma*, avec Otelo dans le rôle du « héros sans aucun caractère ». Portant un costume rose vif, avec gilet et nœud papillon, Grande Otelo, Macunaíma en chair et en os, improvisa en anglais, au cours d'un banquet, un merveilleux discours, plein de verve et d'érudition, pour le lord-maire de la capitale britannique. Il fallait le voir et l'entendre pour le croire. Grande Otelo, un génie.

Je n'envie personne. La richesse, le talent, le succès, la gloire de mon prochain et du moins proche ne m'affligent pas, je suis capable d'admiration, capable d'applaudir, de crier vivat, de porter en triomphe, et j'aime le faire. Le succès d'un ami est le mien, il n'est pas nécessaire que ce soit un ami, il suffit que ce soit un compatriote, un Bahianais, un Brésilien, et pas même parfois, il suffit que je lui découvre un talent, une vocation. Je me réjouis de découvrir un poète, un jeune romancier, un débutant doué d'une inspiration véritable, je cours annoncer l'événement.

Insensible à l'envie, je suis libre pour l'admiration et l'amitié, quelle merveille ! Rien de plus triste que quelqu'un qui souffre du succès des autres, qui est esclave de la négation et de l'amertume, qui bave d'envie, qui patauge dans le dépit, le malheureux.

Francfort, 1970 – Gabo

Dans tous les ports du monde je rencontre Gabriel García Márquez. À Barcelone il nous attend en compagnie de Carmen Balcells, l'agent littéraire terreur des éditeurs, l'éditeur Alfredo Machado l'estimait : elle se bat pour défendre les auteurs. Nous sommes allés prendre le petit déjeuner dans un bistrot des alentours. À Carthagène, du bateau nous apercevons Gabo et Mercedes, sa femme, nous allons déguster le café de Colombie chez

1. Joaquim Pedro de Andrade, cinéaste.

les parents du prix Nobel. À La Havane nous dînons chez lui en compagnie de Fidel Castro.

Je lis García Márquez depuis longemps, je ne sais si c'est moi qui ai recommandé *Cent ans de solitude* à Glauber Rocha ou si c'est Glauber qui a attiré mon attention sur le livre de l'écrivain colombien. Gabo a écrit deux romans définitifs : *Cent ans* et *L'amour au temps du choléra*.

J'ai fait sa connaissance il y a plus de vingt ans dans une rencontre d'écrivains d'Amérique latine durant la foire du livre de Francfort[1] – professeurs et spécialistes allemands montrèrent leur intérêt et leurs connaissances à l'égard des littératures de nos pays tandis qu'une bonne partie des invités hispano-américains s'affichait éhontément pour attirer les éditeurs. Récemment j'évoquais avec Eduardo Portella l'indignation d'Adonias Filho, peu enclin aux disputes féroces pour une place au soleil sur la carte littéraire, en assistant à cette surenchère de titres dans l'espoir d'une traduction ou d'un article, Adonias était suffoqué : *je ne suis pas venu ici pour ça*, nous dit-il à Eduardo et à moi – nous étions les trois Brésiliens présents, corps étrangers dans la frénésie castillane de nos confrères. Je fus frappé par la discrétion de García Márquez, silencieux à un bout de table il ne participait pas à la foire aux vanités.

Arrivant de Moscou, Gabo me téléphone à Paris pour me transmettre un message de Doc Comparato, je lui demande à quel hôtel il est descendu, j'entends son rire :

– Jorge, quand un écrivain latino-américain arrive à un certain âge, s'il a du bon sens il doit faire ce que tu as fait, acheter un appartement à Paris – il me donne son adresse et son téléphone.

Rio de Janeiro, 1946 –
le discours

Tandis que les experts organisaient les travaux de l'Assemblée nationale constituante[2], pendant près d'une semaine mon-

1. Francfort, 1970.
2. En 1946, la Chambre et le Sénat, récemment élus, se réunirent en Assemblée constituante.

tèrent à la tribune des représentants des divers groupes pour faire l'historique de la dictature de l'Estado Novo et de la lutte pour la démocratie. Je ne me souviens pas de tous les orateurs, mais je me rappelle encore le discours d'Otávio Mangabeira, au nom de l'UDN, un morceau d'éloquence improvisé par un acteur de grande classe. On dit qu'Otávio écrivait ses discours, ensuite il les fignolait, les apprenait par cœur et les récitait devant la glace en répétant les gestes, au Parlement il les improvisait à la tribune, c'était un spectacle.

Pour parler au nom du groupe communiste dans ce premier tour de rhétorique parlementaire, fut désigné Claudino José da Silva, député de l'État de Rio, le premier Noir bon teint à occuper un siège à la Chambre fédérale – oui, le premier. Homme de peu d'instruction, il lisait avec difficulté, personne de fine éducation, la fine éducation du peuple, bien qu'il n'eût qu'un costume il était parmi les congressistes les plus élégants, le plus élégant de tous, selon Ivete Vargas.

Marighela et moi, peut-être parce que nous étions bahianais, fûmes nommés rédacteurs des discours prononcés par les camarades peu habitués à écrire. Dans cette épreuve initiale le discours lu par Claudino remporta le titre de pièce incomparable, il resta célèbre par ses dimensions dans les annales de la Constituante de 1946. Nous avions divisé le thème en quatre parties, deux devaient être rédigées par Carlos, deux par moi, nous nous mîmes au travail, le résultat fut une harangue véhémente, pathétique et surtout longue. Les quatre parties une fois écrites, il fut nécessaire de les assembler en un tout cohérent, nous nous attelâmes à ce que Marighela appela des *ponts*, les ponts qui reliaient les quatre parties, le nombre de pages doubla.

De cette collaboration, un travail consciencieux et assez amusant, sortit un discours imposant, et de longue haleine : le bon Claudino mit quatre heures vingt-cinq, chronomotrées, à le prononcer à la tribune de l'Assemblée. Au début des travaux de la Constituante sénateurs et députés, élus après huit ans de dictature, dans l'euphorie démocratique de l'après-guerre, participaient en masse aux séances, ils posaient leur derrière sur leur banc, ne bronchaient plus, ils écoutaient les orateurs sans somnoler et applaudissaient fort. Dans le cas de Claudino ils redoublaient d'attention, s'agissant d'un représentant du groupe communiste, et Noir par-dessus le marché – le laisser parler devant des bancs vides eût été considéré comme réactionnaire, sinon fasciste.

Claudino à la tribune ânonnait son discours, Marighela, suppléant du quatrième secrétaire, me faisait signe de la table de la présidence où il était assis, il me clignait de l'œil, jouissant de la tête des pessedistes et des udenistes. Nous applaudissions, lui d'en haut, moi d'en bas, les parlementaires suivaient, unanimes. Quand enfin Claudino descendit de la tribune et que nous allâmes tous le féliciter, Nestor Duarte, gamin comme personne, me murmura à l'oreille : *pute merde, quel pavé !*

Bahia, 1985 – sic transit gloria

Je descends la Ladeira du Pelourinho avec Jacques Chancel qui filme une émission sur Bahia pour la télévision française. Les capitaines des sables – qui fournissent aux touristes des vérités historiques contre une pièce de vingt *centavos* – nous entourent, montrent la bâtisse, aujourd'hui un hôtel, où j'habitais en 1927, j'avais quinze ans :

– Dans cette maison Jorge Amado est né en 1500.

Inutile de traduire, Jacques, polyglotte, comprend et se divertit :

– Tu es un notable de la ville depuis 1500..., il se moque de ma gloire séculaire.

Séculaire mais éphémère, l'un des enfants me reconnaît, avertit ses camarades : *fermez-la, les mecs, vous avez pas vu que c'est le père du professeur ?* Le professeur en question, c'est João Jorge, mon fils, sociologue, pendant des années fonctionnaire de l'IPAC[1], il s'occupait de la population du quartier, composée pour l'essentiel de marginaux et de putes. Il s'est surtout occupé des enfants, avec l'actrice Aydil Linhares il a fondé pour eux un théâtre, j'espère qu'il fonctionne encore.

1. Institut du patrimoine artistique et culturel.

Content de la popularité de João parmi la marmaille, je poursuis avec Jacques en direction du Largo du Pelourinho où il va tourner le défilé des Fils de Gandhi. Le Largo est plein de touristes français, ils découvrent leur célèbre compatriote, ils l'assiègent ravis : il a fallu venir au Brésil pour rencontrer en chair et en os la célébrité de la radio et de la télé, Chancel distribue des autographes. À mon tour je moque sa gloire atlantique :

– C'est toi le notable, une notabilité universelle...

Les Fils de Gandhi, dans le faste des costumes de carnaval, avancent avec l'étendard et la chèvre, ils occupent le Pelourinho entourés par les capitaines des sables et par les touristes, Jacques prend la direction de l'équipe de tournage, le *batuque* retentit, le cortège s'organise.

Karachi, 1957 –
accompagnement

À Venise, avec Arlete Soares[1] nous suivons les funérailles de Stravinski, les obsèques à la basilique dei Santi Giovanni e Paolo, où officient une demi-douzaine de prêtres catholiques et autant de popes orthodoxes, les uns et les autres dans la pompe du rituel, la stridence de la musique, la fumée de l'encens, l'oiseau de feu dans le thuribulum, le chœur en langue russe, c'est impressionnant. La gondole transportant le cercueil fend le rio dei Mendicanti en direction du cimetière, la marche funèbre s'élève de la nef de la basilique, couvre les canaux et les palais de la Sérénissime.

Le peuple des candomblés accourt en deuil, l'enterrement de Mãe Runhó sort du Bogun, au Rio Vermelho, traverse la ville, se dirigeant vers le cimetière de Quintas, le cortège ressemble à un serpent, un immense sucuruju, Oshumaré déploie son arc-en-ciel au-dessus de Bahia. Runhó est morte à la veille de ses cent ans, quelques jours avant elle m'avait fait appeler pour me dire adieu. Deux pas en avant, un pas en arrière, les cantiques

1. Arlete Soares, éditrice et photographe.

gêges, Margarida de Yansan, initiée dans l'enceinte du sanctuaire, son mari Aurélio, ogan de salle, le petit peuple et les esprits, un autre ogan du terreiro de Bogun, le poète Jeovah de Carvalho, parle au bord du tombeau. Mãe Runhó disparaît dans l'arc-en-ciel.

Dans les rues de Karachi, au milieu des autos, des bicyclettes, des autobus, l'enfant en haillons pousse une espèce de charrette faite de bouts de planches, de fabrication artisanale, il porte le corps de son grand-père, un vieux sans âge, à demi nu, exposé au soleil, à la fosse commune – sans accompagnement, rien que la mort, triviale.

Rio de Janeiro, 1960 –
réélection

Se sachant populaire, applaudi par le peuple en raison du caractère démocratique, progressiste de son gouvernement – l'implantation de l'industrie automobile, la construction de Brasília –, alors qu'approchait la fin de son mandat Juscelino Kubitschek rêva à la possibilité d'une réélection. Ce n'était pas facile, la Constitution s'y opposait, mais... Il consulta Otto Lara Resende, l'oracle lui dit : *qui sait si une motion lancée par des hommes de culture ne pourrait pas déclencher un mouvement d'opinion ?* Je fus approché ainsi que quelques autres écrivains.

Comme entrée en matière, Eduardo Portella et moi avons établi une charte de revendications relatives à la politique intérieure et à la politique extérieure, revendications qui étaient celles de beaucoup d'intellectuels et des masses populaires. Si Juscelino manifestait son accord avec ce programme, peut-être serait-il possible de lancer une campagne pour sa réélection. Il y avait quinze ou vingt points, combien exactement et lesquels je ne me souviens plus, ce que je sais c'est que le Président en les examinant les approuva tous sauf un. Celui qui réclamait du Brésil une position autonome dans la guerre pour l'Indépendance des colonies africaines soumises à la domination portugaise : nous exigions que le gouvernement brésilien cesse d'appuyer le pouvoir salazariste dans la lutte qu'il menait contre les mouvements indépendantistes, qu'il cesse d'être complaisant et se déclare neutre. Juscelino, jusque-là enthousiasmé par notre programme, fit marche arrière :

– Ça non. Je ne peux pas faire une chose pareille au docteur Antônio.

Le docteur Antônio était Antônio de Oliveira Salazar, les hommes politiques brésiliens, même ceux qui se voulaient progressistes, léchaient les bottes du dictateur du Portugal. Qui a rompu avec cette dépendance, historique et humiliante, ce fut Jânio Quadros, que le veuillent ou non ceux qui écrivent l'Histoire au gré des idéologies.

Vienne, 1956 –
le Paraguayen

Affamé, d'une faim de nourriture et de femmes, c'est ainsi que je trouve le compositeur José Asunción Flores, mon camarade, une personnalité du PC paraguayen, mon ami de vieille date, il m'est adressé par nos camarades argentins, il m'apporte une lettre de Rodolfo Ghioldi. Il passe par Vienne en se rendant à Moscou, les Soviétiques s'intéressent à ses compositions, la célébrité de l'auteur de *India* et ses positions politiques lui ouvrent les portes de l'Union soviétique.

Asunción avait reçu les billets envoyés par les Russes – Buenos Aires, Londres, Vienne, Moscou, et retour –, c'est tout ce qu'il a pour son voyage intercontinental. Pauvre d'une pauvreté guarani, totale, les pesos réunis par Elvio Romero, son compatriote et camarade de parti et de pénurie, il les a dépensés à l'aéroport de Buenos Aires en sandwiches et en fruits : gros et glouton, il a toujours faim. Qu'importe, il n'aura aucune sorte de problèmes car il est invité par l'Union des musiciens soviétiques, il est pris en charge par l'URSS et l'URSS est puissante et riche, rien ne lui manquera dès le moment où il aura mis le pied dans l'avion, sa confiance dans les pouvoirs du socialisme est absolue.

Ce ne fut pas aussi facile qu'il le pensait. Les complications commencèrent à l'aéroport de Londres où il débarqua vers midi après un voyage long et fatigant – en ce temps des avions à hélices, le vol Buenos Aires-Londres durait une bonne trentaine d'heures, peut-être plus. L'ami Elvio, qui avait l'habitude des voyages, lui avait expliqué : *tu débarques, on te conduit à la salle de transit, l'avion pour l'Autriche part une heure après, tu fais attention, quand tu entendras appeler les passagers pour Vienne tu embarques, à Vienne des gens t'attendront, tout est en ordre, il ne peut pas y avoir de complications.*

Il y en eut. Asunción ne parlait que le guarani et l'espagnol : il débarqua, on le conduisit à la salle de transit où il s'assit en attendant qu'on annonce l'embarquement pour Vienne, il était prévu dans une heure, et rien. C'est-à-dire qu'il y eut bien un vol pour Wien, mais comment le compositeur aurait-il deviné que Wien était *Viena*? Serrant contre lui sa serviette bourrée de partitions, l'oreille aux aguets, il n'entendit jamais le mot magique, *Viena*, prononcé par le haut-parleur. Il était arrivé à la salle de transit à un peu plus de midi, à six heures du soir, impatient de faire pipi, mort de faim, sans savoir à qui s'adresser, Asunción, d'habitude calme, s'affola.

Elvio lui avait recommandé de ne surtout pas quitter la salle de transit, mais Asunción n'avait pas d'autre solution. Il poussa une porte, aperçut de l'autre côté un guichet avec une pancarte : INFORMATIONS, il se mit à expliquer sa situation à la jeune fille qui se trouvait là, la lady ne parlait pas l'espagnol, Flores allait tenter le guarani, il pissait presque dans son froc, lorsque, en entendant ses cris : *je suis le compositeur Asunción Flores, l'auteur de* India, un monsieur très élégant s'approcha et lui demanda les raisons de tant d'agitation. Il s'agissait de l'ambassadeur d'Argentine à Londres, il venait d'arriver de Manchester, il écouta l'histoire d'Asunción, commença par lui indiquer les toilettes, attendit qu'il revienne.

Admirateur du musicien paraguayen – qui ne l'était en Amérique latine ? – il s'occupa de résoudre l'ensemble de ses problèmes : visa d'entrée en Angleterre valable vingt-quatre heures, prolongation de son billet, réservation d'une place sur le premier vol pour Vienne le lendemain. Il l'emmena à un hôtel proche de l'aéroport, paya sa chambre et son dîner, le lendemain matin il enverrait son chauffeur l'aider aux formalités de l'embarquement. Pour terminer il demanda un autographe au compositeur : *ma femme chante dans sa salle de bains vos guaranias.*

C'est ainsi que, sous le bras la serviette pleine de partitions dont il ne se séparait jamais, Asunción Flores arriva à Vienne avec un retard d'un jour. Personne ne l'attendait, le sauva la lettre que Ghioldi lui avait remise pour moi, sur l'enveloppe, l'adresse du siège du mouvement de la Paix. Il réussit à arriver jusque-là, me trouva, je payai le taxi.

Asunción mourait de faim, il commençait à mourir de faim cinq minutes après avoir déjeuné, je l'emmenai au restaurant, nous accompagna la camarade que le Conseil mondial de la Paix avait désignée pour me servir d'interprète, une Autrichienne rousse et boulotte, Asunción partageait entre elle et le goulash ses regards de concupiscence, *affamé de nourriture et de femmes* ainsi qu'il s'était déclaré à son arrivée, exigeant que je résolve ses tourments – il était de ceux qui croyaient que je pouvais résoudre tous les problèmes. Il me fit une révélation : *un citoyen paraguayen,* me dit-il, *après quatre jours sans femme ne voit plus ni l'âge, ni la race ni le sexe* – lui, ça faisait cinq jours.

La rouquine en le voyant gesticuler s'informa de ce qui se passait, pourquoi était si agité le camarade Flores – dont je lui avais donné l'état civil, lui parlant de ses guaranias et de sa popularité. Je lui expliquai qu'il était paraguayen et qu'un Paraguayen après quatre jours sans femme, etc., etc. Je lui demandai si elle ne serait pas disposée à résoudre le problème du camarade, c'était là une excellente occasion de mettre en pratique l'internationalisme prolétarien. Elle m'écouta avec attention, jaugea Asuncíon de haut en bas, gros et chauve, la tête un fromage de Minas, elle m'interrogea :

– Il est vraiment très célèbre ?

– Très célèbre ! À Buenos Aires les femmes se battent pour coucher avec lui...

Nouvel examen du physique du Paraguayen, le résultat me parut pessimiste :

– Célèbre seulement en Amérique latine ?

Je voyais la situation péricliter, Asunción dans de mauvais draps, je fis appel à ses principes :

– N'oubliez pas que sa musique va être jouée à Moscou, ce sera la gloire universelle. – je sentis que je l'avais ébranlée, je fus définitif : – Une mission du Parti, ma belle.

Un argument est un argument, la rouquine sourit au chauve. Je payai l'addition, je me retirai discrètement, je les laissai en tête à tête. En fin de compte Asunción me pensait capable de résoudre tous les problèmes, je ne pouvais pas l'abandonner à son sort.

Rio de Janeiro, 1939 –
les dix meilleurs

La *Revista Acadêmica*, simple feuille estudiantine apparue à la Faculté de droit, convertie en revue culturelle, gagne-pain de Murilo Miranda, avait une périodicité irrégulière, elle paraissait lorsque Murilo trouvait de la publicité ou des sponsors. Elle consacra cinq ou six numéros à un concours destiné à élire les dix meilleurs romans brésiliens. Ne votaient que des écrivains, les noms des votants furent publiés dans la revue, chacun faisait une liste des dix romans qu'il préférait, ces listes étaient reproduites dans les pages de l'*Acadêmica*.

La liste finale fut établie en fonction des dix auteurs les plus souvent cités et du livre de chacun d'eux qui avait recueilli le plus grand nombre de suffrages. Si l'on n'avait tenu compte que des livres, auraient été retenus deux romans de Machado de Assis, *Dom Casmurro* et les *Mémoires posthumes de Brás Cubas*. Sauf erreur de ma part, les dix romans finalistes furent – je ne les cite pas dans l'ordre : *Dom Casmurro, Iracema*, de Alencar, *Memórias de um Sargento de Milícias*, de Manuel Antônio de Almeida, *O Cortiço*, de Aluísio de Azevedo, *Os Corumbas*, d'Amando Fontes, *Angustia (Angoisse)*, de Graciliano Ramos, *Bangüê*, de José Lins do Rego, *Caminhos Cruzados*, de Érico Veríssimo, *Macunaíma*, de Mário de Andrade, *Jubiabá (Bahia de tous les saints)*, de moi-même – rappelons que le concours avait lieu en 1939.

Graciliano tarda à voter au dernier tour, il me montra son choix, deux faits retinrent mon attention. Le *vieux* – il n'avait pas encore cinquante ans, pourquoi l'appelions-nous Le *vieux* ? – ne votait que pour neuf titres, il laissait une place vide, je ne lui en demandai pas la raison, je soupçonnai que par modestie, par fausse modestie, il ne mettait pas dans la liste de roman de lui. Je lui demandai cependant pourquoi il n'avait pas voté pour *Os Corumbas* : le roman d'Amando Fontes, considéré à l'époque comme le summum, recueillait la quasi-unanimité des suffrages. Graça but une gorgée de café, souffla une bouffée de sa cigarette Selma, nous étions au café Mourisco à l'angle de la rue du Rosário et de l'avenue Rio Branco :

– Ce fils de pute n'a pas voté pour moi. – Il passa à un autre sujet, à ses yeux de plus d'importance : – Tu penses que d'ici vingt ans il y en aura encore qui nous liront ?

Le concours fut suivi avec intérêt par les écrivains, il agita les milieux littéraires, provoqua des débats à la librairie José Olympio, au cabinet de Jorge de Lima, à la rédaction de *Dom Casmurro,* mais personne ne contesta le résultat. Je ne connais pas non plus de romancier qui ait intrigué pour recueillir des voix, si le concours avait lieu aujourd'hui ce serait un vrai branle-bas avec agent électoral et enchères des suffrages. Un détail pour qu'on sache comme était mal vue à l'époque la littérature d'Oswald de Andrade : le rebelle pauliste n'obtint qu'une voix, donnée par moi à *Serafim Ponte Grande*, la mienne et la seule.

Renoncer maintenant, non, dis-je à Paloma lorsque, blessée, elle pensa à tirer sa révérence et s'en aller. Nous sommes dans une bataille, nous nous battrons jusqu'au bout. Ensuite tu feras ce que tu voudras, ce qui te paraîtra le mieux. Pas maintenant. J'ai perdu beaucoup de batailles dans ma vie, patience, mais je les ai toujours affrontées, j'ai toujours été jusqu'au bout.

Paris, 1992 – la poétesse
et la fondation

De Bahia Rosane m'envoie le livre de poèmes de Myriam Fraga, *Les dieux lares*, illustrations de Calasans Neto. La paire est imbattable, Calá est né pour illustrer la poésie de Myriam, les poèmes et les monotypes sont de la même matière, viscérale.

Lecteur inconditionnel de Myriam Fraga, je prends le livre et constate que son chant a atteint la maturité, la densité dramatique, la science du mot précis et magique. Quel poète, mon Dieu ! Que Dieu la bénisse, le dieu de la Fondation, le compère Eshou. *Fuso e roca / roca e roca / tinjo e lavo / lavo com agua e / mornos sais / o corpo / as feridas / na fimbria / no remoto*[1] – je m'arrête avant de transcrire tout le livre, vers par vers.

Nous le lisons ensemble, Zélia et moi, je ne connais pas de plaisir plus grand que de lire de la poésie avec son aimée, de connivence. Pris de remords, j'accuse Zélia : c'est ta faute, c'est toi qui as inventé la Fondation où Myriam s'enferme jour et nuit à travailler, à lutter, à faire des plans et à les réaliser, sans cesse à la recherche mesquine et héroïque d'argent pour propulser la culture, créer des conditions propices à la littérature et à l'art à Bahia, à l'étude du roman brésilien, un programme criblé de problèmes.

Myriam aurait écrit et publié ces années-ci au moins trois livres, sans parler de ses loisirs abandonnés, de sa maison à la plage de Mar Grande, des fins de semaine à la fazenda, elle n'a plus de temps pour rien, aux prises avec mille difficultés elle porte sur les épaules cette fameuse Fondation, ta Fondation. Zélia ne se trouble pas, elle se dit certaine que Myriam le fait avec plaisir, poète elle est aussi combattante, les difficultés ne l'effraient pas, au contraire, elles la stimulent. Quant à la poésie, que je ne m'inquiète pas, la poésie jaillit et resplendit, elle vit en Myriam, rien ne la tarira.

Lorsque je dis que Zélia est responsable de l'existence de la fondation culturelle sise au Pelourinho – née de la donation de mes archives littéraires elle porte mon nom –, je dis la vérité. Sans Zélia ces archives se trouveraient à cette heure dans une université nord-américaine.

J'avais commencé à me défaire de ma bibliothèque, elle n'a jamais été grande, mais je ne savais plus, ni à Bahia ni à Rio, où mettre tant de livres. Je me mis à les donner à des biblio-

1. « Fuseau et quenouille / quenouille et quenouille / je teins et je lave / je lave avec l'eau / et de mornes sels / le corps / les blessures / aux franges de la mer / dans le temps passé » *(N.d.T.)*.

thèques publiques, de nombreux ouvrages allèrent à Lençóis Paulista où a été ouverte la bibliothèque Orígenes Lessa. Depuis un certain temps, sur la suggestion de Carlos Cunha, je donne mes livres à la bibliothèque de l'Académie des lettres de Bahia. Je ne garde que quelques volumes, ceux qui me sont absolument nécessaires, des maîtres qui m'ont marqué, des amis que j'aime, un certain nombre d'albums, quelques centaines de volumes, c'est amplement suffisant. À côté de ça les archives s'accumulaient, où garder tant de paperasse ?

Je pesais les propositions qui me parvenaient d'universités américaines, de Pennsylvanie et de Boston, ils désiraient recevoir ce fonds en donation, proposaient de s'en occuper, de le mettre à la disposition des chercheurs, de lui attribuer un lieu et un budget. J'avais constaté, durant mon séjour à la Penn State University[1], l'efficacité et le sérieux du travail que réalisent ces universités. J'étais sur le point de me décider, Zélia s'opposa résolument à mon idée d'offrir à une organisation étrangère mes documents, correspondance, livres, photos, diplômes, tout ce stock amassé : *ces archives ne sortiront du Brésil, de Bahia, que si l'on passe sur mon cadavre, elles doivent rester ici, c'est leur place.* En près d'un demi-siècle de cohabitation j'ai appris qu'il est inutile de discuter avec Zélia, je perds toujours, juqu'à maintenant je n'ai pas gagné une fois.

L'écrivain José Sarney, à l'époque président de la République, créa la Fondation au cours d'une cérémonie au palais du Planalto[2]. En le remerciant, je dis mon espoir que la Maison ne se transformera pas en musée, qu'elle sera réellement un centre de culture, d'étude de la littérature bahianaise et du roman brésilien, qu'elle travaillera en liaison avec les autres organismes culturels. J'ajoutai qu'étant dans la Maison simplement personnage, je ne me mêlerais pas de son administration ni de son organisation. Enfin, rappelant la donation par James Amado d'une sculpture de Tati Moreno, je mis la Fondation sous la protection d'Eshou, je l'ai confiée à ses bons soins et à sa garde.

Sous la grande plaque des trois races qui se sont mélangées, les Indiens, les Noirs et les Blancs, dressé devant la Maison par l'art de Carybé Eshou préside au destin de la Fondation, là a

1. En 1971.
2. Brasilia, 1986.

été plantée l'assise sacrée le soir de l'inauguration. Des divers lieux de culte, *ashés* et *ilês*, vinrent les mères et les filles-de-saint pour le chant et la danse en son honneur. Auparavant le président de la République, accompagné du ministre de la Culture, Celso Furtado, du ministre des Communications, Antônio Carlos Magalhães, du gouverneur de l'État, João Durval Carneiro, avait déclaré la Fondation inaugurée. Dom Timóteo l'aspergea de l'eau bénite de l'Église catholique, le babalorishá Luiz da Muriçoca lâcha la colombe blanche du culte du candomblé, Maison du syncrétisme et de la miscigénation. Sur l'estrade dressée sur le Largo défilèrent le soir les musiciens et les interprètes qui, d'une manière ou d'une autre, sont liés à mon travail d'écrivain, ils étaient dirigés par Nilde Spencer, mon amie, grande dame du théâtre de Bahia. Plus de vingt mille personnes emplissaient le Pelourinho le soir de l'inauguration[1]. Aux côtés de Waldir Pires, gouverneur élu, et de José Aparecido de Oliveira, gouverneur de Brasília, j'assistai d'une fenêtre au commencement de la fête, je n'ai pas été capable de rester jusqu'au bout, le cœur a ses limites.

Ici, dans ces souvenirs, je désire simplement remercier tous et chacun de ceux qui ont contribué à l'existence et au fonctionnement de la Maison, ils sont nombreux. José Sarney qui l'a fondée, Antônio Carlos Magalhães, Celso Furtado, Waldir Pires, João Durval Carneiro, ministres et gouverneurs, Lafayete Pondé Filho, président de la banque de Bahia, Renato Martins, de la Odebrecht, Mário Gordilho, Germano Tabacov, recteur de l'UFBA[2], qui préside à son destin depuis son installation, ceux qui composent les conseils, ceux qui travaillent là : Rosane Rubim, Zilá Azevedo, Maria de Lurdes, je ne cite que ceux qui ont participé aux débuts de la Maison, le poète Claudius Portugal qui a inventé et dirige la revue *Exu*, organe de la Fondation. Lorsqu'on m'a annoné ce projet, j'ai craint pour l'avenir de l'institution, la revue allait dévorer son patrimoine, propager l'infra-littérature, je n'ai jamais commis pareille erreur, la revue est une merveille et ne coûte pas un centime aux maigres coffres que Myriam administre.

Directeur général, Myriam Fraga se démène pour trouver

1. Mai 1987.
2. Université fédérale de Bahia.

des solutions aux problèmes, elle ne se plaint pas, ne se laisse pas abattre, si difficiles que paraissent et que soient la gestion de la Maison, la réalisation des projets. Myriam dirige la Fondation dans la poésie – *fuseau et quenouille* –, dans la sorcellerie, dans la fantaisie, maîtresse et complice, dans l'incantation et l'espoir, un acte d'amour qu'elle répète chaque jour, la poétesse Myriam Fraga.

Je remercie aussi Zélia : *seulement si l'on passe sur mon cadavre !* Sans elle, la Maison ne serait pas née, la paperasse serait aux States.

Bahia, 1987 – déjeuner

En me quittant, Ângelo Calmon de Sá me serre dans ses bras :

– Il n'y a que toi pour arriver à réussir l'impossible, je ne peux pas croire à ce que j'ai vu aujourd'hui. – Il fait allusion au déjeuner où, pour fêter l'inauguration de la Fondation Maison de J. A., j'ai réuni les contraires, les adversaires, les ennemis politiques et même les ennemis personnels.

S'assirent ce jour-là pour déjeuner dans la maison du Rio Vermelho trois cent trois personnes plus les resquilleurs, je ne sais combien : selon la coutume locale l'invité amène toute sa famille, tous bienvenus. Nous sortions des élections pour le renouvellement du gouverneur, des sénateurs, des députés fédéraux et des députés de l'État de Bahia, les combattants n'avaient pas encore déposé les armes. Comme on s'était insulté, agressé, traité de voleurs, de cocus, de canailles ! les honorables mères n'avaient pas échappé à une grossièreté sans limites. Zélia et moi avons reçu nos invités sans nous préoccuper de ce qu'ils pensaient les uns des autres, Sarney avec Marly, Antônio Carlos, Celso Furtado, José Aparecido, le gouverneur sortant, João Durval, celui qui prenait son poste, Waldir, le maire en exercice, Manuel Castro, le maire élu, Mário Kertz, il ne manqua personne. Pedro et Paloma eurent mission de placer les invités avec circonspection et doigté, il eût été excessif de placer des ennemis côte à côte. Un député, minuscule petit-fils d'un grand

Bahianais, donna une interview aux journaux disant qu'il ne paraîtrait pas, il invoqua des raisons politiques, en vérité je crois qu'il ne parut pas pour la simple raison qu'il n'avait pas été invité. Tous les invités vinrent, il n'y eut pas de disputes, de frictions, de grincements de dents, la paix régna et s'affirma la bonne éducation.

Il y avait là le gouvernement et l'opposition, les hommes politiques et les intellectuels, les riches et les pauvres, Vitor Gradim et Camafeu de Oshóssi, le poète soviétique Evtouchenko, le Français Francis Combe et le Bahianais Carlos Capinan, Combe écrivit un poème de lumière et d'ombre sur Bahia. *Succès total*, titra dans sa chronique notre invitée July, généreuse amie.

Hélas, pour moi ne fut pas aussi total le succès du déjeuner que Zélia et moi offrîmes à Germano Tabacov et à Myriam Fraga, président et directrice générale de la Fondation. Je raconte le désastre, j'en porterai la honte jusque dans ma tombe. Nous avions décidé de ne pas servir de whisky, un écrivain qui vit de ses droits d'auteur n'a pas les moyens d'offrir du whisky à trois cents personnes, le buffet serait à base de *batida* et de bière. Nous avions commandé je ne sais combien de caisses de bière, la moitié pour le déjeuner, la moitié pour la fête à la Fondation, le soir. Dans le frigidaire ne restaient que quelques bouteilles de notre consommation quotidienne.

J'ai l'habitude, quand nous recevons, de faire un tour pour voir comment sont servis les invités. C'est ce que je fis, je m'excusai auprès de Marly Sarney, quittai la table, circulai dans le jardin, dans la galerie, autour de la piscine, disant trois mots aux uns et aux autres, demandant s'il ne leur manquait rien. À l'une des tables déjeunaient Antônio Carlos et Walter Moreira Salles, je les saluai, demandai s'ils avaient besoin de quelque chose, Antônio Carlos dit qu'il avait demandé de la bière au garçon, lequel ne l'avait pas apportée, il avait disparu. Sans doute a-t-il oublié, je vais voir ça tout de suite, c'est une question de minutes, je m'éloignai à grands pas.

Je me dirigeai vers la cuisine, là je sus qu'il n'était pas possible de servir de bière car il n'y avait pas une seule bouteille dans la maison, le peu qui s'y trouvait avait été rapidement bu, les caisses prévues pour le déjeuner n'avaient pas été livrées rue Alagoinhas, toute la commande avait été envoyée à la Fondation. Impossible de faire quoi que ce soit pour remédier à la situation, dans le plus grand embarras, sans savoir comment agir, je n'eus pas le courage de retourner dans la galerie, je laissai ministre et banquier le bec dans l'eau.

Walter Moreira Salles, un vieil ami, avait été d'une gentillesse extrême : il s'était déplacé à Brasília pour signer au Planalto l'acte de constitution de la Maison, il était venu à Bahia pour la cérémonie d'inauguration, était resté au déjeuner, jamais plus je n'eus le front de m'adresser à lui et lorsque, à un moment de grandes difficultés, Myriam me dit qu'elle pensait aller le voir pour trouver du secours, je lui demandai de n'en rien faire, Walter Moreira Salles avait eu soif chez moi.

Paris, 1991 – Jacques Tati

Voisins que nous sommes à Paris de l'Opéra Bastille, ayant suivi pendant deux ans la construction de l'édifice, Zélia et moi montons pour la première fois ses marches, invités de Costa-Gavras pour le festival Ciné-Mémoire. Le festival s'ouvre avec la projection de *Playtime*, un film de Jacques Tati.

Nous étions présents à la première mondiale de *Playtime* dans un cinéma proche des Champs-Élysées, en 1967. Dans la version originale le film durait trois heures avec un entracte d'un quart d'heure entre les deux parties, on a fait un nouveau montage pour une projection de deux heures. J'ai adoré le revoir, j'ai pour l'œuvre de Tati plus que de l'admiration, j'ai de l'amour. *Jour de fête, Les vacances de M. Hulot, Mon oncle, Trafic*, je les revois toujours, mais je n'avais pas revu *Playtime*, l'un des films les plus importants de sa si petite et si immense production (de lui, je connais également un documentaire sur le cirque). Je place Tati parmi les monstres sacrés du cinéma (pour employer une expression de Zé Berbert), parmi les plus grands, les principaux, ses films m'enchantent et m'émeuvent. Maître du cinéma et de l'humanisme, tout en lui est droiture, fraternité, compréhension, amour de l'homme, au plus loin de la violence, de la mesquinerie, de la discrimination, des modes, tout en lui est éternel, rien n'est transitoire.

J'ai vu Tati en chair et en os une seule fois, lors de la vente de livres signés par les auteurs au profit du Comité national des écrivains, une fête annuelle qui attirait tout Paris, à commencer par le président de la République, j'y ai participé les années 48 et 49. En 1949 je me dirigeais vers l'endroit où Anna Seghers et moi, les deux seuls étrangers, devions signer, je passai devant le stand de Georges Sadoul, nous étions amis, je lui serrai la main, j'aperçus Tati, vedette qui accompagnait l'essayiste pour la signature.

À propos de Jacques Tati, Sadoul m'a raconté, en 1953 sauf erreur, une admirable histoire. Sadoul avait été au Brésil, il visita Rio, Bahia et São Paulo. À Rio Alex Viany et moi l'avons reçu, à Bahia Walter da Silveira l'a piloté, à São Paulo il fut stupéfait de trouver chez Silveira Sampaio un chat siamois qui répondait au nom de Sadoul. Il voulut savoir la raison de ce nom de baptême, il l'apprit : le chat s'appelait ainsi en hommage à lui, Georges, preuve de l'admiration que Silveira Sampaio lui vouait. Le chat était familier, Georges le prit sur ses genoux, l'hommage le toucha, il lui donna la mesure de sa notoriété, de la répercussion de son œuvre de critique de cinéma en des terres si lointaines.

L'histoire qu'il m'a racontée s'était passée le jour de la signature au Comité national des écrivains dont j'ai parlé plus haut : une grande file devant Sadoul qui signait sans une minute de répit. Tout à coup il s'aperçut qu'il avait écrit sur l'*Histoire de l'art du cinéma* le nom de Jacques Tati et non le sien, il commenta pour le réalisateur :

· Figure-toi que j'ai écrit ton nom au lieu du mien sur un livre

– Sur un livre ? Sur plus de cinquante. Il y a au moins une demi-heure que je signe Georges Sadoul là où tu as signé Jacques Tati. Pas de problème, tout va bien. – En racontant, Sadoul conclut : on aurait dit une scène d'un film de Jacques.

Pendant son séjour à Rio et à São Paulo, Sadoul passa la majeure partie de son temps dans les cinémathèques cariocques et paulistes, à voir des films brésiliens, il réaffirma son opinion sur Humberto Mauro[1], il le mettait dans le nombre des cent réalisateurs les plus importants du cinéma.

Admirateur de Sadoul et de Tati, je le suis également de

[1]. Humberto Mauro (1897/1983) *(N.d.T.)*.

Costa-Gavras, lui aussi un maître du cinéma et de l'humanisme, sa caméra dénonce l'oppression et les dictateurs. Je me sens fier de l'estime dans laquelle il tient mon travail de romancier. Zélia et moi avons mangé des plats grecs dans son appartement de la rue Saint-Jacques, lui et Michelle ont mangé de la feijoada dans la mansarde du quai des Célestins. Maintenant je le sens plus proche et fraternel, nous lie l'amour que nous vouons à Jacques Tati, nous sommes de la même confrérie.

Porto Alegre, 1942 –
conspiration palatine

Cérémonie d'adieu à Montevideo en l'honneur des exilés brésiliens qui rentrent dans leur patrie – le Brésil a déclaré la guerre à l'Axe nazi-fasciste, nous avons décidé qu'il était de notre devoir de coopérer avec le gouvernement dans son effort de guerre, nous irons impavides en prison. Un acte politique, un geste grandiose, d'une forte répercussion, quelques milliers d'Uruguayens se réunissent pour saluer les derniers romantiques. Discours, hymnes, vivats aux Nations unies, à l'Union soviétique, à leurs chefs, Churchill, Roosevelt, Staline, Staline avant tout, Dieu est moustachu et est né à Gori, en Géorgie. Rodolfo Ghioldi[1] à la fin de sa harangue m'appelle pour un entretien seul à seul, il m'annonce la décision des PC d'Argentine et d'Uruguay :

– Tu n'iras pas avec eux.

Je proteste, pour quelle raison tente-t-on de me voler la gloire d'être parmi les patriotes qui s'offrent en holocauste ? Rodolfo calme mon ire : tranquillise-toi, tu partiras demain pour le Brésil, simplement tu n'iras pas en train avec les autres, tu vas en avion remplir une mission à Porto Alegre, d'importance. Il commence à expliquer, j'écoute avec attention, ça concerne Prestes, je me sens récompensé.

Le gouverneur de l'État du Rio Grande du Sud est le général Cordeiro de Farias, dans le futur il sera maréchal, dans le

1. Rodolfo Ghioldi, dirigeant du PC argentin.

passé il a été l'un des commandants de la Colonne Prestes, j'ai souligné son courage et sa valeur dans *Le Chevalier de l'Espérance,* il doit se gratter les bourses de satisfaction. J'ai mission de prendre contact avec lui, d'obtenir de le rencontrer, de lui expliquer la position des communistes solidaires avec le gouvernement de Getúlio Vargas dans la guerre contre l'Axe et de lui dire combien il serait désirable et utile que lui, Cordeiro de Farias, fasse une visite à Luiz Carlos Prestes dont il se proclame l'ami. Il romprait l'isolement dans lequel vit depuis sept ans le commandant en chef de la Colonne – je corrige : le commandant en chef était le général Miguel Costa, Prestes était le chef d'état-major, c'est-à-dire celui qui commandait, donnait les ordres y compris à Miguel Costa. Les camarades dirigeants des deux partis communistes considéraient que cette proposition, venant de moi, écrivain connu, auteur du livre encensé dans lequel le général Cordeiro faisait figure de héros, aurait des chances d'être acceptée et menée à bien. Rodolfo me remet le billet d'avion, me serre contre sa poitrine, je sais combien Carmen et lui m'aiment, notre amitié vient des temps tourmentés de la conjuration de 35.

Je débarque à Porto Alegre, je demande l'hospitalité à Henrique Scliar, le vieil anarchiste me reçoit avec l'affection de toujours, il ne me pose pas de questions. Pendant le voyage j'ai mûri un plan d'action, je n'avais pas pu le faire avant, j'avais occupé la nuit en adieux : Maria Comtesse des Seins de Citron, de noblesse rurale, était venue de son hacienda dans la province d'Oriente, le mari m'envoyait un stylo en or, cadeau de lecteur et d'associé. Pour que je ne l'oublie pas, la comtesse me donna sa petite culotte noire et minuscule au parfum musqué. Catholique pratiquante, elle ne couchait pas, elle commettait le péché de chair, brasier de bois sacré, elle jouissait en latin : *mea culpa, mea maxima culpa.* Elle allait du lit au confessionnal.

Manuelito d'Ornelas, écrivain d'une portée régionale, mon ami, est secrétaire à l'Éducation de l'État. J'ai l'adresse de sa résidence, j'attends la fin de l'après-midi pour aller le voir. Je vais lentement dans la rue tranquille, déserte de passants, j'arrive devant une maison de plain-pied, par la fenêtre ouverte je vois Manuelito assis à son bureau en train de lire, je frappe à la porte. Son épouse vient ouvrir, en me reconnaissant elle étouffe un cri, elle me fait entrer, rapide elle verrouille la porte, elle va appeler son mari, elle en profite pour fermer les fenêtres, je suis un zombi.

Je m'entretiens avec Manuelito dans l'obscurité de la pièce, la maîtresse de maison est allée préparer du café : j'explique le problème, il réagit bien, il se met à ma disposition. *Je vais parler tout de suite au gouverneur, attends-moi ici, je reviens avec la réponse.* La dame arrive avec les tasses de café : *je l'ai fait à l'instant* ; elle sourit, remise de sa frayeur. *Jorge va dîner avec nous,* avertit Manuelito, *je vais sortir mais je ne tarderai pas*. Elle hoche la tête en signe d'assentiment, s'excuse, me laisse seul un moment, va à la cuisine donner des ordres pour améliorer l'ordinaire. De retour elle me tient compagnie, elle est intelligente, me parle de livres, m'interroge sur l'Uruguay. Manuelito revient, le général m'attend à minuit, au palais.

De minuit à trois heures et demie du matin le général Cordeiro de Farias et moi discourons sur la politique mondiale et brésilienne, sur la marche de la guerre, nous faisons des pronostics. Nous commençons par le panorama des fronts de bataille, Manuelito m'avait accompagné pour m'introduire, il participe, lui et moi risquons des avis, mais le général, beau parleur et sympathique, théoricien en questions militaires, pontifie. Manuelito prend congé, me laisse en tête à tête avec Cordeiro de Farias, j'entre dans le sujet, je délivre mon message.

Je parle de la position des communistes, identique dans le monde entier, tout pour la guerre, l'abandon du radicalisme, le changement s'il le faut du nom du Parti – ça vient de se produire à Cuba où les communistes et le dictateur Batista se sont unis en un front antifasciste –, ce qui importe c'est de battre Hitler, tout le reste est secondaire, les mots d'ordre appelant à lutter contre l'Estado Novo n'ont plus de raison d'être, pas plus que les revendications sociales, l'agitation et les grèves, toute la nation doit se regrouper autour du gouvernement, autour de Vargas. Cordeiro, combiné de militaire et de politicien, écoute intéressé.

J'en arrive à Prestes, nous parlons de mon livre, je l'ai écrit pour aider à l'amnistie des prisonniers politiques, nous savons qu'il y a un long chemin à parcourir avant d'y arriver, Cordeiro me remercie des éloges que j'ai faits de son action, il relate tel ou tel fait, dit du bien de Prestes, du commandant et de l'homme de principes : tout en divergeant du marxisme et en condamnant le communisme, il n'a cessé de l'admirer et de l'estimer, *En ma présence,* dit-il, *je n'admets pas qu'on dise quoi que ce soit contre lui.* L'accent est sincère, le ton ferme, je me sens encouragé, j'avance ma suggestion d'une visite.

Lui rendre visite ? Le général reste pensif comme s'il pesait le pour et le contre. Il aimerait bien aller le voir, la situation de Prestes lui fend le cœur, on n'a pas le droit de le traiter avec autant de cruauté, il ne cache pas son peu d'estime pour certains personnages du gouvernement. Il me promet de faire une démarche auprès de Vargas, il tentera d'obtenir l'autorisation, mais Vargas parviendra-t-il à doubler Dutra, Filinto, Góes Monteiro, les autres centurions du régime ? Il en doute, *Getúlio shoote des deux pieds, il se tient en équilibre entre les tendances qui s'affrontent au sein du gouvernement, d'un côté Lourival Fontes, de l'autre le colonel Afonso de Carvalho, mulâtre et nazi, vous vous rendez compte !* Il ne mâche pas ses mots, il semble être content d'abattre son jeu, de révéler sa pensée. Quant à la visite, Orlando Leite Ribeiro avait déjà tenté d'obtenir de Vargas un sauf-conduit pour aller voir Prestes, il n'avait pas réussi, or les deux meilleurs amis d'Orlando sont précisément Prestes et Vargas. Le général fera une tentative mais il doute du résultat, il est pessimiste. *Restez par ici*, me dit-il en me quittant, *mais si je reçois des ordres de Rio je serai obligé de vous faire arrêter, pour ce qui est de la visite je vais avancer mes pions, on verra ce que ça donne.* Il m'accompagne jusqu'à la porte, les soldats de garde saluent.

Au petit matin j'arrive chez Henrique Scliar, il a veillé pour m'attendre, il pensait que j'avais été arrêté. Arrêté ? Pas encore. J'arrive du palais, je conspirais avec le Général, garde le secret. Je mets la main à ma poche cherchant un mouchoir pour essuyer mon visage en sueur, au lieu du mouchoir je tire un bout d'étoffe noire, la petite culotte de Maria comtesse des Seins de Citron, dans la salle l'odeur de musc sauvage, le vieux Scliar aspire : *Quel parfum !* J'approuve, mort de nostalgie, je lui souhaite bonne nuit, j'emporte avec moi la relique, je vais dormir.

Bahia, 1974 – nudisme

En 1974 le hasard voulut que trois équipes de cinéma, l'une française, les deux autres brésiliennes, se trouvent en même temps à Bahia pour filmer des adaptations de mes livres, une bonne partie du tournage se passa dans le quartier du Pelourinho, cadre de plusieurs de mes romans. Là, Nelson Pereira dos Santos, assisté de son fils Nei et de sa nièce Tisuka[1], installa les bureaux de la production de *La boutique aux miracles*, tandis que Bruno Barreto choisissait le Largo da Palma pour ceux de *Dona Flor et ses deux maris*. Marcel Camus, les poches pleines de francs français pour produire *Les pâtres de la nuit*, loua l'ancien terreiro du Caboclo Pedra Preta, maison-de-saint où je fus, en des temps anciens, fait ogan de Yansan par Joãozinho da Goméia.

Les trois réalisateurs tournèrent des scènes au Largo du Pelourinho et dans les rues adjacentes. Marcel Camus et Bruno Barreto, qui avaient chacun situé des séquences dans l'église du Rosaire des Noirs, me demandèrent d'intervenir auprès du cardinal pour obtenir les autorisations nécessaires. Je m'exécutai, le cardinal, aimable, accepta, il donnerait des instructions. Parole tenue, à l'intérieur et à l'extérieur de l'église Bruno tourna les séquences finales de son film.

Il filma un dimanche après-midi. Dix fois au moins il fallut répéter la même prise de vue car la foule massée sur la place pour regarder entrait en transe en voyant José Wilker – le Vadinho du roman – se détacher de derrière une colonne, nu comme un ver à la porte du temple, prendre la main de Sônia Braga, Dona Flor, qui sortait de l'église au bras de Mauro Mendonça, le pharmacien Teodoro, et tous trois descendre, bras-dessus bras-dessous, joyeusement la ruelle – les cris, les sifflets, les applaudissements éclataient à la vue des balloches de Vadinho, le vacarme couvrait la musique de fond, le son des cloches. Bruno faillit perdre la tête, le peuple était aux anges.

Quelques jours plus tard, le matin, je reçois un coup de téléphone désespéré de Camus. Accompagné de tous les figurants, près de cinquante personnes, les hommes en blanc, les femmes en costume de Bahianaises, il s'était vu interdire par le curé l'accès de l'église. Ne sachant à quel saint se vouer il faisait appel à moi : que je parle au cardinal afin que les instructions soient renouvelées d'urgence, chaque minute coûtait une fortune à la production.

Il ne fut pas facile d'avoir Dom Avelar Brandão[2] au télé-

1. Tisuka Iamasaki, cinéaste.
2. Dom Avelar Brandão (1912/1986) fut cardinal primat du Brésil de 1971 à 1986.

phone, le secrétaire me répondit sèchement que Son Excellence faisait une retraite spirituelle. Dans l'urgence je lui forçai la main, je fis un scandale, la lopette fit marche arrière, j'obtins qu'il transmette mon appel. Dom Avelar sortit de sa prétendue retraite, il vint à l'appareil. Je lui relatai le drame de Camus, avec cinquante extras payés à l'heure, attendant dans la rue devant la porte close de l'église. *C'est vrai,* me dit le cardinal, *la permission a été retirée en raison de ce qui s'est passé dimanche durant le tournage de* Dona Flor : *des scènes de nudisme dans l'église, on a parlé de bacchanale, les catholiques révoltés, les dévotes au bord de la crise de nerfs.*

Je lui expliquai les faits, bacchanale et nudisme, une invention des vieilles filles. L'unique personne nue, et encore pas totalement (j'avais mis un cache-sexe sur l'arme de Vadinho), était restée à l'extérieur de l'église, enveloppée d'un peignoir jusqu'au moment de donner le bras à Dona Flor. Je le jurai sur l'âme de ma mère, je parvins à convaincre Dom Avelar. Un quart d'heure plus tard Marcel Camus occupait le parvis, prenait position dans l'église pour filmer le baptême du fils du nègre Massu qui avait pour parrain Ogoum, orishá des métaux, et durant lequel Eshou fit les quatre cents coups ainsi que le raconte l'histoire. Personne ne protesta, les bigotes puritaines, les vieilles filles racornies se tinrent coites, elles ne firent pas de scandale. Au contraire du nudisme, le syncrétisme ne dérangea personne, il ne provoqua ni cris ni réaction violente, fidèle qu'il était à la réalité de Bahia : les filles-de-saint entrèrent en transe dans l'église, six Ogoums se manifestèrent, chevauchèrent leur monture, accompagnèrent le baptisé, un cortège de parrains.

Bahia, 1962 – Zuca

J'apprends avec Zuca[1] à ne pas être pressé. Mis à part Aurélio qui exerce les fonctions de chauffeur et est notre homme à tout faire depuis près de trente ans – c'était un jeune homme lorsqu'il est arrivé, aujourd'hui il a des fils blancs dans ses che-

1. José Laurêncio Carvalho.

veux –, Zuca est, de nos employés, celui qui a passé le plus de temps dans la maison du Rio Vermelho. Dans cette fluctuante population de secrétaires, bibliothécaires, femmes de chambre, cuisinières, laveuses, garçons de courses, quelques-uns sont restés longtemps en fonction, de plusieurs nous avons été et demeurons amis. Valdomiro, qui s'occupe de la piscine et entretient avec elle une mystérieuse relation, s'achemine vers le temps record de Zuca, mais il n'en est pas encore là : pendant vingt ans Zuca a occupé le poste de jardinier.

Le jardinage, il n'y connaît pas grand-chose, en revanche c'est un tueur de fourmis d'une inestimable compétence, dans un combat sans trêve il a anéanti les fourmis qui infestaient le terrain lorsque nous l'avons acheté, il a anéanti les fourmilières de la maison et celles de tout le quartier. Vu ses capacités, Antônio Carlos l'a nommé employé municipal, il a gagné un agent électoral d'une efficacité à toute épreuve. Cœur d'or, père de dix enfants de son sang, il y a adjoint les orphelins qu'il a élevés au milieu des difficultés des pauvres : si le pain a parfois manqué, jamais n'a manqué l'affection.

Un parfait Bahianais, tranquille, souriant, sympathique, bon garçon : le temps lui appartient, Zuca le gouverne, il en dispose à sa guise, ne se soumet pas à des horaires. Je vais chez un pépiniériste, j'achète des plants de pitanguiers, je les rapporte à la maison, je dis à Zuca de les planter, il les pose le long du mur, *en attente* – en attente de quoi ? Lui seul le sait, j'interroge :

– Zuca, quand vas-tu planter les pieds de pitanga ?

– Aujourd'hui c'est lundi... – Zuca compte sur ses doigts : – ... vendredi je les plante, Professeur. – Il m'appelle professeur avec déférence.

– Vendredi ? – à mon tour je compte sur mes doigts : – Dans cinq jours ? Ce n'est pas possible, Zuca.

– Le Professeur voudrait avant ? Alors je les plante jeudi...

– Jeudi ? C'est très tard, Zuca.

– Très tard ? – il s'étonne mais se résigne : – Alors mercredi...

– Avant mercredi, Zuca.

– Le Professeur est pressé, pas vrai ? Je les plante demain...

– Pas demain, Zuca. Aujourd'hui, maintenant...

Zuca me regarde avec amitié et commisération, je bouscule son temps et sa vie :

– Le Professeur est intéressant. Il a des idées…

Contraint mais pas convaincu il va planter les pitanguiers, ils ont bien poussé mais n'ont jamais donné de pitangas. Je demande des explications à Zuca, de sa voix calme et chantante il m'éclaire : *ils ont tourné, Professeur, ça arrive beaucoup :*

– Aussi, plantés à cette vitesse…

Bahia, 1967 –
les classiques

Dans la librairie de Demê je paie des notes énormes, incessantes, des livres achetés en pagaille par João Jorge – mettez-les sur le compte de mon père –, toute une bibliothèque de marxisme-léninisme.

Le portrait de Che Guevara, une photo de Korda, la plus reproduite dans le monde entier, occupe la place d'honneur dans la chambre de João au Rio Vermelho, les rayonnages sont remplis par les maîtres du matérialisme dialectique, par les idéologues du communisme soviétique, Marx et Engels, Lénine, Boukharine, Staline, toute la kyrielle, il n'en manque aucun. Deux éditions du *Capital*, une sorte de résumé en portugais, une autre complète, reliée, superbe, en espagnol. Beaucoup de livres en espagnol, Demê les importe par des voies secrètes, ils coûtent les yeux de la tête. Un livre en français, *Le fils du peuple*, avec une dédicace de Maurice Thorez « *au camarade brésilien J. Amado* », dérobé à mes archives.

Les éditions brésiliennes, presque toutes, portent l'estampille de Civilização Brasileira, la maison d'édition d'Ênio Silveira, ami et compagnon. Ênio a sur le dos plusieurs procès, habitué des commissions militaires d'enquête il ne s'amende pas, il court de nouveaux risques, avec un courage à toute épreuve il continue à éditer des auteurs interdits, il rend service à la cause, affermit sa position auprès de l'intelligentsia, gagne de l'argent.

J'examine les rayons surchargés d'idéologie. Je constate – avec une certaine satisfaction, je l'avoue – que mon fils n'a pas lu une ligne des classiques de la révolution prolétarienne, les volumes sont aussi vierges qu'au sortir des presses d'Ênio. João Jorge imite en cela les dirigeants du PC : il ne lit pas les classiques du marxisme, les maîtres du léninisme, je me demande qui les lit, beaucoup vendus ils sont peu lus – comme il arrive de nos jours à des romanciers en vogue, brésiliens et étrangers.

Dirigeant estudiantin en lutte contre les militaires au pouvoir, jeune communiste sectaire mais plein d'allant, João Jorge écrit des pièces pour enfants, collabore au théâtre populaire, organise des manifestations, flirte à tour de bras, dans ses heures creuses (rares) fréquente les cours de sociologie à la faculté de philosophie et, s'il ne lit pas les classiques, lit les romanciers et les poètes. Les livres qu'il lit sont éparpillés dans la chambre, ils n'ont pas droit aux rayonnages, ils sont abandonnés sur les chaises, au pied du lit, à côté des toilettes. J'examine auteurs et brochures, les lectures de l'adolescent : Dumas, Castro Alves, Eça de Queiroz, Machado de Assis, Steinbeck, Aluísio de Azevedo, *Lolita* de Nabokov, *La Mère* de Maxime Gorki – enfin un Soviétique. Je voudrais savoir : lequel d'entre eux préfère-t-il ? João Jorge n'hésite pas : *j'aime Eça de Queiroz, il est comme ça !* J'approuve mais je continue à interroger : quel livre d'Eça ? *L'illustre maison des Ramires* ? *Les Maïas* ? João Jorge apprécie *Les Maïas*, il trouve João da Ega super, il n'a pas lu *L'illustre maison*, mais le Eça qu'il préfère, c'est celui de *La relique*. Je lui conseille de lire Dickens et Mark Twain. Il me dit que, de Twain, il a déjà lu *Tom Sawyer* et *Huck*, je lui propose les contes, je vais dans mon bureau chercher *Mister Pickwick*.

Par coïncidence Ênio Silveira arrive à Bahia, il vient recevoir le titre de citoyen bahianais que la Chambre municipale lui a décerné. Il me raconte les difficultés que traverse sa maison d'édition, les tracasseries politiques, la lutte pour survivre. Je l'aide à vendre un paquet de titres de la bonne littérature qu'également il édite au gouverneur de l'État, Antônio Carlos Magalhães, Antônio Carlos n'est pas naïf, celui qui pourra le rouler n'est pas encore né, il sait qu'en achetant des livres d'Adonias Filho, de Guilherme Figueiredo, Nabokov, Steinbeck, Hemingway, Campos de Carvalho, il subventionne la traduction et la diffusion des auteurs du marxisme-léninisme, il le fait en toute conscience. Ênio me remercie de la solidarité dont je fais preuve envers Civilização Brasileira.

– Ma solidarité envers ta maison d'éditon ? Elle ne date pas d'aujourd'hui. N'est-ce pas moi qui la soutiens ? Je dépense des fortunes avec la culture marxiste de João Jorge. Tu vis aux crochets de mon fils, cher Ênio.

Après trente ans de vie en commun, de liaison – j'aime bien le mot liaison, employé pour nommer ce que dans le code des familles on appelle concubinage, un mot dont j'ai horreur, il est laid, il sent le préjugé et la discrimination – Zélia réclame le droit, conformément à la loi, de porter mon nom, de signer Amado. À Bahia elle est déboutée de sa demande, le juge a eu peur, une ignominie ; à São Paulo elle gagne, elle joint Amado à son nom de jeune fille.

Ça ne traîne pas, Nelson Carneiro[1] *gagne la guerre du divorce, Zélia et moi nous marions. Trois ans plus tard Dona Zélia s'émancipe, elle écrit et publie un livre,* Anarchistes, grâce à Dieu[2], *où elle narre son enfance de fille d'immigrants, Italiens anarchistes et catholiques, dans le cadre d'un São Paulo affairiste où naissaient le capitalisme avec les Matarazzo et les Crespi et le mouvement ouvrier au siège des Classes laborieuses et autres cercles culturels et revendicatifs. Le livre a eu du succès, il en a toujours, les éditions se succèdent, il est traduit, il s'est transformé en série télévisée dans la transposition (superbe) de Walter Avancini. Dona Zélia y a pris goût, elle en est à son cinquième volume de mémoires sans compter les histoires pour enfants. Ne voulant pas de béquilles pour sa marche littéraire, elle a signé ses livres de son nom de jeune fille, elle est redevenue Zélia Gattai, un renom national, je lui ai peu de temps servi d'appui.*

Pour moi, ni Amado ni Gattai, seulement Zélia quand ce n'est pas Zezinha.

1. Nelson Carneiro, avocat et homme politique.
2. *Anarquistas graças a Deus* – en français *Zélia (N.d.T.)*.

Rio de Janeiro, 1939 –
Urca

Les temps sont durs, pauvre comme Job je suis rédacteur en chef du *Dom Casmurro*, hebdomadaire littéraire, une sorte de *Nouvelles littéraires* traduites en brésilien par Brício de Abreu, *bon vivant** ayant derrière lui des années de Paris, ce poste ne me rapporte pas trois sous. Pas plus que celui de rédacteur de *Diretrizes*, dans la première phase de la revue de Samuel Wainer. Je vis de petits boulots.

La dictature de l'Estado Novo me ferme toutes les portes, me bouche les possibilités de travail, j'ai tenté São Paulo, sans succès. J'écris sous un pseudonyme pour *Carioca* et pour *Vamos Ler!* magazines du groupe de *A Noite,* mes amis Magalhães Júnior et Antônio Vieira de Melo m'assurent quelques deniers pour ma semaine. Je rédige des dialogues pour des *chanchadas,* je collabore avec Alinor de Azevedo[1] et Moacir Fenelon[2] à des scénarios pour des films de l'Atlântida, Carmem Santos, l'inoubliable, m'achète les droits pour le cinéma de *Mar Morto.* Je fais de tout et plus que tout je participe à l'activité du PC.

Les temps sont durs mais joyeux, mon appartement à Urca, juste à côté du Casino, est une espèce de république des lettres et des arts en fête permanente. Y logent pour quelques mois ou quelques jours une bande d'agités : le peintre Carlos Scliar, le cinéaste Fernando de Barros, l'architecte portugais Eduardo Anhaory, l'artiste Tereza d'Amico, avide et sémillante.

Scliar nous a nourris pendant des mois en faisant le portrait des sœurs et d'autres parentes de Maria de Ademar de Barros : élève de piano de Mário de Andrade, elle tomba amoureuse de son professeur, elle fit son siège, Mário se déroba. Dans son dépit elle devint la maîtresse officielle d'Ademar, gouverneur de l'État de São Paulo – argent à gogo, automobile de luxe, cadillac, elle était romantique quand on lui contait fleurette au clair de lune, sensuelle dans le lit de toutes les voluptés, une fleur de personne. C'était notre patronnesse, elle nous invitait à dîner, nous servait du foie gras et du champagne Veuve Clicquot. Que sont devenues les aquarelles de Scliar ? les portraits de famille, Maria

1. Alinor de Azevedo, cinéaste.
2. Moacir Fenelon, cinéaste.

de Ademar et ses sœurs, toutes bien casées, elle avec le gouverneur de São Paulo, les sœurs avec des millionnaires : adorables, elles n'avaient pas froid aux yeux.

Nous avons également vécu grâce à *L'art d'être belle,* un manuel de beauté signé par Fernando de Barros, maquilleur au service de la parfumerie Coty qui lui avait commandé cet ouvrage pour l'offrir à ses clients. Fernando était arrivé au Brésil en 1938 en compagnie de Chianca de Garcia, avec l'intention de filmer *Capitaines des sables*, mais *Capitaines* étant un livre interdit ils filmèrent *Pureza* de Zé Lins. J'écrivis l'ouvrage de Fernando en deux nuits, Scliar fit les illustrations, Anhaory dessina la couverture, Zélio Valverde l'édita. *L'art d'être belle* nous permit de manger et boire, il paya même le loyer de l'appartement : le bon temps.

À partir de neuf heures du soir l'appartement se remplissait de visites, les invitées de Anhaory, comtesses et midinettes, celles de Fernando, des femmes du monde, des choristes du casino, des clientes de Coty, des étoiles du théâtre de variétés, une vaste clientèle celle des deux Portugais. Venaient les amoureux de Tereza, elle les faisait alterner, en changeait souvent, accapareuse elle fut pendant trois semaines la fiancée d'Otávio Malta, un homme de poids, journaliste important, éminence grise du Parti, c'était notre liaison avec le bureau politique; encore fiancée elle lui planta des cornes, Malta abandonna la lice. Venaient les artistes, les copains de Scliar, Ceschiati commençait à sculpter, Athos Bulcão était déjà gros, ils apportaient des toiles, des pinceaux et des couleurs, ils suaient le talent par tous les pores.

Pour compléter la fête, la bande de *Diretrizes,* les écrivains, les hommes politiques, les subversifs : Samuel, Malta, Moacyr Werneck, Carlos Lacerda, Noel Nutels, et une troupe de Juives mariées et demoiselles, une rousse s'appelait Bertinha, elle est morte adolescente, je l'aimais beaucoup, je lui ai dédié un livre. Moacyr Werneck de Castro courtisait Lygia Fagundes Telles, une nouvelle romancière, déjà une merveille, pas encore autant qu'aujourd'hui. Maria de Ademar et ses sœurs ne manquaient jamais, elles étaient de la famille, au moins cousines, elles auraient été sœurs si ce n'eût été de l'inceste.

Le show terminé sur la scène de l'Urca, de grandes vedettes montaient à l'appartement, nous faisaient la grâce de leur présence, des gens au sommet de la gloire, d'ici et d'outre-mer : Sylvio Caldas, Pedro Vargas, Beatriz Costa, Grande Otelo, la Mexicaine Elvira Rios, Jean Sablon, Ary Barroso, Dircinha et Linda Batista. Un soir Sylvio arriva affolé, pressé par l'horaire du show il avait renversé un homme avenue da Ligação, il allait chercher Rolas au casino. Beatriz Costa devint amie et commère, elle avait été amenée par Anhaory, la frange de ses cheveux, la verve, le piquant, le rire, la spontanéité, la grâce portugaise, le mot cru innocent, la Beatrizinha comme nous l'appelions. Au cinéma elle triomphait avec l'*Aldeia da Roupa Branca*, de Chianca, en chair et en os sur les planches elle faisait un malheur.

Un grand moment fut la visite une nuit, presque à l'aube, de Joséphine Baker, elle donnait une représentation au casino, elle arriva avec Tereza d'Amico accompagnée d'Oswaldo de Andrade et de Julieta Barbara, sa femme. Je ne sais comment elle et Tereza s'étaient connues, elles paraissaient intimes, grandes amies, étroites amies.

Des temps difficiles, sans argent ni démocratie, malgré ça nous faisions la fête et affrontions l'Estado Novo, nous étions jeunes et insolents.

Rio de Janeiro, 1946 –
l'étoile

Arrivé depuis peu à Rio pour remplir mon mandat de député à la Constituante de 1946, je reçois à la Chambre un billet de Carmem Santos, elle me convoque : *je t'attends pour dîner à neuf heures, je veux faire un film sur Castro Alves, une superproduction, réalisation de Mário Peixoto, l'histoire écrite par toi, sois là sans faute à neuf heures.*

Aujourd'hui tu vas connaître Carmem Santos – je montre le message à Zélia –, une amie chérie, une personne fantastique, une déesse du cinéma : je m'étends sur la beauté, le charme, l'élégance, le talent de la comédienne de *Favela de mes amours*, propriétaire des studios de la Brasil Vita Films. En 1933 Carmem avait pris une option de deux ans pour le tournage de *Cacao*, en 1943 elle paya une autre option, également de deux ans, pour l'*ABC de Castro Alves*, en 1938 elle avait acquis pour cinq ans les droits cinématographiques de *Mar Morto*. Elle ne réalisa aucun des trois films mais l'argent des contrats avait toujours été bienvenu : pour être uniquement écrivain, pour survivre sans autre office, j'ai mangé de la vache enragée.

Nous descendons de taxi, je donne le bras à Zélia, sur son trente et un : à élégante, élégante et demie, c'est un bonheur de la regarder, une jeune madone. Nous franchissons le porche de la demeure spacieuse et accueillante à la Tijuca. Je pensais trouver Mário Peixoto mais Carmem est seule, je fais les présentations :

– Zélia, ma femme...

– Oh !

Zélia sourit, Carmem couvre ses seins de ses mains, surprise. Non qu'elle ait les seins nus, mais presque : sans soutien-gorge, la blouse transparente les met en valeur. Elle porte un pantalon léger sans rien d'autre, ni combinaison ou jupon, la soie mince, translucide révèle les formes du corps, la beauté de la vedette :

– Excusez-moi, je pensais qu'il venait seul, je ne savais pas qu'il s'était marié.

Zélia, parfaite, ne se trouble pas : *je vous en prie, vous êtes si élégante, nous nous sommes unis à São Paulo pendant la campagne pour l'amnistie.*

Carmem nous laisse dans le salon avec l'apéritif et les amuse-gueule :

– Je vais téléphoner à Mário, lui dire de venir.

Elle en profite pour changer de blouse et de pantalon, elle revient dans un élégant ensemble noir, très sobre. Le cinéaste de *Limite* ne tarde pas à apparaître.

Paris, 1991 – la question

Mon petit-fils Jorginho, huit ans incomplets, demande à sa grand-mère Zélia, soixante-quinze ans accomplis :

– Mam', tu fais encore nini-nana avec grand-père ?

New Delhi, 1957 – destin de la poésie

D'un air de victime des événements, Neruda me traduit l'article d'un journal anglais, la date est ancienne, qu'a laissé à l'hôtel un touriste :

– Ça, ce n'est pas possible, ce n'est pas permis. Ces Soviétiques ne sont pas sérieux, *compadre* – sur la photo en dessous de l'article, on voit Khrouchtchev et Tito s'embrasser à l'aéroport de Belgrade.

Après le succès prodigieux du *Chant général*, son livre majeur, celui qui a fait de Pablo l'un des premiers poètes de notre temps, le trouvère chilien et communiste était réapparu dans les devantures des librairies avec *Las Uvas y el Viento* (Les raisins et le vent), un recueil de poèmes politiques – dénonciation de l'impérialisme nord-américain, facteur de guerre et de misère, louange de l'héroïsme soviétique et des leaders des récentes nations socialistes nées dans le sillage des victoires de l'armée rouge durant la Seconde Guerre mondiale. Poèmes majeurs, poèmes mineurs, leur niveau n'est pas celui du *Chant*, mais rien de ce qu'écrit Neruda n'est négligeable, on trouve toujours un vers immense, la poésie vit en lui. L'un des poèmes les plus vibrants fait l'apologie de Tito, commandant des peuples yougoslaves, père de la patrie, de plus grand que lui il n'y a que Staline. Traduit immédiatement dans toutes les langues de la fédération des Républiques de Yougoslavie.

Les éditions Losada, en Argentine, annonçaient la deuxième édition de *La Uvas y el Viento* quand se produisit la rupture de Tito d'avec Staline, celle que nous savons, le jugement dernier. Indigné contre Tito, le traître, Pablo retire du volume le panégyrique, à sa place il met un poème incendiaire : de héros des peuples, Tito est rabaissé au rang de chien de garde de l'impérialisme, sous les applaudissements des Soviétiques et de nous tous.

Beaucoup d'eau coula ensuite sous les ponts, il y eut le XXe congrès du PCUS, la dénonciation des crimes de Staline, la réhabilitation de Tito, le voyage de Khrouchtchev à Belgrade, alors qu'une maison d'édition chilienne, Nascimento, préparait une nouvelle édition des *Uvas*. Pablo me montre sur le journal le discours de Nikita à sa descente d'avion, tombant dans les bras du maréchal Tito : *Cher camarade Tito.*

– Écoute, *compadre,* et dis-moi si on a le droit : cher camarade Tito ! – Pablo se sent pris dans les filets de la politique, il déplore le destin des raisins soumis aux vents soviétiques : – Écoute et dis-moi, *compadre,* ce que je dois publier dans l'édition qui est sous presse, l'éloge ou la mercuriale ? Dans ces conditions ça devient difficile d'être un poète engagé. Comment est-ce possible ?

Je conseille à Pablo de retirer une fois pour toutes Tito des pages du livre, il sera à l'abri des oscillations politiques. Surtout, *compadre,* n'écris pas encore l'éloge de Khrouchtchev, il vaut mieux attendre de voir ce que ça va donner, quel lièvre va sortir.

Rio de Janeiro, 1963 –
mélancolie

Ce que nous donne l'Académie, je parle de l'Académie brésilienne des lettres, ce n'est ni l'immortalité (sic !), ni la gloire (pfff !), ni même la respectabilité. Elle nous donne seulement et c'est beaucoup, ça compense la fatuité, l'éphémère, les sottises, elle nous donne la convivialité, l'amitié. En entrant à l'Académie – par une porte dérobée, celle de l'erreur, je pense – j'ai gagné de nouveaux et de bons amis : Antônio da Silva Melo, Clementino Fraga[1], j'ai eu l'occasion de fréquenter Pedro Calmon que je n'avais rencontré que rapidement.

Dans la salle des séances, lorsque je m'y rends, je m'assieds entre un nouvel ami, je ne le connaissais pas avant, Afonso Pena Júnior, quelqu'un de remarquable, cultivé, intelligent, agréable, et un vieil ami, un tendre ami, Álvaro Moreyra. Sa maison, la sienne et celle d'Eugênia, fut ma maison lorsque, enfant de dix-huit ans, je débarquai à Rio de Janeiro, ils eurent un fils de plus : la famille était grande, les enfants qu'Álvaro avait faits avec Eugênia et ceux qu'ils ont adoptés, elle et Alvinho.

Un académicien est en train de parler, Alvinho se tourne vers moi, me dit :

1. Antônio da Silva Melo (1886/1973), Clementino Fraga (1880/1971), écrivains, médecins et professeurs.

– Hier soir je me suis vu à la télévision, une émission enregistrée il y a longtemps. Là je me suis rendu compte à quel point je suis fini, j'ai eu tellement pitié de moi…

Mélancolique, la voix d'Alvinho. Mélancolique et forte, une voix de sourd, elle retentit, interrompt l'orateur.

Prague, 1950 – chauvine

Maria de Bahia passe par Prague en se rendant à Paris, elle vient de Sofia. Maria de Bahia, parce que la résidence de sa famille se trouve au Corredor da Vitória, près du Campo Grande.

Mystificatrice, elle se présente comme la filleule de Graciliano Ramos parce qu'elle est née à Palmeira dos Indios, en Alagoas, elle se déclare ma parente : *tu ne sais donc pas que le Lieutenant a fricoté avec Maria, ma sœur cadette ?* Le Lieutenant, c'est James Amado, en ce temps rédacteur en chef de *O Momento,* gazette du PC bahianais. Beau-frère de la main gauche et confident, j'écoute avec délice des détails sur sa vie privée.

Parce qu'elle est journaliste, envoyée spéciale de *O Momento,* accréditation donnée par le beau-frère Tuna (la maligne connaît tous les surnoms de James), parce qu'elle est militante du Parti, surtout parce qu'elle est jeune, galante et fougueuse, Maria de Bahia voyage comme invitée dans les démocraties populaires, elle est transportée, logée, entre autres privilèges. Des lits illustres l'ont accueillie à Budapest, Belgrade, Bucarest, à Berlin Est, à Varsovie et à Wroclaw, à Bratislava, à Sofia. À Paris, un an auparavant, rentrant de Yougoslavie elle m'avoua le lit présidentiel de Tito, est-ce faux, est-ce vrai, c'est impossible à vérifier. Il lui manque Moscou, Ehrenbourg lui avait promis une invitation de l'Union des écrivains soviétiques, il n'a pas tenu parole. Elle s'arrête à Prague, hôte de l'Union des journalistes de Tchécoslovaquie. À Sofia l'a reçue un parent de Dimitrov qu'elle avait connu à l'ambassade de Bulgarie, à Paris, Maria de Bahia a des relations dans les cours socialistes.

Levant nos petits verres de slibovitz, nous buvons, au bar de l'hôtel Praha, au prochain retour dans ses pénates de la journaliste brésilienne. Maria de Bahia m'ouvre son cœur, il lui tarde de rentrer, le Brésil lui manque, je m'étonne, je ne la pensais pas chauvine. Elle m'explique :

– J'en ai assez de donner mon cul en hongrois ou en slovaque, je n'en peux plus. Je veux être appelée pute en brésilien : *sua vaca !* Entendre et comprendre pour bien jouir. En langue socialiste, en entendant sans comprendre ça ne marche pas, on perd le meilleur, la frénésie.

Les yeux rêveurs de Maria de Bahia, d'une pureté immaculée. Elle vide son verre, le secrétaire général des journalistes vient la chercher dans la Tatra Plan noire à laquelle les dirigeants ont droit et l'emmène dans la nuit qui tombe.

Pour un peu je courrais derrière l'automobile officielle pour dire à Maria de Bahia, et ainsi l'aider dans la frénésie de l'orgasme, que pute en tchèque se dit *curva*, un joli mot, synonyme de *sua vaca*. Ça pourrait lui être utile à l'heure de la vérité.

Bahia, 1965 –
les gourmandes

Un bruit suspect me réveille, je tends l'oreille, cela semble venir de la salle à manger. Je me lève sans faire de bruit, je sors de ma chambre, j'aperçois de la lumière dans la cuisine. Je marche sur la pointe des pieds, je surprendrai le voleur, la surprise sera ma meilleure arme, je n'ai pas de revolver à la maison. D'ailleurs je n'ai jamais possédé ni utilisé de revolver, à la Chambre des députés j'étais l'unique parlementaire désarmé, je me rappelle la stupéfaction de Silvestre Péricles de Góes Monteiro quand j'ouvris ma veste et qu'il constata que je n'avais pas d'arme à ma ceinture : *Tu es fou !*

À la cuisine, que vois-je ? Dona Angelina, mère de Zélia, et ma mère Lalu, toutes les deux en chemise de nuit comme il sied à de respectables veuves, en train de sucer des mangues – les mangues se sucent, elles ne se mangent pas, si l'on veut que le plaisir soit parfait –, le visage barbouillé. Le jus coule des lèvres au menton, tache les blanches camisoles. Elles sucent les mangues avec avidité et conviction, le bruit qui m'a paru suspect vient des bouches des deux dames savourant les fruits cueillis dans le jardin, de succulentes mangues-charlottes.

Je retourne dans ma chambre en me faufilant pour qu'aucune des deux ne me voie, elles mourraient de confusion. Elles profitent du silence de la nuit pour commettre le péché de gourmandise, le goût des mangues sucées en cachette devient divin. Lalu et Angelina font claquer leur langue.

Où que j'arrive, dans toutes les contrées du monde, les provinces et les métropoles, les petits villages, je trouve la table mise et j'entends une parole amie.

Quelqu'un me dit : « J'ai lu ton livre, camarade, j'ai ri et j'ai pleuré, j'ai été ému. Tereza Batista a changé ma vie, Pedro Archanjo m'a enseigné la pensée libre, enseigné à penser par ma propre tête, j'ai appris avec Quinquin à ne pas être un autre que moi-même, avec le commandant Vasco Moscoso de Aragon j'ai échangé la médiocrité pour le rêve, j'ai appris l'amour avec Gabriela et Dona Flor m'en a donné la mesure exacte : plus puissant que la mort. Tu es écrivain parce que j'existe, moi ton lecteur, j'ai pleuré et j'ai ri, j'ai été ému en lisant ton livre. »

Où que j'arrive j'ai la table mise et quelqu'un me dit une parole amie. C'est ma récompense, ma raison d'être et mon engagement.

São Paulo, 1945 – pogrom

– Cet individu est un monstre, un bandit, crois-moi, ami…

Lasar Segall apparaît dans l'appartement de l'avenue São João pour une demi-heure de bavardage. Il répète qu'il n'est pas venu me voir, mais voir le tableau qu'il m'a offert en 1945 – il me l'a remis au bout d'un an à dure peine. Il me raconte la menace dont il est l'objet, la terreur à laquelle le soumet le milliardaire nord-américain, un monstre sans entrailles.

Juif russe, Segall est venu au Brésil pour la première fois en 1912, l'année où je suis né, il y est revenu en 1918, il est devenu brésilien pour toujours. La guerre contre le nazisme lui a inspiré trois tableaux grandioses et terribles, *Pogrom, Bateau d'immigrants, Guerre.* Le plus petit des trois, *Pogrom,* me paraît le plus beau et le plus dramatique.

Des États-Unis est arrivé un roi de je ne sais quoi, un Juif richissime, des valises de dollars dans ses bagages, il a été subjugué en voyant la toile de *Pogrom*, il a décidé de l'acheter. Il demande le prix, *il n'est pas à vendre,* répond le peintre, le millionnaire déclare que, à vendre ou pas, il va l'acheter, il fait une offre élevée, Segall refuse, la bataille s'engage. L'Américain revient tous les jours, il se carre sur la chaise devant la toile et repart à l'assaut, il paie comptant, l'argent est dans la serviette à côté de lui, le sadique sort les billets verts. De l'autre côté de la tranchée Segall refuse, décidé à conserver la toile dans sa collection. Le désespoir dans la voix, il me dit :

– Ami, cet individu est un démon, il me tente, il m'offre chaque fois plus d'argent ; je n'en ai jamais vu autant, je ne sais pas jusqu'où je pourrai résister. Il veut emporter mon tableau, j'ai peur de céder, ami !

Il n'a pas cédé, Segall aimait l'argent mais il aimait encore plus les tableaux qu'il peignait, il a résisté à l'avalanche de dollars, *Pogrom* est resté au Brésil.

Paris, 1991 – surréalisme

En extase à la table du bistrot au bord de la Seine, Kristina Hering raconte une histoire surréaliste, une histoire extravagante même au temps où nous vivons, où l'impossible se fait quotidien :

– J'étais certaine d'être devenue folle.

Traductrice de profession, Kristina traduit du français, de l'espagnol, du portugais en allemand, elle parle portugais avec une prononciation lusitanienne, elle vient d'achever le volume de mes *Conversations* avec Alice Raillard, elle traduit les livres de Zélia, elle est venue à Paris parler avec ses auteurs. Elle a du mal à croire qu'elle a pu s'inscrire pour une excursion d'un week-end, monter dans un autobus à Berlin, descendre devant Notre-Dame. Comment alors admettre ce qui s'était passé avant, durant son séjour à Cuba, c'était inimaginable.

Il faut expliquer deux choses pour qu'on puisse comprendre l'histoire de Kristina. D'abord savoir qu'avant la réunification de l'Allemagne, habitant Berlin Est elle était citoyenne de la République démocratique, de l'Allemagne orientale, et était soumise à toutes les restrictions possibles. Savoir ensuite qu'existait en Union soviétique et dans tous les pays du socialisme réel un programme de bourses données par l'Union des écrivains. On en attribuait chaque année à des traducteurs afin qu'ils puissent passer un mois dans un pays de la langue sur laquelle ils travaillaient : ils recevaient le billet et une petite somme pour leurs frais personnels.

Pendant exactement quinze ans Kristina se porta candidate à une bourse pour n'importe quel des pays de langue française, espagnole, portugaise, la France venait en tête, suivaient l'Espagne et le Brésil. Pendant quinze années elle attendit en vain, mais la seixième elle reçut une bourse pour Cuba, un mois dans l'île de Fidel. Cuba n'était pas dans ses priorités, mais enfin, Kristina ne voyait pas de raison de rejeter cette occasion de voyager. Elle fit sa valise, prit à Berlin Est l'avion pour La Havane.

Elle parcourut tout Cuba qui l'enchanta, noua des amitiés, fit des projets de travail, le mois terminé elle reprit l'avion pour l'Allemagne orientale – malgré la similitude de régime, il y avait des différences entre Cuba et la RDA, Cuba c'était les tropiques. Sa famille l'attendait à l'aéroport dans une agitation extrême, ils voulaient savoir comment elle avait reçu la nouvelle.

– La nouvelle ? Quelle nouvelle ?

– Celle du mur.

– Quel mur ?

– Le nôtre, celui de Berlin.

Lorsque Kristina était partie la police tirait et tuait quiconque tentait de franchir le mur, les morts se comptaient par dizaines, les arrestations par centaines.

– Le mur de Berlin ? Qu'est-il arrivé ? Je ne sais rien. – Elle baissa la voix pour demander : – Combien en a-t-on tué ce mois-ci ?

Pendant son absence, ce mois à Cuba, le mur de Berlin était tombé, il avait cessé d'exister, de couper Berlin en deux, de séparer les deux Allemagnes, seule Kristina ne savait rien. Si la presse cubaine avait transmis l'information, elle ne l'avait pas lue et personne ne lui avait dit quoi que ce soit, la chute du mur était taboue à Cuba. À l'aéroport même on lui relata les événements, simplement elle n'y crut pas. On la mit dans la voiture et on l'emmena voir les restes du mur de Berlin, on la fit traverser de l'autre côté, Kristina n'y croyait toujours pas.

– J'ai regardé, j'ai vu, j'ai franchi le mur et j'ai continué à ne pas y croire. D'abord j'ai pensé que j'étais morte, qu'il y avait une autre vie, que j'étais arrivée au paradis. Ensuite j'ai pensé que j'étais tout simplement devenue folle, on a eu du mal à me convaincre que j'avais toute ma tête.

Kristina respire profondément l'air de Paris, la liberté.

– Parfois je pense encore que je suis folle et que brusquement tout va être comme avant, le mur, la police qui tire. Ça m'angoisse, je veux rester folle, je ne veux pas guérir.

Maceió, 1933 –
il s'appelait Augusto

Cicérone parmi les rues et les grâces de la ville, Aurélio Buarque de Holanda me conduit au putier dans la nuit tiède de Maceió. Le futur auteur du grand dictionnaire, jeune littérateur, est populaire parmi ces dames qui l'appellent par son surnom et se le disputent : *pour toi c'est gratuit, Beau Gosse.*

Je tombe amoureux de Lindinalva, fille d'un planteur de canne ruiné, abandonnée par son fiancé. Au lit nous bavardons pendant l'entracte, dans la chambre l'odeur de lavande, le tronçon de bougie éclaire saint Antoine. Lindinalva est blonde comme les blés mûrs (l'image est usée, je sais, mais elle me plaît), je la mettrai tout entière dans *Jubiabá,* je la dois à Aurélio, j'en profite pour le remercier publiquement. Un jour, j'avais pensé le faire lors d'une séance où l'on célébrait son anniversaire à l'Académie, Pedrinho Calmon me le déconseilla : le lieu était inadéquat, ce serait mal reçu.

Il y eut un moment — comment dire ? il me manque le mot juste, je dirai que ce fut un moment inoubliable. Lindinalva se retourne sur elle-même : *prends-moi à rebours, petit, tu ne sais pas comme j'aime* – drap d'or la toison se déploie jusqu'au coussin de la croupe. Une croupe insolente de demoiselle des plantations, dans les chatoiements du bagasse le miel de canne-cayenne, le sillon de sucre roux et le précipice. Lindinalva tourne vers moi son visage, yeux bleus d'aigue-marine : *j'ai étudié au collège des sœurs mais Augusto, mon fiancé, il s'appelait Augusto, m'a fait mal tourner.*

Hambourg, 1968 – mon ami Georges

La neige tombe sur Hambourg, la ville est dans la brume, devant un cinéma l'affiche annonce un film porno : mamelles volumineuses au goût yankee, sourire pâmé, la fräulein dénudée serre contre son sein un disque avec le portrait de Georges Moustaki sur la couverture. Même en photo mon ami Georges provoque des passions. *Passion,* un de ses mots, l'autre est *liberté.*

Quand nous sommes à Paris – ça arrive fréquemment –, nous nous retrouvons tout le temps avec Georges, ensemble dans nos restaurants, le chinois, le marocain, l'italien, le grec, celui du Jura où l'on boit du vin de paille au dessert, les bistrots français, c'est Georges qui nous a menés Au Pont Marie, chez Magali[1]. Nos amis et les siens sont devenus des amis communs, Marta, Serge Reggiani, les Raillard, Albert Cossery, Antoinette, Anny-Claude, Zbitch, tant d'autres, chaque jour grandit la famille, les amis de Georges. Nous escaladons, Zélia alerte, moi soufflant, l'escalier qui conduit au duplex au sixième étage de la rue Saint-Louis-en-l'Île où le pâtre grec abrite un troupeau de chevrettes et de brebis, une compagnie féminine nombreuse et juvénile – j'insiste sur juvénile, la plus âgée vient d'avoir dix-huit ans.

1. Magali Guiffoul, propriétaire du restaurant Au Pont Marie.

Grec d'Alexandrie, juif errant, arabe en guerre, parisien naturalisé par Édith Piaf, marin de la mer Méditerranée, dans son itinéraire de chansons et d'aventures il devait aboutir au port de Bahia, capitale-générale de la côte d'Afrique et des Caraïbes, havre de sagesse et de mystère. Il y débarqua dans les années soixante, invité par Vinícius de Moraes. À la demande du poète chez qui elles se trouvaient, allèrent le recevoir à l'aéroport les actrices Alexandra Stewart et Suzana Vieira.

Elles cherchaient un taxi quand un homme d'affaires au volant d'une Mercedes importée leur offrit une place dans sa voiture. Elles lui dirent où elles se rendaient et qui elles allaient accueillir. Le galant, admirateur d'Alexandra, fervent de Suzana, se mit à leur disposition, il n'avait rien à faire, il flânait à Itapuan, il pouvait les conduire et attendre pour les ramener avec le compositeur dont il était également fan, il siffla la mélodie du *Métèque*. Elles montèrent, le play-boy demanda à Suzana si elle ne le reconnaissait pas. Non, pas du tout, qui était-il ?

Vexé, l'homme déclina son nom, pour Alexandra il ne signifiait rien, pour Suzana si : *je suis Mariel Mariscot*, dit-il. Malgré la ressemblance avec les photos dans les journaux, Suzana en douta : *vous plaisantez*. Si vous en doutez, soulevez le tapis au pied de la banquette, Suzana le souleva, elle tomba sur une mitrailleuse à portée de la main du conducteur. Alexandra aussi vit l'arme, elle voulut en savoir la raison, Suzana traduisit en français, avec des détails, le nom du propriétaire de l'automobile qui les conduisait si aimablement : *le bandit le plus redouté du pays, tu as entendu parler de l'escadron de la mort ?* C'était le chef en personne, condamné à trente ans de prison il s'était enfui. La vedette de cinéma rit, ahurie : *quel pays, le Brésil, il est unique au monde, une folie pareille ça n'existe pas*.

La gentillesse en personne, Mariel Mariscot déposa le compositeur à la porte de la maison du poète mais il refusa l'invitation d'assister, deux jours plus tard au théâtre Castro Alves, au show de Vinícius et de Toquinho avec la participation de Moustaki : qu'on l'excuse, il ne pouvait pas abuser de la complaisance de la police. Telle fut l'arrivée de Georges au Brésil, comment ne pas aimer et adopter ce pays surréaliste ? Georges l'adopta, il se fit musicien brésilien, partenaire de Tom Jobim, de Chico Buarque, de Toquinho.

La *Bahia des pêcheurs, des marins, des filles du port* devint son foyer et sa muse, elle lui inspira deux chansons qui courent le monde, au Rio Vermelho Georges a trouvé *un petit coin de paradis*. Combien de fois y est-il retourné, combien y retournera-t-il ? Il était parmi les musiciens brésiliens aux côtés de Caymmi, de Caetano et de Gil dans l'émission du Grand Échiquier que Jacques Chancel consacra à Bahia, il chanta avec Betânia et Gal, un Bahianais de plus.

Voix solidaire, présente là où la liberté réclame d'être appuyée, chant d'amour s'élevant pour les Palestiniens, pour les Libyens, les Kurdes, pour Nelson Mandela, pour Otelo de Carvalho, pour qui le mérite et en a besoin : la passion et la liberté, matrices de la création de Moustaki. Je pourrais raconter un monceau d'histoires, j'ai été témoin de plusieurs, je me contenterai d'une seule, elle suffit à donner la mesure de mon ami Georges.

Il eut des amours passagères avec une Arabe en voyage, l'étrangère habita une courte semaine, cinq jours de folie, l'île Saint-Louis, en partant elle dit *à bientôt,* ne laissa pas d'adresse où écrire. Georges eut de ses nouvelles quelques jours plus tard par les journaux, elle avait été arrêtée à sa descente d'avion à l'aéroport de Tel-Aviv, le gros de ses bagages consistait en bombes qui, si elles avaient explosé, auraient détruit la moitié de l'État d'Israël. Interrogée par les autorités, elle déclara être l'épouse du compositeur français, mondialement connu, Georges Moustaki.

Surpris mais pas embarrassé, Georges prit connaissance de sa déposition. Pour leur semaine de vie commune il n'y avait pas eu d'officier d'état civil pas plus que de mollah, de pope, de rabbin ou de curé, seulement le consentement mutuel, le compositeur (mondialement connu) ne démasqua pas pour autant la terroriste, elle l'avait dit son époux, il ne le démentit pas, il lui apporta affection et assistance.

Condamnée à une longue peine, tandis qu'elle l'accomplissait elle reçut plusieurs fois la visite de Georges. Il chantait pour elle et pour les autres détenues, fit amitié avec la directrice de la maison d'arrêt. Il batailla pour faire diminuer sa peine et il y parvint, lorsqu'elle fut libérée après trois ans, Georges loua pour elle un appartement à proximité du sien, la jeune femme l'occupa un bref temps puis partit suivre son destin.

Bahia, 1965 –
les amphores bahianaises

En ce temps je m'amusais à envoyer aux amis de passage à Bahia des pots en terre, des cruches pour garder l'eau, les plus grandes et les plus laides qu'on puisse acheter à la foire d'Água dos Meninos. J'en avais toujours une dizaine en réserve pour répondre à toute éventualité.

Dans les années 60 l'unique hôtel correct de la ville était l'Hôtel de Bahia situé au Campo Grande, là descendaient les visiteurs de marque. Le jour du départ, au moment de quitter l'hôtel le voyageur recevait l'objet : enveloppée dans du papier cadeau, la cruche de terre sans la moindre valeur artistique mais horriblement encombrante, énorme. Elle était accompagnée d'une aimable carte – je poussais le raffinemment jusqu'à faire imprimer des cartes de visite avec le nom du supposé donateur : – *Acceptez, très cher ami, ce souvenir de Bahia, une amphore du Recôncavo typique de l'artisanat local.* Remis alors que le très cher ami était sur le point de partir pour l'aéroport, que faire sinon emporter le souvenir ? *Il pourrait être moins grand*, entendis-je Afrânio Coutinho murmurer – chaque fois que je le pouvais je m'arrangeais pour assister à la scène. J'étais témoin des bougonnements, mais ça n'allait pas plus loin car la carte révélait la provenance du cadeau – telle ou telle personnalité en vue : le gouverneur Luiz Viana Filho, le maire Antônio Carlos Magalhães, le journaliste Odorico Tavares, le directeur du musée Carlos Eduardo da Rocha, le banquier Clemente Marianni. Qui allait abandonner dans le hall l'aimable souvenir, de prix certainement, de leurs Excellences ? *C'est un lourd poids sans doute, mais quelle délicatesse !*

Rio de Janeiro, 1970 –
sujet de conversation

Adolfo Bloch donne, dans l'immeuble de *Manchete,* un déjeuner en l'honneur de l'éditeur portugais Francisco Lyon de

Castro, il réunit une tablée imposante, directeurs d'édition et de presse, écrivains, Fernando Sabino, Carlos Heitor Cony, Pedro Bloch, Paulo Mendes Campos, les académiciens Raymundo Magalhães Júnior, Adonias Filho, Josué Montello. Adonias et Josué, comme aussi Dalcídio Jurandir, Wilson Lins, Antônio Callado seront publiés au Portugal par Chico Lyon, dans une collection de livres brésiliens que dirige avec compétence et amour Álvaro Salema.

À table, après l'habituelle revue des sujets qui intéressent l'invité, en l'occurrence les problèmes éditoriaux, la censure salazariste menace la profession et la littérature, la conversation revient à des thèmes plus spécifiquement brésiliens. Vient sur le tapis une question qui passionne l'assistance – à l'exception de l'hôte portugais, tous les convives sont connaisseurs en la matière, théoriciens avec plus ou moins de pratique elle leur est familière depuis leur jeunesse : les maisons de putes, nationales et étrangères. Pas la basse prostitution, bien sûr : les « châteaux », les pensions élégantes, discrètes, chères, le nec plus ultra. L'érudition de tous est vaste, elle englobe la géographie et les spécialités. Ils expliquent, donnent des détails, rappellent des anecdotes, des incidents, des personnages, fournissent des adresses.

Raymundo a vécu aux États-Unis, il trace la carte de la luxure yankee, ce qu'il sait en théorie et en pratique pourrait remplir un livre. Adolfo est universel, globe-trotter, Europe, Asie, Amérique. Fernando trop imaginatif me paraît peu fiable. Défilent au gré de la conversation les maisons closes, les motels, les lupanars, les putiers pour millionnaires et personnalités, de ville en ville, le guide du libertinage. Autant que je me rappelle Cony fut de bon conseil pour ce qui touche aux ressources nationales.

Chico Lyon écoutait, il me parut sidéré, la conversation sans retenue, le bavardage libidineux transcende les habitudes, dépasse l'entendement de l'éditeur lusitanien. À un moment donné l'un des experts – lequel ? avec un effort de mémoire je pourrais peut-être me rappeler, cela en vaut-il la peine ?– tout en mastiquant son filet mignon pointe sa fourchette vers la poitrine de l'invité, il profère, la voix sévère :

– Dans votre terre, mon ami, c'est terrible, cette habitude intolérable...

– Qu'est-ce qui vous paraît intolérable ? – Chico, heureux

de voir la conversation revenir à des sujets politiques, veut savoir ce qui est si terrible, à ce point insupportable, sans doute la censure, les emprisonnements, les persécutions...

– Rien de tout ça, c'est bien pire. J'entre dans une pension, je choisis une gamine, je vais avec elle dans une chambre, à l'heure H elle me demande : Comment pourrai-je servir le mieux Votre Excellence ? Les meilleures dispositions ne résistent pas à Votre Excellence, mon ami, je perds mes moyens quand j'entends ça.

Au milieu des rires je demande à Lyon de Castro :

– Dis-moi une chose, Chico : dans un déjeuner à Europa-América, entre gens sérieux, écrivains, éditeurs, ce genre de sujet serait débattu à table, comme ici ?

Habitudes de réserve, habitudes de dissimulation, mœurs sévères, pudeur ou faux-semblant, des réalités d'outre-mer. Pris à partie à la table ronde de *Manchete,* perplexe, Chico frémit sur sa chaise, oublie sa fine éducation, laisse échapper le fond de sa pensée :

– Ni à Europa-América ni à aucune table portugaise.

Votre Excellence ! grommelle Adolfo encore révolté.

&

Jusqu'à aujourd'hui je n'ai pas appris à employer correctement les verbes rectifier *et* ratifier *– je dois m'arrêter et réfléchir avant de les utiliser.*

&

Paris, 1991 – Monteiro Lobato

Depuis que j'ai trouvé chez un bouquiniste, il y a quelques années, un volume de la traduction française de *Urupês,* chaque fois que je suis les quais de la Seine je cherche un autre exemplaire pour en faire cadeau à un ami français attentif aux bons auteurs brésiliens. Jusqu'à maintenant mes recherches ont été vaines, je ne perds pas espoir.

À mon avis de lecteur, le principal écrivain du Brésil dans les années 20 n'a été aucun des papes du Modernisme mais Monteiro Lobato. Je parle du conteur de *Urupês* et de *Cidades Mortas* (Villes mortes) – une prose moderne (dépourvue des tics modernistes), une recréation amoureuse et incisive d'une certaine société de l'époque. Tout ce qui reste aujourd'hui de cette société, c'est les contes de Lobato.

Monteiro Lobato n'a pas participé au mouvement moderniste et s'est même prononcé contre lui dans un article fameux critiquant la non moins fameuse exposition de peinture d'Anita Malfatti[1] vers 1918. Un article féroce où Lobato, peintre du dimanche, académique, traita l'artiste de prostituée ou de quelque chose d'approchant – la bassesse de la critique brésilienne est ancienne. Ce n'est cependant pas cette attitude conservatrice qui provoqua l'oubli dans lequel est tombée son œuvre de conteur. L'écrivain Monteiro Lobato fut victime d'un autre secteur de sa vaste production littéraire, celui des livres pour enfants, extraordinairement populaires. La série du *Sitio do Picapau Amarelo* avec Pedrinho, Narizinho, la poupée Emília, le marquis de Rabicó, Dona Benta, la Noire Anastácia a eu un tel succès, si phénoménal (il dure encore, me dit-on) qu'il a recouvert l'autre Lobato, le plus grand.

Je ne suis pas fanatique de son œuvre pour enfants, pour différentes raisons. Mais quel grand, quel extraordinaire conteur, agréable à lire (je sais qu'actuellement le fait qu'un livre soit agréable à lire n'est pas une qualité mais plutôt un défaut), plein de verve, plein d'humour, de connaissance de la vie et du peuple brésilien.

J'en profite pour noter la reconnaissance que je dois à Lobato : avant que nous nous connaissions personnellement, le maître pauliste a perdu toute mesure en lisant *Mar Morto*, en 1936, il s'est enthousiasmé, m'a fait des compliments comme jamais je n'en ai reçu.

1. Anita Malfatti (1889/1964), peintre.

Pékin, 1952 – opéra de Pékin

Dès le premier soir à Pékin, ravis, Rosa et Nicolás Guillén, Zélia et moi sommes emmenés au théâtre pour assister à une représentation d'un opéra millénaire – tout en Chine est millénaire, ce qui est récent a cinq cents ans. L'opéra de Pékin vu sur place ne ressemble en rien au spectacle de cirque, en général de grande qualité, qui parcourt le monde sous ce nom. En Chine c'est une pièce de théâtre, un texte poétique, une musique stridente qui transporte le peuple. Dans la salle archicomble les spectateurs boivent du thé, mangent des bananes, sucent des mandarines, croquent des graines de citrouille et des cacahuètes tandis que les acteurs évoluent sur scène. Pour nous tout est nouveau et enchanteur.

En ce temps je faisais les pires blagues à mes amis, quelques-unes drôles, d'autres de mauvais goût, ceux qui m'ont connu à cette époque en ont été victimes. Ainsi fis-je le soir de l'opéra de Pékin en voyant Nicolás et Rosa au désespoir, voulant savoir ce qui se passait sur scène – leur interprète, un vieux monsieur mort de fatigue, s'était endormi avant que la pièce commence. Il ouvrit les yeux au bruit de l'orchestre mais aussitôt se rendormit, la musique le berçait (sic), nous eûmes du mal à le réveiller à la fin du spectacle.

Nicolás et Rosa étaient à ma merci, je leur répétais en espagnol ce que Liu, notre interprète à Zélia et à moi nous traduisait en français, sauf que je ne répétais rien de ce que Liu disait, j'inventais une autre histoire, et quelle histoire ! De la plus basse pornographie. L'opéra racontait la guerre que menait l'Empereur, avec l'appui décisif de la Favorite, pour venir à bout de ses ennemis qui tentaient de le détrôner. Des armées s'affrontaient, une épopée. Dans ma version l'Empereur avait décidé de se venger des trahisons de la Favorite, une nymphomane qui allait avec les uns et les autres, surtout avec un mandarin affecté, scribe du palais. Ledit scribe était entré en scène en exécutant le pas du jeune lettré – dans le théâtre chinois on reconnaît la profession des personnages au pas particulier de chacun –, je l'adoptai immédiatement : je tentai de l'imiter tant que nous fûmes en Chine, sans succès appréciable.

La vengeance était à la hauteur des cornes impériales :

l'Empereur faisait livrer la femme adultère aux courtisans qui voulaient d'elle, la bacchanale se déroulait sur scène. Non content de ça, il la mettait à la disposition de la soldatesque et pour couronner le tout la Favorite copulait avec les chevaux. L'absence absolue d'éléments scéniques, tout dans l'imaginaire, facilitait ma supercherie, des inventions absurdes, incroyables.

Incroyables, mais Nicolás y croyait, je lui murmurais des horreurs, il restait bouche bée, Rosa, l'oreille tendue, laissait échapper des exclamations, *Oh ! Hein ? Ah ! Dios !* Zélia étouffait un fou rire, ça dura des heures – la représentation de tout opéra de Pékin dure des heures, il faut avoir une patience de Chinois pour résister.

Je me rappelle encore un passage : après avoir démasqué et fait arrêter le Premier ministre conspirateur, la Favorite entre en scène sur un palanquin imaginaire, transportée sur les épaules des serviteurs, fatiguée elle s'allonge sur des coussins pour se reposer. Dans ma version érotique la Favorite, après avoir été violée par un bataillon de soldats, se jette à demi morte sur les oreillers. *Pobrecita*, dit Rosa, *que horror*, s'exclama Nicolás. Avec l'entrée en piste des chevaux, fut atteint le comble de l'émotion : les chevaux vont l'embrocher, communiquai-je à mes amis sidérés. Un tableau mouvementé et féerique, celui des chevaux au galop traversant le plateau entre la Favorite et l'Empereur, toujours dans la parade de la danse et du clinquant, ça se prêtait à n'importe quelle interprétation.

Quelques jours plus tard nous étions reçus tous les quatre à l'Union des écrivains chinois, une rencontre avec les plus grands noms de la littérature et des arts, du théâtre et du cinéma, avec les idéologues du Parti. Nous avons parlé de Cuba et du Brésil, Nicolás déclama en espagnol, tout très bien, gentillesses, compliments à n'en plus finir, solidarité révolutionnaire. Pour terminer les camarades chinois nous demandèrent notre opinion sur ce que nous avions vu dans la République populaire de Chine, jeune nation socialiste – nous étions en février 1952, Mao avait pris le pouvoir à la fin de 1949. Surtout critiquez les erreurs, ainsi vous nous aiderez à les corriger.

Chœur unanime de notre côté : tout à applaudir, rien à critiquer. Nicolás pourtant demanda un éclaircissement : il ne comprenait pas pourquoi on mettait en scène dans un théâtre de Pékin un opéra comme celui auquel il avait assisté, pour quelle raison ? L'idéologue expliqua qu'effectivement le thème de l'opéra était passablement féodal, l'argument se situait dans un passé lointain, les amours de l'Empereur et de la Favorite, la guerre pour le pouvoir absolu, mais que faire si le peuple ne pouvait se passer d'opéras, un spectacle traditionnel et populaire ? Comme ils n'avaient pas encore d'œuvres nouvelles, sur des thèmes socialistes, ils étaient contraints de représenter ceux du temps du féodalisme.

Il ne s'agit pas de féodalisme mais de pornographie, répliqua Guillén, il n'avait jamais vu sur scène de turpitudes pareilles, même dans les bas-fonds de New York. *De pornographie ? Je ne comprends pas*, s'étonna le porte-voix du PC chinois. Je ne parvins pas à me contenir, le rire qui m'échappa retentit, déplacé dans l'auditorium de l'Union des écrivains. Nicolás me fusilla du regard, chercha que dire, l'indignation l'empêchait de trouver des mots assez forts pour m'insulter et me condamer. Il me regardait, je riais, Zélia riait, Rosa comprit et rit de son rire sonore des Antilles, brusquement se produisit l'imprévisible, Nicolás se joignit à nous, peu de gens savaient rire d'aussi bon cœur. *Compadre,* me dit-il entre deux éclats de rire, *jamais plus je ne te croirai.*

Discrets, les Chinois ne posèrent pas de questions, mais Rosa exigea de Zélia un récit véridique de l'opéra, elle voulait savoir dans le détail l'histoire des guerres et des amours de l'Empereur de Chine et de la Favorite, fidèle et dévouée, chaste.

Lisbonne, 1966 –
autographes

Le navire se rapproche du quai, la première personne que je vois, agitant les bras, est Luiz Henrique, il est au Portugal, il fait des recherches pour un livre. Il crie, je n'entends rien, bientôt je reconnais Ferreira de Castro, Alvaro Salema, Francisco Lyon de Castro et Odylo Costa, Filho. Le navire accoste, ils montent à bord. Luizinho, rayonnant, nous donne la bonne nouvelle : *vous pouvez débarquer, ç'a été autorisé.*

En prenant le bateau à Bahia j'avais appris que le gouvernement portugais m'avait une fois de plus interdit l'entrée tandis que le gouvernement espagnol m'avait accordé le visa jusqu'alors refusé. Nous prenons le bateau pour Vigo, je vais avec Zélia et les enfants en voyage en Europe. Paloma est née à Prague, elle n'avait pas un an quand elle est venue au Brésil. João Jorge est allé à Paris en 1948, il est revenu de Gênes en 1952, à un peu moins de cinq ans. De l'entrée en France je ne sais rien, je dois trouver à Madrid un message de Guilherme Figueiredo, peut-être me donnera-t-on le visa de quinze jours que j'ai sollicité.

Le droit de débarquer à Lisbonne, je le dois aux efforts conjugués de Maria de Lourdes Belchior et d'Odylo Costa, Filho, attachés culturels, elle du Portugal au Brésil, lui du Brésil au Portugal. Quand elle sut, à Rio, que j'avais obtenu le visa espagnol tandis que m'étaient fermées les portes lusitaniennes, Maria de Lourdes prit l'avion pour Lisbonne en criant au scandale. Odylo aussi se mobilisa, il remua ciel et terre, le droit de débarquer me fut accordé avec une restriction : ne pas être annoncé dans la presse, je dois rester anonyme. Être annoncé dans les journaux ne m'intéressait pas, mon intérêt c'était le Portugal, le pays et le peuple. De Lisbonne le navire irait à Porto avant d'arriver à Vigo. Lyon de Castro nous met dans sa voiture, nous partons sur les routes, nous irons nous embarquer à Porto, un voyage inoubliable.

Deux mois après nous sommes de retour pour un plus long séjour. L'éditeur en profite, organise une séance de signatures, il ne tient pas compte de l'interdiction de mon nom dans la presse, il met des annonces dans les journaux invitant les lecteurs à me rencontrer à la Société nationale des beaux-arts, à trois heures de l'après-midi. Ce fut une fin du monde, les lecteurs sortirent de la clandestinité, dès onze heures du matin la file s'étendait dans la rue, des dizaines, des centaines de personnes. Assisté par Beatriz Costa et Raul Soldano, par les petites Eunice et Zélia, j'ai signé pendant des heures et des heures, j'en ai perdu le compte. Il y avait des gens qui apportaient des valises pleines de livres, tous interdits, achetés sous le manteau, lus en cachette en prison, au camp de Tarrafal. Chacun avait une histoire à raconter, je me rappelle un camarade qui avait lu *Capitaines des sables* recopié sur de petits bouts de papier passés de cellule en cellule. J'ai été entouré, j'ai entendu des louanges qui n'étaient pas des louanges mais de la tendresse, on m'a embrassé et on m'a dit *ami, compagnon.* Si l'émotion tuait, je serais mort lors de cette séance de signatures à Lisbonne.

Rio de Janeiro, 1979 – maestria

Je m'empare du téléphone, j'appelle Bahia, le gouverneur, le maire, le directeur de la Bahiatursa, les amis : José Calasans[1], autorité maxima en ce qui concerne Antônio Conselheiro[2] et la guerre des pauvres, Antônio Celestino, l'historien Luiz Henrique Dias Tavares, le sculpteur Mário Cravo qui a taillé dans un tronc de manguier l'image de l'envoyé de Dieu, le peintre Sante Scaldaferri : avec les couleurs sales de la misère et de l'oppression, avec la couleur rouge de l'espérance, Sante a peint le sertan, la faim et la lutte. Je cherche à ouvrir un chemin pour la traversée de la caatinga à laquelle se prépare Mario Vargas Llosa : il a l'intention d'écrire un roman sur la saga de Canudos – et il l'écrit, *La guerre de la fin du monde.*

À Londres le romancier péruvien m'avait parlé de ce projet, ça ne m'avait pas emballé, je me montrai réticent : un roman sur la guerre sertanège, sur le Brésil des illuminés et des cangaceiros ? Je craignais que Mario n'aille se mettre dans de mauvais draps car étant, comme je le suis et comme on sait, limité en ce qui concerne la création littéraire je ne sais travailler que la réalité que je connais pour l'avoir vécue, je suis le fictionniste de deux thèmes uniques, les terres des sans fin du cacao, la vie populaire de la ville de Bahia, je tourne autour d'eux, je répète les lieux, les personnages, les émotions. D'où mon inquiétude.

Thème somptueux, celui de Canudos, où est le grand roman brésilien capable de le récréer ? Inspirés par le livre d'Euclides da Cunha, quelques-uns s'y sont essayés sans grand succès, personne n'a réussi à égaler la grandeur de *Os Sertões*[3]. Mainte-

1. José Calasans, historien.

2. Antônio le Conseiller, chef mystique du Nordeste autour duquel se regroupèrent, à la fin du XIXe siècle, des milliers de paysans pauvres. Ils furent exterminés à Canudos après plusieurs expéditions militaires *(N.d.T.)*.

3. Euclides da Cunha (1866/1909), *Os Sertões*, 1902 (*Hautes Terres*, Éditions Métailié, 1993) *(N.d.T.)*.

nant un Indien péruvien, métis d'Espagnol s'apprête à s'y mesurer, je le vis perdu dans les sentiers du sertan, au milieu des jagunços, incapable de les comprendre. Mais Mario était enthousiasmé, je tus mes réserves, je promis de l'aider.

En juillet 1979 Mario arrive au Brésil pour présider le Congrès du Pen Club, il me rappelle ma promesse de le mettre en contact avec tous ceux qui pourraient lui être utiles à Bahia, je prends mon téléphone, je parle avec la moitié de la terre, je commande et recommande, je mets sur pied son voyage. Quand je considère ma tâche terminée, Patricia, la femme de Vargas Llosa, sur un ton moqueur loue en souriant mon marathon téléphonique :

– Il ne t'a manqué que de prévoir une femme pour Mario.

– Pour ça il n'a pas besoin d'aide. – Je réponds au sourire et à la moquerie.

Guide et passeport du romancier, Renato Ferraz me raconte que dans la caatinga hommes et femmes l'appelaient *l'Argentin,* les femmes tombèrent amoureuses de lui, les hommes devinrent ses amis. Quant au roman, en recevant l'exemplaire de l'édition espagnole que l'auteur m'envoya, encore sceptique je ne le lus pas immédiatement. Je ne le fis que lorsque Mario me demanda mon opinion. Je m'étais trompé, Dieu soit loué ! Ce que nous, Brésiliens, ne nous sommes pas risqués à faire, le Péruvien l'a fait avec maestria, enfin on a écrit le roman d'Antônio Conselheiro, la saga sertanège de Canudos a acquis une dimension universelle.

Bahia, 1972 –
cinquantenaire

Un coup de téléphone de Rio, la voix de Caymmi, inimitable, chante une chanson nouvelle, quelle splendeur ! j'ai le privilège d'en avoir la primeur.

– Que penses-tu de l'invocation que je viens de composer pour Menininha ? Tu l'aimes ?

Mãe Menininha do Gantois fête ses cinquante ans de sacerdoce, d'accession au poste de mère-de-saint, c'était une toute jeune fille lors de la succession de Pulquéria, sa grand-mère de sang. Dans l'histoire des candomblés de Bahia on n'a pas connaissance de fête pareille. Pour les commémorations Dorival a composé l'*Oração a Mãe Menininha : a Oxum mais formosa está no Gantois / a mãe da ternura esta no Gantois*[1], le chant jaillit et s'élève sur tout le territoire du Brésil. Carybé, Pierre Verger, James Amado, Waldeloir Rego, Mário Cravo, Dorival Caymmi et moi formons la commission des festivités, pour le cadeau Manolo Moreira nous a cédé à prix d'ami un collier ancien, en or, une plaque a été posée à la porte de l'Ashé : ... *il y a cinquante ans que, au poste de iyalorishá, Menininha do Gantois veille avec un dévouement exemplaire et une perpétuelle bonté sur les orishás et sur le peuple de Bahia.*

La fête, la plus grande et la plus belle qu'on ait jamais vue, déborde l'enceinte sacrée de l'Ilê Ilya Omin Iyamansê, la foule s'est massée sur la place, a envahi les ruelles et les rues adjacentes. Dans la grande salle viennent lui rendre hommage le gouverneur, le maire, d'ex-gouverneurs, des sénateurs, des députés, des industriels, des banquiers, des commerçants, les grands de ce monde et le peuple de Bahia, réunis. Le matin, le Père Abbé de São Bento, Dom Timóteo, a célébré la messe sur l'autel de la Vierge Marie, Oshoum est Nossa Senhora da Aparecida, Menininha est au-delà et au-dessus des divergences de classe et de credo, elle est la Reine Mère du Brésil. Fille d'esclaves, elle n'est pas née esclave parce qu'avait été promulguée la loi du ventre libre : c'est notre réalité magique, l'aime qui veut, que ceux qui ne veulent pas enragent.

À l'aube de ce jour des commémorations, dans le secret de la petite chambre, Oshalá arrive des lointains pour saluer la Mère de la bonté, l'Oshoum qui préside au destin et sait le lendemain. Chevauchant Carmen, sa monture, Oshalá danse et chante en l'honneur de Menininha, porte l'offrande du cinquantenaire et la dépose dans mes mains, je vais la placer aux pieds de l'enchanté, au cœur du mystère. Aussi grand honneur ne m'a été donné de ma vie.

1. « Invocation à Mãe Menininha : l'Oshoum la plus belle est au Gantois / la mère de la tendresse est au Gantois » *(N.d.T.)*.

Paris, 1949 – on perd la main

J'ai connu Michael Gold en 1937 quand j'étais à New York, rentrant de Mexico au Brésil. *Juifs sans argent,* premier (et unique) roman de Mike, avait eu un succès mondial, dans le Brésil de 1930 ce fut un choc, je me rappelle encore l'article de Genolino Amado : *celui qui lira ce livre sans être ému est un crétin* – c'était à peu près ça. Dans les années 80 Alfredo Machado le réédita, il passa inaperçu.

Je suis allé le voir à la rédaction du *Daily Worker*, le journal du PC nord-américain : communiste militant, Mike signait une chronique quotidienne. Je lui parlai de son livre au Brésil, nous avons sympathisé, il me mena dans un petit théâtre à Harlem où l'on jouait une pièce de lui. Je l'ai retrouvé à Paris, en 1949, nos hôtels étaient proches, nous nous voyions tous les jours, nous avons voyagé ensemble dans le monde socialiste, des congrès en pagaille. Au cours d'un vol pour Prague deux des moteurs du quadrimoteur ont flanché au-dessus de l'Allemagne, nous étions assis l'un à côté de l'autre, nous nous sommes donné la main, attendant la mort, par bonheur la mort n'est pas arrivée.

Mike avait enfin réussi à se libérer des tâches quotidiennes du Parti, il était venu écrire à Paris son second roman, *Chômeur*, sur le krach financier de 1929. L'écrivain l'annonçait depuis vingt-cinq ans, il n'avait pas eu le temps de le mener à bien, il militait. Maintenant, libre à Paris, il se consacrait à la rédaction de ce roman : obligation unique, tâche exclusive. Vers le soir, sur le Boul' Mich', attablé avec moi dans un café, Mike, de plus en plus abattu, se désespérait :

– J'ai perdu la main, je ne sais plus écrire un roman, j'ai passé trop de temps sans le faire, j'ai perdu la main.

Il est mort sans avoir écrit *Chômeur,* il a usé sa vocation et sa vie dans de misérables tâches de militant, articles, réunions, critique et autocritique, tant de sottises, il a perdu la main.

Aucun de mes détracteurs, tous ceux qui ne perdent pas une occasion de dire du mal de moi, beaux esprits dont la mission critique est de nier toute valeur à mes livres, aucun d'eux ne connaît aussi bien mes limites d'écrivain que moi-même, j'en ai pleine conscience, je ne me laisse pas abuser par les guirlandes et les confettis.

Je sais aussi, de science certaine, qu'existe dans les pages que j'ai écrites, dans les créatures que j'ai créées, quelque chose d'impérissable : le souffle de vie du peuple brésilien. Je n'en tire ni vanité ni présomption, mais de l'orgueil.

Rio de Janeiro, 1956/1958 –
Paratodos

Le *Paratodos*, bimensuel de culture, de Rio et de São Paulo, dura d'avril 1956 à septembre 1958, je lui ai consacré tous mes instants pendant deux ans et demi, exception faite d'un voyage en Orient, en 1957, et de la rédaction de *Gabriela, girofle et cannelle*. Une tâche ardue et très réjouissante.

Fondé par un groupe d'intellectuels, provenant dans leur majorité des rangs du PC – un certain nombre s'étaient éloignés, avaient cessé de militer, c'était mon cas, celui de James, d'autres restaient inscrits mais profitaient de l'ouverture provoquée par le XXe Congrès pour assumer des positions démocratiques –, le *Paratodos* joua un rôle décisif dans la vie intellectuelle, il la stimula, l'agita, il fit époque.

L'équipe responsable de la direction et de l'administration du journal était composée d'Oscar Niemeyer, de Moacyr Werneck de Castro, de James Amado, d'Alberto Passos Guimarães et de moi-même. Parmi les rédacteurs et les responsables des différents secteurs se trouvaient Dalcídio Jurandir, Dias da Costa et Renard Perez (littérature), Vera Tormenta, Anna Letícia et Mark Berkowitz (arts plastiques), Alex Viany (cinéma), Antônio Bulhões (théâtre), la succursale de São Paulo était assurée par José Geraldo Vieira. Parmi les principaux collaborateurs il faut citer les noms de Joaquim Cardozo – grand poète, notable critique d'art, il écrivit du premier au dernier numéro –, Álvaro Moreyra, du Baron de Itararé[1], Vinícius de Moraes, Miécio Tati,

1. Baron de Itararé, Aparicio Torelli (1895/1971), humoriste.

Paulo Mendes Campos, Maria de Lourdes Teixeira, Ruggero Jacobi, Moacyr Felix, Antônio Olinto, Ary de Andrade, Ênio Silveira, Roberto Alvim Correia. Un important noyau d'artistes assistait la rédaction : Oswaldo Goeldi, Carlos Scliar, Iberê Camargo, Fayga Ostrower, Darel. L'illustrateur était Otávio Araújo. Je ne cite que quelques noms, la liste est longue de ceux qui collaborèrent d'une manière ou d'une autre au *Paratodos*, en revanche ma mémoire est faible, je dois oublier des gens importantissimes.

Zélia apporta une aide décisive, elle courut le Brésil du nord au sud, de l'est à l'ouest, récoltant de l'argent, les finances du journal étaient toujours dans le rouge, de rares annonces d'éditeurs, aucune subvention officielle, pas même le fameux or de Moscou. Les salaires n'étaient que des abstractions pour ceux qui théoriquement devaient les recevoir, d'autres n'avaient même pas la promesse d'être rétribués. Oscar Niemeyer mit pas mal d'argent dans le journal, j'en mis un peu, plus je n'en avais pas, nous avons travaillé dans la pénurie sans perdre notre bonne humeur, bien au contraire.

Le *Paratodos* représenta une tentative, la seule que je connaisse, pour créer une libre et saine convivence entre les intellectuels brésiliens, entre les créateurs tant des lettres que des arts. L'époque s'y prêtait : le gouvernement de Kubitscheck, démocratique, dynamique, la fondation de Brasília et la croissance industrielle, l'optimisme et la confiance régnaient dans la population, ça ne s'est jamais plus produit.

Puisque je parle de Brasília, j'en profite pour signaler que la nouvelle capitale fut l'objet de critiques et de manifestations d'hostilité des plus violentes, Kubitschek la cible de calomnies et d'insultes : la quasi-totalité des intellectuels cariocas se liguèrent contre la construction de Brasília dans une guerre sans quartier, cruelle, parfois infâme. Les manières d'alors étaient plus cordiales que celles d'aujourd'hui, moindre la bassesse. Pourtant tout ce qui infecte la vie culturelle proliférait déjà : les hypocrites, les médiocres, les impudents.

Paris, 1949 – citoyen argentin

Dans les couloirs du Congrès mondial de la Paix, salle Pleyel, je m'étonne d'entendre Miguel Otero Silva, vénézuélien fier de sa nationalité, presque chauvin, se déclarer citoyen argentin, de Buenos Aires, en donnant le nom de son hôtel et le numéro de sa suite à la jeune Marie de la Banlieue, militante du PC français engagée volontaire, conquise par le camarade latino-américain. Miguel Otero est un quadragénaire charmeur, machiste comme il se doit, beau parleur, l'accent hispanique rend encore plus séduisant son excellent français.

Poète et romancier, homme politique, leader communiste, sénateur, millionnaire, maître de chevaux de course, propriétaire et directeur de *El Nacional*, l'un des plus grands quotidiens de Caracas, par quel mystère le célèbre Vénézuélien se dit-il argentin ?

– Citoyen argentin, Miguel ? Depuis quand ?

– Depuis que je suis en voyage, dès que je prends le bateau ou l'avion j'endosse la nationalité argentine. Une mesure de prudence, je te conseille de l'adopter.

– De prudence ? Pourquoi ?

– Parce que si tu te déclares argentin ne retombera pas sur ta patrie et sur tes concitoyens le poids des ennuis que tu causeras, des bêtises que tu diras, des sottises que tu feras, des erreurs, des gaffes et du reste – il insiste sur ce mot, *y de lo demás,* comme s'il voulait lui donner une signification spéciale.

– Quel reste ?

– Tu mènes au lit nuptial une ravissante, comme celle que tu as vu bavarder avec moi à l'instant, tu as remarqué son élégance ? À l'heure de la vérité tu fais fiasco, survient l'impuissance, l'échec est mis au compte de l'Argentin.

– Impuissant, toi, le bourreau des cœurs des Caraïbes ?

– Ça arrive aux meilleurs, mon frère. Mais le ridicule retombe sur le Portègne. – il fredonne l'air de *Mi Buenos Aires querido.*

Je ne tarde pas à suivre le conseil de Miguel Otero. Par devoir de solidarité nationale je fais acte de présence dans la salle du congrès, j'entends d'une oreille distraite un interminable blablabla en français de collégien : banalités, accumulation de slogans politiques. À la tribune un magistrat de Belém du Pará, antifranquiste aussi combatif qu'assommant déroule un interminable chapelet de lieux communs, assez ! Roger Vailland entre dans la salle, s'assied à côté de moi, écoute avec attention l'orateur, français précaire, prononciation amazonienne, insipide. Le romancier de *Drôle de jeu* est vite lassé :

– *Qui est-ce, l'emmerdeur ?*

– *Un juge de la Haute Cour d'Argentine, très célèbre à Buenos Aires.*

Roger Vailland en écoute un peu plus :

– *Juge, celui-là ? Célèbre ? C'est un con, cet Argentin ! Rien de plus**.

Que de fois j'ai sauvé l'honneur du Brésil grâce au conseil de Miguel Otero Silva ! Un bon conseil ?

São Paulo, 1947 – offre

Je vais à São Paulo, ce sera mon dernier voyage au titre de député fédéral dans l'État qui m'a élu, la bataille de la cassation des mandats communistes touche à sa fin, nous sommes en décembre, la cassation se produira aux premiers jours de janvier.

Je reçois un message de Júlio de Mesquita Filho, il a une affaire sérieuse à traiter avec moi. Je réponds à son appel, j'ai d'ailleurs l'habitude d'aller le voir chaque fois que je retourne à São Paulo. Il me reçoit avec sa gentillesse habituelle, à son éducation de lord anglais s'ajoute l'estime dans laquelle il me tient. Il m'a demandé de venir parce qu'il désire que je porte un message à Luiz Carlos Prestes, secrétaire général du Parti communiste. Nous commentons les événements, la cassation est imminente, Prestes va perdre son siège de sénateur de la République.

– Et les immunités, ajoute Julinho en pesant ses mots.

Le directeur de l'*Estado de São Paulo* est un démocrate, respecteux des droits de l'homme en général et du droit d'opinion en particulier, la meilleure preuve en est son journal. Anticommuniste – et quel anticommuniste ! – il est tout aussi radical pour défendre la liberté d'expression, il condamne la censure et les persécutions politiques. Il combat le fascisme portugais, accueille et emploie à l'*Estadão* des intellectuels émigrés, poursuivis par Salazar, le communiste Miguel Urbano occupe un poste important à la rédaction. Dans la conversation Julinho se montre pessimiste quant à l'avenir de la démocratie sous le gouvernement Dutra, il sent les garanties menacées, les droits constitutionnels violés, le tableau lui paraît inquiétant. Le Parti communiste a déjà été mis dans l'illégalité, son existence légale n'a pas duré un an, va suivre la cassation des parlementaires – ce qui empêche encore que se déchaîne la réaction c'est l'existence du groupe parlementaire. Julinho craint que les mesures coercitives s'amplifient, que l'action de la police politique nous ramène à un passé encore proche, Dutra est né de la dictature dont il était, il n'y a pas si longtemps, le garant militaire. Il craint que Prestes ne soit la cible de la violence – emprisonnement, procès, même sa vie peut être menacée. Il a tout fait pour ça, poursuit Júlio, ses positions sont discutables, ses pronunciamentos criticables sinon blâmables, mais on n'a néanmoins pas le droit de s'en prendre à sa personne ni d'attenter à sa liberté.

Répliquant à la provocation d'un député, Juracy Magalhães si je ne me trompe, Prestes avait affirmé à la tribune qu'en cas de guerre entre le Brésil et l'URSS, il se placerait du côté de l'URSS, car jamais cette dernière n'attaquerait le Brésil, que s'il y avait une guerre ce serait contre le socialisme. Même appuyée sur ces arguments, la déclaration fut d'une stupidité politique exemplaire, elle fit le lit de la réaction, coûta son homologation électorale au Parti communiste, Prestes paya cher son sectarisme (qui n'était pas seulement le sien, c'était le nôtre à tous). Júlio de Mesquita Filho, conservateur jusqu'à la moelle, réactionnaire pour employer le mot auquel tant de gens voulaient le réduire, est un être humain large de vues et généreux, un démocrate je le répète. De longue date il estime Prestes et il l'admire, ce n'est pas parce que le Chevalier de l'Espérance a adhéré au parti communiste que Julinho a cessé de l'estimer et de l'admirer. Il a voulu me voir pour envoyer un message à Prestes :

– Dites au Capitaine (c'est ainsi qu'il l'appelle) que, dès qu'il sera cassé, il vienne dans ma fazenda, il y restera le temps qu'il voudra. Je ne lui pose aucune condition, je ne le restreins en rien, il peut recevoir et traiter ses affaires. Là personne n'osera toucher à lui, ma fazenda est mon royaume, là c'est moi qui commande et personne d'autre. Dites au Capitaine qu'il sera le bienvenu.

Paris, 1989 – vocation

Que n'aurais-je donné pour être portugais et pouvoir voter pour Mário Soares pour la présidence de la République, je télégraphie au Président Mário Soares, il vient d'être réélu au premier tour, majorité absolue.

Combattant antisalazariste des plus déterminés et conséquents, soumis aux poursuites, à la prison, à l'exil, il n'a pas gardé de rancune ni une ombre d'amertume, militant de la liberté, dans la lutte contre l'autoritarisme il s'est préparé au gouvernement démocratique. Cependant, pour expliquer la qualité de sa présidence, il faut comprendre qu'il est né destiné à la présidence de la République, il est né pour occuper ce poste, personne ne peut l'exercer avec plus de compétence : les autres sont élus, lui, outre qu'il est élu, est venu au monde pour accomplir ce destin – le siège présidentiel.

Mitterrand aussi est né avec la même vocation et il l'accomplit à la perfection, mais c'est une chose d'être président de la France, une autre, plus difficile, de l'être du Portugal – ou est-ce le contraire ? Difficile d'être président où que ce soit et de quoi que ce soit, comme l'a dit João Nascimento Filho en refusant la présidence de la fanfare d'Estância, au Sergipe.

Le secret réside, je crois, dans le fait que Mário est un démocrate, c'est-à-dire le contraire d'un dictateur : ce n'est pas le pouvoir qui le tente et le domine – le pouvoir corrompt et aigrit – mais bien l'exercice de la présidence de la République pour lequel il est né prédestiné, tâche qu'il accomplit dans la joie de l'engagement avec le peuple et la culture, un acte d'amour, c'est tout.

Rio de Janeiro, 1957 –
le grossier

Mon neveu Paulo, fils de Fanny et de Joelson, est un enfant adorable – à mon propre avis, celui des autres est différent, négatif. Paulo, quatre ans, blond, fort, insupportable, d'une grossièreté impeccable, n'en rate pas une. Brutal, il répond mal, lance des regards rageurs, se ferme, je m'amuse de sa mauvaise éducation, je l'encourage par mes éloges, je le soutiens contre tous : appui décisif.

Notre voisin Myra y Lopez[1], la courtoisie incarnée, rencontre Paulo dans l'ascenseur :

– Comment vas-tu, jeune homme ?

Paulo, aussi sec :

– Je ne vais pas !

Il est devenu un homme d'affaires compétent et attentif, je ne lui ai pas retiré pour autant mon affection. Je le vois béat en train de jouer avec ses ravissants enfants, j'espère que l'un d'eux héritera de la splendide grossièreté de son père. Il aura mes éloges, mon appui, je le soutiendrai contre tous.

Bahia, 1980 –
purisme

Je ne sais quelle lubie a pris Pierre Verger, le père François[2] et les autres respectables fils-de-saint, ogans, babalaôs, sages tutélaires du candomblé bahianais, maîtres incontestés de tout ce qui a trait aux sectes afro-brésiliennes, au syncrétisme religieux et culturel, spécialistes des relations Afrique & Brésil, connaisseurs des similitudes et des différences, sachant qu'elles existent et pourquoi elles existent : brusquement, sans préavis, ils se font puristes africains, nègres immaculés. Ils prétendent que les cérémonies, les rituels, les désignations, la langue yorouba, le culte nagô, le candomblé enfin existent à Bahia tels

1. Emílio Myra y Lopez (1896/1964), médecin et professeur espagnol.
2. François Le Espinay, prêtre catholique.

qu'ils sont en Afrique, sans en changer un iota : on a beaucoup enlevé, beaucoup ajouté.

Ils conçurent un projet et le menèrent à bien. Du temps perdu, résultat nul, plus puissante que tout idéologie, même bahianaise, est la réalité qui détermine et impose règle et mesure.

Ils décidèrent, les bons vieillards, les vénérables, de monter une maison-de-saint dans la ville de Bahia qui soit la réplique exacte d'un candomblé de Lagos ou de Porto Novo, sur la côte occidentale d'Afrique, ils désapprirent ce qu'ils savaient par l'étude, les recherches, l'expérience. Ils achetèrent un terrain à proximité de l'aéroport, construisirent un terreiro, des maisons pour les gens du candomblé et pour les fidèles de passage, une chambre pour les initiés, des sanctuaires pour les orishás, la demeure des egouns, tout à la perfection, ils dépensèrent un bon argent, sacrifièrent leurs économies.

Ils choisirent avec soin un fils de Shangô, étonnant danseur, superbe garçon, initié par Mãe Senhora dans une barque de iaôs à l'Ashé Opô Afonjá, né cheval-de-saint de Zora, sa mère-petite, bahianais de pure souche, et le menèrent à Lagos pour faire de lui un grand prêtre africain, un babalorishá à la mesure et à l'image des rites nagôs, tels qu'ils sont pratiqués dans les temples de la Nigéria et du Bénin.

Après une période mouvementée d'initiations, de travaux, d'offrandes, d'apprentissage de la danse et des chants d'origine, de perfectionnement de la langue yorouba, ils ramenèrent le jouvenceau aux sanctuaires bahianais et l'intronisèrent babalorishá dans ce nouveau terreiro d'une pureté exemplaire. Là, devenu Pai Balbino, l'Africain, il devait veiller aux préceptes arrivés à Bahia sur les navires négriers, ne pas permettre qu'ils s'altèrent comme ça s'était produit auparavant. Les petits vieux se frottaient les mains, radieux de l'expérience mise en pratique : le pur, purissime candomblé d'Afrique noire enfin établi sur les terres du syncrétisme.

Combien de maisons-de-saint existe-t-il à Bahia, je veux dire dans la ville ? Plus de mille, j'ai connaissance de mille deux cents, dans l'État elles se multiplient, les tambours battent à Rio et à São Paulo, à Recife, à São Luis, à Porto Alegre, sur l'immense territoire du Brésil, sans parler de l'umbanda car l'umbanda c'est déjà une autre histoire. Ce sont des terreiros de nations différentes : nagô, gêge, bantou, congo, ijeshá, angola et tant d'autres, outre les innombrables candomblés de caboclo. Quelques-uns de beaucoup d'ampleur, la Casa Branca (Ashé Ya Nassô), le Gantois (Ashé Iyamansê), le Cruz Santa (Ashé Opô Afonjá), l'Alaketou, le Bate-Folhas, congolais, le Bogoum, gêge, le terreiro angolais de Ciríaco et l'Aldeia de Zumino-Renzanzarro Gangajti, maison de caboclo du père-de-saint Neive Branco. Des centaines de petits centres battent le tambour de temps en temps, certains une fois l'an pour la fête du maître de la maison : Oshoumaré, Tempo ou Ossain. En Italie Patrizia Giancotti célèbre tous les trente et un décembre sa Yemanjá venue de Bahia sur une barque de pêcheurs ; à Paris Severo Sarduy donne à manger à Eshou Sete Pinotes, maître des carrefours du Muriçoca.

Au Brésil les nègres originaires de tribus différentes se sont mélangés dans les maisons d'esclaves, les senzalas, les maîtres empêchaient la formation de kystes nationaux. À peine les nègres sont-ils arrivés que les sangs tribaux se sont mêlés, angolais et soudanais, nagôs et malais et ceux de toutes les autres *nations* avant même que se produise le grand mélange avec les Indiens et les Blancs. Tout candomblé bahianais – qu'il soit angola, qu'il soit gêge, qu'il soit congo ou ketou, ou que ce soit un candomblé de caboclo, peut changer de nation à un signal de la mère-de-saint : les tambours changent le rythme de la danse, sur le terreiro orishás, enkices et caboclos confraternisent. Notre père Oshalá habite sur la colline sacrée de Bonfim, après la fête sur le terreiro il vient se reposer sur le maître-autel de Notre Seigneur Jésus Christ, dans la basilique catholique sur le parvis de laquelle on célèbre, le troisième jeudi de janvier, la fête la plus belle qu'on puisse imaginer, la plus grande du syncrétisme religieux dans le monde entier, la procession des eaux d'Oshalá.

Qui sait tout ça mieux qu'aucun autre, c'est Pierre Verger, plus que quiconque il nous a révélé la face métisse de la vérité, car il est Ojuobá, les yeux de Shangô, il voit tout, rien ne lui échappe. Il est là, assis à la droite du babalorishá Balbino à l'Ilê Ashé Opô Agujá, il tient la clochette sacrée, à gauche le père François, les deux Français veillent à la pureté afro du rituel. Sur le terreiro la fête se déroule dans la rigueur de l'intransigeance, s'il n'y avait le peuple mélangé, les mulâtres de toutes les nuances d'amalgame, on pourrait penser que la fête se déroule dans un temple d'Oyo, au royaume de Shangô, ou de Ketou, au royaume d'Oshóssi. Pierre et François sourient, un sourire de victoire, de délectation : Balbino, l'Africain, danse la danse guerrière de Shangô, hache à deux têtes, kauô kabiesile, lance dressée, fulguration.

Waldeloir Rego, l'auteur de *Capoeira de Angola*, un classique, ne connaît pas seulement la capoeira, il connaît le b-a-ba complet de la vie communautaire des terreiros, il connaît l'ensemble et les détails, les plus fugitifs, les plus secrets, car Oshalá, son père, lui a donné le droit et l'obligation de tout savoir quand Mãe Senhora lui a touché la tête avec la lame du rasoir et l'a proclamé Ekerin Magbá. Le sourire glisse aux coins des lèvres d'Ekerin Magbá, il me confie ce qui se passe a l'Ilê :

– Dès que les petits vieux rentrent chez eux se reposer, au terreiro on change de nation, la fête nagô est terminée, les tambours battent caboclo et les vieux-Indiens, les jurumeiros, les sorciers, les pères-joão, les maria-padilha se joignent aux orishás dans la danse improvisée, dans le chant en portugais, le syncrétisme s'impose, il ne reste pas ombre de la pureté que les vieux maîtres ont été chercher en Afrique. Sultan-des-Forêts et Oshóssi, Pierre-Grande et Ossain, Roi-de-Hongrie et Yemanjá, Roi-des-Herbes et Ossain, Tranche-Nuage et Yansan. Balbino est Flèche-Noire, un caboclo splendide, aussi étonnant qu'Agunjá, son Shangô.

Le sourire s'efface, Waldeloir retourne au mystère :

– Je ne vous ai rien dit. Ça la fout mal de raconter.

Vienne, 1952 –
les mauvais élèves

*Un nègre racine d'arc-en-ciel**, je trouve René Depestre et son Édith dans un mauvais pas, à Vienne, dans les couloirs du Congrès mondial de la Paix. Encore une fois mis hors de France, où poser *la petite lampe haïtienne**, où *crier la joie de vivre** ?

Je cherche et je trouve une porte de sortie pour le poète de Haïti, je suis patriote vodou à part entière, lecteur de Jacques Roumain, gouverneur de la rosée, lecteur et ami de Jacques Stephan Alexis, compère général soleil, au terreiro de Bogoum j'ai vu Oshoumaré débarquer de l'arc-en-ciel venant de Port-au-Prince en vol rasant, je suis complice de René Depestre. Au Congrès mondial de Vienne a été décidée la réalisation d'un Congrès continental américain de culture à Santiago du Chili, patrie de Neruda, régime démocratique, PC fort et légal, je suis le responsable de l'organisation devant les hautes sphères. Première mesure, je fais entrer Depestre au secrétariat du Congrès, représentant de l'Amérique centrale et des Antilles, ça sert à quelque chose d'être haïtien, j'obtiens ainsi des billets pour lui et pour Édith de Marseille à Valparaiso : *va mon nègre courir à toute bride les espérances du monde**. Avec Neruda, Volodia Teitelboim[1], Diego Rivera[2], Elvio Romero et quelques autres, nous organisons le Congrès continental, nous travaillons dur, nous nous amusons beaucoup.

Du Chili, René et Édith vont au Brésil où ils passent quelques années entre Rio et São Paulo, ensuite le poète continuera à vagabonder de par le monde, espérances et desespérances. Un bref séjour à Haïti au début de la dynastie de Papa Doc, son ex-partenaire au poker dans l'exil parisien, le long séjour à Cuba, patrie des réfugiés, enthousiasme et désenchantement, journalisme à Moscou, les mariages après Édith, avant d'accoster au port rassurant de Nelly, *tu es le sablier de la douceur**. Je ne le perds pas de vue dans sa traversée, de poème en poème, de récit en récit, *La femme-jardin* et *Hadriana*, je le retrouve ici ou là, dans sa course à toute bride jusqu'à ce qu'il plante sa tente d'écrivain dans l'intérieur de la France, le rire reste joyeux et chaleureux, reste allumée *la petite lampe sur la mer**.

Dans la clandestinité du Parti communiste brésilien, vers 1953, nous fûmes camarades au cours Staline. Les yeux bandés, après un parcours de plusieurs heures on arrivait au local du cours clandestin, quelque part dans la zone rurale, les leçons données par les dirigeants duraient un mois. Mais nous étions déjà, René et moi, pris de doutes et certaines assertions des professeurs nous donnaient le frisson. Nous et Alina Paim, élève elle aussi, également envahie par l'inquiétude.

Je me rappelle comme si c'était hier une classe sur la révo-

1. Volodia Tetelboim, écrivain chilien, secrétaire général du PC.
2. Diego Rivera (1886/1957), peintre mexicain.

lution chinoise, la mention faite par le conférencier d'un document du PC de Mao recommandant que les enfants dénoncent leurs parents – obligation du militant : vaincre les sentiments bourgeois de la famille, accomplir son devoir de révolutionnaire. Il ne s'agissait pas d'une invention maoïste, d'une nouveauté. En URSS on avait mis sur un piédestal un enfant qui avait agi ainsi – il avait espionné ses parents et les avait dénoncés, les avait envoyés au bagne, un héros staliniste. Le professeur s'emporte contre la morale bourgeoise.

Assis à côté de moi au premier rang, René me fait discrètement du coude, de l'autre côté de la salle le regard malheureux d'Alina Paim. Des leçons que nous ne parvenons pas à apprendre, des valeurs que nous ne parvenons pas à accepter, communistes inconséquents que nous sommes, incapables de vaincre les préjugés, de renoncer au sentiment vulgaire d'amour de ses parents.

– Dénoncer ses parents... Je préférerais me tuer, considère Aline à l'heure de la récréation.

– Quelle connerie ! crache René, il écrase le crachat avec le pied.

– Une dose pour éléphant, dis-je.

Atterrés, trois mauvais élèves de marxisme-léninisme au cours Staline.

Bahia, 1991 –
je fais amende honorable

Par pur hasard, avec une certaine mauvaise volonté et un peu d'étonnement, je me mets à lire l'interview du senhor Fausto Silva dans les pages jaunes de la revue *Veja* : voyons un peu les âneries que cet idiot raconte. L'étonnement vient du fait qu'en principe ces pages jaunes sont réservées à des personnalités presque toujours éminentes, au moins distinguées, qui méritent l'attention. Or le senhor Fausto Silva n'est autre que le présentateur de télévision Faustão qui, le dimanche, dirige une émission à vaste audience : ni éminent ni distingué, dans le meilleur des cas un jean-foutre, si ce n'est un imbécile congénital : ils abondent dans les programmes humoristiques de la TV.

Je dois avouer que je n'ai jamais regardé l'émission de Faustão, malgré les recommandations répétés de João Jorge qui cherche à réduire mes idiosyncrasies : *jette un coup d'œil, Père, ça va te plaire, c'est très bon, il est drôle et il a de l'imagination.* Je résiste, je rejette le conseil sans autre raison que mes préjugés : ces jeunes d'aujourd'hui se contentent de bien peu, ils s'enthousiasment pour n'importe quelle ineptie, je suis prudent, je me défends de la sottise et de l'imposture. Je suis peu amateur de télévision, à part les nouvelles et le football, Chico Anísio et Jô Soares, je reste rarement réveillé devant l'appareil mais je l'utilise avec constance, il n'y a pas de meilleur somnifère : je l'allume, je ne résiste pas cinq minutes à la sottise, au ridicule, je m'abandonne à un sommeil réparateur, je ronfle au ryhme des clips de rock, les décibels me bercent. L'émission de Faustão ? Tu ne m'auras pas, João, le sens de l'humour de ta génération n'est pas le mien, je suis vieux jeu.

Voyons ce que dit ce crétin, je commence à lire, je tombe des nues, ce n'est pas un crétin, il ne raconte pas d'âneries, il analyse avec une rare acuité la télévision brésilienne, fait le procès de notre vie culturelle, de ses habitudes mesquines, de ses misères, la dénonciation va du terrorisme du « patrouillage » au désir d'en finir avec ce qui est bon – ce qui est bon choque et irrite nos intellectuels, ils détestent la perfection et le succès. Je vais de surprise en surprise : ce jeune homme est un homme qui sait ce qu'il dit et qui dit des choses qui valent d'être lues, l'interview me plaît. Faustão n'est pas éminent, moins encore distingué, mais c'est un Brésilien qui connaît notre réalité, la société dans laquelle nous vivons, qui observe et critique avec précision, quelqu'un de bien. Je me rends.

J'ai appris quelques bonnes choses avec le Parti communiste, parmi lesquelles l'autocritique : reconnaître son erreur, faire amende honorable, je le fais toujours avec plaisir. Je fais amende honorable, au début de l'après-midi de dimanche je m'allonge dans le vieux fauteuil-du-papy pour assister à l'émission de Faustão : je me suis assis encore méfiant, je ne résisterai sans doute pas longtemps à cette pitrerie. Eh bien je n'ai pas dormi, j'ai suivi la succession de sketches avec intérêt, j'ai ri, je me suis amusé, João Jorge a raison, le type est drôle et a de l'imagination, j'ai l'impression que lui aussi s'amuse de l'extravagance, du farfelu, parfois de la grossièreté de l'émission, je m'inscris parmi les admirateurs inconditionnels de Faustão, que j'ai connu senhor Fausto Silva affirmant des vérités acerbes dans les pages jaunes de la revue.

Paris, 1992 –
Tom Jobim

Au Brésil, le succès est une offense personnelle, je relis dans un magazine français, *L'Autre Journal,* l'affirmation de Tom Jobim[1], victime permanente des « patrouilles ».

Une vérité vraie, il faut cependant faire une distinction, appeler les choses par leur nom : l'envie, la calomnie, la perfidie sont des dogmes des élites, une pratique de l'intelligentsia ; du peuple viennent la louange et le bon-vouloir. Au défilé des Écoles de samba, Tom Jobim est le thème du Mangueira, qu'importent l'insulte, la vomissure du scribouillard du journal. Vaccin infaillible, l'amour du peuple immunise contre le venin des fielleux.

Varsovie, 1953 –
les poules

Varsovie couverte de neige, le vent du pôle nord : en entrant dans le hall en ruine de l'hôtel Bristol je tombe sur José Guilherme Mendes près du radiateur ; nous sommes de vieilles connaissances, nous confraternisons. Le journaliste fait une série de reportages sur l'implantation du socialisme en Pologne, il est enchanté du socialisme et de la Pologne, il mise sur le succès des projets du gouvernement.

Au dîner il vibre d'enthousiasme en racontant les péripé-

1. Antônio Carlos Jobim, compositeur.

ties de la journée, une journée mouvementée, du matin au soir dans la coopérative agricole Aurore Rouge. Il n'a pas vu les plantations de pommes de terre, la campagne est gelée, mais il a visité l'élevage de volailles, la ferme exporte des œufs et des poules pour les gastronomes de Moscou. Il a déjeuné en compagnie des héros du travail socialiste chez le président de l'Aurore Rouge, un festin avec vodka et vin, discours, toasts, internationalisme paysan. Les camarades polonais exposent les avantages de l'économie socialiste pour la culture de la terre et l'aviculture, ils récitent des statistiques, un tableau tout en rose, ils mangent avec appétit, boivent avec conviction. Bon orateur, Zé Guilherme décrit la misère dans le latifundium brésilien, les maîtres et les esclaves de la terre, la sécheresse du Nordeste exploitée par la bourgeoisie pour obtenir des subsides du gouvernement pourri, les privilèges, un tableau sinistre, les convives sont émus aux larmes, Zé Guilherme est éloquent, il cite Prestes et Josué de Castro, et boit de la vodka car personne n'est de fer. Au club de la coopérative on improvise une fête en l'honneur de l'hôte brésilien, le journaliste est bon danseur, les campagnardes slaves sont blondes et fougueuses. Nous écoutons le récit, moi et le traducteur de mes livres, Eugenius Gruda – qu'a-t-il pu devenir au milieu de la confusion polonaise ?

Avant de poursuivre l'histoire des reportages de Zé Guilherme, une parenthèse s'impose pour parler du traducteur : il avait émigré enfant au Brésil, il ouvrit un commerce dans l'intérieur du Paraná, l'affaire prospérait, vint la guerre, l'occupation de la Pologne, la division du territoire entre les troupes nazies et les troupes soviétiques. Patriote, le jeune Gruda n'hésita pas : il vendit ses biens, prit un cargo pour Londres, échappa aux sous-marins nazis, s'enrôla dans l'armée de la Pologne libre, organisée en Angleterre sous le commandement du général... comment s'appelait-il donc ?

Le premier jour d'exercice le soldat Gruda, destiné comme tous les autres membres du bataillon à l'invasion aérienne de la Pologne – l'armée ne dépassait pas quelques centaines de Polonais –, monta, parachute au dos, sur une tour en bois pour s'entraîner à sauter. Il sauta, le parachute ne s'ouvrit pas, il s'aplatit sur le sol, se cassa un nombre raisonnable d'os, il sortit de l'hôpital infirme de la jambe gauche, il fut démobilisé. La guerre terminée, la Pologne libérée des troupes d'Hitler (pas de celles de Staline), les Anglais s'empressèrent d'expédier les Polonais, soldats et boiteux, dans leur patrie délivrée de l'occupation allemande et proclamée par les Soviétiques République démocratique populaire, en voie de construire le socialisme.

Jusque-là Gruda n'avait été que patriote, à Varsovie, avec les nouveaux maîtres du pouvoir, il devint vite un communiste convaincu, sa jambe endommagée, qui attestait de sa lutte antifasciste, lui valut un modeste emploi à l'Union des syndicats, il arrondissait le salaire minimum avec les droits d'auteur des traductions de mes livres. J'étais beaucoup traduit et passablement lu dans la Pologne d'alors – *le seul écrivain communiste que les jeunes aimaient lire*, me dit Roman Polanski lorsqu'il vint me voir à Bahia –, je cite ce détail pour ajouter que, dès que je débarquais à Varsovie, le traducteur informait son chef de mon arrivée et du fait que lui, Gruda, m'était indispensable : le prix international Staline avait besoin de son assistance permanente, moyennant quoi il obtenait un congé avec salaire, il m'assistait au petit déjeuner, au déjeuner, au dîner, roublard Brésilien exilé dans l'hiver de Pologne, finaud ayant appris par cœur le socialisme, Gruda m'amusait, me faisait rire. Pour lui j'étais une espèce de divine providence.

Le lendemain – manteau, gants, cache-nez, bonnet de fourrure –, Zé Guilherme partit le matin visiter des entreprises récemment installées, il ne reviendrait que le soir, nous nous retrouverions pour le dîner. Je résolus de lui jouer un tour, mes amis étaient victimes de mes enfantillages, personne n'y échappait. J'expliquai le projet au traducteur, ça l'enchanta, nous nous rendîmes au marché, j'achetai à prix d'or quatre poules et un coq – je ne manquais pas de zlotys car, à cette époque, les éditions polonaises ne payaient pas les droits d'auteur en devises. Nous avons mis les volatiles dans la voiture et les avons emportés à l'hôtel. Je convainquis l'homme de la réception de me donner la clef de la chambre de Zé Guilherme, nous sommes montés avec les volailles, avons ouvert la porte et les avons lâchées dans la chambre. J'eus le temps de voir le coq sauter sur le lit.

Gruda apporta de chez lui du papier à l'en-tête de l'Union des syndicats, il l'utilisait pour sa correspondance privée, il avait des blocs et des enveloppes en réserve. En attendant Zé Guilherme pour le dîner, je dictai à Gruda qui la traduisit en polonais, une missive signée du président de l'imaginaire syndicat des éleveurs de volailles : informés des terribles conditions de vie des paysans brésiliens, les membres du syndicat avaient décidé de leur offrir un coq de race et quelques poules, exceptionnelles pondeuses, qui témoignaient du succès des méthodes socialistes de production. Les gallinacés, envoyés à une coopérative de paysans pauvres, pourraient être l'embryon d'un élevage qui les sauverait de la misère. Écrite et signée à la main, un gribouillis incompréhensible, la lettre faisait de l'effet.

Zé Guilherme tardait à arriver, nous avions faim, nous allâmes au restaurant, nous finissions de dîner quand le journaliste apparut :

– Alors, les fabriques ? demandai-je.

Formidables, dit Zé Guilherme en s'asseyant et en prenant le menu. Nous le sentions tendu, il lâcha : *je vous raconterai ensuite les fabriques, je voudrais d'abord vous parler d'un problème qui me préoccupe.* Il sortit la lettre de sa poche : *Je viens de la recevoir, voulez-vous la traduire ?* demanda-t-il à Gruda. Traduction faite, Gruda commenta, euphorique : *ça, c'est de la solidarité révolutionnaire, en tant que polonais et communiste, je me sens fier.* Il se leva, serra la main de Zé Guilherme, je me retenais pour ne pas rire. Il replia la lettre, la remit dans l'enveloppe et la rendit à son destinataire : *il faut répondre.* Le journaliste nous paraissait abattu, troublé : *un touchant exemple d'internationalisme,* reconnut-il, *mais tant soit peu embarrassant, à vrai dire un empoisonnement.*

– Les poules ? demandai-je.

– Elles ont sali toute la chambre, elles sont montées sur le lit, elles ont tout crotté.

Je faillis éclater de rire. Zé Guilherme voulait un conseil, comment se délivrer des volatiles. Je pris un air grave, préoccupé. Tu ne peux en aucune façon rendre le cadeau, ce serait une offense au pouvoir socialiste, aux paysans de Pologne. Nous allons chercher une solution. Pour commencer, José Guilherme rédigea une lettre au président du syndicat des éleveurs de poules, le remerciant de sa générosité au nom des paysans brésiliens. Gruda la prit, il la traduirait chez lui, la traduction accompagnerait l'original en portugais. La vodka aidant, nous étudiâmes longuement que faire des volailles. Pour tirer notre ami d'embarras, le traducteur accepta par amitié de les garder pour cette nuit dans la petite chambre où il habitait, il les emmena en taxi après les avoir capturées et leur avoir lié pattes et ailes. il avait l'expérience des choses. Il partit heureux de la vie, Zé Guilherme lui remit de quoi payer la course et donner un pourboire au chauffeur qui avait grommelé en voyant le bagage gallinacé. En nous quittant Gruda promit d'envoyer la lettre le lendemain matin, sans faute. Quant à Zé Guilherme, je l'aidai à retirer les draps de son lit, pleins de caca de poule ils puaient. Je voulus lui prêter l'un des miens, il refusa, la couverture de laine, épaisse, par chance était propre, il s'enroula dedans.

Le lendemain je lui racontai la vérité, car il souffrait horriblement à l'idée qu'on avait voulu l'obliger à emporter les poules et le coq au Brésil. Il fut si soulagé qu'il ne se fâcha pas, il donna encore quelques zlotys à Eugenius Gruda, destinés à l'assaisonnement du bouillon de poule. Fin cuisinier, Eugenius Gruda se plaignit : *je n'ai jamais vu de coq aussi vieux, dur comme une semelle*.

Bahia, 1985 –
les cornus

Déjeuner chez Auta Rosa et Calá en l'honneur de deux Bahianais honoraires, ils descendent dans la Maison royale d'Itapuan lorsqu'ils sont en visite dans leur patrie d'adoption : Frances Swift[1] et le père Michel Schooyans[2]. Invités en grand nombre, table abondante et raffinée – le sarapatel d'Aíla n'est comparable qu'à celui de la mère de Dmeval Chaves, une sainte, elle a emporté avec elle la recette au royaume de Dieu –, boissons variées, whisky, cognac, les célèbres batidas de la maîtresse de maison, vins au goût des amphitryons, du Liebfraumilch alsacien au gaucho Capelinha, eau-de-coco pour tuer ma soif, une amicale attention.

Frances occupe une chambre au premier étage, le père Michel, spécialiste des fêtes populaires du bout et du début de l'an, des neuvaines de la Conception de la Plage à la procession

1. Frances Swift, diplomate nord-américaine.
2. Michel Schooyans, prêtre belge, professeur d'Université.

du Lavage de Bonfim, repose dans la chambre du rez-de-chaussée, il a une entrée indépendante. J'observe le père et la diplomate qui bavardent et rient, j'interpelle Auta Rosa en plaisantant :

– C'est lui qui monte dans sa chambre ou c'est elle qui descend ?

Auta le prend mal, elle répond, rébarbative :

– Michel est père pour de bon, il a prononcé ses vœux et les respecte, c'est une pierre du savoir, une forteresse de la chasteté, droit comme personne. Pour Frances je ne mets pas ma main au feu, pour Michel je mets les deux sans me brûler.

Tant de conviction stoppe ma malice, je me déclare témoin du comportement sans tache du prêtre : il aime la vie comme peu de gens, il respecte sa condition religieuse comme peu de prêtres. Je me consacre au sarapatel et à l'eau-de-coco mais je reste bouche bée, la fourchette en l'air, en entendant Auta Rosa déclarer haut et fort :

– Dans cette maison n'entre pas de cocu, qu'il soit riche ou célèbre, il n'en est jamais entré aucun, je ne l'admets pas.

Au sérieux de Michel, j'y crois, mais cette dernière affirmation, je ne l'avale pas même avec l'aide de l'eau de noix de coco verte :

– Je crois bien en avoir vu entrer quelques-uns, mais je ne dirai rien... – je conteste mais je ne polémique pas, je ne suis pas fou pour contredire Auta Rosa, ceux qui s'y sont risqués s'en sont mal trouvés.

Du coin de l'œil je montre le noble du Recôncavo, Auta me chuchote : lui, il ne compte pas, ce sont des cornes héréditaires, ce n'est pas sa faute. Calá complète – le couple est solidaire dans la médisance :

– Ce n'est pas qu'il soit cocu, c'est qu'elle est généreuse.

Élève d'histoire des sœurs ursulines d'Ilhéus, Auta Rosa égrène la chronique du baron du sucre : *déjà l'arrière-grand-père, le fondateur de la dynastie, portait gaillardement ses cornes, le grand-père fut un cocu de renom national, le père n'en parlons pas – père seulement à l'état civil, le convive en question était le fils du domaine voisin.* Plus que l'histoire des romances de la famille des Cornelios, m'intéressent les manœuvres de la baronne : elle occupe la chaise à côté du prêtre, libérée par Frances qui est allée se servir pour la troisième fois, elle n'avait pas encore goûté la poule au sang, dommage qu'elle soit au régime et ne puisse pas succomber à la viande séchée. Michel est en pleine conversation sur le syncrétisme avec Hélio Vieira et Claudius Portugal, il ne remarque pas Maria Miel de Canne assise près de lui, elle montre ses cuisses, même sans le vouloir qui ne les voit pas ? Claudius se régale, Hélio risque un œil, seul Michel ne se rend compte de rien. Frivole, Maria assiège le serviteur de Dieu, elle rit, lui touche le bras, la jambe, je crains qu'elle n'ose porter ses doigts jusqu'à la braguette, elle n'a pas le temps d'oser, Frances revient et réclame sa chaise. Michel discourt sur le métissage, Maria Miel de Canne met un terme à son offensive.

Je l'arrête au passage, nous sommes amis, je suis son confident, elle aime me raconter ses aventures, je lui demande la raison de tant d'acharnement, je connais ses préférences, les gamins encore novices, le père Michel est quinquagénaire, pourquoi, dis-moi, tant d'enthousiasme ? Maria Miel de Canne baisse les yeux :

– Je n'ai jamais goûté d'oiseau de curé, je voudrais savoir le goût.

De là où il est, le père Michel parcourt la salle des yeux, heureux de se trouver à Bahia parmi ses amis, il sourit à l'un et à l'autre, me fait un signe amical, innocent des intentions de la baronne il lui sourit, Maria Miel de Canne est au septième ciel :

– Je l'ai dans la poche.

Moscou, 1953 –
les larmes

Je descends de l'avion qui nous amène de Vienne, Zélia et moi, il est cinq heures du soir, c'est la nuit noire à Moscou, un hiver rude, nous sommes en janvier 1953, nous revenons pour la première fois en Union soviétique depuis notre retour au Brésil. Quelques amis nous attendent à l'aéroport, parmi eux Vera Kuteichkova[1], la gaieté en personne : elle va nous servir d'interprète durant notre séjour.

1. Vera Kuteichkova, hispaniste russe, membre de l'Académie des sciences de l'URSS.

Nous étions déjà amis par correspondance lorsque nous nous sommes connus personnellement en 1948. Responsable des littératures de langues espagnole et portugaise à l'institut Gorki de littérature universelle, Vera avait écrit un essai sur mon travail, publié dans une collection de plaquettes éditée par la *Pravda*. Pour Zélia et pour moi, Vera et son mari Lev[1], hispaniste de renom, auteur de livres sur Lorca, Neruda et Diego Rivera, sont notre famille soviétique, nous n'avons pas besoin de parler pour nous comprendre.

Vera vient prendre le petit déjeuner avec nous à l'hôtel. Je lui tends le dernier numéro de la *Pravda*, je lui demande de me traduire tout de suite la manchette qui occupe le haut de la première page, ça me paraît être une nouvelle importante. Vera avait lu le journal avant de partir de chez elle, pourtant, au lieu de me donner immédiatement l'information, elle prend la gazette, traduit. Il s'agit de la découverte d'un *infâme complot nord-américain* pour assassiner Staline. Les infâmes, les monstrueux agents de la conjuration sont des médecins, les médecins les plus éminents de l'URSS, qui ont la responsabilité de veiller sur la santé des potentats du Kremlin – *tous des Juifs*, informe la *Pravda*.

Abasourdi, sans savoir que dire, que penser, je vois Vera devant moi. Immobile, elle serre les poings, se mord les lèvres, les larmes coulent de ses yeux. Nous n'avons pas besoin de parler pour comprendre.

Lisbonne, 1981 –
la pension de famille

Nous sachant sur le point de partir pour Lisbonne, un ami nous demande un service : chercher pour lui et son épouse des chambres dans une résidence, la capitale portugaise est bien pourvue en pensions de famille. Notre ami a obtenu une bourse d'études, il va faire des recherches pour un livre, je crois que c'était Luiz Henrique mais je n'en suis pas sûr. Peut-être Edivaldo Boaventura.

1. Lev Ospovat, hispaniste.

Vers quatre heures de l'après-midi nous remontions l'avenue da Liberdade en direction de la place Marquês de Pombal, nous passons devant un escalier, notre attention est attirée par la rampe recouverte de velours rouge, ce doit être la résidence la plus confortable de la ville. Nous décidons d'entrer, de tenir notre promesse, nous gravissons l'escalier. Nous sommes reçus par une dame aimable, d'âge moyen, nous voulons voir les chambres, savoir les prix, nous sommes intéressés. Elle nous regarda un tantinet surprise mais nous répondit avec politesse : la chambre à droite pour le moment était occupée mais elle ouvrit la porte de celle de gauche, alluma, une lumière tamisée nous permit de voir le luxe du lit, les rideaux de satin, les tapis, la salle de bains au fond, impossible de demander mieux. Il n'y avait plus qu'à nous informer du prix de la pension complète.

– En incluant les repas pour le couple, c'est combien par mois ?

– Par mois ?... s'étonna-t-elle. Nous faisons payer à l'heure, mais ce peut être aussi pour l'après-midi ou pour la nuit. Nous ne servons pas de repas... – sourire complice pour les deux vieux sans-vergogne : – mais nous pouvons fournir du champagne, du vin de Porto, du whisky.

Nous comprenons, Zélia me pince, dans quelle intention ? Nous renonçons aux autres questions, vaines. Si l'hôtel Tivoli n'était pas si confortable, nous pourrions bien prendre une chambre pour quelques heures, commander du champagne : tentation fugitive de celui qui en d'autres temps avait fréquenté ce genre de lieux. De l'autre côté de l'avenue nous faisons des réservations à la résidence Sancho pour le couple bahianais – étaient-ce Laurita et Luisinho ? Ou Solange et Edivaldo ?

Quelle autre ville du monde occidental, à part Paris, peut s'enorgueillir de tant et d'aussi merveilleux monuments que Rome, la ville aux sept collines ?

Des siècles et des siècles de création s'accumulent dans ses artères, il n'existe rien de plus beau que l'escalier qui conduit à la place du Capitole si ce n'est la place elle-même, marches et espace créés par le génie de Michelangelo Buonarroti, c'est lui aussi qui a peint la chapelle Sixtine. Les génies se bousculent dans les rues de Rome. Bouche bée, les yeux reconnaissants, le cœur joyeux, où qu'on aille la beauté nous accompagne : palais, fontaines, temples, ruines, statues, fresques, balcons, tombeaux, le Colisée, le palais de la Seigneurie, Moïse à Saint-Pierre-aux-Liens. La beauté répétée à l'infini.

Puis soudain, inattendue et brutale, surgit la monstruosité, ce qui peut exister de plus laid et de plus agressif vient souiller la beauté, l'écorner, rendre la ville incertaine, inégale, Rome est imprévisible.

Elle possède même ce qui est sans doute le plus affreux de tous les monuments exécrables de l'univers. Je parle du gâteau de mariée élevé en hommage à Victor Emmanuel II, au-delà de l'horrible, énorme, démesuré, hideux dans son ensemble et dans les détails, dans ses courbes et dans ses angles. À lui seul il est plus laid que tous les monuments laids de Buenos Aires, une ville si belle et si agréable qui se donne le luxe de posséder un si grand nombre d'horreurs. Un seul, à Rome, celui de Victor Emmanuel II, les dépasse, une hideur incomparable.

Rio de Janeiro, 1934 –
le Coq Fou

Une interview de Vinícius de Moraes à la revue *Manchete* (en 1970 ?) – *pour moi, en ce temps de la Faculté, il était le diable*, révèle le poète à mon sujet – vient me rappeler le Coq Fou. Je le revois intransigeant, radical, la figure convulsée, le regard aveugle, dans l'agitation, les affrontements, brandissant l'étendard de la libération nationale, de la révolution prolétarienne.

Le diable, c'était le Coq Fou, agitateur dans l'âme, communiste féroce. Ni moi, ni Carlos Lacerda, ni Ivan Pedro de Martins, non plus Chico de Assis Barbosa, aucune des vedettes de la gauche à la Faculté de droit de la rue du Catete, en ces temps anciens, ne pouvait se comparer à lui en audace et en dévouement à la cause : il entraînait la masse des étudiants, il affrontait la police.

Vinícius faisait partie du CAJU, association tenue pour

réactionnaire, elle réunissait la crème de la Faculté de droit : Otávio de Faria, Santiago Dantas, Américo Jacobina Lacombe, Almir de Andrade, mon cousin Gilson Amado. La majorité allait entrer à l'Action intégraliste, un certain nombre y échappa : Almir de Andrade devint psychanalyste, Vinícius s'engagea dans des carrefours libertaires. Plusieurs des « chemises-vertes » se rapprochèrent de la gauche après la guerre, Santiago finit ministre de João Goulart. D'un côté ou de l'autre, simplement des nationalistes, le reste était une étiquette.

Otávio de Faria était déjà un auteur à succès, il avait publié *Machiavel e o Brasil* et *O Destino do socialismo* qui révéla un idéologue de la droite. Malgré nos antagonismes politiques nous sommes devenus amis : je fréquentais les séances du Chaplin Club et c'est Otávio qui porta, en 1931, le manuscrit du *Pays du Carnaval* aux Éditions Schmidt pour qu'elles le publient. Il écrivit le premier article qui salua mes débuts de romancier, il parut dans *A Razão*, journal pauliste de Plinio Salgado. À cette date n'existait pas encore l'Action intégraliste et je n'étais pas encore entré aux Jeunesses communistes. Même par la suite, nous sommes restés amis et nous l'avons été jusqu'à la mort du romancier de *A Tragédia Burguesa*, pathétique saga de la bourgeoisie brésilienne.

Carlos Lacerda et moi étions intimes, mais mon ami de cœur, de chaque jour, n'avait pas d'étiquette politique : Haroldo Aguinaga, bohème, fils d'un père connu et riche. Nous passions des nuits blanches, à Copacabana, à conquérir des domestiques – quelques-unes éblouissantes : Conceição la mulâtresse, sa fiancée et la mienne, abandonna le balai et le fer à repasser, le lit des étudiants, pour épouser un Portugais commerçant et riche, nous avons failli en mourir de dépit.

La gauche, à la Faculté, bénéficiait de l'appui d'un groupe de professeurs éminents : Castro Rebelo, Hermes Lima, Carpenter, tous les trois se retrouvèrent en prison en 1935, à la suite de l'insurrection communiste. Lors du meeting à l'esplanade du Castelo, où fut lancé le mouvement de l'Alliance nationale de Libération, Carlos Lacerda eut le privilège de lire le manifeste de Prestes, avec Roberto Sisson et quelques autres je pris la parole, ensuite nous avons fêté ça chez Álvaro Moreyra.

J'étais entré à la Faculté pour faire plaisir à mon père qui voulait que son fils possède un diplôme de « docteur » – en ce temps on appelait docteur tous ceux qui avaient fait des études universitaires. Je passai haut la main l'examen d'entrée car l'un des examinateurs était le professeur Porto Carreiro, traducteur de *Cyrano de Bergerac,* d'Edmond Rostand. Moi qui dévorais la littérature française, je connaissais la traduction, je savais des vers par cœur, je les ai déclamés, j'ai fait un commentaire enthousiaste, j'ai eu dix en littérature, la note maximum, ajoutée aux notes d'histoire et de philosophie, j'ai fini avec huit et demi de moyenne, le colonel João Amado vibra, il augmenta ma mensualité.

Je ne sais ce que devint le Coq Fou, comment évolua son emportement, son fanatisme. Je ne parviens même pas à me rappeler son prénom et son nom, la gloire est éphémère. Pas la gloire de Vinícius : encore à la Faculté, il gagna les faveurs de la critique et des élites avec ses poèmes catholiques, odes et élégies, il gagna le peuple avec ses vers d'amour, avec le poème *O Operário em Construção* publié dans le premier numéro du *Paratodos,* il conquit le monde avec ses chansons mises en musique par Tom Jobim. Vinícius de Moraes, dit *o poetinha,* notre petit poète, parce qu'il est le poète bien-aimé. Et parce qu'aujourd'hui c'est samedi, *jour de la création,* on se rappelle son poème ? Je me rappelle : *Todos os namorados estão de mãos entrelaçadas / Porque hoje é sábado*[1].

Lisbonne, 1980 –
le gigolo

Je débarque à l'aéroport de Lisbonne, j'accompagne Zélia qui vient participer au lancement de l'édition portugaise de son premier livre, *Anarquistas, graças a Deus.* Les journalistes m'assaillent, je leur montre Zélia :

– Aujourd'hui il s'agit de madame. Je viens en qualité d'époux de l'écrivain, dans l'espoir de bientôt venir en qualité de gigolo.

1. « Tous les amoureux ont les mains entrelacées / Parce qu'aujourd'hui c'est samedi » *(N.d.T.).*

Presse pudibonde, la presse portugaise, aucun des reporters présents ne se fit l'écho de mes perspectives de fainéantise, de mes prétentions à l'oisiveté, à la bonne vie, on ne m'a pas pris au sérieux.

Bahia, 1966 –
les tamariniers

Je conduis Maureen Bissiliat dans tous les coins de la ville qui me paraissent dignes de l'objectif de son appareil magique, Maureen est venue faire une série de photographies de Bahia pour un livre : lieux et personnages. Elle a déjà photographié la Rampe du Marché, les barcasses, les fruits et les poissons, Camafeu de Oshóssi, maître Pastinha, Olga de Alaketou, le quartier du Pelourinho, les putes du Maciel, les Fils de Gandhi.

Je lui parle de l'existence d'une avenue de tamariniers séculaires à Periperi, pour les voir et les photographier ça vaut la peine de se déplacer jusqu'à ce bucolique faubourg des retraités. Nous arrivons, je tombe sur des excavatrices, des grues, des machines infernales, des ouvriers : on est en train d'ouvrir une route, comme par un fait exprès elle passe exactement sur l'avenue des tamariniers. Des dizaines d'arbres il n'en reste que quatre, mieux vaut dire trois car le quatrième a déjà ses racines à nu, il est sur le point d'être arraché par la grue.

Je rentre à Bahia écumant de rage, je fais presser Aurélio, je prends le téléphone, je parle à Antônio Carlos, le maire de la ville, j'explose. Il me donne raison mais il ne peut rien faire car la route appartient à l'État de Bahia, c'est du ressort du gouverneur. Le gouverneur est Luiz Viana Filho, il ne savait rien, il s'alarme, promet de s'en occuper. Il va en personne à Periperi, constate le désastre, décide de détourner le tracé de la route, les quatre derniers tamariniers sont sauvés. Ils furent sauvés parce que Maureen Bissiliat vint à Bahia faire des photographies.

Monte Estoril, 1992 –
médias

Nous écrivons au Monte Estoril, à l'hôtel Atlântico, le calendrier ment en parlant d'hiver : le printemps est en avance. Tout à la joie du soleil, nous nous penchons, de la terrasse de notre chambre, sur la splendeur de la baie de Cascais, Zélia nourrit moineaux et mouettes avant de s'asseoir à son ordinateur pour rédiger son cinquième livre de Mémoires, les touristes anglais défilent sur la promenade en manches de chemise.

Dans les intervalles de l'écriture je lis des journaux brésiliens datés de la veille, je me saoule de nouvelles carioques et paulistes, de scandales et de catastrophes. Me stupéfait la pauvreté actuelle des suppléments artistiques et littéraires, ils sont pleins du bruit des groupes de rock and roll de toutes provenances, la musique bien vue par les médias se réduit à ça, un concert de Pavarotti au Pacaembu est traité par-dessous la jambe, devient un potin de la rubrique mondaine.

Je cherche les grands articles, définitifs, les analyses de son œuvre à l'occasion des quatre-vingt-dix ans de Lucio Costa[1], notre orgueil, notre gloire, je trouve deux brèves notes parlant de sa présence à Brasília, dix lignes dans chaque journal, pas plus. Michael Jackson, des pages et des pages.

Bahia, 1929 –
le carotteur

Parce qu'il était le plus âgé (il devait aller sur ses vingt-cinq ans), que c'était un homme marié, un fonctionnaire appointé et non un traîne-savate comme nous autres, João Cordeiro était une espèce de président de l'Académie des Rebelles. Le poste n'existait pas mais il l'assumait sur le mode de l'amitié, pouvoir modérateur dans nos diffamations littéraires.

En 1932 environ, il publia *Corja* – le titre original était *Boca Suja*, il ne plut pas à l'éditeur, Calvino Filho, il le modifia –,

1. Lucio Costa, architecte et urbaniste, notamment de la ville de Brasília.

roman de la classe moyenne bahianaise qui lui donna à l'époque une certaine notoriété. Herberto Salles, au temps où il dirigeait l'Institut national du livre, pensa à rééditer le roman de Cordeiro en rétablissant le titre voulu par l'auteur, mais les héritiers, de vagues héritiers, la veuve était morte et il n'avait pas eu d'enfants, s'imaginèrent que les droits d'auteur représentaient une fortune, il fut impossible de traiter avec eux, la bonne idée d'Herberto ne se concrétisa pas.

Au contraire des autres Rebelles, une bande de crève-la-faim, Cordeiro n'était pas dans le besoin, aussi lui revenaient presque toujours les dépenses (infimes) du groupe réuni au bar Brunswick. Au début du mois, lorsqu'il arrivait de la propriété sucrière du Recôncavo, sa mensualité en poche, Clóvis Amorim assumait la dépense, il payait même de la gnôle, peu de jours. En général l'amphitryon était Cordeiro, en cas d'urgence nous avions recours à lui, il nous dépannait, sans grand espoir de revoir son argent.

Le plus pauvre de nous tous devait être Édison Carneiro qui appartenait à une famille nombreuse. Le père, le professeur Souza Carneiro, professeur titulaire à l'École polytechnique, gagnait juste de quoi nourrir sa progéniture, il paraît qu'il ne paya jamais le loyer de la maison des Barris – nous l'avions baptisée Brésil parce qu'elle était immense et sale –, une maison avec grenier et jardin où il vivait entouré de sa femme et de ses enfants : ces derniers portaient des blouses récupérées à Polytechnique. L'aîné, Nelson, alors leader estudiantin, devint président du Sénat. Aujourd'hui encore il est sénateur élu par Rio de Janeiro, parlementaire chevronné, responsable de la loi instituant le divorce, il engagea et gagna cette bataille avec l'aide d'un évêque protestant du Rio Grande du Sud qui endoctrina le président Geisel durant la dictature militaire. Le professeur Souza Carneiro, l'un des personnages les plus séduisants parmi tous ceux, tant et tant, que j'ai connus : sa vie de pauvreté, de travail et de bonne humeur ferait un extraordinaire roman picaresque, elle est si riche que personne d'entre nous ne s'est risqué à la transformer en fiction.

Les misérables sous que nous gagnions dans des besognes journalistiques ne permettaient à aucun de nous d'être prodigue, moins encore à Édison. Lecteur incurable, le moindre salaire qu'il touchait allait directement aux bouquinistes de la place de la Cathédrale ou à don Paco, de la librairie espagnole – personnage recréé avec amour par Nelson de Araújo[1] dans un roman sur les Galiciens de Bahia. Pour passer le reste du mois Édison tapait l'un ou l'autre, parents et amis, la victime principale était João Cordeiro. Tous les quinze jours Nelson soutirait à son camarade un billet de cinq mil-réis sous le prétexte d'aller au bordel se refaire une santé : *je suis en manque et je suis fauché, maître Cordeiro.*

– Je donne cinq mil-réis à Édison pour aller aux putes, je me doute qu'il me carotte, pour en avoir le cœur net je le suis en douce : il va droit à la librairie de don Paco s'envoyer un livre.

Soucieux du bien-être de son ami, Cordeiro finit par l'accompagner au « château », en payant lui-même la passe, il constata que le noir Édison préférait les blondes.

Lisbonne, 1980 –
les ancêtres

Le plaisir d'entendre Luís Forjaz Trigueiros raconter des histoires n'a d'égal que celui de lire ses contes portugais. Des histoires de toutes sortes, ma mémoire capricieuse me fait mélanger les dates, les lieux, les personnages. Je tiens cependant à rapporter l'une d'elles, presque une anecdote, car elle donne la mesure exacte de ce que représentent l'unité nationale et la culture métisse du peuple brésilien. Il manquera au conte la grâce du récit de Luís, patience.

Dans la version dont j'ai gardé le souvenir ça se passait dans les années 80, les personnages sont Maria Helena et Luís Forjaz, Pilar et David Mourão Ferreira, outre le groupe de pseudo-Japonais, l'action se déroule sur la mer Égée au cours d'une croisière dans les îles grecques – des croisières assommantes, soit dit en passant, Zélia et moi en avons fait une où nous avons été sauvés de l'ennui par la compagnie d'Eunice et de Chico Lyon.

Sur le pont du bateau les deux couples discutaient, avec chaleur inutile de le dire, les Portugais ne discutent pas

1. Nelson Araújo, écrivain, homme de théâtre.

autrement, ils discutaient poésie, sujet explosif, sous les yeux d'un groupe de Japonais attentifs, appuyés au bastingage. Au moment culminant du débat un des Japonais s'approche et s'adresse à eux :

– Vous parlez portugais, n'est-ce pas ? D'où êtes-vous ?

– De Portugal, allons donc, nous sommes portugais, répond David Mourão.

Le visage nippon s'épanouit en un sourire brésilien :

– Ils sont portugais..., annonce-t-il au groupe dans l'expectative, ... ce sont nos ancêtres.

Nos ancêtres. Pensant aux épopées lusitaniennes en Orient, aux coïts légendaires, aux descendances anonymes, Luís Forjaz veut savoir si *par hasard ils ont du sang portugais dans leurs veines asiatiques, un navigateur de passage sur la route des Découvertes, qui sait ?*

– Du sang portugais ? Nous ? Non. Nous sommes brésiliens, nés à São Paulo, les Portugais sont les ancêtres des Brésiliens, informe-t-il. Ce sont nos aïeux.

De tous les Brésiliens, assurément. Fille de père et de mère italiens, Zélia se sent chez elle dans la ville de Lisbonne, elle est étrangère à Florence où est né son père, en Vénétie, terre de sa mère.

Dans les avions je vole les serviettes, les couverts dans les restaurants, surtout les cuillères à café, dans les hôtels je rafle tous les accessoires de bain que je peux trouver, ma collection de savonnettes est d'une richesse intercontinentale digne d'être admirée. J'ai des concurrents, Rízia[1] *quand elle voyage avec nous fait main basse sur mon butin : qui vole un larron a cent ans de pardon, récite-t-elle.*

L'habitude de ces petits larcins, je l'ai prise avec mon oncle Álvaro Amado, partout où il passait il ramassait quelque chose. Dormant avec moi dans le même lit depuis presque un demi-siècle, Zélia ne s'est pas encore habituée à mes manies, jusqu'à aujourd'hui elle prend l'air sévère en me voyant glisser dans ma

1. Rízia, avocate, belle-fille de J. A.

poche la serviette avec la rose des vents, à dix mille mètres au-dessus de l'océan.

Le colonel João Amado passait facilement de la prodigalité à la pingrerie, moi aussi, bon fils de mon père, j'oscille entre jeter l'argent par la fenêtre et économiser une pièce de deux sous.

São Paulo, 1965 –
prononciation

Commissaire de Cuba à la Biennale d'arts plastiques de São Paulo, Guillén possède le meilleur des cicérones, le poète Paulo Mendes de Almeida dont il était devenu l'ami lors d'un précédent voyage. Paulo se charge d'élargir l'audience du Cubain dans les médias, il l'emmène se faire interviewer sur une chaîne de télévision, à l'époque loin encore du professionnalisme d'aujourd'hui.

Le présentateur, appliqué et emphatique, en annonçant Guillén aux téléspectateurs scanda les syllabes de son nom : *notre invité d'aujourd'hui, le grand poète noir des Amériques, gloire de Cuba, A-ris-ti-des Gui-llén.* Satisfait de sa performance, il s'adresse à son invité, quête son approbation :

– J'ai bien prononcé le nom du poète ?

Le poète ne se fait pas prier :

– *Muy bien, muy bien,* Guillén vous l'avez prononcé à la perfection. Mais à Cuba, Aristides se prononce Nicolás – il détacha les syllabes : – Ni-co-lás.

Petrópolis, 1984 –
comité de lecture

Je demande à Alfredo Machado pourquoi il a renvoyé le manuscrit d'un conteur connu, excellent écrivain, manuscrit qui, de plus, lui avait été recommandé par des amis dignes de foi. Il me répondit, abrupt :

– Le comité de lecture des Éditions a trouvé le livre faible.

Je lui dis ce que je pense du comité de lecture des Éditions, il m'interrompt, catégorique :

– Si je paie des lecteurs pour juger les manuscrits, je dois suivre leur avis, sans quoi c'est de l'argent fichu en l'air.

Ainsi procèdent dans le monde entier les éditeurs dits professionnels. Moyennant quoi ils sont à l'abri des demandes, des interventions, je ne leur donne pas tort. D'un autre côté ils sont à la merci de lecteurs pas toujours compétents, parfois peu objectifs, le terrorisme idéologique dictant les appréciations, je connais plus d'un cas de ce genre.

Habitué aux maisons d'édition brésiliennes, patriarcales, où une recommandation avait du poids, le professionnalisme des maisons d'édition nord-américaines et européennes m'a causé quelques contrariétés avant que je m'y conforme. J'y ai été amené par mon ami Alfred Knopf, éditeur qui a assis le renom de sa maison sur la qualité littéraire de ses auteurs, parmi lesquels les Brésiliens Gilberto Freyre, Graciliano Ramos, Guimarães Rosa, José J. Veiga, Antônio Callado.

Je dois à Knopf la petite présence dont je jouis auprès du public de langue anglaise. Avant que nous nous connaissions personnellement il a fait traduire et a publié, en 1946, *Terras do Sem Fim*[1], des années plus tard il est allé jusqu'à présenter lui-même, dans un texte chaleureux, la traduction de *Gabriela*. À partir de là il n'a cessé de soutenir mes livres.

Il est venu au Brésil à trois reprises, il s'est lié d'amitié avec Alfredo Machado et avec Dorival Caymmi, nous avons parcouru l'État de Bahia, l'Alagoas, le Pernambouc, nous avons traversé le sertan, remonté le rio São Francisco. J'ai eu la joie de le voir, aux côtés d'Helen, servir du champagne à ses invités le jour où il a célébré ses quatre-vingt-dix ans bien vécus, dans sa maison de Purchase. Là nous avons été ses hôtes, Zélia et moi, au cours de magnifiques week-ends. Nous nous écrivions chaque semaine et, selon la bonne habitude brésilienne de recommander des livres à des éditeurs, je lui envoyais, à la demande des auteurs ou de mon propre mouvement, des romans et des recueils de contes qui me paraissaient mériter d'être traduits.

C'est ainsi que j'envoyai à Alfred Knopf, accompagné d'une

1. *The Violent Land*, Knopf – en français, *Terres du bout du monde*.

lettre enthousiaste, un exemplaire de *Terra de Caruaru*, roman de José Condé en qui j'aime l'écrivain et l'homme. J'informai Condé de mon initiative et il se mit à me réclamer avec une naturelle impatience la réponse de l'éditeur, réponse qui n'arrivait jamais. Un jour je me rendis compte que José doutait de l'envoi du livre, j'en fus chagriné, j'écrivis à Knopf en déplorant son silence. J'en profitais pour lui demander pourquoi jamais il ne m'accusait réception des livres que je lui adressais en vue d'une éventuelle traduction.

La réponse me parvint par retour du courrier, Alfred me remerciait de l'envoi des livres, tant de *Terra de Caruaru* que des précédents. Tous avaient été remis au comité de lecture de la maison, si l'auteur n'avait pas reçu de proposition de contrat cela voulait dire que les lecteurs n'avaient pas recommandé la traduction. Point final.

Aujourd'hui encore je n'ai pas perdu l'habitude de recommander des auteurs brésiliens à des éditeurs étrangers, heureux lorsqu'un livre obtient l'approbation du comité de lecture en France, en Italie, en Allemagne, en Argentine.

Rio de Janeiro, 1982 –
candidat de vive force

J'avais rendez-vous avec Josué Montello à l'Académie pour officialiser la candidature d'Álvaro Salema au fauteuil rendu vacant par la mort du philosophe Rebelo Gonçalves, membre correspondant. Dans le grand escalier je tombe sur Pedro Calmon, il me salue amicalement et, étonné :

– C'est chose rare de vous voir ici. Qu'est-ce qui vous amène ?

– Je viens retrouver Josué. Nous voulons présenter un candidat au fauteuil de Rebelo Gonçalves, qui est mort à Porto.

– Et peut-on savoir qui est votre candidat ?

– L'essayiste Álvaro Salema.

Pedrinho s'arrête, il me prend par le bras :

– Je sais de qui il s'agit, c'est l'auteur d'un livre sur Cervantes de tout premier ordre. Un nom parfait, vous pouvez compter sur ma voix.

Passée l'élection, des mois plus tard, Pedrinho me révéla que, ce jour-là, lui aussi était venu à l'Académie dans l'intention d'indiquer un prétendant au même fauteuil. En entendant le nom de Salema il avait décidé de se joindre à Josué et à moi, il avait gardé sa proposition pour une autre occasion.

Nous avons présenté la candidature d'Álvaro Salema sous les applaudisssements de Pedro Calmon et de toute l'Académie, mais contre la volonté de l'intéressé. Notre avantage, et nous en avons usé, venait du fait que, pour les membres correspondants, les noms sont indiqués par les académiciens brésiliens, personne ne se porte personnellement candidat. Josué et moi avons indiqué le nom de l'auteur de *Tempo de Leitura* sans le consulter à nouveau pour ne plus entendre ses protestations. Ainsi, presque de force, Álvaro Salema fut élu à l'unanimité à l'Académie brésilienne des lettres.

De Bahia, Rosane[1] me téléphone la nouvelle : Urbano Tavares Rodrigues vient d'être élu pour occuper le fauteuil d'Álvaro, décédé l'an passé, nous sommes en mars 1992. Je suis content, Álvaro n'aurait pas souhaité d'autre confrère s'il avait eu à choisir son successeur. Le nom du romancier a été suggéré par Luís Forjaz Trigueiros, Montello et moi l'avons présenté, Josué s'est occupé de l'élection avec la compétence qu'on lui connaît, vote unanime. Mis à part le fait que le premier ait été un essayiste, critique littéraire, et l'autre un créateur, auteur de contes et de romans, pour le reste ils se ressemblent en tout : par la discrétion et la droiture, l'amour de la littérature, la lutte contre le fascisme, contre la guerre et l'injustice. Álvaro et Urbano, unis par le rêve d'un monde plus fraternel.

Bahia, 1972 –
Venise

Au milieu du courrier, une carte postale de Carybé : les canaux de Venise, les palais, les ponts. Je lis : *Je suis assis place Saint-Marc, cette ville n'existe pas.*

1. Rosane Rubim, secrétaire de J. A.

Rio de Janeiro, 1940 –
indécision

À Cinelândia je rencontre Maria Grain de Beauté au Menton, elle vit en Europe, son mari est diplomate. Nous nous asseyons à la table d'un café, nous parlons d'amis communs, évoquons un passé récent. Brusquement Maria m'interroge – le grain de beauté lui donne une grâce coquine :

– Pourquoi ne m'as-tu pas voulue ? Pourquoi m'as-tu dédaignée ?

Je reste sans voix, moi qui l'ai tant voulue et désirée, au casino d'Urca, au dîner avec Samuel et Bluma, je l'ai serrée de près, elle m'a renvoyé un *non* si définitif que j'ai reculé, je n'ai pas insisté : *pour qui me prends-tu ? je suis une femme mariée.* Je lui rappelle la scène, aurait-elle oublié ? Non, elle n'avait pas oublié :

– Et pourquoi aurais-je dit oui à la première tentative ? J'étais folle de toi mais je voulais être conquise, je n'étais pas une petite pute pour me jeter dans tes bras au premier signe. Qu'aurais-tu pensé de moi ? J'attendais que tu reviennes à la charge, comme tu ne l'as pas fait je me suis dit que ce n'était pas sérieux.

J'ouvre la bouche pour revenir à la charge, elle se lève, annonce :

– Maintenant il est trop tard, je pars ce soir pour Berne. Même si je voulais ce ne serait pas possible.

Elle me laisse à ma table, avant de passer l'angle de la rue elle se retourne, reste un instant immobile comme si elle attendait, elle me fait un geste d'adieu puis disparaît. Je me rends compte que je l'ai perdue pour la deuxième fois, j'aurais dû courir derrière elle, finalement il n'était que deux heures, nous avions largement le temps. Le grain de beauté au menton lui donnait un air mutin.

Bahia, 1960 –
album d'autographes

La nouvelle de l'accident d'auto dont a été victime Carlos Pena Filho à Recife transforme la fête du livre de Bahia en cauchemar. Carlinhos dans le coma à la clinique, autour de lui les médecins et les amis, nous, chez Odorico, suspendus au téléphone, dans l'angoisse, l'attente d'un miracle. Le miracle ne se produit pas, Carlinhos prend ses ailes d'ange, s'envole au-dessus de l'avenue Guararapes. Je passe dix ans sans retourner au Pernambouc, les rues de Recife sans Carlinhos ont l'aridité du désert.

En deuil, Tânia vient oublier et se rappeler près de nous, à Rio. Nous parcourons l'album d'autographes, souvenirs d'ici ou là, de tel ou tel, le notable et l'indiscret, trésor de Zélia. Là se trouve, manuscrit, le poème de Carlinhos pour Paloma, inventé à Recife en des jours de rire et d'amitié : *só para Paloma este verso é feito / pois só ela entende um verso desfeito*[1].

Paloma avait huit ans, c'était un oiseau dans le ciel de Pernambouc, elle répondit sur-le-champ au poème de Carlinos, Zélia a conservé le brouillon : *para uma pena uma pluma / para uma pluma uma pena / para Carlos Pena uma pluma / uma pomba uma pena / o pavão tem uma pluma / e para Tânia e Clarinha / uma peninha azulzinha*[2].

Seul Carlos Pena comprend les vers d'un enfant, n'était-il pas un enfant sans malice ? Un enfant ou un ange, il n'avait pas d'âge, les anges n'ont pas d'anniversaire, ils ont des ailes et survolent les ponts, les fleuves. Carlinhos survole l'avenue Guararapes, au cœur une plume de paon qui lui fut offerte par Paloma dans des vers à l'envers, défaits.

1. « pour Paloma seule sont faits ces vers / car elle seule comprend des vers défaits » *(N.d.T.)*.

2. « pour une penne une plume / pour une plume une penne / pour Carlos Pena une plume / une colombe une penne / le paon a une plume / et pour Tânia et Clarinha / une petite penne bleue » *(N.d.T.)*.

Paris, 1992 –
les coïncidences

En retard, je descends à la rencontre d'Ernesto Sábato, nous allons déjeuner au bistrot des Italiens. Ernesto est venu à Paris inaugurer une exposition, aujourd'hui le romancier argentin consacre une partie de son temps aux arts plastiques, il est content de l'accueil fait à sa peinture par la critique française. Il y a deux ans, alors que j'allais découvrir ses toiles dans les salles du Centre Pompidou, je rencontrai là Georges Raillard, critique d'art compétent et rigoureux, il n'a pas ménagé ses éloges, le peintre est à la mesure du romancier.

Ernesto descend de voiture, je vais à lui, nous nous étreignons au milieu de la rue, précipitation de vieux, nous échappons de rien à une auto qui passe à vive allure, nous montons sur le trottoir, Ernesto s'exclame :

– Si nous nous faisons écraser c'en est fini de la littérature latino-américaine...

Nous rions tous les deux. Nous pouvons nous permettre cette boutade puisque nous en rions, lui le Portègne et moi le Bahianais, à quatre-vingts ans nous sommes à l'abri des vanités faciles : il les a eus en juin 1991, je les aurai en août prochain. Si différents que nous soyons comme écrivains, la vision dramatique de la vie et des êtres ne le rend pas pessimiste, quant à moi je participe à la fête de la vie, malgré nos dissemblances, dans la vie et dans bien des choses nous coïncidons. Zélia et Isabel[1] s'amusent à relever les coïncidences répétées tout en dégustant le risotto et les lasagnes.

À la table du bistrot nous passons en revue la vie et le monde, un monde de surprises, de changements invraisemblables, nous passons de la Foire internationale de Séville à l'Irak de l'après-guerre, nous enfourchons les problèmes, du nationalisme de Eltsine à la tragédie de Yougoslavie, nous analysons les situations, Ernesto parle avec admiration de la culture arabe, sans les Maures qu'en aurait-il été de l'Espagne, le monde contemporain aura-t-il la capacité de comprendre les évidences et les mystères de la culture musulmane ? À propos d'Arabes, je lui raconte qu'un poète doublé d'un journaliste, Wally Salomão,

1. Isabel Soto, traductrice d'Ernesto Sábato.

brésilien d'origine arabe, était venu m'interviewer en octobre de l'année passée, il m'avait assuré que d'ici quelques jours – ses sources étaient des plus sérieuses, canal diplomatique – le prix Nobel serait donné à l'écrivain argentin Ernesto Sábato, je nageais dans une mer de roses quand le prix alla à l'Afrique du Sud, attribué à Nadine Gordimer plus pour des circonstances historiques que pour l'importance littéraire et sociale de son œuvre de romancière. Le prix Nobel ? Sábato me révèle qu'à cinq reprises son nom a été porté à l'attention de l'Académie de Suède, mais il sait qu'il ne recevra pas le prix. Et pourquoi, j'interroge, alors qu'il le mérite comme peu d'autres. Il me répond après une gorgée de vin de Sicile : Artur a affirmé dans une interview que son œuvre, à lui Sábato, était mince pour un si gros prix – mince, c'est le terme qu'il a employé.

– Artur ? Qui est-ce ?

– Artur Lundqvist, c'est lui qui a la haute main sur le prix.

En entendant ce nom, Zélia éclate de rire, tandis qu'Ernesto ajoute qu'il a cessé d'aller à Stockholm depuis que, s'y trouvant pour la sortie de *L'Ange des ténèbres,* on avait écrit à Buenos Aires qu'il était allé *travailler pour le Nobel.* Le rire de Zélia augmente, Ernesto s'étonne : *pourquoi ris-tu de si bon cœur ? – Je ris des coïncidences,* dit Zélia, *après Lundqvist, l'exclusion de la Suède des routes de voyage. Nous ne retournons plus à Stockholm depuis je ne sais combien de temps, lorsque nous y sommes allés pour la dernière fois notre cousin Luiz était deuxième secrétaire, il nous a gentiment accueillis, aujourd'hui il est ambassadeur. Un journal a publié que Jorge était allé en Suède préparer le Nobel, résultat : la Suède, plus jamais.* Plus que dans ces petitesses des prix – petitesse, le Nobel, un sac de dollars ? – et des nouvelles perfides, nous coïncidons, étrange coïncidence comme dirait dona Arminda, personnage de roman, nous coïncidons géographiquement, car Sábato habite Santos Lugares, un délice de faubourg de Buenos Aires. Ainsi était-ce en 1941 quand j'ai vécu là dans la fermette d'un Italien, j'y ai écrit *Le Chevalier de l'Espérance.* J'ai été surpris en apprenant par les journaux que Sábato résidait à Santos Lugares. Un jour la surprise est devenue de la stupéfaction : à un journaliste brésilien qui, l'interviewant, lui avait demandé si c'était vrai qu'il habitait dans la petite ville où avait vécu le biographe de Prestes, Sábato révéla que non seulement il habitait dans la même localité, mais dans la maison même où avait été écrit le livre sur le prisonnier politique.

Coïncidence, d'importance celle-ci, l'aversion que nous avons pour les uniformes, l'aversion devient de l'horreur lorsqu'ils sont portés par des militaires au pouvoir. Alfonsín a désigné l'homme qu'il fallait, le citoyen exemplaire pour présider la commission chargée d'enquêter sur les crimes des militaires argentins, point fort de la biographie d'Ernesto Sábato. La maison de l'écrivain à Santos Lugares fut alors le refuge de la justice et de la vérité, elle abrita la souffrance et l'espoir des victimes de la dictature des videlas.

De Santos Lugares nous passons à Buenos Aires dans notre tour du monde de surprises et de réminiscences, nous évoquons quelqu'un de cher à mon cœur, au sien aussi, Rodolfo Ghioldi. Je l'avais connu au Brésil en 1935, il subit des années de prison après la tentative de soulèvement[1], un communiste droit et dévoué, un homme au-dessus des contingences, des limitations et des misères imposées par l'idéologie. Nous nous attardons à rappeler Rodolfo et Carmen, quand j'étais exilé en Argentine ils ont été ma famille, leur maison était ma maison. Ernesto aussi les a connus et estimés, leur amitié venait du temps où il avait milité au PC argentin, je ne savais pas qu'il avait été inscrit au Parti : tu as été communiste ?

– Nous l'avons tous été, Jorge, tous.

De fait je me demande quel est l'intellectuel, l'homme politique de quelque poids en Amérique latine qui ne se soit enrôlé dans le PC de son pays : ils ne doivent pas être nombreux. À un certain moment chacun de nous pensa que le PC était la meilleure tranchée pour mener la lutte de nos peuples – les meilleurs et les pires hommes que j'ai connus et fréquentés militèrent dans les rangs communistes, les plus dignes, les plus sordides.

Le déjeuner touche à sa fin, nous terminons la bouteille de généreux Corvo, n'étant pas imprudent Sábato ne proclame pas la supériorité du vin argentin sur le vin italien :

– Matilde y yo les esparamos, a vos, Zélia, a vos, Jorge, en nuestra casa, en vuestra casa de Santos Lugares[2]. – En espagnol

1. Tentative de soulèvement dirigée par les communistes en 1935.

2. « Matilde et moi vous attendons, toi, Zélia, et toi, Jorge, dans notre maison, dans votre maison de Santos Lugares. » *(N.d.T.)*.

d'Argentine, *vos* veut dire *toi* en langage d'affection, d'intimité, en langage de fraternité.

Rio de Janeiro, 1977 –
la robe d'or

Touche à sa fin une bataille qui a duré quatre-vingts ans, autant que l'âge de l'Académie : désormais les femmes pourront s'y présenter, être élues, revêtir le costume aux parements d'or. Comment sera le costume des dames ? Une robe verte, tapis de billard, dorures à l'avenant, dessinée par Austregésilo[1]. Malgré la menace de la robe j'appuie avec enthousiasme la lutte pour l'entrée des femmes de lettres à l'Académie, je vote pour la proposition d'Osvaldo Orico

Cette histoire d'exclusion des femmes des cadres académiques fut une des roublardises commises par Machado de Assis quand il fonda l'illustre Compagnie, ce ne fut pas la seule, un vrai roublard notre vénéré maître du roman. Ça lui coûta des efforts de devenir blanc et fleuron des classes dominantes, mais une fois arrivé là il ne renonça à rien de ce à quoi il avait droit, il toucha au faîte de sa carrière brillante de bureaucrate en fondant l'Académie : jusqu'à aujourd'hui il la préside, trônant en redingote dans le vestibule d'entrée du Petit Trianon. Critique mi-aimable mi-sarcastique de la bourgeoisie brésilienne de l'époque, de la classe moyenne supérieure, le maître romancier ; défenseur de ses privilèges et de ses préjugés, le citoyen Joaquim Maria Machado de Assis, mari de dona Carolina – il épousa une Portugaise.

Il établit lui-même la liste des membres fondateurs, décréta les veto. Ni bohèmes – Emílio de Menezes[2] ne put être élu qu'après la mort de Machado –, ni femmes. À l'époque il y avait une romancière à la réputation établie – et méritée, il vaut la peine de lire ses œuvres – Júlia Lopes de Almeida[3], impossible

1. Austregésilo de Athayde, président de l'Académie brésilienne des lettres.
2. Emílio de Menezes (1866/1918), poète.
3. Júlia Lopes de Almeida (1862/1934), romancière.

de l'éviter, si elle protestait ce serait le scandale, comment faire pour ne pas la faire figurer parmi les quarante illustres titulaires ? Machado le manipulateur tourna la difficulté, il trouva le moyen d'imposer le machisme. Il marchanda avec dona Júlia : elle restait en dehors, mais en revanche serait à l'intérieur, académicien titulaire, son mari Filinto d'Almeida, un écrivaillon. La romancière estima avec raison que son conjoint avait bien plus besoin qu'elle des broderies de l'Académie, elle lui céda le fauteuil, lui suffisaient à elle ses romans. De cette façon Machado ferma une bonne fois les portes du cénacle aux jupes féminines. Ni femmes ni bohèmes, mais il y eut une place pour un jeune homme de vingt ans, quasi sans œuvre, Magalhães de Azeredo, dont on ne connaissait que les pages louangeuses, d'ailleurs justes, sur les livres du fondateur de l'institution. Vient également de Machado la tradition des fauteuils réservés aux candidats des diverses catégories du pouvoir, des fauteuils réservés à l'Armée, à l'Église, à la Justice, aux Lettres médicales : la tradition des notables dure encore aujourd'hui. Des écrivains, quelques-uns, et pas toujours les meilleurs. Passons.

Un jeudi, jour de séance, dans le salon à l'heure du thé, j'assistai à un acide débat entre Luiz Viana Filho et Magalhães Júnior à propos de Rui Barbosa, cible de la critique de l'impitoyable Raymundo. *La mémoire des grands hommes, exemple pour la jeunesse, doit rester au-dessus de tout soupçon, d'une blancheur immaculée, pure et limpide, digne de l'admiration de la postérité,* déclamait Luiz. Il me vit qui écoutait, immobile, il me regarda du coin de l'œil, me sourit mais, politicien habilissime, il ne me demanda pas mon opinion. Le citoyen Machado de Assis, pas le romancier, a grandement bénéficié de cette thèse sur la mémoire intouchable des grands morts.

Lorsqu'on vota l'admission des femmes à l'Académie, Hermes Lima me surprit : *je vote contre.* Voyant mon étonnement, il m'explique : *ce n'est rien d'autre qu'un club d'hommes, Jorge, le jour où entreront des femmes, ce ne sera même plus ça : notre paix sera terminée, les commérages remplaceront la convivialité.*

Un journal fait une enquête à la veille de la décision, laquelle de nos femmes de lettres doit être la première à revêtir le costume – pardon, la robe. À mon avis, dis-je au reporter, aucune de nos consœurs ne mérite plus la consacration, le lustre de l'Académie, que la poétesse Gilka Machado – en ce temps-là on disait poétesse, aujourd'hui c'est considéré comme une insulte. Elle a fait des poèmes sur le désir de la femme, la frénésie de l'homme quand les autres réservaient l'orgasme aux confessionnaux des églises, elle a osé quand l'audace signifiait le rejet, la réprobation, la condamnation. J'ai suggéré que les éventuelles candidates signent un manifeste proposant aux académiciens le nom de Gilka Machado : plus que toute autre elle méritait d'entrer dans le fatal cénacle. La suggestion tomba dans le vide, je ne croyais d'ailleurs pas qu'elle ait de l'avenir, je suis naïf mais pas autant. Les impatientes couraient les tailleurs, croquis à la main, étudiant la robe : encore plus solennelle et triste que le costume d'académicien.

Milan, 1949 –
le comte

Le relevé de comptes de Bompiani – la première maison d'éditions qui me publie en Italie – arrive au bon moment : si le magot n'est pas énorme il ne manque pas d'être appréciable, il concerne les ventes de *Terre del Finemondo (Les terres du bout du monde)* et l'avance sur la traduction de *São Jorge dos Ilhéus* qui va paraître en septembre prochain.

Les lires vont nous servir pour le voyage que nous projetons de faire : Zélia avait débarqué à Gênes en mai 1949, un saut rapide de quatre jours à Rome ne nous avait pas permis de voir la patrie d'Ernesto et d'Angelina, ses parents. Nous pensons y retourner un mois entier, j'écris à la maison d'édition en demandant qu'on mette cette somme à ma disposition, je la toucherai quand j'irai à Milan.

Quelque temps plus tard nous prenons le train, en deuxième classe, en poche juste assez pour deux jours d'hôtel et de pizzeria, l'argent de Bompiani qui nous attend à Milan assurera la suite du voyage. Simplement nous ne comptions pas sur le *ferragosto*, nous ne savions d'ailleurs pas ce qu'était le *ferragosto* – une semaine qui débute le 15 août, durant laquelle les industries, les banques et une grande partie des boutiques ferment leurs portes, la vie s'arrête.

J'appelai la maison d'édition, le téléphone sonnait, personne ne répondait, le portier du petit hôtel m'explique le *ferragosto.* Préoccupé, je décide de me rendre aux bureaux de Bompiani, j'arrive là avec Zélia, nous trouvons porte close. Je frappe tant avec le poing, je crie tant que finit par apparaître l'homme chargé de la surveillance. Je voudrais parler, lui dis-je, avec quelqu'un de la maison, *rien à faire,* me répond-il, avant la fin du *ferragosto* qui a commencé la veille.

Je lui explique la situation dans laquelle nous nous trouvons, nous avons de la chance, le gardien est une personne serviable, il compatit, s'intéresse à notre problème, prend le téléphone, pendant plus d'une heure il cherche à parler au signore Conte Valentino Bompiani, actuellement dans sa maison de campagne. Ça demande du temps et de la patience, Zélia et moi sommes collés au téléphone, le bon Italien insiste, il ne se laisse pas intimider par les domestiques du comte, *il s'agit d'une affaire sérieuse,* dit-il et répète-t-il. Il finit par obtenir Son Excellence à l'appareil, il me passe le récepteur. Les difficultés sont enfin surmontées.

Je dis à mon noble interlocuteur qui je suis, aimable, il me salue, je lui explique l'imbroglio dans lequel nous nous trouvons. Le comte comprend, soyez tranquille, il me rassure.

– Savez-vous à combien se monte votre crédit ?

Je le sais, je dis la somme modeste des droits du nouvel auteur dont un premier livre vient d'être publié en italien. Le comte Bompiani me donne rendez-vous le lendemain à l'hôtel, à dix heures. Zélia et moi sommes sauvés du naufrage, mieux, de la mendicité, nous nous embrassons devant le gardien et allons boire du vin et manger une pizza en joyeux amoureux.

Ponctualissime, élégantissime, à dix heures pile le comte descend de sa luxueuse limousine, une serviette à la main, dedans mes droits d'auteur – en ce temps la monnaie italienne se distinguait par la taille des billets, immenses. Paiement en espèces, les banques sont fermées, si j'ai jamais eu envie de baiser les mains d'un bienfaiteur, ce sont celles du comte Bompianni.

Il me paya mais ne s'en alla pas : d'une amabilité sans pareille, il nous emmena dans un bistrot, nous avons bu des cappuccinos, avons parlé pendant plus d'une demi-heure. Le comte Valentino Bompiani, jusqu'à aujourd'hui je lui suis reconnaissant.

Rio de Janeiro, 1956 –
antichambre

Je vais au palais du Catete chercher le texte sur Oscar Niemeyer promis par Juscelino Kubitschek, président de la République, pour le numéro spécial que *Paratodos* va consacrer au cinquantième anniversaire de son président-directeur, l'architecte de Brasília.

Au palais je ne trouve pas Paschoal Carlos Magno, mon contact avec Juscelino, je recours aux bons offices de Cyro dos Anjos[1], son chef de cabinet. Je connais de lui ses romans, je connais peu et mal le personnage. Il se met aimablement à ma disposition, le Président est en audience avec un ministre, je dois attendre. Il m'offre un siège, s'apprête à converser. Or j'avais une passion pour la littérature de Guimarães Rosa, je ne jurais que par *Sagarana,* j'étais baba en parlant de *Grande Sertão : Veredas,* personne n'admire plus que moi le maître mineiro. Cyro dos Anjos étant également mineiro, il me sembla qu'il n'y avait pas de meilleur sujet de conversation pour occuper le temps, je me lance dans un éloge de Guimarães Rosa : rénovateur de la langue littéraire, immense créateur, l'heure et le jour d'Augusto Matraga, le sertan de Diadorim, la vie des braves, l'amour et la mort – quand j'admire je ne mâche pas mes mots. Cyro dos Anjos paraît m'écouter avec intérêt, il hoche la tête, approuvant, je crois.

Je fais une pause, il prend la parole. Guimarães Rosa, d'accord, tout ce que j'ai dit est sans doute exact, *mais regardez bien si vous l'examinez de près vous verrez que l'œuvre de Guimarães Rosa s'appuie sur trois supports. Premièrement : le maniement des dictionnaires pour la fabrication des mots, ce qui requiert de la patience, de la méthode et du temps disponible, sans le souci*

1. Cyro dos Anjos, écrivain.

d'autres obligations. Deuxièmement : la connaissance des romans de chevalerie, qu'est Grande Sertão : Veredas, *dites-moi, sinon un roman de chevalerie ? Pour conclure, en troisième lieu : la sensibilité féminine de l'homosexuel, il suffit de lire avec attention.*

Juscelino met fin à son audience, il me fait appeler. Je me lève, je recueille aussi vite que je peux la dépouille mortelle de Guimarães Rosa. Cyro dos Anjos retourne à ses papiers de bureaucrate.

Un conte se conte, il ne s'explique pas et quant au personnage, ce doit être une personne en chair et en os avec du sang dans les veines et une cervelle dans la tête, pas un pantin entre les mains du romancier. Je sens que le personnage tient debout quand il se refuse à faire ce qui ne cadre pas avec sa personnalité, ça arrive plus souvent qu'on ne croit, je pourrais remplir un recueil si je racontais les exemples que j'en ai eus au cours de mon travail.

Plus d'une fois j'ai parlé de ce qui s'est passé avec dona Flor : j'approchais de la fin de l'histoire de ses deux maris quand arriva à Bahia ma nièce Janaína[1]*, elle connaissait le roman, elle voulut en savoir plus. Dona Flor dans un dilemme, voulant se donner à Vadinho, son premier mari, que sa nostalgie, son désir de coucher à nouveau avec lui avaient ramené, il était revenu de la mort, il réclamait le prix du voyage, dona Flor mourait d'envie de payer. D'un autre côté c'était une petite-bourgeoise attachée aux préjugés de l'honneur conjugal, le mariage avec le docteur Madureira l'avait fait passer de la petite à la moyenne bourgeoisie, avait renforcé son respect des conventions, des lois, des veto, dona Flor était le contraire de l'adultère, elle n'avait jamais pensé à trahir le pharmacien, à lui mettre des cornes.*

J'en étais précisément aux pages qui précédaient l'abandon de dona Flor, l'amour triomphant des barrières, l'amour au-dessus des limites. Je dis à Janaína : il est clair qu'elle va céder, elle ne désire rien d'autre. Et ensuite, mon oncle, comment va se terminer le livre, quelle sera la fin ?

1. Janaína Amado de Figueiredo, historienne, professeur d'Université, fille de James.

Pesant le pour et le contre, me rappelant l'offrande magique que dona Flor avait fait faire pour obliger Vadinho à retourner au rien d'où il était venu, j'imaginai que n'ayant pas résisté, s'étant réalisée, la bonne épouse serait à la fois morte de honte et de remords d'avoir trahi la confiance de Teodoro et au désespoir en voyant l'ebó produire son effet, Vadinho se dissolvant dans l'air, dona Flor irait avec lui dans son voyage du jamais plus. Je pense à une page poétique où le lecteur perçoit qu'elle délire, fièvre et adieux, elle va mourir avec Vadinho, seule la mort compensera son crime. C'est beau, *admire Jana.*

Ma nièce partit, je continuai mon travail, comme je le pensais dona Flor arriva à la fin de sa résistance, elle gémit à nouveau des soupirs d'amour dans l'estocade de Vadinho, j'écrivis la scène la nuit – en ce temps, le bon temps, j'écrivais encore la nuit –, je refermai ma machine, j'allai dormir. Le lendemain je repris le roman, ne voilà-t-il pas que Flor, étant nue sur le lit, se rémémorant sa jouissance, un reste de désir dans le chaudron, Teodoro Madureira entra dans la chambre revêtu de son pyjama rayé, magnifique. En la voyant nue, sa chose se dressa, il baissa son pantalon, chevaucha son épouse bien-aimée, lui dessus elle dessous comme le veut la bonne éducation. Il arriva que dona Flor trouva ça bon – bien que faite de miel et de piment la baguette magique de Vadinho n'effaçait pas le goût d'infusion de camomille de l'arme bien proportionnée et vaillante du pharmacien. Ayant goûté de l'une et de l'autre et ayant perdu les œillères qui bouchaient sa vue et limitaient l'aventure, dona Flor sans me consulter, sans même me donner d'explication, resta avec ses deux maris, le libertin et le bon docteur, tantôt le piment tantôt l'infusion de camomille, elle aimait la sauce piquante et le suave breuvage.

Zélia entre dans la pièce, je commente : ton amie dona Flor est une dévergondée, qui l'aurait dit ? À propos de Zélia, jusqu'à aujourd'hui elle me reproche de ne pas avoir, dans le roman de Gabriela, marié Gerusa et Mundinho Falcão, je lui dis que je ne suis ni curé ni juge, je ne fais pas de mariages, c'est la vie qui les fait, par amour ou par intérêt. Les romans ont un temps et un espace, le temps du roman de Gabriela était arrivé à sa fin, l'espace se fermait, si Gerusa et Mundinho se sont ensuite mariés, je n'en sais rien, je ne sais de l'histoire que ce qui est dans le livre.

Je me rappelle que durant l'élaboration de La boutique aux miracles *où je relate comment s'est forgée la nation brésilienne, en créant le personnage de Tadeu Canhoto, le fils de Pedro Archanjo, j'imaginais faire de lui un héros qui poursuivrait la lutte du mulâtre. Je l'imaginais militant, plus avancé, plus radical que son père, un reste de sectarisme me marquait encore, je ne me rendais pas compte qu'Archanjo avait atteint la limite juste, il était resté libre, ne s'était pas lié à une secte.*

Pour mettre sur pied le personnage tel que je l'imaginais, je commençai par le modeler dans la glaise dont est fait Carlos Marighela et je l'inscrivis à l'École polytechnique, l'épreuve de mathématiques en décasyllabes de Tadeu reproduit celle de Marighela lorsqu'il était étudiant. Je déroulai le fil de l'intrigue, je voulais Tadeu fondateur du Parti communiste, j'oubliais que l'action du roman se passe en réalité dans les années 20 et surtout j'oubliais de consulter Tadeu : voilà qu'il refusa l'idéologie et le militantisme. Comme les autres mulâtres pauvres de son temps, ce qu'il voulait c'était être blanc et riche, au lieu de devenir révolutionnaire il devint gendre d'un fazendeiro, il blanchit, laissa le Pelourinho pour le Corredor da Vitória : Pedro Archanjo fut l'exception, son matérialisme ne le limita pas, il resta pauvre, mulâtre et miséreux, accomplissant les obligations du candomblé. Les personnages nous enseignent à ne pas violer la réalité, à ne pas tenter de nous imposer, nous ne sommes pas des dieux, seulement des romanciers.

Nice, 1990 –
Gil

Au parterre du théâtre archicomble, debout nous applaudissons notre Gilberto Gil, notre parce que brésilien et bahianais, adorable créature, interprète de la lutte et de l'espérance, de la vie contre la mort, voix du peuple qui éclate dans le chant antiraciste, dans la louange de la nature : houle de l'onde, rugissement de tempête.

La musique métisse domine l'assistance, les Français chantent en portugais du Brésil, dansent en afro-brésilien, nous sommes sur la promenade des Anglais ou au Largo du Pelourinho ? Eduardo Jasmin Tawil, correspondant de *A Tarde*, dirige le samba dans la salle pleine, en folie.

Je me rappelle deux autres moments de Gilberto Gil, deux émotions qui m'ont touché le cœur et les bourses. Le premier, c'était au théâtre Castro Alves, en 1968, à Bahia · Gil et Caetano Veloso étaient sortis de la prison des militaires, ils partaient en exil à Londres, ils avaient eu l'autorisation de donner un show pour réunir un peu d'argent. Un parterre de jeunes gens contestataires de la dictature, un climat tendu, de solidarité, Gilberto Gil prend sa guitare et entonne *Aquele abraço*, samba d'adieu et de saudade. Le théâtre est protestation et vibration, il chante à l'unisson de Gil et de Caetano : devant les deux jeunes gens je vois le poète Castro Alves dans son théâtre. Mon cœur bat à se rompre, un froid polaire me traverse les bourses.

L'autre fois, c'était en 1987, vingt ans après, et la scène où Gil chantait était celle de l'Olympia, à Paris. Gil me dédie la chanson qu'il a composée pour le film *Jubiabá* de Nelson Pereira dos Santos, adapté de mon roman. La foule en transe l'accompagne dans l'adresse au père-de-saint Jubiabá, le nom du personnage retentit dans le célèbre théâtre. Je frémis : chaleur au cœur, froid dans les bourses, le regard tendu.

Canton, 1952 –
saveurs

En allant au restaurant Ilya exige que Ting Ling[1] éclaire sa curiosité : *quels sont les chiens dont la chair a le meilleur goût ? Ceux élevés en captivité dans les chenils des restaurants, engraissés pour aller au four ou à la casserole, ou bien les bâtards chassés dans les rues par les pauvres ?*

L'habitude des Chinois de préparer des plats avec de la viande de chien – une gourmandise recherchée dans les cantines de Canton, seuls les serpents sont aussi prisés – horrifiait Ehrenbourg qui prenait soin avec amour, dans son appartement de Moscou, de trois schnauzers de prix. Je peux comprendre la

1. Ting Ling, romancière chinoise.

répugnance d'Ilya, jusqu'à maintenant je n'ai jamais voulu goûter de viande de cheval.

– Quels sont les plus savoureux ?

Ting Ling évite de répondre, cherche une échappatoire, elle parle d'autres merveilles, le théâtre, le ballet, la fleur de lotus, Ilya implacable insiste. Finalement la romancière, lasse de tergiverser, baisse la voix, murmure entre ses dents :

– Je préfère les bâtards, la chair est plus savoureuse.

La spécialité du restaurant est le canard laqué, les Chinois raffinés mangent seulement la peau grillée, ils laissent de côté la chair, Ilya mange la peau et la chair avec appétit, aucune restriction sur ses lèvres noircies par la sauce, pas plus que sur les miennes : nous mangeons du canard et du porc ; du bœuf et du chevreau avec gourmandise, ne pas manger de chien, de cheval, de serpent, ce n'est qu'un préjugé.

Bahia 1989 –
l'héritage

À la demande de Sergio Machado je téléphone à Paulo Niemeyer[1] à Rio de Janeiro, Alfredo vient de terminer les examens médicaux qu'il devait subir, je demande le diagnostic, je reçois la confirmation terrible : tumeur au cerveau. Un cas difficile, j'écoute et j'oublie les noms des sarcomes, un cas perdu. Paulo Niemeyer ne pense pas que l'opération soit envisageable, il n'opérera pas, mais si Alfredo et sa famille veulent tenter une clinique nord-américaine...

Qui ne veut tout tenter, le possible et l'impossible, de la chimiothérapie aux ebós du candomblé, la chirurgie s'il le faut, dans la lutte contre la mort ? Alfredo va aux États-Unis appuyé au bras de Gloria, les docteurs yankees confirment la décision du savant brésilien : inutile d'opérer, ils vont essayer un traitement nouveau, qui sait, peut-être... Commence une période de voyages successifs entre Rio et New York, Alfredo ne perd pas courage, lutteur incorrigible. Zélia et moi téléphonons tous les

1. Paulo Niemeyer, neurochirurgien.

jours, il répond lui-même, il parle de sa lutte contre le mal, raconte la dernière anecdote, la menace et l'espérance – l'espérance, hélas, diminue chaque jour.

Pendant plus d'un an la mort d'Alfredo nous accompagne, je ne parviens pas à écrire, je perds le goût de la conversation et du rire. Je quitte le Brésil pour ne pas devoir aller à Rio le voir. Je me réfugie dans le bruit, la course d'un côté à l'autre, de ville en ville, de pays en pays, congrès, séminaires, symposiums, je m'étourdis.

La mort d'Alfredo est lente, elle se répercute dans le monde entier. Des amis téléphonent de toutes parts pour avoir des nouvelles, Herbert Lottman, Jean-Claude Lattès, Ray-Güde Mertin, Carmen Balcells, Jean Rosenthal, Tom Colchie, les Raillard, Jurgen Gruner, des États-Unis, de France, d'Allemagne, Nurchian Kesim téléphone d'Istanbul, de Rome Luciana Stegagno Picchio, de Lisbonne João Condé en larmes. Alfredo a des amis dans le monde entier, je les entends au téléphone, la voix anxieuse, espérant un miracle. Mais c'est surtout Alfredo lui-même que j'ai au téléphone. À mesure que les jours passent la conversation se fait plus difficile, coupée de silences, je reçois à distance la fatigue et l'abattement.

J'avais fait part à Alfredo de l'idée d'un roman racontant les tribulations d'un jeune Brésilien au temps de la dictature militaire – les années 60 avec les hippies, la révolution sexuelle, faites l'amour, pas la guerre, le mélange de tout, la drogue, la guérilla urbaine, la contestation générale, cette atmosphère troublée. Un roman dans la ligne des histoires de *Quinquin la Flotte* ou du *Capitaine au long cours*, c'est-à-dire l'identité mise en question, où est la vérité, où est le mensonge ? Je ne savais rien de l'action, je ne le sais que lorsque je me mets à écrire et que les personnages commencent à vivre. Mais j'ai le titre, le nom du héros, cause d'équivoques : il s'appelle Boris le Rouge.

Alfredo, éditeur par excellence, ne me lâchait plus, il voulait le livre à tout prix. Pendant les quatorze mois de sa marche impitoyable il me réclama le roman pour lequel, à partir d'un certain moment, j'avais perdu tout intérêt. Un jour Sergio téléphone : la fin approche. Zélia appelle Alfredo, lui dit que je travaille au roman de Boris, je ne tarderai pas à lui envoyer le manuscrit. Elle contient ses larmes, invente : le mensonge lui vient naturellement, elle qui ne sait pas mentir. Alfredo a encore la force de demander des détails.

Quelques jours plus tard, attendue, incroyable, la nouvelle de son décès. Alfredo me laisse en héritage l'idée du roman, la promesse de mettre sur le papier les tribulations du jeune Brésilien. Je vais à la machine à écrire, l'ombre d'Alfredo m'accompagne, me surveille. Quatre fois j'ai commencé, quatre fois j'ai renoncé, mais un jour je vais terminer l'histoire de Boris le Rouge, plus d'Alfredo Machado que mienne.

Istanbul, 1989 –
Pierre Loti

Voir, entendre, rire avec Yachar Kemal[1], j'ai l'impression de retrouver Nazim Hikmet[2], tous les deux sont faits du même mortier turc, mélange de misère et d'héroïsme populaire, de lutte et d'espérance, le mortier du rêve, matière de la poésie de Nazim, des romans de Yachar.

Nous visitons le musée Pierre Loti, du haut de la place, attablés à un café nous contemplons Istanbul, le peuple dans les rues qui se promène, dans chaque coin des endroits où s'arrêter pour le plaisir de la conversation, une ville où vivre et aimer, au fond la beauté du Bosphore. Étriqué et pauvre, le musée Loti conserve la mémoire de l'écrivain français qui habita la Turquie et qui l'aima : il vanta ses paysages, décrivit ses coutumes. Je conte à Yachar une histoire, elle s'est passée en URSS durant les festivités du cinquantenaire de Nazim, en 1952.

L'événement majeur des célébrations du cinquantenaire eut pour cadre la salle Tchaïkovski, une séance de gala en présence du poète – Nazim vivait dans une datcha en dehors de Moscou. Après les discours, les messages, Hikmet monta à la tribune, à côté de lui se succédaient des écrivains soviétiques, Nazim déclamait un poème en turc, le Soviétique déclamait la traduction qu'il avait faite, en russe ou dans une autre langue de

1. Yachar Kemal, écrivain turc.
2. Nazim Hikmet (1902/1963), poète turc.

l'Union soviétique, un hommage digne de la grandeur et de l'internationalisme du poète. Invités, nous étions là au premier rang, Zélia et moi.

Nous accompagnait en qualité d'interprète Satva, fille d'Otávio Brandão, communiste historique exilé en URSS dans les années 30. Satva, une Soviétique car elle était arrivée enfant, avait grandi là, avait étudié, s'était mariée, avait eu un fils, travaillait à la radio de Moscou, elle rédigeait et présentait des programmes en langue portugaise – une personne exquise, toute innocence. Soviétique exemplaire, elle restait cependant brésilienne dans son amour pour sa lointaine patrie, Otávio avait enseigné le Brésil à ses filles, elles étaient quatre, il leur récitait Castro Alves, leur chantait des sambas – il modifiait les paroles pour les rendre révolutionnaires, les purifier de leur sel et de leur piment –, il risquait des feijoadas malgré le manque d'ingrédients.

Pendant que Nazim déclamait en turc, Satva nous donnait des informations sur le poète qui attendait à la tribune pour lire la traduction. Lorsque vint le tour de Konstantin Simonov, notre ami, Satva, dispensée de faire sa biographie, en profita pour nous raconter comment, pendant son adolescence Otávio, son père, lisait à ses filles des pages des livres de Loti qu'il trouvait admirables, surtout les descriptions de Constantinople et de la vie en Turquie. Satva garde un souvenir attendri de ces lectures, elle est reconnaissante à Nazim d'avoir consacré un poème à l'auteur qui l'avait fait rêver du Bosphore.

Nazim arrive à la fin du poème en turc, Simonov, avant d'entamer la lecture de la traduction, dit quelques mots chaleureux d'admiration, il parle de la difficulté qu'il a eue à transposer en langue russe les vers de feu écrits par son frère et camarade. Satva nous traduit le discours mot pour mot. Simonov passe au poème, Satva écoute attentivement les premiers vers, soudain elle met sa main sur sa bouche d'un geste d'effroi :

– J'ai l'impression que le camarade Hikmet n'apprécie pas Pierre Loti, il l'accuse d'être un agent de l'impérialisme, dit qu'il n'a rien compris à la Turquie et au peuple turc, un renégat.

Elle nous regarde, attendant qu'on lui explique, elle ne sait plus que penser, où et comment situer l'écrivain français : doit-elle être fidèle à l'admiration paternelle ou, en admirant Loti, commet-elle un crime contre la religion du marxisme-léninisme ? Elle ouvre de grands yeux, sa main couvre sa bouche.

Yachar Kemal éclate de rire mais aussitôt se contient, il dit que *Satva est un personnage de roman pris dans la trame des idéologies,* pourquoi ne la mettrais-je pas dans un livre : pure, naïve, loyale, envahie par le doute, dramatique. Il prend ma main : *nous sommes tous des personnages, mon frère.*

Bahia, 1973 –
Toninho

La construction du Centre administratif avance à vive allure, quelques-uns des bâtiments qui accueilleront les secrétariats du gouvernement sont près d'être achevés, Jenner Augusto et moi visitons le chantier avec le gouverneur, Antônio Carlos Magalhães, il nous explique l'importance du Centre. La ville va dépasser ses limites historiques, elle va s'étendre en direction d'Itapuan, le long du bord de mer, la vieille cité de Salvador de la Baie de tous les Saints, capitale de la colonie, somnolente, se transformera en dynamique capitale d'un État industriel. Le gouverneur trace l'avenir – cela en vaut-il la peine ? je m'interroge.

Attentif aux arts plastiques – il possède une jolie collection, les mauvaises langues prétendent que les meilleures pièces lui ont été offertes, possible, comme on dit ici –, Toninho[1] prétend placer une œuvre monumentale d'un artiste bahianais dans chacun des édifices, décorer les salles et les bureaux avec des huiles, des aquarelles, des dessins, il veut que son administration soit placée sous le signe de l'art et nous demande, à Jenner et à moi, de l'aider dans son projet. Nous acceptons, cela nous paraît une bonne chose à tous les points de vue – y compris pour les finances toujours maigres des artistes.

Pour commencer je propose à Antônio Carlos que la réalisation du grand panneau mural destiné à l'Assemblée législative de l'État soit confié à Carlos Bastos, ce sera une juste réparation

1. Antônio Carlos Magalhães, homme politique.

pour le peintre, victime d'une cabale du clergé de Rio de Janeiro. On lui avait commandé deux fresques pour l'église du Parque da Cidade, Carlos se mit au travail et, comme il l'avait fait en d'autres occasions, donna le visage de ses amis aux personnages, revêtit de costumes bibliques des gens qu'il aimait : sur les murs de l'église il y a Di Cavalcanti, Djanira, Pelé, Vinícius de Moraes, moi-même. Caetano Veloso est Jésus, Betânia incarne la Vierge Marie, Gal Costa est Marie-Madeleine. Les curetons n'aimèrent pas, l'un d'eux écrivit un article dans le *Jornal do Brasil*, dénonçant à la censure militaire cet inadmissible blasphème : comment tolérer sur les murs d'un temple catholique, transformés en anges du Seigneur, un nègre joueur de football et un écrivain subversif, il s'agissait de Pelé et de moi, le mouchard en soutane imprimait nos noms en toutes lettres dans son libelle.

Toninho approuva ma suggestion, Carlos Bastos revint habiter Bahia, il s'installa à la Pedra do Sal, nous sommes voisins au bord de l'océan, des voisins tels qu'Altamir et lui, il faut les trouver. Pour le siège de l'Assemblée, Carlos réalisa un panneau monumental en fibre de verre, le plus grand du Brésil et d'une incomparable beauté. Le sujet choisi fut la procession du Bon Jésus des Navigateurs qui a lieu dans la baie de Tous les Saints le premier janvier. Le golfe criblé d'embarcations : barques, bateaux à moteur, voiliers, barcasses, navires de la Compagnie bahianaise, yachts, ferry-boats suivent la statue du saint protecteur des navigateurs jusqu'à l'entrée de la barre où commence la mer Atlantique. Venant de son église à Mar Grande, la statue passe la nuit dans l'église de la Conception de la Plage, Jésus rendant visite à Maria, sa mère, dans la version des révérends, Oshalá rendant visite à Yemanjá, sa femme, dans la croyance des iyalorishás.

L'idée d'Antônio Carlos était de faire monter dans la goélette et dans les barques les personnalités les plus en vue de la vie intellectuelle bahianaise, lui compris, car Toninho est mon confrère à l'Académie des lettres de Bahia et il ne détonne pas, il a hérité de Magalhães Neto, son père, l'érudition et les lettres – quant aux épigrammes, le père était maître en la matière, il les a remplacées par les formules bien frappées, virulentes.

Il s'ensuivit comme on pouvait s'y attendre, un afflux de politiciens et de notables : secrétaires du gouvernement, magistrats, chanoines, colonels, noblesse et clergé, armée, tous voulaient une place dans les embarcations, Carlos faillit en devenir fou, les intrigants arrivaient avec leur portrait, se disaient envoyés par le gouverneur. La fresque, majestueux bien de la ville et du peuple, devint, tant qu'elle fut dans l'enceinte de l'Assemblée, une attraction pour les habitants et pour les touristes de passage.

J'eus la responsabilité de dresser la liste des privilégiés admis à figurer dans la procession. Je la soumis à Toninho dans une réunion seul à seul, il examina chacun des noms, les accompagnant parfois d'un commentaire acerbe – sa bouche dissimule dans une dent de sagesse des gouttes de vitriol. Ici ou là il constate la présence d'un ennemi politique sur le quai d'embarquement, pour Toninho un intrus, il l'égratigne au passage mais ne discute pas son droit à la procession. Il barra seulement un nom de façon catégorique : *lui non, c'est mon ennemi personnel, il dit du mal de moi à qui veut l'entendre, il me traite d'énergumène.*

Il barrait Zitelman Oliva, le débarquait sans ménagements, s'il l'avait pu il l'aurait noyé dans les parages d'Itaparica. Zitelman, directeur de journal, directeur de banque, membre du Tribunal des comptes et de l'Académie des lettres, présence marquante dans la vie culturelle, comment l'ignorer, le laisser à terre à se ronger les poings ?

Impossible d'ignorer ce qui existe, je contestai le veto. Si Zitelman ne figure pas dans le cortège du Seigneur des Navigateurs, ce ne sera pas lui qui sera mal vu mais le gouverneur : *il a écarté Zitelman de la procession parce qu'il ne l'aime pas, on n'est un intellectuel digne d'un bateau à voile ou à moteur que si l'on est ami du grand chef, sinon on vous exclut de la culture,* et ainsi de suite, j'argumentais, Toninho écoutait, finalement il se rendit :

– Tu as raison, je ne suis pas mesquin, on me dit vindicatif, j'ai simplement ma fierté, je n'avale pas les insultes. Laisse le type sur la liste, souhaitons que le bateau chavire et qu'il se noie.

Ainsi Zitelman accompagna la procession, le bateau ne chavira pas et il ne se noya pas, il disparut comme nous tous, les autres passagers, y compris Antônio Carlos, quand le feu consuma le panneau mural de Carlos Bastos, laissant la ville encore plus pauvre.

Nous allons changer Bahia : ce slogan de la campagne de 1986, lors de l'élection du successeur de João Durval Carneiro au poste de gouverneur, se le disputaient aussi bien les supporters du gouverneur en exercice et ceux du cacique Antônio Carlos que leurs opposants. Dans l'une et l'autre formation se mêlaient centre, gauche et droite, le positif et le négatif, le bon et le mauvais, l'intelligent et l'âne, mais au moment d'une dispute politique l'ânerie prédomine toujours. Dans l'opposition – il va gagner, il sera gouverneur –, le mélange dégénère en une invraisemblable salade, qui va d'homme de talent, de citoyens intègres, Waldir Pires, le poète Capinan, à ce qui existe de plus arriéré et de plus réactionnaire. Main dans la main, les hommes décents et les crapules promettent en chœur de changer Bahia.

La vérité oblige à dire que celui qui changea Bahia fut Antônio Carlos Magalhães. Il changea d'abord la ville lorsqu'il fut maire. Le bourg provincial, étriqué devint, administrée par ses soins, la métropole qu'on a là. Il ouvrit des avenues, créa des quartiers, construisit des égouts, il n'y en avait pas, ça n'apporte pas de voix, il réalisa des réformes, tira la ville du marasme et la fit autre. Meilleure à vivre ? je ne sais pas, car je suis par nature réfractaire aux grands centres, j'aime les petites villes, c'est pourquoi j'aime Paris, conglomérat de villages, tous fascinants, mais ça c'est une autre histoire.

Gouverneur (par trois fois), il changea l'État de Bahia : d'agricole et attardé il le transforma en un État industriel et progressiste, il faut être aveugle pour ne pas le voir. C'est Antônio Carlos qui changea Bahia, tout le monde le sait, y compris ceux qui le dénigrent et le combattent avec haine et férocité. Chez cet homme politique discuté – Toninho est la polémique en personne –, j'estime surtout deux choses : la passion pour Bahia qu'il a dans les veines, incrustée sous la peau, et l'amour de la culture dont, je l'ai dit, il a hérité de son père, Magalhães Neto (auteur d'une épigramme me moquant, dommage que je ne la sache pas par cœur pour la transcrire ici).

Dans la liste des artistes qui devaient réaliser des panneaux muraux, installer des sculptures dans les jardins, des toiles sur les murs du Centre administratif, j'inscris le nom de Juarez Paraíso, professeur à l'École des beaux-arts, dessinateur, graveur, peintre : il y figure de plein droit, c'est un maître. Mais c'est également une personnalité difficile, il se heurte avec les autres artistes, par ailleurs il est mal vu par le pouvoir en place, par les militaires où la répression est à son comble. Parce qu'il était péremptoire et rude, qu'il ne jouait pas le jeu, Juarez entretenait de solides inimitiés. Cela ne pesait pas sur la décision du gouverneur, c'était secondaire. Ce qui l'était moins, c'était son action politique, accusé de subversion Juarez venait de passer des mois en prison. Ne pouvant dissimuler ses positions de militant de gauche, en proposant son nom j'appuyai sur les qualités de l'artiste : pour moi l'un des tout premiers de Bahia, je le place parmi les principaux.

– Tu n'as pas besoin d'exagérer les louanges, interrompt le gouverneur. Je connais et j'apprécie l'œuvre de Juarez, quant à la prison, ce n'est pas moi qui l'ai fait arrêter, je ne fais pas de discrimination, tu le sais.

Il fut fermement décidé que Juarez ferait la peinture murale du secrétariat de l'Agriculture. Maigre Pedro Archanjo dans le film de Nelson Pereira dos Santos – celui de mon roman est gros –, Juarez avait alors des difficultés d'argent comme en a toujours eu le personnage qu'il a incarné, il voulait installer un atelier, les fonds lui manquaient, la commande de l'État arrivait à point nommé. À l'École des beaux-arts Juarez mêlait enseignement et création faute d'un espace à lui, exclusif, où creuser le bois, mélanger les couleurs, marteler le fer incandescent, le contrat allait financer l'achat du terrain à Itapuan où planter sa tente. Il fit le projet du panneau mural, très beau, différent de tous les autres dans sa matière et dans sa conception, il l'envoya à l'autorité compétente, l'autorité compétente s'étrangla en voyant la signature, enfouit le projet dans le tiroir des refusés, les militaires applaudiraient la décision – qui sait si son subalterne ne pensait pas ainsi rendre service à Toninho, pas toujours attentif à ces détails.

Les contrats étaient signés les uns après les autres à la grande joie des artistes qui se mettaient au travail, au secrétariat du Plan on pouvait déjà admirer la matrice de Calasans Neto, un bois gravé de la ville de Bahia, et la sculpture de Mário Cravo, *La tentation de saint Antoine,* sauvée de la pluie et de l'abandon dans le jardin de son atelier. Carybé travaillait au panneau du secrétariat des Finances, Hansen Bahia à celui de la caserne de la garde nationale, Floriano à celui du secrétariat de l'Énergie et des Transports, seul le contrat de Juarez n'arrivait pas. Matin et soir il allait aux bureaux de l'administration s'informer auprès de ladite autorité compétente de l'état de son contrat, *revenez demain,* lui disait la secrétaire occupée à se vernir les ongles, *le docteur n'est pas là.* Juarez se montait, se montait, prêt à envoyer au diable le directeur : *qu'il se mette le contrat où je pense, je ne remets plus les pieds ici.* En arrivant il tomba sur le type qui tentait de se cacher, il n'en eut pas le temps, Juarez lui dit son fait, l'autre se rebiffa : *si vous voulez savoir, le gouverneur n'a pas aimé votre projet, il l'a refusé, il vous a même rayé de la liste.*

Juarez apparut, digne et sombre, à la porte de la maison du Rio Vermelho, il ne voulut pas entrer, il ne voulait pas déranger, il n'aimait pas déranger. Il voulait seulement me remercier des efforts que j'avais faits pour obtenir la commande du panneau mural, maintenant tout était à l'eau même le rêve de l'atelier, il venait d'apprendre le refus du gouverneur, il n'avait pas aimé son projet et refusait de faire travailler un artiste contestataire, il l'avait rayé de la liste du Centre parce qu'il était sur la liste noire des militaires. N'aimant pas m'en laisser compter, je décidai de tirer la chose au clair :

– Antônio Carlos a boycotté ton nom ? Je n'y crois pas.

J'obligeai Juarez à entrer et à s'asseoir, Eunice alla lui chercher du café, j'appelai par téléphone la résidence d'Ondina, je demandai à parler à Antônio Carlos, on me fit attendre, j'entendis sa voix et les plaisanteries habituelles, je coupai court, je lui demandai ce qu'il avait trouvé de mauvais dans le projet de Juarez et pourquoi il avait changé d'opinion sur l'artiste. *Qu'est-ce que c'est que cette histoire de projet ?* – il demandait des explications, j'expliquai : le type du Centre dit que tu as refusé le projet et rayé le nom de Juarez de la liste. Toninho est impulsif :

– Je n'ai pas vu le projet, je pensais qu'il ne l'avait pas encore terminé, je n'ai barré le nom de personne, ce sont ces lavettes qui crèvent de peur, ils n'osent pas signer un contrat avec quelqu'un qui a été en prison. Une bande de capons. Dis à Juarez d'être sans faute au Centre à quatorze heures – il était dix heures du matin – pour signer le contrat. S'il y a une difficulté qu'il me téléphone.

Il n'y eut pas de difficulté, les capons avaient plus peur d'Antônio Carlos que du SNI[1], ils signèrent. Toninho peut avoir des défauts, nous en avons tous, mais il n'est pas homme à se

1. Service national d'informations, l'une des différentes polices politiques.

laisser intimider. À la bonne heure ! comme disait sur sa bonne terre, le Portugais son grand-père.

Bahia, 1966 –
Giovanni

C'était le petit matin, Mirabeau et moi sautons précipitamment de voiture, nous entrons dans la clinique, dans la chambre Jacy[1] et le médecin, nous nous approchons du lit, le regard de Giovanni nous fixe, ardent, puis la lumière disparaît de sa rétine, il avait attendu notre arrivée pour mourir.

Amis depuis l'enfance, nous nous étions connus au collège Antônio Vieira des pères jésuites, au début des années 20, ensemble nous avions vécu et milité : dans les rédactions des journaux, à l'Alliance nationale de libération, au Parti – Giovanni et moi en étions membres, Mirabeau sympathisant –, sur les pistes de danse du Tabaris, aux tables de jeu du Palace, dans les maisons et sur les seins des putes, ensemble tous les trois plus quelques fidèles de l'amitié, parmi eux Vadinho. Giovanni avait attendu que nous arrivions pour mourir, nous lui apportions toute sa vie, la bamboula, le rire, la bonne humeur contagieuse, la blague, la loyauté, la décence et la tendresse : le bohème invétéré était devenu un père de famille tranquille.

À l'heure de la mort, au pied du lit de Giovanni Guimarães, notre partenaire, notre copain, notre compagnon et camarade, notre frère jumeau, Mirabeau et moi déposons la joie de vivre. Le jour qui commence ne sera plus pareil à celui d'hier, quand nous l'avons quitté à la porte de l'immeuble il allait passer le week-end à sa fazenda – latifundiaire explorateur, lui avons-nous jeté à la figure, il a éclaté de rire, le sien –, il en est revenu bravement transporté par Jacy, le cœur blessé, il a attendu que nous arrivions pour mourir.

1. Jacy, femme de Giovanni Guimarães.

Paris, 1990 –
les petites médailles

Napoleão Sabóia, ami loyal et dangereux – et comment ! –, correspondant de presse à Paris, envahit la mansarde du quai des Célestins, à la main le livre de Sylvie Pierre sur Glauber Rocha, il récite la dédicace de l'auteur : *À Napoleão qui partage avec moi le secret d'une étrange décoration...*, il grommelle entre ses dents : *les fils de pute...* Étant dans le secret je vais le rendre public pour qu'on sache et évalue les petitesses des cabinets présidentiels en fin de mandat.

Lorsqu'il était président de la République, l'écrivain José Sarney fit deux visites en France : lors des fêtes du bicentenaire de la Révolution française auxquelles il était invité et lors d'un voyage à Moscou. Les deux fois il décora de l'ordre national de la Croix du Sud des personnalités de la vie française liées au Brésil et des intellectuels[1] qui dans les universités, dans les maisons d'édition, dans les médias se battent pour faire connaître la culture brésilienne – des amis de notre pays auxquels nous devons beaucoup et que, pour la première fois, un Président remercia publiquement de leur action.

De temps à autre Napoleão apparaît à l'heure du dîner pour la soupe de dona Zélia, il est reçu avec joie, son rire détend, nous passons en revue Europe, France et Bahia. C'est ainsi que, à la fin de la présidence de Sarney, il commenta avec nous, entre une gorgée de vin et une bouchée de pain et de fromage, l'absence parmi les décorés de personnalités également méritantes, oubliées par mégarde dans les listes. Zélia et moi sommes d'accord avec lui, nous ajoutons des noms à ceux qu'il évoque. De cette conversation est née la suggestion, transmise au Président et approuvée par lui, de prévoir une nouvelle promotion de décorés : la distinction devrait leur être remise – les *petites médailles*, dans l'argot pittoresque du journaliste – avant le changement de gouvernement. Le décret

1. Furent décorés, entre autres, dans les deux premières listes : les Français Maurice Druon, Claude Lévi-Strauss, Jean d'Ormesson, Georges Raillard, Georges Boisvert, Alain Touraine, Guy Sorman, Mario Carelli, Alice Raillard, Nicole Zand, Jacques Chancel, Gilles Lapouge, Francis Combe, Anny-Claude Basset, Anita Andres Clemens, l'Italienne Luciana Stegagno Picchio, le Haïtien René Depestre, le Grec Georges Moustaki.

signé[1], adressé à l'Itamaraty et de là à l'ambassade du Brésil en France, des mesures furent prises pour la remise solennelle, solennelle et urgente, des médailles, Sarney allait quitter le palais du Planalto dans quelques jours. L'ambassadeur João Hermes[2] entra en action, transmit au Quai d'Orsay la décision du gouvernement brésilien et s'empressa d'informer de l'heureuse nouvelle les intéressés. Je le sus car deux d'entre eux, Remy Kolpa Kolpoul, divulgateur de notre musique en Europe, et Annick Thebia-Melsan, qui meurt de saudades du Brésil, me téléphonèrent pour me dire combien ils étaient heureux d'apprendre qu'ils allaient recevoir la Croix du Sud.

Plus heureuse encore fut Sylvie Pierre, l'auteur du livre sur Glauber, elle connaît le cinéma brésilien à l'endroit et à l'envers, et plus encore : le maire de Vincennes, où elle habite, organisa *un vin d'honneur en hommage à notre compatriote Sylvie Pierre qui vient d'être décorée par une grande nation étrangère, le Brésil,* ainsi que le disait l'invitation. Il y eut une foule d'amis, félicitations, embrassades, discours et champagne, télégramme de Jack Lang, ministre de la Culture, tout ce à quoi elle avait droit, au grand complet.

Tout sauf la petite médaille, jamais elle ne la reçut, jamais l'ambassade ne remit les décorations aux décorés, du décret signé et officiel il ne resta que du vent – une affaire désagréable, mesquineries de palais quand le Président fait ses valises avant de passer le flambeau. C'est le secret que partagent Sylvie et Napoleão, elle le prend avec la bonne humeur qui est la sienne, lui enrage, il n'a pas avalé la magouille, quand il évoque la disparition des petites médailles, il déparle.

Pékin, 1957 –
Ting Ling

La fin de notre séjour en Chine approche, nous étions arrivés, Pablo et moi, dans l'illusion créée par le discours de Mao

1. Dans la dernière liste (sabotée) figuraient Pierre Gervaiseau, Charles Trenet, Jean Sablon, Pierre Barouh et quelques autres.
2. João Hermes Pereira de Araújo, diplomate.

sur les mille fleurs qui, sur son injonction, devaient s'ouvrir au soleil du jour, nous constatons qu'au contraire l'horizon se fermait. Un haut personnage du PC de l'URSS me dira à Moscou, quelques jours plus tard, que le discours de Mao n'avait été qu'un piège : les adversaires de l'idéologie dominante s'étaient laissé prendre à ces bonnes paroles, ils avaient mis la tête dehors, ç'avait été plus facile de les couper. Comment croire à cette interprétation ? – Il y a tant de choses difficiles à croire, de vérités impossibles.

Les ombres descendent sur nous, recouvrent nos amis, *où sont ceux qui ont disparu ?* demande Neruda d'une voix sourde. Emi Siao fut le premier à disparaître, bientôt ce fut le tour de Ai-Ching, les deux poètes du régime, Siao et Mao étaient nés dans le même village, Emi avait écrit la biographie du dirigeant maximo. Enfin Ting Ling cessa d'apparaître, elle ne vint pas terminer le dialogue sur les problèmes du récit que nous avions entamé. C'est l'avant-veille de la terreur nommée Révolution culturelle, mal nommée – il y eut des gens en Occident pour jurer par Jiang Qing[1], j'étais hors du circuit, guéri du stalinisme, immunisé contre les virus des radicalismes. Ting Ling était la plus éminente personnalité du roman chinois, ses romans, classiques de la littérature révolutionnaire, étaient traduits dans des dizaines de langues, j'ai moi-même fait traduire et publié l'un d'eux, *Soleil sur le fleuve Sang Kan,* dans la collection « Romans du peuple ». La romancière avait pris part à la Longue Marche aux côtés de Mao, à toute la guerre de libération, le peuple l'aimait, où qu'elle arrive elle était entourée d'affection, je peux en témoigner. La Révolution culturelle a asssassiné des dirigeants tels que Li Shao Chi qui occupait la présidence de la République, elle a humilié et détruit des savants de la taille de Kuo-Mo-Jo, a condamné à la prison et aux travaux les plus durs des poètes, des romanciers, des chanteurs, des cinéastes, les créateurs de tout ordre. On a retiré à Ting Ling ses titres et ses charges, elle était présidente de l'Union des écrivains chinois, on l'a destituée, on l'a condamnée à nettoyer les latrines du bâtiment de l'Union, elle est morte en exécutant cette tâche. Emi est mort à peine remis en liberté après seize ans de prison, en 1986 quand je suis retourné en Chine je n'ai trouvé qu'Eva, nous

1. Jiang Qing, femme de Mao Tsé-Toung.

nous sommes remémoré les jours joyeux de Prague et les jours tristes de Pékin. Ai-Ching est venu me voir dès que je suis arrivé, chancelant, appuyé sur une canne, presque aveugle, il avait purgé une peine aussi longue que celle de Emi, dans une ferme collective, sans avoir le droit ni d'écrire ni de publier.

Dans l'hôtel de Pékin je retrouve le veuf de Ting Ling, il ouvre une serviette pleine de reliques : des photos prises par Zélia en 1957, nous sommes là, la romancière, Pablo et moi, des photocopies de lettres que j'évais écrites à mon amie, un exemplaire de l'édition brésilienne de son roman, il me raconte comment les choses se sont passées, dans ses yeux faibles la lumière d'une larme

Elle était gaie, de cette gaieté retenue des Chinois, timide, réservée, la méchanceté et l'hypocrisie lui répugnaient, elle connaissait la lutte pour l'avoir vécue, elle gardait confiance, comme Anna Seghers elle ne voulait pas perdre la foi. Quand je lui parlai des doutes qui me torturaient le cœur, elle me répondit : *tu doutes seulement parce que tu constates des erreurs, des injustices* ? Ting Ling ne doutait pas. Ou n'admettait pas de douter ? Elle me dit : *si je marche dans la boue, je me nettoie les pieds et je continue.*

La dernière fois que nous nous sommes vus, en nous quittant – demain nous poursuivrons notre conversation, elle sourit tristement, elle savait déjà que la conversation n'aurait pas de suite –, Ting Ling revint sur ses pas pour encore une fois nous serrer la main, à Pablo, à Matilde, à Zélia et à moi, nous ne nous sommes pas rendu compte qu'elle était revenue pour le dernier adieu.

Les intellectuels de l'élite brésilienne, ceux de gauche et ceux de droite, frères jumeaux dans la prétention et la sottise, imitent, pour quelques-uns, les Européens, la majorité est une photocopie des Yankees, de Brésiliens ils n'ont presque rien : même livresque et limité le savoir les met au-dessus de l'appartenance nationale, ils se sentent supérieurs, répugnent à la création populaire, se bouchent le nez et détournent leur regard de la rue, de la place, du folklore, le peuple pue et ils sont des messieurs.

Joãozinho Trinta a raison, lui qui exerce la profession brésilienne par excellence, celle de carnavalesque[1]*, nos intellectuels aiment la misère et en profitent, c'est un capital dont on peut user et abuser, il rapporte des agios politiques, des dividendes. Du peuple brésilien ne les intéressent que la misère et l'ignorance : hier ceux de droite juraient par les États-Unis, ceux de gauche juraient par l'Union soviétique, ils vont se retrouver réduits au Japon et à Cuba.*

Il existe des exceptions, elles confirment la règle et honorent l'intelligence brésilienne, elle n'est pas tout entière intelligentsia. *Me viennent à la bouche, avec ma manie de citer des noms et des titres : Antônio Cândido*[2]*, Eduardo Portella, Antônio Houaiss, tous les trois sont exemplaires, mais je veux parler ici de deux autres maîtres brésiliens, je viens de lire des choses à leur propos dans les journaux.*

Des déclarations de Darcy Ribeiro[3] *sur l'éducation, des affirmations claires, justes, il sait ce qu'il dit, il le sait de science certaine, il peut être glorieux mais il ne sera jamais solennel, étant de fait docte il ne se déguise pas en docteur, le Brésil est son parti et le peuple est son nombril. Je sais qu'il a sa visière dans sa poche pour la mettre quand les mesquineries de la politique de parti l'obligent à la porter mais, en la mettant il cligne un œil malin, l'astuce brésilienne lui est innée, il ne sera jamais un de plus au milieu du troupeau, Darcy, brebis noire, mineiro et carioque, indien de la forêt à l'apparence innocente, laisse loin derrière lui les malins de la ville. Il ose affirmer et pratiquement toujours il touche juste.*

Un autre qui pense par sa propre tête, libre y compris de résidus partisans, est Roberto Da Matta[4]*, il sait la vérité du Brésil, les deux côtés du visage, il n'escamote pas, ne falsifie pas, il montre ce qui est mauvais, petit, triste, ce qui ne l'empêche pas de souligner ce qui est beau, grand, heureux. Il expose sa vision carnavalesque de la réalité nationale, du caractère du peuple, son invincibilité, il sait l'origine, le parcours et le lendemain, il ne se repaît pas des lieux communs des idéologies, restes des banquets*

1. Carnavalesque : personne qui a la charge des festivités du carnaval *(N.d.T.)*.
2. Antônio Cândido, écrivain et professeur d'Université.
3. Darcy Ribeiro, anthropologue, écrivain et homme politique. Ont été traduits notamment : *Maíra*; *L'utopie sauvage* (Éditions Gallimard).
4. Roberto Da Matta, sociologue.

de l'Europe et des States. Il en existe d'autres, je le sais, malheureusement le nombre est réduit, je n'ai pas besoin d'en citer davantage, nous savons tous qui, au Brésil, est synonyme de progrès, de révolution et qui signifie retard, verbiage, réaction sous toutes les latitudes des doctrines, à droite et à gauche ou naviguant entre Dom Leonardo Boff, celui de la théologie de la libération, et l'évêque des intégristes, cet archevêque du Rio Grande du Sud, je ne me rappelle pas son nom, une espèce de Mgr Lefebvre du Brésil. Les uns sont créateurs de culture, de la culture métisse brésilienne, les autres répètent par ouï-dire le discours importé, en porte à faux.

Moscou, 1948 –
l'inconditionnel

Francisco Ferreira, portugais, travaille à la radio de Moscou avec Satva Brandão pour les émissions de langue portugaise, il alimente d'idéologie et de nouvelles encourageantes les camarades du Brésil et du Portugal, des colonies salazaristes d'Afrique. Jeune communiste, il a fait partie des Brigades internationales pendant la guerre d'Espagne, après la défaite il fut évacué en Union soviétique. Il a épousé une Espagnole, c'est un homme de radio compétent, un personnage sympathique, cordial et expansif, capable de solidarité humaine comme l'a prouvé son dévouement envers la sœur et la fille de Prestes, Ligia et Anita, exilées en Union soviétique. Membre exemplaire du Parti portugais, son sectarisme n'a pas de limites, il est total.

En URSS pour la première fois, je cherche à m'informer sur la vie, les mœurs, les bienfaits et les inconvénients.

– Les voleurs ? – Le bon Ferreira s'emporte : – Dans la patrie du socialisme, le vol n'existe pas. Le vol appartient au passé, au tsarisme.

La veille, dans le magasin du GUM, on avait tenté de voler le sac de Zélia, Vera Kuteichkova nous avait recommandé : *faites très attention, les voleurs pullulent.* Je démasque mon interlocuteur : ne sois pas menteur, Chico. Mais le patriote Ferreira ne se tient pas pour vaincu :

– Oui, il existe des voleurs, je ne le cacherai pas, ce sont des séquelles de la guerre. En revanche ce sont les voleurs les plus habiles de la planète. La semaine dernière j'ai pris un autobus à l'heure du déjeuner, il était bondé, en arrivant chez moi je me suis rendu compte qu'on m'avait volé tout ce que j'avais : on avait coupé mon pardessus avec une lame de rasoir, du travail bien fait, je n'ai rien senti. Des voleurs aussi habiles, tu n'en trouveras nulle part. – Dans l'accent portugais, l'orgueil soviétique.

Nous commentons les différences de comportement sexuel à l'Ouest capitaliste et à l'Est socialiste. Notre Ferreira est péremptoire :

– Ces perversions n'existent pas en Union soviétique. – Il parle de l'adultère : – Les femmes soviétiques sont fidèles à leur mari, la morale prolétarienne est rigide, tu sais. Une aventure, une défaillance, une infidélité conjugale sont des choses rarissimes, on peut les compter sur les doigts.

Les informations que j'ai recueillies, d'écrivains ou d'ouvriers (je me fais des amis partout où je passe), contredisent l'affirmation de l'inconditionnel Ferreira. Encore une fois je le démasque avec bonhomie, car dans l'information fantaisiste du communiste portugais je ne vois d'autre intention que le désir de sauvegarder l'image de l'URSS, pour lui sacrée : pour lui et pour moi, pour des millions et des millions de gens dans le vaste monde.

– Ne sois pas cynique, Chico. Les femmes d'ici ne sont pas bégueules, tu le sais mieux que personne toi qui vis dans l'atmosphère de la radio, propice à la promiscuité. Tu veux que je te donne des exemples ?

Il veut des exemples, car la pudibonderie du régime n'empêche pas la curiosité du camarade pour la vie d'autrui, pour les potins, surtout lorsqu'ils se rapportent à des figures majeures de l'intellectualité. je lui raconte quelques ragots notoires, Ferreira écoute, il me fait répéter, demande des détails, il se régale. Quand je me tais, il avoue :

– Oui, il y a des débordements. Mais je vais te dire une chose, camarade : il n'exise pas une femme au monde qui, au lit, soit comparable aux femmes soviétiques. Du moins en Espagne et au Portugal, le reste je ne connais pas.

Francisco Ferreira est incorrigible, tout en URSS est le

meilleur du monde, nier une vérité aussi patente c'est faire le jeu de l'impérialisme nord-américain. Les meilleures du monde, les femmes soviétiques, mon bon Ferreira, meilleures que les gitanes de Séville ou que les filles du Minho ? Pauvres femmes soviétiques, victimes des préjugés et de l'ignorance : elles ne connaissent pas le Kâma-sûtra, condamnées au lit papa/maman, pour varier il ne leur reste que l'adultère et elles le pratiquent avec une constante assiduité. Elles changent de partenaire à la table du banquet mais le menu se répète identique : la pomme de terre bouillie dans l'eau et le sel de chaque jour, elle dessous, lui dessus.

Bahia, 1923 –
internat

Le Paresseux, Paulo, à cause de sa voix traînante, de sa nonchalance ; le Macaque pour sa trogne, son nez écrasé, sa tignasse, sa bouche qui riait toujours, montrant ses dents, Giovanni ; le Chat Noir, Maximiano, courtaud, agile, mulâtre à la peau sombre ; moi j'étais le Pou parce que j'étais un rouge et que j'avais été champion en 1923 de l'épidémie de poux, toujours la première des infaillibles épidémies annuelles ; suivaient la varicelle, la rougeole, les oreillons, dans cet ordre. Les oreillons étaient l'objet d'une attention spéciale, on disait que, mal soignés, ils descendaient dans les bourses, provoquant une orchite.

Dans la division des petits, à l'internat des jésuites – nous avions dans les onze ans –, nous étions inséparables, nous sommes restés fraternels au cours de la vie. Fils de fazendeiros tous les quatre : Paulo et moi venions de l'eldorado du cacao, Giovanni des élevages de bétail du sertan, Maxi était venu des espaces du Goiás, des jours et des jours à cheval. Le collège Antônio Vieira, discriminatoire outre son prix, recevait les fils des riches, des maîtres, les Pères espéraient avoir de l'influence sur les futurs gouvernants.

Giovanni et Maxi étaient les deux seuls élèves du Vieira considérés comme noirs dans une population de plus de deux cents internes : le mulâtre Giovanni, le zambo Maxi, les autres passaient pour blancs – la couleur de la peau et non le sang édictait la classification. Maxi resta mulâtre jusqu'à sa mort à Goiânia; Giovanni avec le temps blanchit, ça arrive beaucoup à Bahia, la tignasse crépue, dénonciatrice, se transforma en une brillante calvitie, en montant dans la vie il abandonna la table de baccara pour la table de bridge au club Anglais, il adopta la pipe, je le taquinais pour le voir rire aux éclats : non content de devenir blanc, tu veux devenir anglais, tu en remets.

Il faut ajouter un cinquième membre à la bande : il n'avait pas de surnom, il n'en avait pas besoin, son père, francophile, l'avait appelé Mirabeau. Externe, il était notre lien avec le monde extérieur, au-delà des grilles de l'internat. Pour moi une prison insupportable, je n'accomplis pas ma troisième année de peine, je m'enfuis le jour de la rentrée quand mon oncle me laissa à la porte du collège : les jésuites dirent une messe d'action de grâces, l'année précédente, au scandale des pères monarchistes, je m'étais déclaré publiquement athée et bolcheviste, je m'étais révélé contestataire et insoumis. Précisément moi en qui, la première année, ils avaient reconnu une vocation de futur novice : la vie est tromperie et illusion.

La vie ne nous sépara pas, l'amitié née sur les bancs du Vieira l'emporta sur les différences et les divergences. Nous avons continué à être amis, chacun sur un chemin différent, suivant son destin : la carrière, la notoriété, les obstacles, les victoires, la sujétion, les engagements. Jamais ne nous fit défaut la solidarité des quatre autres, la main tendue quand c'était nécessaire.

L'ingénieur Paulo Peltier de Queiroz, directeur du département des Fleuves, Ports et Canaux, voix douce, la discrétion et la modestie mêmes, faisait la pluie et le beau temps au ministère des Communications et des Travaux publics. Plus d'une fois il remplit les fonctions de ministre en l'absence du titulaire, c'était de toute façon lui qui tenait en mains le ministère, lui qui prenait les décisions.

Marié en deuxièmes noces avec Lúcia, une créature adorable, femme lettrée et amie à toute épreuve, le couple recevait à sa table (la plus exquise cuisine bahianaise), dans la maison de la rue Leôncio Corrêa, des sommités de la finance, de la politique, de l'intellectualité, de Juracy Magalhães à Otto Lara Resende, des Monteiro de Carvalho à Antônio Vilaça, d'Antônio Balbino à Frei Leonardo Boff. Père attentif et dévoué, ses enfants ne lui donnèrent que des joies, il était fier de sa belle-fille Márcia, poète, présentatrice à la télévision, presque aussi considérée que son beau-père.

Maximiano da Mata Teixeira, de retour au Goiás avec son parchemin de bachelier en droit, fit une carrière de juriste et de magistrat, il commença par être juge à Goiás Velho, sa ville natale, fut procureur, président du Tribunal de justice. À peine les militaires prirent-ils le pouvoir qu'ils le démirent du Tribunal et de l'Université en tant qu'homme de gauche : pas seulement un homme de gauche, un patriote et un homme d'honneur. Il formait avec sa femme Amália – elle aussi professeur d'Université, historienne, botaniste – un couple d'amoureux enchanteur. Ils bivouaquaient au bord des fleuves, avaient des relations familières avec les Indiens, Maxi était pêcheur, Amália recherchait des espèces rares d'orchidées, on donna son nom à l'une d'elles, qu'elle avait découverte : Amaliae.

Dans l'exercice des rites de l'amitié, nous nous réunissions au moins une fois l'an. Avec la placidité et l'assurance d'un commandant au long cours Paulo donnait des ordres par le téléphone interurbain : *allons à Goiás rendre visite à Maxi, passer quelques jours avec lui,* si je ne pouvais pas, ils y allaient Lúcia et lui, tous les deux seuls. Il se donna le luxe de venir avec elle célébrer un anniversaire à Paris où nous nous trouvions, Zélia et moi, il le fêta avec nous et avec Norma et Renato Simões, eux aussi de vieux amis. L'amitié commandait nos pas.

Lorsque nous étions ensemble tous les cinq dans l'atelier de Mirabeau, nous évoquions des péripéties de la vie au Vieira, Mirabeau allait chercher des photographies : la division des petits, la congrégation des Enfants de Marie, les primés le jour de la distribution des prix. Nous retournions au rire de notre enfance, ils m'accusaient de désertion car j'avais fui, je m'étais sauvé, eux avaient subi messes et confessions jusqu'à la fin de leurs études, ils avaient attendu la Faculté de médecine, de droit, l'École d'ingénieur pour la bohème et la gauche. Nous rappelions des incidents, répétions les mêmes histoires, chaque fois plus drôles.

Au collège Paulo était considéré comme un génie en mathématiques, moi j'étais nul, je le suis encore, pour les examens écrits d'arithmétique, d'algèbre, de géométrie, je m'asseyais à côté de lui pour copier, je copiais intégralement ses réponses aux questions. Lors d'un examen d'algèbre, le Chat Noir était assis de l'autre côté de Paulo, il le tira par le pan de sa veste, lui demanda de lui donner le résultat du premier problème, bon camarade le crack commença à lui dicter la solution :

– Supposons que...

Maxi perdit son calme :

– Supposons quoi, le Paresseux, tu crois que c'est le moment de supposer, fils de pute ?...

Nous étions finalement tous reçus en mathématiques aux dépens du savoir de Paulo le Paresseux, pour les analyses des *Lusiades* nous copiions sur le Chat Noir, très au courant du prédicat, du sujet, du pronom, moi j'étais bon en rédaction, mauvais en grammaire, j'ai empiré en rédaction, je suis resté exécrable en grammaire, jusqu'à aujourd'hui je n'ai pas appris les règles par cœur.

Chaque fois que nous nous réunissions, nous les cinq compères, les cinq complices, revenait sur le tapis l'histoire du billet que Giovanni reçut le jour même de son entrée au collège Antônio Vieira, les cours avaient déjà commencé : sans doute l'un des plus curieux messages d'amour jamais rédigé en langue portugaise.

Fréquentait les classes des petits un camarade qui, vu son âge, habitait dans la division des grands, il allait sur ses quinze ans alors qu'aucun de nous n'en avait plus de douze. Le père exploitait des gisements dans la zone diamantifère, la fortune lui tomba dessus brusquement, il avait décidé d'envoyer son fils dans le meilleur collège de Bahia, le petit était un grand veau, il connaissait les choses de la vie, était en retard dans ses études, muet, renfermé, un personnage : il avait la réputation d'être le plus grand pédé de l'internat.

Il faut rappeler que dans les années 20, n'étaient tenus pour homosexuels que les homosexuels passifs – *celui-là donne*, disait-on sur un ton d'accusation –, traités de tapettes avec mépris, victimes des préjugés, ils étaient persécutés, marginalisés. Les actifs, ceux qui *se les envoyaient* étaient regardés avec admiration et envie, considérés comme de vrais mâles, ils n'étaient pas la cible des critiques et de la discrimination.

À la demande du professeur, le Padre Garnier, nous fîmes une place au nouveau venu au bout du banc où nous étions assis, Paulo le Paresseux, le Chat Noir et moi, le Pou, Giovanni nous sourit avec sympathie. Du banc derrière nous, le vétéran de la division des grands jeta un œil de séducteur sur le nouveau, il le trouva appétissant, ce qui était faire preuve de mauvais goût car Giovanni était laid à pleurer, ce n'était pas par hasard que nous l'avions surnommé le Macaque. Il lui tapota l'épaule, lui sourit, lui fit une œillade, lui demanda son nom. Ignorant des habitudes du gaillard, Giovanni qui voulait avoir de bonnes relations avec ses camarades répondit au sourire et au clin d'œil, il dit s'appeler Giovanni Guimarães, à ses ordres. Le grand laissa tomber son crayon, se baissa pour le ramasser, comme si de rien n'était il effleura les fesses du petit, Giovanni, s'il perçut le geste, ne l'interpréta pas comme une caresse – un simple hasard.

De nouveau le pédé toucha l'épaule du nouveau, il lui passa un billet griffonné au crayon sur un bout de papier déchiré dans un cahier, Giovanni le lut, alors seulement il se rendit compte de la réalité, il comprit, il venait du sertan, lui aussi connaissait un peu la vie, il fit un geste de la main comme pour dire : *attends et tu vas voir*, l'expéditeur le prit pour un message positif, un assentiment, il sourit de toutes ses dents, mit les mains sur son ventre, étira les jambes, attentif aux derniers instants du cours de religion. Le Padre Garnier ferma le livre des péchés et des pénitences, frappa dans ses mains pour annoncer les minutes de récréation, défroissa sa soutane et quitta la salle.

Nous nous levâmes tous bruyamment, le grand alla vers Giovanni, son sourire de galant dégustant déjà la croupe du néophyte, il allait poser sur son épaule sa main de propriétaire, il reçut un coup de poing dans la figure si inattendu qu'il ne réagit pas immédiatement. Lorsqu'il cria *sale fils de pute* et fonça sur l'audacieux, Giovanni lui décocha un coup de pied dans les couilles, le gamin du sertan portait des brodequins ferrés au talon et à la pointe par mesure d'économie, une catapulte ; le pédé se plia en deux, poussa un hurlement de dément et déguerpit en se tenant les bourses.

Giovanni gagna d'un coup et pour toujours le respect, l'admiration et l'amitié, la classe au grand complet l'applaudit. Le billet qu'il avait reçu passa de main en main, une phrase courte, un message ardent et délicat : *Gió, je te demande instamment le cul.*

Kandy, 1957 –
la jaca et les noix de coco vertes

Vêtus en touristes, Matilde, Pablo, Zélia et moi voyageons dans l'île de Ceylan – le pays, déjà indépendant, n'était pas encore le Sri Lanka. Au volant d'une voiture archaïque, vestige de la colonie, le chauffeur, un quinquagénaire anglais, porte une cravate et un chapeau Gelot, un sénateur de la République. Je ne dirai pas qu'il nous regarde avec mépris mais peu s'en faut.

Un marathon de temples bouddhiques, mahométans, brahmaniques, couverts de sculptures, les dieux terribles de l'Orient, Vishnou, Çiva la déesse aux bras de serpents, les Bouddha immenses, les éléphants : sur les bas-reliefs, sur les murs de granit, sur les façades de pierre, sur les bronzes ils ont les positions du Kâma-sûtra, acrobatiques. Pieds nus, à Kandy, je marche des kilomètres en tentant d'esquiver les crachats rouges de bétel pour arriver à l'entrée du Dala Maligawa, sanctuaire où l'on vénère une dent de Bouddha, une relique unique selon les moines qui reçoivent les aumônes. J'ai su ensuite qu'il existait en Chine une autre dent de Bouddha, unique elle aussi.

J'ai obtenu deux succès dans notre excursion cinghalaise, j'ai fait sensation, j'ai recueilli les applaudissements : quand j'ai fendu en deux la jaca et mis à nu sa pulpe et quand j'ai offert à boire de l'eau de noix de coco sèches, je n'en suis pas peu fier.

Les noix de coco sèches, une demi-douzaine, étaient exposées à la porte d'une baraque perdue dans la forêt, en les voyant je criai hosanna ! nous mourions de soif :

– De l'eau-de-coco, vivat ! Nous sommes sauvés. Des noix vertes auraient mieux valu, mais telles qu'elles sont elles feront l'affaire.

Le sénateur descendit – ou s'éleva – du poste de chauffeur à celui de traducteur, nous voulions acheter les noix de coco pour boire l'eau qu'elles renferment, les paysans de Ceylan, aussi moqueurs que les paysans brésiliens, s'amusaient grandement : comment allions-nous nous y prendre ? Ils attendaient de voir ça. Pris de scrupules, le propriétaire de l'étal, un vieux à barbiche, expliqua aux touristes, certainement des barbares nord-américains, que si nous voulions manger la pulpe, savoureuse, ça valait la peine de les acheter, pour l'eau c'était gaspiller notre argent. *Évident !* ajouta pour son propre compte le sénateur, ébauchant un sourire supérieur. Je ris de l'évidence britannique et des scrupules du paysan, car j'avais déjà vu le clou dans le mur de la bicoque : laissez-moi faire.

Un grand clou, la pointe à peine enfoncée dans le torchis, il fut facile de l'arracher. Grâce à lui je perçai l'œil aveugle de chacune des noix, nous avons bu l'eau avec avidité, le sénateur accepta de prendre sa part : il eut droit à une noix entière, il absorba l'eau, mangea la pulpe. Applaudi par l'assistance, je fis gratuitement profiter de la technologie brésilienne les Cinghalais.

Après avoir visité les ruines du palais du roi Kaçyapa à Sigiriya, fatigués par l'escalade du rocher – fatigués eux trois, Zélia, Matilde et Pablo, moi pas, je ne vais pas escalader des rochers pour voir des ruines –, morts de faim tous les quatre, nous apercevons une paillote sous des palmiers et là, quelques légumes en vente et une jaca, je m'exclamai eurêka ! un cri de triomphe. Nous descendons de l'automobile, je m'approchai, palpai le fruit énorme et parfumé, une jaca molle à point : grand amateur de jacas depuis mon enfance dans les plantations de cacao, je suis connaisseur. Devant la hutte quelques oisifs tuaient le temps en palabrant, ils me virent palper l'écorce de la jaca, ils échangèrent des regards moqueurs. Avec l'aide du sénateur à nouveau interprète, je demandai le prix, je payai, l'amusement des indigènes grandit, ils me regardaient avec curiosité, se parlaient entre eux et riaient, impatients de savoir ce que diable j'allais faire de cette chose encombrante.

Pour prolonger le suspense, avant de m'emparer de la jaca je m'assis sur une caisse vide, je demandai à Zélia le canif dont elle ne se sépare pas, j'arrachai quelques lames de feuilles de palmier, je les transformai en bâtonnets que je distribuai à l'équipe de l'automobile – il en restait quelques-uns, je les posai sur la planche qui servait de comptoir, je souris aux spectateurs, je me levai.

Je mis la jaca droite sur la caisse, de la main gauche je tins le bout du pédoncule, de la droite je la fendis de haut en bas comme on fait dans ma région grapiuna – ce n'est pas difficile –, mettant à vif les quartiers jaune d'or : le miel coulait, on en avait l'eau à la bouche. J'arrachai la partie ligneuse, m'en servis pour faire tomber la glu qui couvrait les quartiers charnus, une tâche délicate – si vous croyez que c'est facile, essayez –, quand la surface fut propre j'enfonçai un petit bâton, retirai un quartier et le savourai, il était succulent, je fis claquer ma langue. Matilde, Zélia, Pablo, le sénateur enfin convaincu de mes talents se régalèrent, les applaudissements des indigènes flattèrent ma vanité. Gigantesque, la jaca permettait la générosité, je distribuai des bâtonnets, fis signe aux gens de se servir : ils acceptèrent mais méprisèrent les instruments, préférant leurs doigts comme on fait dans les plantations de cacao. De jaca plus succulente, je n'en ai mangé de ma vie, la salve d'applaudissements lui avait donné une saveur spéciale.

Je me vante de mes succès, je ne dois pas escamoter la déroute : vaincus par le colonialisme britannique nous avons battus en retraite, tête basse et nous bouchant le nez. La première étape du voyage était Kandy, capitale de l'ancien royaume de Ceylan, nous devions y coucher et passer une journée. Désireux d'approfondir notre connaissance de la vie et des gens du pays, nous informons le sénateur de notre intention de ne pas descendre dans un hôtel anglais, nous voulions une auberge locale. Le chauffeur tenta de nous dissuader, ce serait une erreur, il ne nous convainquit pas, Pablo se fâcha presque, je tins bon, les dames nous appuyèrent : nous irions là où allaient les Cinghalais, à bas les survivances du colonialisme ! Le sénateur ne discuta pas, simplement il ne nous suivrait pas, il resterait fidèle à ses habitudes. En arrivant à Kandy il s'arrêta devant une porte entrouverte, elle donnait sur un terrain planté d'herbe, au fond une bâtisse : le meilleur hôtel cinghalais de la ville.

Le sénateur ne permit pas que les dames descendent de voiture, il leur conseilla de rester confortablement assises tandis que Pablo et moi irions réserver des chambres. Il ne sortit pas non plus les bagages du coffre ni ne proposa de nous accompagner à la réception, d'un geste il nous indiqua la porte. Dès que nous l'eûmes franchie nous ne fîmes pas plus de deux ou trois pas. Nous reculâmes devant la saleté et la puanteur : le terrain servait de latrines, des paquets de merde, un cloaque immonde, un hôte accroupi déféquait.

Tête basse nous retournâmes à la voiture, le sénateur ne triompha pas, il prit le volant en silence, nous conduisit à l'hygiène anglaise – eau chlorée, goût d'iode, odeur de désinfectant. Nous sauvâmes nos convictions anti-impérialistes en allant dîner de poulet au curry dans un restaurant hindou, un peu sale mais pas trop.

Rio, 1967 –
les cahiers d'écolier

En 1967 nous formons, Guimarães Rosa, Antônio Olinto et moi, le jury qui décerne le prix Walmap, prix doté de vingt mille cruzeiros – ou vingt millions, au rythme de l'inflation qui sait la vérité de la monnaie brésilienne ? Cruzeiro, cruzado, nouveau cruzeiro, centaines, milliers, millions, aujourd'hui on compte en dollars – dix mille dollars pour le premier prix, cinq pour le second, trois pour le troisième, les deux derniers mille sont partagés en quatre prix de consolation. Le premier prix revint à un romancier mineiro, son nom était pour nous si inconnu qu'en annonçant les résultats aux journalistes, nous avons déclaré qu'il s'agissait d'un débutant. Information inexacte. Oswaldo França Júnior avait déjà publié un petit (et excellent) roman, *O Viúvo,* la critique l'avait ignoré, le public ne l'avait pas lu, en vérité sa carrière littéraire, qui allait lui donner des lecteurs dans différentes langues, commença avec *Jorge, um brasileiro*[1], le livre primé.

Nous avions combiné, au déjeuner donné par le banquier qui finançait le prix, de lire les manuscrits chez nous, nous ne nous réunirions qu'une fois la lecture terminée, sans échanger en cours de route nos impressions. Chacun de nous trois mettrait sur le papier les titres et les pseudonymes des concurrents de sa préférence, nous nous retrouverions à Rio, nous confronterions les listes, discuterions, choisirions les lauréats. Ainsi fut fait, je partis pour Bahia où un après-midi un camion déchargea à la porte de la maison du Rio Vermelho une tonne de

1. En français, *Jorge, le camionneur* (Éditions Actes Sud) *(N.d.T.)*.

romans, s'il n'y en avait pas cinq cents, on en était près. J'achetai un cahier d'écolier, je commençai le marathon, en aucun cas je n'ai lu moins de cinquante pages d'un manuscrit, ç'a été l'horreur. Dans le cahier j'écrivais le titre du livre, le pseudonyme de l'auteur, le numéro d'inscription, suivait un bref commentaire, qui se réduisait parfois à un ou deux mots : nul, rien d'intéressant, trop mauvais. Si le manuscrit avait quelques qualités, je le consignais dans le cahier.

Je me levais tôt pour venir à bout de ma tâche, j'affrontais la montagne de manuscrits : il y en avait un de mille trente pages, trois de plus de huit cents, de fichus auteurs. Un matin, quand Zélia arriva pour le café avec igname et aipim, fruit-pain et couscous de tapioca – je me nourrissais solidement pour soutenir mes forces –, je lui dis : aujourd'hui j'ai lu un roman qui m'a paru extraordinaire, moderne, brésilien, débordant de vie, je lui montrai le manuscrit de *Jorge, um brasileiro*, j'ajoutai : comme je serai le seul à l'aimer, je vais lutter pour qu'il ait au moins l'un des petits prix. Harassé, gavé de romans, j'arrivai à la fin de l'entreprise, j'écrivis mon rapport, 21 titres et pseudonymes, je mis le cahier dans ma valise, je partis pour Rio. Nous nous sommes réunis, les trois victimes, dans le bureau d'Olinto au ministère des Transports, nous avons échangé nos listes, je remis des copies de la mienne, je reçus celles des deux autres.

Je parcourus des yeux la liste de Guimarães Rosa pour voir si y figurait mon livre préféré, il était là, il se trouvait également dans la liste d'Olinto. Je m'exclamai : Rosa, je suis content que tu aies retenu *Jorge, um brasileiro*. Il sourit :

– Si ça ne dépendait que de moi, il aurait le premier prix.

– Alors il l'a, parce que moi aussi je vote pour lui, majorité absolue.

Antônio Olinto également vota pour lui : dans sa liste le roman de França Junior était à égalité avec celui de Maria Alice Barroso, *Um nome para matar*, qui décrocha le deuxième prix. *Un roman écrit par un homme macho*, décréta Guimarães Rosa tandis que nous ouvrions les enveloppes révélant les noms des concurrents, l'homme macho était Maria Alice. Le troisième prix alla à Otávio de Melo Alvarenga, le choix des premières places fut aisé, l'unanimité rapide. Ce fut plus difficile de décider des quatre prix de consolation, attribués à Paulo Jacob, un romancier d'Amazonie, aujourd'hui auteur d'une œuvre vaste et riche, reconnue ; à Benito Barreto – les Mineiros remportaient la moitié des prix –, Benito était déjà un romancier renommé ; à Ricardo Dicke, un inconnu, et à Paulo Rangel. Au moment de choisir le dernier lauréat, je dis à Guimarães Rosa, qui avait orienté le choix des précédents : nous avons donné presque tous les prix à des romanciers qui correspondent à nos goûts littéraires, nous allons en donner au moins un à quelqu'un qui ne soit pas de notre parti. Olinto approuva, nous cherchâmes un roman intimiste, nous nous décidâmes pour celui de Rangel.

La réunion du jury terminée, les enveloppes ouvertes et les prix proclamés à l'ABI, pendant je ne sais combien de jours Guimarães Rosa, en partant le matin pour l'Itamaraty – il était directeur de la Division des frontières, *des frontières du roman,* au dire de Miécio Tati –, s'arrêtait dans notre appartement de la rue Rodolfo Dantas. Il entrait, quittait sa veste, s'asseyait sur le canapé, en voyant Zélia caméra au poing il baissait ses bretelles, il posait pour la photo, il m'ordonnait : *le petit cahier, nous allons comparer.* Guimarães Rosa avait eu la même idée que moi, il avait noté ses observations sur chaque livre, par ordre d'inscription, sur un cahier d'écolier. Armés de nos cahiers, face à face, nous commencions :

– Voyons ce que tu as pensé du 38...

– Pour le 173, je voudrais savoir quels commentaires tu as faits...

Incroyable la coïncidence d'opinions, rarissimes les divergences. C'était un divertissement, la matinée des petits cahiers. Sirotant son café, Guimarães Rosa avoua : *j'ai découvert que j'ai l'esprit mal tourné, un manuscrit coquin, si mauvais qu'il fût, je l'ai lu jusqu'au bout, je suis un esprit vicieux.* En cela aussi nous concordions, il y avait un manuscrit en deux volumes, sept cents pages pleines de putasseries, il n'avait pas les qualités d'Henry Miller mais néanmoins j'ai lu les sept cents pages une à une jusqu'au dernier orgasme.

Bahia, 1956 –
le Magnifique Recteur

Les jeunes gens de la revue *Mapa* – Glauber Rocha, Fernando da Rocha Perez[1], Calasans Neto, Sante Scaldaferri, Paulo Gil Soares[2] – mènent une guerre sans merci contre Edgard Santos, recteur de l'Université fédérale, auquel la culture de Bahia doit tant.

Mapa est l'expression des tendances modernes de l'art et de la littérature, de la poésie, de la peinture, du cinéma, de la gravure, du théâtre, elle détruit et propose, a de l'influence mais, hélas, ses jours sont en danger, elle va cesser de paraître, elle n'a pas d'annonceurs, pas d'argent pour payer le papier et l'imprimeur – les problèmes habituels qui touchent les publications d'avant-garde et les font capoter.

Un lèche-bottes quelconque, ça ne fait jamais défaut, court apporter à Edgard Santos ce qui lui paraît être une bonne, une heureuse nouvelle : *la revue de la subversion ne va plus circuler, l'imprimerie ne lui fait plus crédit, moins encore le fournisseur de papier, les attaques contre l'administration du recteur vont cesser pour toujours, vivat !* Edgard Santos écoute, remercie de l'information, fait immédiatement payer le papier et l'imprimerie, il exige seulement des créanciers le secret sur l'identité de la personne qui assume les dépenses, les petits ne doivent pas savoir, ils pourraient refuser, pire encore ils pourraient avoir une crise de conscience étant donné leurs attaques antérieures.

En souriant, à la table où nous déjeunons il commente l'épisode, se trouvent là Odorico, Carlos Bastos et moi : *cette revue* Mapa *est ce qu'il y a de meilleur à l'Université, vous imaginez si elle disparaissait maintenant ce qu'on dirait de moi ? On me traiterait de réactionnaire, d'intolérant et on aurait raison. Tant que je serai recteur sa parution sera assurée, sauf que les petits ne doivent pas s'en douter.*

Il fait une pause, savoure l'acarajé, il connaît l'Université, les professeurs et les étudiants, le Magnifique Recteur :

– Ce sont des jeunes gens de talent, demain ce seront des

1. Fernando da Rocha Perez, écrivain
2. Paulo Gil Soares, cinéaste.

maîtres. Mais parmi eux il y a un gamin, un certain Glauber Rocha, lui c'est un génie, il va étonner le monde.

Moscou, 1988 –
vanité

À la porte de l'hôtel à Moscou, j'entre dans l'automobile, s'avance un Brésilien, membre de la suite de Sarney, premier président de la République à avoir le courage d'aller en visite officielle en URSS, il m'informe, enthousiaste :

– Vous apparaissez dans le nouveau roman d'Umberto Eco, *Le pendule de Foucault*, qui vient de paraître en Italie.

Vanité patriotique, celle de mon compatriote, que dire de celle qui m'envahit ? La vanité n'est pas mon défaut, c'est un sentiment peu habituel chez moi, pourtant la nouvelle m'enveloppe d'un halo de gloriole. Due sans doute à l'estime que j'ai pour l'écrivain italien, non seulement pour le romancier, mais pour l'essayiste incisif et drôle que j'aime lire.

Il y a un certain temps, j'ai recommandé sans succès à un éditeur brésilien de publier en langue portugaise *Pastiches et Postiches,* titre de la traduction française dans laquelle j'ai lu *Diário Mínimo,* une merveille de livre. L'éditeur voulait, lui, le nouveau roman, le filet mignon comme il m'a dit, et non le volume de chroniques, une viande de deuxième catégorie pour ses ambitions de best-sellers.

Même les grands éditeurs se trompent. José Olympio ne refusa-t-il pas, dans les années 30, de traduire et de publier *Autant en emporte le vent* ? On a du mal à le croire.

Bahia, 1965 –
le marieur

Nous avons été témoins, Zélia et moi, du mariage de João Gilberto et d'Astrud, le couple s'est séparé aux États-Unis où

João Gilberto était allé participer à un show, il obtint un tel succès qu'il est resté là des années.

Le jour de son départ, en se rendant à l'aéroport, il était passé par notre appartement pour nous embrasser, il portait des vêtements légers, adaptés à l'été carioque, à New York la rigueur de l'hiver faisait la manchette des journaux. En le voyant si peu couvert je sortis de la penderie un pardessus usagé : qu'il le mette en descendant de l'avion sinon il allait mourir de froid, attraper une pneumonie. C'est ma contribution à la réussite du chanteur aux States, le pardessus qui le sauva de la double pneumonie.

J'ai contribué aussi à son mariage avec Miúcha[1] : témoin du premier mariage, pour le second j'ai fait office de marieur. Un jour je reçus à Bahia un coup de téléphone de Joãozinho, il appelait de New York, agité comme toujours, il n'avait pas changé, il restait le même :

– Jorginho, tu es très ami de Sérgio Buarque de Holanda[2], n'est-ce pas ?

L'une des plus éblouissantes figures du monde intellectuel, Sérgio m'accorda le privilège de son intimité, je l'ai introduit comme personnage dans *Le vieux marin, le capitaine au long cours*, c'est ainsi que je rends hommage à ceux que j'estime et que j'aime le plus, en les mettant dans les pages de mes romans. Ensemble, pendant un congrès de littérature à Recife, nous avons fondé dans l'église de São Pedro dos Clérigos le *Digne et Vénérable Ordre de l'Hippopotame Bleu,* consacré à la fréquentation des donzelles, et nous avons inventé la théorie des balancelles, *les balzaciennes quand elles basculent,* basée sur l'agitation des femmes de lettres locales qui courtisaient Eduardo Portella, le séducteur. À l'époque du coup de téléphone, le grand historien se glorifiait d'être le père de Chico Buarque, compositeur qui s'était révélé avec un succès foudroyant.

– Jorginho, je suis amoureux de sa fille, Miúcha, la sœur de Chico. Miúcha est ici, elle aussi m'aime, nous voulons nous marier mais nous avons peur que Sérgio s'y oppose, tu sais comment c'est, il doit avoir entendu des horreurs à mon sujet. Je voudrais que tu lui parles, que tu lui demandes la main de

1. Miúcha, Heloísa Buarque de Holanda, chanteuse.
2. Sérgio Buarque de Holanda (1902/1982), historien et écrivain.

Miúcha, pour moi. Dis-lui que je ne suis pas aussi mauvais qu'on le dit.

Habitué à me mêler de la vie de Joãozinho, je promets d'intervenir – *vite, dans une heure je retéléphone pour savoir le résultat.* Il avait raccroché anxieux. Je suis en train de chercher le numéro de Sérgio dans le carnet de téléphone quand Joãozinho rappelle : *j'étais si embarrassé que je n'ai pas envoyé un baiser à Zelinha.* Embarrassé, Joãozinho.

Je compose le numéro de São Paulo, Amélia répond, nous échangeons des gentillesses, je désire parler à votre illustre conjoint, Sérgio vient à l'appareil, sachant que c'est moi il se met à imiter l'accent hollandais, c'est à mourir de rire mais je reprends mon sérieux pour lui dire :

– Je te téléphone pour te demander la main de ta fille Miúcha.

– Hein ? Qu'est-ce que c'est que cette histoire ? – Il abandonne l'accent batave, il se met sur la défensive, quelle blague suis-je en train de lui faire ?

– Ce n'est pas pour moi, c'est pour João Gilberto, ils sont amoureux, ils veulent se marier, il a demandé que je te dise qu'il n'est pas si mauvais que ça, pas aussi mauvaise personne qu'on le dit, tu ne dois pas croire les mauvaises langues...

– Qu'est-ce que tu me racontes ? C'est une plaisanterie ou tu parles sérieusement ?

Je parle sérieusement, je relate la conversation avec Joãozinho, le coup de téléphone en dollars de New York, répété, il avait oublié le baiser pour Zélia. La passion des deux chanteurs m'émeut, que c'est beau ! je fais l'éloge du candidat gendre et je le fais avec amour. De Joãozinho je sais l'endroit et l'envers, de l'enfant de Juazeiro sur les rives du São Francisco au musicien encore inconnu, luttant à Rio dans les jours difficiles, je suis son partenaire, j'ai écrit les paroles du *Lamento de Marta* composé pour le film d'Alberto D'Aversa. Lorsqu'il était célibataire, Joãozinho apparaissait le soir dans l'appartement de Rodolfo Dantas, il apportait sa guitare, il restait jusqu'à l'aube, chantant. Il arrivait que Zélia et moi, fatigués, allions dormir, Joãozinho continuait en compagnie de João Jorge encore enfant, privilégié. João Gilberto jouait, chantait, avec pour seuls auditeurs le petit et l'oiseau sofrê : en liberté dans la grande salle, il sifflait les airs que Joãozinho égrenait sur sa guitare.

Sérgio écoute en silence mon boniment, la proclamation des vertus de Joãozinho, génie de la musique, tendre ami, être adorable. Le lendemain il prend l'avion pour New York, il va étudier l'affaire sur place, il se prend de passion pour le candidat, ça ne pouvait qu'arriver.

Pour terminer, un post-scriptum : João Gilberto habitait déjà depuis plusieurs années les États-Unis quand un jour se présenta chez moi un porteur avec un envoi du musicien : un pardessus flambant neuf, superbe, je l'ai porté longtemps, je l'ai encore. Ou l'aurais-je donné à João Jorge, l'auditeur solitaire, privilégié ?

Rio de Janeiro, 1954 –
promotion

En cette matinée de dimanche je travaille à la rédaction d'un manifeste – combien en ai-je rédigé ? –, Janaína et João Jorge arrivent en courant de se baigner, ils rapportent et me montrent des prospectus jetés d'avion sur Copacabana et Ipanema, on en inonde la plage et les rues. Ils m'en donnent un, attendent ma réaction, Janaína rieuse, João Jorge furieux, prêt à se battre.

La campagne anticommuniste gagne les cieux, deux monomoteurs survolent le quartier au service de la ligue anticommuniste, organisation présidée par l'amiral Pena Boto – la guerre contre les communistes est une bonne affaire, elle donne des intérêts élevés, comment vont s'arranger maintenant les Pena Boto de service, sans l'or de Moscou pour faire peur aux richards et leur arracher des subsides ? Ils vont regretter la fin de l'URSS, c'en est fini de ce qui est doux.

Militant de base – était-ce même de base ? Je n'ai jamais fréquenté de cellule, j'ai toujours accompli des tâches décidées par la direction, spéciales –, écrivain connu, la ligue de l'amiral me donne des galons de leader, des prérogatives de chef : le tract dans la main de Janaína (João Jorge m'avait remis le sien) se rapporte à votre serviteur, le texte et le dessin. Il rehausse ma notoriété, me promeut, j'ai déjà oublié les injures, celles de toujours, *traître à la Patrie, vendu à Moscou, carpette de Prestes,* mais je me rappelle le dessin : je me balance mollement dans un hamac, deux camarades du Parti, mes amis, le juge Irineu Joffily, l'avocat Letelba Rodrigues de Brito, agitent des éventails, rendant plus délicieux encore mon repos : des privilèges de pacha communiste, Pena Boto réclame la prison et un procès.

Je lis et je regarde, j'éclate de rire, Jana et Juca rient avec moi mais Zélia s'indigne : *chiens de la réaction, rats d'égout, agents de l'impérialisme,* si elle rencontrait ce Pena Boto elle lui dirait deux mots, le poing tendu elle lui montrerait *qui est le traître à la patrie, canaille !* Jana et Juca ravalent leur rire, brandissent des casse-tête, s'arment pour la guerre.

Du sang répandu pour la possession de la terre, engrais sans égal, n'ont pas fleuri seulement les plantations de cacao, les fruits d'or de la richesse, a fleuri aussi la culture grapiúna, singulière. La poésie et la fiction sont nées de la conquête de la forêt, de la colonisation par des Sergipans et des Arabes, de la lutte contre le féodalisme – les premiers syndicats ruraux du Brésil ont surgi dans les exploitations du cacao et la loi médiévale a été rompue par des garçons socialistes, João Mangabeira a occupé la mairie d'Ilhéus.

Les colonels du cacao voulaient pouvoir s'enorgueillir d'avoir des fils docteurs, avocats, médecins, ingénieurs, et nous sommes tous allés dans les collèges de la capitale, ceux des pères jésuites, maristes, salésiens, les collèges laïques, le gymnase Ipiranga d'Isaías Alves de Almeida[1]*. Dans les internats nous avons appris le portugais et l'arithmétique, dans les plantations, dans les bourgs, dans la gestation des villes nous avons appris la vie. Ainsi a jailli la fleur de la poésie, Sosigenes Costa, Florisvaldo Matos, Telmo Padilha, a mûri le fruit de la fiction, Elvira Foeppel, Adonias Filho, James Amado, Sônia Coutinho, Hélio Pólvora, Cyro de Mattos, Euclides Neto, l'Arabe Jorge Medauar, le Sergipan Marcos Santarrita, les docteurs du cacao, fils des colonels. Je suis l'un*

1. Isaías Alves de Almeida (1888/1968), éducateur.

d'eux, j'ai un mérite, unique : celui d'avoir été le premier qui a commencé à conter la saga des terres grapiúnas.

Madrid, 1986 –
l'ipsilone

Rafael Alberti[1] termine la lecture de son texte affectueux, il m'a fait l'honneur de venir me dire son estime à la tribune de cette Semaine de l'Auteur consacrée à mon travail[2], la séance est suspendue, les lecteurs s'approchent, apportent des livres, demandent des autographes. Une dame d'âge moyen, pimpante, maquillée, lèvres en accent circonflexe, monte sur l'estrade, se présente, rappelle :

– Je vous ai écrit à Bahia il y a plusieurs années pour vous demander comment était l'ipsilone de Tieta, vous vous souvenez ?

Je me souviens très bien, au milieu des lettres de lecteurs, cette lettre avait retenu mon attention, je la montrai à Zélia : regarde cette lettre, c'est drôle... L'édition espagnole de *Tieta d'Agreste, gardienne de chèvres* venait de paraître. Tieta, comme le sait qui a lu mon livre, était une femme décidée, elle ne mâchait pas ses mots et elle ne faisait pas les choses à moitié dans les situations publiques et privées. Dans les délices du lit elle était docteur avec toque et épitoge, elle connaissait les ABC entiers, le latin, le gothique, le cyrillique et tous les autres, sans oublier le Kâma-sûtra de la première à la dernière page. Entre autres raffinements, le roman parle de l'ipsilone, spécialité de Tieta : elle pratiquait l'ipsilone simple lorsqu'elle était dévorée par le désir, dans les cas de passion délirante elle recourait à l'ipsilone double.

La lectrice espagnole s'étend sur les péripéties de sa vie. Mariée pendant plus de quinze ans à un mari pudibond, ce n'est qu'après la mort de ce dernier qu'elle avait connu un véritable orgasme et le plaisir du corps, un premier amant commença son

1. Rafael Alberti, poète espagnol.
2. En 1987.

éducation, d'autres la complétèrent, elle a un cursus complet, comme Tieta elle est docteur honoris causa, elle sait tout sur le bout de la langue et du grelot, hélas elle ne connaît pas l'ipsilone, elle ne l'a jamais pratiqué, elle voudrait bien. Elle me demande des détails. *Tâche de t'en tirer !* me dit Zélia en me rendant la lettre.

Je réponds à la lectrice : je ne sais rien sur l'ipsilone, n'ayant pas eu l'honneur du lit de Tieta, dans nos conversations amicales, si libres et franches qu'elles fussent, elle ne m'a jamais donné de détails, elle parlait seulement du délice, ah quel délice quand elle exécutait l'ipsilone, elle s'attachait à jamais le bienheureux. De l'ipsilone, je sais seulement que Tieta le pratiquait, le romancier sait un certain nombre de choses, mais pas tout.

Mystère de la création, les étrangetés du métier de romancier, les imprévisibles secrets des personnages : aux environs de 1938, nous descendions en ascenseur de la rédaction de *Diretrizes*, soudain Samuel Wainer me lança :

– Il y a une chose que je veux te demander depuis que j'ai lu *Mar morto* : pourquoi diable le vieux Francisco n'a-t-il pas voulu recevoir ce frère qui apparaît après tant d'années, pourquoi l'a-t-il expulsé, ce n'est pas dans le livre ? Pourquoi, dis-moi ?

– Je ne sais pas. Le vieux Francisco ne m'a pas dit la raison, ce devait être grave, moi aussi j'aurais aimé savoir.

L'Espagnole pimpante me tend l'exemplaire de *Tieta* pour la dédicace, je lui demande : et l'ipsilone, maintenant vous le connaissez ? Vous avez rencontré quelqu'un qui vous a appris à le pratiquer ? – *Pas encore, mais j'ai inventé le doublevé, ça fait sensation en Espagne.* Elle me rappelle son nom pour la dédicace, je ne le reproduis pas ici par discrétion. Elle non plus, dans la bousculade des lecteurs réclamant un autographe, ne m'a pas révélé comment était le doublevé : espagnol, je l'imagine dramatique, avec une certaine cruauté catholique.

Berlin, 1982 –
quelle solitude !

Dans son appartement de Berlin Est, Anna nous entoure, nous caresse, nous enveloppe d'amour : elle prend nos mains, nous oblige à manger, la table est pleine de gourmandises, un débordement de joie, Zélia et moi aussi sommes à bout d'émotion.

Anna a eu quatre-vingts ans, en Allemagne de l'Est on l'a célébrée comme le symbole de la littérature au service de la classe ouvrière, on a fêté surtout la communiste à la foi inébranlable dans le Parti : l'écrivain, malgré sa fidélité éprouvée de militante, ne mérite pas une confiance sans restriction, elle est trop grande pour être un écrivain officiel. Anna passe la main sur nos visages, sur celui de Zélia, sur le mien, elle nous regarde et rit, elle sait que nous sommes venus uniquement pour la voir elle, et personne d'autre, rien d'autre. Rires et larmes mêlés, les mots se bousculent, nous restons en silence, tant de morts vivent dans nos cœurs, nous parlons d'Ilya, de Pablo, ils sont ici avec nous.

Nicole Zand – ceux qui s'intéresent à la littérature savent de qui je parle, dans sa chronique « Des autres mondes », dans *Le Monde*, elle regorge de connaissances, déborde de compréhension, d'intérêt pour les lettres des pays distants et déshérités –, Nicole nous rapporte la conversation qu'elle a eue en 1991 avec Pierre Radvanyi, le fils d'Anna, un témoignage poignant sur les années de guerre, l'exil, le voyage sans port d'arrivée. Pierre explique le comportement politique de l'auteur de *Transit*, la fidélité sans limites : *elle se sentait une sorte d'obligation morale de ne pas se déjuger*. Juger est facile, le difficile est de comprendre.

Ce jour-là, à Berlin, Anna se refusa à parler de littérature et de politique ; le temps était court pour la fête de l'amitié. Elle évoqua le Brésil, ses séjours à Rio et à Bahia, le voyage en voiture dans l'intérieur, le fakir de Jequié, l'inauguration du café au Largo do Machado, la maison du Rio Vermelho, le jardin où elle écrivait, les enfants autour d'elle. Jour d'exaltation, jour d'amour, rencontre de frères et sœurs qui ne se voyaient pas depuis tant de temps, savaient qu'ils ne se verraient plus. Quand arriva l'heure de l'adieu, elle me dit :

– Je finissais de t'écrire une lettre quand j'ai su que tu venais, je ne l'ai pas envoyée, je vais te la donner, je veux que tu la lises.

Elle nous laisse dans la salle, elle va chercher la lettre, revient, nous touche le visage, je lui caresse les cheveux, nos mains se séparent. À l'hôtel j'ouvre l'enveloppe, l'écriture à l'encre bleue couvre les feuilles de papier, des nouvelles quotidiennes, rien de spécial, mais à la première page Anna avait tracé avec force, à l'encre verte, dans l'interligne du paragraphe : *quelle solitude !* Je crois que je suis le seul auprès de qui elle s'est laissée aller.

Sorrente, 1988 –
le second rôle

Mes rapports avec le cinéma brésilien viennent des temps héroïques et, s'il est vrai qu'à certains moments ils ont été passablement intenses, ils ne me donnent droit qu'au titre de vague second rôle. Je ne me hasarderai même pas à parler de collaboration tant ma présence fut presque toujours anonyme dans l'aventure.

Pour donner une date plus précise, je dois me reporter à l'année 1933, quand Carmem Santos me versa trois contos-de-réis pour une option de deux ans sur les droits cinématographiques de mon roman *Cacao,* qui venait d'être publié. Outre que ces trois contos-de-réis, une somme à l'époque, arrivèrent à point nommé, cette proposition de tournage marqua le début de mes relations avec le cinéma brésilien, et d'une amitié qui dura tant que Carmem Santos vécut : peu de personnes ont été aussi chères à mon cœur. Carmem, aussi belle que célèbre, allait prendre des options sur deux autres de mes livres, *Mar Morto* et *ABC de Castro Alves.* Elle ne réussit pas à faire ces films, de tous les projets qu'elle conçut et tenta de réaliser, elle ne put en mener qu'un petit nombre à leur terme. C'était au temps du tournage de *Favela de meus amores :* Carmem Santos, producteur, propriétaire des studios de la Brasil Vita Filme, étoile absolue, femme de gauche, était le symbole de nos rêves et de nos ambitions à tous, et nous étions tous amoureux d'elle, elle seulement de quelques-uns.

En ce temps-là, au Brésil où venait de se produire la Révolution de 1930, la fièvre du cinéma se répandait et s'affirmait, ouvrant des voies qui allaient de la production des *chanchadas* si brésiliennes, aux réalisations de *Limite* et de *Barro Humano*. Mário Peixoto et Humberto Mauro, les deux maîtres de ces fascinants débuts ne trouveraient de continuateurs que bien des années plus tard, avec l'avènement du Cinema Novo, tandis que la *chanchada* attend encore que l'on retrouve l'esprit national et la malice populaire qui l'ont caractérisée et qui lui ont valu son immense succès auprès du public – succès que jusqu'à ce jour le cinéma brésilien n'a pas réussi à rééditer, encore moins à surpasser.

Temps de l'Atlântida et de Cinédia, de tant de noms inoubliables, de tant de films faits à partir de sacrifices, de dévouement, d'amour pour le cinéma. Temps de Moacyr Fenelon, d'Alinor de Azevedo, d'Adhemar Gonzaga, d'Oscarito, de Zé Trindade, d'Ankito, de Grande Otelo, de Gilda de Abreu, de Zezé Macedo, d'Eliana et Adelaide Chiozo, de Raul Roulien, notre homme à Hollywood, de Ruy Santos, de Chianca de Garcia et de Fernando de Barros, de Lima Barreto et d'Araçary de Oliveira, de tant et tant d'autres, je cite au hasard de ma mémoire défaillante, certainement j'oublie des noms importants. Beaucoup s'en sont allés, parmi eux tant de mes amis : en écrivant ces souvenirs je les revois portés par l'enthousiasme, vibrants d'espoir, prêts à asseoir les bases définitives de l'art et de l'industrie cinématographiques au Brésil.

Quant à moi, dans cette époque lointaine j'ai participé, presque toujours anonymement, à la préparation de différents films de l'Atlântida et d'autres sociétés – celles qui naissaient et vivaient le court temps d'un projet, parfois sans lendemain. J'ai écrit, seul ou en collaboration, des scénarios et des dialogues pour des *chanchadas* et pour de prétentieuses productions ; étaient de moi, par exemple, les dialogues de *Uma valsa para dançar* – je ne sais plus si c'était le titre du film ou seulement du thème musical, une valse inoubliable – et ceux de la superproduction de Leitão de Barros sur Castro Alves, argument de Joracy Camargo. Avec Fernando de Barros, mon ami fraternel, j'ai collaboré aux scénarios et aux dialogues de diverses *chan-*

chadas, je me rappelle le titre de l'une d'elles, *O Cavalo número 13*. Y brillaient le cameraman Georges Fanto, qui était venu au Brésil avec Orson Welles, et ma commère Maria della Costa, star s'il en est. Grandes stars, elle, Maria Fernanda, Odete Lara, Ruth de Souza, Marisa Prado.

J'ai écrit et signé le scénario de *Estrela da Manhã* à la demande de Ruy Santos mais, durant le tournage, le producteur et le réalisateur modifièrent totalement la simple histoire de pêcheurs que j'avais imaginée en pensant à Dorival Caymmi et à Dulce Bressane. À la demande de Carmen Santos, j'ai travaillé pendant quelques semaines avec Mário Peixoto à l'élaboration du scénario d'un film sur Castro Alves, à partir du livre que j'ai écrit. Le projet n'alla pas plus loin, dommage.

Ensuite vint l'aventure de la Vera Cruz dont je ne sais presque rien, si ce n'est sa fin mélancolique lorsque je retrouvai Alberto Cavalcanti, grand cinéaste, grand Brésilien, effondré, à São Bernardo dos Campos, victime de l'impudence et de la filouterie. Je le convainquis de retourner en Europe et je participai, avec Joris Ivens, au bon complot qui le conduisit aux studios de la Wien-Film pour filmer le *Puntila* de Bertolt Brecht.

Ensuite, eh bien, ensuite ce sont des temps tout proches, le Cinema Novo : Luiz Carlos Barreto, le patriarche, un jeune patriarche, Nelson Pereira dos Santos, Cacá Diegues, Joaquim Pedro de Andrade, Rui Guerra, Bruno Barreto, une sacrée génération. Une étoile au cœur et la passion du Brésil, Glauber Rocha commanda le peloton, il fut crucifié par les patrouilles inquisitives au nom des idéologies caduques. Le temps de vague second rôle est passé, je suis à la retraite.

L'autre jour, pendant le festival de cinéma de Sorrente, les journalistes m'ont demandé quelle recommandation j'aimerais faire aux cinéastes brésiliens, j'ai répondu :

– Ils doivent moins penser aux festivals, aux prix, aux congratulations et penser davantage au public, aux spectateurs, aux Brésiliens. Brusquement l'argent facile de l'Embrafilme est tari, qui ira financer la production cinématographique si les films ne parlent pas au public, ne gagnent pas les spectateurs au cinéma ?

Lisbonne, 1987 –
la stèle

Avec António Alçada Baptista nous déjeunons au restaurant de Manuel, au parc Mayer, à une table à l'écart pour bavarder en paix. António raconte l'histoire de sa tante, de l'une d'elles – sur toutes il a des histoires à raconter –, de celle qui, au temps où les communistes avançant à marche forcée vers le pouvoir avaient commencé à réquisitionner les propriétés privées, fit repeindre les immenses murs de sa *quinta* de Covilha, une sérieuse dépense. *Pourquoi faites-vous ça, Tante ?* s'étonna le neveu avec un zèle d'héritier présomptif :

– Je veux que les communistes, quand ils arriveront pour prendre la quinta, trouvent tout dans le meilleur état et disent : quelle dame joliment précautionneuse…

Au milieu des rires que provoque l'anecdote, je crois entendre mon nom prononcé à voix haute, je tends l'oreille, c'est vrai, Zélia le confirme. Un monsieur bien mis, debout près de la table centrale, s'adresse aux personnes présentes, je suis l'objet de son discours. Le monsieur dit que je suis en train de déjeuner chez Manuel, ce qui lui semble, je ne sais trop pourquoi, un fait significatif, digne d'admiration et d'éloge, l'événement ne doit pas être passé sous silence, il doit être fixé dans la pierre afin que la postérité sache qu'à cette date, le citoyen ici présent était au restaurant de Manuel, s'empiffrant de *caldo verde* et de boudin, de fromage frais, de pain bis et de melon – c'était l'époque du melon, le goût me vient à la bouche. L'orateur étant homme d'action, il propose qu'immédiatement on recueille les dons parmi ceux qui, les imprudents, déjeunent sans s'attendre au coup en traître, et que le total soit destiné à la pose, sur le mur du restaurant, d'une stèle commémorative – le mot stèle a un son funèbre, il fait penser aux mausolées et aux cimetières, je me recroqueville. *La stèle*, conclut le tribun, le bras tendu dans ma direction, *portera une épigraphe relative à l'événement* (l'événement ?).

– Mon épouse va parcourir les tables pour recueillir les oboles – stèle, obole, que manque-t-il encore pour m'achever ? Je redoute l'éloge de corps présent, je suis mort de honte, je voudrais me cacher sous la table, Zélia et António Alçada s'amusent à mes dépens.

Les oboles recueillies, l'argent compté par le maître de cérémonie, la collecte avait donné suffisamment pour payer la stèle, déclare-t-il en en révélant le montant. Il réclame des volontaires pour la rédaction de la phrase, se présentent deux messieurs à vocation littéraire et une fille à lunettes, laide, ils rédigent la rubrique nécrologique, la fille à lunettes déclame le texte, l'orateur reprend la parole, déclare terminés la besogne et le discours. En transcrivant le discours j'ai cherché à être succinct, mais l'orateur ne cultivait pas la synthèse, il ne faisait pas d'économies de rhétorique, j'ai rarement subi pareille humiliation : j'ai su ensuite qu'il s'agissait d'un avocat de renom, je lui ai envoyé un livre avec une dédicace, finalement son intention était de me rendre hommage.

António Alçada paya l'addition, je le laissai faire, il s'était amusé, moi pas : je passai tête basse parmi les clients. Nous attendait pour nous conduire Francisco, chauffeur de Manuel Telles, qui me mène et me ramène de l'Estoril à Lisbonne, gentillesse de l'homme d'affaires dans les rites de l'amitié, il avait déjeuné chez Manuel aux frais d'Alçada. En montant dans la voiture, je lui demande :

– Vous aussi, vous avez contribué ?

– J'y suis allé de cent balles.

Je lui en restitue deux cents, je participe à la stele. Des années plus tard, João Jorge au courant de l'histoire me traîne au restaurant de Manuel, la plaque se trouve là, fixée au mur au-dessus de la table où nous étions assis dans le coin de la salle. Elle n'est pas laide, elle fait de l'effet, on dirait un grand plat concave.

Bahia, 1972 –
le vin Capelinha

Par principe (ou par sottise, par préjugé ?) je n'accepte pas de faire de la publicité pour quoi que ce soit à la télévision, à la radio, dans la presse, j'ai refusé, perdu, des quantités d'argent, sans parler des machines à écrire, des réfrigérateurs, des téléviseurs, etc. Je ne peux pas dire que je ne l'ai jamais fait car, gracieusement, je me suis prêté au rôle de clown dans deux ou trois occasions – contre rétribution j'ai posé en bermuda et en chapeau de paille, la photo court les magazines, en annonçant une carte de crédit, mais l'argent est allé à la Fondation qui porte mon nom, c'est écrit sur le contrat.

En revanche dans mes livres, sans la moindre préméditation, avec l'objectif de situer le roman dans le temps et dans l'espace, je cite des noms de firmes, de boissons, de restaurants, et ainsi de suite. En retour, des industries reconnaissantes m'envoient des cadeaux, surtout des boissons : cognacs, liqueurs, eaux-de-vie, le produit cité par le personnage ou par l'auteur, il m'arrive des bouteilles à profusion. Une seule fois j'ai voulu profiter de la situation, résultat négatif, j'ai parié sur la popularité de mes romans, je m'en suis mal trouvé. Je raconte.

Jadis, car aujourd'hui elle est devenue raffinée en matière de fromages et de vins, dans les temps anciens mon amie Auta Rosa, senhora Calasans Neto, consommait aux repas et offrait à ses invités un vin appelé Capelinha. Ce n'était pas grand-chose, d'après ce que m'en a dit Fernando da Rocha Perez en se gavant de sarapatel durant un déjeuner chez Calá. Personnellement je ne peux rien affirmer vu que par prudence je ne bois pas de vin brésilien.

J'étais aux prises avec la rédaction de *Tereza Batista*, j'arrivais à la fin de mon travail quand j'entendis Auta Rosa se plaindre de l'augmentation du prix de son vin favori. Ne t'inquiète pas, lui dis-je du haut de mon impudence, je vais mettre le nom de ta piquette dans mon roman, les fabricants m'enverront avec largesse et constance des douzaines de bouteilles, tu peux compter sur du Capelinha pour le restant de tes jours.

C'est la raison pour laquelle, au mariage de Tereza Batista, les invités ingèrent un unique vin, le Capelinha, ils boivent, se régalent, remplissent à nouveau leur verre. L'essayiste Cláudio Veiga[1], érudit en littérature française et en vins en général, me parlant du livre critiqua mon choix, le cher ami aurait pu se référer à un breuvage de meilleure qualité, considéra-t-il, il cita deux ou trois crus du Rio Grande qui ne font pas mauvaise figure à côté des vins étrangers. Également Ildásio Tavares, expert en vins locaux, accusa mon manque de connaissance en la matière et mon manque de considération envers les invités,

1. Cláudio Veiga, écrivain, président de l'Académie des lettres de Bahia.

des gens bien pour certains, João Ubaldo, Jeovah de Carvalho, lui-même, Ildásio, en leur faisant boire un vin de deuxième ordre alors que s'imposait au minimum un vin rouge chilien : finalement le fiancé n'était pas un va-nu-pieds. Il voulut savoir si c'était de la publicité commandée par une agence, bien payée à coup sûr. J'expliquai à l'essayiste et au poète la raison de mon choix, ils comprirent, Ildásio évalua combien de caisses de vin Capelinha j'allais recevoir et transférer dans la cave de Calá et d'Auta Rosa. Un camion, certainement.

Je fus obligé de confesser la triste vérité, ni un camion ni même une demi-douzaine de bouteilles de consolation, les propriétaires de la marque n'étaient pas mes lecteurs et, si par hasard ils eurent connaissance de la mention de leur produit, ils considérèrent que, s'agissant du mariage de gens peu distingués, sans statut social, sans notice dans les rubriques mondaines, le fait de citer leur vin ne promouvait pas les ventes. Je sortis du mariage la tête basse, passablement dépité.

La chance, c'est que la situation de la famille Calasans Neto s'est modifiée, la clientèle de l'artiste s'est accrue et s'accroît, Deo gratias ! On le surnomme déjà *le nabab de la gravure*, le goût de la senhora Rosa a évolué, aujourd'hui on ne boit dans le *solar* d'Itapuan que des nectars français et allemands, et lorsqu'ils invitent Myriam et Carlos Fraga, Elcy et Jorge Lins Freire, les amphitryons ouvrent du champagne Cristal – ici la propagande est gratuite. Qui sait si je ne recevrai pas quelques bouteilles...

Sian, 1986 –
marché

Enterrées pendant des siècles, les armées de terre cuite, des guerriers à cheval, hommes et bêtes grandeur nature, combien sont-ils, je ne sais, ils doivent être des milliers, même les Chinois ne le savent pas, car ils n'ont pas terminé les fouilles. Des gens viennent du monde entier pour les voir, il n'existe rien de plus impressionnant, seule la muraille de Chine peut rivaliser avec le défilé gigantesque. Nous restons muets, saisis, tentant de compter, Zélia photographie tout le temps.

Deux soirs de suite nous parvenons à sortir de l'hôtel en cachette de nos accompagnateurs chinois, désignés par les autorités du gouvernement et du PC pour veiller au confort et assurer la sécurité des hôtes brésiliens : ils se sont retirés tôt, ils sont allés dormir, la vision des armées est bouleversante et terrible.

Nous vagabondons dans la ville, nous tombons sur un marché, mélange de foire en plein air et de cirque pauvre, la fête de la nourriture populaire, merveilleuse, la plus merveilleuse qui soit. La confection des nouilles, spectacle d'acrobatie, le saltimbanque qui soulève la pâte très haut, l'étend et l'allonge, est un prodige. Jamais aucun de nous n'a mangé si bien, nous avons les mains et les lèvres barbouillées.

Il y a là toute la famille, Zélia, João Jorge et Rizia, Paloma et Pedro, voyager avec les miens est le summum, ce qui peut m'arriver de meilleur. Nous passons des heures de baraque en baraque, nous mangeons tout ce qu'on nous propose, c'est extrêmement bon marché et extrêmement bon. En écrivant ces lignes je sens à nouveau le goût du riz cantonais préparé sous nos yeux, que c'est bon ! nous nous régalons.

Le second soir un des interprètes nous vit sortir, furtif il nous suivit de loin jusqu'au marché, il repartit en courant à l'hôtel avertir le chef. Ils vinrent tous, ils étaient sept responsables, ils voulaient à toute force nous conduire à l'hôpital pour des examens de santé, la nourriture pouvait nous avoir fait mal, une nourriture grossière destinée à l'estomac du peuple : les idéologues, les intellectuels en général, ici et là, se font une fichue idée du peuple. J'ai dû être impératif pour éviter le pire, j'y suis parvenu.

Notre séjour à Sian fut abrégé, nous soustraire au contrôle devint plus difficile. Néanmoins à Shanghai nous nous sommes échappés après le dîner, nous avons passé une partie de la nuit dans les rues de la ville, bien qu'il n'y ait pas de prostitution en Chine comme nous l'a assuré un dirigeant, nous avons vu des putains sur les quais avec des marins.

Ilhéus, 1929 – humiliation

Nous nous battions au Bataclan, le cabaret prenait feu, toutes les nuits nous nous disputions les faveurs des filles protégées par les colonels du cacao, d'un côté la bande des placiers, les commis voyageurs, race en canotier, toupet de cheveux à la Epitácio Pessoa[1], veste dernier cri, bons à la valse et au tango, de l'autre la bande des étudiants en vacances, jeunes coqs qui faisaient cocorico avec leur assurance de fils à papa. Pour un oui ou pour un non ces rivalités dégénéraient en conflit, les coups tombaient dru. Une nuit on tira dans le pied de Zequinha Adami : *à moi mon père, on me tue !* Pendant des années j'ai arboré sur le dos de la main droite les traces des coups de rasoir d'un placier expert à la capoeira : à l'éclat de l'arme j'avais levé la main pour défendre mon visage.

Maigre musaraigne, maigrissime, je portais une moustache, le cheveu lustré de brillantine, don Juan en herbe des pensions joyeuses je tombais amoureux, commettais des vers libres, je ne savais pas compter les syllabes ni rimer : *tes lèvres de carmin, tes seins de corail, ton ventre d'amphore au clair de lune...* les filles, romantiques et languides, se pâmaient. Nous, les étu diants, dans la pétulance de l'adolescence, faisant étalage de vaillance – à Ilhéus le courage était la vertu majeure, la principale –, nous menacions l'hégémonie des commis voyageurs qui allaient de ville en ville vendant les stocks des firmes de la capitale, traînant après eux les cœurs, mettant à mal les pacholettes. Dans les nuits du Bataclan nous nous affrontions, j'ai reçu des coups.

Fou à lier, dans une de ces bagarres j'affrontai et défiai un commis voyageur d'une stature impressionnante, un goliath, une poitrine d'armoire à glace, des mains énormes, il devait être champion de lutte libre, je l'affrontai et le défiai : viens si tu es un homme. En entendant l'insolence il me toisa, gamin effronté, à peine sevré, il me serra la tête entre ses mains placées comme des tenailles sur mes oreilles, sans effort il m'éleva dans les airs, approcha mon visage de sa trogne, m'ordonna : *rentre chez toi petit.* Il écarta les mains, me lâcha, je tombai le

1. Président de la République de 1916 à 1920.

cul par terre, ah l'humiliation ! Plutôt recevoir un coup de feu (dans le pied).

New York 1971 –
les racismes

Invités d'Harry Belafonte, nous participons Zélia et moi au dîner annuel de l'Académie des arts et des lettres noirs des États-Unis, au Waldorf Astoria, à New York – c'est la seule fois où j'ai dû mettre un smoking durant les sept mois de notre séjour aux États-Unis.

Expérience émouvante, honneur de bon augure, nous sommes seulement huit Blancs (dans mon cas Blanc bahianais) au milieu des représentants noirs les plus marquants de la culture nord-américaine dans son ampleur et dans ses limites, plus de cinq cents militants antiracistes dressés contre la discrimination qui persécute et assassine. Venait de se produire à Attica, prison où les Noirs purgent leur peine, le massacre, la haine déchaînée.

Une surprise d'entendre mon nom prononcé à la tribune : Katherine Dunham, la danseuse, parle de ce qu'elle a vu et appris au Brésil, la lutte singulière du peuple brésilien. Je suis à nouveau ému pendant l'hommage rendu à Paul Robeson, ami et compagnon, je fais partie des membres fondateurs du Mémorial qui rappelle sa présence dans le combat. Le fils du chanteur vient à la table des Belafonte parler avec moi, nous évoquons Paul à Moscou, à Paris, à Prague, voix des discriminés.

Bien que je sache la force et la violence de la lutte des Noirs nord-américains pour défendre leurs droits, je suis surpris du radicalisme des discours. L'heure est à l'intransigeance et à la riposte, le massacre dans la prison se répercute dans la salle, l'émotion atteint son comble quand la mère des Jackson, les frères assassinés à Attica, en deuil de ses fils, monte à la tribune et dénonce.

J'ai compris comme jamais que la violence conduit à la violence, je constate chaque jour, durant ces mois, qu'aux États-Unis les racismes s'entrechoquent, le blanc, le noir, le juif, le latin, le grec, tant d'autres. Il existe des Nord-Américains antiracistes, ils sont des millions qui luttent contre le préjugé de race et de sang, mais la philosophie de vie yankee est raciste, elle est présente à chaque moment. Exactement le contraire du Brésil où existent sans doute des centaines de mille peut-être des millions de racistes, mais où la philosophie de vie est antiraciste, le peuple brésilien est la négation du racisme. Je dis le peuple, je n'inclus pas lesdites élites.

Je crois difficile que quelqu'un ait écrit autant de préfaces, autant de présentations de catalogues, autant d'appréciations sur des films brésiliens que votre serviteur, à vos ordres et aux ordres de tous ceux qui me demandent un éloge. Si on me le demande pourquoi refuser, qu'est-ce que ça coûte de faire un éloge, je n'éprouve pas de gêne à le faire, le plaisir que l'on procure est si grand, les yeux de l'intéressé brillent, le sourire aux lèvres, la joie, il est d'accord avec l'opinion enthousiaste, il trouve que nous comprenons la littérature, la peinture, le cinéma. Dans ces conditions pourquoi refuser la demande faite par un compagnon de route ?

Je ne suis pas critique littéraire, Dieu m'en garde, ni critique d'art, encore moins de cinéma, il ne m'incombe aucune responsabilité, je peux dire et affirmer tout ce que je veux. Dans mes préfaces tout roman est un chef-d'œuvre, les poèmes marquent une époque, font école, les tableaux de l'exposition éblouissent par la couleur et par la technique, les films de nos réalisateurs sont dignes d'Eisenstein, de Fellini, d'Orson Welles, de Poudovkine. De Poudovkine, non, laissons-le en dehors de ça, nous avons été amis, j'ai dîné avec lui chez Simonov la veille de sa mort, il était heureux du dernier film qu'il avait réalisé, le lendemain matin il est allé jouer au tennis, il est tombé mort sur le court, la raquette à la main.

Le pire c'est quand en plus de la préface le jeune auteur veut que je lui trouve un éditeur, si je n'y parviens pas il insinue que, par peur de la concurrence, je sabote ses débuts. Ou quand le peintre, reconnaissant, m'offre un tableau et exige de le voir accroché au mur de la maison de la rue Alagoinhas. Glauber me tyrannisait, abusait, exigeait une phrase de poids pour le premier film d'un gamin : il a du talent et par-dessus le marché il est bahianais, un mot définitif pour le film d'un tel, notre Godard, il est de la même trempe, un petit article pour consacrer définitivement un ami génial et incompris. *D'accord, disais-je à Glauber, écris toi-même la phrase, l'article, le mot consécrateur, je signe :*

– À une condition, ne pas devoir assister au film.

Que disais-je ! Glauber écrivait, je signais, le réalisateur venait me chercher pour la projection, Glauber riait sous cape en me voyant marcher au sacrifice.

Bahia, 1943 –
la demande en mariage

Pendant la journée l'agitation politique, la nuit le bohème, Wilson Lins et moi étions inséparables, les deux doigts de la main.

Le travail au journal, *O Imparcial*, que le colonel Franklin[1] avait acheté aux intégralistes, et qui s'était transformé en organe de combat contre l'Axe nazi-fasciste. La gazette, au temps des *galinhas-verdes*, avait été dirigée par Mário Simões et Mário Monteiro, directeur de la rédaction et directeur financier, ils avaient eu droit à une épigramme de Pinheiro Viegas – jamais personne ne mania l'arme bahianaise de l'épigramme avec autant d'exactitude, de sûreté de tir que Viegas : *Mário Simões bis Monteiro / Ont remonté l'Imparcial / Ce sont quatre mains dans la caisse / Ce sont quatre pieds dans le journal.*

Après le retournement de chemise, Wilson et son frère Teódulo dirigèrent *O Imparcial,* Wilson à la rédaction, Teódulo aux finances. Wilson et moi rédigions les articles politiques, Edgard Curvelo mettait accents et pronoms sur nos audaces, composaient la rédaction Lafayete Coutinho, Acácio Ferreira et un neveu de Wilson prénommé Napoleão, débrouillard, plume pour toutes les besognes, il avait une tête énorme, disproportionnée. Quand il passait près de lui, le bon Waldomiro déjà éméché – il commençait à boire dès qu'il se réveillait de sa cuite

1. Franklin Lins de Albuquerque (1881/1944), industriel et fazendeiro.

de la veille – lui donnait une tape sur la tête, expliquant : *je pense à ce que ma sœur a souffert pour engendrer ce macrocéphale !* Teódulo, sobre et responsable, cherchait à contrôler nos excès, pointait déjà l'homme politique qu'il allait devenir, le parlementaire habile dans les conversations en coulisses, les accords passés dans les couloirs du Congrès.

L'après-midi, routine presque quotidienne place de la Cathédrale, place Municipale, au Campo Grande, les meetings ; sous le couvert de la guerre, de l'appui aux Nations unies, le venin de la dénonciation de l'Estado Novo dans les discours à double sens, les sous-entendus. Wilson et moi étions des habitués des tribunes antifascistes avec Edgard Mata, Giocondo Dias, Luiz Rogério, João Falcão, Fernando Santana, c'était le bon temps, nous dominions Bahia.

Pamphlétaire redouté, maître des maîtres de la chronique, de Ruy Espinheira Filho, Luiz Henrique, Armando de Oliveira, Ademar Gomes, Oleone Coelho Fontes, José Berbert, Guido Guerra, dans la presse bahianaise la chronique fleurit, Wilson écrivait les éditoriaux du journal, je rédigeais un texte quotidien, signé, *Hora da Guerra* (Heure de la guerre), ensemble lui et moi, nous faisions la moitié de la gazette. Le meilleur de la feuille cependant était, en haut de la page, un encadré sur une colonne de dix ou douze lignes tout au plus qui s'intitulait *José l'Ingénu*. Nous avions inventé deux personnages qui firent époque : le crédule José, plus ou moins à notre image, et João le Sagace, copie de l'intellectualoïde doublé de latifundiaire, propriétaire opulent doublé de communiste. Il y avait des gens qui achetaient le journal uniquement pour lire la charge, la farce, la satire, le rire de José et de João, le naïf pas si naïf, le savant un peu sot.

Un jour, au début de 1943, nous rédigeâmes, Wilson et moi, un éditorial qui fit scandale et faillit faire fermer *O Imparcial* : nous proposions qu'on établisse des relations diplomatiques entre le Brésil et l'Union soviétique, si nous étions côte à côte dans les tranchées de la guerre contre l'Axe, pourquoi continuer la politique de l'autruche, ne pas voir la réalité, pourquoi ignorer l'URSS, l'avoir pour ennemie alors que nous étions alliés ? Il se trouvait que nous étions effectivement alliés mais nous restions ennemis, le tabou persistait, l'interdiction, la censure : les fascistes au gouvernement, puissants et nombreux, n'admettaient pas qu'on puisse imaginer, encore moins qu'on réclame des relations diplomatiques avec l'empire du Mal qu'Hitler, ils l'espéraient sans oser le dire, était en train de détruire. Ce fut la fin du monde, le jugement dernier, sans les bons offices de Jorge Calmon le journal aurait été fermé. Le colonel Franklin n'avait rien su de l'éditorial avant sa publication, les deux téméraires ne l'avaient pas consulté, redoutant à coup sûr son veto, il n'eut pas une seconde d'hésitation, il assuma la responsabilité, déclara haut et fort : *c'est moi qui ai donné l'ordre d'écrire ça.* Ainsi était l'homme du sertan du São Francisco.

Pendant la journée la politique, la guerre, la lutte antifasciste, la nuit la turbulence. Tard le soir, quand nous quittions la rédaction, nous allions faire la noce, c'était le cabaret, le jeu, le tango des guinguettes, les dames putes. Wilson, bohème sans limite ni mesure, était le meneur d'une bande de joyeux drilles : Mirandão, Vadinho, Giovanni, Clóvis Amorim, Mirabeau Sampaio. Nous soupions dans les bordels, on mangeait du bon et du meilleur, on buvait de la cachaça et de la bière, le whisky n'était pas encore à la mode. Wilson était à tel point inconscient et incorrigible que, le lendemain soir du mariage de Mirabeau avec Norma, il alla chercher son compagnon de bamboche : *c'est l'heure des putes, Mirabeau, on t'attend.* Norma le mit dehors :

– Sache que pour Mirabeau il n'existe maintenant qu'une pute, c'est moi, sa femme, les autres sont toutes pour toi.

Nous allions aux nationales et aux étrangères, aux portègnes, béguins, passions violentes, Wilson menaçait une Argentine avec son revolver, fils du colonel Franklin il avait une réputation de sanguinaire, c'était une colombe sans fiel, jamais il n'avait appuyé sur la gâchette, il ne savait pas tirer. Il menaçait de son revolver et menaçait de couper les vivres, la réputation de générosité de Wilson courait le sud du continent, les femmes venaient de Buenos Aires, de La Plata, de Montevideo et de Punta del Este attirées par sa prodigalité. Elles chantaient au Tabaris, prima donna bonnes pour la retraite, elles risquaient des jetons dans les salles de jeu, elles nous instruisaient du soixante-neuf et autres raffinements de la civilisation du Rio de la Plata.

Nous ne nous limitions pas aux professionnelles, nous fréquentions aussi les occasionnelles, nombreuses, filles de famille, patriotes des Nations unies, combattantes de la BBC, allusion à la chaîne anglaise qui transmettait les dernières nouvelles du front comme aussi à la confrérie de bouche, bijou et cul, qui se donnaient gracieusement aux littérateurs et aux antifascistes, braves combattantes de la cause sacrée et, bien que brésiliennes, jeunes et de bonne famille, tout aussi capables que les illustres Argentines et Uruguayennes – de Paraguayenne, je n'en ai connu qu'une, métisse d'Indienne guarani, elle valait dix Castillanes au sang bleu. Il y avait une ribambelle de juives, étudiantes à la faculté et à la synagogue : nous dénoncions l'antisémitisme à la tribune des meetings, dans les colonnes des journaux nous prêchions la communion des races, nous flirtions avec les petites de la tribu d'Israël.

Dans les sables de Mar Grande, les fins de semaine, face à l'océan nous déshabillions Maria Buissonnière, presque belle-sœur de Wilson par Teódulo, avec moi elle n'avait pas de parenté et Wilson n'avait pas de préjugés envers la famille. Que ce soit à la plage ou au cabinet de Mirabeau, Maria Buissonnière se faisait accompagner d'une kyrielle d'amies, toutes plus captivantes. L'une d'elles, fonctionnaire de l'administration, laide de visage, parfaite de corps, fiancée et vierge, aimait se poster fesses à l'air devant les fenêtres qui donnaient sur la mer et la ville basse, de là elle voyait la banque où son fiancé travaillait aux écritures. À l'heure de l'abordage elle se penchait à la fenêtre, roulait des hanches en sentant l'objet pénétrer, criait en direction de son futur époux : *j'me fais enfifrer cocu !* Moyennant quoi elle atteignait l'orgasme, le délire, j'ai oublié son nom, qui sait si Wilson se le rappelle ?

Ainsi, de lutte politique et de dévergondage se composait notre vie, nous défendions avec courage le droit de l'homme à la liberté, à la démocratie et le faisions sans crispation, nous ne posions pas aux héros et nous n'avions pas d'ambitions, nous nous divertissions – et comment ! Wilson, Giovanni, Mirabeau, les trois mousquetaires, le quatrième était moi, des mousquetaires nous avions l'insouciance, l'audace et la fantaisie, l'amour de l'aventure.

Je passais tous les jours à la rédaction à onze heures pour faire avec Curvelo la maquette du numéro, Wilson apparaissait seulement l'après-midi, il ne se levait pas du lit du Rio de la Plata avant midi. Ainsi ai-je été surpris un matin de le trouver au journal à m'attendre, il s'était levé tôt et était nerveux. Il me mena au bureau où le colonel Franklin expédiait les affaires concernant son industrie de cire de carnauba et donnait ses instructions aux jagunços : de temps en temps un inconscient recevait une correction administrée du plat de la machette la nuit où le juge était absent – il avait marché sur les pieds du colonel. Je dois dire que les corrections étaient rares et, comme j'ai pu le constater et peux en témoigner, toutes méritées. L'exécuteur de la sentence, un Sertanège maigre et édenté, la voix tranquille, douce créature, habitait dans l'atelier du journal, il était venu de Pilão Arcado, il savait battre sans laisser de traces.

Ayant fermé la porte, Wilson alluma une cigarette, il n'avait même pas éteint la précédente qui était posée dans le cendrier, il me dit : *tu vas me rendre un service, un grand service. Aujourd'hui c'est bien le jour où tu déjeunes à la maison ?* Tous les mardis je déjeunais chez le colonel, avec lui et dona Sofia, son épouse, plus une nièce, fille d'une défunte sœur du vieux Franklin, sa pupille. Parfois l'un des fils, Franklin Júnior, Teódulo ou Waldomiro, se joignait à nous. La raison de ce déjeuner hebdomadaire était simplement l'amitié, rien de plus, le colonel m'avait en grande estime. Si grande que, détestant le communisme et me sachant membre du PC, lorsqu'il faisait allusion à mes positions politiques il me disait *russiste* pour ne pas m'offenser en me qualifiant de communiste, c'était un homme attentionné et délicat.

Un géant par sa stature et sa conduite, chef sertanège d'une autorité incontestée dans le São Francisco, commandant de jagunços, seigneur de Pilão Arcado, ses galons de colonel venaient d'une campagne dans laquelle il s'était engagé à la tête d'une troupe de cangaceiros, les combats contre la Colonne Prestes, il l'avait poursuivie jusqu'à ce qu'il l'ait vue franchir la frontière de Bolivie. Il n'admettait pas que devant lui on parle mal de Prestes, il combattait ses théories marxistes mais avait de l'admiration pour le chef militaire. Ce diable d'homme, d'une réputation si considérable, riche et puissant, et à côté de lui dona Sofia, tendre agneau. Rude et analphabète quand il l'avait connue institutrice, il l'avait épousée, c'est elle qui lui avait appris à lire et à écrire.

– C'est aujourd'hui, oui. Tu viendras ? Le colonel et dona Sofia vont être contents, ils se plaignent toujours de ton absence.

– Pas question. Aujourd'hui tu vas me représenter. – Wilson, sautant d'un pied sur l'autre, bégayait presque.

Finalement il s'expliqua. Lui et Anita, la nièce, la pupille du Colonel, étaient amoureux depuis quelque temps, ils voulaient se marier, Wilson n'osait pas en parler à son père, le colonel prenait à cœur ses responsabilités de tuteur : le bonheur de sa nièce, son avenir, il voulait pour elle un fiancé établi et sérieux, un homme irréprochable, qui donne à Anita le foyer qu'elle méritait, le contraire de Wilson, Wilson le savait. Redoutant la réaction du colonel il recourait à mes bons offices, j'avais du prestige, je jouissais de la confiance du couple. J'acceptai de m'en charger, un ami c'est pour les occasions difficiles, pour dénouer les nœuds de marin.

Au déjeuner – la nourriture sertanège à répéter et à en reprendre ! – seulement le colonel, dona Sofia et ladite Anita : plus courageuse que son amoureux, elle me glissait des regards complices. À la fin du repas j'annonçai au couple que j'avais à leur parler d'une affaire extrêmement sérieuse. *Extrêmement sérieuse ?* Devant ma confirmation le colonel donna l'ordre que l'on ouvre le salon, une vaste pièce avec un piano à queue, un Steinway, dans la famille personne n'en jouait, des meubles noirs, lourds, précieux, recouverts de housses de coton pour les protéger. Les salons de ces maisons riches n'étaient ouverts que dans les occasions solennelles, pour recevoir des visiteurs importants, pour traiter d'affaires exceptionnelles. Le salon du colonel Ramiro Bastos, dans *Gabriela*, n'est autre que celui du colonel Franklin, à la Lapinha.

Nous nous assîmes tous les trois, d'une voix grave j'annonçai : je suis venu vous demander en mariage votre nièce Anita, votre pupille.

Me sachant marié, bien que séparé, le colonel sursauta, dona Sofia resta sereine : *Hein ? En mariage ? Que voulez-vous dire, mon ami ?* Immédiatement j'expliquai afin de le rassurer : ce n'est pas pour moi, bien sûr, c'est pour un ami, il n'a pas le courage de venir en personne et m'a demandé de vous faire part de son désir d'être l'époux d'Anita. *Qui est cet individu ? Quelles garanties présente-t-il ? Pouvons-nous être assurés qu'il rendra Anita heureuse et a-t-il les moyens d'entretenir une famille ? Pour ma pupille je ne veux pas de n'importe qui.*

Je dis que le prétendant, fils de parents riches, ne possédait en propre que son travail dans un journal. *Journaliste ?* le colonel fit la grimace, dona Sofia ne bronchait pas. Écoutez,

Colonel, je ne veux pas vous tromper, vous mentir au sujet du garçon parce qu'il est mon ami, ce n'est pas vraiment la perfection, du moins pour ce qui touche à la moralité. Je m'amusai en traçant un tableau négatif, bien que véridique des habitudes du prétendant : bohème, c'était un terrible noctambule, passionné des cartes, il pariait inconsidérément sur une paire de huit au poker, de fréquentes histoires avec des femmes de déplorable condition, il buvait, ayant été intégraliste il avait tourné casaque pour la gauche, il ne voulait d'autre profession qu'écrire, il avait déjà publié un livre et menaçait de réitérer, comme parti je reconnaissais que ce n'était pas l'idéal. Le visage du colonel s'était assombri : *dites-moi le nom de cet audacieux !* Il va donner des ordres à l'exécuteur, pensai-je en riant à part moi.

– Le prévenu s'appelle Wilson Lins, c'est votre fils.

En apparence le colonel ne se troubla pas, il resta muet quelques instants, le regard perdu, pesant sans doute les conséquences, était en jeu le bonheur de son fils et de sa nièce bien-aimés, il dut conclure que ce mariage pouvait représenter le salut de Wilson. Il se tourna alors vers dona Sofia : *tu savais quelque chose ?* Elle avoua quelle s'en doutait. *Et Anita, qu'est-ce qu'elle en pense ?* Il se leva, c'était un géant, il alla jusqu'à la porte de communication, la main sur la poignée de fer forgé, il ouvrit la porte d'un coup brusque en appelant : *Anita, viens là, Anita.* L'oreille collée à la serrure, Anita fut projetée dans la salle :

– Parrain m'a appelée ?

Je suis bon marieur, je ne connais pas de couple plus heureux, j'en connais quelques rares qui le valent en compréhension et en amour, le nôtre à Zélia et à moi, par exemple.

Frontière Portugal & Espagne, 1976 – différences

Nous allons vers l'Espagne sous le soleil d'été, toute la famille. Nous commentons les différences de caractère et de mœurs entre les deux peuples de la péninsule, la mélancolie portugaise, le dramatisme espagnol.

Nous lisons sur les murs des slogans encore nombreux, restes de tous ceux dont la liberté a couvert les murs des villes et des campagnes après la Révolution des Œillets. *Le soleil brillera pour tous*, avait écrit l'anarchiste, quelqu'un, sceptique, a griffonné en dessous : *Et les jours de pluie ?* Nous rions, la polémique est courtoise : adorables gens, les gens lusitaniens.

Nous passons la frontière et aussitôt, dans un village, la déclaration occupe tout le mur d'un terrain planté de légumes : *je te hais, je te hais et je te hais !* À qui peut être dédiée une telle haine, répétée trois fois avec un point d'exclamation ? Nous sommes en Espagne, la violence et la vengeance remplacent la courtoisie : dans les slogans les différences de caractère et de mœurs.

Londres, 1969 –
le carnet de croquis

Quand Norma est morte, en 1968, nous étions à Londres – Nancy, Carybé, Zélia et moi –, nous habitions chez Zora et Antônio Olinto.

Lorsqu'il reçut la nouvelle, Carybé alla à la papeterie en face, il acheta un carnet à dessin, un assortiment de crayons, il se mit à dessiner page par page jusqu'à la dernière, plus de cent dessins, des scènes de Bahia, des scènes de Londres, dans le silence du salon l'absence de l'amie, celle qui ne pouvait se comparer à aucune autre. Carybé signa et data chacun des dessins, il mit le cahier dans une enveloppe molletonnée, alla à la poste, envoya le paquet à Mirabeau qui souffrait à cette heure les peines de l'enfer, orphelin de Norma, épouse, mère et compagne.

Des années passèrent, un jour Mirabeau échangea quatre ou cinq dessins du cahier contre une table et des chaises hollandaises découvertes à la Galerie Renot. À la Galerie Renot, selon Odorico Tavares, on pouvait trouver et acquérir n'importe quoi : outre de l'art bahianais, des antiquités, des pots de caviar russe, des vins français, tout ce que l'on cherchait y compris des modèles pour peintres (ou amateurs), des mulâtresses authentiques, Di Cavalcanti se fournissait là quand il était dans la ville. L'affaire faite, Renot mit les dessins dans des passe-partout, les encadra et les exposa pour les vendre. Carybé, en les voyant au mur de la galerie, s'adressa au propriétaire :

– Ces dessins, Renot, qu'est-ce que ça veut dire ?

– Ils sont de vous, j'ai réussi à les avoir, ils m'ont coûté cher.

– De moi ? Erreur. Ils ne sont pas du tout de moi.

– Comment, ils ne sont pas de vous ? Je les ai échangés avec Mirabeau contre…

– Avec Mirabeau ? Tout s'explique, ce sont des dessins de lui, comme vous savez Mirabeau dessine très bien et imite ma signature à la perfection. Seulement ils ne sont pas de moi, ne les mettez pas en vente comme étant mon œuvre, je serais obligé de dénoncer la fraude.

Saisi d'indignation, Renot partit chez Mirabeau en prenant le ciel à témoin. Il arriva en criant, parlant de vol, Mirabeau le mit à la porte :

– Hors d'ici, vite, avant que je vous tire dessus, fils de pute. M'appeler voleur ! Voleur, c'est la pute qui vous a fait !

Sur le pas de la porte, riant à mourir, Carybé : *qui t'a autorisé à négocier mes dessins ?*

Bahia, 1964 –
la pazza

Marqué physiquement par l'âge, le pas vacillant, le dos courbé, Ungaretti [1] conserve la verdeur de la jeunesse, il pénètre dans la salle au bras de son amie, étudiante de littérature à peine sortie de l'adolescence. Avec le maître et sa disciple voyage la grand-mère de la jeune fille – pour protéger sa virginité ? Apparemment la précaution est nécessaire, en état de poésie Ungaretti virevolte autour de la jeune fille, main baladeuse et galanterie, on dirait des personnages d'un conte de Boccace, la Renaissance italienne dans la ville métisse de Bahia, pourquoi est-ce que je pense à Botticelli ?

1. Giuseppe Ungaretti (1888/1970), poète italien.

Mes relations d'amitié avec Ungaretti viennent du temps de sa chaire au Brésil, avant les années 40, il avait suivi avec intérêt la littérature brésilienne, avait stimulé le roman des années 30, de retour en Europe il n'oublia pas l'expérience des tropiques.

Je conduis le poète, la muse et la grand-mère déjeuner au Marché Modèle, l'ancien, celui qui a pris feu. Ungaretti se régale : la brise de la mer, la vue des saveiros – des pêcheurs –, les petits crabes à l'huile de palme, le poivre odorant, le bouillon de pétoncles, aphrodisiaque dit-on, je le lui dis. Il rit de son rire de la Méditerranée, de la Renaissance, de luxurieux : *c'est ce dont j'ai besoin,* me répond-il. Il montre l'étudiante, le vent agite ses cheveux, soulève sa jupe légère, montre sur le quai les cuisses de la ragazza. Ungaretti m'explique l'histoire : *elle est* pazza – elle est folle –, *tant de beaux gaillards au monde, et la* pazza *les dédaigne pour un vieux barde.* Je me demande si c'est de la folie ou de la sagesse, l'Italo-pauliste s'abandonne au charme du poète célébrissime, l'artifice de la poésie la fascine plus que les biceps, il n'y a pas de robustesse de jeune premier qui se compare à la langue de miel et de feu d'un barde de la Renaissance, à la main qui dessine des arabesques sur la croupe de la *pazza.* L'huile de palme coule des lèvres de la grand-mère, un saveiro sous le soleil croise le Fort de la Mer.

Bahia, 1991 –
orgueil

Il m'arrive de me vanter de tel ou tel trait brésilien, je cherche une raison, le premier motif venu pour répéter le titre du livre du comte Afonso Celso, *Porque me ufano de meu pais*[1]. Mon *me-ufanismo,* pauvre de lui, aujourd'hui est en baisse, non seulement oublié mais tourné en ridicule tant la réalité qui s'offre à nous est triste, la misère, la faim et la violence qui s'ensuit, les assassinats quotidiens d'enfants, la destruction de la nature, les épidémies – arrêtons là, l'énumération est tragique et sans fin.

1. « Pourquoi je suis fier de mon pays » *(N.d.T.).*

Aussi est-il bon de rappeler ce qui, ici ou là, nous donne des raisons de fierté, il en existe beaucoup, cachées sous l'accumulation des maux. Je prendrai un exemple à la télévision, on dit pis que pendre de la télévision brésilienne, eh bien le même jour j'assiste aux émissions de Chico Anísio et de Jô Soares, et je me gonfle de fierté patriotique. Je ne connais aucune télévision au monde, que ce soient les chaînes les plus cultes d'Europe ou les plus riches des États-Unis, qui possède des créateurs aussi imaginatifs et inventifs que les deux humoristes brésiliens, véritablement des maîtres.

Jô Soares, Chico Anísio, uniques, ne ressemblent à personne nulle part, ils n'imitent pas, ne copient pas, ce sont des créateurs originaux, chacun dans son style propre, ils sont brésiliens, et pas un décalque des gringos. Chico et Jô, chacun a donné naissance à la population d'un microcosme, ils ont représenté l'unité et la multiplicité du Brésil, dans ses déficiences et dans ses réussites, dans son intelligence et dans son analphabétisme, dans sa rouerie et dans sa naïveté, dans tout ce qui existe de meilleur et dans ce qui existe de petit et de mesquin.

Je pourrais remplir des pages à citer des noms de personnages, à décrire des types : les tics, les manières de parler, les singularités des silhouettes et du caractère, les habitants, nombreux, de *Chico City* ou de *Viva o Gordo* sont notre peuple. Les deux maîtres humoristes débordent de talent, de compréhension et de solidarité, je me sens fier, je respire l'intelligence et la confiance, je suis compatriote de Chico et de Jô, je peux oublier ce qu'il y a de pourri et de sale.

Lisbonne, 1987 –
l'homme et le robot

Intellectuel, homme politique à la pensée si dogmatique, pris dans les mailles de l'idéologie, retranché dans la fidélité (lire l'obstination), dans l'irréductibilité (lire l'attachement au pouvoir), Álvaro Cunhal, communiste historique, inamovible, a toujours été reconnu par ses adversaires, même les plus farouches, pour ses qualités positives : courage, honnêteté, intelligence, fermeté. Ce qui dépeint bien le citoyen.

De la personne humaine revêtue de l'uniforme de secrétaire général, on sait pourtant peu, un communiste n'a pas de vie privée : une des lois stupides qui fait d'un être de chair et de sang un robot d'acier – comme vous le savez, staline veut dire acier.

À l'occasion des célébrations du centenaire du père d'Álvaro Cunhal, l'avocat, homme de lettres et peintre Avelino Cunhal, je lis dans le *Jornal de Letras* de Zé Carlos de Vasconcelos, une page du fils, dirigeant communiste, sur son père bourgeois et j'ai une agréable surprise : le petit texte n'est petit que par la taille, c'est un grand texte, beau et émouvant, d'une dignité exemplaire. Álvaro Cunhal parle de son père avec reconnaissance et nostalgie, il loue sa condition d'homme libre, sa générosité, son honnêteté, son indépendance, *traits fondamentaux de sa pensée, de son caractère, de son comportement*, mais il ne se contente pas de louer le citoyen, il l'évoque avec tendresse et amour filial, dit *le bonheur d'avoir eu un père tel que lui*. Surpris je me réjouis, je cours lire le texte à Zélia. Je me rappelle le jeune révolutionnaire portugais, échappé de prison, avec lequel j'ai parlé une seule fois, à Paris, à l'hôtel Saint-Michel, en 1948. Plus tard je connaîtrai le sectaire, j'avais seulement rencontré le dogmatique.

Je savais que l'amour est plus fort que la mort, je l'ai appris en racontant l'histoire de dona Flor et de ses deux maris. Le texte du camarade brusquement descendu de son piédestal m'enseigna que l'amour est également plus fort que les petitesses de la vie, il fait éclore la rose sur une terre inculte, jaillir la source dans le désert.

Dépouillé de son uniforme et de son intransigeance, libéré de l'imposture et des faux-semblants, le secrétaire général se détache de sa statue, cesse d'apparaître comme un insensible robot du Parti, fils-de-la-secte, c'est à nouveau un être humain, de chair et de sang, fils d'un père et d'une mère.

Rio de Janeiro, 1934 –
Érico

L'industrie éditoriale moderne commença à exister au Brésil avec Monteiro Lobato, comme on le sait, dans les années 20. À ses côtés dès le début, Othales Marcondes[1] mena à bien les projets de Lobato, il fonda l'Editora Nacional, aussi importante pour les livres et la littérature que les Éditions José Olympio. Personnalité séduisante, José Olympio reste un symbole et une référence, mais Othales, discret, peu expansif, n'est pas moins important.

Collectionneur de meubles anciens, réservé mais cordial et généreux, il savait s'entourer de collaborateurs de grande qualité, tels que Fernando de Azevedo et Anísio Teixeira – avec Anísio il fut d'une solidarité à toute épreuve dans les tribulations de décembre 1935. Dans les années 30, les relations publiques de la Nacional étaient entre les mains de Moacyr Deabreu, auteur d'un seul livre mais personnalité du monde littéraire. Je pense que c'est Moacyr qui inventa le prix créé en 1934 par Othales pour des romans brésiliens inédits, le livre primé serait édité par la Nacional. L'organisation du prix fut confiée au *Boletim de Ariel*, la revue de Gastão Cruls et d'Agripino Grieco.

Littérateur fanatique, je ne décollais pas de la rédaction du *Boletim*, collaborateur permanent, ami avec les directeurs, au courant de ce qui se passait, je savais tout du prix. Je savais quels étaient les candidats qui avaient des possibilités de l'emporter et comment se répartissaient les voix du jury composé de personnalités éminentes : Gastão Cruls, Monteiro Lobato, Gilberto Amado, Agripino Grieco – Moacyr Deabru représentait la maison d'édition. Gastão votait pour *Marafa* de Marques Rebelo, Grieco préférait *Totônio Pacheco* de João Alphonsus Monteiro Lobato soutenait *Música ao longe* d'Érico Veríssimo

Je mis Érico au courant de la situation, en ce temps nous nous écrivions chaque semaine, je vais t'obtenir la voix de Gilberto, la réponse ne tarda pas. Érico me faisait savoir que parmi les manuscrits envoyés au jury, il y avait un roman intitulé *Os Ratos*[2], l'auteur était un médecin gaucho qui se trouvait

1. Othales Marcondes Ferreira, éditeur.

2. Publié en français sous le titre *L'argent du laitier*, Éditions Maurice Nadeau, 1983.

d'ailleurs à ce moment-là en prison, accusé de communisme – si je pouvais faire quelque chose auprès de Gilberto, que je le fasse en faveur de Dyonélio Machado, c'était le nom de l'écrivain. De l'avis d'Érico, qui connaissait le manuscrit, le roman de l'inconnu était un chef-d'œuvre.

La lettre éveilla mon intérêt pour le livre et pour l'auteur : communiste et en prison, des lettres de noblesse. À la rédaction du *Boletim* les manuscrits destinés à Gastão Cruls et à Grieco étaient rangés dans une armoire, je cherchai *Os Ratos,* le trouvai, je m'assis dans un coin, je dévorai le roman. Je fus enthousiasmé. Connaissant les votes déjà envoyés et sachant aussi que Moacyr ne pensait pas s'en mêler, simplement approuver ce qui serait décidé, je téléphonai à Gilberto, j'allai le voir. Nous étions cousins et avions de bonnes relations, Gilberto se disait reconnaissant envers mon père qui l'avait aidé à faire ses études de droit.

Je lui demandai s'il avait déjà lu tous les livres présentés et s'il avait un candidat. Il n'en avait lu aucun, ne pensait pas en lire, me déclara-t-il, les manuscrits étaient là, intacts, il n'avait pas de temps à perdre, il voterait comme Gastão Cruls, il se fiait à son choix. Je lui parlai alors de la lettre d'Érico. Bien qu'il fût lui-même dans la course il recommandait un inconnu, ce qui m'avait incité à le lire : un fichu roman, une nouveauté en matière de fiction brésilienne. Je réussis à intéresser Gilberto : *vois si tu le découvres* – il désigna le monceau de manuscrits à côté, sur un rayonnage –, *si tu le trouves donne-le-moi, je vais le lire, si je pense qu'Érico et toi avez raison il se peut que je vote pour lui*. Le lendemain il me téléphona : *un livre extraordinaire, très mal écrit mais quel roman ! Je vote pour lui.*

Le prix de l'Editora Nacional fut partagé entre quatre livres, Othales fut d'accord pour éditer les quatre, les quatre eurent du succès mais c'est le roman de Dyonélio qui fit sensation. Je raconte cette histoire pour qu'on sache comment était Érico Veríssimo, des confrères comme lui, le moule s'en est perdu, on n'en fait plus aujourd'hui.

Bahia, 1985 –
Julio

Thomas Borge[1] m'écrit de Managua, il me demande un texte sur Julio Cortázar pour un livre consacré à l'écrivain argentin, *Nosotros te queremos, Julio*[2], il me presse. Je me mets avec plaisir à ma machine, j'ai pour celui sur qui j'écris une admiration de confrère, une estime de compagnon.

Où et comment j'ai connu Julio Cortázar[3], je ne me rappelle pas, je sais, ça oui, notre sympathie mutuelle et un certain nombre de prouesses que nous avons réalisées ensemble. La dernière, ce fut une émission de télévision, en Allemagne, dénonçant les régimes militaires dans nos patries d'Amérique latine, la domination de la torture, de l'horreur et de la honte en Argentine et au Brésil. Dans son appartement de Paris nous avons réglé nos montres à l'heure du combat contre la dictature. Pendant un temps il fut marié avec notre amie Ugné Karvelis. Parlant de Julio, Zélia avait l'habitude de dire que dans l'univers de la littérature il n'existait pas de figure plus belle et plus attachante, Julio souffrait d'une maladie étrange, il ne vieillissait pas petit à petit comme tout le monde, à soixante ans il semblait en avoir à peine trente. Auteur d'une œuvre littéraire qui atteignit les lecteurs du monde entier, citoyen militant et solidaire, la lutte fut son pain quotidien. Je parlai de littérature et de lutte dans le texte que j'écrivis et que j'envoyai à Borge.

Poète et ministre du gouvernement sandiniste, Borge m'en accuse réception, il m'informe que l'édition est un peu retardée. Il est naturel qu'il en soit ainsi, s'agissant d'un projet de poètes. Je crains pour l'avenir du gouvernement sandiniste, tant il compte de poètes, la première dame du pays, Rosario Murilo, est un poète de qualité, elle a publié des recueils de poèmes, le sectarisme ne parvient pas à éliminer l'émotion, son mari, Daniel Ortega, le président, commet également des vers, je ne saurais dire s'ils sont bons ou mauvais, je n'ai pas eu l'occasion de les lire. Bon poète est Cardenal, un autre ministre, de la Culture je crois, prêtre de la théologie de la libération, « prêtre pastèque » pour reprendre l'expression d'Ibrahim Sued, elle

1. Thomas Borge, homme politique et écrivain du Nicaragua.
2. « Nous t'aimons, Julio ».
3. Julio Cortázar (1914/1984), écrivain argentin.

n'est pas totalement injuste : la soutane du Christ, le béret prolétarien de Lénine. Membre du jury du prix international Pablo Neruda – le prix a disparu avec l'Union soviétique –, je lui ai donné ma voix avec plaisir, je suis lecteur du poète Cardenal.

Le temps passe, je reçois la visite d'un ami de São Paulo, Gilberto Mansur, directeur de la revue *Status* : collaborateur ancien, je n'ai pas l'article qu'il réclame pour le numéro anniversaire et je n'ai pas le temps de l'écrire. Gilberto va et vient dans la maison, ouvre les tiroirs, fouille les papiers, tombe sur une copie de l'article sur Cortázar. Il appartient aux sandinistes, lui dis-je, il hausse les épaules, ne veut rien savoir et l'emporte avec lui, c'est ce qu'il lui faut pour le numéro spécial.

Dans la revue j'admire la belle présentation du texte : une photo sur une page entière du plus bel écrivain du monde, opinion d'Anny-Claude[1], Misette n'est pas d'accord, pour elle le plus beau est Jorge Semprun. Pour Zélia aucun ne peut se comparer à Paul Éluard, lui était vraiment beau, chacun son goût, quant à moi je suis dans le peloton des plus laids et des moins élégants, je cumule. Je relis ce que j'ai écrit, je pense avoir rendu justice à l'écrivain et au combattant, je sais que Julio est hospitalisé, je mets la revue dans une enveloppe, j'expédie l'enveloppe à Paris, j'explique que j'ai écrit l'article pour le livre du Nicaragua. Sans tarder je reçois une lettre de Julio, il a aimé le texte, il me remercie, il parle du Nicaragua et de l'amitié.

Quatre jours après la joie de la lettre je lis dans les journaux l'annonce de la mort de Julio. *Nosotros te queremos, Julio,* le livre organisé par les sandinistes pour rendre hommage à l'écrivain argentin fut publié quelques mois plus tard : couronne des fleurs du regret et de l'amour à la mémoire du plus beau et du plus attachant, du plus solidaire écrivain de notre continent latino-américain, le soleil s'éteint sur le Rio Vermelho.

Ah, mon attachement aux vieilles choses, je subis des critiques, des récriminations. Zélia vient de me dire : il est temps de jeter cette paire de sandales à la poubelle, elles sont laides et

1. Anny-Claude Basset, hôtesse de l'air et écologiste.

abîmées, elles te gênent pour marcher. *C'est vrai, je le reconnais, mais elles sont si commodes, des sandales neuves sont inconfortables, elles serrent les doigts de pied, entrent mal et, de plus, cette paire est un cadeau de Misette qui les a rapportées de Cabo Frio ou était-ce d'Angra dos Reis ? Je ne parviens pas à ébranler Zélia mais je biaise, je donne le change, je conserve les sandales.*

J'ai des chemises que j'ai achetées en Inde en 57, je ne les mets plus car j'ai grossi et je n'entre plus dedans, cependant je les garde, peut-être un jour je maigrirai, bien que ce soit douteux. Je porte rarement une cravate, en revanche on m'en donne beaucoup, la plupart d'entre elles je ne les ai jamais utilisées, je les laisse de côté, mais quand je suis obligé d'en mettre une je choisis toujours les mêmes, cinq ou six que je trouve jolies, elles vont avec n'importe quel costume je pense, je me trompe, je suis le contraire de l'élégance. Il se trouve même une journaliste à Brasília qui se scandalise de mes cravates, elle crie publiquement son horreur, je la tiens en haute estime. Si incroyable que cela paraisse je possède une cravate – je la trouve belle, je suis le seul – que j'ai achetée quand le navire Atlantique *est venu pour la première fois à Rio en 1930, il y eut une visite à bord, on pouvait faire des achats aux boutiques, en la circonstance j'ai compté mes sous et je l'ai incorporée à mon patrimoine, dont elle n'est pas sortie.*

J'ai des centaines d'objets inutiles, ils ne me servent à rien, je ne peux pas vivre sans eux. Mon père, un démocrate, ne critiquait jamais les habitudes d'autrui, parfois il ne se contenait plus, il commentait pour Lalu :

– Je n'ai jamais vu personne dépenser autant d'argent en choses inutiles que Jorge. Il n'a pas hérité de moi, ni de toi, c'est drôle, je pense qu'il a hérité d'Álvaro qui lui aussi est gaspilleur. J'espère qu'il ne va pas se mettre à troquer les parapluies.

Il faisait allusion à mon oncle Álvaro Amado, son frère cadet, pauvre et dissipateur, joueur de poker, tricheur, un héros à imiter. Gaspilleur sans doute, il me donnait des billets d'un mil-réis, oncle Firmo[1] *n'allait pas au-delà d'un cruzado, oncle Fortunato*[2]*, autre personnage singulier, d'un sou percé, tous les trois m'ont enseigné l'intrépidité, l'inconséquence, l'inventivité – colonels du cacao dans les risques de la vie et de la mort. Mon oncle Álvaro*

1. Firmo Ferreira Leal (1885/1964), frère de Lalu.
2. Fortunato Ferreira Leal (1880/1937), frère aîné de Lalu.

avait des habitudes qui m'éblouissaient, celle du parapluie rapportée par mon père était l'une d'elles, je le voyais sortir avec un vieux parapluie, j'attendais de le voir revenir, le sourire au coin des lèvres, un parapluie flambant neuf accroché au bras. Les jours de pluie l'opération se répétait : oncle Álvaro partait emportant l'objet hors d'usage, où qu'il aille – bar, restaurant, maison d'amis, maison de putes – il le mettait au portemanteau, lorsqu'il se retirait il le laissait là, il choisissait en échange celui de meilleure qualité et le moins usé. Tiendrais-je de lui, comme le redoutait le colonel João Amado ?

Mon oncle Álvaro, une si grande figure, le plus fascinant personnage de mon enfance, je n'ai jamais osé en faire le héros principal d'un roman. Lorsqu'il apparaît c'est toujours au deuxième plan : il ne s'affichait pas, il agissait dans la discrétion. Il aimait les vieilles choses, ses costumes duraient une éternité, je tiens de lui.

Rio de Janeiro, 1991 –
costume d'académicien

Je revêts mon costume d'académicien, il y a longtemps qu'il ne ferme plus, quand j'ai été élu[1] j'étais un svelte homme de lettres, mon ventre pointait à peine, aujourd'hui, trente ans après, c'est cette panse, je porte mon costume comme si c'était un frac, ainsi faisaient Joaquim Nabuco et Alceu de Amoroso Lima, ainsi fait Barbosa Lima Sobrinho, insignes exemples.

Combien de temps y a-t-il que je ne l'ai pas mis ? Il m'a servi lorsque j'ai fait partie de la suite de Sarney en visite au Portugal[2] : Fernando Santana, João Condé, plus une douzaine d'académiciens, dans de ridicules habits de location, moi me pavanant dans mon costume académique, il a fini par être de quelque utilité. À l'Académie il m'a rarement servi, peu enclin aux séances de gala je fuis les solennités, mal élevé je n'assiste pas à la réception de mes confrères. C'est la deuxième fois que

1. Élu en 1961.
2. Voyage au Portugal en 1986.

je l'endosse pour recevoir un confrère, la première ce fut pour souhaiter la bienvenue à Adonias Filho, amis d'enfance dans les plantations de cacao, dans les rues d'Ilhéus, adversaires politiques depuis notre jeunesse, lui intégraliste, moi communiste, fraternels la vie entière. De Dias Gomes je suis l'ami, ami avant de l'avoir connu car son frère Guilherme a été mon camarade à l'Académie des Rebelles, l'actuel académicien portait alors des culottes courtes. Cette fois je ne reçois pas un adversaire mais un coreligionaire de gauche, la lutte a fortifié encore notre amitié ; nous sommes compères, nous n'avons pas de préjugés : Zélia et moi, athées, avons baptisé la fille d'un autre athée.

Quand il m'a téléphoné en me demandant de le recevoir à l'Académie, je l'ai loyalement prévenu : tu commets une erreur, compère, je suis incapable de faire l'analyse que ton œuvre mérite et exige. Pourquoi ne demandes-tu pas à un pape de la critique littéraire – tu en as deux dans le petit groupe bahianais, Afrânio Coutinho et Eduardo Portella et, dans les rangs de la gauche, notre maître Antônio Houaiss qui par son savoir et ses vertus mériterait d'être bahianais. Il ne s'est pas rendu à mes arguments, j'ai dû revêtir mon costume et m'exécuter.

Ça m'a réjoui le cœur de faire l'éloge du dramaturge, celui de la scène et celui de la télévision, créateur de tant de personnages qui, réunis, constituent le peuple brésilien, de louer le citoyen dont la vie s'est passée dans la lutte pour une société meilleure, plus juste, plus digne, pour ce peuple dont il est en même temps fils et père. L'œuvre de Dias Gomes est l'une des rares qui se fonde dans la création anonyme de la population brésilienne. Zé do Burro n'est pas seulement un personnage de pièce de théâtre, de film de cinéma, c'est un symbole et une référence. Les héros de ses pièces ont cessé de lui appartenir, ses créations sont du domaine public, le bien de tous, notre patrimoine. Un écrivain ne peut désirer plus grande gloire.

J'ai souligné dans mon discours l'importance du dramaturge de télévision. Étant un de ses créateurs les plus grands et sans doute le plus populaire de tous, Alfredo est utile au peuple, source de son inspiration, avec la même loyauté et la même passion qu'il le sert dans ses pièces jouées dans les théâtres. Seulement avec la télévision il a touché un public immense, il a pu avoir une influence sur des millions de gens, il a élargi les frontières de son combat. Ses feuilletons de télévision ont apporté aux Brésiliens les heures de diversion si nécessaires, elle leur a fourni une matière vivante pour la réflexion et l'action. Je sais que parler de divertissement, à la TV ou ailleurs, est toucher à un tabou des intellectuels. Je ne peux oublier Oriana Fallaci, femme de lettres italienne, radicale brésilienne, sur la terrasse de l'hôtel cinq étoiles à Copacabana, indignée de voir le bon peuple aux bains de mer : des gens ignares se prélassant à la plage au lieu d'empoigner les armes de la guérilla. Mesquins et étroits, les papes de notre intelligentsia, ça ne leur paraît pas une punition suffisante, la vie misérable à laquelle est soumise la population brésilienne, ils veulent la priver du droit de se distraire, de se détendre, de rire : nos intellectuels ont horreur du peuple.

En rappelant qu'un journal portugais m'avait attribué la paternité d'un des feuilletons de télévision de Dias Gomes, *O Bem Amado,* je racontai à la tribune une histoire qui s'est passée à Lisbonne, le protagoniste en était João Ubaldo Ribeiro – j'en ai profité pour proposer la candidature à l'Académie de cet écrivain universel : également bahianais et également mon compère.

En compagnie de João Ubaldo, nous faisions des achats au Rocio, Zélia et moi. Dans la boutique l'une des vendeuses me reconnut, elles se mirent à chuchoter : le feuilleton tiré de *Gabriela* par Walter Georges Durst avait eu du succès au Portugal, aussi, fréquemment on m'en croyait l'auteur ainsi que de tous les autres, les vendeuses voulaient savoir si j'étais le type qui écrit les feuilletons de télévision. *C'est lui, oui, l'auteur des feuilletons, sauf que parfois au lieu de signer de son nom il prend le pseudonyme de Janette Clair.*

Janette Clair, elle aussi pionnière de la dramaturgie télévisuelle, la première épouse, mère des fils aînés d'Alfredo – la mère de ses filles, ma commère Bernadete, est rayonnante le jour de la réception de son mari à l'Académie. J'oubliais de dire que le nouvel académicien fut élu bien qu'il fût militant communiste, à la bonne heure ! comme on dit au Portugal. En le recevant je lui dis ashé, en langue noire de Bahia.

Zurich, 1948 –
rat de bibliothèque

À quatorze ans je lisais Vargas Vila, un écrivain vénézuélien, j'achetais ses livres à la Librairie Espagnole du Galicien Leon Santos, Don Paco, place de la Cathédrale. Qu'est devenu Vargas Vila ? Je ne trouve son nom ni dans le *Petit Larousse* ni dans le *Petit Robert.*

Plus tard à Rio, à dix-neuf ans, j'ai lu les romanciers révolutionnaires, je me suis reconnu en eux, j'ai décidé d'être un de plus à prêcher la juste cause. Le roman de Kurt Klaber, préfacé par Thomas Mann, *Passagers de troisième classe,* se proclamait *roman prolétarien.* Plus que la technique – il était rédigé tout en dialogues –, plus que la description du voyage de retour dans leur patrie d'émigrants allemands déçus par les États-Unis, la qualification me plut. *Cacao* porta en sous-titre *roman prolétarien.*

En Europe, en 1948, je cherche à m'informer du destin de l'écrivain allemand qui m'avait influencé, à Paris personne ne sait rien de lui, à Rome on ne connaît même pas son nom. À Zurich pourtant, un rat de bibliothèque, Madame Utzel, les cheveux en bataille, les mains tachées d'encre, me donne des nouvelles du disparu. Le romancier prolétarien, à l'arrivée au pouvoir des nazis, s'était réfugié en Suisse où il vivait.

Il continue à écrire ? ai-je voulu savoir. Il continuait, oui – Madame Utzel est une encyclopédie –, mais il avait changé de genre, tenez-vous bien pour ne pas tomber à la renverse : de romancier prolétarien il était devenu romancier pour jeunes filles, *Coleção das Moças, Bibliothèque Rose,* émule d'Ardel, de Delly, de Florence Barclay. J'ai du mal à le croire : est-ce vrai ou Gertrud se moque-t-elle de ma curiosité de Latino-Américain ? Rat de bibliothèque, ébouriffée, elle n'en est pas moins belle et insolente : *vous voulez d'autres informations ? Je suis ici pour vous servir* – la bouche malicieuse entrouverte.

Bahia, 1969 –
les cigales

Transmise par la télévision, l'annonce de la mort de Júlio de Mesquita Filho m'afflige et m'attriste, je sors marcher parmi les arbres du jardin, je m'assieds sur le banc d'azulejos sous les branches du manguier et je le revois grand et digne, conscient de son pouvoir et de ses responsabilités.

La présence de Julinho prouvait qu'était possible une convivence civilisée, démocratique, c'était la négation de l'idée si en vogue parmi ladite élite, selon laquelle un adversaire politique est un être à haïr et à réduire. Je pense aux relations que nous avons entretenues à partir des jours d'exil en Argentine, les différences n'ont pas créé de distances, les divergences ne se sont pas radicalisées en affrontements. Les cigales chantent en signe d'adieu, le soir tombe des arbres d'un coup, la nuit arrive et m'enveloppe.

Je télégraphie à l'*Estado de São Paulo : De Júlio de Mesquita Filho, on pouvait être en même temps l'adversaire et l'ami.*

Saint-Malo, 1989 –
dépêchez-vous

Dépêchez-vous, me dit le monsieur à la gare de Rennes quand, descendus du TGV qui nous avait amenés de Paris, nous cherchions le train pour Saint-Malo. D'après Zélia me recommander de me presser c'est commettre une erreur fatale, je crois qu'elle exagère mais qui suis-je pour discuter ?

J'avais promis à Auta Rosa, encore ravie de Porto Rico, de la mener voir le Mont-Saint-Michel et prier devant l'Enfant Jésus de Prague, ses deux aspirations majeures en matière de voyages, je parviens ainsi à les attirer en Europe, elle et Calá. *La France ne m'aime pas*, me déclare sérieusement Auta Rosa, pour le prouver elle me raconte la chute qu'elle a faite boulevard Saint-Germain et les deux tentatives ratées d'atteindre le monastère de Saint-Michel : la deuxième fois elle était à moins de trente kilomètres quand la voiture est tombée définitivement en panne.

Promesse faite, promesse en voie d'être tenue. Nous prenons tous les quatre le TGV en direction de Saint-Malo où Dodik et Gwen[1] nous attendront à la gare avec des réservations à l'hôtel et un programme d'excursions pour le week-end. À Rennes nous devons changer de train, *vous avez peu de temps pour prendre la correspondance,* dit le monsieur à qui je demande de nous indiquer le chemin, *dépêchez-vous**. Je me précipite avec sacs et valises pour garder des places, je descends des escaliers, je monte des escaliers, je trouve la rame de chemin de fer, je bloque quatre sièges, je retourne sur le quai pour attendre Zélia, Auta et Calá, je ne les aperçois pas, je cours les faire presser, je ne les vois pas, ils ne sont nulle part, je commence à m'inquiéter, le pessimisme d'Auta Rosa me gagne : ce ne sera pas encore cette fois que la reine d'Itapuan arrivera au Mont-Saint-Michel. Je vais jusqu'à la porte de la gare, pas l'ombre d'aucun des trois, je refais le chemin en sens inverse, j'affronte les escaliers, haletant j'arrive pour voir le train partir.

Je prends un taxi, ce sont soixante-dix kilomètres de route, le chauffeur ne m'assure pas d'arriver avant le train à Saint-Malo : *si c'est un omnibus* il y a trois arrêts entre Rennes et Saint-Malo, *c'est possible, s'il est direct nous n'y arriverons pas.* Il était direct, à la gare il n'y avait plus personne, j'ai réussi à récupérer la valise, les sacs et la casquette abandonnés sur les banquettes. Croulant sous la charge je demande à un taxi s'il sait où se trouve, intra-muros, l'atelier des Jegou, il le sait, Dodik et Gwen sont connus dans la région, il va me conduire. Il vient de m'annoncer que nous sommes tout près quand je vois et reconnais la façade de l'hôtel où nous étions descendus deux ans auparavant, Zélia et moi. Je dis au chauffeur de s'arrêter, je paie, je sors les sacs et la valise, je me présente à la réception, je demande les disparus. Oui, ils étaient à cet hôtel, les réservations avaient été faites par Dodik, l'employée appelle la chambre, Zélia répond, je récupère mon aimée, je retrouve mes amis, mon récit les fait rire, *dépêchez-vous.* Dans le train déjà, Calá s'était amusé comme un fou, il avait déclaré : *Raoni[2] a abandonné la tribu.* Qui veut voyager dans les rires et la bonne humeur doit voyager avec Calá.

1. Dodik et Gwen Jegou, céramiste et sculpteur
2. Raoni : chef indigène, très en vue à cette époque.

Dans cette aventure une chose reste mystérieuse : l'hôtel, proche de l'atelier de Dodik et de Gwen, n'était pas celui où nous avions logé dans notre voyage précédent, qui était, lui, de l'autre côté de la ville, *comment avais-je deviné qu'ils étaient là* ? Je discute, je ne veux pas admettre que ce n'est pas le même hôtel, on se moque de moi, mais devant le témoignage de Dodik je suis obligé de croire Zélia. Je refuse pourtant catégoriquement d'attribuer au hasard ma certitude. Le hasard, allons donc ! Une prémonition, ne cherchez pas à affaiblir ma position déjà passablement compromise.

Ce même jour Auta Rosa parcourut de bout en bout, de haut en bas et vice versa, le Mont-Saint-Michel, elle s'entretint avec l'Archange, vit le puits sans fond où le Démon fut précipité, elle reconnut avec le maire que c'était *la huitième merveille du monde.* Par gratitude elle m'aida à voler une serviette au restaurant.

À Prague, nous y sommes allés en voiture, João Jorge au volant, il n'y eut pas de changement de train (ou de pneu) ni de mésaventure. L'Enfant Jésus remercia Auta Rosa de sa visite, lui donna sa bénédiction, nous avons revu la Mala Strana, nous avons poussé jusqu'à Dobris, au Zamek nous nous sommes immergés dans le passé, j'ai pris la main de Zélia dans les allées du jardin, dans la salle de jeu nous avons retrouvé Drda, Jofika et Antonin Pelc[1], Marie Puimanova[2]. L'émotion a rendu le temps court, João Jorge dans l'avidité de recouvrer son enfance, Auta Rosa et Calá dans la fébrilité de la découverte, la fascination de la ville, je n'ai pas eu l'occasion de mettre à profit mes pouvoirs de devin. D'ailleurs, il ne faut pas abuser.

Dakar, 1979 –
île de Gorée

Xavier d'Orville[3] nous conduit à l'île de Gorée, la veille au dîner nous avions parlé avec Senghor du trafic d'esclaves, le nom de Senghor est une déformation du mot senhor, portugais.

1. Antonin Pelc, artiste plasticien tchèque, Jofika, sa femme.
2. Marie Puimanova, écrivain tchèque.
3. Xavier d'Orville, romancier martiniquais.

Paloma et Pedro sont avec nous, nous passons tous les quatre quelques jours à Dakar. La vision de la porte du jamais plus – celui qui sort par là ne reviendra pas – m'opprime, me serre la gorge. Brusquement la tragédie de l'esclavage, la cale des navires négriers, le voyage avec la mort vers les ports de l'ignominie se concrétise. Ce ne sont plus des pages d'Histoire, des récits, pas même le poème immortel de Castro Alves : les cris, les gémissements, les lamentations qui persistent ici, dans l'île de Gorée, résonnent à mes oreilles. La porte s'ouvre sur la mer Atlantique, sur la disgrâce.

Au bon temps des vols du Concorde, Rio-Dakar-Paris et retour, deux fois par semaine, moi qui ai horreur des voyages en avion je profitais de la vitesse supersonique, je prenais le Concorde à Rio, deux heures et demi de vol, et je descendais à Dakar, je passais là trois jours à flâner jusqu'au vol suivant, deux heures quarante Dakar-Paris, le temps de la peur se réduisait : je ne fais rien pendant le voyage, occupé à conduire l'avion, à le soutenir en l'air, à empêcher l'explosion, l'arrêt des moteurs, la chute. La ligne du Concorde pour le Brésil a été supprimée, je recommence à souffrir les onze heures de panique.

À Dakar, la poésie et la fête. Léopold Senghor est président de la République du Sénégal, il exerce la présidence comme il écrit de la poésie, avec grandeur : une seule démocratie en Afrique, le Sénégal, où coexistent en paix musulmans et catholiques, où existent plusieurs partis, où l'on procède à des élections. Nous allons dîner au Palais, nous parlons du monde et de la littérature, en matière de littérature Senghor et moi avons en commun trois prix, le Nonino, le Mont-Saint-Michel, le Cino del Duca et, puisque nous parlons de prix, il m'apprend qu'il a proposé mon nom pour le Nobel, la proposition vaut plus que le prix, je remercie.

À l'ambassade du Brésil, l'ambassadeur est João Cabral[1], nous passons la nuit à bavarder de littérature et de vie littéraire. Renato Denys succède à João Cabral, il organise une Semaine culturelle de Bahia, une cour de Noires voluptueuses l'entourent à la marine. Le matin au marché, les tentes colorées, le marchandage : *combien vous me donnez, toi** ? Je suis devenu si intime des gens du marché qu'un boutiquier m'a demandé de

1. João Cabral de Melo Neto, poète et diplomate.

le remplacer le temps qu'il aille encaisser une dette, j'en suis fier, rompu au cérémonial du marchandage j'ai vendu un bon prix deux boubous et un fez rouge.

Membre du jury du prix de la Mémoire donné chaque année par la fondation France Liberté, de Danielle Mitterrand, j'ai voté pour que le prix soit attribué à la fondation de l'île de Gorée, ne me sort pas de la mémoire la porte ouverte sur l'océan, fermée à la liberté, l'embarquement des esclaves, le navire négrier, Castro Alves me prête sa voix de feu : *Senhor Deus dos desgraçados / dizei-me vós, Senhor Deus / Se eu deliro… ou se é verdade / tanto horror perante os céus*[1]…

Paris, 1948 –
les imbéciles

Dans le cadre de la préparation du Congrès mondial des intellectuels pour la Paix[2], nous donnons une conférence de presse où nous expliquerons les raisons et les objectifs de l'événement. Présents sur l'estrade des responsables de l'organisation, parmi ceux dont je me souviens il y a Aragon, Renato Guttuso, Iwaszkiewicz, Pierre Gamara, d'autres personnalités, Ilya Ehrenbourg est venu spécialement de Moscou.

Des journalistes en grand nombre, nous délivrons notre message sur les thèmes du Congrès, nous en profitons pour attaquer l'impérialisme nord-américain, je parle de la situation du Brésil déjà difficile en ce temps-là. Les questions commencent, celles de la presse communiste sont complaisantes et respectueuses, mais voici que le correspondant de l'*Associated Press* s'adresse à Ehrenbourg, il annonce qu'il va lire et traduire un passage d'un article publié dans une gazette de Moscou, il la tient pliée en quatre, on ne peut pas voir de quel journal il s'agit. Le correspondant a été longtemps en poste en URSS, il lit en russe, traduit en français, il s'agit d'une affirmation littéraire, catégorique : l'auteur de l'article assure que le dramaturge

1. « Seigneur Dieu des disgraciés / dites-moi vous, Seigneur Dieu / Si je délire… ou si est véritable / tant d'horreur à la face des cieux… »
2. Wroclaw, Pologne, 1949.

Ostrovski[1] est le plus grand de son temps, à côté de lui Molière n'est qu'un pauvre diable :

– Que répondez-vous à ça, Monsieur Ehrenbourg ?

Monsieur Ehrenbourg regarde encore une fois le journal dans les mains du reporter, il répond :

– Nous, Soviétiques, nous proposons d'en finir avec les capitalistes, nous n'avons jamais dit que nous allions en finir avec les imbéciles.

La conférence de presse terminée, Ilya parle avec le représentant de l'*Associated Press,* il lit des morceaux de l'article chauvin. Nous partons ensemble, il me dit :

– Je voulais seulement voir le nom du journal, c'était la *Literatura Gazeta,* pas de problème, une opinion d'écrivain : si ç'avait été dans la *Pravda,* je serais foutu – *je serais foutu,* en français ça ne sonne pas mal.

Parmi les êtres que j'ai aimés profondément, auxquels je pense tous les jours et dont parfois je rêve la nuit, il y a des chats, des chiens, un perroquet et un oiseau sofrê.

Le couple de pugs venait d'Angleterre où je les avais acquis dans un chenil recommandé par Ovídio Melo[2]*, diplomate et peintre naïf qui joua un rôle décisif pour faire reconnaître le gouvernement communiste d'Angola – il remplissait des fonctions diplomatiques à Luanda lorsque survint l'Indépendance.*

Aussi bien le mâle que la femelle avaient des noms longs et compliqués qui rappelaient leurs ascendances nobles, leur pedigree. J'ai envoyé promener les parchemins, je les ai rebaptisés, j'ai appelé le mâle Mister Pickwick en l'honneur de Dickens, à la femelle j'ai donné le nom de Capitu en l'honneur de Machado de Assis, ses yeux n'étaient pas de ressac et son caractère n'était pas douteux, douceur dans ses yeux et fidélité totale à son compagnon d'expatriation. Pendant dix-neuf ans Picuco et Capita furent comme mon ombre, ils ne me lâchaient pas d'une semelle, couchés sur mes pantoufles lorsque j'étais à la maison, s'efforçant

1. Alexandre Nikolaïevitch Ostrovski (1823/1886), dramaturge russe.
2. Ovídio Melo, diplomate et peintre sous le nom de Juca.

d'accompagner mes pas si je sortais dans la rue, ils mouraient de tristesse lorsque nous voyagions. Nous avions beau faire, Zélia et moi, pour leur cacher nos plans de départ, ils les pressentaient, devenaient tristes. Les gens de la maison nous racontaient que des jours avant notre arrivée ils s'animaient, redevenaient joyeux, ils devinaient que sous peu nous serions de retour. Des amis plus loyaux, plus dévoués, où les trouver ?

Carybé qui possédait une chienne de race visla, de Moravie, élancée et primée, était mort de jalousie et disait des horreurs de mes Britanniques, il ne jurait que par sa Tchèque. Dans ses illustrations pour Le Chat et l'Hirondelle, *il reproduisit sa chienne et nos chiens, la chienne une princesse aux yeux bleus, les pugs une horreur, l'envie fait perdre la tête. Pire encore, il fit un tableau, une aquarelle, représentant Pickwick et Capitu, des dragons de l'âge des cavernes, des monstres, et inscrivit en dessous ce manifeste :* croisement de chauve-souris, de saucisse et de téléphone, *l'envie dégrade le caractère.*

Capitu mourut aussitôt après avoir célébré ses dix-neuf ans de Brésil, elle avait perdu sa classe britannique, était devenue bahianaise, elle roulait des hanches en marchant. Mister Pickwick se maintint quelques mois de plus, il resta mister, lord anglais jusqu'à sa mort. Ils eurent une nombreuse et brillante descendance, leurs enfants et petits-enfants gagnèrent des concours, Zélia échangea l'un d'eux contre une toile de Di Cavalcanti, le peintre donna le pug en cadeau d'anniversaire à Beril, son épouse anglaise, une lady. À la fin de sa vie Picuco, aveugle et sourd, remuait la queue de satisfaction lorsque je lui grattais le dos, il me savait près de lui : glouton, il conservait le plaisir de manger, je prenais ce prétexte pour ne pas le faire sacrifier comme on me le conseillait. J'étais en voyage quand il est mort, il m'a été épargné d'assister à sa fin. Je rêve de lui et de Capitu des nuits d'affilée : ils sont couchés sur mes pantoufles, Picuco me griffe les jambes, me demande de le prendre sur mes genoux, il se blottit contre moi dans le fauteuil-du-papy, s'endort, ronfle fort.

Lalu était fanatique de chats, elle en avait toujours un à ses côté, je suis comme elle, le chat est mon animal préféré, nous en avons eu quelques-uns, Zélia et moi, mémoires sacrées dans notre affection. Sacha, métisse de persan et de siamois, de caractère indomptable, de ruts impressionnants, fut enceinte jeune, à l'heure de mettre bas, tard dans la nuit, elle monta sur le lit, s'ins-

talla sur le ventre de Zélia, il n'y eut pas moyen de l'en retirer. Zélia finit par recouvrir ventre et lit de journaux et de plastiques, Sacha fit huit petits chats. Elle vouait à Zélia un amour exclusif, fait d'attachement et de jalousie, elle la suivait dans la maison comme un chien, Zélia la prenait sur ses genoux, parlait avec elle, lui posait des questions indiscrètes sur ses amoureux, une bande pressante de chats qui la courtisaient. Sacha répondait par des miaulements variés, Zélia domine l'idiome des félins. Le père de Sacha, un persan gigantesque, splendide, répondait au nom de Dona Flor, *le document du pedigree l'affirmait de sexe féminin. Lorsqu'il se révéla mâle et étalon, Zuca, le jardinier, se mit à le traiter de Dom Floro. Sa mère était Gabriela, siamoise veuve de Nacib, un de mes amis les plus fidèles.*

Nacib m'était aussi attaché que Sacha fut attachée à Zélia, les heures qu'il accordait à la fréquentation des humains, il les gardait toutes pour moi. Durant la période où je travaillais au roman de dona Flor, j'écrivais dans la galerie de la maison du Rio Vermelho, la machine et les papiers sur la table pliante, Nacib, lorsqu'il me voyait assis là, sautait sur la table, se couchait sur le manuscrit, m'assistait dans mon travail, les yeux mi-clos, ronronnant. Si le téléphone sonnait et que j'allais répondre, il ouvrait les yeux, attendait de voir si je reviendrais, si je m'en allais lui aussi s'en allait, considérant terminée l'écriture du roman. Il est mort étranglé par une arête de poisson, car si bien nourri qu'il fût il ne pouvait s'empêcher de fouiller dans les poubelles du voisinage. Sacha vécut près de vingt ans, pour un félin l'âge de Mathusalem, elle avait un ramassis d'amants qui la suivaient avec passion, elle les traitait à coups de griffes, elle était de caractère violent. Un jour nous avons ramené d'Angleterre un couple de chats de l'île de Man – ils avancent en sautant comme des lapins –, nous étions obsédés par les nouveaux habitants de la maison, ils nous prenaient tout notre temps, Sacha était malade de jalousie en voyant Zélia s'occuper des étrangers avec une sollicitude maternelle. Un jour, après l'avoir caressé, Zélia posa le mâle par terre à côté de la piscine, Sacha en rage sauta sur lui, d'un coup de dents elle lui brisa l'épine dorsale, le laissa mort, elle regarda Zélia, poussa un grand miaulement et s'enfuit sur les toits. Moins de vingt-quatre heures après le premier assassinat elle commit le second, elle tua la femelle. J'avais peur que, par jalousie de Zélia, elle ne m'attaque, mais apparemment elle m'accordait quelques droits.

Nous avons eu deux seriemas *apprivoisées qui répondaient à notre appel, l'une dans le clos de São João de Meriti, le Peji d'Oshóssi, l'autre dans la maison du Rio Vermelho. Zélia l'appelait Siri, elle l'accompagnait dans sa promenade entre les arbres. Pendant des années un crapaud-buffle habita dans le jardin où il y avait une réserve d'eau, sa demeure. Il venait dans la galerie nous rendre visite, Zélia lui grattait le dos, il enflait, il doublait de volume.*

Au Peji d'Oshóssi nous avions entrepris de faire un élevage d'oiseaux domestiques nombreux et variés, et surtout antiéconomique, nous faisions ça pour notre plaisir, ça nous coûtait de l'argent, prenait notre temps, c'était une fête. La chienne Ventania, un boxer remuant et tendre, adorait rester dans la salle, Zélia, soucieuse du bon ordre de la maison, interdisait l'entrée à la chienne qui se faufilait et se cachait de toute sa masse derrière moi sur le canapé. Quand nous avons laissé la propriété et sommes partis pour l'Europe, elle s'est abandonnée à la tristesse, suicidaire elle s'est mise à refuser de manger, elle est morte de regrets, Ventania.

Il y avait un couple de canards de Rouen, ravissants, l'un était à Zélia, l'autre à moi, les Frères Karamazov, obsédés sexuels ils aimaient les canes bien plus grandes qu'eux. Toujours ensemble, inséparables, lorsqu'ils voyaient une cane facile ils attaquaient, à eux deux ils la maîtrisaient, tandis que l'un la maintenait, l'autre s'activait. Je ne sais trop pourquoi le mien était toujours le premier, ce qui faisait rager Zélia, l'humiliait.

Hugo del Carril, devant partir en voyage, nous demanda de garder quelques jours son oiseau sofrê, il l'avait acheté à Copacabana, il l'avait payé cher, l'oiseau valait les pesos qu'il lui avait coûté, il était beau et tranquille, il vivait en liberté, il se posait sur mon doigt, sur la tête de Neruda, picotait la main de Simone de Beauvoir, accompagnait la musique de João Gilberto. Il s'envolait par la fenêtre en de longues promenades dans le ciel de Copacabana, il revenait toujours, il dormait dans la jardinière plantée de crotons et d'anthuriums. Après des mois Hugo envoya quelqu'un pour le reprendre, l'oiseau faisait partie de la maison, nous ne l'avons pas rendu : il s'était enfui, ai-je menti en m'excusant. Il déménagea avec nous à Bahia, il avait sa volière toujours ouverte, il vit le jardin grandir, devenir forêt tropicale, il a vécu plus de vingt ans, il sifflait la bossa nova.

Perroquet vert, rouge et jaune, Floro habita en ma compa-

gnie pendant plus de trente ans, c'était sans doute une femelle car il m'aimait d'un amour profond et possessif, il détestait les gentilles dames qui venaient réchauffer mon lit. Quand Zélia s'installa dans l'appartement de l'avenue São João, Floro la poursuivait de pièce en pièce, cherchant à lui donner des coups de bec et à l'expulser. Il avançait d'un pas de vautour roublard, de marin ivre, mais il avançait vite, Zélia avait peur de lui, elle se réfugiait sur les chaises. Floro finit par accepter la présence chez moi de mon aimée mais jamais ne lui accorda la moindre faveur tandis que je pouvais faire avec lui – pardon, avec elle – ce que je voulais. Je le prenais dans ma main, mettais sa tête dans ma bouche, il adorait que je gratte ses plumes, il se mettait sur le dos pour que je cherche sur son ventre des puces inexistantes, des relations d'amants, les nôtres. Il n'allait dans sa cage que pour dormir, il passait la journée à tourner dans la maison, de doigt en doigt.

J'ai du sang de perroquet – avoir du sang de perroquet se dit à Bahia pour désigner les gens capables de s'entendre facilement avec l'oiseau national par excellence, héros de contes et de récits, roublard, malin. J'en ai possédé plusieurs : Titio et Titia, deux perroquets d'Amazonie, splendides, j'ai eu un maracanan qui parlait sans arrêt, mais vraiment mon ami, ç'a été Floro, il est mort très vieux, perclus de rhumatismes. Il arriva chez moi, venant d'une maison de femmes dans une rue borgne, ce qui peut-être explique nos affinités, il eut pour moi une tendresse de fille de joie.

Revenant de la fazenda pour prendre l'avion à Ilhéus, le colonel João Amado, en traversant la zone de prostitution de Pirangi, tomba sur le perroquet qui s'égosillait dans une cage suspendue à la fenêtre d'une pension de femmes. La voix nasillarde, glapissante, un phonographe intarissable, mots grossiers, chansons pornographiques, il récitait le menu du bordel, faisait la propagande des spécialités : Josefa suce le chichi, Terezinha donne le cul. *Le colonel était enchanté, voilà le cadeau idéal pour Jorge, il arrêta sa monture, entama les négociations, il voulait acheter l'oiseau-parleur. La petite-mère répondit que vendre sa bête chérie,* ça jamais, pour aucun argent, *mais quand le colonel tira de son portefeuille le billet de cinq cents, elle changea d'opinion :* mettez-en un autre par-dessus et emportez le pauvret. Comment s'appelle-t-il ? *voulut savoir mon père, la patronne répondit qu'il n'avait pas de nom, les sans-vergogne lui disaient* crapotte, minette, soixante-neuf, cul-de-fer. *À Rio, Lalu lui donna le nom de Floro, simple et décent.*

Présent du colonel, enchanté par les gros mots et les chansons paillardes, Floro vint vivre avec moi ma vie incertaine, je l'emmenai à São Paulo, nous avons été un couple heureux. Il apprit à parler de façon distinguée, se fit militant, il répétait des slogans politiques, Votez Fiuza ! À bas Dutra ! *il lançait des vivats à Prestes et au parti communiste, il remplaça les chansons pornos par des compositions électorales* : Aïe ! Maria, aïe ! Maria, allons voter / aïe ! allons voter / avec Prestes pour le parti communiste. *Au Peji d'Oshóssi il sifflait, appelant les chiens, gloussait, rassemblant les poules, il paraissait régénéré, il avait abandonné la canaillerie. Mais de temps en temps, en entendant certains mots – cabaret, par exemple –, tout son passé lui revenait : la mauvaise vie, le putier, les mots grossiers, les chansons obscènes* : ah, que ça sent le cul, ah, quelle belle odeur, jamais vu tant de culs, *sa langue grivoise se déliait :* la pacholle de Felipa est chouette / je m'en pourlèche, dans la remise j'me suis farci Laura, *il criait, appelant Betinha, Betinha ne répondait pas, Floro se fâchait :* tu es où, Betinha, pute de malheur ? *Un show, Marighela eut l'occasion de l'entendre, il était ravi. À Bahia, Floro accompagnait Carybé et João Ubaldo dans la mélodie de l'*herbe barbe-de-bouc, *à l'unisson.*

Après la mort de Capitu et de Pickwick j'ai décidé de ne plus avoir aucun animal en ma compagnie, quand l'un d'eux disparaissait ma souffrance était trop terrible, égale à celle que je ressens à la mort de l'ami le plus cher.

Rio de Janeiro, 1930 –
fiasco

J'ai fait fiasco non pas une fois, plusieurs fois, humiliation suprême. Il arrive que l'intensité du désir se mue en inhibition, presque toujours je me suis ressaisi à temps pour m'affirmer mâle étalon. D'autres fois pourtant, il n'y a pas eu moyen, j'ai subi la honte du pavillon en berne, flageolant, quand ce n'est pas descendu sur les burnes, inutile, incapable.

Il est un échec que je n'ai jamais oublié, résonne encore à mes oreilles la voix de l'infant réveillé dans son sommeil. J'avais connu Maria de Montevideo sur la plage de Copacabana, toujours là vers les neuf heures du matin, maillot pudique, à jupette, tenant par la main son fils de trois ans. Tandis que l'enfant allait et venait à proximité, creusait des tunnels dans le sable, Maria de Montevideo flirtait, elle n'avait pas d'autre heure pour la galanterie : son mari, représentant d'une firme de la République orientale, travaillait chez lui, il avait transformé le salon en bureau. Elle n'était pas de ces beauté fatales mais, mignonne et audacieuse, elle riait de ses blanches dents et fredonnait des tangos : *le tango est né en Uruguay, les Argentins nous l'ont volé*, elle donnait des détails.

Je m'allongeais à côté d'elle, il y avait des étreintes furtives quand l'enfant s'éloignait, de petits baisers, elle montrait sa langue de toutes les promesses, sauf qu'elle ne donnait pas de rendez-vous pour les épousailles. Elle avait peur de son mari, un puits de jalousie, il la menaçait de la cravache s'il la voyait sourire à des tiers. En plus de la cravache il avait un revolver à huit balles, c'était un gaucho champion de tir à la cible : *s'il se doute de quelque chose il nous tue, moi et* vos !

Un jour, enfin le jour était arrivé, elle me donna la bonne nouvelle : appelé par sa firme, l'Othello d'Uruguay s'embarquait dans l'après-midi pour Montevideo, elle l'accompagnerait au quai, pour plus de sûreté elle assisterait au départ du bateau, nous aurions deux semaines pour nous mettre à jour. Elle me donna son adresse, s'il n'y avait pas de contretemps elle m'attendrait à neuf heures du soir près de la porte juste jointe, je n'aurais qu'à la pousser. Que j'entre doucement pour ne pas réveiller le petit, il dormait dans la salle à manger.

Dans l'avenue Fon-Fon, une voie sans issue, la maison modeste, je touchai la porte de la main, elle s'ouvrit – le mari était parti, je respirai avec soulagement. J'étais roide de désir, je pénétrai dans le petit corridor, Maria de Montevideo me prit dans ses bras, je sentis son corps sous la chemise de nuit, nous avons échangé le premier baiser véritable. Dans ma hâte j'oubliai sa recommandation, je marchai fort, de la salle à manger vint la voix de l'enfant réveillé : *papa, papa*, répétait-il, j'étais glacé. Maria de Montevideo me poussa dans la chambre, elle alla dans la pièce voisine calmer son fils, les pleurs tristes de l'enfant avaient succédé à l'espoir de voir son père de retour. Maria de Montevideo tarda quelques minutes, elle chantait une berceuse en espagnol, une vieille chanson, la mélodie et les paroles étaient très belles, elle me réchauffa le cœur, me glaça définitivement l'engin.

Quand elle entra dans la chambre elle était nue, elle avait arraché la chemise de nuit, moi j'étais encore en veste et cravate, assis au bord du lit. Elle m'aida à retirer mes vêtements, elle était pressée, en me voyant tout nu elle chercha de la main le dieu-enfant, elle sursauta en constatant que c'était une chiffe molle. Expérimentée, elle eut recours aux suçons, ça n'avait jamais raté, ça rata.

Il n'y eut rien à faire, la fatalité le voulait, ni main de fée, ni langue de la Reine de Saba, rien n'y fit. Nuit de tourments, elle dans les transes qui se frottait, chatte en rut, elle me griffa, me mordit, me dévora : elle ne pouvait pas croire qu'un jeune homme si jeune reste insensible à sa faim – malgré tous ses efforts elle n'obtint pas de réponse. Elle se masturba devant le taré, j'en profitai pour m'habiller et m'en aller, elle gémissait tout bas quand je me suis enfui. Au son des pas l'enfant à nouveau se réveilla et appela : *papa, papa.* Je partis en courant.

Gamin de dix-huit ans, de la vigueur à revendre, je vivais le membre dur, j'ai fait fiasco, j'entends encore l'infant réclamant son père – le cornard devait être un père très aimant.

Bahia, 1973 –
révision

Matilde, la veuve de Pablo Neruda, téléphone de Caracas, elle va venir pour quelques jours, elle changera d'avion à Rio, elle a besoin de me parler. Peu de temps s'était passé depuis la mort de Pablo – deux ou trois mois, je ne me souviens plus –, tout de suite après la chute d'Allende. Matilde avait réussi à sauver de la fureur de Pinochet les textes de son livre de mémoires, elle les avait expédiés par voie diplomatique à Miguel Otero Silva au Venezuela. Elle me téléphone de la maison de Miguel. Zélia et moi allons l'attendre à l'aéroport, personne n'est au courant de son arrivée, sur le passeport au nom de Matilde Urrutia le nom de Neruda ne figure pas.

Avec Miguel Otero, Matilde avait organisé le manuscrit de

Confesso que vivi (*J'avoue que j'ai vécu*), les mémoires du poète, mais avant de le remettre aux éditeurs elle désire me consulter sur quelques points, des problèmes politiques concernant Cuba et la Chine : *Pablo avait confiance en toi, je veux avoir ton avis.* Nous faisons découvrir Bahia à Matilde qui la connaît mal, son précédent voyage avait été rapide, elle est éblouie. Elle est revenue des années plus tard pour nous dire adieu, elle savait qu'il lui restait peu de temps, le cancer s'était étendu, elle fit cadeau à Zélia d'une ceinture en argent, ancienne, qui lui appartenait, elle m'embrassa, nous ne l'avons plus revue.

Nous étions allés en Chine ensemble tous les quatre[1] quand s'installait la réaction qui devait conduire au carnage de la Révolution Culturelle, après la farce des mille fleurs qui nous avait donné tant d'espoir. Sur le visage de nos amis, Emi, Ai-Ching, Ting Ling, l'angoisse : ils disparurent avant que nous ne repartions, Pablo était si amer qu'il avait abandonné toute retenue. Au banquet d'adieu, quand le camarade représentant le gouvernement porta un toast *au plus grand poète des Amériques, Pablo Neruda, et au plus grand poète d'Asie, Mao Tsé-Toung,* Pablo envoya au bois la prudence et, de sa voix traînante, dit en remerciant qu'il ne lui paraissait pas juste de considérer comme le plus grand poète d'Asie quelqu'un qui n'avait écrit que dix-sept poèmes – c'est ainsi que j'ai appris le nombre exact des poèmes de Mao. L'affaire de Cuba, je la connaissais en détail, je savais qui avait rédigé et qui avait signé le manifeste ignoble, je connaissais la position de Depestre, exilé à La Havane : il refusa de s'y associer malgré les menaces.

Je donnai mon avis à Matilde après avoir examiné ensemble chaque paragraphe, étudié les phrases une à une, pesé les mots. De Barcelone, Carmen Balcells téléphonait, réclamait d'urgence le manuscrit, elle discutait du possible éditeur français. Matilde décida que ce serait Gallimard, Pablo n'en aurait pas voulu d'autre. À son arrivée, il fut entendu que la presse ne serait pas informée de sa présence mais, la veille de son départ, je fis venir au Rio Vermelho notre amie July[2] à laquelle Matilde accorda une interview qui serait publiée lorsqu'elle se trouverait déjà à Santiago.

1. En 1957.
2. July Isensée, journaliste.

Après le départ de Matilde et avant que *A Tarde* divulgue l'interview, la police fédérale arriva chez moi en la personne d'un gradé et deux subalternes, je les laissai debout, je demandai ce qui les amenait. Ils voulaient simplement vérifier si la senhora Urrutia, qui avait été notre hôte pendant une semaine, était de fait la veuve de Pablo Neruda dont la présence dans la ville avait été signalée, je répondis que oui, c'était bien elle. Ils désiraient signifier clairement, je pense, qu'ils étaient au courant de la présence de Matilde, ils n'étaient pas incompétents, ils ne l'avaient pas importunée parce qu'ils en avaient décidé ainsi. Ayant délivré leur message, ils s'en allèrent.

Goiânia, 1954 –
la carte d'Afrique

Est relégué dans l'oubli l'un des personnages politiques les plus singuliers de notre temps, je veux parler de Gabriel d'Arboussier, un ami que je regrette tous les jours. Chez Gabriel se conjuguaient l'érudition française et la vitalité africaine pour donner corps et âme à une personnalité qui exerça une énorme attraction sur l'intellligence noire de l'après-guerre – ne parlons pas de l'attraction qu'il exerçait sur les femmes qui prenaient rang au pied de son lit. Je me demande ce qu'ont pu devenir la carte d'Afrique tracée par Gabriel et le manuscrit de ses mémoires.

Député du Sénégal à l'Assemblée des nations françaises, son vice-président, secrétaire général du Mouvement démocratique africain, le parti de l'indépendance de l'Afrique occidentale française, membre du bureau du Conseil mondial de la Paix, orateur exceptionnel, Gabriel eut à un moment donné des difficultés avec le Parti communiste français. Le PC défendait une thèse difficilement acceptable par les leaders africains : puisqu'en France les communistes allaient s'emparer du pouvoir, la lutte pour l'indépendance perdait sa raison d'être, ce serait même, politiquement, un recul car, avec les communistes à l'Élysée, les colonies allaient bénéficier des avantages du socialisme. Gabriel protesta, qualifia cette thèse de colonialiste, ses relations avec

Thorez et Casanova se détériorèrent. Le PC le marginalisa et par des voies souterraines chercha à l'éliminer de la vie politique. Gabriel, sombre, tourmenté, passait un mauvais quart d'heure, je lui tendis la main, l'invitai à venir au Brésil pour le Congrès national d'intellectuels réuni à Goiânia en 1954 sous l'égide du PC brésilien – le romancier Miécio Tati fut le secrétaire général du Congrès, moi j'étais l'homme du Parti, je donnai les ordres.

À Goiânia, dans nos conversations sur l'avenir de l'Afrique, Gabriel me parla de son projet d'une carte pour le continent noir après l'indépendance, il y travaillait, il me montra le plan, les grandes lignes. L'idée était réellement révolutionnaire et, pour cette raison, on l'enterra, quand l'indépendance des colonies africaines survint la carte de Gabriel avait disparu, on perdit la trace du projet, je n'en ai plus jamais entendu parler. Audacieux et simple, le projet de Gabriel partait d'une considération indiscutable : l'indépendance, réalisée dans le cadre des frontières coloniales, ne serait qu'un échec, la domination des métropoles resterait entière, tirant profit des dissensions et des luttes entre les ethnies qui composaient chacune des colonies. Gabriel proposait le tracé de nouvelles frontières tenant compte de la réalité raciale et sociale des ethnies pour composer des États qui aient une unité et soient susceptibles d'un fonctionnement démocratique et de progrès économique. Il s'y consacra corps et âme, avec la collaboration de jeunes gens de la négritude qui voyaient en lui un leader sans autre ambition que l'Afrique.

L'indépendance se fit en conservant la vieille carte géographique des colonialistes – ceux de droite et ceux de gauche –, comme Gabriel l'avait prévu il n'y eut pas de vie démocratique ni de progrès économique, la main de fer de l'exploitation coloniale persista, les nouveaux États se trouvèrent engagés dans une lutte fratricide entre les diverses ethnies, qu'on pense au Biafra. Dans la quasi-totalité des pays furent instaurées des dictatures monstrueuses, fut imposée la loi du parti unique – de droite ou de gauche, c'est du pareil au même –, l'Afrique devint ce qu'on sait et ce qu'on voit, une réalité au-delà de toutes les limites du négatif, le quart monde. Les gouvernants de la négritude parvinrent à ce à quoi le PC français n'était pas parvenu : éliminer Arboussier de la vie politique. Ministre de la Justice du Sénégal dans le gouvernement Senghor, il termina sa vie comme ambassadeur. Qu'est devenue la carte ?

En 1966 Gabriel était secrétaire général adjoint des Nations unies, il vint au Brésil pour une conférence anti-apartheid réunie à Brasília. Il vint passer le week-end avec nous à Bahia, tuer les regrets, encore une fois nous l'avons entendu rire, encore une fois nous avons discuté des destins du monde, de ceux du Brésil sous l'oppression des militaires, de ceux de l'Afrique, des dictatures qu'il avait redoutées, prévues, annoncées. C'est dans ces circonstances qu'il me fit lire le manuscrit de la première partie des mémoires qu'il était en train d'écrire.

Des amours d'un général français – commandant des troupes de la métropole, gouverneur général de l'Afrique occidentale – avec une Noire d'une immense beauté étaient nés deux enfants, Gabriel et une fillette, ils avaient été élevés en France, confiés à une sœur du général, bon père de ses enfants africains, noirs. La petite devint religieuse, elle fut Supérieure d'un couvent en Corse, Gabriel fit des études de droit, il s'engagea dans la politique, dans la lutte pour l'indépendance aucun leader ne joua un rôle plus important que lui.

Je ne sais s'il parvint à conclure son livre de mémoires. La première partie occupait exactement quatre-vingt-dix pages à la machine, il n'accepta pas ma suggestion de les publier dans un premier tome, il voulait le livre complet : la vie politique, la lutte au parlement, dans la presse, auprès des grandes masses d'Afrique, la collaboration avec de Gaulle pour l'indépendance de l'Algérie, la passion de la liberté, du respect des droits de l'homme, la bataille pour la démocratie. Complet, ce serait un livre qui inciterait à la réflexion, un acte politique important. La première partie c'était seulement l'enfance, le petit Africain.

La lecture de ces mémoires d'enfance me passionna. La maison du commandant, du gouverneur général, riche et primitive, où des tigres circulaient en liberté et volaient librement des oiseaux, la figure de la mère, la douceur et la force, l'oncle sorcier dans l'intimité des orishás, une atmosphère entre la réalité et le rêve, la culture européenne et la culture africaine, le mélange, le syncrétisme, le métissage, la poésie. Je retrouverais une atmosphère similaire, bien des années plus tard, dans un roman d'Henri Lopes, *Le chercheur d'Afrique*.

Que sont devenus les manuscrits de Gabriel d'Arboussier, où sont-ils ? Peut-être ne sont-ils pas perdus et apparaîtront-ils un jour dans les librairies ? Les circonstances de la mort de

Gabriel, quand il était ambassadeur du Sénégal auprès des gouvernements de langue allemande – les deux Allemagnes, la Suisse et l'Autriche –, restent jusqu'à aujourd'hui enveloppées de mystère et d'incertitude. Gabriel d'Arboussier, le sourire unique, la joie de vivre la vie comme une aventure riche de possibilités, j'ai des saudades de lui tous les jours, il a été plus grand que le rôle qu'il lui a été donné de jouer.

Samarkand, 1951 –
le barde

Ici se sont déroulées les histoires de Schéhérazade, palais, ogives, patios des mille et une nuits, la ville des odalisques et des sultans, je les cherche dans les ruelles, dans les mosquées, dans les ruines, dans les mausolées, dans la fascination de Samarkand. Passent dans les rues les ombres de Tamerlan, il est né à Kech, un faubourg de la ville, et d'Alexandre le Grand, qui l'a occupée avec ses armées.

Si c'était une ville d'un pays capitaliste le visiteur trouverait des boîtes de nuit dans toute la splendeur de la lascivité orientale, les schéhérazades feraient du strip-tease, mais nous sommes dans une république soviétique, celle de l'Ouzbékistan, le socialisme réel a une façade puritaine, le dévergondage est une prérogative des dirigeants, pour le peuple reste la branlette. Au lieu d'aller dans une boîte voir la danse des sept voiles, nous allons écouter le barde le plus célèbre de la République.

Dans le leurre de la fraternité entre les nations qui forment l'URSS, dans l'imposture du développement des cultures nationales, les bardes ouzbeks, afghans, turkmènes, kirghiz, tadjiks sont à la mode, placés en évidence sur les scènes, portés en triomphe dans les capitales des autres républiques pour y réciter leurs poèmes, interminables litanies qu'accompagnent d'étranges instruments, des violes arabes. Ils me rappellent les chanteurs populaires du Nordeste, les trouvères du cordel, ce sont des vieux à barbe blanche, plus ils sont vieux plus ils sont réputés et respectés.

Le barde qui nous échoit approche des cent ans, il en paraît moins, je glisse à Marina[1] qu'il exagère peut-être son âge pour avoir un plus gros cachet, Zélia me rappelle à l'ordre, me prie de me taire : le barde fait vibrer son instrument – le verbe est impropre, on entend à peine la vibration –, il murmure une cantilène qu'un Moscovite avec une tête de voyou carioque traduit en russe, du russe au portugais Marina s'en charge.

D'abord deux ou trois poèmes chantent la nature, le travail des kolkhoziens, les grandeurs de la patrie soviétique, mais le plat de résistance est un poème démesuré par sa taille et ses adjectifs, un chant à la louange de Staline, père de la patrie, du peuple, de l'humanité, de l'univers. On entend peu la voix du vieux barde, mais la traduction en russe retentit haut et fort par la voix du blond et jeune interprète. Jamais on n'a usé de tant d'épithètes élogieuses, l'apologie va crescendo, où s'arrêtera-t-elle ? Marina traduit de la traduction, reproduit le rythme du Russe qui de son côté tente d'imiter celui de la mélopée de l'Ouzbek.

Brusquement enfle la voix du barde, elle devient audible, enfle aussi celle du voyou de Moscou : *Staline est Dieu en personne, l'Être suprême, Maréchal de la victoire, à côté de lui Alexandre le Grand ferait figure de simple soldat, il arriverait au maximum à caporal.* Le barde lâche son instrument, gesticule, crie le vers, le traducteur lui aussi s'emporte, répète les gestes par lesquels le barde mime l'héroïsme : *Génial Staline, il a libéré les peuples, il a sauvé l'humanité.* Et voici qu'au premier rang du parterre, presque à côté de nous, se lève un Ouzbek maigre, la barbe rare et la voix tonitruante, il en appelle aux cieux, Marina écarquille ses yeux bleus de Slave, elle éclate de rire et avec elle toute la salle, son rire se mêle à la traduction :

– Le barde dit qu'il veut faire pipi.

Tbilissi, 1948 –
le temps que l'on vit

J'écoute les contes géorgiens dans les toasts qui se répètent – où boit-on le plus, à Moscou, à Kiev ou à Tbilissi ? je me sou-

1. Marina Kontrizin, interprète.

viens de plusieurs mais il y en a un que je préfère, j'en use et j'en abuse lorsque je parle de l'amitié.

On raconte qu'un jour d'hiver un archéologue membre de l'Académie des sciences de l'URSS, en visite dans la République de Géorgie, parcourut le vieux cimetière de la ville, du temps où Tbilissi était encore Gori, à la main son carnet d'observations scientifiques et le crayon pour les noter. Il alla de mausolée en mausolée, de sépulcre en sépulcre, de tombe en tombe, prenant des notes pour une thèse funéraire, c'était un sage savant, il projetait d'écrire le traité définitif sur la ville des pieds joints.

En parcourant le cimetière il se rendit compte d'une aberration, patente sur chaque sépulture, sur les mausolées, les simples fosses. Sur le mausolée de celui qui avait été l'homme le plus riche de la ville, il lit : Ci-gît untel, il est né en 1834, il est mort en 1904, il n'a vécu que sept ans. Une erreur dans l'inscription, pensa le savant en refaisant les comptes du bout de son crayon : ce n'est pas sept comme le disait la plaque mais soixante-dix. Sur la sépulture suivante l'erreur se répéta, car de la baronne Irina Moscovitch Kalininova, qui était venue au monde en 1812 et l'avait quitté très vieille en 1906, il était dit qu'elle avait vécu seulement vingt printemps. Le savant fit la soustraction, dona Irina était morte à quatre-vingt-quatorze ans, le compte dans le marbre était erroné. De dalle en dalle il constata l'absurdité : de tous on disait qu'ils avaient vécu un temps bien moindre que celui qu'indiquaient les dates de naissance et de mort, tous à l'exception de deux défunts, les deux dans de pauvres tombes, une couturière, Katia Trucmuche, et un facteur de deuxième classe, Alexis Ignatiev, pour eux les dates coïncidaient presque. Indigné, le savant s'adressa au gardien du cimetière, un vieux sans âge oublié là par les pouvoirs publics, il exigeait une explication sur la répétition d'une erreur aussi grossière dans un lieu communal. Le vieux toussa, regarda fixement le visiteur, il expliqua : *on ne vit que le temps de l'amitié, vous ne saviez pas ? Le reste est du temps perdu, inutile et vide, ce n'est pas la vie, seulement le purgatoire quand ce n'est pas l'enfer.*

Conté le conte, on lève son verre, on boit à l'amitié, le sel de la vie.

New York, 1937 –
le petit-fils

On me présente à John dos Passos au cours d'une réunion qui a comme objectif de recueillir de l'argent pour les républicains espagnols, le romancier vient d'arriver du front et y repart. Il raconte les difficultés du gouvernement légitime d'Espagne, l'offensive fasciste des généraux de droite, l'aide massive d'Hitler et de Mussolini à Franco.

Ayant lu *Manhattan Transfer* dans une traduction espagnole, je ne jure que par John dos Passos : pour engager conversation avec mon idole je l'interroge sur son ascendance portugaise, le sang lusitanien nous rapproche. Ça le laisse froid, il me répond par ce qui me semble être une boutade qu'il répète :

– Mon grand-père était portugais, mon père parlait portugais, moi je suis un Américain de Chicago.

Il parle en espagnol avec un fort accent, la tentative de rapprochement tombe à plat, je ne l'ai jamais revu, je me suis contenté d'être le fervent lecteur du romancier qui a ouvert de nouveaux espaces à la fiction contemporaine.

À partir d'un certain moment on se met à vivre davantage avec les morts qu'avec les vivants, à avoir plus d'amis de l'autre côté que de celui-ci.

Paris, 1992 –
Miná

En voyant que la rédaction de ces notes touche à sa fin, Zélia me fait remarquer : *tu n'avais pas dit que tu voulais parler de Miná? Tu n'as pas encore cité son nom.* Elle a raison, elle a toujours raison, moi jamais, oublieux que je suis.

Je lui réponds que je vais le faire. Avant qu'il ne soit trop tard j'écris ici avec amitié le nom de Gianni Miná, un gaillard italien de beaucoup d'astuce. Homme d'occupations variées et de multiples compétences – journaliste, personnalité de la télévision, auteur de livres, expert en football, en belles femmes, en cuisine, compagnon de tribulations et d'aventures.

J'écris son nom et terminé, si jallais raconter les entreprises dans lesquelles il m'a fourré je doublerais le nombre de pages de ce livre déjà trop gros.

La dernière avait à voir avec Cuba et Fidel, elle m'a donné du mal, j'ai dû me triturer la cervelle pour répondre à sa demande, une préface pour un second livre de conversations avec le leader des barbudos. Ce ne fut pas une tâche facile de mettre sur le papier, avec une pensée libre et une langue déliée, tout le bien que je pense de la révolution cubaine et les restrictions et critiques que je fais au régime, au manque de liberté caractéristique des dictatures marxistes. J'ai sué sang et eau, je ne sais si j'ai réussi à m'expliquer comme il se doit.

Tarrafal, 1986 –
le candomblé marxiste

Je tiens à connaître Tarrafal, je le dis à Jorge Miranda Alfama[1], le sinistre renom du bagne de Salazar me poursuit depuis bien des années. Je veux voir le lieu où ont souffert Luandino Vieira, Chico Lyon de Castro et tant d'autres amis, nous allons donc de la ville de Praia à Tarrafal.

Nous sommes dans la République du Cap-Vert, ce ne sont pas onze îles comme l'enseignent les manuels, ce sont des provinces de la lune ancrées dans la mer Atlantique, un paysage de volcans éteints, la terre est noire, les arbres rares, il ne pleut jamais. Quand les premiers navigateurs sont arrivés il n'y avait pas d'habitants, seulement l'océan, les poissons et le sel, une lune décroissante, dépeuplée.

Avant de visiter le bagne désaffecté, à la veille d'être transformé en musée, nous regardons la plage, somptueuse comme

1. Jorge Miranda Alfama, directeur à l'époque de l'Institut du Livre du Cap-Vert.

il y en a peu. Dans le camp de concentration on nous montre les cellules où le poète Agostinho Neto a purgé sa peine : il est mort président de la République.

En rentrant à la capitale nous nous arrêtons à mi-chemin dans la ville de Santa Catarina. Le maire a prévu de quoi manger et boire, des danses et des chants pour les voyageurs. Sur la place publique se produit le corps de ballet formé par des femmes du peuple, de jeunes Capverdiennes pareilles aux mulâtresses caboverdes du Brésil dans la souplesse et la grâce. Une ronde de candomblé en pleine rue, des filles-de-saint qui n'ont pas accompli les obligations dans le sanctuaire, ne se sont pas rasé la tête, les aisselles et le chibiou, sans que pour autant les esprits renoncent à descendre sur terre et à les posséder dans le vertige de la danse, au son des chants. Zélia me montre l'une des belles : *regarde comme elle ressemble à Olga de Alaketu* [1]. Nous sommes à Bahia, le rythme et les dieux sont les mêmes, au Brésil et en Afrique.

Les chants pourtant ne sont pas les mêmes, à Bahia on chante en yorouba, en cabinda les chants rituels en l'honneur des orishás, des inkices, au Cap-Vert on chante en créole des hymnes politiques marxistes-léninistes en l'honneur du Parti, dieu unique, tout-puissant. Peu importe, c'est tout la même chose : le bal redouble, les esprits dansent, au-dessus et au-delà des idéologies.

Lisbonne, 1967 –
fado moderne

Ferreira de Castro nous emmène dîner dans une casa de fado de la Mouraria. Norma Sampaio, notre compagne de voyage, et Assis Esperança[2] complètent la table au fond de la salle, choisie à dessein par le maître de *Terra Fria* pour fuir les courants d'air : il les craignait comme le diable craint la croix, il avait peur des refroidissements.

Au restaurant se produit un chanteur de renommée récente, son nom m'échappe mais j'ai retenu celui de son père, un fadiste

1. Olga de Alaketu, mère-de-saint de Bahia.
2. Assis Esperança (1892/1975), écrivain portugais.

extraordinaire, Alfredo Marcineiro, quelques jours avant nous l'avions entendu chanter, emmenés par Beatriz Costa ; je crois que le fils était Alfredo Júnior, spécialiste de *fado moderne*, que diable peut bien être le fado moderne, je me demande, curieux.

La patronne du restaurant nous reçoit avec les façons lusitaniennes, révérences pour Ferreira et Assis, elle les connaissait de réputation, mots aimables pour le convive brésilien. À table Assis Esperança raconte des histoires de sa jeunesse d'anarchiste : *pour épater les bourgeois** il fumait cinq cigarettes à la fois, il aspirait la fumée des cinq alignées dans sa bouche et la soufflait par le nez, véritable cheminée d'usine. Ferreira demande à Zélia et à Norma de chanter sa chanson préférée, *Luar do Sertão*, complainte sertanège de Catulo da Paixão Cearense, elles n'en eurent pas le temps, les guitares attaquèrent avant. Nous avons mangé la morue, pour un restaurant de fados elle n'était pas si mal, nous avons applaudi l'entrée du fadiste.

Instruit sans doute par la propriétaire, l'artiste salua l'illustre compagnie, il ajouta aux noms de Ferreira et d'Assis, qui lui disaient vaguement quelque chose, un troisième qui lui était totalement inconnu : celui du poète portugais Jorge Amado, j'étais ravi, je n'ai rien souhaité autant dans la vie que d'être poète, quant à être portugais je le suis à moitié, l'autre moitié est angolaise.

Marcineiro Júnior me dédie le premier fado : *au grand poète portugais*, il réaffime ma double condition de portugais et de poète, grand de surcroît, il gagne immédiatement ma sympathie : le *fado moderne* se caractérise par son rythme rapide, « galopé » pour reprendre une expression de Norma, autorité en musique populaire. Le chant terminé, le fadiste vient à notre table nous saluer, Ferreira de Castro lui demande : *en quelle langue l'ami a-t-il chanté ? En portugais, allons donc*.

– En portugais ? Je ne crois pas, je n'ai pas compris un seul mot.

Ni lui, ni moi, je préfère le fado traditionnel, celui d'Amália, celui d'Hermínia et de Carlos do Carmo.

Paris, 1948 –
hôtel Saint-Michel

Un unique désaccord n'a pas suffi pour ternir les relations d'amitié que jusqu'à aujourd'hui j'entretiens avec Madame Salvage[1], elle m'a adopté dès qu'elle m'a connu.

Le choc de personnalités se produisit lorsque, arrivé depuis peu de temps à Paris, je découvris que la seule salle de bains qui existât dans les six étages de l'hôtel[2] était transformée en dépôt de bagages. Je menaçai de partir, elle accepta de mettre en état de marche la salle de bains, Madeleine aimait la littérature et Carlitos[3] lui avait offert un exemplaire de *Terre violente*[4], elle me découvrit écrivain, me pensa important. Néanmoins le problème brésilien du bain quotidien ne se résolut pas complètement : Madeleine contrôlait le chauffe-eau, au meilleur de la fête, le corps couvert de savon, l'eau chaude tarissait au robinet.

Le Grand Hôtel Saint-Michel fut le refuge de communistes latino-américains et portugais, écrivains et artistes en priorité, la liste des noms à citer serait longue, je crois que Nicolás Guillén et Justino Martins, parce que hommes à femmes, chaque nuit une nouvelle conquête gravissant les escaliers, étaient les préférés de la propriétaire : les belles affrontaient les étages, il n'y avait pas d'ascenseur. Nicolás l'invita à visiter Cuba après la victoire des barbus, elle adora l'île et le peuple à une réserve près : le discours de Fidel dura six heures, une dose pour éléphant, malgré ça Madeleine ne se désolidarisa pas de la révolution cubaine.

L'humeur de Madame Salvage était instable, elle s'emportait contre ses hôtes s'ils étaient en retard pour payer, elle menaçait de les mettre dehors, il semblait que le monde allait s'écrouler, il ne s'écroulait pas, elle ne mit jamais personne à la rue, ce n'était que verbal, Madeleine a un cœur d'or. Un jour en l'entendant insulter un client dont le loyer était échu, je lui demandai pourquoi tant d'aigreur, elle me répondit que ce jour-là elle n'avait pas encore reçu sa dose de spermatozoïdes. De passion délirante, je ne lui en ai connu qu'une, pour l'écrivain uruguayen

1. Madeleine Salvage, propriétaire de l'hôtel Saint-Michel.
2. Grand Hôtel Saint-Michel, 19, rue Cujas, Paris 5e.
3. Le peintre Carlos Scliar.
4. Titre de la première traduction française de *Terras do Sem Fim (Terres du bout du monde)* (N. d. T.).

Francisco Spinola, il habita le Saint-Michel pendant des années, payant en nature, Madeleine vantait la taille et la vigueur de son arme de guerre.

Quand, après être restés seize ans sans avoir le droit d'entrer en France, Zélia et moi sommes retournés à Paris, elle nous reçut à bras ouverts et nous logea gracieusement, elle y tint, une preuve définitive d'amitié. De passage à Paris, nous allons la voir, l'hôtel est florissant, douche dans chaque chambre, ascenseur, Madeleine traîne Zélia d'étage en étage, lui montre les transformations, elle fait irruption dans les chambres sans prévenir, Zélia s'est trouvée nez à nez avec un couple en pleine action. L'une des fois où je vins la saluer, je lui donnai des nouvelles de Roberto Gusmão, jeune communiste représentant de l'UNE[1] à l'étranger, il avait habité au Saint-Michel :

– Vous vous souvenez de Gusmão ? Il est ministre du Commerce, vous saviez ça ?

– Pff ! ministre... Mário Soares est président de la République, il ne passe pas par Paris sans venir me voir.

Mário fut l'un de ses nombreux hôtes illustres, exilés pauvrissimes comme Varela, Marinelo, Gravina, Maria Lamas, Mário Schemberg, Massera. Plus qu'un hôtel le Saint-Michel fut un foyer de révolutionnaires, une maison de la science, des arts et des lettres, un nid d'amours. Le Chinois Liu, homme à tout faire, habitait sous l'escalier, il voyait les dames monter au bras des locataires, il les suivait d'un œil concupiscent, toutes ses amantes à la force du poignet. Dans la journée il répondait au téléphone à la réception, il transmettait les messages, il était discret, Zélia éventa ses trucs : comme il m'avait à la bonne, quand le coup de téléphone venait d'un homme, Liu criait pour m'appeler, mais si c'était une voix de femme, il montait l'escalier jusqu'au premier étage pour me murmurer l'appel, Zélia avait envie de l'écrabouiller.

En apprenant notre expulsion de France, Madame Salvage pleura sur l'épaule de Zélia, elle veilla en larmes le sommeil de João Jorge, mit ses économies à notre disposition. Des années heureuses, celles de l'hôtel Saint-Michel, des années d'exil, de pauvreté, de lutte, nous étions jeunes, nous le prenions légèrement. On doit prendre le mieux possible la prison et l'exil, jouer les héros n'avance à rien.

1. Union brésilienne des étudiants.

José Sarney → Norte das Águas

Antonio Alçada Baptista (portugais)
→ Le nœud et les liens
→ Catarina ou le goût de la pomme
→ Tante Suzana, mon amour.

Raul Bopp → Cobra Norato

Ecrivains,
Monteiro Lobato (1882/1948)

poètes portugais

Camoëns – Pessoa –
Fernando Assis Pacheco.
Césario Verde.

vêtues d'une étoile rouge trébucha contre l'homme contemplant la vaisselle à terre...
-Simone! Pourquoi m'as-tu abandonné?
-Docteur... Aucune femme ne mérite... L'autre se retourna en titubant, fit un geste hostile et s'effondra... L'amour n'est jamais le plus fort... Le jeune homme avait descendu l'escalier métallique et les filles faisaient cercle...
-Apportez-moi cette mallette rouge... Il attendit le regard fixé sur la cage ouverte où le garçon entrait... Le spectacle va commencer...

Bahia, 1970 –
le dictionnaire

Un personnage de roman représente rarement telle ou telle personne, ce n'est pas quelqu'un en particulier car c'est presque toujours la somme de divers individus, de chacun il tient un détail physique ou moral : du voisin il a la moustache, de cette brunette le grain de beauté sur le sein, du lord bahianais l'arrogance, la croupe de Maria, la manière de marcher du malandrin Mirandão, l'air de dignité et de supériorité du souteneur du Rio de la Plata, la placidité de João das Flores, la douceur de Rita das Dores, le roulement de hanches de la coquette, le courage, la couardise, la témérité, le bon cœur, l'aigreur de X, Y ou Z.

Il peut arriver que le romancier s'appuie sur la personnalité d'un unique citoyen : une fois mis dans les pages du roman, dans le contexte des temps et des personnages, dans l'espace où l'action se déroule, il se transforme en une autre créature, ce n'est plus l'individu pris par l'auteur dans la vie réelle pour agir dans les pages du livre. Le banquier Celestino de *Dona Flor et ses deux maris* a quelque chose en commun avec le senhor Antônio Celestino, directeur du Banco Econômico, son point de départ. Le critique d'art Antônio Celestino de *Yansan des orages* a à voir avec l'érudit du *Patio des Arts*, y compris le titre de sa chronique hebdomadaire dans *A Tarde*, mais il est plus différent de lui qu'il ne lui ressemble. Je cite un exemple, je pourrais les multiplier, sur ce sujet ce n'est pas l'expérience qui me manque.

Les mauvaises langues s'amusaient, sur les terres du cacao, à désigner les modèles des différents colonels qui peuplent mes romans du cacao. On disait que le colonel Horácio da Silveira était la copie fidèle, le portrait du colonel Basílio de Oliveira, défricheur de terres, chef de jagunços, ami de mon père, grand-père d'Itassucê[1]. En vérité Horácio est la somme et la synthèse des colonels de mon enfance : ledit Basílio, Henrique Alves, Pedro Catalão, Misael Tavares et João Amado de Faria, mon père. Sinhô Badaró, personnage des *Terres du bout du monde*, a le nom exact

1. Épouse de Raymundo Sá Barreto, propriétaire terrien.

d'un autre conquistador de terres dont la majesté s'imposait à l'imagination de l'enfant grapiuna, le personnage a hérité de sa figure de prophète et de sa superbe, le reste est emprunté à d'autres, moins imposants. De tous les colonels du cacao seul Teodoro das Baraúnas est né d'une unique personne, c'est le décalque du mari de ma tante Doninha, mon oncle Manuel Alves, aventurier et escamoteur. Dans le livre il est devenu une autre personne, même mon oncle ne s'est pas reconnu en lui.

Curieux détail, au début les intéressés se refusaient à endosser le personnage qui leur était attribué, mais à partir des feuilletons de télévision tirés de *Gabriela* et des *Terres du bout du monde*, pour chacun des rôles il y avait au moins une demi-douzaine de modèles, tout le monde voulait être le colonel Ramiro Bastos, Mundinho Falcão, Tonico le séducteur. Tonico Pessoa[1] s'était fait faire des cartes de visite qui portaient, sous son nom véritable, celui de Tonico Bastos, il était entré dans la peau du personnage. Du tabellion Pessoa, le tabellion Bastos avait la fantaisie, le goût des femmes, la peur de son épouse, j'ai pensé à lui en créant ce personnage mais pas seulement à lui, j'ai pensé aussi à un autre tabellion doublé d'homme de lettres, Raymundo Sá Barreto, et au journaliste Otávio Moura, grand coureur de jupons.

Lorsque passait à la télévision le feuilleton *Gabriela,* je suis allé à une fête à Ilhéus et là j'ai trouvé les dames de la société déguisées toutes en putes du Bataclan, l'une d'elles s'est penchée sur moi, elle m'a murmuré à l'oreille : *je suis Clarinda, la protégée d'Augusto Juvenal et ton béguin, tu te souviens ?* De Clarinda je me souvenais, jamais je ne l'oublierai, mulâtresse caboverde, visage oriental, rire de malice, yeux de perdition, bouche de... pardon, je ne dirai pas de quoi était la bouche, ce serait manquer de respect à cette blanchouillarde couleur de lait, quadragénaire snob et libertine qui voulait passer pour une pute innocente, je me suis échappé.

Créature adorable, Paulo Tavares, lettré et chercheur, fragile enfant dans son fauteuil roulant d'infirme, dépendant des soins d'Haydée, ne dépendait de personne pour l'analyse et la recherche, efficace et actif il affrontait la besogne, il ne craignait pas l'effort. Il a consacré une partie de son existence à l'étude

1. Antônio Pessoa Junior (1892/1985), notaire.

de mes romans : il a écrit un livre sur ma vie, il a réalisé un dictionnaire de mes personnages[1], il en préparait un sur les personnages de Graciliano Ramos, il pensait le publier pour le centenaire du maître d'Alagoas, les forces lui ont manqué, quand Haydée le découvrit Paulo était parti, sur les lèvres du lutteur il restait son sourire d'enfant.

Une de mes distractions pendant le travail dur et difficile du roman est de donner les noms de mes amis à mes personnages. Un Frère coureur et fainéant, je l'ai baptisé du nom de Nuno Lima de Carvalho, qui est tout le contraire : un bœuf au travail, il ne respecte ni dimanche ni jour férié, ex-séminariste chaste il reste pudique et ne célèbre la messe que sur l'autel de sainte Clarinda, épouse et martyre. Natário da Fonseca, jagunço et capitaine de la Garde nationale, a hérité son prénom d'un pâtissier, notabilité de Viana do Castelo, siô Manuel Natário, celui des *pães-de-ló*, les gâteaux mousseline. Mon ami Gravatá Galvão a parrainé le capitaine Gravatá de *La bataille du Petit Trianon*. En le parrainant il lui a prêté les qualités qui font du modèle un exemple de garçon agréable et droit, de personne éminemment conviviale. Mirabeau se trouve dans plusieurs de mes livres, Giovanni Guimarães dans presque tous, c'est un nom de rue, d'école primaire, il discute avec Zitelman Oliva dans *Yansan des orages*, dans *Dona Flor* je relate ses exploits de bohème et de joueur. Carybé, habitué de mes romans, fait le diable à quatre, dérobe, falsifie, invente et s'en flatte, j'amplifie les dimensions du personnage, et même comme ça je suis loin de sa diablerie.

L'une des parties du dictionnaire de Paulo Tavares se rapporte aux vivants et aux défunts dont les noms apparaissent dans mes romans. Paulo mentionne leur nom, leur profession réelle, leur date de naissance, celle de leur mort s'ils sont décédés. Pour s'assurer de l'exactitude de ses informations, pour vérifier des détails, Paulo s'échine en recherches, il recueille des données, il a consacré ses droits d'auteur à l'achat de dictionnaires et d'encyclopédies. Effort, obstination, sérieux qui parfois n'ont pas reçu leur juste récompense, ils ont été l'objet de réserves et de contestation.

Peu après la publication du livre de Paulo, notre commère Beatriz Costa nous donne la joie de venir passer quelques jours

1. *Criaturas de Jorge Amado*, Record, Rio de Janeiro.

dans la maison du Rio Vermelho, elle a un cercle d'amis dans la ville, partout une table l'attend, son carnet de rendez-vous est toujours plein, mais elle est venue chercher la tranquillité et la paix, elle est livrée corps et âme, le corps surtout, à une passion folle, dévorante, c'est une bonne chose, il n'y en a pas de meilleure, c'est un privilège. Tandis qu'elle se remémore les péripéties de ses amours, la pensée vers celui qui l'attend, ardent et impatient, au Portugal, elle se distrait en lisant le livre sur mes créatures, l'œuvre de Paulo.

Elle trouve là son nom, illustre et populaire, car parmi la foule des admirateurs brésiliens de son talent et de son piquant se trouvait Vadinho et dans le livre on raconte que le joyeux drille étant allé à Rio, il se rendit au Recreio pour applaudir la grande étoile du théâtre de boulevard. Dans l'ouvrage, le nom de Beatriz, le lieu de naissance, toutes les données et, parmi elles, Dieu nous protège ! la date fatidique et secrète de sa naissance. Beatriz s'emporte : *ce n'est pas possible ! Où cet individu indiscret, malveillant, médisant, menteur a-t-il été chercher cette information superflue ?* Indignée, elle trouve dans le carnet d'adresses le numéro de téléphone de Paulo, elle appelle, Haydée répond, en sachant qui parle elle tremble d'émotion : *Paulo, devine qui c'est !* Paulo prend l'appareil, il la salue en extase, il se confond en amabilités, à l'autre bout du fil Beatrizinha bien élevée, de la fine éducation de la campagne, veut savoir pourquoi il a inventé et imprimé cette fatale date de naissance. Paulo, décontenancé, s'explique : il n'a rien inventé, il s'est donné du mal à chercher dans les dictionnaires, dans les encyclopédies sans la trouver, pas trace de date, il allait renoncer, Beatriz n'était pas née, elle avait surgi sur la scène un jour triomphal, lorsqu'il tomba sur l'information :

– Je l'ai trouvée dans le Lelo, Dona Beatriz. Si par hasard elle est fausse, je la corrigerai dans la prochaine édition, la première ne va pas tarder à être épuisée.

N'aimant pas mentir, Beatrizinha ne contesta pas l'exactitude de la date. À son retour à Lisbonne, aux bras, aux lèvres et au reste de son galant, elle se remua, elle prit les mesures nécessaires, dans les nouvelles éditions de l'encyclopédie Lelo la date inutile n'apparaît pas. Finalement les dates signifient peu de chose, ce qui compte c'est la vivacité, la force, l'enthousiasme, l'ardeur, la fougue, la jeunesse de la *menina* Beatriz – la petite

Beatriz –, ainsi disent le peuple et le beau garçon, la *menina* Beatriz.

Estoril, 1981 –
Dome de Domitila

José de Dome[1] a réuni sur ses toiles les couleurs de l'aube et celles du crépuscule, les ocres et les jaunes des fleurs et de la caatinga aride. Après avoir beaucoup peiné et souffert avec courage, il parvint à se construire une maison à Cabo Frio où il vivait et peignait.

Il était arrivé à Bahia directement d'Estância, décidé à peindre, il commença par travailler comme ouvrier, il sciait des planches, il partait à cinq heures du matin, revenait à sept heures du soir, il vécut dans les ruines d'un bâtiment au Rio Vermelho, il s'occupait de son frère aveugle, sourd et muet, il passait la nuit à peindre le lever du soleil dans la barre du matin, le coucher du soleil dans la frange du soir, le soleil à l'aplomb de midi. José, dit de Dome parce qu'il était le fils de Domitila, fille publique à tout vent, mulâtresse couleur de jambo, Dome – sans nom de famille à laisser à son fils en héritage, elle lui laissa son prénom.

Peu à peu sa peinture faite de couleurs retint l'attention des critiques et des collectionneurs, il exposa à la galerie Bonino, les marchands se mirent à s'intéresser à son travail. Carlos Lacerda l'épaula vigoureusement, il lui commanda des œuvres pour la Banque de l'État, il l'aida à faire admettre son frère à l'Institut des sourds-muets. À Rio il vécut longtemps dans notre appartement avant de bâtir sa maison à Cabo Frio.

Lorsqu'il était encore à Bahia, dans l'atelier du Largo de Sant'Ana, il peignit le portrait de son frère, une toile dramatique, belle et terrible. Je lui proposai de l'acheter, il ne voulut pas me la vendre, pas plus qu'à Carlos Lacerda et à Giovanna Bonino qui eux aussi se portèrent candidats. C'était le tableau de sa vie, il voulait le conserver. Pour moi il peignit Dona Flor

1. José de Dome, peintre du Sergipe.

avec une rose d'or, Gabriela dans une gouache en jaunes pâles, Tieta d'Agreste avec le bouc Inácio, des cadeaux de Noël.

Je le retrouvai au Portugal, à l'Estoril, peignant les pêcheurs, le marché aux poissons, la criée, Zélia combina une exposition au casino. Au cours de la conversation je l'interrogeai sur le portrait de son frère, il l'avait encore : *il est à Cabo Frio, celui-là je ne m'en sépare pas.* Zélia et moi sommes rentrés au Brésil, lui est resté au Portugal. À la Noël de cette même année je reçus un colis de Cabo Frio, il contenait un tableau, le portrait du frère aveugle, muet et sourd de José de Dome. À l'Estoril il m'avait dit : *celui-là je ne m'en sépare pas*, maintenant il m'écrivait un billet : *je veux qu'il soit avec toi*, le cadeau du dernier Noël de sa vie.

Dans la maison de Cabo Frio José de Dome avait une volière avec des oiseaux, plus de trente, une diversité de chants et de couleurs. Ce matin-là il mit son caleçon de bain pour aller à la plage comme il le faisait chaque jour. Avant de sortir il s'arrêta dans la cour, il ouvrit la porte de la volière, lâcha les oiseaux, il les regarda voler en direction de la mer, il marcha jusqu'à la porte de la rue, à peine avait-il passé le seuil qu'il tomba mort, il alla avec les oiseaux au ciel des Sergipans où sainte Domitila l'attendait, une fleur jaune dans les cheveux.

Paris, 1971 –
le fils

Tan[1], courtois et empressé, nous sert les plats chinois au restaurant Tai-San-Yuen, situé en face de la Sorbonne, à côté du musée de Cluny. Nous sommes des clients anciens, depuis nos années d'exil, nous habitions tout près à l'hôtel Saint-Michel, rue Cujas. Lorsque nous arrivons à Paris, nous courons prendre là le premier repas de notre séjour.

Durant des années, discret, sourire timide, Tan nous offre l'apéritif au nom des propriétaires, il nous garde la table derrière la porte d'entrée, celle que je préfère. Nous nous connaissons depuis pas mal de temps, nous échangeons des phrases,

1. Tan Ky Hong.

des amabilités, jamais de longs propos, Tan va de table en table, de client en client, il n'a pas de temps pour les bavardages.

Un jour, après avoir retiré les assiettes vides, avant de servir les litchis du dessert il se redresse, toussote, prend un air solennel, se met à parler. Il se révèle être cambodgien, nous le pensions chinois, la voix grave il nous déclare :

– Je vous annonce que je vous ai choisis comme parents.

Deux baisers sur les joues de Zélia, *bonjour, maman,* deux sur les miennes, *bonjour papa**, notre fils inattendu, nous avons été choisis pour parents, nous sommes émus. Il s'est marié avec Thérèse, nous avons assisté à la noce, dîner de plats cuits à la vapeur, incomparables. Il a abandonné le métier de garçon de restaurant, il a quitté Paris, il habite et travaille à Clichy-sous-Bois, pour le nouvel an il nous envoie une photo récente de sa famille, dans les bras de Thérèse le dernier rejeton, il nous a déjà donné quatre petits-enfants, notre fils cambodgien.

Carnaxide, 1992 –
les jambes

Tandis que des messieurs plus ou moins graves discutent économie et qu'Ivan[1] rappelle des anecdotes – *le manifeste du Congrès des jeunesses étudiantes prolétariennes et populaires, en 1934, fut signé par toi, par Carlos Lacerda et par moi, tu te souviens ?* Je me souviens, Elsie Lessa, de son air espiègle, évoque les années 40, la vie littéraire, étudiante alsacienne rieuse et franche elle raconte des histoires, la salle se peuple d'absents, Zé Lins est parmi nous.

Le déjeuner chez Solange et Luis Henrique[2] rend hommage aux quarante ans de chroniques (admirables) d'Elsie dans les colonnes du *Globo,* la globe-trotter sur les chemins du monde, je suis son lecteur depuis quarante ans. Ce pourrait être un hommage à ses quatre-vingts ans de vie, mais qui dit qu'elle les a ? Elle est dans la fleur de l'âge, son esprit est juvénile, prime-

1. Ivan Pedro de Martins, écrivain.
2. Luis Henrique Pereira da Fonseca, diplomate, Solange, sa femme.

sautier et la ravissante femme de lettres des années quarante est aujourd'hui la plus belle dame de Cascais.

Avant de faire son entrée dans la salle à Carnaxide, dans le bon vieux temps Zé Lins se trouvait à la piscine du Copacabana Palace en compagnie d'un monsieur en costume sombre, col dur et manchettes, l'image de l'intellectuel hispano-américian. Elsie sortait de la piscine en maillot de bain, elle ne passait pas inaperçue, Zé Lins do Rego l'appela. *J'étais sa bouée de sauvetage,* raconte Elsie. *Il est venu à ma rencontre et il m'a dit : ce type qui est avec moi est un Colombien, un homme important, sociologue, ami de Gilberto*[1]. *Il ne parle qu'espagnol et moi je ne parle aucune langue, en plus j'ai un rendez-vous. Rends-moi service, bavarde avec lui un moment, je ne serai pas long.*

Présentée avec les salamalecs d'usage au fameux sociologue, Elsie refusa le whisky, demanda un jus d'orange, elle soigna son espagnol, *mon espagnol de tango,* fit preuve d'une érudition continentale : Gabriela Mistral, Cyro Alegria, Eduardo Mallea, Max Dickman, César Vallejo et j'en passe, Subercaseaux, l'homme de *Chili ou une folle géographie.* Elle joua son rôle à la perfection, Zé Lins revint, elle prit congé, certaine d'avoir laissé une impression favorable quant à ses connaissances littéraires.

Quelques jours plus tard, à un déjeuner de l'ABI[2] elle rencontre Zé Lins, chevelure calamistrée, voix de Nordestin traînante et forte, Elsie s'enquit :

– Et ton sociologue ? Il est retourné en Colombie ?

– Oui, il est parti, tu lui as beaucoup plu, il a même laissé un livre pour toi. Tu sais ce qu'il m'a dit ? Que si ce que tu écris vaut tes jambes, tu dois être un grand écrivain.

Bonne jambe, bonne plume, jeune femme de quatre-vingts ans, Elsie rit, un rire gamin, je l'entends depuis quarante ans. José Lins do Rego, de nouveau parmi nous, l'accompagne, il lance un éclat de rire d'enfant de la plantation du Paraíba

1. Gilberto Freyre.
2. Association brésilienne de presse.

Panama, 1973 –
les antitouristes

Un conseil ça se demande, ça ne se donne pas, je ne suis pas homme à donner des conseils mais qui a voyagé et s'est fourvoyé, a payé les pots cassés pour ne pas avoir accepté l'avis de ceux qui savent les choses, a des devoirs envers son prochain, c'est mon cas. J'ajouterai qu'en l'occurrence le conseil ne vient pas seulement de mon expérience, qui vous enseigne la grammaire du globe-trotter avec une connaissance et une pratique bien supérieures aux miennes, est le senhor Julio Páride, Carybé de son nom véritable. Dans certaines circonstances il est plus sûr de mettre de côté les préjugés, de se dépouiller de ses vêtements d'intellectuel, d'assumer sa condition de touriste, de suivre le troupeau si l'on ne veut pas se casser les cornes sur le mur des malentendus.

Au Panama depuis une semaine, attendant le bateau qui nous emmènerait à Rio, nous avions déjà fait tout et le reste, l'attente commençait à nous peser quand Zélia arriva du salon de beauté pimpante, les ongles faits et chargée de prospectus. Elle propose que nous partions voir les Indiens de l'île de San Blas, ceux qui font des *molas*[1], travail réalisé avec des bandes de tissu de couleur, cousues entre elles en formant des dessins, abstraits ou représentant des animaux. Les *molas*, c'est la carte de visite du pays. Nous en achèterions en quantité pour notre maison et pour offrir à nos amis, déclare Zélia : à San Blas, en plus de la beauté des îles, du contact avec la vie quotidienne des Indiens, nous aurions des *molas* pour rien. Impressionné, j'allai avec Zélia à l'agence de voyages.

Ce qui nous avait surtout séduits, elle et moi, c'est l'ensemble architectural formé par des cases pareilles à celles où vivaient les Indiens, mais dotées du confort d'un hôtel cinq étoiles – la description sur le prospectus illustré était attirante, les photos en couleurs montraient des cases toute neuves au milieu des palmiers, une tentation pour des amoureux de la nature, dormir là au moins une nuit devint l'ambition de notre vie. Pour une nuit nous serions des Indiens panaméens jouissant des avantages de la modernité auxquels ont droit les hôtes yankees.

L'homme de l'agence, maigre, d'âge moyen, nous renseigna

1. Artisanat des Indiens panaméens.

sur l'excursion : elle partait pour les îles à neuf heures du matin et emmenait vingt-deux touristes. Après une rapide traversée du détroit en avion nous arriverions à l'île où se trouvait le complexe hôtelier, de là nous partirions en canot visiter les autres îles où vivaient les Indiens – contact direct avec les tribus, joies de l'écologie, danses rituelles et chants guerriers, nous pourrions même acheter des *molas* authentiques pour peu d'argent. De retour à l'île principale, le déjeuner de plats régionaux, enfin à 15 heures l'avion nous ramenant à la ville de Panama. Tout parfait, prix raisonnable, mais pour nous ce n'était pas assez, nous voulions prolonger notre séjour jusqu'au lendemain, louer l'une des cases, y passer la nuit, nous n'étions pas des touristes, il ne fallait pas nous confondre avec le troupeau.

L'homme de l'agence nous considéra d'un air qui me parut à la fois apitoyé et réticent, avec une certaine vivacité – s'il n'avait pas été le vendeur du forfait je dirais qu'il y mit de l'insistance – il nous conseilla de nous contenter de l'excursion habituelle, il fit ressortir le prix prohibitif de la location des bungalows. Plus grande que la sienne fut notre insistance, nous voulions la case, peu importait le prix. L'homme de l'agence était là pour vendre des excursions, des billets, des voyages, il haussa les épaules, en règle avec sa conscience il fit ce que nous voulions.

Dans l'île principale juste quelques habitations, précaires résidences de la garnison, une demi-douzaine de soldats panaméens, et le restaurant éloigné d'une centaine de mètres de l'ensemble des cases. De loin elles paraissaient jolies et confortables. Nous laissâmes notre mallette à la gérante du restaurant, on nous faisait presser, nous nous installerions à notre retour. Nous sommes montés dans les canots annoncés sur le prospectus, ce n'étaient pas des canots mais des barques à moteur, nous avons visité les îles plantées de palmiers, pittoresques, avons pris contact avec les Indiens : de paisibles citoyens, d'habiles commerçants.

Deux dizaines d'indigènes, des femmes pour la plupart, en costume typique – nous avons su que le gros de la population partait à l'aube pour le continent, sur de vrais canots, sans moteur, là les Indiens travaillaient les terres des riches. Ne restaient sur les îles que ces quelques spécimens pour chanter, danser, faire du commerce. Nous avons visité trois îles, l'une après l'autre, la danse et le chant se répétaient, la vente et l'achat des *molas*, plus chères que celles des boutiques de la capitale, on payait la couleur locale, l'exotisme. Le retour à l'île initiale, le déjeuner médiocre, l'embarquement des excursionnistes dans l'avion au milieu de l'après-midi, le départ de la machine volante. Zélia et moi nous sommes retrouvés tout seuls, quand je dis tout seuls ce n'est pas une métaphore, c'est la stricte réalité. L'Indienne qui vendait des *molas* devant le restaurant avait plié bagage, elle s'était en allée Dieu sait où. La métisse d'Espagnole qui avait servi le déjeuner fermait le restaurant, elle se préparait à partir. Elle nous rendit notre mallette, nous remit un paquet de clefs, nous indiqua du doigt le groupe de cases, nous lui avons demandé laquelle était la nôtre, elle nous dit de choisir n'importe laquelle, elles étaient toutes vides, nous étions les seuls occupants. Il nous fallut la supplier et lui donner un gros pourboire pour obtenir qu'elle promette de revenir à six heures nous servir une assiette de soupe, les restes du déjeuner.

Nous avons pris la mallette, nous avons piétiné dans le terrain détrempé jusqu'aux cases. Construites sur le marécage, rarement ouvertes, presque neuves, elles contenaient un lit, un matelas sur une estrade en bois, une armoire poussiéreuse, la literie : deux draps, une couverture de laine, humides, abandonnés là depuis je ne sais quand, dans une odeur de moisi et un nuage de moustiques. Les moustiques ce n'est pas ce qui manque au Rio Vermelho, on en est même fiers, on se vante de détenir le record mondial, mais à côté des moustiques des îles de San Blas on se sent modestes. Même en Amazonie, quand j'y ai été emprisonné, je n'ai admiré d'armée de moustiques aussi nombreux et aguerris. Nous nous sommes regardés, Zélia et moi, nous avions le choix entre rire ou pleurer, nous avons préféré rire et louer les scrupules de l'homme de l'agence, il avait fait son possible pour ébranler notre résolution, il ne pouvait faire plus, il était payé pour vendre des excursions aux touristes et louer des cases aux fous qui par hasard apparaîtraient, échappés du cabanon. Il en était apparu deux, Zélia et moi.

Nous sommes retournés au restaurant suivis de l'avant-garde du bataillon de moustiques, ils sifflaient un hymne guerrier, le champ de bataille était nos cous et nos faces. Le restaurant était fermé, faute de chaises nous nous sommes assis sur le pas de la porte, j'ai demandé à Zélia de chanter des mélodies brésiliennes, j'ai fini par mettre ma tête sur ses genoux et m'allonger sur le sol, je me suis endormi, Zélia m'a couvert le visage avec son mouchoir mais les moustiques de San Blas étaient compétents, nous nous sommes retrouvés, elle et moi, criblés de piqûres. La femme du restaurant est arrivée à l'heure dite, soupe à peine tiède, deux morceaux de poisson, réchauffés, pas de dessert pas de café. De nouveau seuls, Adam et Ève à jeun parmi les moustiques, nous sommes retournés à notre case, nous ne nous sommes même pas déshabillés, nous nous sommes allongés sur le lit, le nuage de moustiques nous a recouverts. Nous avons envié les touristes, à cette heure baignés, nourris, faisant l'amour dans un bon hôtel.

Le lendemain matin, hébétés, affamés, sales, la douche de la case ne fonctionnait pas, le corps et l'âme cuisants, nous nous grattions sans arrêt, s'est produit l'inespéré : l'arrivée d'un petit avion qui venait chercher un soldat malade, brûlant de fièvre, en proie à une crise de paludisme transmise par les moustiques. Brésiliens, Zélia et moi, nous étions à l'abri, elle parce que paulista vaccinée depuis son enfance, moi parce que grapiuna insensible aux épidémies. L'aviateur accepta de nous sauver la vie, par la fenêtre de l'appareil nous avons regardé le paysage, vues de haut les cases faisaient de l'effet, *l'idéal pour un week-end de repos*, comme disait le prospectus illustré et en couleurs.

Avec Carybé il est arrivé pire : il nourrissait le projet de connaître l'île de Pâques, le rêve de toute sa vie. Il finit par découvrir un vol hebdomadaire d'Air France, il menait des touristes de France à Tahiti avec une escale de quelques heures, combien je ne sais, à l'île de Pâques. Ils s'inscrivirent, Nancy et lui mais, n'étant pas touristes – dans le troupeau on ne m'y prendra jamais, jurait l'artiste –, ils ne se contentèrent pas des heures limitées d'excursion, ils interrompirent le vol à l'île de Pâques, ils resteraient là pendant une semaine, ils repartiraient pour Tahiti par le vol suivant. Carybé voulait contempler longuement les sculptures et non pas jeter un rapide coup d'œil comme son compère Jorge.

Ils débarquèrent avec les touristes, ils visitèrent l'île, ils virent toutes les sculptures sans en manquer aucune dans des exclamations d'admiration : *oh la la ! voilà ! ça alors* * *!* les Français embarquèrent, l'avion repartit, Nancy et Carybé restèrent à terre, eux et les indigènes. Il pleuvait à flots, ni hôtel, ni pension, ni chambre avec salle de bains à louer, ils obtinrent à prix d'or d'être hébergés dans une cabane de pêcheur, ils tuèrent le temps à jouer à l'écarté – Nancy ne se sépare jamais de son jeu de cartes, une chance –, Carybé les a en horreur, il déteste tous les jeux de cartes, il hait l'écarté et la pluie, antitouriste par excellence il eut l'écarté et la pluie la semaine entière.

C'est ce à quoi mènent les préjugés contre le tourisme et les touristes, le prix à payer pour être un intellectuel de première, un vrai, le prix que nous avons payé Zélia et moi aux îles de San Blas, nos amis Nancy et Carybé à l'île de Pâques.

Bahia, 1982 –
soulagement

Deux choses ne cessaient de me préoccuper durant ces journées de confraternisation luso-brésilienne. La première concernait l'exposition de José Franco[1], la seconde la conférence de Namora[2]. Y aurait-il des acheteurs pour les pièces de l'artiste ? Y aurait-il du public pour écouter l'écrivain ?

Sous la direction de Manuel Telles, de Santos Martins[3] et de Nuno Lima de Carvalho avait débarqué à Bahia dans le cadre d'échanges culturels une brillante délégation d'outremer ; je me bornerai à citer quelques noms de la littérature, des arts, du journalisme : Amália Rodrigues, José Carlos de Vasconcelos, Cargaleiro, Relógio, le comte de Bahia Chartres de Almeida, Amadeu Costa, folkloriste de Viana do Castelo – et bien d'autres, ils vinrent en force.

Helena et José Franco sont chez eux dans la maison du Rio Vermelho où l'on voit à la porte de la rue une plaque de céramique, ils sont bahianais. Zélia et moi avons maison et atelier à Sobreiro, nous sommes saloios. À Bahia José Franco a utilisé le four de Grace[4] pour cuire ses pièces pétries dans la terre brésilienne, les saints de l'artisan de Mafra figurent dans des collections, quant à moi je ne jure que par ses coqs, ses porcs, ses bœufs, ses cruches, ses personnages – j'ai plus de vingt accortes Saloias dans la galerie et ses grands coqs chantent dans l'entrée

1. Céramiste portugais.
2. Fernando Namora, écrivain portugais.
3. Santos Martins, ambassadeur, à cette époque président de la TAP.
4. Grace Gradim, céramiste.

de la maison. Combien possédons-nous de pièces façonnées par les mains magiques de maître Franco ? J'en ai perdu le compte.

Il est cependant peu connu à Bahia et je crains que, même si l'exposition à la galerie de l'hôtel Salvador Praia a du succès le jour du vernissage, les ventes ne suivent pas. Je me trompais, tant mieux. Une demi-heure après l'ouverture au public, si nombreux qu'il débordait de la salle, il n'y avait plus une seule pièce disponible, toutes avaient été vendues en un clin d'œil. José Franco dut retourner au four de Grace pour cuire de nouveaux saints et satisfaire les commandes.

Pour ce qui est de la conférence de Namora à l'Université, à l'invitation de Cláudio Veiga[1], mes craintes venaient du fait qu'elle avait lieu le même jour qu'un match du Brésil durant la Coupe du monde d'Espagne. Namora possédait au Brésil un public fidèle, il était l'écrivain portugais le plus lu après Ferreira de Castro, en d'autres circonstances les auditeurs ne lui manqueraient pas mais le jour de la rencontre de l'équipe nationale et de l'Union soviétique, valant pour la sélection, qui abandonnerait son pyjama et ses pantoufles pour aller entendre une conférence sur la littérature portugaise moderne ? L'heure de la rencontre de Namora avec ses lecteurs ne coïncide pas avec celle du match, Cláudio Veiga n'est pas fou, loin de là, il l'a fixée deux heures avant, néanmoins je tremble.

Je respire lorsque, en arrivant à l'Institut des lettres, je trouve la salle archipleine, toutes les chaises sont occupées, il y a des gens debout, beaucoup de jeunes, détail qui fait plaisir au romancier qui commence par dédicacer des dizaines de livres. Namora parle une demi-heure, il esquisse le panorama de la poésie, du roman, de l'essai lusitaniens. Suivent les questions des lecteurs, nombreuses et pertinentes. Fanatique de football je regarde l'heure à ma montre, Cláudio Veiga fait la même chose, discrètement. Un jeune homme se lève, dit qu'il a une série de questions à poser, toutes importantes. Namora aussi surveille l'heure :

– Nous allons nous donner rendez-vous à mon hôtel, là je répondrai à tout ce que vous voudrez. Pour l'instant, non, nous allons clore le débat, c'est l'heure d'aller soutenir le Brésil, Sócrates, Falcão et Zico – il connaît l'équipe par cœur, il énumère les noms, il est acclamé.

1. Cláudio Veiga, à l'époque directeur de l'Institut des lettres de l'UFB.

Cláudio Veiga respire soulagé, moi aussi, le public part au galop. Dans la maison du Rio Vermelho, en sirotant un whisky Namora assiste à la télévision à la victoire du Brésil, 3 à 1 si je me rappelle bien.

Paris, 1988 –
l'hélicoptère

J'en ai fait de toutes sortes, des vertes et des pas mûres, et toujours Zélia a cherché et trouvé des excuses aux limites de l'individu que le sort (le mauvais sort) lui a réservé : ignorance, incompétence, imperfections, tendances, instincts, le caractère du coupable.

Elle m'a tout pardonné sauf une chose. Aujourd'hui encore l'hélicoptère du Président est un sujet tabou, on évite d'en parler, si l'on y fait par hasard allusion il provoque un malaise, un sourire amer, des grincements de dents. C'est arrivé en septembre dans l'enchantement de l'automne, à Paris les infirmières s'insurgeaient, de l'automobile officielle nous avons vu la manif immense traverser le pont sur la Seine, les pancartes, les banderoles, la protestation – je me sens solidaire, Zélia me murmure sa tentation de descendre de voiture et de se joindre aux protestataires, elle est incapable de résister à une bonne manifestation de rue. Des hélicoptères de la police, par mesure de précaution et d'avertissement, survolent le cortège des revendications.

Invités du président de la République nous allons déjeuner à près de cent kilomètres, au château de Thierry de Beaucé, alors secrétaire d'État aux Affaires culturelles du ministère des Relations extérieures. C'est ce qu'on appelle un déjeuner intime, peu d'invités, ni thème de travail ni thèse à débattre, de libres propos au rythme des vins blanc et rouge, l'un et l'autre des meilleurs crus. L'amphitryon, François Mitterrand, préside la table, autour de lui, outre le maître de céans l'éditrice Odile Jacob, l'écrivain Jorge Semprun, ministre de la Culture d'Espagne, il est venu spécialement de Madrid, Michèle Cotta et le couple d'écrivains brésiliens.

On parla de la France, de l'Espagne, du Brésil, de l'Europe

en construction, du monde en décomposition, la situation impossible de l'Est européen, les surprises – Zélia et moi partions pour Moscou deux jours plus tard, nous allions voir de nos yeux que la terre un jour mangera. Dire que le déjeuner fut agréable est peu dire : je dirais une petite œuvre d'art, une *miniature belle époque**. Grande fresque des élections présidentielles françaises, rapide ébauche d'une apparition à la télévision, toujours une œuvre d'art, parfaitement exécutée et soigneusement mise au point, c'est ainsi que je vois et apprécie la présence et le comportement de François Mitterrand : plus qu'un homme politique – et combien il l'est ! –, un artiste dans l'exercice et dans le plaisir de la création.

Après le repas, la visite du château, la conversation se prolonge, ici est né Villegaignon, il a fini île dans la baie de Guanabara, la chienne noire saute autour de son maître, Mitterrand lui caresse la tête, l'heure de partir arrive, le Président a beaucoup à faire, l'hélicoptère de la présidence fait ronfler ses moteurs, Jorge Semprun monte. Nous présentons nos devoirs, Mitterrand nous invite à rentrer avec lui en hélicoptère, il me prend par surprise – Zélia frétille de la tête aux pieds, l'invitation l'enchante, elle adore voler, plus encore si la machine volante est présidentielle, *ah, comme c'est aimable, quelle agréable invitation, comment refuser ?* Avant qu'elle n'ouvre la bouche et accepte, ravie, je parle moi, le grossier.

Je refuse l'irrefusable, je refuse de pied ferme sans laisser place à la discussion : *muito obrigado, Presidente,* merci, Monsieur le Président, ce n'est pas moi qui entrerai dans cette machine infernale. Si vous l'ignorez sachez que j'ai horreur des avions, mais cette horreur n'est rien, rien du tout, comparée à la peur que j'ai des hélicoptères – ces pales qui tournent au-dessus de l'appareil me terrorisent, elles peuvent s'arrêter n'importe quand.

Mitterrand insiste, quinze minutes de vol jusqu'au palais de l'Élysée, une voiture nous conduira au quai des Célestins, pourquoi faire cent kilomètres fatigants en auto ? Zélia, défaite, répète la question de l'homme d'État : *pourquoi ?* La voix dure de la dame m'alarme, je sais ce qui m'attend, mais je prends mon courage à deux mains, je prouve ma condition d'homme, de mâle : je me refuse à entrer dans l'hélicoptère, je meurs de peur, Monsieur le Président, c'est ça la vérité. Je ne regarde pas Zélia, je ne suis pas fou.

Cent kilomètres de voiture jusqu'à Paris, une route excellente, nous étalant dans une Citroën d'un suprême confort, un luxe ministériel, je ne parviens pas à arracher un mot à Zélia, un sourire il ne faut pas rêver, sa pensée suit l'hélicoptère présidentiel. La douce face se fait sévère, le regard est voilé d'amertume, je cherche un sujet de conversation, je commente le déjeuner, j'évoque l'intelligence, la bonne humeur, l'esprit des invités et de l'amphitryon, je fais des plaisanteries, j'en remets, j'exagère. Un silence de tombe, l'automobile, misérable machine du début du siècle, est une accusation en mouvement.

La manifestation des infirmières s'est dissoute place de la Bastille, une pancarte abandonnée près d'un pont accuse les potentats, l'indignation contre les injustices de la vie assombrit le visage de Zélia, fermé, remâchant sa tristesse. Le bruit des pales fendant l'air, un dernier hélicoptère de la police survole à basse altitude l'automobile de la déception.

&

Cologne, 1970 –
la soutane

Arlete Soares nous emmène sur les routes d'Europe, du Portugal à la Scandinavie, de tous les chevaux de son infatigable 4 L, pas un seul incident en des milliers de kilomètres.

Elle vit à Paris, à la Cité universitaire, elle commande à la Maison du Brésil le combat contre la dictature militaire, les espions du SNI détachés à l'étranger la surveillent nuit et jour, Arlete n'en a cure, elle fait la pluie et le beau temps parmi les boursiers brésiliens. Boursière elle-même, elle prépare une thèse de doctorat sur les pêcheurs de la plage de Jauá sur la côte de Bahia et règne sur une bande de filles contestataires, Cida, Rina, Dina, Saula, Marta, la Portugaise Rosa, bouton de rose, toutes de ravissantes esclaves. Pour financer ses études Arlete travaille comme vendeuse dans une boutique de parfums et comme domestique chez Miguel Angel Asturias et la comadrita. Entre la politique et l'amour elle n'a pas terminé la thèse qu'elle avait promis de me dédier : et la thèse, Arlete ?

À Cologne (ou est-ce à Munich ?) elle reste suspendue des

heures au téléphone, je la vois revenir tout épanouie, je veux savoir la raison de cette euphorie :

– J'ai eu de la chance, le petit curé était dans sa paroisse, j'ai pu lui parler, j'ai pris rendez-vous.

– Un amoureux ?

– Tu ne savais pas que je suis la belle-fille de Dieu ?

Elle me raconte ses amours avec le prêtre catholique, lui aussi boursier, il loge à la Cité lorsqu'il est à Paris, un Allemand blond de la tête aux pieds, un épi de maïs, Arlete ronronne.

– Prêtre-ouvrier ? – Les prêtres-ouvriers sont à la mode, ils sont de gauche et Arlete est une gauchiste radicale.

– Non, pur Vatican dans la crainte de Dieu et l'obéissance au pape. Il porte la soutane, il ne la retire qu'à l'heure H, tu te rends compte, sur sa peau blanche la soutane noire. C'est la soutane qui m'a tourné la tête.

Elle prend le volant de la 4 L, part à la rencontre du serviteur de Dieu qui par amour pour elle a renié ses vœux de chasteté, a commis le péché de chair, péché mortel, Arlete est le Tentateur en personne.

Je dois, je ne le nie pas, à Dieu et au monde, au diable et à la mère-de-saint, au grand et au petit, les influences que j'ai subies, subies n'est pas le terme juste, elles ne m'ont apporté que des bienfaits. Si je dévore des livres jusqu'à aujourd'hui je le dois à Dumas père, le mulâtre Alexandre, c'est lui qui m'a donné le goût de lire, le vice : à onze ans j'ai trouvé, abandonné sur le bateau d'Itaparica, un exemplaire des Trois Mousquetaires, *j'ai contracté pour toujours le virus de la lecture.*

Je dois à Rabelais et à Cervantes, je suis né d'eux. Je dois à Dickens : il m'a enseigné qu'aucun être humain n'est totalement mauvais, à Gorki, il m'a donné l'amour des vagabonds, des vaincus de la vie, des invincibles. Je dois à Zola, avec lui je suis descendu au fond du puits pour racheter le misérable, à Mark Twain je dois la liberté du rire, arme de combat, à Gogol, le nez, les bottes et la capote.

Je dois à Alencar le romantisme et la forêt, à Manuel Antônio de Almeida la grâce du picaresque, du burlesque, sur la place populaire j'ai clamé avec Castro Alves, j'ai dénoncé l'infamie, avec Gregório de Matos j'ai appris la générosité de l'insulte, j'ai été bouche de l'enfer, j'ai craché du feu, par sa main j'ai découvert les rues de Bahia, le parvis de l'église, la venelle des putes.

Je dois au chroniqueur anonyme du Marché, au conteur d'histoires de la foire d'Água dos Meninos, au trouvère je dois l'élan, l'invention au maître batelier : il a aimé Yemanjá aux abords de l'île d'Itaparica, a dormi avec Oshoum sur le lit d'eaux douces du rio Paraguassu, a possédé Euá dans la cascade de Maragogipe, l'a couchée dans la source parmi les escargots et les pétales de rose. Il est nécessaire de savoir et d'inventer.

Je dois au poète de cordel, je dois.

Prague, 1952 –
le brave soldat

Je réponds à une lettre de Miécio Tati, il veut savoir si Kafka est le miroir du peuple tchèque, son visage, son cœur. Pour Miécio la littérature est une chose vivante, ce n'est pas seulement du papier imprimé, elle existe au-delà des pages des livres, les personnages vont par les rues. Est-ce que je rencontre dans les rues de Prague les personnages de Kafka ?

Je crois que les personnages de Kafka, nous les rencontrons sur tous les chemins du monde, dans toutes les ruelles de l'angoisse, peu importe s'ils sont tchèques, allemands, juifs, ils pourraient être brésiliens, ce n'est pas la nation qui les marque mais le drame, ils appartiennent à une caste, pas à une patrie. Si tu veux connaître les Tchèques, savoir qui ils sont et comment ils sont, je te recommande de lire Jaroslav Hasek[1], son livre sur les aventures du brave soldat Chveik, là oui se trouve la nation. Le sergent patriote qui s'enrôle comme soldat pour faire la guerre, naïf en apparence, est en vérité la recréation du peuple tchèque, maître de l'astuce et de la générosité, intrépide et roublard, sérieux mais pas sévère, rieur mais jamais tapageur. Une figure immortelle, le soldat Chveik : rarement un romancier a incarné

1. Jaroslav Hasek (1883/1923), écrivain tchèque.

avec un tel bonheur et autant de perspicacité l'image de son peuple dans un personnage, Hasek c'est le miroir de la Bohême et de la Moravie. Je me procure un exemplaire de l'édition française de l'histoire du brave soldat et je l'envoie à Miécio.

S'il se trouve quelqu'un qui n'ait pas encore lu la saga de Chveik, *Don Quichotte* contemporain, je lui conseille de le faire au plus tôt, je suis certain qu'il me remerciera de mon conseil. Qu'il parachève sa passion pour Hasek en lisant, s'il a la chance de la trouver, la courte fiction qu'il a écrite en racontant ses aventures de commissaire politique de l'armée Rouge, en 1919, dans les débuts héroïques et romantiques de la révolution soviétique : la satire et la solidarité. Lorsque je l'ai lue Miécio était déjà mort, il s'en est allé jeune de cette vie, je n'ai pas pu lui en envoyer un exemplaire, il avait dévoré *Le brave soldat Chveik* : le miroir du peuple, m'avait-il écrit en me remerciant.

Bahia, 1963 –
la messe

Dom Clemente[1] vient en visite de condoléances, il embrasse Lalu, lui exprime sa compassion pour la mort du Colonel.

Il porte une veste et un pantalon, une chemise ouverte sur la poitrine, impeccable, peigné, parfumé, une gravure de mode, il circule dans la maison, va d'objet en objet, commente les pièces de la collection d'art populaire avec des gestes efféminés. Dom Clemente est une notabilité, muséologue éminent il a organisé et il dirige le musée d'Art sacré, prunelle des yeux d'Edgard Santos, sa renommée est mondiale. Le Dom Maximiliano de *Yansan des orages* a certains traits de lui : l'éruditon, la compétence, les manières. Lalu le suit d'un regard suspicieux : *est-ce qu'il serait par hasard merliflore* ? Elle désigne ainsi les homosexuels, allez savoir pourquoi, Dona Angelina dit chochotte, les deux matrones ont chacune leur vocabulaire.

– Qui est ce monsieur ? C'est encore un peintre ? – Peintre pour Lalu est synonyme de fainéant, de viveur.

1. Dom Clemente da Silva Nigra (1903/1987), moine bénédictin, directeur du musée d'Art sacré de Bahia.

– Non, Mère. C'est Dom Clemente, il est prêtre.
Dom Clemente s'éloigne dans la galerie, Lalu s'étonne :
– Prêtre ? Il n'en a pas l'air.
– C'est lui qui a dit la messe pour Papa.
– Il a dit la messe pour João ? Pshh... Alors il faut en faire célébrer une autre, celle-ci ne valait pas.

Montreux, 1988 –
la mafia

À Montreux je retrouve Alfredo Bini[1], mon vieux complice de cinéma et de farces, nous sommes membres du jury du festival de cinéma électronique en compagnie de Bertrand Labrusse, président de la SFP, et des metteurs en scène Marina Goldovskaya et Nagisa Oshima, celui de *L'Empire des sens* – Bini propose que le Japonais fasse une démonstration publique de scènes du célèbre film, avec bonne humeur Oshima promet un strip-tease, c'est une personne de bonne compagnie.

La Soviétique Goldovskaya et Fan Siao Ping, productrice installée à Hong Kong, ont une passion pour le film japonais, des paysages bien photographiés, un irrésistible torrent de larmes, du romantisme. Bini et moi préférons un film commercial de la Fiat, dans son genre c'est un chef-d'œuvre. Il est évident que la majorité du jury est tentée de donner le Grand Prix au film larmoyant, la Russe compte sur ses doigts les voix acquises, elle crie victoire avant l'heure, elle ne se méfie pas de la paire Bini-Amado, imbattable dans ce genre de défis. Hormis le Grand Prix sont donnés des prix par catégories : fiction, documentaire, publicité, musical, nous intervertissons l'ordre des votes, nous commençons par les prix par catégories. À l'unanimité le Nippon aux beaux paysages est proclamé vainqueur dans la catégorie fiction, comme il a déjà été choisi nous le déclarons hors compétition pour le Grand Prix, lui et les autres film déjà primés : le commercial de la Fiat concourt sans rival qui puisse le menacer, il remporte les lauriers. La Soviétique ne parvient pas à com-

1. Alfredo Bini, producteur de cinéma italien.

prendre ce tour d'escamotage, jusqu'à ce jour elle ne s'explique pas ce qui s'est passé : *le film japonais avait la majorité absolue, comment expliquer que le commercial italien ait remporté la palme ?* Elle m'interroge, je l'envoie à Bini, Bini écoute et sourit : quelle femme au monde résiste au sourire d'Alfredo Bini ? Je n'en connais aucune, que ceux qui en connaissent me le disent.

Dans un moment de nostalgie Alfredo me dit : nous devons inventer une production basée sur un roman de toi pour que je puisse retourner au Brésil, c'est tout ce que je désire, nous rions en nous rappelant certaines tentatives de monter la production de films tirés de mes livres. Bini veut se réserver les droits pour le cinéma de mon prochain roman : je vais entreprendre de mettre sur pied la production, sois tranquille.

Il n'eut rien à voir pourtant avec le coup de téléphone de Dino de Laurentis[1] au milieu des années 50 : il veut savoir lesquels de mes romans sont libres pour le cinéma, il part pour le Venezuela, il va filmer la vie de Bolivar, puisqu'il sera en Amérique du Sud pourquoi ne pas faire un saut jusqu'au Brésil pour tourner une de mes histoires, l'idée m'enthousiasme, je lui indique des titres, De Laurentis va choisir l'un d'eux, il me retéléphonera. Il n'a jamais plus téléphoné, sans doute a-t-il découvert à temps que la distance entre Caracas et Rio de Janeiro n'est pas aussi courte que celle entre Rome et Paris.

Bini n'eut rien à voir non plus avec le projet de De Sica de filmer le conte du commandant Vasco Moscoso de Aragão sur un scénario de Zavattini[2], le projet en resta aux conversations et aux coups de téléphone – ce que les producteurs italiens dépensent en téléphone suffirait à financer un film brésilien. À propos du *Capitaine au long cours*, je fêterai bientôt les vingt ans de mes relations avec Anthony Quinn et de son projet de film, l'histoire de Vasco Moscoso le fascine, pour y parvenir il s'est associé avec la Warner Brothers, propriétaire des droits cinématographiques du roman. Il annonce son arrivée à Bahia, prend rendez-vous, oublie d'avertir que le voyage est remis. L'industrie du cinéma est spéciale, elle a des lois à elle.

Le premier à adapter pour le cinéma italien un roman de moi fut Sergio Amidei, la production serait de Carlo Ponti avec

1. Dino de Laurentis, producteur de cinéma italien.
2. Cesare Zavattini (1902/1989), cinéaste italien.

Sophia Loren dans le rôle de Livia, le projet ne se réalisa pas bien que Bini ne fût pas mêlé à la production. Il n'est pas coupable non plus de mes aventures avec Rossellini, le père – il participa au projet du fils, Renzo, mais allons par ordre, respectons les droits des aînés et commençons par Roberto, le grand, le magnifique, l'inoubliable, non seulement parce qu'il s'agit de l'auteur de *Rome ville ouverte,* mais parce que c'était une merveille de personne.

Un coup de téléphone de Roberto Rossellini, nous évoquons Rome, échangeons des souvenirs, nous nous connaissons depuis longtemps, il m'appelle pour me faire part de sa décision de filmer *Jubiabá*, il veut savoir si les droits de cinéma sont libres, je lui réponds que oui, alors le producteur va t'envoyer un contrat, il m'annonce des dollars par dizaines de milliers, l'émotion me tord les tripes, Rossellini arrivera à Rio dans quinze jours pour faire les repérages et pour discuter du scénario, il retéléphonera pour donner le numéro du vol et la date exacte. Il a retéléphoné cinq ans plus tard, il a donné la date exacte et le numéro du vol mais il avait totalement oublié l'affaire de *Jubiabá,* il venait faire un film par épisodes sur le Brésil comme il l'avait fait sur l'Inde, les projections de son film avaient un grand succès : *je compte sur toi,* me dit-il.

Je compte sur toi, et comment ! Il me fit écrire en quinze jours onze histoires différentes pour les onze épisodes qui se passaient dans onze villes : Rio, São Paulo, Bahia, Fortaleza, Manaus, Porto Alegre, Ilhéus – une histoire liée au cacao –, Blumenau, Goiânia, Santos et São Luis do Maranhão, chacune avec un thème et des personnages spécifiques, la folie. Il était descendu au Copacabana Palace, en face de notre immeuble rue Rodolfo Dantas, il était là pour le petit déjeuner, il venait au travail, j'ai travaillé comme un esclave. Sans compter qu'à partir d'une certaine heure commençaient à arriver les amis, l'appartement se remplissait, le whisky allait bon train, Di Cavalcanti, Samuel Wainer, Adolfo Celi. Rossellini attaquait en même temps sur deux fronts : la rédaction du scénario et la constitution d'un groupe de magnats brésiliens pour la coproduction, Samuel traçait des plans, téléphonait à des capitalistes, brassait des millions. Le travail et la fête : l'invention des histoires, les déjeuners, les dîners, les boîtes, ce furent quinze jours de labeur et de bringue.

Les histoires terminées, le scénario conclu, engagées les négociations avec les banquiers, Roberto dit à bientôt, *je vais à*

Rome terminer de monter la production et je reviens avec l'équipe, il n'est jamais revenu. Qui vint, des années plus tard, c'est son fils Renzo, il vint avec Bini, il s'agissait de *Tieta.*

Bini était déjà venu en compagnie de Franco Cristaldi[1], un vieil ami à moi, je l'avais connu jeune producteur dans les années où je rêvais à Rome d'être cinéaste, un rêve réduit en miettes par le militantisme politique. Franco et Alfredo étaient venus m'acheter les droits de *Tereza Batista* pour cinq ans, ils les achetèrent et même payèrent : enfin, après tant d'années je vis la couleur de dollars italiens. En m'entendant relater mes mésaventures précédentes, Bini afficha richesse et correction : *avec moi c'est comme ça, ce qui est dû est dû.*

Franco n'était plus marié avec Carla Simonetti, ayant produit un film joué par Zeude Araya, Noire abyssinienne d'une beauté à se damner, il en tomba éperdument amoureux et pour toujours, il fit de Zeude sa femme et son étoile, elle serait la Tereza du film. Ils allèrent à Bahia, j'exhibai Zeude au Marché Modèle, elle fut approuvée pour le rôle avec extase et gourmandise par les buveurs de bouillon de pétoncles à la gnole – un aphrodisiaque hors ligne –, en matière de beauté Zeude n'avait rien à envier au personnage, et comme aphrodisiaque elle suffisait à elle seule : Zeude, une merveille !

Les cinq ans du contrat arrivés à terme, Bini laissa la Chine où il filmait avec Cristaldi le film sur Marco Polo, il vint me rejoindre à Lisbonne, pour encore cinq ans les compères m'achetèrent les droits, ils me payèrent correctement : *ce qui est dû est dû*, répéta Alfredo. Sous prétexte de monter la production, au cours de ces dix ans Bini, le producteur, vint à diverses reprises à Bahia. Plus qu'une fête, sa présence était un festival, on n'a encore inventé personne de plus agréable qu'Alfredo Bini. Les dix ans se terminèrent, le film ne fut même pas entamé, mais ce que nous nous sommes amusés remplirait un livre.

N'ayant plus *Tereza Batista*, Bini passa à *Tieta*, c'est alors qu'il débarqua avec Renzo Rossellini en annonçant pour les prochains jours l'arrivée de Lina Wertmuller. Tandis qu'il l'attendait Bini se mit en ménage, pratiquement épousa une jeune et gracieuse Juive dont le mari, marchand de tableaux, avait fermé boutique à Bahia pour ouvrir une galerie à São Paulo, il

1. Franco Cristaldi, producteur italien.

voulait s'enrichir beaucoup et vite comme l'avait fait Valdemar Szaniecki, son frère de race et de religions, tous deux étaient orthodoxes et ogans du candomblé. Il avait abandonné la pauvrette sans argent et avec ses enfants, Bini la connut à la plage, Italien *bel'uomo,* célèbre cinéaste, elle fut sous le charme, elle avait besoin de consolation, il se proposa, il était expert, elle n'accepta pas de monter dans sa chambre d'hôtel, ça ferait mauvais effet, mais elle l'invita à dîner dans son foyer vide, maison de veuve en deuil. Bini apporta du vin allemand faute de cru italien, il logea chez la délaissée durant le restant de son séjour à Bahia, il mettait le matin le pyjama du marchand, la nuit il n'en avait pas besoin, leurs jeux au lit, lui et la belle les pratiquaient nus. Il l'avait trouvée triste et déprimée, bientôt lui revinrent le rire et l'euphorie, quant au foyer, il était à son arrivée dans une totale désorganisation, la pagaille, les enfants, mal élevés, n'étudiaient pas, à la porte les créanciers exigeaient le règlement de notes en retard. Bini remit tout en ordre, la maison devint un bijou, il n'était pas pour rien producteur de films, il discuta avec les créanciers et les convainquit d'attendre avec patience et espoir le retour du marchand, les poches pleines de l'argent gagné à São Paulo, il mit les petits au travail, donna une chiquenaude à l'aîné, tira l'oreille du rouquin pour leur apprendre l'obéissance, le troisième jour les enfants lui demandaient sa bénédiction. En cours intensif, classes le matin, l'après-midi et toute la nuit, il enseigna à la dame divers chapitres de la bagatelle, elle ne connaissait que le b-a-ba sioniste, il la laissa à point, apte à fêter comme il se doit le retour de son mari.

Lina Wertmuller arriva à la Pedra do Sal introduite par Bini, Zélia et moi l'avons reçue à bras ouverts, nous adorions ses films. Elle apportait le scénario adapté de mon roman, pour la première fois Lina allait filmer une histoire qui n'avait pas été imaginée par elle. Elle me montra le manuscrit, le posa sur la bibliothèque : *je veux que tu le lises et m'en parles.* Lina allait partir en voyage, le sertan de Bahia, l'État du Sergipe, les villes d'Aracajou et d'Estância, la plage du Mangue Seco, elle allait voir les lieux, rencontrer les gens, *me gaver de Brésil,* me dit-elle et je la crus. Je la remerciai et refusai l'invitation de l'accompagner dans le petit avion loué par Bini pour survoler la campagne, les plages et les villages à basse altitude. Quant au scénario je n'y touchai pas, je ne le lirais qu'au retour de Lina, je sais combien est fausse et déformée l'image que les intellectuels européens se font du Brésil, ils le connaissent par ouï-dire, en général par ouï-dire idéologique, manichéiste.

À son retour quelques jours plus tard, en entrant dans la salle Lina me demanda :

– Tu as lu le scénario ?

Je dis que non, il se trouvait là où elle l'avait posé, dans la bibliothèque. Elle respira soulagée : *tant mieux, il ne vaut rien, il n'y a rien du Brésil dans ce que j'ai écrit.* Rien de ce qu'elle avait entendu et imaginé, de ce qu'elle avait mis dans son histoire, c'était différent, parfois l'opposé. Elle déchira devant moi le scénario : *je vais en écrire un autre, maintenant je sais, tu vas aimer,* me dit-elle. Ainsi fut-il, le nouveau scénario recréait le Brésil avec les yeux et le talent de Lina. Dommage que la faillite de la banque Ambrosiano ait liquidé le projet à la veille du commencement du tournage de *Tieta.*

Ah, la mafia du cinéma italien, adorable. Argent rare, tournage de loin en loin, mais quel plaisir de création, quel enchantement de convivialité, quelle chaleur d'amitié. Je les adore, les mafieux de l'irrévérence, de la grâce, de la folie permanente, s'ils n'étaient pas comme ça ils n'auraient pas réalisé le miracle du cinéma italien, unique, l'exaltation de l'homme, le plus misérable est un commandant, un rêveur, la femme la plus pute est une madone, une sainte sans péché, la *mamma.*

L'autre jour, quand l'assassinat de Chico Mendes faisait la manchette des journaux, Bini me téléphona de Rome à Bahia : *combien veux-tu pour écrire un scénario pour le cinéma, l'histoire de Chico Mendes, l'extraction du caoutchouc, les chercheurs de diamants, les Indiens, la forêt vierge, je mets sur pied la production, je te paie en dollars, tu imagines comme nous allons nous amuser en Amazonie ?*

Purchase, 1979 –
les cigares et le vin

Chaque fois que j'avais un porteur j'envoyais à Alfred Knopf des cigares bahianais, avec le nom du gringo gravé sur les boîtes ansi que sur la bague qui entourait chaque pièce, des cigares de São Felix roulés sur les cuisses des filles. Fernando Suerdick, héritier de l'industrie et de la tradition, me fournit gracieusement ce présent. Fumeur autant que connaisseur, Alfredo m'assure que les cigares de Bahia sont les meilleurs parmi les meilleurs, mis à part ceux de Cuba, *hors concours* Dans ce cas l'opinion de l'éditeur yankee coïncide avec celle de l'écrivain soviétique Ilya Ehrenbourg – autre client à moi, c'est-à-dire des cigares bahianais, sauf que pour Ilya les meilleurs de tous étaient ceux du Marché, les cigares à deux sous.

Or, rentrant d'un voyage aux States où il avait porté le cadeau que je lui avais confié, Alfredo Machado trahit un secret : Knopf lui avait demandé de ne rien me dire, il ne veut pas m'attrister, mais il se trouve qu'il avait perdu le goût des cigares. Tous les jours, en un rituel précis, il fumait son premier cigare à dix heures du matin, sur le banc du jardin, a côté d'Helen. Un jour il alluma son cigare, un pur Havane, il tira la première bouffée et n'en sentit pas le parfum, il le trouva sans charme, il ne lui donnait plus de plaisir, ne le faisait pas rêver, Alfred avait perdu le goût du tabac du cigare. Jamais plus il ne sentit la volupté de la fumée, ne jouit du raffinement des marques, des provenances, quand on perd le goût c'est totalement et pour toujours.

– Je prie Dieu tous les jours pour qu'il me conserve jusqu'à la mort le goût du vin, si je le perdais que me resterait-il ?

Du vin il n'a perdu ni le goût ni la science. En 1979, Zélia et moi partons aux États-Unis pour être avec Alfred le jour de ses quatre-vingt-dix ans vécus parmi les livres et les amis, il avait convoqué les intimes, les amis de cœur, Helen nous voulait à Purchase où aurait lieu la fête, nous y avons passé une semaine. Alfred a choisi les vins blancs et les vins rouges à servir à la date de ses quatre-vingt-dix printemps et il les a servis lui-même à ses invités après les avoir goûtés, il avait conservé intact le goût du vin, il fermait les yeux pour le savourer.

Rio de Janeiro, 1970 –
l'amiral

Séance solennelle à l'Académie, nous sommes en costume d'académiciens, il va bien à Silva Melo, grand et maigre, et à Afonsinho[1], aristocrates mineiros ils sont nés pour le porter, à Alceu[2] et à Barbosa Lima qui le portent comme une jaquette, à la mode de Joaquim Nabuco, à d'autres il va moins bien, j'ai l'air d'un garçon de courses d'une maison riche. Afrânio Coutinho ressemble à un comte doublé d'un amiral de la marine de guerre, élégantissime.

Professeur titulaire de l'Université fédérale, à cette époque Afrânio était directeur de la Faculté de philosophie qui occupait un bâtiment construit par l'Angleterre, le pavillon britannique de l'Exposition internationale célébrant le centenaire de l'Indépendance du Brésil en 1922, pavillon voisin de celui de la France, le Petit Trianon, donné à l'Académie. Afrânio faisait le galant, exhibant son costume et sa science au milieu d'une assistance féminine avant l'ouverture de la séance, quand on vint le chercher précipitamment car des troubles avaient éclaté dans l'enceinte de sa Faculté.

Les étudiants contestaient la dictature, ils le faisaient avec véhémence et bravoure, la dictature réagissait avec férocité, une patrouille de l'armée, commandée par un sous-lieutenant fort des ordres de ses supérieurs, venait d'envahir la Faculté de philosophie dans l'intention d'arrêter des contestataires. Responsable des lieux et des jeunes gens, Afrânio n'hésita pas, il s'excusa auprès des dames et auprès de ses confrères, il se dirigea vers le bâtiment voisin décidé à faire respecter le territoire de la Faculté et les droits des étudiants. Imposant dans son costume d'académicien, une main sur le pommeau de l'épée, dans l'autre le bicorne de Napoléon.

Le spectacle qu'il découvrit l'emplit d'indignation : les soldats s'attaquaient aux jeunes gens, ils traînaient deux d'entre eux, tentaient de les embarquer dans la voiture militaire pour la torture dans les casernes. Afrânio s'élança en criant, quand il reprit ses esprits il brandisait son épée, aveugle de fureur. En le voyant

1. Afonso Arinos de Mello Franco, écrivain et homme politique.
2. Alceu Amoroso Lima, écrivain, connu également sous le pseudonyme de Tristão de Athayde.

les brutes lâchèrent les étudiants, ils reculèrent, s'éloignèrent, le sous-lieutenant perdit son aplomb, il se mit au garde-à-vous devant l'amiral, il n'était pas général mais c'était équivalent.

Cette action d'éclat lui valut un procès militaire, Afrânio échappa de peu à une condamnation et à la prison. Il était accusé de s'être approprié l'uniforme d'amiral de la marine et de s'en être servi pour empêcher l'action des autorités chargées du maintien de l'ordre : *escroc et imposteur, subversif, pour tout dire un terroriste.*

Praia do Guincho, 1980 –
les gardes du corps

Dans la rue déserte, il est plus d'une heure du matin, Alfredo Machado s'inquiète de ne pas voir les hommes de la sûreté : *où sont-ils ?* Un seulement, il aide le chauffeur à ouvrir les portes de la limousine noire, la voiture officielle du président de la République de Portugal. Nous venons de dîner avec le président Eanes dans l'appartement de José Carlos de Vasconcelos, en plus des maîtres de maison, Alfredo, Zélia et moi. Alfredão n'a jamais vu une chose pareille, habitué à l'armée de gardes du corps en uniforme et en civil qui, au Brésil, protègent les militaires arrivés à la présidence – un président en exercice et son épouse protégés par un seul garde du corps. C'est que, au contraire des militaires, ils n'ont pas besoin de la protection des armes, ils ont l'affection du peuple.

Pour nous ce n'est pas une nouveauté, nous avions déjà été témoins d'une chose incroyable lorsque le couple Manuel Telles invita Maria Manuela et António Ramalho Eanes – il achevait son premier mandat – à un déjeuner avec nous, plus James Amado et Antônio Celestino, à l'hôtel du Guincho. À l'heure dite nous étions au portail à attendre comme le veut le protocole, une coccinelle s'approche, au volant le président de la République, il descend, tend la main à son épouse, Maria Manuela, de garde du corps pas trace.

En ce temps le Président n'était pas très rieur peut-être, car ayant assumé des responsabilités encore jeune il voulait affirmer son sérieux. En laissant la présidence, deux mandats de cinq ans chacun, il a appris le goût de rire avec Calasans Neto, maître en la matière, qui ne l'a pas encore entendu raconter l'histoire de la baleine est un malheureux – ou un privilégié, car il va l'entendre pour la première fois, moi je l'ai entendue plus de cinquante.

Longtemps après Alfredo s'étonnait encore : le Président et la Première dame allant dîner dans une maison amie, et un seul garde du corps pour les accompagner. Alfredo s'était trouvé brusquement face à la démocratie dans l'aube portugaise, au Brésil c'était la nuit noire des militaires

Bahia, 1970 –
les hippies

À la porte les deux jeunes filles, des adolescentes jolies et infectes. Malgré leurs jeans délavés, avec des accrocs, leur tee-shirt avec le mot d'ordre : *faites l'amour et pas la guerre*, leurs sandales de cangaceiro, même pour des hippies elles étaient vraiment trop sales. Celle qui m'appelait mon oncle expliqua qu'elles venaient de sortir de prison : la police avait fait une descente sans prévenir dans la capitale latino-américaine du mouvement hippie, sur la plage d'Arembepe, faubourg de la ville de Bahia, elle avait coffré des centaines de jeunes gens (et quelques joyeux drilles d'âge certain). J'étais au courant, j'avais reçu des coups de téléphone d'amis de Rio et de São Paulo, Fernando, Samuca[1], Helena, Miécio, Chico Barbosa, me demandant d'intervenir pour faire libérer leurs filles insurgées, activistes de la révolution sexuelle. Je convie les jeunes filles : entrez s'il vous plaît.

– Oncle, le carnaval commence dans quatre jours, on voulait y assister, je suis venue vous demander si vous nous laisseriez camper une semaine dans le jardin, après le carnaval on file.

– Camper dans le jardin ?

– Seulement jusqu'au mercredi des Cendres, Oncle.

Elle avait le droit de m'appeler oncle, ses parents étaient des amis très chers, mes compères, j'avais baptisé sa sœur cadette,

1. Samuel Wainer.

mineure de cinq ou sept ans, elle n'avait pas encore l'âge de militer dans les troupes de la bonne cause, mais elle était déjà sympathisante, me dit l'aînée lorsque je lui demandai des nouvelles de ma filleule. Je considérai la demande avec bienveillance, je cherchai à trouver une solution qui préservât le jardin et leur permît le carnaval, la requête m'avait touché. Je trouvai la solution avant que les deux révolutionnaires du sexe aient choisi l'endroit du jardin où monter leur tente. Il existait des dizaines de petits hôtels plus ou moins familiaux, l'avenue Sete était pleine de ces auberges étriquées, mais bon marché, je connaissais le patron de l'une d'elles, Sergipan, cousin de Nelson de Araújo, lorsqu'il était venu habiter Bahia le conteur était descendu là, gratuitement bien sûr. Je fis asseoir les petites, Zélia leur donna des bols de café au lait et les restes de la table du matin : gâteau de tapioca, fruit-pain, tranches dorées, elles dévorèrent, la nourriture de la prison était maigre et mauvaise.

Je téléphonai au parent de Nelson, je me nommai, il me traita de docteur, je lui demandai s'il avait une chambre libre, pour deux personnes, il en avait encore une, je fis la réservation : je vais envoyer deux jeunes filles, elles resteront une semaine, jusqu'à la fin du carnaval, la dépense est à mon compte, dès qu'elles partiront téléphonez-moi pour me donner la note, je la ferai payer. Aurélio les conduisit, Zélia les munit d'un sac bien garni, attentions de tante.

J'oubliai totalement l'affaire, j'avais bien autre chose à penser, le carnaval arriva, laissa des regrets, je me gavai des moquecas de poisson de la semaine sainte, à Bahia la passion du Christ est un festival culinaire, approcha la fête de l'Alleluia, on me demanda au téléphone. C'était le patron de la pension, il rappela la réservation d'une chambre pour les jeunes filles, je faillis mourir de honte. Je me répandis en explications : pardonnez mon oubli, la pension des petites m'était sortie de la tête, j'étais en dette mais j'allais tout de suite envoyer quelqu'un le payer, quel était le montant de la note, combien de jours étaient-elles restées, quand étaient-elles parties ?

– Elles ne sont pas encore parties. Je ne réclame rien, je voulais seulement savoir si le senhor docteur répond encore de la note… des jeunes filles et du garçon.

– Du garçon ?

– De l'amoureux…

– Ça veut dire qu'il y a deux chambres ?

– Non, docteur, une seule chambre, la plus grande dépense du garçon est en coca-cola, je n'ai jamais vu quelqu'un qui l'aime autant.

La nièce vint au téléphone, elle s'excusa : *vous savez comment c'est, Oncle, on ne se rend pas compte, le temps passe, mais nous sommes sur le point de partir, demain nous prenons l'autobus pour Rio.* Ils vinrent à la maison dire au revoir : la nièce, l'amie et le garçon. Il m'apportait un livre, ses débuts dans la fiction, un confrère, un concurrent, il signait Ramirão ão ão, l'ouvrage s'intitulait *Urubu Roi.*

Je l'ai lu, j'ai dit à Zélia : le garnement a du talent sauf qu'il est fou, mais la folie passe. La sienne est passée, Ramiro de Matos, en hommage à son bisaïeul Gregório, signe Gramiro de Matos, aujourd'hui il est professeur d'Université, sans doute le plus important spécialiste des littératures des pays africains de langue portugaise. Quand je lui ai offert sa consommation de coca-cola et le régal de sa double amourette, il était Ramirão ão ão, fichu nom de porte-parole de la révolution sexuelle, *faites l'amour et pas la guerre* – il ne peut y avoir de mot d'ordre plus séduisant et plus valable, il a changé le monde.

&

– Seu Aurélio, la vie est une absurdité
– C'est rien de le dire, docteur.

&

Rome, 1990 –
grandeur

Remis pour la première fois, le prix des Littératures latines, patronné par Union latine, est remporté par Juan Carlos Onetti, l'Uruguayen le mérite amplement, le résultat me réjouit, je suis ami de Juan Carlos depuis mes années d'exil en Uruguay, dans les années 40.

Le prix a été départagé au dernier tour entre Onetti et le

romancier italien Vicenzo Consolo. Lorsque j'ai reçu d'Union latine la liste des candidats – y figurait pour le Brésil mon compère João Ubaldo Ribeiro –, j'ai pensé que le partage se ferait entre Onetti et le Portugais Miguel Torga, à ma surprise Torga a été éliminé au premier scrutin, l'unique voix qu'il a eue a été la mienne.

Une question me vient à l'esprit : si demain les Suédois donnaient le prix Nobel à un écrivain portugais qui l'obtiendrait parce qu'il est à la mode et qui le mériterait parce qu'il est effectivement grand, je me demande si sa grandeur l'amènerait à proclamer qu'avant lui et avant tout autre écrivain des langues portugaises, mériterait de le recevoir le poète et prosateur Miguel Torga, face et couilles du Portugal. Aussi grand que l'écrivain doit être le citoyen, la grandeur n'a pas de limites, elle n'a pas deux mesures.

Rio de Janeiro, 1957 –
fonds

La campagne de déstalinisation va bon train en Union soviétique, elle ne va pas durer longtemps, la mémoire des tyrans trouve toujours des fanatiques qui la soutiennent. Khrouchtchev change le nom du prix Staline, il s'appelle désormais prix Lénine, décret avec effet rétroactif.

J'ai été un staliniste d'une conduite irréprochable, sous-chef de la secte, sinon évêque au moins monseigneur, j'ai découvert l'erreur, ça m'a coûté du travail et de la souffrance, j'ai laissé la messe au milieu, je suis sorti en douce. Ce n'est pas parce que je me suis rendu compte de mon erreur et ai abandonné le bercail que j'ai caché et nié avoir reçu un jour de gloire, avec un honneur et une émotion difficilement imaginables, le prix international Staline[1].

Voici que me parvient une lettre du comité du prix m'annonçant le changement, je cesse d'être prix international Staline pour être prix international Lénine, la lettre est accom-

1. À sa seconde remise, en 1951.

pagnée d'une médaille en or à l'effigie de Vladimir Ilitch pour remplacer la première, celle de Joseph Vissarionovitch, d'un diplôme fraîchement délivré à suspendre au mur à la place du précédent. Le président du comité demande la rétrocession sans délai de la médaille et du diplôme qui, à la solennité de Moscou, m'avaient été remis par Ilya Ehrenbourg.

Je reçois sans enthousiasme médaille et diplôme et les mets dans le tiroir où se trouvent les anciens. Mais je ne réponds pas à la demande de rétrocession, je garde les uns et les autres : on m'a attribué le prix Staline, moment culminant de ma vie, pourquoi renvoyer la médaille en or, le parchemin du diplôme ?

Les deux médailles, les deux diplômes se trouvent aujourd'hui dans le fonds de la Maison du Largo du Pelourinho[1] à Bahia – là on peut les voir à côté d'autres parements et ornements.

Vienne, 1991 – protestation

Les journalistes qui couvrent le Congrès international du Pen Club veulent savoir mon opinion sur l'affaire Salman Rushdie, je ne peux contenir mon indignation. De Rushdie j'ai lu un roman, *Les enfants de minuit,* je l'ai aimé, et un petit livre sur le Nicaragua sandiniste, des pages de solidarité. Où se cache la solidarité envers l'écrivain menacé ?

Il me paraît absurde, incroyable, inacceptable qu'à la fin du XXe siècle un écrivain soit enfermé dans une cachette, sous la protection de la police, proscrit de la société, condamné à mort par une secte pratiquant la discrimination religieuse, par l'Inquisition chiite avec l'aval du gouvernement de l'Iran. Je pense que la communauté internationale des créateurs de littérature, d'art et de science n'a pas été à la hauteur de la protestation qu'une telle situation exige.

Pas un seul écrivain ne peut rester indifférent à cette agression sans mesure au droit de créer, à la liberté de pensée et d'expression. Celui qui ne proteste pas, qui n'exige pas que la

1. Fondation Casa de Jorge Amado.

menace de mort qui pèse sur Salman Rushdie soit écartée, manque à son devoir le plus élémentaire. Le droit de créer est en danger, l'existence même de la littérature est menacée

Bahia, 1991 –
Eunice

L'écrivain débutant pénètre dans la salle, manuscrit en main, je travaille mais que faire sinon le recevoir ? Je prends le manuscrit pour le lire, le préfacer, le recommander à un éditeur – je promets et, pire encore, je tiens parole. Tous les jours la chose se reproduit, on me vole mon temps et mon énergie pour écrire, je suis hors de moi, j'appelle Eunice pour lui dire deux mots, elle est avec nous depuis plus de vingt ans, ses cheveux se sont argentés dans cette maison du Rio Vermelho, plus qu'une employée c'est une amie.

Comme mon père je ne sais pas parler sans crier, j'effraie les gens, même Zélia ne s'y est pas encore habituée – je fais un effort, je baisse la voix pour protester :

– Eunice, ne t'ai-je pas demandé de dire que je ne suis pas là ?

Le sourire d'Eunice, authentique sourire angélique :

– Un garçon si sympathique, je n'ai pas eu le courage de lui fermer la porte au nez...

Quand elle me voit réellement furieux, Eunice confesse :

– Je ne sais pas mentir, ça me reste en travers de la gorge.

Par la porte d'Eunice entre le premier venu qui est à ma recherche : le reporter, l'équipe de télévision, le conseiller financier, le garçon du coin, le raseur type, les gamins en bande qui veulent un autographe de Dorival Caymmi quand ce n'est pas de Vinícius de Moraes, la fille-de-saint, l'écologiste de la Lagoa do Abaeté, le peintre naïf, le poète marginal et la horde de touristes. Je menace Eunice :

– Si je ne travaille pas, comment vais-je payer ton salaire ? Je devrai te renvoyer.

– Vous pouvez si vous voulez, sauf que je ne m'en irai pas. Il n'y a pas besoin de me payer.

On frappe à la porte, Eunice va ouvrir.

Je veux consigner ici, pour y souscrire, une phrase de Romain Rolland, l'humaniste de Jean-Christophe, *datée de 1927 :* je ne reconnais à aucune minorité, à aucun homme, le droit de contraindre un peuple, fût-ce à ce que l'on croit son bien, par des moyens atroces. *C'est ainsi*

Bahia, 1981
la fête de Carybé

En compagnie de Guga[1] je vais parler à Antônio Carlos, gouverneur de l'État, de l'édition du livre d'aquarelles de Carybé sur les divinités africaines dans le candomblé de Bahia, un livre fondamental. Les coffres de l'Université étant vides, Guga m'avait proposé de faire la tournée des banquiers. Allons d'abord trouver Toninho, lui dis-je, aller voir les banquiers sans lui avoir parlé serait l'offenser. Je connais Antônio Carlos par cœur, je le connais depuis de longues années.

Non seulement je le connais mais je l'aime, j'aime les gens autant pour leurs défauts que pour leurs qualités. Dans le cas de Toninho il est Bahia, sa chair et ses entrailles, c'est-à-dire le oui et le non. Dans l'homme politique et l'administrateur deux choses surtout me séduisent : sa qualité intrinsèque de Bahianais, Toninho est bahianais avant tout, et son intérêt permanent pour la culture, prouvé, véritable. J'ai cité deux qualités, il en a bien d'autres, les défauts je n'ai pas besoin de les dire, la partie des médias qui ne l'aime pas, un pourcentage considérable, les imprime chaque jour dans les pages des journaux : *mauvais, réactionnaire, suppôt de la TV Globo,* etc., dans la catilinaire il y a peu de vérité et beaucoup de bassesse.

1. Luiz Fernando Macedo Costa (1925/1984), médecin, alors recteur de l'UFBA.

Antônio Carlos achève de déjeuner, voir Arlete – patiente, discrète, aimable, parfaite, composée uniquement de qualités – est un privilège. Carybé va avoir soixante-dix ans, dis-je à Toninho, desquels il a passé plus de trente à recréer Bahia, notre peuple, notre vie, notre mystère, tout ceci est dans le livre des orishás qui sont arrivés d'Afrique dans les navires négriers et qui ici se sont fait baptiser. Nous parlons du projet de l'édition, l'Université n'a pas un sou, j'ai obtenu un million d'Herberto Salles[1], Guga veut demander le reste aux banquiers, Toninho m'interrompt :

– Je finance l'édition. – Il se sert de goiabade avec retenue, à aucun moment il ne cesse d'être homme politique, il sait tirer profit de chaque geste : – Pour la sortie du livre, nous organiserons une cérémonie solennelle au palais, nous inviterons les sénateurs, les députés...

Je l'interromps à mon tour :

– Une cérémonie solennelle au palais ? Pour Carybé ? Pas du tout. Une fête populaire au Pelourinho avec le peuple de Bahia.

Satisfait, Antônio approuve, tu as raison : *mieux vaut le peuple que les politiciens.*

Quinze mille personnes se réunirent au Largo do Pelourinho pour fêter les soixante-dix ans du Bahianais d'adoption. Interviewé par la télévision je rappelai que Carybé, célébré par le chant et la danse du peuple, n'était ni homme politique, ni banquier, ni millionnaire, ni maître de terres, ni général, ni cardinal, simplement un artiste, le peuple aime les artistes.

La fête fut présidée par Mãe Menininha de Gantois, quand j'allai l'en prier les parents, les médecins, les notables de l'Ashé exprimèrent des réserves, la santé de la vénérable ne lui permettait pas d'excès, ils discutèrent, je voyais la chose mal partie, Menininha suivait la discussion en silence, elle ouvrit la bouche, elle déclara :

– Oui j'irai, seu Carybé le mérite.

Antônio Carlos remit à la mère-de-saint le premier exemplaire du grand livre, art et document, les aquarelles réalisées par le peintre au long de sa traversée du mystère de Bahia. Nana Caymmi ouvrit la fête en chantant la *Salutation à Mãe Menininha* composée par Dorival, obá de shangô. La danse des filles-de-

1. Herberto Salles, à l'époque directeur de l'Institut national du Livre.

saint, Carybé est un enchanté : les cantiques d'Oshóssi pour saluer le fils du roi des forêts. La joute de la capoeira-angola, Camafeu et Cobra Verde exécutent des demi-lunes et des queues-de-raie, Carybé a appris le jeu avec Pastinha et Valdemar, il a été partenaire de Traíra et de maître Bimba, les groupes de carnaval défilent, Carybé est vice-président honoraire des Fils de Gandhi : assise sur un canapé d'osier, Menininha applaudit.

Télévisions, chaînes de radio, photographes des journaux, la fête est vue et entendue dans le pays entier, montrée sur le vif. Toninho me chuchote à l'oreille :

– Toi, Carybé et moi, nous allons soulever le canapé de Menininha, la porter en triomphe..

J'acquiesce :

– Toi, Carybé et moi plus quatre dockers, j'en vois plusieurs ici...

Cinq minutes ne se sont pas passées qu'à un signe du gouverneur les caméras de télévision prennent position, les projecteurs s'allument, illuminant la scène : quatre géants – ou étaient-ils six ? – plus Toninho et Carybé soulèvent le canapé, promènent Menininha dans les airs, le peuple délire. J'apporte ma participation morale, je ne fais pas d'effort mais je touche des doigts le canapé. *Viva, vivô!*

Paris, 1989 –
recommandation

Nous marchons dans le Marais avec Anny-Claude, française de naissance, d'éducation et de culture, c'est une lectrice fanatique, brésilienne d'adoption c'est une carnavalesque, le samba dans les pieds. Elle a adopté le Brésil, les Brésiliens l'ont adoptée, elle a une maison à Paris et une maison à Rio, le cœur partagé. Partagé, je pense que non, entier des deux côtés : à Paris, à la Comédie française pour applaudir Roland Bertin dans *L'Avare* de Molière, place de l'Apothéose pour acclamer la batterie de la *Mocidade Independente* dans le défilé des Écoles de Samba, au carnaval de Rio.

Nous traversons le pont Marie, nous allons prendre une

glace dans l'île Saint-Louis, nous nous arrêtons pour regarder la Seine sous la lumière d'automne, ah! cette ville de Paris! seule la ville de Bahia peut lui être comparée. Anny a aimé le roman de Roger Grenier, *Partita*, elle a aimé aussi les mémoires d'André Kedros, elle veut savoir: *toi qui as connu si bien Neruda, tu penses que Kedros est juste quand il parle de lui?*

Lorsqu'elle me voit la jeune fille lâche le bras du garçon, elle vient vers moi en courant, me demande si je suis *Amadô*, oui, en France je suis Amadô, au Brésil je suis Jorge, à Bahia Jorginho, le petit Jorge, je réponds en riant. Elle ne rit pas, elle prend ma main, tente de la baiser, je l'en empêche, elle se met à pleurer. *Merci*, dit-elle et elle répète *merci, merci, vos livres ont changé ma vie.* Je reste penaud, je ne me suis pas encore habitué, je devrais pourtant, aux démonstrations, à l'émotion du lecteur qui me chavire le cœur. J'ai les mains de la jeune fille entre les miennes, je sens que Zélia sourit à côté de moi, émue. Lorsque la jeune fille retourne retrouver son amoureux en essuyant ses larmes, je dis à Anny, peut-être pour me remettre de mon émotion: ne raconte pas ça au Brésil, tu passerais pour menteuse.

Ça arrive plus souvent qu'on ne pourrait l'imaginer, d'être arrêté dans les rues de Paris par des lecteurs français qui me reconnaissent et viennent me parler, dire qu'ils ont lu tel ou tel livre, dire combien il leur a plu. Finalement la première traduction française d'un livre de moi, Gallimard l'a publiée en 1938, il y a plus d'un demi-siècle: le public se conquiert jour après jour, livre après livre – le livre traduit peut obtenir tout de suite un succès d'estime, on ne peut dire pourtant qu'on possède un public en France avant d'arriver aux collections de poche, bon marché, le livre à la portée de toutes les bourses.

À chaque lecteur français qui me reconnaît et qui vient me dire son estime, je répète à Zélia la recommandation faite à Anny sur le pont Marie, quand la lumière d'automne resplendissait sur les maisons et sur les eaux de la Seine: ne raconte pas ça au Brésil, les censeurs ne le pardonneront pas, dans le meilleur des cas tu seras accusée d'imposture et on retirera mon nom des comptes rendus littéraires.

Bahia, 1991 –
la famille Caymmi

Le dimanche Paloma téléphone de Paris, un bruit de conversations et de rires couvre presque sa voix :

– Père, j'offre un déjeuner à la famille Caymmi qui a chanté à Montreux avec un succès total. Dorival va te parler.

La famille Caymmi, ma famille. Un certain après-midi, en 1939, Samuel Wainer et moi, leurs témoins, conduisons Adelaide Tostes, c'est-à-dire Stella Maris, une guêpe par la taille et par le reste, chanteuse de blues à Rádio Mayrink Veiga, et Dorival Caymmi, le jeune Caymmi, chanteur des grâces de Bahia, à un officier de l'état civil de Rio de Janeiro pour que les promis signent le registre des mariages. Tandis qu'ils disent oui au fonctionnaire, Samuel me demande : *tu penses qu'elle est encore vierge ou qu'il l'a déjà croquée ?* – De la lèvre il désigne Stella habillée en pure donzelle. Connaissant le fiancé comme je le connais d'autres carnavals, je ne cache pas mon scepticisme : c'est douteux.

Du mariage de la chanteuse et du compositeur sont nés Nana, Dori, Danilo, des enfantements heureux pour la musique brésilienne. D'abord chacun alla de son côté. Stella, avec ses devoirs de mère de famille, prit sa retraite du blues, élever les deux garçons et la fillette, trois diables, n'était pas une plaisanterie, ça demandait de l'énergie, de la fermeté de caractère, du temps et de l'amour, Stella s'y consacra, elle gagna la bataille. Dorival, peu porté sur le travail, travailla comme un fou, composant ce qu'on a composé de meilleur par ici, de toute sa voix il chanta la mer, les pêcheurs, les maîtres bateliers, Itapuan, Yemanjá, Mãe Menininha, le peuple de Bahia ; il chanta pour enseigner ce que la Bahiane a, ce samba a révélé une Bahiane universelle, Carmen Miranda.

Les petits bataillaient pour affirmer la vocation dont ils avaient hérité, la voix de Nana, le savoir de Dori, le talent de Danilo. Jusqu'à ce qu'un jour Stella les réunisse autour du jeune Dorival, le plus jeune du clan, ils allèrent rendre visite à Tom Jobim, ils chantèrent ensemble pour leur ami, et dès lors la famille Caymmi se mit à occuper un espace unique, qui n'appartient qu'à elle, dans le panorama musical brésilien. Maintenant ils franchissent les frontières, ils émerveillent les gringos à Montreux.

Nana, Dori, Danilo, fils de sang, nés du ventre de Stella, mes neveux. De l'alliance de Dorival et de Tom Jobim sont nés les autres, ceux qui aujourd'hui composent et chantent la chanson de la lutte et de l'espérance, du rêve brésilien. Ils sont nombreux et multiples, divers, les Caetano, les Gilberto Gil, les João Gilberto, tant. Tous nés à Bahia comme les trois que j'ai cités ? Pas tous, quelques-uns n'ont pas eu ce privilège, ils sont nés par là.

Paris, 1990 –
les suicidaires

Nos valises faites nous partons pour Madrid, nous allons participer Zélia et moi aux cours d'été de l'université Complutense, nous venons d'appeler le taxi qui nous conduira à l'aéroport, le téléphone sonne, c'est Jacques Danon :

– Maître Jorge, je viens d'arriver à Paris, il faut que je te voie, j'ai besoin de te parler de toute urgence, je suis perdu, je ne sais que penser, je ne parviens pas à comprendre ce qui se passe, le monde s'écroule, je suis anéanti, je souffre trop.

Il parle sans discontinuer, bouleversé, il répète une fois, deux fois, trois fois qu'il a besoin de me voir, de me parler, moi seul peux lui expliquer. Parce qu'il a confiance en moi, je le sais, Jacques est venu tout jeune à Paris avec une bourse d'études, je l'ai présenté à Irène et à Frédéric Joliot-Curie, il a travaillé dans leur laboratoire, il a commencé là une carrière qui allait faire de lui au cours des années un homme de science de réputation mondiale. C'est également moi qui l'ai présenté à Madame Leclerc[1], la mère d'Anny[2] que Jacques a épousée.

Parmi ceux qui étaient expulsés de France, dans le groupe des vingt et quelques bannis, se trouvait Jacques, à la police on lui avait dit la raison de cette mesure : parce qu'il était le secrétaire de Jorge Amado – en vérité un camarade de parti, d'idées, un ami. S'il y a quelqu'un au monde qui a confiance en moi, c'est Jacques Danon.

1. Françoise Leclerc (1908/1983), dirigeante du Mouvement de la paix.
2. Anny Prouvost Alvarez, scientifique.

Quant à son désespoir, Jacques n'est pas le seul ni le premier, j'en connais beaucoup. Des hommes et des femmes, des personnes splendides se trouvent brusquement désemparés, anéantis, plongés dans le doute, dans l'incertitude, dans la solitude, perdus, au bord du suicide. Le monde de l'Est, celui du socialisme réel, s'effondre, ce qui a inspiré et orienté la vie de millions d'individus, l'idéal de justice, de beauté pour lequel ils se sont battus, pour lequel tant d'entre eux ont subi des persécutions et des violences, l'exil, la prison, la torture, s'est transformé en fumée, en néant, ce n'était que mensonge et illusion, une misérable tromperie, une ignominie. Bien des gens que je connais sont aux limites extrêmes de l'angoisse, comme si une nuit éternelle, sans espoir de lumière, s'était abattue pour toujours sur le monde. Récemment sont venus nous voir avec Joelson et Fanny un médecin de São Paulo et sa femme, de vieilles connaissances à moi depuis le militantisme communiste. Les mots leur manquaient pour parler des transformations, de la fin d'un temps, plus éloquents étaient l'émotion qui leur nouait la gorge, les yeux humides du camarade, les larmes de sa compagne.

Je ne cesse d'expliquer à ceux qui ont perdu le nord : pour ma part je ne vois pas de raison pour le désespoir et le suicide. Restent atroces et urgents les problèmes pour la solution desquels nous nous sommes battus, le rêve que nous avons rêvé reste entier dans son fascinant défi. S'est simplement déchiré le voile de la chimère, s'est vue exposée au grand jour l'indigente nudité des idéologies illusoires qui amputent et diminuent l'être humain, les armes de l'oppression, les fabriques de dictatures : s'est défait ce qui était faux et laid, pourri et pervers.

Il ne s'agit pas, comme les réactionnaires veulent le faire croire, de la bataille finale dans la confrontation historique entre capitalisme et socialisme. Ce n'est pas le socialisme qui se termine mais sa contrefaçon frauduleuse et inhumaine, ledit *socialisme réel*, imposé par les despotes au moyen d'une monstrueuse machine de duperie et d'oppression. Le socialisme sans démocratie signifie dictature et aucune dictature n'est défendable, qu'elle soit de droite ou de gauche c'est la même merde.

Il y a deux siècles la Révolution française a changé la face du monde, de nouvelles valeurs, plus grandes, se sont imposées, la vie est devenue plus juste et plus belle. Mais les chemins de la démocratie ont été abandonnés pour céder la place à la sanglante dictature de la Terreur, d'autant plus dégradante qu'elle était exercée au nom du peuple, il y eut un retour en arrière semblable à celui qui se produit aujourd'hui en URSS et dans les pays dits socialistes. De Napoléon à la Restauration des Bourbons, l'avance de la société paraissait terminée, c'était le retour aux ténèbres. Ce retour au passé n'a cependant pas signifié la fin, la liquidation des valeurs nouvelles et majeures apportées par la Révolution française, le monde n'est pas redevenu le même qu'avant – celui que la Révolution a détruit, liquidé pour toujours. De même la révolution d'Octobre, la Révolution socialiste, a changé la face du monde et la vie des hommes, et elle l'a fait pour toujours. Les valeurs nouvelles et majeures qu'elle a proclamées persistent au-delà de la prétendue déroute d'aujourd'hui. A été valable la lutte qu'il nous été donné de mener, si grossières et terribles qu'aient été les erreurs commises.

Elle a été valable et elle se poursuit car le capitalisme demeure le même système économique et politique faux et injuste qu'il a toujours été, il ne s'est amélioré en rien, et au Brésil les problèmes se sont aggravés. Le tableau actuel de la société brésilienne est déplorable, la tragédie quotidienne de la misère et de la faim, la guerre contre des millions d'enfants condamnés au crime, le latifundio semi-féodal, la dévastation du sol, la destruction des forêts et des espèces animales, la dégradation de la nature, l'abâtardissement du caractère des élites. Notre image nationale montrée journellement sur les écrans de télévision donne envie de pleurer.

Nous devons persévérer dans la lutte si nous voulons avoir une patrie et un sol, si nous désirons que reviennent la cordialité et le rire, que le Brésilien retrouve ses vertus de peuple, redécouvre le chant, la danse, le football, le carnaval, la fête.

À l'Escorial, dans les jours du cours d'été de la Complutense, je pense à Jacques et à la conversation que nous aurons, j'espère lui venir en aide, pour moi il est presque un fils, il était tout jeune quand je l'ai pris par la main.

Nous arrivons à Paris, je me précipite vers le téléphone, j'appelle l'appartement de la fille de Jacques où il loge, Irène répond, elle ne contient pas ses larmes, Jacques est mort deux jours avant, un infarctus foudroyant.

Paris, 1990 –
le Victor Hugo

Dieu ou le Diable, qui m'a donné la capacité, le don d'établir des relations avec les gens, de faire connaissance, de me lier d'amitié ? De ma jeunesse libre dans la ville de Bahia, dans les rues, les impasses et les ruelles, dans les carrefours, les maisons-de-saints, les églises, les écoles-de-capoeira, sur les quais des navires et des barcasses fendant les eaux du golfe et du rio Paraguaçu, de mon adolescence vient, je crois, la facilité avec laquelle je m'entends avec les êtres, avec laquelle nous sympathisons, nouons des liens, devenons amis, intimes, fraternels. Des amis, j'en possède aux quatre coins du monde et dans les alentours, je parle là des personnes que je connais, que je fréquente, je ne parle pas des lecteurs, eux sont le capital et les dividendes de l'écrivain. Quelques milliers ou une foule innombrable, d'eux vit le romancier, d'eux il se nourrit à sa table de travail, à la table où il mange. À un moment donné lecteurs et amis personnels se mélangent dans la même confrérie faite d'affection et de complicité.

En quatre ans de séjours longs et répétés dans le pied-à-terre du quai des Célestins, dans ce quartier du Marais où Paris est né, j'ai fait connaissance avec des dizaines de personnes, je me suis entretenu avec elles, les relations occasionnelles se sont transformées en fréquentation affectueuse avec la complicité de Paris. Paris a l'avantage sur les autres métropoles d'être un agglomérat de petites villes où les gens se connaissent, se parlent, se rencontrent. Personne ne peut connaître la ville entière, immense, chacun a son Paris, le village où il vit, travaille, se divertit, se passionne et rêve. Mon Paris, pendant près de quarante ans, a été la rive gauche, le cinquième et le sixième arrondissements, je connais comme la paume de ma main le plan des rues, des squares, des places, des librairies, des kiosques à journaux, des cafés, des bistrots, je peux marcher les yeux fermés sur le Boul'Mich', à Saint-Germain, au Luxembourg João Jorge a joué enfant, à l'église Saint-Germain-des-Prés j'ai baptisé Nicolas Bay, dit Nikili, le fils d'André et de Marie-Pierre.

Je fais l'apprentissage du quatrième, du troisième, du quartier du Marais, à côté d'ici se trouve l'hôtel de Sens, il date du XIe siècle, au pont Marie je me penche sur la Seine, où que je me tourne je suis environné de beauté. Je parcours à pied les rues, les avenues, les boulevards, je m'assieds avec Zélia sur un banc de la place des Vosges, je suis la construction de l'Opéra Bastille, je visite l'Hôtel de Ville, le musée Picasso le Centre Pompidou, l'hôtel de Sully, je me promène dans l'île Saint Louis, j'entre dans les librairies, je contemple le panorama, Notre-Dame, l'Université, la synagogue, l'Institut du monde arabe, je savoure le paysage, je vis avec le savoir, à chaque coin, à tous les instants la beauté. Je me pénètre de la lumière, des bruits, de l'atmosphère, de la rumeur pour toucher le sang, les veines, la chair vivante, l'humanité, sentir battre le pouls et le cœur de Paris : je suis un citoyen de cette ville, limité et ignare mais parisien dans mes tripes de glouton, dans mes pieds de marcheur, dans ma tête d'écrivain, dans ma poitrine de combattant – c'est la Ville, celle des droits de l'homme, de la démocratie et de la civilisation. Je déambule dans les rues du Marais, je me fais des amis. De quelques-uns je veux faire une rapide mention, inscrire leur nom, loin de Paris je pense à eux, j'entends leur voix, j'écoute leur rire.

Certains d'ailleurs ont déjà quitté le Marais, mais je ne les oublie pas dans la ronde de nos familiers. Le vieux marchand de journaux du kiosque voisin de la bouche du métro Saint-Paul, lui et sa femme se relayaient, parfois ils coïncidaient, moi j'arrivais seul ou accompagné de Zélia chercher les magazines et les journaux. Nous sommes devenus camarades en raison, qui sait, de nos cheveux blancs, les siens et les miens, nos épouses n'en ont pas encore, elles étaient victimes (ou héroïnes ?) des pointes de nos dialogues de maris opprimés, sans droit à la parole ni au vote. Nous nous répandions en plaintes, exposions nos réclamations. Tandis que Zélia protestait et répliquait, la marchande de journaux écoutait en silence, le visage sévère, je crois qu'elle ne trouvait pas drôles nos plaisanteries. Un jour elle ne se contint plus, elle toisa son mari, grinça entre ses dents : *ordure* !*

Pendant des mois et des mois le vieux du kiosque à journaux n'a rien su de moi sinon l'âge, il laissait marcher sa langue et sa verve. Un jour il a vu ma photo publiée, il a appris mon métier, a connu mon nom sans lustre mais imprimé dans le journal. Dès lors il a perdu sa spontanéité, il s'est mis à me traiter avec déférence et distance, les plaisanteries conjugales ont pris fin. En rentrant du Brésil je ne les ai plus trouvés, lui et son épouse, ils s'étaient retirés, avaient passé leur commerce à un autre propriétaire. Pour ne pas resssentir chaque après-midi leur absence j'ai changé de kiosque, j'ai élu le moustachu de la rue Saint-Antoine, il connaît la politique, me donne des tuyaux, il ne connaît pas l'écrivain, tant mieux.

Je veux dire deux mots d'affection sur Regina et Romeu Sparagano, mari et femme, lui marchand de primeurs installé sur les ruines de la première église Saint-Paul[1], elle vendeuse de journaux. Après avoir visité l'appartement que nous avons fini par acheter, je me suis arrêté devant l'étal de fruits, j'ai goûté les cerises et les fraises, j'ai dit à Zélia : quand nous habiterons le quai nous achèterons ici nos fruits et les légumes pour la soupe, c'est ce que nous faisons chaque jour. Bien que la vendeuse de journaux ait vite découvert le métier du client, nos relations sont devenues amicales, les Sparagano nous ont adoptés, lui est sicilien, Zélia italienne de São Paulo, ils confraternisent dans des recettes de risotto et de lasagnes, il lui donne le secret de sauces pour le macaroni, Zélia prépare des friandises brésiliennes, crème d'avocat, confit de bananes en rondelles, pour offrir au couple – et à la belle-mère, Madame Suzanne, un amour de personne, comptable elle calcule les recettes du commerce. De petites choses qui entretiennent l'amitié, laquelle est comme on sait le sel de la vie, le sel et le piment. Je lis dans le Gault et Millau l'éloge des Halles du Marais : *conserve, en plein cœur du Marais, tout le charme des petits commerces de plein vent d'autrefois.*

Qui m'a présenté à Françoise Raoult, c'est James Amado : il vient chaque année avec Luísa jouir des bienfaits de la civilisation et voir ses frères, ils descendent à l'hôtel du Septième Art, l'hôtel de Calá et d'Auta Rosa, de Lulu de Paris[2], de Laurita et de Luisinho – Yolene et Michel Koenig sont aux petits soins avec les Brésiliens.

James apparaît les cheveux coupés de frais, satisfait et élo-

1. Détruite en 1799.
2. Maria Lúcia Pessoa, nièce de Calasans Neto.

gieux, choses rare, il fait de la réclame : *il y a une coiffeuse à côté d'ici qui travaille bien et vite, elle est jolie et cultivée, elle passe son temps à lire, tout en maniant les ciseaux et le peigne elle me parlait de James Joyce, j'avais l'impression que c'était Antônio Houaiss qui me coupait les cheveux. En plus elle ne prend pas cher.* James est économe, une habitude qui lui vient de son temps de journaliste à la solde du Parti communiste – où est la solde ? le chat l'a mangée –, et de fonctionnaire de la Petrobrás démis par les militaires.

J'ai suivi le conseil de mon frère, j'ai livré ma crinière blanche aux mains de Françoise, elle a démontré qu'elle avait lu mes livres, elle a discuté littérature et art, ça se passe comme ça ici : les gens lisent, ils fréquentent les musées, ils vont au concert, ils savent les choses. James a l'œil, Françoise est jolie comme il l'a constaté, j'ajouterai qu'elle est mariée, son mari est un penseur politique, un costaud, s'il vivait au Brésil il passerait tous les jours à la télévision – penseurs politiques et sexologues, c'est ce qu'on trouve le plus à la télévision brésilienne –, Zélia et moi avons été dîner avec le couple, le monsieur nous a fait un cours sur la Yougoslavie. J'ai joint Françoise à la troupe de mes pupilles, un club international présidé par Anny-Claude Basset.

Une autre amie établie dans le quartier, Madame Neuve-Église, nous demande des nouvelles de Calasans Neto chaque fois que Zélia et moi confions à ses soins nos pieds délicats. Podologue d'une extrême compétence, je ne me hasarderais pas à la qualifier de pédicure : Calá était arrivé à Paris ne pouvant plus marcher, les malins de New York ne lui avaient pas guéri ses ongles incarnés, il sortit du cabinet de la rue du Petit-Musc dansant le samba. Madame Neuve-Église ne l'a pas oublié. Luiz Carlos Tornaghi, un grand homme d'affaires, fait le voyage de Rio à Paris pour la consulter – *ça vaut la peine de payer le prix du billet, ça revient bon marché,* me dit-il satisfait de ses pieds remis à neuf, en usant ses semelles de souliers dans les rues du Marais.

Dans la rue Saint-Antoine, mon artère de prédilection avec ses magasins d'alimentation capables d'ouvrir l'appétit de l'individu le plus difficile, mon ami Abitbol Gady m'attend à la porte du Sole Mio, boutique de spécialités italiennes : *j'ai quelque chose pour vous,* il me donne une cassette, une chanson chantée sur les radios d'Israël par la chanteuse Rita, musique ıe Ramy-Kleintchen, le thème de la composition est un certain roman intitulé *Mar Morto*, d'un certain folliculaire de Bahia, le livre a du succès en hébreu, Abitbol est au courant de mes livres à Paris et à Tel-Aviv, il accompagne leur trajectoire, le commerçant de produits italiens est un intellectuel, ami d'Amos Oz, d'écrivains et d'artistes juifs, patriote israélien mais pas fanatique, le sectarisme est étranger à sa nature, il a le sourire le plus tendre du monde et une épouse aussi sympathique que lui, Dona Wanda, elle l'aide au Sole Mio. Une fois je les ai vus tristes, le visage sombre, c'était pendant la guerre du Golfe, leur fils aîné était allé s'enrôler dans l'armée israélienne. La guerre s'est terminée, le sourire est revenu sur les lèvres du couple, leur fils soldat est sauvé. Abitbol et moi échangeons des livres et des conseils de lecture.

Puisque je parle de produits italiens je parıerai de Dona Tereza, elle ne s'appelle pas Tereza mais Huguette, son mari est André Cherpin. J'ai passé près d'un an à Londres écrivant *Tieta do Agreste*, Zélia la florentine, la vénitienne, était cliente d'une boutiqu du nom de Tereza comme sa propriétaire, la patronne du Ville de Turin ressemble à l'Italienne de Londres, elle vend les mêmes produits, elle est dotée d'une identique gentilless, , pour nous elle a été quelque temps Tereza jusqu'à ce que nos relations de clients se resserrent.

À proximité de l'épicerie de Dona Tereza, c'est-à-dire des Cherpin, je salue au passage Charles et Colette Wahl au comptoir de la Foto Clip – là Zélia fait développer ses rouleaux de pellicule. , les photos qui enregistrent et rappellent nos pérégrinations dans les rues de Paris et dans les paysages du monde. Il n'exist personne de plus cordial et de plus gentil que Charles Wahl : il a toujours un mot flatteur pour les photos de Zélia, il s'informe du sujet de mon prochain livre.

Je n'aime pas donner de conseils, c'est presque toujours ıne forme d'intrusion dans la vie d'autrui, ça entraîne des responsabilités, mais je ne peux me dispenser de conseiller – si je ne l'ai déjà fait au cours de ces pages – aux visiteurs qui veulent manger du meilleur et du plus fin la fréquentation des petits restaurants, des bistrots. À Paris on mange bien n'importe où, y compris dans les restaurants de luxe, bien et cher, des restaurants pour des palais millionnaires, mon amie Regina Simões, ma commère Carmo Vilaça et son digne mari ministre et académicien, ou le richard du tabac Mário Portugal. Mais pour manger le nec plus ultra, pour se régaler l'âme on doit aller dans les restaurants de quartier fréquentés seulement par les Français, on n'y rencontre pas de touristes, des bistrots sortis tout droit des romans de Georges Simenon : on y sert des plats d'une saveur incomparable à un prix modique.

Le conseil sert d'introduction au déjeuner à l'Œnothèque, au dîner Au Pont Marie, qui suivra mon avis va se lécher les babines et me remercier de ma suggestion. Les Italiens se trouvent rue Saint-Paul, au milieu des antiquaires, les Français quai Bourbon, le dîner donne droit à la vue de la lune sur la Seine.

C'est Moustaki qui nous a menés Au Pont Marie et nous a présentés à Magali, la matriarche : en tant que lectrice elle m'a reçu avec effusion, elle a offert du champagne. Le restaurant est une entreprise familiale, Jean, le père, et Laurence, la fille, s'occupent des tables Jean-Charles, le fils, est aux fourneaux, Magali encaisse l'addition, la famille Guiffoul, enchanteresse. Pendant que j'y suis je donne des détails, le menu est de premier ordre mais je recommande le feuilleté au roquefort, le confit de canard, le cassoulet, demandez à Roberto Da Matta, à Adilson Monteiro Alves, à Zequinha Sarney si vous voulez une confirmation, António Alçada Baptista, expert en demoiselles et en art culinaire, est devenu un client régulier. Laurence était célibataire quand nous l'avons connue, elle s'est mariée, a eu un fils, notre faux petit-fils, nous en avons plusieurs.

Nous avons divers petits-enfants de raccroc, deux sont les petits-enfants de Madame Christine Moulian, chauffeur qui nous conduit à Orly, nous reçoit à Charles de Gaulle, au départ et à l'arrivée, elle n'habite pas le quartier mais elle est inscrite dans la ronde des amis.

Les Italiens de l'Œnothèque m'estiment parce que je suis écrivain et que je suis un homme de gauche, ils sont sympathiquissimes en vrais Italiens qu'ils sont : le bistrot est toujours plein, il n'y a jamais une table libre, la clientèle ne cesse de s'accroître. Pino Mitrani et Gianni Mainardi règnent sur la carte et les vins, cuisine et cave d'Italie, des plus raffinées. Ce n'est pas moi qui le dis, c'est la Signora Giannola Nonino, celle de la grappa et des prix littéraires, autorité maxima, elle y a déjeuné, elle est revenue.

Le quartier abonde en librairies, je vais de l'une à l'autre, le vice de feuilleter et d'acheter des livres m'accompagne depuis ma jeunesse et la Librairie Espagnole de Don Paco, sur la place de la Cathédrale de Bahia, j'y allais pour le dernier Vargas Vila. À la librairie Virgule je cherche des livres illustrés par Dubout, la librairie est spécialisée en bandes dessinées, à la Librairie Henri IV je suis reçu avec des démonstrations d'estime par Madame Françoise Butin et Monsieur Albert Zenouda, nous sommes voisins, la belle librairie se trouve à deux pas de la porte de mon immeuble, des livres d'art, un grand choix de nouveautés, lorsque paraît une traduction d'un auteur brésilien Madame Butin me téléphone : un livre de Moacyr Scliar est paru, il se vend très bien.

Il existe dans le quartier deux librairies Épigramme, je fréquente peu celle de la rue de la Roquette ouverte récemment, la mienne est la plus ancienne, celle de la rue Saint-Antoine, client bien vu on me fait même crédit quand j'oublie d'emporter ma carte bancaire. Les Moreau – Françoise, Gérard, Laurence, mère, père et fille, l'activiste Christophe Mollo, la gentille Marie Despierres appartiennent à notre famille et les enfants colombiens de Françoise et Gérard sont les aînés de nos petits-enfants de Paris. À l'Épigramme Zélia a signé la traduction française de son *Jardim de Inverno*[1], avec la librairie pleine de lecteurs et d'amis, les gens du quartier sont venus au grand complet. La librairie est la maison de l'écrivain, je répète ce lieu commun pour dire que j'ai différentes maisons à Paris où je cultive mon vice, les palais de la FNAC, l'Œil écoute rue du Vieux-Colombier, dans le sixième, le doux foyer de l'Épigramme Saint-Antoine. Je suis le confident de Laurence, elle ne me raconte pas ses amours mais je les devine.

Je traverse la place de la Bastille, rue de la Roquette j'entre dans la fromagerie toujours bourrée, car Monsieur Péron est un affineur d'une compétence reconnue, ce qui explique la clientèle nombreuse et sélecte. Client ignorant, j'écoute les conseils de Monsieur Péron tandis que Madame Péron va chercher le cottage cheese qui m'amène là le vendredi. C'est un fromage maigre, très connu en Angleterre et aux États-Unis, j'ai appris à l'apprécier à Londres. En France on en mange peu, on l'importe pour les gros qui sont au régime, c'est mon cas.

1. *Jardin d'hiver*, Stock Paris, 1991.

Au cours des mois nous échangeons des informations sur nos familles. Ils nous demandent combien de petits-enfants nous avons et nous savons que le fils Péron fait ses études dans une université nord-américaine, nous souhaitons bon voyage aux parents quand ils ferment pour quelques jours les portes de la boutique, ils vont à New York pour la remise de diplôme du garçon. Ils savent mon nom de famille, me considèrent comme un bon client, sympathique, c'est tout ce qu'ils savent de moi, rien de meilleur que d'être un anonyme citoyen.

Or, un après-midi je pénètre dans la fromagerie bourrée comme toujours, je me mets à la queue pour attendre mon tour, Madame Péron m'aperçoit, perd toute retenue, s'exclame à grands cris :

– Alors, Monsieur Amadô, c'est pas bien, je suis fâchée avec vous. Vous êtes célèbre et vous ne dites rien...

– Quoi ?

Madame Péron me montre aux clients, tout le monde se tourne vers moi, examinant l'oiseau rare, Madame Péron est très excitée :

– Ce monsieur-là est un écrivain fameux, vous ne le connaissez pas ?

L'éloge de corps présent me terrifie, j'y suis allergique, je me sens sur le banc des accusés, je voudrais disparaître sous terre. Madame Péron explique à la clientèle que *Le Figaro* du jour consacre une demi-page à Monsieur Amadô, pas une demi-colonne ce qui serait déjà beaucoup, une demi-page, ni plus ni moins.

Elle va dans l'arrière-boutique, revient le journal à la main, fourre ma photo sous le nez des personnes présentes, elle est contente de tout savoir sur les faits et gestes de son client. Je comprends de quoi il s'agit, ce matin-là *Le Figaro* avait publié une interview où je parlais de littérature et de Bahia, des terres du cacao et de Gabriela, à côté de l'interview un article d'André Brincourt sur les traductions françaises de mes livres, il les aime. Du doigt Madame Péron montre la légende sous la photo, elle jubile :

– *Vous êtes le Victor Hugo du Brésil et vous ne dites rien, c'est pas sérieux**. – Je suis le Victor Hugo du Brésil, Madame Péron proclame la nouvelle aux quatre vents, moi seul ne le savais pas.

Mont-Saint-Michel, 1988 –
le moteur

À l'aéroport je regarde le petit avion de la compagnie régionale, je montre mon aversion, Zélia tente de ranimer mon courage, ça arrive à chaque voyage : une semaine oui, une semaine non, nous montons dans une de ces machines plus lourdes que l'air qui contrarient les lois de la science, violentent l'être humain.

Claude Couffon est tout enthousiasme au téléphone, il me donne la bonne nouvelle : *cher Jorge, le Grand Prix du Mont-Saint-Michel t'a été décerné, félicitations**. Tu vas recevoir une lettre de Dodik Jegou, présidente des Rencontres poétiques internationales de Bretagne, avec toutes les informations, nous comptons sur toi du 1er au 3 octobre, à bientôt à Saint-Malo. Qui est Dodik, qu'est-ce que les Rencontres poétiques ? Claude répond : *Dodik est formidable, les Rencontres tu vas voir.* Il raccroche, il a mille choses à faire.

Zélia exulte : voyageuse infatigable, il lui manque de connaître le Mont-Saint-Michel, elle éclaire mon ignorance : *la huitième merveille du monde, tu l'ignorais ?* Elle sait tout sur le Mont-Saint-Michel, elle déclame ses splendeurs, inaugure le festival de poésie. Le festival de poésie m'inquiète, les rencontres poétiques, je connais la chanson, des dames flasques toussotantes, des poétaillons de province crampons. Cette Dodik doit être de ces viragos emphatiques, d'âge indéfini, ah ! Dieu du ciel ! Zélia m'encourage : *juste une heure d'avion,* combien de minutes dissimule-t-elle dans l'intention de me tranquilliser ?

Je dois dire tout de suite que les Rencontres poétiques ne réunissent pas des poétaillons, elles réunissent de vrais poètes sous la houlette de Claude Couffon, et les poétesses ne sont pas si vieilles, quelques-unes tiennent encore le coup. Quant à Dodik Jegou, d'abord elle n'est pas poète mais céramiste, son nom est connu, elle recrée sur ses émaux les légendes de Bretagne, elle est mariée à Gwen dont je connaissais la réputation de sculpteur, j'ai fait connaissance de l'homme, Dodik et lui sont exquis comme on dit au Portugal lorsqu'on veut réellement faire l'éloge de quelqu'un. Le prix fut une fête, malgré le voyage ça m'a payé de ma peine.

Quand je dis que ça m'a payé de ma peine, je fais une affirmation catégorique qui comporte une réalité tragique et tangible, car pour arriver à Saint-Malo nous avons risqué notre vie – nous avons risqué la mort dans un accident d'avion. Nous montons dans l'appareil, un avion à hélice de l'âge de pierre qui devrait être au musée. Nous décollons, je me recroqueville sur mon siège, crevant de peur, Zélia commence son sacerdoce : elle cherche à me remonter le moral. Assise à côté de la fenêtre, elle incline la tête pour voir le paysage tout en bas, elle m'annonce d'un air triomphant :

– Cet avion a un moteur Rolls Royce !

– Que veux-tu dire par là ?

– Rolls Royce, le meilleur moteur du monde, tout le monde le sait.

Moi je ne le savais pas, mais la nouvelle me donne une certaine assurance, c'est ce que Zélia désire.

– Et comment le sais-tu ?

– Comment je le sais ? C'est écrit sur le moteur, regarde.

Elle me fait de la place à côté de la fenêtre, je jette un coup d'œil, je regarde mieux, ma voix se met à trembler :

– Je t'annonce que ton moteur Rolls Royce vient de s'arrêter.

– Hein ?

Elle allonge le cou, constate, au même instant on entend la voix du commandant, annonçant qu'*il y a une panne dans le moteur de gauche mais l'avion peut poursuivre le voyage avec un seul moteur, les passagers ne doivent pas s'affoler, nous changeons d'itinéraire, nous nous poserons dans dix minutes sur l'aéroport le plus proche, surtout pas de panique.*

Pas de panique ! Les dix minutes annoncées furent vingt minutes de panique, de panique totale, l'appareil est déséquilibré, la mort chevauche le moteur Rolls Royce, l'unique qui reste, Zélia prend ma main : *nous allons mourir main dans la main,* me dit-elle, lyrique. À l'aéroport où nous nous posons sans trop de secousses nous attendent des voitures de pompiers, des ambulances.

Malgré ça le Mont-Saint-Michel – le monastère, la légende, les Rencontres de poésie –, la cérémonie du prix avec le Chat tigré et Demoiselle Hirondelle, le discours de Claude, l'affection de Dodik et de Gwen, la chatte Dodik et l'oiseau Gwen, le Mont-Saint-Michel compensa l'émotion du moteur.

Paris, 1992 –
Ricardo

S'en va Ricardo Ramos, merde ! Chaque jour s'en va quelqu'un que nous aimons, un ami, un compagnon d'aventure, un parent. Pour Ricardo je peux dire parent, je ne sais pas quel est le degré de parenté, je sais seulement qu'il est très proche de mon cœur fatigué. Fils d'Heloísa et de Graciliano, je l'ai connu tout petit, j'ai suivi sa vie et sa carrière, la carrière d'un écrivain de qualité, subtil et raffiné dans ses écrits, si différent de son père – le vent du soir et la tourmente. Il n'est pas facile de s'affirmer écrivain en étant le fils de Graciliano Ramos, Ricardo y est parvenu en prenant une voie à lui, le poids du vieux Graça n'a pas réduit sa vocation.

Ç'a été si soudain, si terrible, entre l'annonce de sa maladie et celle de sa mort se sont passés vingt jours, vingt jours d'angoisse : au téléphone avec São Paulo où Luísa et James sont auprès d'Heloísa et de Marise[1] dans ce chemin de croix, ou pensant à eux, le nom d'Heloísa dans la bouche de Zélia le jour entier. À l'âge auquel nous arrivons on ne devrait plus enterrer d'ami, les funérailles nous font mourir peu à peu.

Je revois Ricardo dans l'appartement de ses parents à Rio, jeune homme, lisant pour moi des pages des *Mémoires de prison* que Graciliano était en train de rédiger, le vieux Graça écoutait, faisait répéter des passages.

Paloma qui tape sur l'ordinateur les pages dactylographiées de ces notes au fur et à mesure que je les lui remets, proteste de sa

1. Marise, femme de Ricardo Ramos.

(ma) façon brusque : j'ai déjà lu trois fois le nom de Jorginho, celui de tes autres petits-fils et petites-filles pas une seule. *Pauvre de moi, il n'est pas facile d'écrire un livre, même s'il n'est fait que de simples notes.*

Je m'exécute, je mets ici les noms de mes petits-enfants par ordre d'âge, j'espère ne pas commettre d'erreur : Bruno, Mariana, Maria João, Cecília, João Jorge Filho dit Macau ou Jonga, sans parler du déjà (et à nouveau) cité Jorginho Pic d'Acier Neto, en tout six garçons et filles. Je me trompe car ils sont neuf en comptant les petites-filles de Zélia, les paulistes : Adriana, Camila et Valéria, trois jeunes filles en fleur, je ne suis que leur faux grand-père mais je les aime autant que les autres.

Je suis mauvais grand-père, je le reconnais. Peut-être pour avoir été un bon père il m'est resté peu d'amour à donner à mes petits-enfants, mais Zélia leur donne de l'amour pour deux, pour elle et pour le grand-père grincheux.

Bahia, 1952 –
le cabinet de consultation

Médecin diplômé de la Faculté de médecine de Bahia, la première et la plus illustre du Brésil, celle des doctes orateurs et grammairiens, des savants professeurs de la stature de Pirajá da Silva, Mirabeau Sampaio eut le bon sens de ne jamais exer cer sa profession. Nommé médecin de l'État, il se contenta de signer, avec une raisonnable efficacité, des certificats de vaccination dans des dispensaires. En revanche il avait le plus confortable cabinet de consultation de la ville de Bahia, aménagé avec un luxe extrême par son père qui adorait son fils et prévoyait pour lui une brillante carrière d'esculape.

Vide de clients, rempli de femmes, ah ! le cabinet de consultation de Mirabeau dans un immeuble neuf de la rue Chili : perdition des donzelles, lieu où fut sacrifié l'honneur de maintes familles, des dames de qualité mettaient des cornes à leur mari en compagnie des sans-vergogne que nous étions. La garçonnière la mieux installée de la ville, rien ne manquait, de la musique aux boissons variées, des livres d'art aux chocolats.

Des dames de parfaite santé sentaient un frisson, un chatouillis en voyant la table d'examens, le petit matelas, l'oreiller de plumes, le drap de lin, elles s'allongeaient, ouvraient les jambes pour que les spécialistes localisent le chatouillis.

Ainsi était le cabinet de consultation de Mirabeau Sampaio, qu'indiquait une plaque étincelante à la porte de l'édifice. Venu à Bahia pour illustrer un guide des rues et des mystères de la ville, le peintre pauliste Manuel Martins l'a recréée dans une suite magnifique de gravures sur bois, ruelles, impasses, églises et putes. Dans l'une des salles du cabinet de Mirabeau il avait fait son atelier, il y enseignait la peinture et le dévergondage aux jeunes filles de la société dotées de vocation artistique.

On ne peut pas dire que Mirabeau n'eut jamais de clients, il en eut un, français de surcroît, je tiens à le rappeler. Débarqués d'un navire de tourisme faisant escale à Bahia, les Européens se répandirent dans les rues et sur les plages, quelques-uns mieux informés voulurent connaître la cuisine bahianaise, l'un d'eux apprécia tant le vatapá, le caruru et les moquecas de ma commère Maria de São Pedro qu'il se retrouva au milieu de l'après-midi pris de la pire indisposition intestinale imaginable : son froc à la main il partit à la recherche d'un médecin.

Dans le centre de la ville il tomba sur la plaque à la porte de l'imposant édifice – Docteur Mirabeau Sampaio, médecine générale –, le nom de Mirabeau éveilla le patriotisme et la confiance du malade, il devait s'agir d'un médecin de premier ordre, le Français prit l'ascenseur.

Un médecin pour dames, constata-t-il en apercevant la clientèle féminine nombreuse et galante qui remplissait les appartements du cabinet. Le médecin en question, encore jeune, belle allure, élégant, parlant un français coulant bien qu'un tantinet académique, après quelques mots apaisants et un sommaire examen le rassura : *rien de grave*, ni fièvre jaune, ni choléra, ni variole, simplement la cagagne normale chez quelqu'un qui n'a pas l'habitude de l'huile de palme et du lait-de-coco, du piment malagueta. Non seulement il lui prescrivit mais il lui donna des médicaments – des échantillons gratuits qui gisaient dans les armoires à côté du vin de Porto, du vermouth et du coganc, et il ne se fit pas payer pour la consultation, le summum en matière d'assistance médicale de l'avis du Français. Un unique client, mais quelle gloire !

Monte Estoril, 1991 –
Gorbatchev / l'ex de l'ex

Entre les célébrations de Noël et celles du Nouvel An nous assistons à la télévision à la tragédie de la destitution de Mikhaïl Gorbatchev, humilié une fois de plus par Boris Eltsine. Nous le voyons, celui qui fut tout-puissant, abandonner sa table de travail, la présidence de l'Union soviétique, l'ex : l'URSS n'existe plus. Le visage marqué de l'homme d'État ne dissimule pas combien lui coûtent sa chute, l'exclusion, la renonciation à son projet d'un État communiste et démocratique : était-ce possible ? Je dis à Zélia : j'aime de plus en plus Gorbatchev, j'aime de moins en moins Eltsine.

Je rédige et envoie un télégramme à Gorbatchev. Je le remercie de l'action décisive par laquelle il a mis fin à la guerre froide, a rendu plus lointaine et plus difficile une troisième guerre mondiale, atomique, *ce serait la fin de la vie sur la Terre,* m'avait dit Frédéric Joliot-Curie à Helsinki en 1955. Je le remercie également de l'action décisive par laquelle il a ouvert des perspectives au rétablissement de la démocratie dans les nations qui formaient l'empire soviétique et qui vivaient sous la dictature. Je fais des vœux pour lui et pour Raïssa, sa femme, si aimable à Moscou avec Zélia et moi : *mon écrivain préféré,* Gabriela *est mon livre de chevet,* même si ce n'est pas vrai, simplement de la gentillesse ou de l'habileté politique, c'était agréable à entendre car Raïssa est belle et intelligente.

Je ne me suis trouvé qu'une fois avec Gorbatchev, au dîner qu'il offrit à Sarney, au Kremlin : il nous cita, Oscar Niemeyer et moi, dans le discours qu'il adressa au Président brésilien. Je le vois sur l'écran au moment où il laisse le pouvoir, il ne le fait pas avec le soulagement de quelqu'un qui se libère d'une charge, mais avec désenchantement, déçu, vaincu, il a perdu les dernières batailles de la guerre qu'il avait entreprise pour changer la face de l'URSS et du communisme.

J'aime de plus en plus Gorbatchev, en vérité je dois dire que j'ai recommencé à me solidariser avec lui au moment du coup d'État, les orthodoxes au désespoir donnant l'assaut final pour lui faire faire marche arrière et revenir au stalinisme. Je m'étais éloigné de lui lorsque, inquiet de l'avenir, il tenta d'arrêter le processus qu'il avait lui-même déclenché avec courage, patriotisme et clairvoyance, qu'il chercha à s'allier aux conservateurs, aux réactionnaires au lieu de prendre la tête des progressistes, c'est alors que Chevardnadze donna sa démission du ministère des Affaires étrangères – nous entendrons encore parler de ce Géorgien, j'en suis sûr. En doutant, en reculant, Gorbatchev commença à dire adieu au pouvoir.

En le voyant abandonner le cabinet où il a travaillé, je me suis remémoré la prophétie d'Ignacio Silone, maître italien du roman, lorsqu'il disait à Palmiro Togliatti[1] : *La lutte finale aura lieu un jour entre les communistes et les ex-communistes.* Entre le communiste soviétique Mikhaïl Gorbatchev et l'ex-communiste et grand-russe Boris Eltsine.

Encore à demi endormi, à la veille de mes quatre-vingts ans, je touche ton corps, je sens ta chaleur, ta respiration. Le jour se lève, la lumière du jour nouveau pointe, ténue, dans la barre du matin, je pense aux privilèges que je détiens, aux prérogatives. Tes yeux, ton sourire, les seins, le ventre, la croupe, le cœur, l'intégrité, la droiture, la bonté, le dévouement. La vie naît de toi à l'aube.

Bahia, 1987 –
Odorico

J'ai rêvé d'Odorico Tavares, il venait à ma rencontre tenant son petit-fils par la main, il s'était levé de son fauteuil roulant,

1. Palmiro Togliatti (1893/1964), homme politique italien, longtemps secrétaire général du PC.

délivré de sa paralysie, de nouveau grand et fougueux pour me défier au poker : viens si tu es un homme, aujourd'hui c'est mon jour, je ruine toutes les canailles, vous tous.

Ça me fendait le cœur de voir Odorico, un commandant, paralytique, diminué, s'exprimant avec difficulté, son petit-fils le sauva du pire, une lueur de joie. Godofredo Filho me téléphonait : allons là-bas, allons le voir, Godô y allait tous les dimanches, je l'accompagnais si j'en trouvais le courage. Un jour c'est Maria[1] qui me téléphona : Odorico me demandait de venir sans faute cet après-midi-là, une affaire urgente à traiter avec moi, j'y allai. Son petit-fils à ses côtés il me sourit, rien d'important à traiter, c'était pour me dire adieu qu'il voulait me voir. Dans l'intervalle d'une semaine moururent lui, Gersina et Jader, le père, la mère et le fils, *une tragédie*, me dit le beau-père de Jader, Ulysses Mascarenhas[2], en étranglant un sanglot.

J'ai connu Odorico en 1933, il avait publié à Recife, en collaboration avec Aderbal Jurema[3], un recueil de *26 Poèmes* d'inspiration sociale et politique, deux jeunes communistes. Nous nous sommes rencontrés pour la première fois lors de la préparation du Congrès des jeunesses étudiantes prolétariennes et populaires au théâtre João Caetano, à Rio : une réalisation du PC, dans l'affrontement avec la police Aderbal reçut une balle dans le pied, Odorico et moi en réchappâmes indemnes.

Journaliste formé à l'école de Assis Chateaubriand, jouissant de sa confiance et de son amitié, collectionneur d'art plastique et d'art graphique, autorité en la matière, Odorico collabora avec le directeur des *Diários Associados* en tant que conseiller et administrateur dans sa croisade pour les musées d'art, du MASP de São Paulo au musée de Feira de Santana avec son extaordinaire collection de peinture anglaise contemporaine. Ayant été appelé à diriger les deux journaux de la chaîne des *Diários Associados* existant à Bahia, Bahia fit son éducation, l'apprivoisa, arrondit ses angles si bien que devinrent ses amis même ceux qui l'accusaient de tous les péchés du monde. Ce que l'art moderne de Bahia lui doit est sans prix, il l'a porté sur ses épaules et l'a imposé sur la place publique.

Au temps où je m'amusais à jouer des tours à mes amis

1. Maria Tavares Taboada, fille d'Odorico.
2. Ulysses Mascarenhas, médecin, professeur d'Université.
3. Aderbal Jurema, homme politique.

Odorico fut de mes victimes privilégiées. Invités à la fête de ses cinquante ans, nous allâmes, Carybé et moi, au quartier général de la police militaire, nous convainquîmes le commandant d'envoyer la fanfare de la Glorieuse jouer devant sa résidence du Morro do Ipiranga à l'heure de la réception. Une réception sélecte, le gouverneur, le cardinal, le général, l'amiral, le brigadier, les lords, les riches, brusquement retentissent dans la rue les accents d'une marche militaire, les soldats se mettent au garde-à-vous devant la maison d'Odorico Les gamins du quartier, très excités, crient *Révolution !*, les enfants du voisin, Dmeval Chaves, annoncent que la rue est occupée, Demê sortit de sous la douche où il se préparait pour aller à la fête, il se précipita à la porte, gros et nu comme il était venu au monde.

Carybé et moi riions sous cape, Odorico ne sy trompa pas, *fils de pute !* dit-il en passant près de nous en allant recevoir l'hommage. Nous le suivîmes pour lui rappeler qu'il ne suffisait pas d'offrir de la bière aux musiciens, il fallait verser un chèque à la caisse de la fanfare qui exécutait sans interruption des airs assourdissants. *Donnez-leur vous-mêmes si vous voulez, bandits.*

À la table de poker avec Mirabeau, Yves Palermo, David Araújo, Wilson Lins, Fernando Coelho, Carlinhos Mascarenhas, il était victime de carottages et de tricheries, Carlinhos faisait un malheur, Odorico levait les bras au ciel : quel crime ai-je commis pour supporter ces misérables ? Dans mon rêve je le vois, tenant son petit-fils par la main, il vient me défier au poker : *aujourd'hui c'est mon jour, apporte de l'argent, je vais te réduire à la faillite, canaille !*

Lisbonne, 1957 –
la ville interdite

Je rentre d'un voyage à Moscou, en 1957, à Copenhague je prends l'avion de la SAS à destination de Rio, escales à Zurich, Lisbonne, Dakar, Recife – des avions à hélice, vingt-six heures de souffrance. Le trajet de Zurich à Lisbonne durait quatre heures, jamais moins. Or, voici qu'après trois heures et quelques de vol l'appareil commence à descendre, je reconnais les toits de Lisbonne : interdit d'entrée au Portugal tout ce que je connaissais de Lisbonne, c'étaient les toits. Pendant l'escale, réduit à la salle de transit, je rêvais aux rues, aux ruelles escarpées, aux cafés, fanatique d'Eça de Queiroz, je connaissais par lui la ville.

J'interroge l'hôtesse de l'air, elle m'explique que dans une heure va commencer une grève des pilotes de la SAS, avant qu'elle ne débute les avions se poseront sur l'aéroport le plus proche. Pour ne pas causer trop de perturbations aux passagers, le commandant avait décidé d'atterrir plus tôt à Lisbonne où nous trouverions sans difficulté des places pour l'Amérique du Sud sur des courriers d'autres compagnies. Elle ajouta que nous poursuivrions notre voyage par la Swissair le lendemain matin, par le premier vol prévu.

On nous prit nos passeports, nous avons attendu dans la salle de transit jusqu'à ce qu'on nous conduise d'abord au contrôle de police, ensuite à la douane. Au guichet de la police on nous rendit nos passeports avec un visa de vingt-quatre heures. Sous l'œil scrutateur du policier je récupérai le mien, le visa y était, j'y croyais à peine, j'allai à la douane, les employés inspectaient les bagages à main. C'était la fin d'un après-midi d'hiver.

Un autobus nous conduisit à un hôtel du centre où la compagnie avait réservé des chambres. Lorsque je donnai mon passeport à la réception je remarquai un type les yeux fixés sur moi, il portait un chapeau et une gabardine : le policier classique, le *secreta* le moins secret du monde. En possession de la clef et d'une invitation de la SAS pour dîner dans une casa de fados avec les autres passagers, je montai dans ma chambre, à part les fados j'avais une autre option : mon amie Beatriz Costa brillait de toute sa grâce et de tout son talent dans un théâtre du parc Mayer, comme je l'avais lu dans un journal tandis que j'attendais dans la salle de transit la décision des autorités. Ni la nostalgie des fados, ni la grâce de Beatriz, j'avais enfin Lisbonne à ma portée le bref temps d'une nuit. La ville rêvée et interdite, j'allais la parcourir, marcher dans ses rues.

Je descendis à la réception, changeai un peu d'argent, demandai comment me rendre au Rocio, le policier tendait l'oreille : il s'était levé de la chaise où il s'était assis durant ma courte absence. Je pris la direction qu'on m'avait indiquée en direction du Rocio, quelques pas derrière moi le flic, il avait fermé le col de sa gabardine, il faisait froid.

Une nuit sans histoire. Je marchais lentement, tentant de recevoir tout ce que Lisbonne avait à me donner, les parfums, les couleurs, les bruits, des maisons, des visages, des rires, tant de choses. Mon cœur battait plus vite et à coup sûr je souriais, les yeux humides, car j'arpentais les trottoirs de Lisbonne. Je m'arrêtais devant les vitrines, je regardais les gens, lisais les pancartes, des noms de rues, de tavernes, de cafés. Je m'attardai devant la vitrine de la librairie du *Diário de Notícias*, j'aperçus une édition portugaise de *Dégel* d'Ilya Ehrenbourg. Je lui avais remis à Moscou, une semaine plus tôt, l'édition brésilienne de ce même roman, la librairie était ouverte, j'entrai, j'achetai l'ouvrage – lorsque j'en aurais l'occasion je l'enverrais à Ilya -, j'achetai aussi une belle édition du *Livre de Cesário Verde*. Je m'abandonnai à mon vice de feuilleter des livres, est-ce la présence ostensible du policier qui avait éveillé la curiosité du libraire ? Il me regardait comme s'il cherchait à deviner mon identité, une question sur les lèvres, il ne se hasarda pas à la poser. Quand je sortis, il chuchota quelque chose à la jeune fille de la caisse. Nous nous en fûmes, moi et mon accompagnateur, en direction de la place du Comercio.

De retour au Rocio je m'assis dans un café, heureux de la vie, le flic s'adossa à un lampadaire, il releva le col de son imperméable, le froid s'était accru, je riais à part moi. Je m'informai auprès du garçon du chemin de l'Alfama et de la Mouraria et nous voilà repartis : j'étais à cette époque un solide marcheur, parfois le flic se voyait obligé de presser le pas pour ne pas me perdre de vue. Par hasard je rencontrai mes compagnons de voyage qui descendaient de l'autobus devant la casa de fados, mais je ne les accompagnai pas pour la morue à la Gomes de Sá, je me contentai de lire le menu affiché à la porte, je préférais la nuit parfumée et fraîche de Lisbonne, les rues calmes, certaines désertes, cette rencontre d'amour.

Il avait commencé à tomber une pluie fine, bien abrité par mon cuirassé Potemkine, mon pardessus russe, je déambulai au hasard jusque tard dans la nuit, je riais seul en pensant au flic dans la pluie et le froid, il était plus d'une heure du matin quand je rentrai à l'hôtel, fatigué et radieux. De la réception, en demandant ma clef, j'aperçus l'homme à la gabardine arrêté à l'entrée, attendant de me voir prendre l'ascenseur. Je faillis lui faire un signe d'adieu, pensant que je ne le reverrais plus, erreur : le lendemain matin, lorsque je me dirigeai vers l'autobus qui devait ramener les passagers à l'aéroport, il était là, sur le trottoir. Il prit place au fond du véhicule, il m'accompagna jusqu'à la salle de transit, je ne sais s'il était allé dormir chez lui ou s'il avait passé la nuit dans le hall de l'hôtel, assis sur sa chaise inconfortable. Dans l'autobus il éternuait, inconvénients du métier.

Ainsi fut cette nuit où le hasard décréta la grève de l'équipage de la SAS pour que les portes de la ville me soient ouvertes et que je puisse sentir l'atmosphère, le souffle, entrevoir la beauté, toucher le mystère et la vie de Lisbonne. Avec la même émotion que l'on éprouve à toucher pour la première fois le corps d'une femme désirée et interdite.

Porto Alegre, 1966 –
les ânes

Nous partons en voyage dans le sud du pays, Paraná, Santa Catarina, Rio Grande, dans le sud du continent, Uruguay, Argentine, Paraguay, toute la famille dans la puissante Veraneio qu'Aurélio regrette jusqu'à aujourd'hui : une voiture pareille, docteur, jamais plus. Participe à l'escapade notre commère Norma Sampaio, voyager avec Norma est une fête constante, le rire raccourcit la route.

À Porto Alegre nous allons voir Érico Veríssimo, Mafalda réunit des amis, offre à manger et à boire, nous évoquons des souvenirs d'un temps où, jeunes écrivains, nous commencions à avoir un public. J'ai été parmi les premiers à écrire sur Érico, à proclamer son talent dans un journal, il venait de publier *Clarissa*. Nous habitions chez lui et chez Mafalda tout de suite après la naissance de Luiz Fernando[1], nous appelions ce der-

[1]. Luiz Fernando Veríssimo, écrivain

nier João, il avait plus un air de João que de Luiz Fernando, un nom que par la suite il a imposé pour la fierté de ses parents et de quelques oncles. Quand Érico reçut, en 1935, le prix Graça Aranha pour *Caminhos Cruzados*, il habitait chez moi à Rio. Ensuite nous sommes restés pendant des années les deux seuls écrivains brésiliens à vivre de leurs droits d'auteur, aujourd'hui nous sommes un certain nombre, heureusement.

Certains critiques, presque toujours les mêmes, quelques-uns graves et amers, d'autres brillants et saligauds, ne nous ont jamais pardonné le public que nos livres s'étaient acquis, ils nous ont éreintés la vie entière. Nous commentons, Érico et moi, notre fortune critique controversée. Érico, sourire tranquille sur son visage d'Indien, définitif :

– Ils nous trouvent très ânes, Jorge.

Puis, dubitatif :

– Qui sait, nous le sommes ?

J'entends parfois dire que la vieillesse est une bonne chose, qu'elle a ses charmes, ses plaisirs, je me demande lesquels. En savoir un peu plus, être moins limité, moins présomptueux ? Cela sert à quoi si la vie s'en va et que l'expérience ne sert plus à rien et ne servira à personne, on n'hérite pas de l'expérience, on ne la laisse pas en testament.

À combien de misères l'homme se voit soumis lorsque l'âge pèse et que le pas se fait incertain, vacillant. Sans même parler de la solitude à laquelle tant de gens sont condamnés dans leur vieillesse, c'est déjà trop de penser à l'écart entre le désir et la compétence dans le domaine du lit : le désir trouble la vue, brûle la poitrine, descend dans les couilles et les couilles rabougries répondent mal, quand elles répondent.

Le docte trouvera dans le crépuscule de la vie le plaisir le plus raffiné, le plus subtil, il lui servira de consolation et de volupté, lis-je dans les livres de sagesse. Mirabeau, un sage, vit dans le regret : ces temps, *se rappelle-t-il, me rappelle-t-il,* où l'on était capables de tirer trois ou quatre coups sans débander. *Rappeler ces temps, est-ce le plaisir dont on parle ?*

Aracajou, 1936 –
la chemise de nuit

Je vais à Aracajou recevoir de l'argent que l'État doit aux Éditions José Olympio, j'ai droit à une modeste commission, ces sous seront les bienvenus dans la pauvreté franciscaine de la proscription. J'ai l'intention de repartir à Estância par l'autobus du soir mais le paiement est remis au lendemain, je dois attendre. Les hôtels sont pleins, les rares qui existaient, je suis contraint de demander asile à un oncle de Matilde, militaire mis à la retraite avec le grade de colonel.

Je suis accueilli avec gentillesse, la tante prépare une collation substantielle – nous n'avons pas l'habitude de dîner, explique-t-elle. Igname, aipim, couscous de manioc, de tapioca, bananes frites, brioche, sans parler des fruits, du jus de graviola et de pitanga. Je me régale comme un archevêque en mission apostolique, mes hôtes sont contents de moi.

La chambre pour les invités a été préparée, sous le lit le pot de chambre en porcelaine, parfum de lavande, sur les draps je vois, à la place du pyjama, un modernisme, une chemise de nuit, des fleurs bleues brodées au col et aux poignets. Le maître de maison, âgé, à la retraite, ne s'était jamais habitué au port du pyjama, un bazar malcommode, s'excuse-t-il en souriant, un peu confus.

Je revêts la chemise de nuit, je me rappelle mon grand-père José Amado de Faria, à Itaporanga, j'allais avec mon père lui rendre visite à la fin de l'année, il portait une chemise la journée entière. Malgré le souvenir du vieux patriarche, je me suis senti atteint dans mon machisme, qui était grand et superbe, les fleurs bleues aux poignets et au cou me parurent ridicules, que diraient mes camarades s'ils me voyaient ? Heureusement personne ne verra ni ne saura.

Je me couche, je parcours un journal local, je ferme la lumière, je m'endors. Je constate pour dormir commodément rien de tel que la chemise de nuit ample, dégagée, légère, le confort. Un jour je finirai par l'adopter, je vaincrai l'inhibition, les préjugés grands et petits qui discriminent, ridiculisent, interdisent la chemise de nuit.

Paris, 1949 –
Albert Camus

Puis-je dire que j'ai connu Albert Camus ? Je l'ai vu une seule fois, presque en passant, il sortait du bureau de Claude Gallimard à la maison d'édition, moi j'y entrais, nous avons été présentés, je l'ai regardé bouche bée, il m'a souri, nous nous sommes serré la main, je ne l'ai pas revu, c'était à la fin de 1949.

Je ne l'ai même pas remercié de l'article qui, dix ans auparavant, avait salué la parution de l'édition française de *Jubiabá – Bahia de Tous les Saints* –, j'ai dû passer pour prétentieux ou discourtois, mais comment l'aurais-je fait alors que je ne connaissais pas l'existence de ce texte ? Ce n'est qu'en 1989 que je l'ai découvert, que j'ai pu le lire et me sentir reconnaissant. J'imagine combien il aurait excité ma vanité si je l'avais lu en 1939 quand il a été publié.

Roger Grenier, spécialiste d'Albert Camus, qui me fait l'honneur de son estime, un jour où il était venu nous voir évoqua l'article, il fut stupéfait de savoir que je ne le connaissais pas, il m'en envoya une copie. J'ai compris alors le sourire d'Albert Camus quand nous nous sommes vus un instant à la porte du bureau de Claude Gallimard.

Prague, Noël 1953 –
solitude

Mon climat n'est pas la solitude. Je suis convivial, j'aime être avec les gens, bavarder et rire, je suis d'une nature communicative. Je sais cependant ce que la solitude signifie, plus d'une fois j'y ai été livré, je me suis senti seul, abandonné, le cœur transpercé d'angoisses et de nostalgie, il n'existe rien de pire.

J'étais allé de Vienne à Prague en automobile, des chaînes sur les pneus de la voiture nous roulions lentement sur la neige, je pensais que nous n'arriverions jamais, nous sommes finalement arrivés. De Prague je devais aller en avion à Copenhague, j'avais un billet sur la Scandinavian Airlines à destination de Rio de Janeiro où j'arriverais à temps pour passer Noël chez moi, avec les miens. L'hiver, d'une rigueur inhabituelle, avait fermé l'aéroport de Prague, rien à faire sinon attendre.

La veille de Noël, ayant perdu l'espoir d'être à Rio pour le réveillon et l'amitié, je suis informé à midi, à la réception de l'hôtel Alcron, qu'on déposera dans ma chambre un repas froid car le restaurant sera fermé pour le dîner comme tous les services de l'hôtel : nuit de Noël, nuit où les familles se réunissent.

J'en ai assez de lire, la tête au loin, je sors dans la rue, je descends la place de Venceslas, vide, il n'y a pas âme qui vive ni corps vivant, personne, absolument personne, les hôtels sont fermés, les bars, les brasseries, je suis tout seul, moi et rien que moi dans la nuit de Noël à Prague. Je parcours les rues, j'arrive à la Vieille Place sans rien rencontrer de vivant, pas même un chien errant, un chat vagabond. Et les amis ? Ils sont nombreux mais je ne me suis hasardé à en déranger aucun, ils sont en famille, célébrant.

La neige tombe, le froid me traverse, fantôme dans Prague, le cœur lourd je pense aux miens, j'apprends la solitude une fois pour toutes.

Sagres, 1976 –
good !

Nous descendons du break, je prends la main de Paloma, nous avançons sur la vaste étendue face à la mer de l'Infant Dom Henrique, mer des Découvertes, océan. Le reste de la famille vient derrière en bavardant avec animation.

Énorme, je n'ai jamais été aussi gros, pour le tourisme de l'été je porte des bermudas, une chemise hawaïenne à fleurs rouges et bleues, des sandales laissant voir mon gros doigt de pied, une casquette de marin, un Yankee en vacances. Sur le chemin une baraque de friandises, fruits secs, noix, noisettes, amandes, dattes, tant de choses appétissantes. Je m'arrête pour admirer, le patron de l'étal me regarde avec intérêt dans l'espoir d'une bonne affaire, c'est un Portugais courtaud, trapu, d'âge moyen. Je tire une figue du tas, je mords, je savoure, un soupir m'échappe. Le vendeur suit des yeux la mastication du Nord-Américain là devant lui : la panse et la gourmandise.

– Good ? me demande-t-il dans son anglais de commerçant.

– Good ! je répète affirmatif.

Autour de nous on rit du dialogue, on rit encore plus quand il me toise de haut en bas :

– Tu es grassouillet, hein, fils de pute ?

Nous éclatons de rire, Paloma et moi, pour un peu je m'étranglerais. Paloma dominant son hilarité commente à haute voix :

– Il pense que tu es américain, père !

– Aïe, voilà qu'ils sont brésiliens ! gémit le vendeur.

Je commande des kilos de fruits secs, figues, noisettes, dattes de ma passion. Des lecteurs s'approchent, stylographe en main, ils me demandent des autographes, le patron de la baraque ne sait plus où se fourrer :

– Aïe, voilà que le type est artiste de cinéma !

Mer Noire, 1992 –
la reine mère et le généralissime

Sandales du désert, je traverse les pages de l'Ancien Testament dans le cortège du Roi David, les psaumes chantent la grandeur du Généralissime. Un rêve confus et agité, il se prolonge en cauchemar, dans la nuit de goudron le navire affronte les eaux houleuses de la mer Noire, venant d'Odessa il fait route vers Yalta.

Hier ici c'était l'Union soviétique, superpuissance, superpatrie de centaines de millions de gens répandus sur les cinq continents, des capitales à la dernière des îles d'Océanie. Quand était-ce, personne ne sait plus, la mémoire s'en est perdue, on lit des versions contradictoires dans les manuels des historiens, des légendes circulent dans la bouche du peuple. Assurément c'est arrivé avant le commencement des temps, car dans le Cantique des Cantiques le Roi Salomon compare la magnitude des hanches de la Reine de Saba à la moustache du Généralissime.

En ce temps qui brusquement s'est effacé, dans la salle d'un palais de cette ville de Yalta – sur la côte de la mer Morte ou sur les rives de l'Euphrate –, se réunirent en conférence le généralissime Joseph Staline et deux autres messieurs, tous deux de langue anglaise, ils divisèrent le monde, chacun prit son morceau, ils l'avaient conquis sur les champs de bataille.

C'est à l'heure précise de la division, la solennité solennissime fit sourire, sarcastique, l'anglais Churchill, c'est à cet instant précis, avant l'annonce du traité que se produisit l'imprévisible et le rêve perdit son sens de témoignage historique pour se transformer en amertume et en plaintes : la scène entière dominée par la majesté (intempestive) de Luz da Serra m'accusant d'être ingrat et mauvais ami. Je n'arrivais pas de Bahia car nous étions à Bahia, pour être précis je constate que nous nous trouvons dans le hall du théâtre Castro Alves. Qu'étais-je allé faire là, je ne sais pas, j'allais le demander au réalisateur Orlando Sena, je n'en eus pas le temps, Luz m'interpella :

– Tu arrives à la fin de ce malheureux livre qui, s'il n'est pas de mémoires, de quoi diable peut-il être ? et tu n'as pas encore parlé de moi, tu n'as pas nommé les miens. Pour moi et pour Walter ça m'est égal, mais pourquoi oublies-tu les petits ? Dans ces pages griffonnées dans ton portugais boiteux, sans règles de grammaire, où abondent les gallicismes, dans quelle langue tu écris, Mère de Dieu ! je n'ai pas lu encore le nom fameux du compositeur Walter Queiroz Júnior, pourtant tu dis apprécier les mélodies qu'il crée à la guitare : le samba, la marche, la chanson – quel faux ami tu fais ! Me manquer à moi, tu oublies que j'ai soutenu ton nom sur la place publique de la contestation, dans la foire des mesquineries, quand on te refusait le pain et l'eau, me manquer précisément à moi, ton amie Luz da Serra.

Je me débats dans le rêve, je réagis contre le libelle et la suspicion, les rites de l'amitié sont sacrés pour moi :

– Ah, Luz, ne me dis pas mauvais ami, je ne le suis pas. Je n'ai pas encore mis un point final à ces notes, souvenirs de choses et de personnes, lecture pour les familiers et les complices. Nous sommes complices, toi et moi, ici j'inscris ton nom et celui de Walter, une fois de plus je te proclame la mère par excellence, mère d'exception, de ton ventre sont nés la danseuse et le peintre, la mamma de Waltinho Queiroz, compositeur qui, adolescent, a fait ses premiers pas sur le chemin du succès avec ma voix, tu te rappelles, Luz da Serra Queiroz ? Dans le jury de la musique populaire bahianaise, une voix de peu de valeur, la mienne, mais celles de Caymmi, de Cyva, de Coqueijo, de Manuel Veiga ont proclamé le nom de ton fils. Compositeur admiré par Marcel Camus, je le constate lié à mon travail d'écrivain, il a mis en musique le film du Français sur les pâtres de la nuit de Bahia. Le samba qu'il a créé entre dans ma maison venant de la rue où le peuple le chante au carnaval du Bloc de Jacu : du haut du trio électrique, Waltinho commande la fête.

Si tu es venue me le rappeler, tu as perdu ton temps, comment pourrais-je oublier la Reine Mère ? Avant de te connaître toi et ton ironie, j'ai connu ton beau-frère José, nous avons été camarades au collège Ypiranga, compagnons et adversaires dans les camps de la sous-littérature, nous nous insultions et nous reniions en ce temps de 1928, José était le plus jeune de nous tous, il avait à peine 15 ans, il publia un roman, devint une célébrité, Carlos Chiacchio[1] porta Queiroz Júnior au pinacle, sa gloire rejaillit sur nous tous, nous fûmes tous reconnus, nous reçûmes notre brevet d'écrivain, de Brício de Abreu à Aydano do Couto Ferraz, guerriers traîne-savates.

Où es-tu, Luz da Serra, je ne te vois pas dans la salle de la Conférence de Yalta ? Qui je vois passer, le verbe haut, c'est le député Ulysses Guimarães, il est pressé :

– La présidence est vacante, Roosevelt est mort, je vais l'occuper, ça me revient de droit.

Churchill s'y oppose, le Généralissime caresse la poignée de son épée, Ulysses se précipite. Molotov prend la parole, demande le silence, lit le fameux papier, l'acte de la division du monde : le Brésil et la moitié de la planète Terre ont échu aux Nord-Américains ; le Cap-Vert, l'Angola, le Mozambique et l'autre moitié presque entière composent la carte rouge des

1. Carlos Chiacchio ((1884/1947), critique littéraire de *A Tarde*.

colonies soviétiques ; du peu qui subsistait le Portugal de Oliveira Salazar demeure anglais, resta pour les Français l'Algérie en convulsion – encore aujourd'hui en convulsion. À partager, seulement l'univers : la Lune, Mars, Vénus et Jupiter, le système solaire, la Voie lactée, la dispute se fera dans la guerre froide des étoiles.

Proclamées la taille et la retaille, le Généralissime donna sa bénédiction, lissa sa moustache. Ainsi se passa-t-il à Yalta, j'en ai été témoin. Ça s'est terminé comme on sait. Ou ne sait pas ? La Crimée est la Russie, l'Ukraine ou une nation indépendante ? Qui peut l'assurer avec une certitude certaine ? Le temps de la certitude est passé, affirmer quoi que ce soit, qui est assez fou ? C'en est fini de ce qui était.

Je me réveille en sursaut, me demandant ce qu'est devenu Ulysses Guimarães.

Ilhéus, 1925 –
la moraliste

En vacances à Ilhéus, Eurico et Emílio, fils de Dona Julieta, et moi, fils de Dona Eulália – Emílio avait eu treize ans, Eurico et moi pas encore – prenons notre courage et pénétrons dans le bordel d'Antônia Machadão (dans *Gabriela* j'ai changé son prénom en Maria), le plus renommé de la région cacaoière. En plus des Nationales venues de Bahia, d'Aracajou, de Rio, exerçaient là une Française et une Polonaise, professionnelles civilisées les gringas faisaient de tout.

Les demoiselles s'agitent en voyant les fils-de-famille, infants sans doute puceaux, nous sommes entourés, cajolés, embrassés, elle rient, plaisantent, s'offrent pour la fête de l'initiation. Emílio tente de jouer le vétéran, Eurico se tait, gêné, la Polonaise s'assied sur mes genoux. L'effervescence attire Antônia Machadão dans la salle, ce fut le jour du jugement dernier.

Connue et estimée par tous dans la ville malgré le commerce qu'elle exploitait avec profit, Antônia avait eu deux filles d'amoureux différents, adoptées l'une et l'autre par des familles d'Ilhéus, elle avait de bonnes relations avec les dames de la société, les épouses des clients du chatô, aucune ne refusait de la saluer. Avec ma mère elles bavardaient longuement quand nous habitions rue da Unhão, non loin de la joyeuse pension. À côté de Lalu, assises toutes les deux sur le pas de la porte, elles commentaient la pluie et le beau temps, la prévision de la récolte et le prix du cacao. Dans la région grapiuna, où l'on mourait et se tuait encore pour la possession de la terre, les distinctions sociales ne dictaient pas les mœurs.

En nous voyant dans les bras des filles, sur le point de choisir une partenaire, d'aller apprendre au lit la vie, Antônia Machadão devint féroce :

– Dehors, hors d'ici, gamins sans vergogne, dehors tout de suite. Que diraient Dona Julieta et Dona Eulália si elles savaient que j'ai permis que leurs petits fréquentent une maison de petite vertu. Hors d'ici !

Expulsés, humiliés, les câlineries des putes se transforment en huée, nous partons dans la rue la queue entre les jambes : Antônia Machadão, maquerelle, veillait à la morale de la ville d'Ilhéus.

Buquim, Sergipe, 1936 –
les deux maisons

Mon père vient passer quelques jours avec moi à Estância : jus de graviola, de cajou, de cajá, de mangue et d'umbu, déjeuners phénoménaux dans la maison de parents, bains dans le fleuve à la *bassine des demoiselles.* Dans sa ville natale le colonel du cacao rajeunit. Les trois sœurs apparaissent, curieuses, voulant le connaître, elles papillonnent, coquettes, autour du vieux João Amado. Vieux ? Il va sur ses cinquante-cinq ans, de la main il lisse ses moustaches noires, arrange les mèches de sa chevelure, ses yeux brillent. Il jauge les jeunes filles, plus jolies les unes que les autres, il passe la langue sur ses lèvres : je sens mon harem menacé.

Mon père m'emmène à Buquim rendre visite à sa sœur aînée, ma tante Yayá. Mon grand-père, José Amado de Faria, avait eu vingt et un enfants, dix-huit de son premier mariage, trois du second. Yayá, l'aînée, venait d'avoir quatre-vingt-quatre ans et son mari, José, était plus vieux d'un an.

Une vaste maison de commerçant riche sur la place centrale de Buquim, on ouvre le salon aux visiteurs, on dépouille les meubles chers et lourds des housses qui les protègent, la circonstance est solennelle : la visite à Ilhéus du frère planteur de cacao et du neveu écrivain qui a son nom dans les journaux. Nous parlons de choses et d'autres durant le déjeuner grandiose, huit plats, poissons, crevettes, écrevisses, poule – la poule bouillie de ma tante Yayá, célèbre jusqu'à Aracajou –, viande de bœuf et de porc, haricot noir, blanc et mulatinho, riz, semoule de manioc, potiron, fruit-pain, jiló, maxixe, chouchou, patate-douce, manioc doux, igname, bananes vertes, et ainsi de suite, une débauche, une orgie.

À table, en plus du couple – ma tante Yayá est monumentale, un fort duvet ombre sa lèvre, presque une moustache, elle porte des lunettes, roule ses cheveux en un chignon blanc comme du coton, elle est très digne, mon oncle José est un caboclo, résultat de beaucoup de sangs qui se sont mélangés, le visage ouvert, les mains puissantes, la toison et les moustaches blanches, la cigarette de paille, le rire facile –, en plus d'eux la fille veuve, la vieille fille et l'unique fils, Antônio, le plus jeune de leurs enfants, il doit avoir dans la cinquantaine, moustachu comme son père dont il a hérité les traits métis et le rire cordial. Antônio me dit timidement qu'il a lu *Jubiabá* et *Mar Morto,* qu'il a beaucoup aimé. Trois filles sont mortes dans une épidémie de variole et ma tante a avorté de jumeaux. J'entends parler de la variole noire qui, maintes fois, a fait à Buquim son travail de mort.

Après le déjeuner l'oncle José, alerte malgré ses quatre-vingt-cinq ans, prend son chapeau et sa canne et nous invite à faire un tour. Tour qui nous conduit à sa *maison militaire,* dans une rue à l'écart une demeure aussi vaste que sa *maison civile* et encore plus agréable, car elle se trouve au centre d'un vaste terrain planté de manguiers, d'arbres à cajou, d'avocatiers, d'umbuzeiros, de cajazeiras, de pieds d'ananas, de graviola et de fruit-pain, de mangabeiras, un champ de pitangas outre le jardin de fleurs tropicales.

L'oncle José nous présente à Rosa, une mulâtresse plantureuse, souriante, la croupe splendide pointant sous sa jupe, une beauté douce et sensuelle : aujourd'hui on ne fait plus de ces mulâtresses d'antan grosses et belles, elles sont maigres et rechignées. Dans sa chevelure soignée une fleur champêtre, des colliers et des bracelets d'or, des dents faites pour mordre, admirables, des yeux tendres, Rosa est née pour l'amour. Plusieurs enfants arrivent de la maison et du verger demander sa bénédiction à leur père, l'aîné a environ quinze ans, le plus jeune, de quelques mois, dort dans les bras de sa nourrice.

Des hamacs blancs dans la galerie, pour la sieste. À la tête d'un bataillon de servantes Rosa sert des douceurs et des compotes incomparables : confit de banane en rondelles, de jaca, de cajou, de patate-douce, d'ananas, de citron entier sans son écorce, tous plus divins. Que dire du fromage qui les accompagne, un beurre. Le café fume dans les pots émaillés.

Les yeux cupides du colonel João Amado s'attardent sur les hanches de Rosa, sur les seins que l'on devine dans l'échancrure de la blouse blanche. Mes yeux aussi se perdent dans ces splendeurs.

Rosa, assise derrière le hamac où l'oncle José se repose en fumant sa cigarette de paille, lui caresse la tête tendrement, elle roucoule en souriant de ses dents très blanches. Dans la chaleur de l'après-midi la brise invite à la somnolence, le temps passe.

Nous allons retourner à la *maison civile*, à la majesté de la tante Yayá. À la porte de la *maison militaire*, en laissant la demeure de Rosa, mon père désigne la bande d'enfants qui courent parmi les arbres, les enfants de la maîtresse :

– Ils sont tous tiens, José ?

Le vieux rit sous ses moustaches blanches :

– Tous miens, João Amado. – Le sourire s'accentue, dans ses yeux la malice et la tendresse : – Mon fils Antônio m'aide un peu…

Le soir tombe, tranquille, lumineux, la brise du coucher du soleil nous accompagne dans la rue de la ville de Buquim.

&

Dans une si longue et difficile traversée qui ne se blesse et ne se salit ?

Fazenda Santa Eulália, Pirangi, 1924 –
la jument

Ma première fois ce fut à la fazenda avec la jument Furta-Cor, monture nerveuse et élégante, ombrageuse, capricieuse. Enfant lâché dans les plantations de cacao, d'innombrables fois j'ai assisté à l'accouplement des ouvriers agricoles avec des juments, des mules et des ânesses. Furta-Cor était vicieuse : une tape sur les flancs, elle basculait le train, se mettait en position.

Amours dans le pâturage sous la lune, de Furta-Cor j'ai été jaloux, elle ne m'était pas fidèle, elle me trahissait avec les travailleurs et les jagunços, le Noir Honório, le zambo Argemiro, l'albinos Dioclécio, avec tous les gamins de la fazenda, elle n'avait pas de préjugés de race et de classe : obsédée, elle aimait les hommes.

Je prends la main de mon amoureuse, complice d'aventure depuis presque un demi-siècle, copilote dans la navigation de cabotage : nous allons partir en vacances, femme, nous l'avons bien mérité après tant de jours et de nuits dans le travail et l'invention, nos premières vacances en tant d'années. Nous allons nous promener, sans obligations, sans engagements, nous allons vagabonder sans heure, sans itinéraire, anonymes voyageurs, nous inviterons Misette à venir avec nous, c'est une bonne compagnie pour la détente et le rire, nous ferons les touristes au scandale des lettrés.

Ne me dis pas qu'approche l'heure des commémorations, elles ne me tentent pas, je ne vois pas pourquoi tant de tapage pour quatre-vingts ans, je veux la tranquillité et la paix, la charge des morts que nous portons sur la nuque pèse et fatigue, nos morts, hommes et bêtes, je ne fais pas de distinction. Pourquoi commémorer quatre-vingts ans ? – Ne répète pas que ce sont quatre-vingts printemps, hélas ce sont des hivers, les mots ne guérissent pas le rhumatisme. Nous allons décommander les pétards, garder le feu d'artifice, la messe champêtre des ursulines, la fête de l'ashé au terreiro de l'Afonjá, nous allons tout garder pour dans trois ans, trois exactement, pour notre anniversaire. C'est en juillet mille neuf cent quarante-cinq que notre union s'est faite, je me rappelle chaque geste, j'entends chaque parole, les soupirs, les cris d'amour. Nous venions d'une fête politique, nous étions des citoyens accomplissant notre devoir de citoyens, des combattants, c'est arrivé dans l'aurore de la liberté, tu as embarqué dans la barre du matin, sur le quai de l'avenue São João, tu as assumé le lit, le cœur de l'étourdi, depuis lors tu commandes la navigation de cabotage, la main sur le gouvernail, sur les lèvres la chanson d'Euá: je te donnerai un peigne pour peigner tes cheveux.

Navire à aubes ou saveiro de pêcheurs, je ne le sais pas encore avec certitude, je sais que ce n'est pas un transatlantique de tourisme, non plus un yacht de millionnaire, une barque de papier blanc armée et sur le pied de guerre pour la bonne cause. Dans trois ans, oui, ce sera notre fête, le cinquantenaire de la première nuit : le port en vue, bannières au vent, nous festoierons.

Comment dire pour la nommer ? Je ne dirai pas vulve, vagin, conin, baba, je ne dirai pas, comment alors la désigner ? Hélas me manque le don de la poésie pour créer l'image juste, trouver une comparaison pour l'incomparable. Je voudrais la couronner des fleurs du poème, me manque l'inspiration du barde, la voix magique du trouvère, prosateur terre à terre je ne sais comment la dénommer, je ne la mérite pas.

Fleur de cactus, gorgée d'eau-de-vie, cratère de volcan, l'avale-sabre, celle faite de girofle et de cannelle, puits sans fonds, porte d'Orient, demeure d'Arabe, mosquée, précipice, le bijou en feu de Gabriela.

La chatte de madame, parterre de myosotis, champ de coquelicots, terre des plaisirs, carte du raffinement, sous-maîtresse des vieux, institutrice des enfants, chatte en rut, matrice de l'ipsilone, le chibiou docteur honoris causa de Tieta.

Les trois sous, la vendue, l'achetée, la violée, la souillée, fontaine de miel, barre du matin, lampe merveilleuse, flamme, sour-

ce d'eau pure, estuaire, coquille de mer, ah ! l'origine du monde de Tereza.

Je ne dirai pas rose thé, houle, feu de l'enfer, baume du sceptre, maître-autel, grotte obscure, l'aurore, la nuit, l'étoile, la colline du délice, l'ostiole, le buccin, la madonna, la contadina, la pazza, la folle du logis, la mamma, la preuve par neuf, le labyrinthe, foyer de la pudeur, porte de la luxure, apocalypse, je ne dirai pas abîme où je défaille et ressuscite, je ne dirai pas mère de Dieu, femme du chien :

J'irai la chercher là où un jour je l'ai placée pour la protéger, je l'ai cachée là où tu sais, dans le X de dona Flor, et je dirai l'éplumée d'Euá. Je dirai l'éplumée et tu comprendras que je parle d'elle, tu prendras la clef de l'énigme et tu ouvriras la porte du tabernacle, chevalier et monture, amazone intrépide et coursier fougueux nous parcourrons les chemins, ma jument s'appelle l'éplumée, ton cheval se nomme le bon au trot et au galop.

À l'heure dernière je veux sur elle poser la main, toucher son duvet, le pétale du grelot, sentir sa douce consistance, son velouté, y déposer mon dernier soupir.

S'approche la date des quatre-vingts ans, pourquoi considère-t-on un si court temps de vie un exploit à célébrer, un haut fait à saluer avec fracas et fête ? De toute part, du Brésil et de l'étranger, arrivent des invitations pour des célébrations, se bousculent les initiatives, les projets, les programmes sans fin de solennités, la pression grandit pour que j'accepte d'aller ici ou là, et encore là, par monts et par vaux, écouter des discours, en prononcer, remercier des éloges de corps présent, participer à des cérémonies, des séminaires, des forums, des déjeuners et des dîners, que de choses on invente pour proclamer la caducité. La générosité des amis, l'affection des lecteurs me touchent, mais tout ce cérémonial me paraît avoir un accent de départ, il a un air d'adieu nécrologique : ici repose en paix, épitaphe de mausolée, lettres d'or au camposanto.

Je dis non au discours, à la médaille, à la fanfare et aux tambours, à la séance solennelle, à l'encens, à la photographie en costume d'académicien ou en manches de chemise exhibant la peau flasque et le dentier, je ne suis pas un brancard de procession. Donne-moi ta main de connivence, nous allons vivre le temps qui nous reste, si courte la vie ! dans la mesure de nos désirs, au rythme de notre goût simple, loin des galas, dans la liberté et la joie, nous ne sommes pas des paons d'opulence ni des génies d'occasion faits à coups d'apologies, nous sommes seulement toi et moi. Je m'assieds avec toi sur le banc d'azulejos à l'ombre du manguier, attendant que la nuit vienne couvrir d'étoiles tes cheveux, Zélia de Euá baignée de lune : donne-moi ta main, souris ton sourire, je jubile dans ton baiser, laurier et récompense. Ici, dans ce coin du jardin, je veux reposer en paix quand viendra l'heure, c'est mon testament.

Je suis né coiffé, les fesses vers la lune, une étoile au cœur, la chance m'accompagne, j'ai le corps fermé à l'envie, l'intrigue ne me lie pas les pieds, je suis immunisé contre le mauvais œil. La vie m'a donné plus que je n'ai demandé, mérité et désiré. J'ai vécu ardemment chaque jour, chaque heure, chaque instant, j'ai fait des choses dont Dieu douterait, de connivence avec le Diable, compère d'Eshou dans les carrefours des ebós. J'ai lutté pour la bonne cause, celle des hommes et de la grandeur, celle du pain et de la liberté, je me suis battu contre les préjugés, j'ai osé les pratiques condamnées, j'ai parcouru les chemins prohibés, j'ai été l'opposé, le non, je me suis consumé, j'ai pleuré et j'ai ri, j'ai souffert, j'ai aimé, je me suis diverti.

Je fuis les festivités, le feu d'artifice, le banquet, je fuis le nécrologe, je suis vivant et entier. Demain, passé l'obituaire des révérences, je retournerai au roman, Boris le Rouge m'attend au coin de la machine à écrire, avec le défi de son impertinence et de sa jeunesse. Obstiné, je vais poursuivre avec orgueil et humilité la tâche d'engrosser dans les recoins de la ville, de concevoir et d'engendrer des hommes et des femmes, des capitaines des sables, des maîtres bateliers, des jagunços, des vagabonds, des putes, ils sont l'innocence et la fantaisie, ils naissent de mes entrailles fécondées par le peuple, du cœur, de la cervelle et des tripes, des couilles.

Je ne vais pas reposer en paix, je ne prends pas congé, je dis au revoir, mes amis, l'heure n'est pas encore venue de l'immobilité sous les fleurs et les discours. Je sors par la porte pour rejoindre l'agitation de la rue, Boris le Rouge vient avec moi, merci pour tout, obrigado et je vais de l'avant, je vais me divertir, ashé.

Bahia-Paris, juillet 1991/juin 1992

GLOSSAIRE

adjá, clochette utilisée dans les cérémonies du candomblé.
alufá, prêtre dans les cultes des Noirs malais, ou musulmans, au Brésil.
ashé, force divine dans le culte du candomblé, et objet qui est le support de cette force.
asheshé, cérémonie pour les morts dans les cultes afro-brésiliens.
babalaô, père-de-saint, prêtre du candomblé.
babalorishá, chef de culte dans le Nordeste du Brésil.
caboclo (cabocla), métis de Blanc et d'Indien; par extension, paysan dans le Nordeste brésilien. Et aussi divinité indigène dans certains types de candomblés.
candomblé, religion afro-brésilienne au rituel complexe et aux cérémonies somptueuses. Le même mot désigne également les cérémonies et les sanctuaires où elles se déroulent.
ebó, offrande rituelle.
ebomim, fille-de-saint, ou initiée, ayant un certain degré d'ancienneté.
egoum, esprit des morts.
ekedé, l'une des fidèles du candomblé qui assiste une fille-de-saint lorsqu'elle est possédée par le saint et entre en transe.
Eshou (ou *Exu*), esprit du candomblé au rôle ambigu ; on le représente sous la forme d'un diablotin tenant une lance et un trident.
gêge, « nation », ou tribu du Dahomey.
iaô, désigne une jeune initiée du candomblé.
iakekerê, assistante de la mère-de-saint.
ÿeshá, « nation », tribu d'origine yorouba.
ilê, maison de candomblé.
iyalorishá, prêtresse suprême d'un candomblé.
iuremeiros, (de *jurema*, arbuste épineux d'où l'on tire, par décoction, une boisson hallucinogène.) Dans le Nordeste du Brésil l'un des synonymes de « sorciers ».
ketou, « nation » ou tribu d'origine africaine.
nagô, « nation » ou tribu d'origine africaine.
obá, à l'origine, l'un des douze prêtres, ou « ministres » de Shangô. Actuellement, un dignitaire du candomblé.
ogan, protecteur civil du candomblé.
Opô Afonjá, l'un des principaux candomblés de Bahia avec le terreiro de Gantois.
orishá, saint, esprit, divinité du candomblé.
Oshossí, divinité du candomblé, représentée avec un arc et des flèches.
Oshoum, déesse des eaux douces, de l'amour et de la beauté.
peji, sanctuaire d'un candomblé.
Shangô, dieu du tonnerre, l'un des orishás les plus puissants.

terreiro, autre terme pour désigner un candomblé en même temps que l'enceinte qui lui est réservée.

umbanda, forme de culte née de l'assimilation, par le spiritisme urbain, d'éléments religieux afro-brésiliens.

vosmicê (contraction de l'ancien *Vossa Mercê*, Votre Grâce). Dans certaines régions du Brésil, forme populaire de traitement à la fois familière et respectueuse.

Yemanjá, déesse de la mer représentée sous la forme d'une sirène.

INDEX

L'index des noms propres reproduit celui de l'édition brésilienne.

A

B

C

D

E

F

G

H

I

J

M

N

O

P

Q

R

S

T

U

V

W

X

Y

Z

Composition IGS Charente Photogravure.
Achevé d'imprimer par la
Société Nouvelle Firmin-Didot
à Mesnil-sur-l'Estrée, le 17 mai 1996.
Dépôt légal : juin 1996.
Numéro d'imprimeur : 34732.
ISBN 2-07-073321-1/Imprimé en France.

64023